BULLETIN EUROPÉEN ET INTERNATIONAL
Juridique • Fiscal • Social • Financier

Tous les 2 mois, l'actualité européenne et internationale

■ Un élément essentiel de **mise à jour** des Dossiers Internationaux et du Mémento Communauté Européenne Francis Lefebvre.

■ **Un observatoire permanent** de la réglementation européenne et internationale en matière juridique, fiscale, sociale et financière.

■ **Un partenaire** qui privilégie toujours la simplicité de lecture, la concision et la précision des informations, une optique concrète.

**Bimestriel. Format 21 x 29,7.
Abonnement 2001 :
490 F TTC. 74,70 €.**

**Spécimen gratuit
sur simple demande.**

■ **Une consultation facile et rapide :**
dès la couverture vous possédez
l'essentiel de l'actualité… en un seul coup d'œil !
Au dos de chaque numéro un sommaire détaillé vous permet de retrouver rapidement les informations qui vous intéressent.

COMMANDES ET INFORMATIONS :
42, rue de Villiers - 92532 Levallois cedex
Tél. 01 41 05 22 00 - Fax 01 41 05 22 30
Internet : www.efl.fr

DOSSIERS INTERNATIONAUX
FRANCIS LEFEBVRE

Luxembourg

juridique
fiscal
social
comptable

Janvier 2001

Cette sixième édition a été réalisée par

la rédaction internationale des *Éditions Francis Lefebvre*

avec la collaboration de :

Jean Schaffner, avocat à Luxembourg, Beghin & Feider en association avec Allen & Overy,

la Banque Indosuez Luxembourg (services financiers) pour les OPCVM,
Marc Schintgen, Alpha Management Services (Luxembourg) SA pour les règles comptables générales,
Martin Schroeder (administration luxembourgeoise des contributions directes) pour la convention fiscale.

Les précédentes éditions ont été réalisées en collaboration avec Me J.-P. Noesen et Me R. Nathan, avocats à Luxembourg.

ÉDITIONS FRANCIS LEFEBVRE
42, rue de Villiers
92532 Levallois - Perret Cedex France

ISSN 0222-3503 / ISBN 2 85115 467 2
© Éditions Francis Lefebvre 2001
Il est interdit de reproduire intégralement ou partiellement sur quelque support que ce soit le présent ouvrage (art. L 122-4 et L 122-5 du Code de la propriété intellectuelle) sans l'autorisation de l'éditeur ou du Centre Français d'exploitation du droit de Copie (CFC), 20, rue des Grands-Augustins – 75006 Paris.

Avant-propos

Avec le développement des échanges internationaux, il devient nécessaire à un nombre de plus en plus élevé de personnes ou d'entreprises d'être informées sur le régime juridique et fiscal de certains pays étrangers (notamment ceux de l'Union européenne) et les dispositions qui régissent, sur le plan fiscal, les relations entre ces pays et la France.

Cet ouvrage s'adresse en premier lieu à ces personnes, ainsi qu'à leurs conseils. Il s'adresse également au lecteur luxembourgeois soucieux d'avoir une présentation synthétique du droit des affaires de son pays.

Depuis la parution de la dernière édition de cet ouvrage, fort bien accueillie par nos lecteurs, trois ans se sont écoulés. A la demande de nos lecteurs, cette nouvelle édition a de nouveau été enrichie : elle offre une étude plus fournie des holdings et des organismes de placement collectif et elle présente une première étude des fonds de pension internationaux.

L'ouvrage comporte six parties :
– la première a pour objet l'étude du *droit des affaires* luxembourgeois ;
– la deuxième est consacrée au *système fiscal* ;
– la troisième analyse des régimes particuliers : les *holdings*, les *organismes de placement collectif* et les *fonds de pensions internationaux* ;
– la quatrième présente le *droit social* en vigueur ;
– la cinquième porte sur les *règles comptables* ;
– la sixième reprend le texte de la convention fiscale franco-luxembourgeoise, avec des commentaires côté français et côté luxembourgeois.

Pour faciliter les recherches du lecteur, un *sommaire analytique détaillé* figure en tête de l'ouvrage, l'*index alphabétique* se trouvant à la fin.

Abréviations utilisées

- CCSS : Centre commun de la Sécurité sociale.
- CJCE : Cour de justice des Communautés européennes.
- CSSF : Commission de surveilance du secteur financier.
- GEIE : Groupement européen d'intérêt économique.
- IBLC : Institut belgo-luxembourgeois du change.
- IML : Institut monétaire luxembourgeois.
- IR : Impôt sur le revenu (personnes physiques).
- IRC : Impôt sur le revenu des collectivités (sociétés).
- IRE : Institut des réviseurs d'entreprises.
- LIR : Loi sur l'impôt sur le revenu.
- LSC : Loi sur les sociétés commerciales.
- LUF : Franc luxembourgeois
- ONC : Office national de conciliation.
- PSF : Professionnels du secteur financier.
- SA : Société anonyme.
- SARL : Société à responsabilité limitée.
- SC : Société coopérative.
- SCA : Société en commandite par actions.
- SCS : Société en commandite simple.
- SNC : Société en nom collectif.
- SSM : Salaire social minimum.
- UEBL : Union économique belgo-luxembourgeoise.

Sommaire détaillé

Les **chiffres** renvoient aux **paragraphes**

Introduction — Approche du marché luxembourgeois

1	Aides françaises à la prospection et à l'implantation	20
2	Aides luxembourgeoises à l'investissement	30
3	Douanes, réglementation des importations et des changes	40
4	Séjour et travail des étrangers au Luxembourg	60

1re PARTIE — Droit des affaires

TITRE 1 — Système administratif et juridique — 250

1	Organisation politico-administrative	255
2	Sources du droit luxembourgeois	260
3	Organisation judiciaire	270
4	Règlement des litiges commerciaux internationaux	300
A	Droit applicable	305
B	Tribunal compétent	310
C	Exécution des jugements et sentences arbitrales étrangers	330
5	Place financière	340
A	Secteur bancaire et financier	345
B	Bourse	370

TITRE 2 — Droit des sociétés

Chapitre 1 — Choix d'une forme d'implantation — 400

1	Succursale	402
2	Transfert du siège social au Luxembourg	415
3	Association avec une entité luxembourgeoise	420
A	Association commerciale momentanée	425
B	GIE et GEIE	435
C	Sociétés de personnes	460

	4	**Constitution d'une filiale ou d'un holding**	480
		Société en commandite par actions	481
	5	**Formalités communes**	505
	A	Formalités administratives	505
	B	Formalités de publicité	510

Chapitre 2 — Société anonyme — 550

1		**Constitution d'une SA**	555
2		**Organes de la SA**	580
	A	Assemblées générales des actionnaires	580
		Types d'assemblées	585
		Convocation	588
		Tenue des assemblées	590
	B	Assemblées générales des obligataires	600
	C	Conseil d'administration	610
		Administrateurs	611
		Fonctionnement	620
		Pouvoirs	625
		Responsabilité	630
	D	Organes de contrôle	635
3		**Fonctionnement de la SA**	640
	A	Émission de titres	641
		Actions	642
		Obligations	650
	B	Transmission et acquisition des titres	655
	C	Distribution	665
	D	Modifications du capital	675
		Augmentation de capital	675
		Réduction de capital	685
		Amortissement du capital	690
	E	Fusions, scissions	695
		Fusions	695
		Scissions	705
4		**Dissolution, liquidation, procédures collectives**	715
	A	Dissolution	715
	B	Liquidation	720
	C	Procédures collectives	725

Chapitre 3 — Société à responsabilité limitée (SARL) — 800

A	Constitution	810
B	Organes	820
	Assemblée générale	820
	Gérance	830
	Contrôle	835
C	Fonctionnement	840
	Distribution des bénéfices	841
	Régime de cession des parts sociales	843
D	Dissolution, liquidation	848

Sommaire détaillé – 9

2ᵉ PARTIE Système fiscal

TITRE 1 Aperçu d'ensemble 1000

TITRE 2 Imposition des sociétés 1150

Chapitre 1 Impôt sur le revenu des collectivités (IRC) 1155

1 Champ d'application 1160

A Collectivités imposables
Principes d'assujettissement 1161
Exonérations et régimes particuliers 1165

B Territorialité
Règles luxembourgeoises 1175
Convention fiscale franco-luxembourgeoise 1195

2 Détermination du bénéfice imposable

A Règles générales 1210

B Modes de détermination du bénéfice imposable 1210
Corrections apportées à la méthode du bénéfice 1225
Évaluation des éléments d'actif 1233
Amortissements 1250
Charges déductibles 1265
Provisions 1275

3 Mesures d'incitation à l'investissement 1280
Exonération d'impôt en faveur des industries nouvelles 1282
Crédits d'impôt pour investissement 1283
Abattements d'impôt pour certains investissements 1287
Mesure en faveur des sociétés de navigation maritime 1290

4 Calcul et paiement de l'imôt 1292
Calcul de l'impôt 1292
Sociétés non résidentes 1294
Déclaration 1295
Recouvrement 1296

5 Fiscalité de groupe 1310

A Régime fiscal des fusions et acquisitions 1312

B Régime d'intégration fiscale 1322

C Transferts indirects de bénéfices entre sociétés apparentées 1323

D Sociétés fournissant des services communs au groupe 1324
Centre de coordination 1326
Sociétés de financement 1329
Sociétés captives de réassurance 1331

Chapitre 2 Autres impôts

1 Impôt commercial communal (taxe professionnelle) 1335

A Champ d'application 1336

B Base imposable 1337

C Liquidation 1344

D Recouvrement 1345

2 Impôt sur la fortune 1355
Champ d'application 1355
Base imposable 1356

Évaluation du capital d'exploitation	1359
Liquidation	1361

3 Taxe annuelle d'abonnement — 1370

TITRE 3 Imposition des personnes physiques — 1400

Chapitre 1 Impôt sur le revenu — 1410

1 Champ d'application — 1420

- A Personnes imposables — 1421
- B Règles de territorialité — 1423
- C Année fiscale — 1436
- D Exonérations — 1438

2 Détermination du revenu imposable — 1450

- A Modes de détermination des revenus catégoriels — 1454
- B Revenu net imposable — 1460
- C Règles d'assiette catégorielles — 1470
  - Bénéfices commerciaux — 1471
  - Bénéfices des professions libérales — 1475
  - Salaires — 1478
  - Pensions et rentes — 1482
  - Revenus de capitaux mobiliers — 1485
  - Revenus de la location de biens — 1488
  - Revenus divers — 1500

3 Calcul et paiement de l'impôt sur le revenu — 1510

- A Imposition des revenus courants
  - Barème de l'impôt sur le revenu — 1515
  - Classes d'imposition selon les charges de famille — 1518
  - Autres déductions — 1525
  - Calcul de l'impôt sur les revenus courants — 1527
- B Imposition des revenus extraordinaires — 1530
- C Recouvrement de l'impôt dû par les résidents — 1535
  - Retenues à la source — 1537
  - Recouvrement par voie de rôle — 1560
- D Imposition des non-résidents — 1570
  - Revenus de source luxembourgeoise — 1571
  - Calcul et recouvrement de l'impôt — 1575

Chapitre 2 Impôt sur la fortune — 1600

- A Personnes imposables — 1605
- B Fortune imposable — 1610
- C Calcul de l'impôt — 1615

TITRE 4 TVA — 1660

1 Champ d'application — 1661

- A Opérations imposables en régime interne — 1661
- B Opérations exonérées — 1670
- C Territorialité de la TVA — 1671

2	Base d'imposition et exigibilité	1685
A	Base d'imposition	1685
B	Exigibilité	1688
C	Redevables et assujettis	1290
3	TVA intracommunautaire	1695
4	Taux de la TVA	1705
5	Déductions	1710
6	Obligations des redevables	1717

TITRE 5 — Autres impôts — 1800

1	Impôt foncier	1810
2	Droits d'enregistrement, de timbre et d'hypothèque	
	Droits d'enregistrement	1820
	Droits de timbre	1828
	Droits d'hypothèque	1830
3	Droits de mutation à titre gratuit	1840
	Droits de succession	1842
	Droits de donation	1850
4	Impôts et taxes divers	1860

3e PARTIE — Régimes particuliers

TITRE 1 — Sociétés holdings — 2000

Chapitre 1 — Statut juridique — 2005

1	Activités du holding	2006
2	Principales règles juridiques	2025

Chapitre 2 — Régime fiscal

1	Holdings de 1929	2050
2	SOPARFI	2058

TITRE 2 — Organismes de placement collectif — 2100

Chapitre 1 — Notions générales

1	Définition des OPC	2110
2	Forme juridique	2120
3	Régime fiscal des OPC	2140
4	Différents types d'OPC	2155

Chapitre 2 — Règles communes — 2170

Chapitre 3		**Règles particulières à chaque type d'OPC**	
	1	Réglementation des OPC Partie I	2230
	2	Réglementation des OPC Partie II	2240

TITRE 3	**Fonds de pension**	2300

4ᵉ PARTIE Droit social

TITRE 1		**Droit du travail**	
	1	Cadre administratif et juridique	3000
	2	Conditions d'emploi	3012
	A	Contrat de travail	3013
	B	Rémunération	3025
	C	Conditions de travail	3035
	D	Cessation du contrat	3050
		Licenciement individuel	3051
		Licenciement collectif	3067
		Démission	3075
		Autres motifs	3080
	E	Salariés étrangers	3105
	3	Rapports sociaux	3120
	A	Représentation du personnel	3120
		Comité mixte d'entreprise	3121
		Délégués du personnel	3126
	B	Négociation collective	3130
		Partenaires sociaux	3130
		Conventions collectives	3135
		Conflits sociaux	3145

TITRE 2		**Protection sociale**	3200
	1	Maintien au régime français (détachement)	3205
	2	Protection sociale luxembourgeoise	3220
	A	Organisation générale du système	3221
	B	Affiliation	3224
	C	Cotisations	3230
	D	Prestations	3238
	3	Assurances volontaires et complémentaires des expatriés	3255

5ᵉ PARTIE Règles comptables

TITRE 1	**Obligations des sociétés industrielles et commerciales**

Chapitre 1		**Comptes annuels**	
	1	Etablissement des comptes	3503
	2	Principes comptables	3506

3	Présentation des comptes	3510
4	Rapport de gestion	3521
5	Certification et publication des comptes	3523
6	Modèles de comptes	3530

Chapitre 2 Comptes consolidés 3535

TITRE 2 Obligations des organismes de placement collectif

Chapitre 1 Obligations comptables 3600

Chapitre 2 Principales méthodes comptables et d'évaluation 3625

6ᵉ PARTIE Convention franco-luxembourgeoise

TITRE 1 Texte de la convention 3800

TITRE 2 Application en France 4000

1 Champ d'application de la convention
- A Personnes auxquelles s'applique la convention 4002
- B Champ d'application territorial 4005
- C Impôts visés par la convention 4006

2 Imposition des différentes catégories de revenus
- A Revenus immobiliers et bénéfices agricoles 4009
- B Bénéfices industriels et commerciaux 4012
  Définition de l'établissement stable 4013
  Détermination du bénéfice imposable 4025
- C Impôt de distribution 4031
- D Dividendes 4034
  Régime institué par la convention 4037
  Dividendes de source française 4039
  Dividendes de source luxembourgeoise 4053
  Dividendes se rattachant à un établissement stable 4054
  Régime communautaire : directive sociétés mères et filiales 4054-A
- E Intérêts 4055
- F Modalités d'application (revenus mobiliers) 4060
  Règles générales 4060
  Revenus des valeurs mobilières françaises 4063
  Revenus des valeurs mobilières luxembourgeoises 4077
  Rémunérations des administrateurs et dirigeants de sociétés 4085
- H Revenus non commerciaux et bénéfices des professions non commerciales
  Bénéfices des professions non commerciales 4090
  Redevances et droits d'auteur 4093
- I Traitements, salaires, pensions et rentes 4099
  Traitements et pensions publics 4100
  Traitements et salaires privés 4108
  Pensions privées et rentes viagères 4116
- J Autres revenus 4120

3	**Modalités pour éviter la double imposition**	4130
A	Règles générales	4131
	Régime de l'imposition exclusive	4132
	Régime de l'imputation	4133
B	Impôt sur le revenu	4145
C	Impôt sur la fortune	4155
	Non-discrimination	4160
4	**Assistance fiscale**	4167
	Échange de renseignements	4170
	Assistance pour le recouvrement	4175

TITRE 3 Application au Luxembourg 4200

1	**Champ d'application de la convention**	4201
2	**Imposition des différentes catégories de revenus**	
A	Revenus immobiliers et bénéfices agricoles	4210
B	Bénéfices industriels et commerciaux	4211
C	Revenus mobiliers	
	Impôt de distribution	4213
	Dividendes	4214
	Intérêts	4217
	Redevances et droits d'auteur	4220
	Rémunérations des administrateurs	4220
	Traitements, salaires, pensions et rentes	4225
	Revenus non expressément mentionnés	4230
3	**Méthodes pour éviter la double imposition**	4231
4	**Impôt sur la fortune**	4232
5	**Non-discrimination**	4233
6	**Assistance administrative**	4234

Annexes 4500

– Carte du Grand-Duché du Luxembourg	4501
– Liste des États avec lesquels le Luxembourg a conclu des conventions fiscales	4503
– Modèles d'attestations à produire dans le cadre de la convention franco-luxembourgeoise	4504
– Formulaire requis pour l'obtention de la réduction de la retenue à la source luxembourgeoise sur les dividendes	4505
– Adresses utiles	4506

INTRODUCTION

Approche du marché luxembourgeois

1 Avec une superficie de 2 587 km² (82 km sur 57), le Luxembourg est un des plus petits Etats souverains. Le Grand-Duché est formé de deux régions naturelles, l'Ösling qui forme le prolongement du nord des Ardennes belges et le Gutland du Sud où se situent les mines d'acier.

La population est de moins de 440 000 habitants (0,1 % de la population de la CE). Outre la capitale du Luxembourg qui concentre 80 % de l'activité économique du pays, les seules grandes villes se situent dans la zone sidérurgique du Sud : Esch-sur-Alzette, Differdange et Dudelange (voir la carte qui figure en annexe au n° 4501).

La population du Luxembourg se caractérise également par le fait que 32,5 % des habitants sont de nationalité étrangère (dont 28 % sont des ressortissants de la Communauté européenne). Cette présence s'explique par la faiblesse démographique de souche et par l'implantation de nombreuses sociétés étrangères et d'institutions européennes (Banque européenne d'investissement, Cour de justice des Communautés européennes). En ajoutant les frontaliers, la population active, 183 000 personnes en 1999, est majoritairement composée d'étrangers (53 %, qu'ils soient eurocrates, travailleurs immigrés ou employés de banque). Le chômage y est le plus bas d'Europe (1,9 % en 2000) et les créations d'emplois visent généralement des emplois hautement qualifiés. Attirés par de meilleures conditions d'emploi et de travail, un PIB en croissance (+ 7,8 en 2000) et une inflation bien contenue (3,6 %), les *frontaliers étrangers* représentent près de 20 % de la population active. Le nombre de *frontaliers français* travaillant au Grand-Duché (40 000 Lorrains du Nord) dépasse largement celui des frontaliers travaillant en Sarre et Rhénanie-Palatinat. Leurs secteurs d'emploi sont principalement l'industrie, le BTP, la banque et les assurances.

2 L'émergence de la place luxembourgeoise comme *place financière internationale* date du milieu des années 60. Elle coïncide avec d'une part le développement des activités financières entre les six pays fondateurs du Marché commun – le siège de la CECA est à Luxembourg – et d'autre part la mise en place dans la plupart des pays d'une réglementation des mouvements de capitaux.

Le miracle économique des années 70 est le résultat d'une *politique de diversification* structurelle réussie : l'industrie qui représentait 40 % du PIB dont 20 % pour la métallurgie n'en représente plus que la moitié (dont 5 % pour la métallurgie), tandis que les services assurent désormais 60 % du PIB. Une telle politique a assuré au Luxembourg une croissance annuelle entre 1970 et 1994 de 3,9 % en moyenne, soit 1,5 point de plus que chez ses voisins. La diversification est toujours à l'ordre du jour, mais cette fois-ci, à l'intérieur du secteur des services, avec la recherche de *nouvelles niches* comme les fonds de pension transfrontaliers ou l'ouverture de banques spécialisées dans les prêts immobiliers (*mortgage banks*). Le secteur de la communication et des médias est, en outre, identifié comme la troisième vague du développement économique du pays.

Le Luxembourg s'est doté de structures particulièrement propices à l'accueil des capitaux internationaux :
- la **Bourse**, créée en 1929 et orientée vers le marché des euro-obligations ;
- la loi de 1929 sur les **sociétés holdings** qui sera, par la suite, l'un des principaux véhicules d'accueil des capitaux étrangers, avec la loi et le règlement grand-ducal de 1990 sur les SOPARFI ;
- la **loi bancaire** de 1945 (et en dernier lieu celle du 5 avril 1993 codifiée le 18 octobre 1999) qui fournit le cadre juridique à l'implantation de nombreuses banques étrangères attirées par le développement intense du marché des euro-devises et des eurodollars ;
- la loi du 25 août 1983 (et en dernier lieu celle du 30 mars 1988) qui prévoit un régime propre aux **organismes de placement collectif** et qui permettra l'essor de la gestion collective de l'épargne ;
- la loi établissant la libre prestation de services dans le secteur des **assurances** (texte coordonné du 15 février 1995) ;
- la loi du 8 juin 1999 sur les régimes internationaux de pension, qui anticipe le cadre légal communautaire pour instituer des **fonds de pension internationaux**.

3 Avec un des taux de croissance les plus élevés d'Europe et une consommation des ménages en poussée constante, le Luxembourg présente une stabilité économique remarquable.

Le secteur des **services** contribue pour plus de 60 % au PIB, les services **financiers** et le secteur des **assurances** en formant les principaux postes. Avec ses 70 compagnies d'assurances, ce dernier secteur est en pleine croissance (voir le régime des sociétés captives de réassurance aux n°s 1331 s.). Le marché transfrontalier de l'**assurance-vie** permet à des compagnies d'opérer depuis le Luxembourg, pays qui s'affirme comme un carrefour important dans un secteur où la plupart des grands groupes financiers ont choisi d'établir une tête de pont (voir Dossier Assurance-vie en libre prestation de services : l'assurance-vie luxembourgeoise, Editions Francis Lefebvre 1998).

Pour développer et diversifier ce secteur, le Luxembourg s'est même doté d'un **pavillon maritime** susceptible d'attirer de nouvelles activités de financement, de courtage et d'assurance (voir n° 1290).

4 Le Luxembourg est devenu une importante place financière qui emploie 8,5 % de la population active, fournit 2/3 des impôts sur les sociétés et 15 % du PIB. Comptant en 1999 quelque 210 banques implantées sur son territoire, le Luxembourg est le pays d'Europe qui compte le plus grand nombre de banques par habitant. Afin de préserver leur compétitivité face à des centres comme l'International Financial Services Centre de Dublin, la tendance est à la concentration. Parmi les vingt plus grosses sociétés, cinq sont des banques.

Le Luxembourg est devenu la quatrième puissance mondiale derrière les Etats-Unis, la France et le Japon et la deuxième place européenne de la **gestion collective de l'épargne**, derrière la France. La place financière a connu une croissance exceptionnelle depuis 1988 : en 1999, 800 FCP ont des actifs nets d'une valeur de 15 563 milliards de LUF ; 795 SICAV gèrent 14 milliards de LUF et 35 autres OPCVM gèrent 310 millions de LUF. La Bourse de Luxembourg cote 3 658 OPC émises par 551 entités légales.

Signalons enfin la présence d'une trentaine d'**établissements financiers non bancaires** ayant adopté la forme de SA. Ces établissements ne peuvent recevoir de dépôts ou autres fonds remboursables à un terme inférieur à deux ans qu'à la condition de provenir d'établissements de crédit ou de sociétés affiliées à l'établissement.

5 La **gestion de patrimoines privés** est un des fleurons traditionnels de l'activité bancaire du pays. Si la Suisse gère les 1 000 plus grosses fortunes d'Europe, on peut dire que le Luxembourg vise les 100 000 personnes juste en dessous. Avec le recyclage des euro-émissions, le Luxembourg s'impose actuellement surtout comme une *place financière spécialisée dans les euromarchés*.

Elle est le siège des institutions financières de l'Union européenne et la présence à Luxembourg de la Banque européenne d'investissement et d'organismes de compensation internationale a grandement contribué à développer des activités de contrepartie en euromonnaies.

Développant des activités de conseil, les banques ont à cœur de diversifier leurs services pour réduire leur dépendance à l'égard de la conjoncture internationale et faire face à une rentabilité déclinante. La part revenant à la gestion des fonds de placement ne cesse de se développer. La directive CEE de 1985 relative aux fonds communs de placement et permettant aux fonds de placement de type ouvert d'être commercialisés sur l'ensemble des territoires des États membres sans autorisation préalable a été transposée sans délai en droit interne (voir n° 2143).

SECTION 1   Aides françaises à la prospection et à l'implantation

20   *Remarque.* Les adresses des différents organismes cités dans la présente section sont données dans la *liste des adresses utiles* qui figure à la *fin de l'ouvrage*.

Information et prospection commerciales

21   Au stade même de leur préparation, les opérations de prospection commerciale peuvent être assistées, *côté français,* par un certain nombre d'organismes publics ou privés.

En premier lieu, le Luxembourg fait partie, avec 20 autres pays d'Europe, des marchés prioritaires sur lesquels les pouvoirs publics français mettent à la disposition des exportateurs une assistance personnalisée désignée sous le nom de SESAME (Service de soutien et d'accompagnement sur les marchés extérieurs). Cette assistance est apportée par le *poste d'expansion économique français* implanté à Luxembourg. Elle consiste principalement en une assistance commerciale allant d'une analyse des possibilités d'affaires à la fourniture de renseignements de notoriété en passant par l'indication des moyens publicitaires et des foires et salons appropriés, ainsi qu'en une aide matérielle dans le déroulement des missions de prospection. L'accès à cette procédure d'assistance passe par les *directions régionales du commerce extérieur* mais aussi par les *chambres de commerce et d'industrie*.

Cette aide complète et prolonge celle qu'apportent traditionnellement d'autres organismes comme le **CFCE** (Centre français du commerce extérieur), le **CFME-ACTIM** (Comité français des manifestations économiques à l'étranger et Agence pour la coopération technique industrielle et économique) et **NOREX** (Normes et réglementations techniques pour l'exportation) pour la connaissance des normes techniques étrangères et des procédures d'homologation des produits.

Le Gouvernement a fusionné, à l'adresse de l'ACTIM, le CFME et l'ACTIM en un seul centre qui offre aux entreprises intéressées une aide concrète pour leurs activités de promotion (notamment pour la participation à des foires ou à des salons spécialisés) et à la coopération technique. Le CFCE, quant à lui, assure une mission de centrale d'intelligence économique. Il fournit des renseignements de notoriété sur des entreprises luxembourgeoises, des informations économiques et réglementaires et diffuse les appels d'offres luxembourgeois. Par ailleurs, il publie des études et ouvrages plus spécialisés par secteur d'activités (agro-alimentaire et industriel notamment). Il dispose également d'informations sur les aides financières des instances communautaires et luxembourgeoises.

Dans le cadre de la réforme du dispositif d'appui à l'export, il faut mentionner le lancement dans les régions des « *points-exports* » qui regrouperont contacts et informations en matière d'export.

La **COFACE**, enfin, organisme public généralement bien connu des exportateurs français, fournit à ses assurés des prestations pouvant aller de la simple aide à la prospection à la couverture de risques beaucoup plus importants (de non-paiement en particulier).

Cette énumération des organismes susceptibles de venir en aide aux entreprises françaises ne se veut qu'indicative, certains des organismes cités étant eux-mêmes en mesure par ailleurs de diriger, le cas échéant, les personnes qui les sollicitent vers des instances plus spécifiques adaptées à leurs besoins.

Recherche de partenaires économiques luxembourgeois

22 Mis à part les organismes généraux cités au paragraphe précédent, les entreprises françaises qui recherchent des partenaires économiques au Luxembourg peuvent s'adresser à divers instruments de rapprochement que la Commission européenne a mis en place pour faciliter l'insertion des PME dans le marché unique (pour en savoir plus, voir Mémento Communauté européenne, n°s 5059 s.) :

– le *Business Cooperation Network* (BC Net), premier réseau européen et international de *recherche de partenaires*. Il relie des « conseillers d'entreprise » spécialistes de la coopération entre entreprises (cabinets de conseils, Chambres de commerce, organisations professionnelles, avocats et banques). Les « profils de coopération » transmis *confidentiellement* par les conseillers à partir des demandes des entreprises alimentent un réseau informatisé de recherche de partenaires. Les tarifs varient en fonction des prestations offertes (environ 30 euros par demande ou forfait annuel de 600 euros au moins). L'adresse des conseillers répartis dans les régions françaises peut être obtenue auprès des Euro-info-centres. Pour obtenir l'adresse des Euro-info-centres, voir n° 9955 Mémento Communauté européenne ;

– le *Bureau de rapprochement des entreprises* est une base de données non confidentielle qui peut être interrogée directement par les entreprises ou les conseillers du réseau. Le « profil de coopération » est envoyé au réseau de correspondants pour être diffusé dans le pays ciblé par la recherche. L'unité centrale BRE répond aux demandes d'information en transmettant le dossier de l'entreprise offrant un partenariat (adresse en annexe au n° 4505) ;

– *Europartenariat* organise deux fois par an des manifestations visant à stimuler les relations d'affaires entre les PME de régions en retard de développement ou en déclin industriel et d'autres PME européennes. Ces journées de rencontre sont précédées de la diffusion d'un catalogue de projets de collaboration diffusé par le biais des Euro-info-centres, des chambres de commerce et du réseau BC Net (adresse en annexe au n° 4505).

Incitations fiscales

23 Au plan fiscal, afin de favoriser les implantations françaises à l'étranger et de développer les exportations, l'article 39 octies du CGI permet aux sociétés françaises soumises à l'impôt sur les sociétés de constituer une *provision en franchise d'impôt* lorsqu'elles créent un *établissement* ou acquièrent une *filiale à l'étranger* dont l'activité est :

– la commercialisation de leurs *produits* ou la fourniture de *services* visant à favoriser un courant d'exportations durable ;

– la fourniture de **services non commerciaux** et notamment les activités de conseil et d'assistance aux entreprises. Cette notion recouvre les **professions libérales**, charges et offices, et les profits de toutes occupations et exploitations lucratives ne se rattachant pas à une autre catégorie de revenus. L'activité non commerciale doit être exercée à titre exclusif tant par l'entreprise française que par sa filiale ou son établissement (chiffre d'affaires d'autres activités inférieur à 10 % du chiffre d'affaires global).

Ce régime s'applique de plein droit, sans agrément préalable, aux implantations commerciales et après agrément aux implantations de services. Il est toutefois important de noter que sont **exclues** de ce régime les activités bancaires, financières et d'assurances.

La déduction opérée n'a qu'un **caractère provisoire** et la provision ainsi déduite doit être rapportée progressivement aux résultats des exercices suivants à hauteur des bénéfices dégagés par la filiale ou l'établissement. L'avantage fiscal constitue donc exclusivement un **avantage de trésorerie**. C'est ce que fait apparaître le **tableau** ci-après qui précise, avec les **notes** en renvoi, les conditions dans lesquelles s'applique ce régime depuis le 1er janvier 1992.

24 Conditions d'application de la provision

	IMPLANTATIONS COMMERCIALES (1) (Agrément non requis)	IMPLANTATIONS DE SERVICES (2) (Agrément requis)
Forme de l'investissement	– Création d'établissement. – Filiale détenue à 33,33 % au moins (3).	– Création d'établissement. – Filiale détenue à 33,33 % au moins (3).
Montant de la provision (4) (5)	Montant des pertes subies à l'étranger au cours des exercices clos après l'investissement et pendant les 4 années suivant celle de l'investissement, dans la limite de celui-ci.	Montant des pertes subies au cours des exercices clos après l'investissement et pendant les 4 années suivantes, dans la limite du montant de l'investissement, lequel ne peut dépasser 20 M F.
Réintégration de la provision (4) (6)	A hauteur des bénéfices réalisés par l'implantation étrangère au titre des exercices suivant celui au cours duquel la provision a été déduite et au plus tard au résultat de l'exercice arrêté au cours de la dixième année qui suit l'investissement.	Mêmes règles que pour les investissements réalisés sous la forme d'implantations commerciales.

(1) Les implantations commerciales s'entendent des filiales (ou établissements) ayant pour activité la **commercialisation à l'étranger** de biens produits principalement par l'entreprise française.

(2) Pour les investissements réalisés à compter du 1er janvier 1988, seules ouvraient droit à provision les implantations d'**activités de services** nécessaires à la commercialisation de produits fabriqués en France. Depuis le 1er janvier 1992, le régime est étendu à toutes les prestations de services relevant de l'article 34 du CGI (ingénierie, hôtellerie, informatique, loisirs...), l'agrément étant accordé si l'implantation favorise une exportation durable et significative. Le projet de loi de finances pour 1995 prévoit de l'étendre aux activités de **services non commerciaux** (conseil, assistance aux entreprises).

(3) Lorsque l'implantation est réalisée sous la forme d'une filiale, les investissements éligibles sont les suivants :
– acquisition ou souscription de titres permettant de **porter le taux de détention** au minimum requis (33,33 % ou 50 % selon la date et la nature de l'investissement) ;
– acquisition ou souscription de titres permettant de **maintenir le taux de détention** au minimum requis ;
– acquisition ou souscription de titres permettant d'**augmenter le taux de participation** (par hypothèse déjà égal au minimum requis) d'une **fraction supplémentaire** égale à 10 % au moins du capital.

La filiale doit être constituée sous la forme d'une **société de capitaux** et être soumise à l'étranger à un **régime fiscal** similaire à celui de l'impôt sur les sociétés, ce qui est le cas au Luxembourg.

(4) Les résultats de l'implantation étrangère qui servent de base au calcul des provisions, puis à leur reprise, doivent être déterminés selon la législation fiscale française. Sont toutefois exclues les dispositions qui autorisent les déductions ou provisions spéciales et des amortissements exceptionnels.

Lorsque l'implantation est réalisée sous la forme d'une filiale, le résultat est retenu dans la proportion des titres ouvrant droit à dividende détenus par la société française.

(suite des notes page suivante)

> (5) Le **montant de l'investissement,** qui limite dans certains cas le montant de la provision, s'entend :
> – du montant net des capitaux transférés, lorsque l'implantation est effectuée sous la forme d'un établissement ;
> – des sommes versées au titre de chaque acquisition ou souscription de titres, lorsqu'il s'agit d'une filiale.
>
> (6) Certains événements entraînent une **réintégration immédiate** des provisions : réduction du taux de détention, cession, cessation ou changement d'activité de la société française ou de l'exploitation étrangère, non-respect des conditions d'application.

SECTION 2 Aides luxembourgeoises à l'investissement

Aides à l'implantation

30   Seules les *aides extra-fiscales* sont abordées, les mesures fiscales faisant l'objet de développements spécifiques (voir n°s 1280 s.).

Les mesures d'incitation à l'implantation offertes par les pouvoirs publics luxembourgeois s'adressent indifféremment aux résidents du Luxembourg comme aux non-résidents, la finalité première étant de stimuler l'économie nationale par la diversification industrielle.

Signalons, tout d'abord, trois **zones industrielles** aménagées dans le sud du pays ainsi qu'un **pôle européen de développement** situé aux confins de la France et de la Belgique dans le sud-ouest du pays. Les sociétés qui s'implantent dans cette zone peuvent recevoir de la CE une subvention représentant jusqu'à la moitié des aides nationales.

Les mesures d'aides à l'investissement figurent dans la *loi-cadre de développement et de diversification économiques* du 27 juillet 1993, modifiée notamment par une loi du 21 février 1997 (complétée par un règlement du 19 mars 1997).

1. aides aux opérations d'investissement ou de restructuration réalisées par les PME.
Les aides cumulées sont plafonnées à 7,5 % des frais encourus pour les PME qui répondent aux conditions suivantes :
– moins de 250 salariés ;
– chiffre d'affaires ou total du bilan inférieurs respectivement à 40 ou 27 millions d'euros ;
– participation inférieure à 25 % par une ou plusieurs entreprises ne répondant pas aux deux premières conditions.
Le plafond est porté à 15 % pour les PME qui répondent aux conditions suivantes :
– moins de 50 salariés ;
– chiffre d'affaires ou total du bilan inférieurs à respectivement 7 ou 5 millions d'euros ;
– participation inférieure à 25 % par une ou plusieurs entreprises ne répondant pas aux deux premières conditions.

Indépendamment de ces conditions de seuil, une aide en faveur d'*opérations d'investissements et de restructurations* peut être accordée aux entreprises qui ne sont pas considérées comme des PME dans le cadre de la loi de 1993. Cette aide est limitée à 7,5 % de l'investissement et à 100 000 euros sur une période de trois ans.

2. aides régionales.
Elles sont plafonnées à 17,5 % dans les zones Nord et Est et à 20 et 25 % dans la zone Sud.

3. aides à la recherche et au développement.
Elles varient de 25 %, 50 % ou 75 % selon le type de programmes ou projets.

Investissements étrangers

31   Très favorable aux implantations d'entreprises étrangères susceptibles de diversifier l'économie, le Luxembourg n'impose pas de réglementation propre aux investissements étrangers et aucun secteur économique n'est protégé des investissements étrangers. La réglementation des investissements et les formalités sont d'ailleurs très légères.

Les sociétés qui s'implantent ou se développent sont soumises à une formalité d'*autorisation préalable* de la part du ministre des classes moyennes si l'activité est artisanale ou commerciale, du ministre de l'économie si l'activité est industrielle ou du ministre des finances pour une activité financière. Les sociétés holdings sont dispensées de cette formalité. Le ministre recueille, le cas échéant, l'avis de la chambre de commerce et d'artisanat et il vérifie la qualité professionnelle du requérant et son honorabilité (diplômes et certificat de non-faillite des dirigeants de la société). L'ensemble de la procédure est accompli dans un délai d'un mois environ (voir n°s 505 s.).

Un *permis d'exploitation* est également requis de toute société s'implantant au Luxembourg pour vérifier que ses activités de production sont compatibles avec le droit de l'environnement.

Aides à l'emploi

32   La loi du 12 février 1999 sur le plan d'action national en faveur de l'emploi prévoit le remboursement des cotisations sociales aux entreprises qui embauchent des chômeurs âgés ou de longue durée (voir n° 3250).

SECTION 3   Douanes, réglementations des importations et des changes

A. Douanes et importations

40   L'Acte Unique européen a permis à la CE de dépasser le stade de l'union douanière et de parvenir, depuis le 1er janvier 1993, à une véritable *liberté de circulation des marchandises* à l'intérieur de la CE. Intégrant les dispositions douanières de l'UEBL et du Benelux (voir n°s 254 s.), le régime douanier des *échanges avec les pays tiers* reste inchangé.

Commerce franco-luxembourgeois : régime général

41   La quasi-totalité des marchandises françaises est exportée vers le Luxembourg ou vice versa sans *aucune formalité de dédouanement* ou de déclaration en douane, que ce soit au départ, à l'arrivée ou au passage de la frontière. Elles n'ont même plus à faire l'objet d'une documentation particulière accompagnant leur transport, comme le DAU ou une facture. Les seules marchandises soumises à des formalités particulières sont les produits soumis à accises et les marchandises spécifiques (biens culturels, armes, textiles, animaux ou produits d'origine animale et plantes).

L'unique formalité qui subsiste est une *déclaration à but statistique*, dans le cadre du régime Intrastat.

Déclaration INTRASTAT

42 La déclaration Intrastat résulte des règlements 330/91/CEE du 7 novembre 1991 et 3046/92/CEE du 22 octobre 1992. Ce système a été institué pour prendre le relais des systèmes nationaux de collecte des données confiés précédemment aux services douaniers des États membres pour établir leurs statistiques commerciales intracommunautaires. Les services douaniers nationaux étant supprimés aux frontières, ce sont désormais les personnes qui effectuent les transferts de marchandises intracommunautaires qui transmettent elles-mêmes les données par le biais de *déclarations périodiques*, en même temps que les déclarations de TVA.

Côté français, les obligations liées à cette déclaration Intrastat sont regroupées avec celles liées à l'« état récapitulatif TVA », sous forme d'une seule « déclaration des échanges de biens entre États membres ».

Côté luxembourgeois, les assujettis soumis à déclarations périodiques de TVA (voir n° 1721) sont tenus de remettre une *déclaration mensuelle* qui concerne toutes les marchandises qui circulent d'un État membre à un autre. Elle doit être *détaillée* (pays d'arrivée et de destination, nature de la transaction, conditions de livraison, valeur et quantité des marchandises) ; elle peut être *simplifiée* si le chiffre d'affaires est inférieur à 15 millions de LUF. Les opérateurs dont le chiffre d'affaires pour l'ensemble des opérations intra-communautaires est inférieur à 4,2 millions de LUF en sont *dispensés*.

Marchandises spécifiques

43 Certaines marchandises se trouvant en libre pratique dans l'Union européenne continuent de faire l'objet de restrictions ou d'être soumises à licence d'importation lors de leur transfert d'un État membre à un autre, sauf si elles proviennent de la Belgique ou des Pays-Bas (règlement grand-ducal du 15 janvier 1996). Ce sont les produits soumis à accises (règlement CE 3649/92), les biens culturels (règlements CE 3911/92 et 752/93), les armes, les textiles, les animaux ou produits d'origine animale et les plantes.

Importations de pays tiers transitant par le Luxembourg

44 L'importateur français qui reçoit des marchandises en provenance de pays tiers via le Luxembourg a le choix entre *deux possibilités*.

Soit elles sont *importées directement jusqu'en France* sous le couvert d'un titre de transit (Carnet TIR ou transit communautaire) ; le paiement des droits de douane et de la TVA se fait alors uniquement en France, car il n'existe aucune obligation de procéder aux formalités de dédouanement de marchandises en provenance de pays tiers dès leur entrée sur le territoire de la CE.

Soit les *formalités douanières* d'importation sont effectuées *au Luxembourg* ; dans ce cas, les droits de douane et la TVA luxembourgeoise deviennent exigibles au Luxembourg. Toutefois, si, dès ce moment, le destinataire est l'importateur français, seuls les droits de douane devront être acquittés au Luxembourg (au taux uniforme fixé par le Tarif Extérieur commun CE) et il n'aura plus d'autres formalités douanières à accomplir. L'importateur français paiera la TVA française, au taux français, comme s'il s'agissait d'une opération intra-communautaire et il devra remplir l'état récapitulatif des échanges de biens (voir n° 1730). Pour que ce transfert soit traité, à ce moment-là, comme un échange entre le Luxembourg et la France, il faut toutefois qu'il soit immatriculé au Luxembourg comme exportateur, c'est-à-dire qu'il y ait un *numéro d'identification* (voir n° 1691).

Territoire communautaire au regard de la douane, de la TVA et des droits d'accises

45

	États membres (1)	Fait partie du territoire	Ne fait pas partie du territoire
TERRITOIRE DOUANIER	Allemagne	Jungholz Mittelberg	Heligoland Büsingen
	Autriche		
	Belgique	–	–
	Danemark	–	–
		–	Iles Féroé Groenland
	Espagne	Iles Canaries	Ceuta Melilla
	Grèce	–	–
	Finlande	Iles d'Åland	–
	France	Départements d'outre-mer Monaco	Territoires d'outre-mer
	Irlande	–	–
	Italie	San Marino	Livigno Campione d'Italia Eaux nationales du lac de Lugano
	Luxembourg		
	Pays-Bas	Territoire européen à l'exclusion des Antilles néerlandaises	–
	Portugal	–	–
	Royaume-Uni	Iles Anglo-Normandes Ile de Man	–
	Suède	–	–
TERRITOIRE D'ACCISES	*territoire douanier sauf :*		– le mont Athos – Les DOM – les îles Canaries
TERRITOIRE TVA (cf. n° 1721)	*territoire douanier sauf :*		– le mont Athos – les DOM – les îles Canaries – les îles d'Åland – les îles Anglo-Normandes – San Marino – Jungholz et Mittelberg

(1) L'enclave autrichienne de Mittelberg-Jungholz, bien qu'appartenant au territoire douanier de la RFA, n'appartient ni à la CE ni donc au territoire soumis à la TVA.

B. Réglementation des changes

Virements transfrontaliers

49 En vertu de la directive 97/5/CE en la matière, transposée depuis mai 1999, les établissements de crédit sont soumis à une obligation générale de **transparence**. Le client doit recevoir une *information écrite* :

– *préalablement* à l'opération, il doit connaître les conditions applicables aux

virements transfrontaliers : délai pour que les fonds soient crédités sur le compte de l'établissement du bénéficiaire puis sur son propre compte, modalités de calcul des commissions et frais payables par le client, date de valeur, procédure de réclamation, cours de change de référence ;
– à l'issue du virement, il doit être informé des montants du virement et des frais et commissions, des dates de valeur et des taux de change utilisés.

L'*établissement qui accepte l'ordre de virement* s'engage sur son délai d'exécution et sur les commissions et frais. S'il ne respecte pas le délai ou à la fin du 5ᵉ jour bancaire ouvré suivant l'acceptation de l'ordre de virement, il doit indemniser son client. De même, l'*établissement du bénéficiaire* doit mettre les fonds à sa disposition dans le délai convenu. S'il ne respecte pas le délai ou à la fin du jour bancaire qui suit celui où les fonds lui ont été crédités, il doit indemniser son client. Sauf cas de force majeure, les établissements sont soumis à une obligation de remboursement si le virement n'est pas mené à bonne fin (jusqu'à hauteur d'une contre-valeur de 12 500 euros).

1. Réglementation luxembourgeoise

50 La Belgique et le Luxembourg forment une union économique qui, jusqu'en 1999, se traduisait en matière financière par une monnaie commune, le franc belge, et une politique monétaire largement définie à Bruxelles. Paradoxalement, un des effets du *passage à l'euro* a été de rendre au Luxembourg une partie de sa souveraineté monétaire, à l'heure où cette souveraineté passe à la Banque centrale européenne.

L'*Institut Monétaire Luxembourgeois* a disparu. Ses fonctions monétaires, proches de celles d'une banque centrale, sont remplies par la Banque centrale du Luxembourg. Celle-ci émet désormais les *francs luxembourgeois* et les met en circulation mais il est convenu que, pendant la *période transitoire*, elle accorde toujours le cours légal aux *francs belges* fournis par la Banque centrale belge. Avec le passage à l'union monétaire, les deux banques centrales exercent les mêmes droits et obligations dans le cadre du système européen de banques centrales. Les fonctions de l'IML en matière de contrôle prudentiel du secteur financier sont transférées à la Commission de surveillance du secteur financier (voir n° 340 s.).

Quant à l'*Institut belgo-luxembourgeois du change*, il continue de réglementer les mouvements de capitaux avec l'étranger jusqu'au 31 décembre 2001 (adresse en annexe). A part certaines transactions spécifiques pour lesquelles son autorisation est requise, il n'y a *pas de contrôle des changes*

L'absence de restrictions à l'entrée et à la sortie des capitaux ne signifie pas que ces opérations peuvent s'effectuer sans aucune *formalité* mais elles sont purement *déclaratives.*

51 La *réglementation des changes* définie par l'IBLC est fort peu importante.

À l'importation, aucun délai de paiement n'est imposé et les acomptes ne peuvent être versés plus de trois mois avant l'opération. *À l'exportation,* en revanche, les acomptes peuvent être versés sans délai imposé mais les délais de paiement sont limités à six mois. Ces délais peuvent toutefois être étendus sur accord de l'IBLC.

Les *transferts de capitaux* ne sont soumis à autorisation préalable de l'IBLC que dans des cas exceptionnels. De même, les *transferts d'intérêts d'emprunts* et les *transferts de bénéfices* ou de *dividendes* sont libres.

Le *rapatriement des capitaux* étrangers investis au Luxembourg est libre. L'IBLC accorde même des *garanties de rapatriement* pour les capitaux étrangers investis en Belgique et au Luxembourg dans le but de maintenir ou d'établir des relations directes et durables avec une entreprise industrielle ou commerciale établie sur le territoire national, sous forme de **participation au capital** de cette entreprise ou sous forme de **prêt** à moyen ou à long terme. L'assurance donnée par l'IBLC au moment de l'investissement garantit que sera délivrée à tout moment l'autorisation de transférer le produit de la réalisation éventuelle de l'investissement ainsi que les revenus de cet investissement. Les informations relatives aux modalités d'octroi sont obtenues auprès des banques ou de l'IBLC.

Résidence monétaire

52 Un règlement du 17 novembre 1990 relatif aux opérations de paiement avec l'étranger définit le **territoire étranger** comme tout territoire autre que le territoire de l'UEBL (voir n° 257). Les **résidents** sont, au sens du règlement, toute personne physique ayant sa résidence principale sur le territoire de l'UEBL ainsi que toute personne morale dont le siège est situé dans ce territoire. Il faut noter toutefois qu'une personne morale ayant son siège social sur le territoire d'un État étranger est considérée comme résidente pour tous les biens dont la gestion relève d'un siège établi sur le territoire de l'UEBL et pour tous les actes accomplis par cet établissement. Inversement, si elle a, outre son siège social établi sur le territoire de l'UEBL, un ou plusieurs sièges d'exploitation sur le territoire d'États étrangers, elle est considérée comme **non-résidente** (étrangère) pour tous les actes accomplis par ces établissements et pour tous les biens dont la gestion relève de ces établissements.

Les opérations avec l'étranger ainsi que les paiements doivent être **notifiés à l'IBLC**. La transmission des informations se fait directement par les résidents s'ils effectuent leurs paiements dans le cadre d'une activité professionnelle sans passer par une banque. S'ils font intervenir un établissement de crédit, c'est ce dernier qui informe l'IBLC. Les résidents remplissent toutefois directement un formulaire statistique si le montant de leurs paiements excède un million de LUF.

2. Réglementation française

53 Depuis le 1er janvier 1990, la **levée** du contrôle des changes autorise les personnes physiques résidentes de France à ouvrir des comptes à l'étranger et à y transférer librement des fonds. Toutefois, pour que cette libération ne constitue pas une source d'évasion fiscale, trois obligations d'**information** au profit de l'administration fiscale sont prévues :
– une obligation de **déclaration des transferts** physiques de capitaux d'un montant au moins égal à 50 000 F ;
– l'aménagement du **droit de communication** de l'administration auprès des établissements de crédit ;
– une obligation de **déclaration des comptes** ouverts à l'étranger.

Déclaration des transferts de capitaux

54 En application de l'article 98 de la loi n° 89-935 du 29 décembre 1989, les **personnes physiques** qui transfèrent des fonds d'un **montant unitaire** au moins égal à 50 000 F vers l'étranger ou en provenance de l'étranger sont tenues d'en faire la déclaration. L'obligation **concerne** les transferts des sommes, titres ou valeurs effectués sans l'intermédiaire d'un organisme financier soumis aux règles du contrôle du crédit ou d'un organisme assimilé visé à l'article 8 de la loi n° 84-46 du 24 janvier 1984 relative aux organismes de crédit (Trésor public, Banque de France, Caisse des dépôts et consignations...). En cas de défaut de déclaration des transferts, les **sanctions** sont la confiscation du corps du délit ou d'une somme en tenant lieu, une amende variant de 25 % à 100 % du montant sur lequel a porté l'infraction ou la tentative d'infraction et la présomption que les sommes irrégulièrement transférées constituent des revenus imposables.

Droit de communication de l'administration

55 L'article L 96 A du LPF prévoit pour certains organismes l'obligation de communiquer aux administrations fiscales et douanières, sur leur demande, certains renseignements sur les transferts de fonds à l'étranger effectués par les personnes physiques ou morales tenues de déclarer leurs comptes ouverts, utilisés ou clos à l'étranger. Sont également visés par le droit de communication les transferts effectués sur des *comptes de non-résidents* ouverts en France.

Le droit de communication peut être exercé auprès des établissements de crédit ainsi que du Trésor public, de la Banque de France, des services financiers de La Poste, de la Caisse des dépôts et consignations, de l'Institut d'émission des départements d'outre-mer et de l'Institut d'émission d'outre-mer. Il *porte sur* la date et le montant des sommes transférées, l'identification de l'auteur et du bénéficiaire du transfert, la référence des comptes concernés en France et à l'étranger. Le délai de conservation des documents afférents aux transferts par les organismes concernés par le droit de communication est de six ans.

Déclaration des comptes à l'étranger

56 Lors de leur déclaration annuelle de revenus, les contribuables sont tenus de procéder à la déclaration de tous les comptes à l'étranger qu'ils ont ouverts, utilisés ou clos au cours de l'année précédente (art. 1649 A du CGI et instruction du 6 mars 1991, 5 A-2-91).

1. Personnes visées

Ce sont les personnes domiciliées ou établies en France, au sens des conventions fiscales ou du droit français, qui sont titulaires d'un compte ouvert, utilisé ou clos hors de France (ou les bénéficiaires d'une procuration) :

– **personnes physiques** : en général, seul le **titulaire** du compte ou le **bénéficiaire d'une procuration** est le déclarant. Si le déclarant est une **personne différente** des titulaires du compte ou du bénéficiaire de la procuration, il doit préciser à quel titre il souscrit la déclaration. Il en va de même si le déclarant agit comme entrepreneur individuel, indépendamment de son secteur d'activité, ou en tant que représentant légal (administrateur, gérant, liquidateur...) d'une association ou d'une société ne revêtant pas la forme commerciale. Toute personne bénéficiant d'une procuration sur un compte étranger d'un particulier, d'une association ou d'une société ne revêtant pas la forme commerciale doit remplir une déclaration si elle utilise ladite procuration que ce soit à son profit ou au profit d'une personne résidente de France ;
– **sociétés** ne revêtant **pas** la **forme commerciale** (sociétés de fait, indivisions, sociétés en participation, sociétés civiles, GIE à objet civil et GEIE, établissements des sociétés étrangères ne revêtant pas la forme commerciale) ainsi que les **associations**, indépendamment de leur régime fiscal ou juridique et de leur activité.

Ne sont **pas visées** par l'obligation déclarative les personnes physiques non soumises à l'obligation de souscrire une déclaration de revenus, les associations ne disposant pas de revenus imposables (donc non astreintes à une déclaration de résultat), les sociétés à forme non commerciale dispensées de souscrire une déclaration de résultat (par exemple les sociétés civiles immobilières non transparentes mettant à titre gratuit à la disposition de leurs membres les logements dont elles sont propriétaires).

2. Contenu de la déclaration

Les *comptes soumis* à déclaration comprennent ceux ouverts à l'étranger auprès des établissements bancaires, administrations publiques, notaires, agents de change, etc. La déclaration est établie au titre de *chaque compte* ouvert, utilisé ou clos au cours de l'année ou de l'exercice par le déclarant, l'un des membres du foyer fiscal ou une personne rattachée à ce foyer. Un compte est réputé être utilisé si au moins une opération de crédit ou de débit a été réalisée au cours de la période visée par la déclaration.

Le *déclarant* doit fournir ses nom, prénom, date et lieu de naissance, domicile. S'il agit pour le compte d'un tiers bénéficiaire d'une procuration ou s'il agit à titre de représentant de ce bénéficiaire ou du titulaire du compte, il précise *à quel titre* il souscrit la déclaration.

3. Modalités de la déclaration

La déclaration est faite soit sur un *imprimé* intitulé « Déclaration par un résident d'un compte ouvert hors de France, n° 3916 EXP. », soit sur papier libre reprenant les mentions de l'imprimé. Elle est datée et signée par le déclarant et le ou les titulaires du compte (membres du foyer fiscal ou rattachés au foyer). Elle est jointe à la déclaration d'ensemble des revenus (2042 N ou 2042 S) souscrite habituellement auprès du centre des impôts du domicile. Si le déclarant agit pour le compte d'un tiers, la déclaration est souscrite auprès du centre des impôts dont dépend ce dernier.

Pour les associations et autres *personnes morales ne revêtant pas la forme commerciale*, elle est annexée à la déclaration de résultat souscrite auprès du centre des impôts compétent (celui dont dépend le lieu de l'activité ou le principal établissement ou le siège social).

Sanctions

57 Les *inexactitudes* ou les *omissions* figurant dans la déclaration de comptes souscrite auprès de l'administration sont sanctionnées par les peines prévues à l'article 1726 du CGI (amendes).
Le *défaut de production* de la déclaration d'un compte est ainsi sanctionné :

– amende spécifique de 5 000 francs par compte non déclaré, à la charge du déclarant défaillant (art. 1768 bis-2 du CGI) ;
– les sommes, valeurs ou titres transférés à l'étranger ou en provenance de l'étranger par l'entremise de comptes non déclarés sont présumés, sauf preuve contraire, constituer des revenus imposables donnant lieu à rappels d'impôt assortis de l'intérêt de retard de 0,75 % par mois et d'une majoration de 40 % (non exigible en cas d'application des sanctions douanières pour absence de déclaration de transfert physique de fonds égaux ou supérieurs à 50 000 F) ;
– les revenus des avoirs à l'étranger peuvent faire l'objet d'une taxation d'office.

Si le contribuable apporte la *preuve* que les transferts à l'étranger ne constituent *pas des revenus imposables*, il échappe alors à l'impôt à ce titre. Il peut apporter la preuve que les transferts réalisés par l'entremise d'un compte non déclaré, en provenance de l'étranger ou à destination de l'étranger, ne constituent pas des revenus imposables si les sommes concernées ont déjà été assujetties à l'impôt ou si elles sont exonérées ou n'entrent pas dans le champ d'application de l'impôt.

SECTION 5 Séjour et travail des étrangers au Luxembourg

Réglementation applicable aux ressortissants de l'Union européenne et de l'EEE

60 L'essentiel de la réglementation luxembourgeoise en matière d'immigration, pour ce qui concerne les ressortissants des 15 pays formant l'Union européenne (UE par la suite) et l'Espace économique européen, EEE par la suite (Islande, Norvège et Liechtenstein), est issu des textes communautaires. La compétence du législateur national dans ce domaine est donc limitée à la transposition en droit interne des prescriptions communautaires non directement applicables et, le cas échéant, à l'élaboration de dispositions à caractère complémentaire.

Les **textes** luxembourgeois applicables en la matière sont les suivants :

– la loi du 28 mars 1972 concernant l'*entrée*, le *séjour*, le contrôle médical des étrangers et l'emploi de la main-d'œuvre étrangère, dont le texte a été coordonné le 1er février 1996 ;
– le règlement grand-ducal du 28 mars 1972 relatif aux **formalités** à remplir par les étrangers, modifié en dernier lieu par le règlement grand-ducal du 3 juin 1996 ;
– le règlement grand-ducal du 12 mai 1972 déterminant les mesures applicables pour l'*emploi* des travailleurs étrangers sur le territoire du Grand-Duché, modifié en dernier lieu par le règlement du 29 avril 1999 ;
– enfin, la loi du 28 décembre 1995 fixant les modalités de participation aux **élections communales** des citoyens non luxembourgeois de l'Union européenne.

Celle-ci repose sur un socle de principes du droit communautaire : la **libre circulation des personnes** et la **liberté d'établissement** à des fins professionnelles. Nous ne les évoquerons ici que pour en dégager les conséquences pratiques pour les personnes qui souhaitent se rendre ou s'établir au Luxembourg. Pour en savoir plus, on se reportera utilement au Mémento CE n°s 1800 s. ou à l'ouvrage Comment tirer profit du droit communautaire, n°s 400 s.

Personnes bénéficiaires de la réglementation communautaire

61 Ces principes de liberté de circulation et de travail sont applicables non seulement aux **salariés** mais aussi aux **personnes** ayant une **activité professionnelle** indépendante (entrepreneurs, artisans, membres de professions libérales), que ces dernières viennent s'établir au Luxembourg en tant qu'indépendants ou qu'elles exercent dans leur pays d'origine et qu'elles ne viennent au Luxembourg que pour y fournir des services pendant une durée plus ou moins longue, mais sans s'y établir.

Rappelons toutefois qu'en ce qui concerne les activités professionnelles indépendantes, la liberté d'établissement n'est pas totale en pratique puisque l'*exercice* de certaines professions – professions libérales notamment – est **réglementé** par chaque État en fonction de critères (niveau de formation, règles déontologiques, etc.) qui n'ont pas tous été harmonisés au niveau communautaire (voir n°s 68 s.).

La liberté d'entrée, de séjour et de travail est par ailleurs étendue :
– aux **membres de la famille** (conjoint, enfants de moins de 21 ans au moment de l'entrée et, le cas échéant, autres parents à charge) des personnes précitées, y compris lorsque les membres de la famille de l'intéressé ne sont pas eux-mêmes des ressortissants communautaires (toutefois, ils devront alors obtenir un visa qui leur sera attribué d'office et gratuitement) ;
– sous certaines conditions, aux personnes précitées qui demeurent au Luxembourg **après la fin de l'activité professionnelle** pour l'accomplissement de laquelle elles avaient été admises à entrer et à séjourner au Luxembourg. C'est le cas, par exemple, des **retraités** mais aussi des **chômeurs**.

Toutefois, si les ***chômeurs*** sont sans emploi depuis plus de douze mois au moment du premier renouvellement de leur autorisation de séjour, le renouvellement peut être lui-même limité à une période de douze mois. D'autre part, ceux qui viennent au Luxembourg pour y chercher un emploi peuvent voir leur droit de séjour limité à trois mois.

En cas de cessation définitive de toute activité, le travailleur qui a résidé plus de trois ans au Luxembourg et qui y a travaillé pendant les douze derniers mois acquiert un droit de résidence permanent au moment de sa ***retraite***. Il dispose d'un délai de deux ans pour prendre sa décision (règlement CEE 1251/70).

Un salarié peut rester au Luxembourg ***après la cessation de son activité salariée***, s'il désire exercer une activité en qualité de travailleur indépendant et sous réserve de remplir les éventuelles conditions de diplôme requises.

Modalités pratiques d'entrée, de séjour, de travail

62 Les formalités auxquelles sont soumis les ressortissants de l'Union européenne ont trait à l'entrée, au séjour et à l'exercice d'une activité professionnelle sur le territoire luxembourgeois. S'agissant de leur ***entrée*** sur le territoire luxembourgeois, la présentation d'une carte d'identité nationale ou d'un passeport en cours de validité ou périmé depuis moins de cinq ans suffit.

L'étranger qui a l'intention de ***séjourner*** au Luxembourg ***moins de trois mois*** doit, dans les trois jours de son arrivée, faire une ***déclaration d'arrivée*** à la mairie de sa résidence. S'il prévoit d'y résider ***plus de trois mois mais moins de 12 mois***, il doit demander à la mairie une ***autorisation de séjour*** qu'il obtient en présentant sa déclaration d'arrivée et en fournissant les ***documents*** suivants : le document de voyage sous le couvert duquel il est entré au Luxembourg, la preuve de moyens d'existence personnels suffisants ou la possibilité de les acquérir légalement, la justification d'un logement adéquat, trois photos d'identité, les renseignements relatifs à son identité et à celle de son conjoint et des enfants vivant avec lui (les étrangers non communautaires doivent fournir, en outre, un certificat de contrôle médical et un extrait récent du casier judiciaire).

S'il prévoit d'y résider ***plus de 12 mois***, il doit souscrire à la mairie une demande de ***carte d'identité d'étranger*** qui vaut déclaration d'arrivée. Les documents à fournir sont les mêmes, auxquels s'ajoute la quittance justifiant le paiement de la taxe perçue pour la délivrance de la carte d'identité. Des assouplissements sont prévus par des conventions internationales ou pour les ressortissants communautaires.

Concernant l'***exercice d'une activité professionnelle***, certaines professions ***libérales*** nécessitent l'obtention d'une autorisation d'établissement, pour les étrangers comme pour les Luxembourgeois : architecte, expert-comptable, conseil en propriété industrielle, conseil économique (voir n° 508). Pour l'exercice d'une activité ***salariée***, aucun permis de travail n'est requis des ressortissants communautaires.

Enfin, en vertu de la directive 91/439/CEE, qui doit être en application depuis le 1er juillet 1996, les ***permis de conduire*** délivrés par les États membres sont mutuellement reconnus. En cas de changement d'État de résidence normale, le titulaire d'un permis en cours de validité peut demander l'échange de son permis sans toutefois y être tenu.

63 La ***carte d'identité d'étranger*** ne peut être refusée ou retirée que pour des raisons d'ordre public et de sécurité publique (fondées sur le comportement personnel de l'intéressé) ou de santé publique. Elle est établie pour une ***durée*** de cinq ans ou pour une durée supérieure ou inférieure afin de correspondre à la durée prévisible du séjour. Elle est renouvelable de plein droit par périodes de dix ans. Si toutefois le titulaire est au chômage depuis plus de douze mois consécutifs lors du premier renouvellement, la carte peut n'être renouvelée que pour une période d'un an à l'issue de laquelle un nouveau renouvellement peut être refusé pour absence d'emploi.

Cette carte est *délivrée* à l'intéressé mais également aux membres de sa famille âgés de plus de quinze ans (même s'ils n'ont pas la nationalité d'un État membre). Si son titulaire quitte le pays pour une durée supérieure à six mois, il doit faire une *déclaration de départ* et remettre à l'autorité de sa commune sa carte d'identité d'étranger.

64 Il existe une simplification des formalités pour les salariés étrangers, ressortissants communautaires ou non, envoyés au Luxembourg par leur employeur étranger *en détachement temporaire* d'une durée prévisible ne dépassant pas un an. Le salarié détaché est dispensé de demander une carte d'identité d'étranger. Il se borne à joindre à sa déclaration d'arrivée un certificat de son employeur attestant de sa qualité de salarié détaché et indiquant la durée prévisible du détachement.

Ressortissants belges et néerlandais

65 Ils sont soumis aux *mêmes formalités* d'entrée, de séjour et de travail que les autres ressortissants communautaires mais l'autorisation d'établissement leur est accordée dès lors qu'ils justifient de moyens d'existence légitimes. En outre, les titulaires d'une carte d'identité d'étranger ne peuvent être frappés d'une mesure d'éloignement que si, par leur conduite, ils compromettent l'ordre ou la sécurité publics.

Frontaliers

67 Les ressortissants des États membres qui sont salariés au Luxembourg tout en ayant leur domicile sur le territoire d'un autre État membre se voient délivrer une *carte de travailleur frontalier*. D'une validité initiale de cinq ans, la carte est renouvelable de plein droit pour des périodes de dix ans. Elle est établie par le ministère de la justice, sur demande adressée à la commune où le salarié est employé. Les pièces à fournir sont une déclaration d'emploi de l'employeur et un certificat de résidence.

Reconnaissance mutuelle des professions et des diplômes

68 Le corollaire de la libre circulation des personnes à l'intérieur de la CE est bien entendu l'*interdiction* d'exercer, à l'encontre de ressortissants d'autres États membres, toute *discrimination* en matière d'emploi ou d'activité professionnelle fondée sur la nationalité. En pratique, cela signifie qu'un salarié français aura au Luxembourg les mêmes droits qu'un salarié luxembourgeois en matière d'embauche, d'avancement, de droits syndicaux, de protection sociale, etc. (sur ces sujets, se reporter également à la 3e partie du présent ouvrage). Ni le contrat de travail ni la convention collective applicable ne peuvent y déroger.

Certaines dispositions peuvent déroger cependant à cette interdiction. C'est le cas notamment des conditions d'emploi dans la *fonction publique*. Toutefois, même dans ce domaine, les restrictions éventuelles ne sont admises que pour les emplois publics qui relèvent de l'exercice de la souveraineté nationale et non pas pour tous les fonctionnaires (exemples : enseignants, infirmiers...). Par ailleurs, l'employeur peut être fondé, s'il ne s'agit pas d'une mesure discriminatoire, à exiger d'un candidat étranger une connaissance appropriée de la langue nationale ou à soumettre celui-ci à un examen professionnel (l'offre d'emploi doit alors en faire mention).

Certaines professions ont fait l'objet d'une *harmonisation spécifique*, notamment dans le *domaine médical et paramédical*. On se renseignera au cas par cas, selon la profession exercée ou envisagée. La situation est différente selon que la profession est réglementée, c'est-à-dire subordonnée à la possession d'un diplôme délivré dans un État, ou non soumise à une réglementation nationale.

Professions réglementées

69   Au Luxembourg comme en France, certaines professions ne peuvent être exercées (que ce soit en tant que salarié ou en tant qu'indépendant) que par des personnes possédant les qualifications professionnelles requises en application de dispositions légales, réglementaires ou administratives. Toute véritable non-discrimination passe donc par la *reconnaissance des diplômes et des formations professionnelles* obtenus dans d'autres États membres. Des directives particulières ont été adoptées, *profession par profession* : agents commerciaux, agents de voyages, agents et courtiers d'assurances, architectes, coiffeurs, infirmiers, médecins, pharmaciens, transporteurs, vétérinaires, dentistes, sages-femmes (voir la liste détaillée de ces directives dans le Mémento CE n° 2245). Les membres de ces professions peuvent, dans certains cas, avoir à subir un stage d'adaptation ou une épreuve d'aptitude (consulter la directive CE).

70   Pour les autres professions réglementées, il existe un *système général de reconnaissance* des diplômes fondé sur deux directives.

Dans les professions pour lesquelles un *diplôme* correspondant à *au moins trois ans d'études supérieures* est requis (exemples : ingénieur-conseil, psychologue, expert-comptable, etc.), la reconnaissance des diplômes est assurée par la directive 89/48 du 21 décembre 1988). Elle permet à un ressortissant de l'UE ou de l'EEE de pouvoir exercer au Luxembourg une profession réglementée s'il possède un diplôme lui permettant d'exercer la même profession dans son pays d'origine. Toutefois, si la formation dispensée au Luxembourg pour l'obtention du diplôme dure au moins un an de plus que celle suivie par l'intéressé dans son pays d'origine, une expérience professionnelle d'une durée au plus égale à celle de la période de formation manquante peut être exigée en sus du diplôme. S'il existe des différences importantes autres que de durée, l'intéressé peut être contraint de suivre un stage de formation complémentaire ou, au choix, de subir une épreuve d'aptitude. Ces éventuelles conditions supplémentaires sont prescrites par les autorités compétentes à l'occasion de la demande de reconnaissance que l'intéressé doit introduire. L'examen de chaque dossier ne peut prendre plus de quatre mois et, si des conditions supplémentaires sont imposées à l'intéressé, il peut les contester en justice. Il peut enfin, une fois admis à exercer, utiliser à la fois son titre d'origine et le titre luxembourgeois correspondant.

La directive CE a été *transposée en droit luxembourgeois* par la loi du 13 août 1992 qui a également créé un service de coordination pour la reconnaissance des diplômes. Pour la profession de réviseur d'entreprise, la loi est complétée par le texte coordonné du 18 avril 1997.

71   Pour les professions réglementées pour lesquelles la *formation* exigée dure *moins de trois ans,* les directives 92/51 et 97/38 ont instauré un système de reconnaissance des formations professionnelles courtes globalement identique à celui prévu par la directive 89/48 pour les formations longues. Elles ont été *transposées en droit luxembourgeois* par les règlements du 2 juin 1994 et du 12 février 1998.

Réglementation applicable aux autres étrangers

75   La réglementation applicable aux étrangers non ressortissants de l'Union européenne est nécessairement plus contraignante.

L'*entrée* au Luxembourg se fait sur présentation d'un passeport en cours de validité (muni d'un visa pour les ressortissants de certains pays comme le

Sénégal). Concernant son *séjour,* l'étranger doit demander au ministère de la justice une autorisation d'établissement provisoire. Muni de ce titre, il remplit dans les huit jours de son arrivée les formalités suivantes à la mairie de sa résidence :

– si la durée de son séjour ne dépasse pas trois mois, il remet une déclaration d'arrivée ;
– si elle excède trois mois, il doit demander une *carte d'identité d'étranger* valable cinq ans, cette demande valant alors déclaration d'arrivée.

76 Si l'étranger désire *exercer une activité professionnelle,* il doit obtenir, comme les Luxembourgeois, une autorisation d'établissement, délivrée par le ministère des classes moyennes, si l'activité est commerciale ou libérale (voir n° 506). Si l'activité est salariée, le titre requis est un permis de travail délivré par le ministère du travail. L'employeur qui embauche un travailleur étranger non muni d'un permis de travail est passible d'une peine d'emprisonnement et d'une amende.

Le port obligatoire d'une *carte d'identité sociale* dans certains secteurs économiques est à l'ordre du jour (mesure déjà adoptée en Allemagne et en Belgique dans le secteur de la construction). Elle permettrait de lutter contre le travail au noir et de contrôler l'exécution de la législation sur la sécurité au travail.

Le *permis de travail* doit être demandé par l'employeur, avant l'entrée de l'étranger sur le territoire, au moyen d'une « déclaration d'embauchage » contresignée par l'intéressé et adressée à l'Office national de l'emploi (ONEM). Le récépissé envoyé par l'administration à l'employeur et à l'intéressé vaut autorisation provisoire de travail. Le permis est délivré par le ministère du travail, après avis d'une commission spéciale. Il peut être refusé en cas de détérioration du marché de l'emploi, auquel cas l'autorisation provisoire n'est plus valable. Il existe quatre types de permis de travail.

Le *permis A* a une durée d'un an et il est valable pour une seule profession et un employeur déterminé. Le *permis B* a une durée de quatre ans et il est valable pour une seule profession mais pour tout employeur, et il est accordé après une activité au Luxembourg pendant deux ans continus. Le *permis C* a une durée illimitée et il est valable pour toute profession et tout employeur. Il est réservé aux étrangers travaillant au Luxembourg depuis plus de sept ans ou nés au Luxembourg et y ayant résidé deux ans au moins avant de demander ce permis. Le *permis D* est réservé aux stagiaires et aux apprentis et il est accordé pour la durée du stage.

Lorsqu'un employeur embauche un salarié qui détient déjà un permis de travail valable pour plusieurs employeurs, il doit en faire la déclaration préalable à l'ONEM.

Signalons également la possibilité pour les entreprises de demander, dans des cas exceptionnels, une *autorisation de travail collective.* La loi du 17 juin 1994 prévoit que, pour les travailleurs étrangers détachés temporairement au Luxembourg pour le compte d'une entreprise étrangère ou luxembourgeoise et titulaires d'un contrat à durée indéterminée depuis six mois au moins, l'entreprise sous l'autorité de laquelle les travailleurs sont employés peut demander au ministère du travail une autorisation de travail collective. Sa *durée* est limitée à la durée des travaux, sans pouvoir excéder huit mois (un seul renouvellement compris), et elle n'est *valable* que *pour* les travailleurs et le travail spécifiés dans la demande. Le travail effectué en vertu d'une telle autorisation ne confère pas de droit pour l'obtention d'un permis de travail individuel.

La même loi prévoit que, sauf dispense, les permis de travail individuels et les autorisations de travail collectives ne sont délivrés qu'après que l'employeur a déposé une *garantie bancaire* d'au moins 60 000 LUF par personne, auprès d'un établissement agréé, portant sur les frais de rapatriement éventuels des travailleurs pour lesquels une autorisation est demandée.

1ʳᵉ PARTIE

Droit des affaires

Système administratif et juridique

TITRE 1

250 Le présent titre a pour objet de fournir aux personnes non familières du Luxembourg qui désirent y nouer des relations d'affaires une idée générale du contexte administratif, juridique et financier.

La section 1 présente brièvement l'*organisation politico-administrative* du Grand-Duché et ses liens privilégiés avec la Belgique et les Pays-Bas au sein d'unions économiques.

La section 2 donne un rapide aperçu des *sources du droit* luxembourgeois tandis que la section 3 expose le système judiciaire luxembourgeois : organisation des tribunaux et règles de procédure.

La section 4 examine les questions spécifiques au *règlement des litiges* commerciaux franco-luxembourgeois.

La section 5, enfin, décrit la *place financière* : secteur bancaire et financier et activités boursières.

SECTION 1 Organisation politico-administrative

251 Après avoir été un duché soumis depuis 1443 à la souveraineté successivement de la Bourgogne, de l'Espagne, de la France, de l'Autriche et de la Prusse, le Grand-Duché de Luxembourg est un État souverain créé par le congrès de Vienne de 1815 et donné personnellement au roi des Pays-Bas devenu Grand-Duc à cette occasion. Une partie du territoire de l'ancien duché revint alors à la Prusse. Le traité de Londres de 1867 consacra la neutralité perpétuelle de cette « Gibraltar du Nord », enjeu de nombreux conflits. Cette neutralité ne lui épargna pas l'occupation allemande pendant les deux guerres mondiales et elle y renonça en 1948.

Le Grand-Duché est une monarchie constitutionnelle héréditaire dans la maison de Nassau ; le chef de l'État est le Grand-Duc.

Le pouvoir législatif est exercé par une *chambre des députés* de 60 membres, élue au suffrage universel tous les cinq ans. Le gouvernement est formé par le Grand-Duc qui nomme le chef du *gouvernement* issu de la majorité parlementaire et les ministres. Le Grand-Duc nomme également les 21 membres du *Conseil d'État* qui émet des avis sur tous les projets de loi et, sur demande de l'exécutif, sur certaines questions. Il existe une Cour constitutionnelle depuis octobre 1997. Très attaché à la démocratie, le Luxembourg se caractérise par une grande stabilité politique.

Sur le plan *administratif*, le pays est divisé en 3 *districts* – Luxembourg, Diekirch et Grevenmacher – et en 118 *communes*.

Emploi des langues

252 Il y a *trois langues officielles* : le français, l'allemand et le luxembourgeois qui est un dialecte d'origine mosellane. L'anglais est, bien entendu, la langue véhiculaire des milieux d'affaires. La population étrangère représente plus d'un tiers des habitants.

Benelux

253 Le Luxembourg est également l'un des trois membres, avec la Belgique et les Pays-Bas, de l'Union économique Benelux qui a fêté son cinquantenaire en 1994. Ce marché Benelux a servi de modèle au Marché commun créé le 1er janvier 1958 avec la France, l'Italie et l'Allemagne. Il consistait en une union douanière, une coopération économique et l'harmonisation des politiques économiques des trois États. La plupart de ses dispositions ont été intégrées dans la réglementation communautaire sauf pour certaines mesures concernant la perception des droits de douane et la TVA sur les importations.

Union économique belgo-luxembourgeoise

254 Depuis 1921, le royaume de Belgique et le Grand-Duché de Luxembourg forment une union économique, l'*UEBL*. Cette union, formée pour une durée initiale de cinquante ans, est reconduite tous les dix ans. Elle fonctionne au moyen d'un comité des ministres, d'une commission administrative et d'un conseil des douanes.

La Belgique et le Luxembourg coordonnent, au sein de l'UEBL, leurs politiques économique, financière et sociale et rapprochent leurs réglementations nationales dans le but d'éliminer toute distorsion de concurrence qui pourrait apparaître sur leurs marchés respectifs.

L'UEBL est une *union économique* fondée sur une union douanière (voir n° 40).

Dans cet espace économique, outre les libertés de circulation des biens et des personnes établies en vertu des principes communautaires, les ressortissants des deux pays bénéficient d'une *égalité de traitement* plus intégrée encore, comme l'égalité d'accès à l'exercice d'activités économiques ou à la participation aux marchés publics.

Jusqu'au passage à l'euro le 1er janvier 1999, l'Union était particulièrement sensible en *matière financière* puisqu'il y avait monnaie commune et banque centrale commune.

Depuis 1922, le *franc belge* était la monnaie officielle en Belgique comme au Luxembourg. Avec l'accord monétaire bilatéral de 1981, le Luxembourg possédait une *devise autonome* et déjà auparavant, il pouvait émettre sa *monnaie propre* dans un volume convenu. Créé en 1983, l'Institut monétaire luxembourgeois (IML) émettait donc des francs luxembourgeois, gérait leur circulation et veillait à la stabilité de la monnaie. Les billets et pièces de la Banque nationale belge et de l'État belge avaient cours légal et force libératoire illimitée au Luxembourg, alors que les billets et pièces de l'IML ne l'avaient pas en Belgique.

Les *mouvements de capitaux* avec l'étranger sont réglementés jusqu'au 31 décembre 2001 par un organisme commun, l'Institut belgo-luxembourgeois du change, l'*IBCL*. Pour la *réglementation commune des changes*, voir n° 50.

Étapes vers la monnaie unique

256 Depuis le 1er janvier 1999, les *taux de conversion* des monnaies sont irrévocablement fixés, la valeur de l'euro étant celle de l'écu-panier au 31 décembre 1998. Il s'agit d'un taux de conversion et non d'un taux de change. Le 1er janvier 2002 au plus tard, les *billets* et les *pièces* libellés en euros commenceront à circuler parallèlement aux billets et pièces nationaux puis, dans un délai de six mois maximum, les monnaies nationales seront remplacées par l'euro dans tous les États membres participants. La phase transitoire de trois ans allant de 1999 à 2001 est, bien entendu, la plus critique.

La *politique monétaire* européenne est prise en charge depuis le 1er janvier 1999 par le Système européen de banques centrales (SEBC), piloté en toute indépendance par la Banque centrale européenne (BCE). Les décisions en matière de taux d'intérêt directeurs sont prises par la Banque centrale. L'objectif principal du SEBC, clairement défini par le traité de Maastricht, est la stabilité des prix.

Les orientations générales de la politique de change sont déterminées par les ministres réunis au sein du Conseil, après recommandation de la Commission européenne ou de la Banque centrale européenne. La politique de change reste donc de la compétence des gouvernements.

La plupart des fonctions de *politique économique* restent du domaine réservé des États membres, même si, d'après l'article 103 du traité de Rome, « les États membres considèrent leurs politiques économiques comme une question d'intérêt commun et les coordonnent au sein du Conseil ». La pérennité de l'union monétaire est une notion essentielle pour assurer à long terme le succès de la monnaie unique mais le traité est muet sur les *situations de conflit* entre politique économique et politique monétaire et ne prévoit aucun mécanisme de sortie de l'union. Les Quinze sont donc parvenus, au sommet d'Amsterdam de juin 1997, à un compromis contenu dans deux résolutions :

– le *Pacte de stabilité et de croissance* a un double objectif préventif et dissuasif. Les États membres demeurent responsables de leur politique budgétaire nationale mais ils s'engagent à respecter leurs programmes de stabilité et de convergence et à corriger les *déficits publics* excédant 3 % du PIB ;

Si un pays, mis en demeure par le Conseil de prendre des mesures correctrices, ne l'a pas fait dans un *délai* d'un an, il pourra se voir infliger des *sanctions* par le Conseil. Il devra effectuer un dépôt pouvant atteindre 0,5 % du PIB. Si le déficit n'est pas corrigé après une période de deux ans, ce dépôt est transformé en amende.

– afin de maintenir une stabilité durable des taux de change et des prix, un nouveau mécanisme de taux de change (*SME bis*) lie à l'euro depuis le 1er janvier 1999 les monnaies des États de l'UE ne participant pas à la monnaie unique. Un *taux pivot* par rapport à l'euro est déterminé pour chaque monnaie ne participant pas à la zone euro mais participant au mécanisme de taux de change. La marge de fluctuation standard est de ± 15 % de part et d'autre des taux pivots. La participation au SME bis n'est pas obligatoire, mais elle sera nécessaire pour rejoindre l'euro.

Par ailleurs, le Conseil de l'UE surveille les taux de change de tous les États membres, y compris ceux qui ne participent pas au SME bis, dans le cadre de l'examen de leur programme de convergence et avec notamment l'objectif de prévenir les dévaluations compétitives.

Conséquences pour les entreprises et les particuliers

258 Le 1er janvier 1999 a donc marqué le début d'une période transitoire de trois ans au cours de laquelle coexisteront l'euro et les monnaies nationales des pays concernés, lesquelles ne seront plus que des subdivisions non décimales de l'euro. La dénomination d'une somme d'argent en euro est strictement équivalente à la dénomination en monnaie nationale de la même somme d'argent.

Cependant, l'euro ne sera *pas une monnaie à part entière*, puisqu'il n'existera ni billets, ni pièces en euros (monnaie purement scripturale) et que, l'euro n'ayant pas cours légal et obligatoire, les opérateurs pourront l'utiliser d'un commun accord dans leurs transactions privées mais un opérateur à lui seul ne pourra imposer son utilisation. Le principe du ni-ni (*ni interdiction, ni obligation*) laisse en effet entière liberté aux agents privés d'utiliser l'euro.

Les banques et les autres *organismes financiers* ont basculé à l'euro dès 1999, du moins les marchés de gros montants (marché interbancaire, marché monétaire, marchés financiers en actions et obligations). Sur les marchés des changes, c'est l'euro qui est coté, acheté et vendu contre dollar, franc suisse, yen et autres devises.

Depuis 1999, les *entreprises* et les *particuliers* peuvent effectuer des transactions en euro mais uniquement sous forme de monnaie scripturale (chèque, virement, opération par carte bancaire, avis de prélèvement, télépaiement, etc.). Des *chéquiers* spécifiques « euro », différents des chéquiers « franc », peuvent être proposés mais les *cartes bancaires* n'auront pas à être modifiées.

SECTION 2 Sources du droit luxembourgeois

260 Comme le droit français, le droit luxembourgeois a trois origines : la première est purement nationale, la seconde est communautaire et la troisième résulte des traités internationaux conclus par le Luxembourg. On passe volontairement sous silence le droit issu de l'union Benelux, en matière de propriété industrielle notamment.

L'ordre juridique et la hiérarchie des normes du Luxembourg s'inspirent étroitement du système français et n'appellent donc qu'un rapide survol.

Droit d'origine luxembourgeoise

261 La *Constitution* est la norme supérieure. Sa révision ne peut être décidée que par une chambre des députés renouvelée, avec un quorum de présence de trois quarts et une majorité renforcée.

Vient ensuite la *loi* votée par la chambre des députés. Elle n'entre en vigueur qu'après la sanction du Grand-Duc, sa promulgation et sa publication au Mémorial, équivalent du Journal officiel français. Le pouvoir d'initiative appartient au Grand-Duc à travers le gouvernement (projets de loi) et aux députés (propositions de loi). Après une procédure d'instruction du projet durant laquelle doivent être pris les avis du Conseil d'État et de divers organismes consultatifs, le projet est discuté en séance publique puis voté par la chambre à la majorité absolue des voix. Pour compenser le fait que la chambre des députés est un parlement monocaméral, chaque loi doit, sauf dispense accordée par le Conseil d'État, faire l'objet d'un deuxième vote constitutionnel, trois mois après le premier vote. L'ordre judiciaire luxembourgeois ne connaît le contrôle de la constitutionnalité des lois que depuis octobre 1997.

262 En dessous de la source fondamentale du droit qu'est la loi, viennent les *règlements grand-ducaux* qui la mettent en œuvre par des dispositions complémentaires.

Suivant la terminologie utilisée au Grand-Duché (pas toujours avec la rigueur nécessaire), les *règlements grand-ducaux* sont des normes à portée générale posées par l'exécutif. Les décisions individuelles comme les nominations de fonctionnaires sont au contraire qualifiées d'*arrêtés grand-ducaux* et peuvent faire l'objet d'un recours en réformation ou en annulation devant les juridictions administratives. Les règlements à portée générale ne font l'objet que d'un contrôle incident par les cours et tribunaux. Le Grand-Duc (en pratique, le gouvernement) prend les règlements nécessaires à l'exécution des lois et des traités. De tels règlements ne peuvent contenir que des dispositions complémentaires à la loi qu'ils mettent en œuvre. Ces dispositions ont alors la même force qu'une loi. S'ils sont contraires à la loi, les tribunaux luxembourgeois n'en feront pas application.

Le gouvernement dispose parfois d'un pouvoir législatif délégué. Tel est le cas lorsque la chambre des députés charge par une loi d'habilitation le gouvernement de poser des règlements dans les matières qui sont normalement réservées à la loi.

De la même manière que les lois, les règlements doivent être soumis à l'avis préalable du Conseil d'État, sauf en cas d'urgence (appréciée discrétionnairement par l'exécutif).

Il arrive parfois qu'un règlement grand-ducal charge à son tour un ministre de poser certaines mesures d'exécution du règlement grand-ducal. Le ministre est alors habilité à poser des **règlements ministériels**.

263 De même, les communes du Grand-Duché peuvent poser des règlements à portée générale dans les matières qui sont d'intérêt communal ou de leur compétence (par exemple, le règlement des bâtisses). Ces règlements sont soumis à la tutelle du ministre de l'intérieur et ne s'appliquent que sur le territoire de la commune qui les a posés.

Bien que cette source du droit soit devenue tout à fait secondaire, le droit luxembourgeois connaît encore certaines **normes d'origine coutumière**. Le caractère obligatoire d'**autres sources**, telles que les avis émis par une administration, les circulaires et instructions ministérielles, reste discuté.

Droit d'origine communautaire

264 Le Luxembourg fait partie, depuis l'origine, des Communautés européennes. Les principaux actes législatifs communautaires sont les règlements et les directives.

Les **règlements** CE sont directement applicables dans les États membres et peuvent donc être invoqués par toute personne devant les tribunaux luxembourgeois. En cas d'incompatibilité avec un texte luxembourgeois, y compris s'il s'agit de la Constitution, c'est le règlement CE qui prévaut.

Les **directives** CE fixent aux États membres un résultat à atteindre, dans un délai donné, tout en les laissant libres du choix des mesures à adopter pour y parvenir. En l'absence de telles mesures, les directives ne sont, en principe, pas directement applicables. Toutefois, en cas de transposition incorrecte d'une directive en droit national ou de non-transposition à l'expiration du délai fixé, les directives peuvent, sous certaines conditions, devenir directement applicables et donc être invoquées par les particuliers devant les tribunaux luxembourgeois.

En pratique, les directives sont intégrées sous la forme de lois dont l'avant-projet est soumis au Conseil d'État, chaque fois qu'elles imposent une obligation nouvelle, qu'elles concernent une matière réservée à la loi ou qu'elles ont une portée économique.

Quant à la **CJCE**, les tribunaux luxembourgeois peuvent la saisir à titre préjudiciel.

Droit international et communautaire

265 En ce qui concerne les normes internationales, de façon très classique, les **traités internationaux** prévalent, dans la hiérarchie des normes, à toutes les normes de droit interne.

Dans la plupart des cas, les traités ne sont applicables dans l'ordre interne du Luxembourg qu'à la suite de leur approbation. La loi d'approbation contient alors des dispositions de mise en œuvre du traité ou délègue la mise en œuvre au pouvoir réglementaire.

Certains de ces traités sont cependant directement applicables. Tel est le cas lorsque la convention internationale contient des règles de droit suffisamment détaillées pour faire naître des droits subjectifs au profit des particuliers. Ces textes, la Convention européenne des droits de l'homme par exemple, pourront être directement invoqués devant le juge luxembourgeois sans que soit nécessaire une mise en œuvre par le législateur.

SECTION 3 Organisation judiciaire

270 Le système juridictionnel luxembourgeois comporte deux ordres de juridiction : l'ordre judiciaire et les juridictions administratives, auxquels il faut ajouter des juridictions spécialisées.

Remarques liminaires

271 En premier lieu, contrairement à ce qu'on connaît en France, il n'y a *pas de tribunal de commerce*, à proprement parler. Le *contentieux commercial* relève des sections spécialisées des deux tribunaux d'arrondissement siégeant en matière commerciale. L'assistance d'un avocat-avoué y est facultative.

Le *contentieux fiscal* relève, comme en France, des juridictions de l'ordre judiciaire pour ce qui est des droits d'enregistrement et taxes assimilées et des juridictions administratives pour les impôts directs.

Le *contentieux social,* enfin – droit du travail et sécurité sociale – relève de tribunaux arbitraux spécialisés, voir n° 278.

Ordre judiciaire

272 Les tribunaux de l'ordre judiciaire comprennent :
– trois justices de paix siégeant au sud, au centre et au nord du pays ;
– deux tribunaux d'arrondissement siégeant à Luxembourg, pour le sud et le centre du territoire et à Diekirch pour le nord ;
– une cour supérieure de justice formée de la Cour d'appel et de la Cour de cassation et siégeant à Luxembourg.

La *justice de paix* est une juridiction à juge unique qui connaît des litiges d'une valeur inférieure ou égale à 400 000 LUF, en matière civile, commerciale, personnelle, mobilière ou immobilière. Le juge de paix statue en dernier ressort jusqu'à 30 000 LUF et à charge d'appel jusqu'à 400 000 LUF (sauf dans certaines matières comme les saisies sur salaires et les baux). En matière pénale, il fait fonction de juge de simple police. Pour le contentieux social, le juge de paix forme avec des assesseurs représentant les deux collèges employeurs et employés, le tribunal de travail (voir n° 278).

Les deux *tribunaux d'arrondissement* sont divisés en chambres civiles, commerciales, correctionnelles et criminelles. Celui de Luxembourg compte onze chambres. Chaque chambre se compose de trois magistrats. Ils ont une compétence de droit commun en matière civile et commerciale et connaissent de toutes les affaires pour lesquelles la loi n'a pas attribué compétence à d'autres juridictions en raison du montant ou de la nature de l'affaire. Ils sont compétents pour les questions non évaluables en argent. Ils sont également compétents pour connaître des demandes en exequatur des jugements et actes juridiques étrangers. Ils statuent en appel des jugements rendus en matière civile et commerciale par les juges de paix siégeant dans leur arrondissement. Ils statuent en premier et dernier ressort jusqu'à 30 000 LUF et en premier ressort mais à charge d'appel au-delà. En cas d'urgence, le président du tribunal d'arrondissement peut statuer **en référé** (voir n° 283). En matière correctionnelle, ils connaissent des délits et des crimes, et siègent comme juge d'appel à l'égard des jugements de simple police.

La **Cour d'appel** est une juridiction supérieure dont chaque chambre est composée de trois conseillers. Elle comporte des chambres civiles, commerciales et pénales compétentes pour statuer en appel sur les jugements rendus par les tribunaux de première instance, sauf s'ils ont été rendus en dernier ressort.

La **Cour de cassation,** enfin, est composée d'une chambre unique de cinq magistrats. Saisie sur des points de droit seulement, elle connaît des arrêts de la Cour d'appel, des jugements rendus en dernier ressort par les tribunaux d'arrondissement et les juges de paix ainsi que des décisions rendues en dernier ressort par les tribunaux arbitraux (voir n° 278).

Compétence

274 Les lignes directrices relatives à la répartition des compétences suivant la **nature** ou le **montant du litige** viennent d'être présentées ci-dessus. On évoquera ici les principes régissant la **répartition territoriale** de la compétence des tribunaux inférieurs.

La juridiction compétente est, en principe, celle du **domicile du défendeur.** Cela est vrai en matière personnelle ou mobilière. En matière contractuelle, la demande peut également être portée devant le tribunal du lieu où l'obligation doit être exécutée. Des règles particulières s'appliquent, toutefois, à certains types de litiges :
– lieu de situation de l'immeuble pour les litiges immobiliers ;
– domicile du vendeur ou de l'acheteur pour les ventes à crédit ;
– domicile de l'assureur ou du preneur d'assurance en matière d'assurance contractuelle ;
– lieu d'ouverture de la succession en matière successorale ;
– lieu du domicile du demandeur ou lieu du dommage, en matière délictuelle ou quasi délictuelle.

Pour les solutions retenues par la Convention de Rome quand le litige est international, voir n° 306.

En ce qui concerne les **sociétés** civiles ou **commerciales,** on notera qu'elles peuvent être assignées devant le tribunal du lieu du siège social mais aussi du lieu de la succursale ou de l'agence si son représentant est qualifié pour traiter avec des tiers, et que le litige est né dans son ressort d'activité.

Ordre juridictionnel administratif

276 Au Luxembourg, le **contentieux administratif** comprend le **contentieux fiscal** en matière d'impôts directs.

La réforme introduite le 1er janvier 1997 a institué le principe du double degré de juridiction. Le contentieux administratif relève en première instance du **tribunal administratif** et en dernier ressort de la **Cour administrative** qui constitue à présent la juridiction suprême de l'ordre administratif.

On notera que **le contrôle constitutionnel** n'existe que depuis octobre 1997 au Luxembourg.

Tribunaux arbitraux spécialisés

278 Les litiges opposant employeurs et employés sont portés devant le *tribunal de travail* formé du juge de paix qui ne statue pas comme juge unique mais qui s'adjoint le conseil de deux assesseurs, l'un représentant le collège des employeurs et l'autre le collège des employés. Le tribunal de travail connaît en dernier ressort des litiges portant sur une valeur inférieure à 30 000 LUF. Il statue à charge d'appel pour tous les autres litiges. L'appel est porté directement devant la chambre sociale de la Cour d'appel dont l'arrêt peut être cassé par la Cour de cassation.

En matière de *sécurité sociale,* les contestations opposant l'assuré et l'un des organismes de sécurité sociale sont portées devant le conseil arbitral des assurances sociales ou devant le conseil supérieur des assurances sociales si le litige dépasse 30 000 LUF. L'appel du conseil arbitral est porté devant le conseil supérieur et un recours en cassation peut être formé contre les décisions rendues en dernier ressort par ces deux conseils.

Procédure

280 La procédure civile contentieuse a été modifiée par la loi du 11 août 1996 et le nouveau code de procédure civile est en vigueur depuis le 16 septembre 1998.

Concernant l'*instruction,* les débats sont publics et contradictoires. La non-comparution d'une partie entraîne un jugement par défaut, si l'acte introductif d'instance n'a pas été délivré au défendeur (sinon, le jugement est réputé contradictoire pour les actions introduites depuis le 16 septembre 1998).

Devant la justice de paix, la *procédure* est orale et la *représentation* par un avocat est facultative. La représentation par un avocat de la Liste I, la « constitution d'avoué » devient obligatoire pour les affaires devant le tribunal d'arrondissement siégeant en matière civile, ainsi que devant la Cour d'appel et la Cour de cassation. La procédure y est entièrement écrite.

La représentation par un avocat n'est pas obligatoire devant le *tribunal d'arrondissement* siégeant en matière *commerciale.* La procédure y est orale.

Signification

281 Concernant la *signification* d'un acte d'huissier de justice, elle est faite soit à la personne du destinataire n'importe où dans l'arrondissement judiciaire, soit à son domicile ou à sa résidence (adresse commerciale). À l'égard des personnes domiciliées ou résidant *à l'étranger,* la signification est faite dans les formes de transmission convenues entre le Luxembourg et le pays du domicile du destinataire. À défaut de convention, la signification à l'étranger est faite par huissier par lettre recommandée.

En ce qui concerne les *relations franco-luxembourgeoises* en la matière, les deux pays ont signé les déclarations bilatérales suivantes :
– déclaration réglant le mode de transmission des actes judiciaires, du 14 mars 1884 ;
– déclaration concernant la transmission des commissions rogatoires, du 23 juillet 1956.

Le Luxembourg, d'autre part, est partie à de nombreuses *conventions internationales,* tant en matière civile et commerciale qu'en matière administrative.

1° En matière civile et commerciale :
– la Convention internationale relative à la procédure civile, conclue à La Haye ;

– la Convention relative à la signification et à la notification à l'étranger des actes judiciaires en matière civile et commerciale ;
– la Convention européenne dans le domaine de l'information sur le droit étranger et son protocole additionnel ;
– la Convention de La Haye sur l'obtention des preuves à l'étranger en matière civile ou commerciale ;

2° En matière administrative :
– La Convention européenne sur la notification à l'étranger des documents en matière administrative, signée le 24 novembre 1977 ;
– la Convention européenne sur l'obtention à l'étranger d'informations et de preuves en matière administrative, faite à Strasbourg.

Mise en état

282 Avec effet au 16 septembre 1998, une procédure de mise en état est introduite en droit luxembourgeois en ce qui concerne les affaires soumises à une *instruction écrite* (affaires civiles devant le *tribunal d'arrondissement* et affaires civiles et commerciales devant la *Cour d'appel*). Les affaires que le président ne renvoie pas à l'audience sont mises en état d'être jugées.

Le *juge de la mise en état* a pour mission de veiller au déroulement loyal de la procédure, spécialement à la ponctualité de l'échange des conclusions et à la communication des pièces. Il procède en principe par simples mentions au dossier, sauf les cas où il est tenu de statuer par ordonnances motivées non susceptibles d'opposition, à savoir lorsqu'il constate l'extinction de l'instance, enjoint de communiquer des pièces, statue sur une exception dilatoire ou une nullité pour vice de forme, ordonne une mesure d'instruction ou statue sur les dépens.

Les *ordonnances* du juge de la mise en état ne sont pas susceptibles d'opposition. Elles ne peuvent être frappées d'appel ou de pourvoi en cassation qu'avec le jugement définitif. Toutefois, elles sont susceptibles d'appel dans un délai de quinze jours à compter de leur signification lorsqu'elles ont pour effet de mettre fin à l'instance ou lorsqu'elles constatent son extinction.

Délais

283 La *computation* des délais de procédure se fait à minuit à partir du jour de l'acte, de l'événement, de la décision ou de la signification qui le fait courir. Le délai expire le dernier jour à minuit. Les jours fériés sont comptés dans les délais. Tout délai qui expirerait normalement un samedi, un dimanche, un jour férié légal, ou un jour férié de rechange, est prorogé jusqu'au premier jour ouvrable suivant.

Le délai ordinaire des *ajournements* est de quinze jours si l'assigné est un résident luxembourgeois, augmenté de quinze jours s'il réside en Belgique, en France, à Monaco, aux Pays-Bas, en Allemagne, en Suisse ou au Liechtenstein.

Le *délai d'opposition aux jugements par défaut* est de quinze jours à compter de la signification de la notification du jugement au défendeur.

Les *ordonnances de référé* peuvent être frappées d'opposition dans un délai de huit jours à partir de la signification, lequel court simultanément avec le délai d'appel qui est de quinze jours.

Quant au recours contre la décision autorisant l'exécution d'une décision étrangère (*exequatur*), l'appel doit être interjeté devant la cour supérieure de justice dans le mois de la signification lorsque le demandeur est domicilié dans le pays et dans les deux mois de la signification à personne ou à domicile lorsqu'il est domicilié à l'étranger.

Le délai d'*appel contre une ordonnance du juge de la mise en état*, lorsqu'elle a pour effet de mettre fin à l'instance ou lorsqu'elle constate son extinction, est de quinze jours à compter de sa signification.

Le délai d'*appel contre un jugement* est de quarante jours. Il court, pour les jugements contradictoires, du jour de la « signification à personne » et pour les jugements par défaut, du jour où l'opposition n'est plus recevable.

Procédures accélérées et conservatoires

284 Ce sont essentiellement la procédure en référé, la saisie-arrêt et l'ordonnance de paiement.

Dans tous les cas d'*urgence*, le *juge de paix* peut, dans les limites de sa compétence, ordonner toutes les mesures qui ne se heurtent à aucune contestation sérieuse. De même, il peut toujours prescrire les mesures conservatoires ou de remise en état qui s'imposent, soit pour prévenir un dommage imminent, soit pour faire cesser un trouble manifestement illicite. La demande est formée au choix du demandeur, soit par requête, soit par assignation. Si la demande requiert célérité, le juge de paix peut permettre d'assigner à jour et heure fixes, même les jours fériés ou habituellement chômés.

Au niveau du *tribunal d'arrondissement*, le président peut ordonner au débiteur de verser une provision au créancier, qui peut aller jusqu'au montant intégral de la créance, chaque fois que l'existence de l'obligation du débiteur n'est pas sérieusement contestable. La demande est formée par voie d'assignation sans préjudice d'une procédure unilatérale par requête (qui est susceptible de devenir contradictoire sur contredit du débiteur). La procédure est entièrement orale et l'ordonnance rendue est exécutoire nonobstant appel ou opposition. De même le président du tribunal d'arrondissement peut ordonner en référé toutes mesures urgentes, conservatoires ou de remise en état, soit pour prévenir un dommage imminent, soit pour faire cesser un trouble manifestement illicite. Pour empêcher le dépérissement des preuves, il peut ordonner toute mesure d'instruction utile, y compris l'audition des témoins. Dans les cas où le requérant estime qu'il y a extrême urgence, il peut présenter au président du tribunal une demande en vue de se voir permettre d'assigner à jour et heure fixes, même les jours fériés ou habituellement chômés.

Pour ce qui est de l'*ordonnance de saisie-arrêt,* le président du tribunal peut, au cours d'une procédure non contradictoire dans un premier temps, autoriser la partie requérante qui ne dispose pas encore de titre à procéder à saisie-arrêt. Par la signification de l'ordonnance, le bien saisi est soustrait à la libre disposition du débiteur.

Pour ce qui est des *ordonnances de paiement*, le juge de paix peut ordonner le recouvrement des créances ayant pour objet une somme d'argent ne dépassant pas 400 000 LUF à la demande du créancier, lorsque le débiteur est domicilié ou réside au Luxembourg. La demande est formée au greffe, par une simple déclaration verbale ou écrite faite par le créancier. La procédure, unilatérale dans un premier temps, est susceptible de devenir contradictoire sur contredit du débiteur.

Entraide judiciaire internationale en matière pénale

284-A Depuis l'entrée en vigueur de la loi du 8 août 2000, un État peut adresser au procureur général du Luxembourg une demande d'entraide judiciaire indiquant l'*acte d'instruction* sollicité et le lien entre cette mesure et les faits incriminés. Ces derniers doivent avoir la qualification de *crime* ou de *délit* soumis à une peine de prison d'un an au moins en vertu des lois du Luxembourg et de l'État requérant. La demande peut être rejetée si la mesure d'instruction sollicitée ne peut pas être prise en vertu du droit luxembourgeois ou si le procureur général estime qu'elle exige des moyens inaptes à réaliser l'objectif ou excessifs.

Toute personne visée par l'enquête ou ayant un intérêt à agir peut déposer une requête en nullité contre l'acte exécutant la demande d'entraide afin d'obtenir la nullité de l'instruction effectuée.

Professions juridiques

285 Les professions juridiques, avocats-avoués, notaires et magistrats, reçoivent une formation juridique de quatre ans au moins sanctionnée par un diplôme.

Les **avocats-avoués** luxembourgeois (Liste I), également appelés avocats à la cour, sont regroupés au sein d'un barreau. Leurs honoraires sont libres, sans barème. Les avocats étrangers doivent passer une épreuve d'aptitude pour pouvoir exercer à ce titre, même en droit non luxembourgeois. À défaut, ils peuvent exercer comme conseillers économiques.

Les **notaires** sont des officiers publics nommés par le Grand-Duc sur avis du procureur général et de la chambre des notaires. Ils doivent prêter leur ministère pour recevoir, à la demande des parties, des actes et contrats, leur donner un caractère d'authenticité et une date, en conserver le dépôt et en délivrer des grosses et expéditions. Ils ont la même formation de base que les avocats mais les deux professions restent rigoureusement séparées.

Les **huissiers** sont des officiers ministériels nommés par arrêté grand-ducal, sur la proposition des cours et tribunaux. Ils sont chargés de signifier aux parties les actes judiciaires et extrajudiciaires et d'exécuter les jugements.

Les **magistrats** sont normalement recrutés parmi les avocats exerçant au Grand-Duché. Leur statut personnel est déterminé par des règles constitutionnelles.

SECTION 4 Règlement des litiges commerciaux internationaux

300 Quels que soient les États considérés, le règlement des litiges commerciaux internationaux est d'autant plus facile que ses modalités ont été prévues par les entreprises concernées dès le départ, c'est-à-dire en règle générale au moment de la conclusion du contrat. À cet égard, il importe principalement d'envisager trois problèmes : quel est le droit applicable au contrat, quel est le tribunal compétent pour examiner le litige, et a-t-on intérêt (dans la mesure bien entendu où cela est possible) à recourir à l'arbitrage plutôt qu'à la voie judiciaire ?

Les paragraphes qui suivent ont pour but d'aider à répondre à ces questions lorsqu'elles se posent dans le cadre de relations commerciales avec le Luxembourg.

A. Droit applicable

Droit applicable en matière contractuelle : incidence de la Convention de Rome.

305 En matière contractuelle, les questions de conflit de lois entre le Luxembourg et la France sont régies, depuis le 1er avril 1991, par la *Convention de Rome du 19 juin 1980 sur la loi applicable aux obligations contractuelles*. L'originalité de la Convention de Rome est de se substituer entièrement, pour les domaines qu'elle régit, aux règles de droit international privé des États parties. La Convention trouve d'ailleurs à s'appliquer y compris dans le cas où un conflit de lois oppose une entreprise d'un État partie à une entreprise d'un État tiers.

La **convention de Rome** – dont le texte figure dans le Mémento CE au n° 9807 – est entrée en vigueur le 1er avril 1991 entre la France, l'Allemagne, la Belgique, le Danemark, l'Irlande, l'Italie, le Luxembourg et le Royaume-Uni, le 1er septembre 1991 entre ces pays et les Pays-Bas et le 1er janvier 1992 entre ces pays et l'Irlande.

La convention d'**adhésion** de la **Grèce** du 10 avril 1984 est entrée en vigueur le 1er octobre 1992 entre la Grèce et les Pays-Bas. À l'heure actuelle, elle est en vigueur entre les 9 premiers États membres et la Grèce.

Puis l'**Espagne** et le **Portugal** y ont adhéré par la **convention de Funchal** du 18 mai 1992. Au 1er août 2000, elle est en vigueur entre tous les États membres, sauf le Danemark et l'Irlande.

La convention d'**adhésion** de l'**Autriche**, de la **Finlande** et de la **Suède** à la convention de Rome est en vigueur, au 1er août 2000, entre l'Allemagne, l'Autriche, l'Espagne, la Finlande, la **France**, la Grèce, le **Luxembourg**, les Pays-Bas, le Portugal et la Suède.

Enfin, l'**uniformité d'interprétation** de la Convention est confiée à la CJCE par deux protocoles en date du 19 décembre 1988, qui ne sont pas encore entrés en vigueur faute d'un nombre suffisant de ratifications. Au 1er août 2000, la France, l'Allemagne, l'Espagne, la Grèce, l'Italie, le Luxembourg, les Pays-Bas, le Portugal et le Royaume-Uni ont ratifié les deux protocoles, l'Irlande uniquement le second.

La Convention s'applique aux **contrats civils et commerciaux** conclus depuis le 1er avril 1991 à l'exception, principalement, des contrats relevant du droit des sociétés, des conventions d'arbitrage ou d'attribution de juridiction, des accords de trust, des obligations résultant de chèques, lettres de change et autres instruments négociables, des contrats d'assurance, du droit de la preuve et enfin d'un certain nombre de contrats ou d'obligations relatifs aux personnes physiques (successions, régimes matrimoniaux, etc.). Bien que ces exceptions paraissent nombreuses, le champ d'application de la Convention n'en est pas moins très large puisqu'elle s'applique notamment à tous les **contrats de livraison de biens** et **de prestation de services** ainsi qu'aux **contrats de travail**, aux contrats de cession ou de concession de droits de propriété intellectuelle, etc.

Principes de base

306 En règle générale, si une situation comporte un conflit de lois et si les parties ont choisi la loi applicable au contrat, ce choix doit être respecté. En revanche, si les parties n'ont pas choisi de loi applicable au contrat, c'est la loi du pays où réside habituellement la partie qui fournit la « prestation caractéristique » qui trouve à s'appliquer.

1. Les *parties au contrat choisissent la loi applicable.*

Selon l'article 3-1 de la Convention, ce choix peut être exprès ou « résulter de façon certaine des dispositions du contrat ou des circonstances en cause ». Tant qu'il n'existe pas d'arrêt de la CJCE explicitant ce membre de phrase, les tribunaux des États membres sont libres de l'interpréter comme ils l'entendent. En vertu de l'article 3.2 de la Convention, les parties au contrat disposent d'une large liberté quant au *moment* où elles déterminent la loi applicable au contrat. À la limite, le choix pourrait même n'avoir lieu qu'après la conclusion du contrat, voire après la naissance du litige. Par ailleurs, bien qu'il soit assez logique pour les parties de *lier* la question du *droit applicable* à celle du **tribunal compétent** (voir n° 310), la désignation par les parties d'un tribunal compétent n'emporte pas ipso facto choix du droit applicable. De plus, la Convention n'empêche pas les parties de soumettre le contrat au droit d'un troisième pays (par exemple, un contrat franco-luxembourgeois soumis au droit anglais). Enfin, la Convention autorise expressément les parties à « dépe-

cer » le contrat, c'est-à-dire à soumettre certaines clauses au droit d'un pays et d'autres au droit d'un second pays.

2. La **liberté des parties** dans le choix du droit applicable n'est **limitée** que par les articles 7.2 et 16 (n° 307) et par l'article 3.3 de la Convention. Ce dernier prévoit que, lorsque l'ensemble des éléments dont il s'agit rattache le contrat au droit d'un seul et même État mais qui n'est pas celui désigné par les parties, les **dispositions impératives** du droit de cet autre État trouvent malgré tout à s'appliquer. Cette disposition vise notamment à empêcher que, par exemple, dans un contrat « franco-français » les parties veuillent appliquer le droit luxembourgeois simplement pour échapper à certaines règles contraignantes du droit français.

3. Les **parties au contrat n'ont pas désigné la loi applicable.**

Dans ce cas, le contrat est régi par le droit du pays avec lequel il présente les liens les plus étroits, sachant qu'il est présumé que le contrat présente les liens les plus étroits avec l'État où réside habituellement la partie qui doit fournir la « prestation caractéristique ». Le critère de rattachement unique constitue en soi une simplification. Il n'en reste pas moins que la détermination de la prestation caractéristique peut dans certains cas être difficile.

Si les cocontractants sont des **sociétés**, on prend en compte non pas la résidence habituelle mais le lieu d'établissement principal (siège) ou encore le lieu d'un autre établissement de la société si ce dernier est directement et entièrement intéressé à l'opération considérée.

La Convention prévoit enfin que, quelle que soit la loi applicable, le juge compétent peut appliquer les **dispositions impératives** de son pays ayant le caractère de lois de police (art. 7.2). Enfin, l'application d'une disposition du droit désigné par la Convention ou par le choix des parties comme applicable au contrat peut être écartée si cette application est manifestement incompatible avec l'ordre public du tribunal compétent (art. 16 – exception d'ordre public international). Cette disposition n'est pas toutefois applicable au Luxembourg, en raison d'une **réserve** formulée dans la loi d'approbation de la Convention dont la portée est d'ailleurs peu claire. D'après le droit commun luxembourgeois, il semble que le juge puisse toujours appliquer les dispositions impératives relevant d'un droit étranger.

Cas particuliers

307 La Convention de Rome prévoit un certain nombre de règles particulières pour certains types de contrats : contrats de travail, contrats de vente aux consommateurs, contrats de transport, etc.

Pour le **contrat de travail,** on se reportera aux n°s 3106 s.

Par ailleurs, pour d'autres contrats comme les contrats de vente de marchandises ou les contrats d'agence, la question de la loi applicable doit être examinée en tenant compte non seulement de la Convention de Rome mais aussi d'autres textes ou conventions.

Règles luxembourgeoises de conflit de lois en matière non contractuelle

308 Pour les question de **droit des sociétés**, c'est le droit de l'État du principal établissement qui détermine, pour le juge luxembourgeois, la loi applicable. Une société qui transfère son siège ou son principal établissement au Luxembourg se soumet donc au droit luxembourgeois.

S'agissant des **obligations extracontractuelles** (actions en responsabilité par exemple) le droit luxembourgeois les rattache généralement à la loi du pays où s'est produit l'événement (délit, accident) qui les a fait naître.

B. Tribunal compétent

310 Les questions concernant la compétence judiciaire en matière civile et commerciale sont actuellement résolues en application de la **Convention de Bruxelles du 27 septembre 1968** dès lors que le défendeur a son domicile (ou siège) dans l'Union européenne et que le litige présente un rattachement avec plus d'un État membre.

Le premier volet de cette convention détermine les règles de **compétence territoriale**. En résumé, deux situations sont possibles : soit le tribunal compétent est précisé par le contrat, c'est-à-dire que celui-ci contient une clause attributive de juridiction, soit le contrat ne contient aucune disposition à ce sujet et la Convention donne la règle. Mais, une fois que le tribunal compétent est régulièrement désigné, sa compétence est exclusive : il devient impossible de soumettre – parallèlement ou non – le litige à un autre juge.

Le second volet de la Convention a trait à l'**exécution des jugements** rendus par les juridictions d'un État membre alors que leurs effets doivent se produire sur le territoire d'un autre État membre.

Signalons le **champ d'application** extrêmement large de la convention puisqu'elle couvre l'ensemble des matières civiles et commerciales **à l'exception** des matières fiscales, douanières ou administratives, de l'état et la capacité des personnes physiques, des régimes matrimoniaux, des testaments et des successions, des faillites, concordats et autres procédures analogues, de la sécurité sociale et de l'arbitrage.

À l'heure actuelle, c'est la **convention de Bruxelles** telle que modifiée par la **convention de Saint-Sébastien** (adhésion de l'Espagne et du Portugal) qui s'applique entre les 12 premiers États membres de l'Union européenne. La convention d'adhésion des trois derniers États membres (Autriche, Finlande, Suède) est en vigueur, à la date du 1er août 2000, entre l'Allemagne, l'Autriche, le Danemark, l'Espagne, la Finlande, la **France**, la Grèce, l'Irlande, l'Italie, le **Luxembourg** (loi du 20 décembre 1999), les Pays-Bas, le Portugal et la Suède. Seuls la Belgique et le Royaume-Uni ne l'ont pas encore ratifié.

Signalons enfin, la **convention de Lugano** du 16 septembre 1988 étend l'application des règles de la Convention de Bruxelles aux États membres de l'AELE (actuellement Suisse, Liechtenstein, Norvège et Islande). Pour l'Autriche, la Finlande et la Suède, elle s'applique transitoirement, dans les relations avec la Belgique, l'Irlande et le Luxembourg en attendant leur ratification de la convention d'adhésion susvisée à la convention de Bruxelles.

L'**uniformité d'interprétation** de la Convention est confiée à la Cour de justice des Communautés européennes (CJCE) par le **Protocole de Luxembourg** du 3 juin 1971. Ce texte permet aux États membres de poser des questions préjudicielles à la CJCE en cas de difficultés d'interprétation des termes de la Convention.

Pour des développements complets ainsi que le texte intégral de la convention de Bruxelles et telle que modifiée par la convention de Saint-Sébastien et la convention de Lugano et le texte de ses protocoles, le lecteur se reportera au Mémento CE (n°s 600 s. et n° 9806).

Existence d'une clause attributive de juridiction

311 L'article 17 de la Convention de Bruxelles, qui fixe les conditions de validité des clauses attributives de juridiction, laisse une **grande liberté de choix** aux parties dans la désignation du tribunal compétent. En effet, aucun lien de connexité n'est requis. Toutefois, cette liberté de choix supporte malgré tout quelques **limitations**, de droit ou de fait.

Pour ce qui est des **limitations de droit** prévues par la Convention (art. 16), elles concernent essentiellement les cas où la Convention fixe de manière exclusive le tribunal compétent (et les contrats d'assurance et les contrats conclus avec des consommateurs) (n° 313).

Quant aux limitations de fait **imposées par la pratique**, elles sont variables mais en tout état de cause il convient de prendre en compte les faits suivants :

– le *lien* qui peut exister entre le *droit applicable* au contrat et le tribunal qu'on souhaite déclarer compétent : la désignation d'un tribunal français pour juger d'un différend obligatoirement soumis au droit luxembourgeois, et vice versa, ne pouvant poser que des difficultés supplémentaires ;
– les questions de *procédure* et le formalisme judiciaire plus ou moins grand, selon le pays ;
– la question de l'*exécution du jugement* : elle est forcément plus rapide dans le pays du tribunal qui a prononcé le jugement même si la partie qui demande l'exécution peut désormais faire jouer dans ce domaine les garanties conventionnelles (voir n° 314 ci-dessous).

312 Sur le *plan formel*, la désignation du tribunal compétent peut faire l'objet soit d'une clause insérée dans le contrat principal, soit d'un contrat annexe (lequel peut, le cas échéant, être conclu à une date différente du contrat principal et même après la survenance du différend). La désignation du tribunal ne doit pas obligatoirement être écrite pour être valide mais doit revêtir une forme qui permet de s'assurer que le cocontractant y a effectivement consenti (voir Mémento CE n° 642).

L'article 17 de la Convention prévoit que la clause attributive de compétence peut être conclue soit par écrit ou verbalement avec confirmation écrite, soit sous une forme conforme aux habitudes que les parties ont établies entre elles, soit, dans le commerce international, sous une forme conforme à un usage dont les parties avaient connaissance ou étaient censées avoir connaissance et qui est largement connu et régulièrement observé dans ce type de commerce par les parties à des contrats du même type dans la branche commerciale considérée.

Ainsi est-il possible d'insérer, sous certaines conditions (par exemple renvoi exprès dans le contrat principal, acceptation par écrit ou rapport d'affaires entre les parties), une clause attributive de juridiction dans des *conditions générales de vente* préétablies. De même, une clause attributive de juridiction insérée dans les *statuts d'une société anonyme*, librement accessibles dans un registre public (registre du commerce), est non seulement valable mais s'impose y compris aux actionnaires qui s'opposent à son adoption ou qui acquièrent la qualité d'actionnaire après son adoption.

Jurisprudence luxembourgeoise

313 *En matière contractuelle*, il y a lieu d'être attentif à l'article 1er du protocole annexé à la Convention car il modifie les règles de compétence en faveur des ressortissants luxembourgeois lesquels peuvent refuser d'être attraits devant un tribunal étranger. Cet article dispose que toute personne domiciliée au Luxembourg, attraite devant le tribunal d'un autre État contractant en application de l'article 5-1, peut décliner la compétence de ce tribunal. Ce tribunal se déclare d'office incompétent si le défendeur ne comparaît pas.

On rappelle qu'aux termes de l'article 5, le défendeur domicilié sur le territoire d'un État contractant peut être attrait, en matière contractuelle, dans un autre État, devant le tribunal du lieu où l'obligation litigieuse a été ou doit être exécutée.

Toute convention attributive de juridiction au sens de l'article 17 ne produit ses effets à l'égard d'une personne domiciliée au Luxembourg que si elle l'a expressément et spécialement acceptée.

La CJCE a eu à connaître de cet article et a retenu, dans un arrêt du 6 mai 1980 (aff. 784/79, Porta-Leasing, Rec. 1517), ce qui suit :

« L'article 1er-2 du protocole annexé à la Convention doit être interprété en ce sens qu'une clause attributive de juridiction au sens de cette disposition ne peut être considérée comme expressément et spécialement acceptée par une personne domiciliée au Luxembourg que si, en plus de la forme écrite exigée par l'article 17 de la Convention, cette clause fait l'objet d'une disposition qui lui est particulièrement et exclusivement consacrée et qui a été spécialement signée par la partie domiciliée au Luxembourg, la signature de l'ensemble du contrat n'étant pas, à elle seule, suffisante à cet égard. Il n'est toutefois pas nécessaire que cette clause soit mentionnée sur un document distinct de celui qui constitue " l'instrumentum " du contrat. »

314 Inversement, les dispositions du Code civil luxembourgeois trouvent à s'appliquer dans les relations avec les États qui ne sont pas parties à la Convention de Bruxelles et, de manière plus générale, pour les matières qui ne seraient pas soumises à la Convention (état et capacité des personnes, régimes matrimoniaux, successions, faillites et procédures analogues, sécurité sociale, arbitrage). Dans ce cas, en vertu des articles 14 et 15 du Code civil, tout étranger, même s'il ne réside pas au Luxembourg, peut être cité devant les tribunaux luxembourgeois pour l'exécution des obligations qu'il aurait contractées avec un Luxembourgeois.

En vertu des **règles de droit international privé luxembourgeoises,** les tribunaux luxembourgeois se déclarent compétents :

– en matière contractuelle, quand l'obligation doit être exécutée au Luxembourg ;
– en matière de droits immobiliers, quand l'immeuble se situe au Luxembourg ;
– en matière délictuelle et quasi délictuelle, quand l'action s'est déroulée au Luxembourg ;
– en matière de faillite, si la faillite est déclarée au Luxembourg.

Absence de clause attributive de juridiction

315 En l'absence de clause attributive de compétence, le **principe général** retenu par la Convention de Bruxelles donne compétence aux tribunaux du pays où le défendeur (c'est-à-dire la partie attaquée) a son domicile, ou son siège social s'il s'agit d'une société.

La Convention prévoit cependant un certain nombre de **dérogations** à ce principe général. Certaines de ces dérogations sont de simples **possibilités** offertes au requérant de saisir un tribunal d'un pays autre que celui du domicile, d'autres **imposent** au requérant de le faire.

• Ainsi les tribunaux suivants **peuvent être saisis** même si le défendeur n'est pas domicilié dans le pays où se trouve le tribunal :

– en matière contractuelle, le tribunal du lieu où l'obligation a été ou doit être exécutée ;
– en matière délictuelle ou quasi délictuelle, le tribunal du lieu où le fait dommageable s'est produit ;
– s'il s'agit d'une contestation relative à l'exploitation d'une succursale, d'une agence ou de tout autre établissement, le tribunal du lieu de leur situation ;
– s'il y a plusieurs défendeurs, le tribunal du domicile de l'un d'eux ;
– s'il s'agit d'une demande reconventionnelle qui dérive du contrat ou du fait sur lequel est fondée la demande originaire, le tribunal saisi de celle-ci.

• En revanche, **doivent être saisis,** quel que soit l'État du domicile du défendeur, les tribunaux suivants (compétence exclusive, art. 16 de la Convention) :

– en matière de droits réels immobiliers et de baux d'immeubles, les tribunaux de l'État contractant où l'immeuble est situé, sauf si propriétaire et locataire sont étrangers ;

La Cour de cassation française a confirmé l'interprétation restrictive donnée par la CJCE à la notion de « droit réel immobilier » en jugeant que l'action ayant pour objet la remise en état d'un immeuble – c'est-à-dire l'exécution d'une obligation de faire – et l'obtention de l'indemnisation d'un préjudice moral ne met en cause aucun droit réel immobilier (Cass. civ. I, 3 juillet 1996 n 1353 P, Fondation Salomon R. Guggenheim c/ Hélion). Pour la CJCE, en effet, seules sont des actions réelles immobilières « celles qui tendent à déterminer l'étendue, la consistance, la propriété, la possession d'un bien immobilier ou l'existence d'autres droits réels sur ces biens et à assurer aux titulaires de ces droits la protection des prérogatives qui sont attachées à leur titre (CJCE 10 janvier 1990, aff. 115/88, Reichert et Kockler : Rec. I-27).

– en matière de validité, de nullité ou de dissolution des sociétés ou personnes morales ayant leur siège sur le territoire d'un État contractant, ou des décisions de leurs organes, les tribunaux de cet État ;
– en matière de validité des inscriptions sur les registres publics, les tribunaux de l'État contractant sur le territoire duquel ces registres sont tenus ;
– en matière d'inscription ou de validité des brevets, marques, dessins et modèles, et autres droits analogues donnant lieu à un dépôt ou à un enregistrement, les juridictions de l'État contractant sur le territoire duquel le dépôt ou l'enregistrement a été demandé, a été effectué ou est réputé avoir été effectué aux termes d'une convention internationale ;
– en matière d'exécution des décisions, les tribunaux de l'État contractant du lieu de l'exécution.

• Dans certains domaines enfin la Convention, par souci de protéger l'une des parties par rapport à l'autre, établit des systèmes de **compétence asymétriques** en fonction de l'*identité* respective du **demandeur** et du **défendeur**. C'est le cas pour les contrats conclus avec des consommateurs, les contrats d'assurance et les contrats de travail (voir n° 3108).

En ce qui concerne les **contrats** conclus avec des **consommateurs**, le tribunal compétent est généralement celui du domicile du consommateur, règle obligatoire si c'est le consommateur qui est attaqué. Pour ce qui est des **contrats** d'**assurance**, si c'est l'assureur qui intente l'action, le tribunal compétent est obligatoirement celui du défendeur, qu'il s'agisse du preneur d'assurance, de l'assuré ou du bénéficiaire.

Arbitrage

318 Au lieu de se soumettre à la compétence d'un tribunal étatique, les parties peuvent convenir d'une clause d'arbitrage. En général, la **procédure d'arbitrage** est considérée comme moins longue et plus discrète que la procédure devant un tribunal étatique. À ceci s'ajoute l'argument que les arbitres, choisis par les parties, sont en général plus proches de la pratique et des usages des affaires que les magistrats professionnels. Notons, toutefois, que les entreprises luxembourgeoises ont peu souvent recours à l'arbitrage pour le règlement des litiges commerciaux.

Les modalités de recours à l'arbitrage sont régies par les articles 1224 et suivants du nouveau Code de procédure civile. La clause d'arbitrage peut être conclue sous seing privé ou par-devant notaire. Elle peut être incluse dans le contrat principal et donc avant tout conflit, ou bien lorsque le conflit est apparu, la clause compromissoire étant alors indépendante du contrat principal. Les dispositions légales relatives à la nomination du ou des arbitres s'appliquent à titre supplétif si les parties n'ont pas nommé ces derniers, ou prévu les modalités de leur désignation (article 1227). Il en va de même pour les règles de procédure (article 1230).

Les parties peuvent compromettre sur les droits dont elle ont la libre disposition. On ne peut ainsi compromettre sur les causes qui concernent l'état et la capacité des personnes, les relations conjugales, les demandes en divorce et en séparation de corps, la représentation des incapables et celle des personnes absentes.

Sur le fond, les arbitres appliquent le droit sauf si les parties leur demandent de statuer en équité (en amiables compositeurs).

La sentence arbitrale est rendue **exécutoire** par une ordonnance du président du tribunal d'arrondissement dans le ressort duquel elle a été rendue. À cet effet, la minute de la sentence est déposée au greffe du tribunal par l'un des arbitres ou par une des parties. Les jugements arbitraux, même préparatoires, ne peuvent être exécutés qu'après ordonnance accordée par le président du tribunal au bas ou en marge de la minute, sans qu'il soit besoin d'en référer au ministère public. L'ordonnance est expédiée en suite de la décision. Les jugements arbitraux ne peuvent en aucun cas être opposés à des tiers.

La sentence arbitrale ne peut être attaquée devant le tribunal d'arrondissement que par la voie de l'**annulation**, dans les hypothèses visées à l'article 1244.

L'**exequatur** d'une sentence arbitrale rendue à l'étranger est accordée par le président du tribunal d'arrondissement, saisi par voie de requête. Sous réserve des dispositions de conventions internationales, le juge peut la refuser :
– si la sentence peut encore être attaquée devant les arbitres et si les arbitres n'en ont pas ordonné l'exécution provisoire nonobstant appel ;
– si la sentence ou son exécution est contraire à l'ordre public ou si le litige n'était pas susceptible d'être réglé par la voie de l'arbitrage ;
– s'il est établi qu'il existe d'autres causes légales d'annulation.

319 Dans le commerce international, lorsque les parties décident de recourir à une procédure d'arbitrage, elles ont le choix entre une procédure dite « ad hoc » et une procédure suivant un règlement d'arbitrage mis à leur disposition par un **centre international d'arbitrage**.

Dans le premier cas, les parties ont intérêt à bien rédiger leur **clause d'arbitrage** pour déterminer le droit et la procédure applicables de la façon la plus précise possible ; les parties doivent stipuler le lieu et la langue de l'arbitrage, le nombre et le mode de désignation des arbitres, le droit applicable à la procédure et au fond du litige.

Lorsque la clause arbitrale renvoie au règlement d'une institution internationale, ce sera dans le cadre de :
– la Convention européenne de Genève du 21 avril 1961 sur l'arbitrage commercial international ;
– l'arrangement de Paris du 17 décembre 1962 sur l'application de la Convention de Genève.

Ces accords sont entrés en vigueur au Luxembourg depuis juin 1982 (lois du 26 novembre 1981).

Centre d'arbitrage de Luxembourg

320 La chambre de commerce du Luxembourg s'est récemment dotée d'un **Centre d'arbitrage** qui fonctionne sous l'autorité d'un conseil d'arbitrage. Il compte parmi ses membres le président du comité national luxembourgeois de la chambre de commerce internationale (CCI), en qualité de président, le membre luxembourgeois de la cour d'arbitrage de la CCI, le bâtonnier de l'ordre des avocats et le secrétaire général de la chambre de commerce. Le conseil ne tranche pas lui-même les différends. Il nomme ou confirme les arbitres conformément aux dispositions du règlement en vigueur, à moins que les parties n'y aient dérogé en tout ou partie. Les demandes d'arbitrage sont à adresser au secrétariat du Centre. Lorsque les parties conviennent d'avoir recours à l'arbitrage de la chambre, elles se soumettent par là même au règlement en vigueur. Les règles applicables à la procédure devant l'arbitre sont

C. Exécution des jugements et sentences arbitrales étrangers

Jugements étrangers

330 Lorsque, en application des dispositions de la Convention de Bruxelles et, le cas échéant, de la clause d'attribution de juridiction, une personne ou une entreprise française a demandé et obtenu en France un jugement à l'encontre d'une personne ou d'une entreprise luxembourgeoise, encore faut-il que ce jugement soit reconnu et exécuté au Luxembourg. Dans ce domaine, il faut souligner que la Convention de Bruxelles constitue un progrès très net par rapport à la situation antérieure. En effet, son titre III garantit la reconnaissance et l'exécution dans un État membre des décisions rendues dans un autre État membre dans la quasi-totalité des cas sous réserve de l'accomplissement d'une procédure relativement simple.

La reconnaissance et l'exécution ne peuvent être refusées qu'en cas, notamment, de violation de l'ordre public international luxembourgeois, non-respect des procédures d'assignation, dépôt d'un recours contre la décision, incompatibilité de la décision avec une décision rendue par un tribunal de l'autre État entre les mêmes parties et pour la même affaire.

Lorsque les règles de procédure sont respectées, les délais d'obtention de l'*exequatur* au Luxembourg sont d'environ quatre semaines.

La requête d'exequatur, rédigée et signée par un avocat, est adressée au président du tribunal d'arrondissement soit du domicile ou du siège social du défendeur luxembourgeois, soit du lieu où le jugement étranger doit être exécuté. Le demandeur doit faire **élection de domicile** dans le ressort du tribunal d'arrondissement saisi de la requête.

Les tribunaux luxembourgeois saisis d'une requête d'exequatur ne peuvent qu'autoriser l'exécution du jugement étranger et ne sauraient apprécier son bien-fondé en fait ou en droit. Par conséquent, il est statué sur la demande sans que la partie contre laquelle l'exécution est demandée puisse, en cet état de la procédure, présenter d'observations.

Contre la décision autorisant l'exécution, un **recours** peut être formé devant la cour supérieure de justice. L'appel peut être motivé sur le fait que les conditions prévues par la Convention n'ont pas été remplies. Le recours en cassation est ouvert dans les conditions de droit commun.

Sentences arbitrales étrangères

331 Quant à l'exécution des sentences arbitrales rendues dans l'un des deux pays, la France et le Luxembourg étant signataires des Conventions de Genève de 1927 et de New York de 1958 sur la reconnaissance et l'exécution des sentences arbitrales étrangères, il y a normalement **reconnaissance mutuelle** et exécution des sentences arbitrales d'un pays dans l'autre dès lors qu'elles ont été régulièrement rendues dans l'un des pays membres et qu'elles ne sont pas contraires à l'ordre public luxembourgeois.

Les **modalités pratiques** d'obtention de l'exequatur au Luxembourg pour une sentence arbitrale étrangère sont fixées par les articles 1250 et 1251 du nouveau Code de procédure civile et elles sont similaires à celles qui sont requises pour une décision judiciaire étrangère ou pour une sentence arbitrale luxembourgeoise. La demande d'exequatur doit être présentée au président du tribunal d'arrondissement.

SECTION 5 **Place financière**

A. Secteur bancaire et financier

345 Avec le passage à la monnaie unique le 1er janvier 1999, *la Banque centrale de Luxembourg* a remplacé l'Institut monétaire luxembourgeois (IML) dans ses fonctions de quasi-banque centrale (voir n° 257). Sur les fonctions de la commission de surveillance des secteurs financiers, voir n° 375.

À la différence de la France, la loi bancaire luxembourgeoise ne distingue pas les banques selon qu'elles ont une activité de dépôt, de compensation, de banque d'affaires ou d'investissement. Les banques sont immatriculées comme banques « mixtes », à activité « universelle » mais la diversité et la complexité croissantes de leurs fonctions les amènent, en fait, à se spécialiser pour asseoir et conforter, par leur expertise, leur domination sur les marchés traditionnels comme sur les nouveaux marchés porteurs. Les établissements bancaires et d'épargne peuvent avoir la structure suivante :

– établissements de *droit public luxembourgeois* : la BCEE (voir n° 347) et la société nationale de crédit et d'investissement ;

– *banques de droit luxembourgeois :* ce sont des sociétés locales, parfois filiales de banques étrangères, établies pour mener aussi bien des opérations internationales que locales et exerçant indifféremment des activités de banques d'affaires ou de banques de dépôt. Elles ont pour la plupart la forme anonyme, plus rarement coopérative ;

– *banques étrangères :* au nombre d'environ 70 en 2000 (dont 8 d'origine non communautaire), ces « eurobanques » opèrent essentiellement sur les marchés internationaux. Pour être autorisées à exercer, elles doivent être dotées de fonds propres (voir n° 358).

346 Outre des activités purement bancaires, les banques ont *diversifié leurs services* en fournissant leur assistance et leur savoir-faire aux sociétés et en développant des activités de conseil et de prestation de services.

Elles offrent leurs *services administratifs,* notamment à l'égard des administrations locales, aux très nombreuses sociétés *holdings* qui ont choisi d'être domiciliées auprès d'elles.

Elles assurent le refinancement, par l'octroi d'emprunts, des *sociétés de financement* dont l'objet social est d'accorder, à l'intérieur d'un groupe international, des prêts aux sociétés membres du groupe (voir n° 1329).

Elles aident les sociétés à accomplir les *formalités* d'immatriculation et les conseillent dans le choix du véhicule social le plus adapté à l'objet qu'elles poursuivent au Luxembourg. Elles aident les organismes de placement collectif à la définition de la forme juridique – fonds communs, SICAV, SICAF –, et à la préparation du dossier d'agrément à soumettre à la CSSF (voir n°s 2122 et 2172). Elles fournissent la clientèle des premières souscriptions et elles peuvent, par la suite, être l'agent de l'OPC pour sa domiciliation, la garde, le transfert et le paiement des titres ainsi que pour la comptabilité et la détermination périodique de la valeur nette des actifs. Elles peuvent, en outre, prendre en charge la tenue des assemblées générales d'actionnaires et des conseils d'administration et, en règle générale, veiller au respect des obligations juridiques et fiscales du fonds. Notons qu'au Luxembourg, les investisseurs institutionnels peuvent former des OPC pour la gestion de leurs actifs (voir n° 2250).

Les banques luxembourgeoises ont beaucoup développé leurs activités d'*agent payeur*. Elles agissent pour le compte de banques étrangères peu équipées pour le traitement des coupons ou pour le compte de sociétés étrangères, dont les sociétés japonaises, qui ont des titres cotés en bourse au Luxembourg et pour lesquelles elles assurent le paiement des coupons et la conversion des obligations convertibles.

Elles remplissent également des fonctions d'*agent de dépôt* auprès d'un organisme de compensation internationale, Clearstream, qui gère des dépôts d'une contre-valeur de plus de 250 milliards de dollars US. Ces titres sont gardés par les banques luxembourgeoises qui détachent leurs coupons et créditent Clearstream, à charge pour lui de verser les dividendes aux porteurs des titres.

Les activités des banques se sont développées dans le service des **titres internationaux** comme dans la gestion des titres de **sociétés internationales** et de fonds de placement.

À l'heure actuelle, la majorité des coupons et des euro-émissions remboursables est payée par des banques spécialisées luxembourgeoises agissant pour le compte d'une clientèle internationale, notamment des banques.

Plus de 85 % des émissions d'euro-obligations sont cotées à la bourse du Luxembourg et pour celles qui n'y sont pas cotées, les intérêts sont généralement servis par les banques luxembourgeoises agissant en tant qu'agent payeur, les titres étant gardés dans leurs coffres pour le compte des organismes de compensation.

La *gestion du patrimoine* des particuliers reste bien entendu un fleuron de l'activité des banques, à côté d'activités plus novatrices comme les télécommunications par exemple.

Les banques gèrent également de nombreux **contrats fiduciaires** (voir l'étude générale des fiducies au n° 2035). Selon un règlement du 19 juillet 1983 relatif aux contrats fiduciaires **des établissements de crédit**, est fiduciaire le contrat par lequel une personne (le fiduciant) convient avec un établissement de crédit (le fiduciaire) que le fiduciaire sera rendu titulaire des droits patrimoniaux (l'actif fiduciaire) mais que l'exercice de ces droits patrimoniaux sera limité par des obligations (le passif fiduciaire) déterminées par le contrat fiduciaire.

Relevons enfin, à côté des banques, un nombre plus modeste d'**établissements financiers** non bancaires dits **parabancaires** dont l'objet se limite au dépôt à vue ou au dépôt à terme provenant de banques ou de sociétés appartenant au groupe de leurs actionnaires ou encore au dépôt limité à deux ans et provenant du public.

Banque et caisse d'épargne de l'État (BCEE)

347 Réorganisé en 1989, cet établissement est à la fois une banque autonome soumise à la loi bancaire et une banque d'État, c'est-à-dire un établissement de droit public, chargé de promouvoir l'économie nationale, d'agir sur les marchés financiers, d'être une chambre de compensation pour les autres banques et d'établir les balances journalières des transactions intervenues à la bourse luxembourgeoise. La BCEE agit également comme caisse d'épargne de l'État.

Association des banques et banquiers luxembourgeois (ABBL)

348 L'association qui compte 156 membres agit à la fois comme représentant de la profession, notamment auprès de la CSSF, et comme instance professionnelle de réflexion et de promotion internationale de la place financière. Elle fonctionne au moyen de commissions spécialisées. Elle dispose de son propre institut de formation. À l'initiative de quelques banquiers, une institution parallèle, le *Club des banquiers,* organise des réunions mensuelles de réflexion et d'information.

Banques d'émission de lettres de gage

349 Comme en Allemagne, il existe depuis 1998, des banques spécialisées dont l'*activité principale* consiste à émettre des lettres de gage. Il s'agit d'un nouvel instrument permettant à la place financière de Luxembourg d'intervenir dans le *financement hypothécaire* et le *financement des collectivités publiques*, tout en offrant des titres de créances alliant sécurité, flexibilité et fluidité.

Ces banques spécialisées accordent :
– des *prêts* qui sont *garantis* par des droits ou sûretés réels immobiliers ou par des obligations ou autres titres, eux-mêmes assortis de garanties par des droits et sûretés réels immobiliers ;
– des *prêts* à des collectivités de droit public ou des *prêts garantis* par des collectivités de droit public ou par des obligations émises soit par des collectivités de droit public, soit par des banques établies dans des États membres de l'Union européenne ou de l'OCDE, à leur tour garanties par des collectivités de droit public.

Ces banques émettent sur ces bases des *titres de créances* garantis par ces droits et sûretés (« lettre de gage *hypothécaire* ») ou par les créances résultant de ces prêts (« lettre de gage *public* »). Les porteurs des lettres de gage ont un *privilège absolu* primant tous les droits et privilèges légalement reconnus.

Le montant des lettres de gage mises en circulation par chaque banque est *plafonné* à 60 fois le montant de ses fonds propres. En vertu du *principe de couverture*, le montant nominal total des lettres en circulation doit être garanti intégralement et à tout moment par les valeurs de couverture.

Les banques doivent tenir un *registre des gages*. Un *réviseur spécial* nommé par la CSSF veille à ce que les valeurs de couverture soient dûment constituées et enregistrées et qu'elles continuent d'exister (principe de concordance). En plus de la surveillance générale des établissements de crédit, la CSSF exerce sur ces banques une *surveillance spéciale*.

1. Secret bancaire

350 En règle générale, la confidentialité est plus accessible au Luxembourg qu'en Suisse dans la mesure où les sommes requises pour l'ouverture d'un compte sont moins importantes.

Concernant ses *fondements juridiques*, le secret bancaire luxembourgeois repose sur l'article 458 du Code pénal qui est, à l'origine, une disposition d'ordre général visant à protéger la vie privée mais dont il a toujours été admis qu'il s'applique aussi implicitement aux banquiers. La loi bancaire du 23 avril 1981 l'a d'ailleurs expressément confirmé, ainsi que le règlement grand-ducal du 24 mars 1989 dont les dispositions s'appliquent aux banques et autres professionnels du secteur financier mais aussi aux sociétés de participations financières et aux OPC. La loi du 5 avril 1993 relative au *secteur financier* a en quelque sorte renforcé le secret bancaire en en donnant une définition autonome dans son article 41.

Ces dispositions, considérées par la doctrine comme étant *d'ordre public*, prévoient que toutes personnes au service des *banques* et autres professionnels du *secteur financier* sont obligées de garder secrets les renseignements confiés à eux dans le cadre de leur activité professionnelle. Leur révélation est punie des peines prévues au Code pénal. Le même dispositif est prévu dans le *secteur des assurances* et vise tous les professionnels de ce secteur (art. 111-1 de la loi du 6 décembre 1991). Le secret bancaire constitue pour les professionnels concernés une obligation mais aussi un privilège ou un droit sur lequel ils peuvent se fonder à l'égard des tiers.

Aux termes du règlement de 1989 et sauf exceptions commentées ci-après, les *administrations fiscales* ne sont pas autorisées à exiger des établissements financiers des renseignements individuels sur leurs clients et elles n'ont pas non plus la possibilité de demander des renseignements sur tous les comptes d'une catégorie ou d'une importance déterminée. Il est précisé que les renseignements recueillis à l'occasion du contrôle bancaire et de la vérification comptable des banques ne sauraient servir à déterminer la situation fiscale des titulaires de comptes tiers. Les renseignements obtenus illicitement ne peuvent être utilisés ni transmis. Suivant la doctrine luxembourgeoise, le secret bancaire prévaut également à l'encontre de l'administration des *douanes*.

Concernant les *échanges de renseignements*, toutes les *conventions fiscales* conclues par le Luxembourg prévoient qu'il est fait exception à l'obligation de coopération bilatérale lorsque la législation luxembourgeoise ne permet pas à l'administration fiscale luxembourgeoise de recueillir les renseignements demandés à l'égard de ses propres contribuables. Pour la convention *franco-luxembourgeoise*, voir les commentaires de chaque administration aux n°s 4170 s. et 4234.

Levée du secret bancaire

351 Bien que le secret bancaire soit en principe absolu, notamment à l'égard des administrations fiscales luxembourgeoises ou étrangères, quelques concessions ont été faites à ses détracteurs. Le secret bancaire est levé, et banquiers et professionnels du secteur financier doivent donc coopérer, lorsque les *autorités suivantes* leur en font la demande :
– l'administration de l'enregistrement pour la perception des *droits de succession* à l'égard des résidents luxembourgeois (cas prévus par la loi du 28 janvier 1948) ;
– la CSSF et ses homologues étrangers chargés de la *surveillance prudentielle du secteur financier*. Toutefois, le secret bancaire n'est levé à leur égard que s'ils agissent dans le cadre de leurs compétences légales et que les renseignements communiqués sont couverts par le secret professionnel de l'autorité qui les reçoit (art. 41 op.cité) ;
– les autorités judiciaires luxembourgeoises. Tout d'abord, le banquier ne peut pas résister à l'ordre du juge luxembourgeois de lui communiquer tout document utile à la résolution d'un litige (Trib. civil de Luxembourg, 21 décembre 1995). S'il s'agit d'une *affaire civile ou commerciale*, le banquier cité comme témoin peut invoquer le secret bancaire pour refuser de témoigner puisque les intérêts en jeu sont privés. En revanche, lorsqu'il s'agit d'un témoignage relatif à une *infraction pénale* réprimée par la loi luxembourgeoise, il semblerait qu'il ne puisse pas opposer le secret bancaire car, dans ce cas, l'intérêt public prévaudrait. La procédure pénale luxembourgeoise prévoit de manière générale que le secret bancaire doit s'écarter devant le droit de perquisition et de saisie du juge d'instruction.

Cela étant, la doctrine est partagée et certains estiment qu'il faut appliquer le même principe qu'en matière civile : le secret bancaire étant selon elle d'ordre public, elle enseigne que le banquier n'est pas tenu de suivre les injonctions de son client si celui-ci lui demande de faire des révélations. Le client reste cependant libre d'utiliser comme il l'entend les documents bancaires qui lui sont remis.

En outre, le secret bancaire est levé dans le cadre de **certaines poursuites pénales** menées par le juge luxembourgeois. Les autorités étrangères ne sont pas autorisées à mener leurs investigations directement auprès des banques luxembourgeoises ; elles doivent solliciter l'assistance des autorités luxembourgeoises au moyen des commissions rogatoires. Mais la doctrine luxembourgeoise, confirmée par la loi du 8 août 2000 sur l'entraide judiciaire internationale en matière pénale, insiste sur le fait que la levée du secret bancaire suppose que l'instruction porte sur une *infraction* qui soit *réprimée par la loi luxembourgeoise*. Autrement dit, l'entraide judiciaire est accordée principalement pour :

– le *délit d'initié* (voir n° 391), le vol, l'escroquerie, le faux, l'abus de biens sociaux ;
– le *blanchiment d'argent* (sur les procédures de levée du secret bancaire spécifiques à cette infraction, voir n° 353) ;
– l'*escroquerie fiscale* (voir n° 352).

La convention européenne d'*entraide judiciaire* en matière pénale et son protocole étendant l'entraide judiciaire pénale aux *infractions fiscale graves*, ainsi que la loi luxembourgeoise du 8 août 2000 instituant une procédure d'exécution des commissions rogatoires sont commentés aux n°s 4168 s.

Escroquerie fiscale

352   D'inspiration suisse, la loi du 22 décembre 1993 a créé le délit d'escroquerie fiscale « si la fraude porte sur un *montant significatif d'impôts*, soit en montant absolu, soit en rapport avec l'impôt dû, et a été commise par l'emploi systématique de *manœuvres frauduleuses* tendant à dissimuler des faits pertinents à l'autorité ou à la persuader de faits inexacts ». Elle est passible d'une peine d'emprisonnement d'un mois à cinq ans et d'une amende pouvant atteindre dix fois le montant des impôts éludés.

Comme en droit suisse, la *définition* du délit est particulièrement imprécise mais il semble que le fait de ne pas déclarer des revenus de source luxembourgeoise ou ne pas notifier la détention d'un holding luxembourgeois ne constitue pas une escroquerie fiscale mais une simple infraction fiscale.

Ce qui est clair, c'est la *différence de traitement* au regard du secret bancaire entre l'escroquerie fiscale et les infractions fiscales jugées mineures. Alors que ces dernières sont du ressort des autorités administratives à qui est opposable le secret bancaire, l'escroquerie fiscale relève des *autorités judiciaires*. Cela a pour conséquences qu'elles peuvent lever le secret bancaire en ordonnant des *mesures de saisie* ou des *perquisitions* et en obtempérant aux *commissions rogatoires* dans le cadre de la Convention européenne d'*entraide judiciaire* et de son protocole additionnel en matière d'*infractions fiscales* (sur les conditions d'admissibilité des commissions rogatoires étrangères, voir n°s 4168 s.).

Blanchiment d'argent

353   Pour combler un vide juridique en matière de détection des capitaux issus d'activités illicites, une *loi* du 7 juillet *1989* a fait du blanchiment de l'argent de la drogue une infraction pénale spécifique. Puis la *directive CE* 91/308 (JOCE 1991 L 166) a coordonné les efforts des États membres en matière de lutte contre le blanchiment de capitaux en instituant un dispositif de surveillance des opérations financières.

Sa *transposition initiale* était minimaliste (art. 38 à 41 de la *loi* du 5 avril **1993** relative au secteur financier et art. 89 de la loi du 18 décembre 1993 en matière d'assurances). En effet, à la différence de tous les autres pays membres, la définition du blanchiment se limitait aux seuls produits provenant du trafic de stupéfiants et les institutions visées ne couvraient que le système financier (alors que d'autres États membres incluaient dans leur dispositif de surveillance d'autres professions comme l'industrie du jeu, les marchands de biens de valeur ou les professions juridiques exerçant des activités quasi financières). Puis la loi du 12 mars 1998 transposant la directive sur les services d'investissement (DSI) a élargi la *définition* et le *champ d'application* du blanchiment d'argent.

L'actuel article 38 dispose en effet que « par blanchiment, est désigné tout acte, notamment de dissimulation, de déguisement, d'acquisition, de détention, d'utilisation, de placement, de conservation, de transfert, auquel la loi confère expressément par rapport à des crimes ou délits y précisés le caractère d'*infraction pénale spécifique* et qui a trait au produit, c'est-à-dire à tout avantage économique, tiré d'une autre infraction pénale ».

353-A L'infraction de blanchiment d'argent est introduite dans le *Code pénal* à l'article 506. Elle vise :
– ceux qui ont sciemment facilité par tout moyen la justification mensongère de l'origine des biens ou revenus tirés de crimes et délits dans le cadre ou en relation avec une association criminelle, d'une infraction de corruption ou d'une infraction à la législation sur les armes ;
– ceux qui ont sciemment apporté leur concours à une opération de placement, de dissimulation ou de conversion de l'objet ou du produit des infractions susnommées ;
– ceux qui ont acquis, détenu ou utilisé l'objet ou le produit des infractions susnommées, sachant au moment où ils le recevaient, qu'il provenait de ces infractions.

La *tentative* d'infraction est punie des mêmes peines, soit un emprisonnement de cinq ans et une amende de 50 000 LUF à 50 millions de LUF (emprisonnement de quinze à vingt ans si l'infraction constitue un acte de participation à l'activité d'une association criminelle). Les infractions sont également punissables lorsque l'*infraction primaire* a été *commise à l'étranger* ; toutefois, à l'exception des infractions pour lesquelles la loi permet la poursuite même si elles ne sont pas punissables dans l'État où elles ont été commises, elles doivent être punissables dans l'État où elles ont été commises.

L'infraction est introduite dans diverses lois, en des termes identiques (loi concernant la *lutte contre la toxicomanie*, y compris lorsque l'infraction primaire a été commise à l'étranger ou lorsque son auteur est également l'auteur ou le complice de l'infraction primaire ; loi du 5 avril 1993 relative au *secteur financier* ; loi sur le secteur des *assurances*).

354 Selon les articles 39 et suivants de la loi de 1993, les établissements de crédit et autres professionnels du secteur financier doivent examiner avec une attention particulière toute transaction qu'ils considèrent particulièrement susceptible, de par sa nature, d'être liée au blanchiment.

Ils sont soumis aux *obligations professionnelles* suivantes :

1. L'obligation de *connaître les clients*, ce qui les oblige à exiger l'identification de tous leurs clients, moyennant un document probant :

– dès l'entrée en relation d'affaires (ouverture de comptes ou livrets, garde des avoirs) ;

– pour toute transaction égale ou supérieure à 500 000 LUF (en une ou plusieurs opérations susceptibles d'être liées) ;
– dès qu'il y a soupçon de blanchiment et quel que soit le montant de la transaction.

S'ils doutent que le client agisse pour son propre compte, ils doivent rechercher l'identité réelle des personnes pour le compte desquelles il agit.

Pour les personnes physiques, la vérification se fait au moyen des pièces d'identité officielles. Si le client est une personne morale intermédiaire ou susceptible de créer écran (holding, Anstalt, trust) ou s'il agit à titre de fiduciaire ou de représentant, la vérification d'identité doit porter sur les **ayants droit économiques** effectifs. Dès qu'il y a **doute**, la banque doit s'abstenir d'entrer en relation d'affaires. Les documents relatifs à l'identité des clients doivent être constamment tenus à jour.

Ils sont tenus de **conserver** les éléments de preuve (identification des clients ou transactions) pendant au moins dix ans.

2. L'obligation de **coopérer avec les autorités** – et plus particulièrement avec les autorités luxembourgeoises responsables de la lutte contre le blanchiment –, soit en leur fournissant une réponse à toute demande, soit en **informant** de toutes transactions suspectes, **de leur propre initiative**, le procureur d'État auprès du tribunal d'arrondissement de Luxembourg, seul compétent pour connaître des affaires de blanchiment. L'absence de déclaration constitue une infraction administrative : l'infraction peut donc être commise par négligence ou omission puisque s'en rendent coupables ceux qui, par méconnaissance de leurs **obligations professionnelles,** auront apporté leur concours aux opérations de blanchiment.

Ils doivent s'abstenir d'exécuter la transaction avant d'en informer le procureur. Ils doivent également s'abstenir d'informer le client ou des tiers qu'une enquête est en cours pour ne pas compromettre l'opération. Ils doivent prendre des mesures internes de contrôle pour prévenir de tels actes et sensibiliser leur personnel par des programmes spéciaux de formation.

3. La **levée du secret professionnel.** L'article 41 de la loi du 5 avril 1993 relève les établissements de crédit et autres professionnels du secteur financier de leur obligation au **secret professionnel** lorsque la révélation d'un renseignement est autorisée ou imposée par une disposition législative ; la levée du secret bancaire s'applique également à l'égard des autorités luxembourgeoises ou étrangères chargées de la surveillance du secteur financier, si les renseignements communiqués sont couverts par le secret professionnel de l'autorité qui les reçoit (voir n° 376).

Aucune jurisprudence n'a encore défini la notion d'**obligations professionnelles** mais, selon la commission juridique de la chambre des députés, le législateur a entendu viser les obligations découlant d'une loi ou d'un règlement, d'un usage, d'une coutume ou d'une règle de déontologie.

354-A Enfin, jusqu'alors limitée aux établissements de crédit et autres professionnels du secteur financier, l'**obligation d'identification des clients** exposée au n° 354 est étendue à d'autres professions :

– les **notaires** sont désormais obligés de connaître l'identité du bénéficiaire réel de toute opération en relation avec l'acte de réception duquel ils procèdent et dont le montant excède 500 000 LUF (et même s'il est inférieur, dès qu'il y a soupçon de blanchiment), sauf si les fonds en relation avec l'opération sont déposés auprès d'un professionnel du secteur financier soumis à une obligation identique d'identification. S'ils doutent que le client agisse pour son propre compte, ils doivent rechercher l'identité des bénéficiaires réels. Ils sont obligés de fournir une réponse et une coopération à toute demande légale des autorités. Ils ne doivent pas communiquer au client concerné qu'une enquête est en cours. L'infraction à l'obligation d'identification est passible d'une amende ;

– les ***réviseurs d'entreprises*** sont, quant à eux, obligés de fournir une réponse et une coopération à toute demande légale des autorités. Ils doivent informer de leur propre initiative et dans les meilleurs délais le Procureur auprès du tribunal d'arrondissement de tout fait qui pourrait être l'indice d'un acte de blanchiment. Ils ne doivent pas communiquer au client concerné qu'une enquête est en cours ;
– les ***casinos et établissement de jeux de hasard*** sont soumis à une obligation identique à celle des réviseurs d'entreprises.

355 Une ***banque de données*** de faits et de ***transactions*** susceptibles d'être ***liés au blanchiment*** de biens provenant du trafic de stupéfiants est gérée pour le compte du parquet du tribunal d'arrondissement de Luxembourg par le centre informatique de l'État. Elle contient toute information et déclaration relative à la description de la transaction ou du fait suspect fournie par les banques et autres professionnels du secteur financier ou les entreprises d'assurances.

Le Luxembourg a ratifié la ***Convention de Vienne*** et signé la Convention de ***Strasbourg*** qui harmonisent les procédures d'entraide juridique dans le domaine du blanchiment des capitaux. Il fait partie également du groupe d'action financière sur le blanchiment de capitaux créé par le G7. Il a signé la convention contre la criminalité transnationale organisée, le 15 décembre 2000 à Palerme, convention sous l'égide des Nations unies.

Lutte contre la criminalité économique et la fraude informatique

356 Visant à renforcer la lutte contre la criminalité économique et la fraude informatique, la loi du 15 juillet 1993 sanctionne l'utilisation ou la divulgation de secrets d'affaires et de secrets de fabrication et de modèles, dessins et patrons dans un but de concurrence, dans l'intention de nuire ou de se procurer un avantage illicite.

De même, constitue une infraction le fait de frauduleusement accéder ou se maintenir dans un système informatique, de fausser le fonctionnement du système, de supprimer, modifier ou faire usage des données.

2. Surveillance du secteur financier

Cadre juridique

357 Dans la perspective d'un marché financier unique, les autorités luxembourgeoises (gouvernement, législateur et IML devenu CSSF), ont toujours eu à cœur de voir transposées sans délai (et parfois même à l'avance) les directives CE et plus particulièrement les directives bancaires.

C'est ainsi que la loi du 27 novembre 1984 relative à l'***accès au secteur financier*** et à sa ***surveillance*** transposait déjà la ***première directive bancaire*** de 1977.

Depuis lors, la loi de 1984, complétée par diverses circulaires de l'IML, a été refondue par une importante ***loi du 5 avril 1993*** qui transpose la ***seconde directive bancaire*** 89/646/CEE instituant l'agrément bancaire unique et les directives ultérieures sur les fonds propres, les ratios de solvabilité et la surveillance sur une base consolidée. L'ensemble a été codifié dans un texte unique (Directive 00/12 du 20 mars 2000 (JOCE 2000 L126). La loi de 1993, modifiée par les textes de transposition a, elle aussi, été codifiée en 1999 (Mémorial A/135 du 18 octobre 1999).

La directive 93/22/CEE concernant les **services d'investissement** dans le domaine des valeurs mobilières, qui est le pendant de la directive bancaire pour les entreprises d'investissement, a été transposée par la **loi du 12 mars 1998**. Véritable pierre angulaire du marché intégré des valeurs mobilières, elle est déjà en cours de modernisation (COM (2000) 729 final du 15 novembre 2000). Avec la directive 93/6/CEE sur l'adéquation des fonds propres des entreprises d'investissement et des établissements de crédit, ces directives visaient à créer un **espace financier européen** en favorisant l'intégration progressive des marchés européens de valeurs mobilières et la transparence des transactions dans chacun des pays membres de l'Union européenne et de l'Espace économique européen (Islande, Norvège, Liechtenstein).

Les lois de 1993 et de 1998 réglementant l'accès aux activités professionnelles du secteur financier et leur surveillance s'appliquent :

– aux **banques** (établissements de crédit et établissements financiers), qu'elles soient de droit luxembourgeois ou qu'elles soient des succursales de banques de droit étranger ;
– aux **autres professionnels du secteur financier** (activités dites parabancaires et fournissant un service d'investissement).

Passeport européen

Agrément des banques

358 *1. Banques de droit luxembourgeois*

La loi de 1993 pose le principe général qu'aucun établissement de crédit ou banque de droit luxembourgeois ne peut exercer son activité, c'est-à-dire recevoir du public des dépôts ou d'autres fonds remboursables et octroyer des crédits pour son propre compte, sans posséder l'**agrément écrit du ministre des finances**. L'agrément est délivré pour une durée illimitée après instruction par la CSSF. La CSSF consulte les autorités nationales compétentes quand l'agrément vise la filiale d'une banque agréée dans un autre État membre.

L'agrément n'est accordé qu'aux banques de droit luxembourgeois ayant la **forme** d'une SA, d'une SCA ou d'une société coopérative et justifiant que l'**administration centrale** de l'établissement à agréer se trouve bien au Luxembourg. D'autres conditions sont à remplir :

– *actionnariat :* communication de l'identité des actionnaires directs ou indirects dont la participation est qualifiée ou leur permet d'exercer une influence significative sur la conduite des affaires et du montant de ces participations ; structure transparente de l'actionnariat, afin que la CSSF puisse exercer sans entrave une surveillance, sur une base consolidée ou non ; information à la CSSF dès qu'une acquisition ou une cession de participations provoque le franchissement d'une participation des seuils de 20, 30 ou 50 % des droits de vote ;
– *honorabilité et expérience professionnelle :* la gestion de l'établissement doit être exercée par deux personnes au moins habilitées à déterminer effectivement l'orientation de l'activité, possédant l'honorabilité professionnelle nécessaire et l'expérience adéquate pour exercer ces fonctions. La condition d'honorabilité doit être remplie également par les administrateurs, les organes de surveillance, ainsi que par les actionnaires ou associés qui sont en mesure d'exercer une influence significative sur la conduite des affaires en raison de leur participation au capital social ou aux fonds propres ;
– système d'indemnisation (voir n° 362) ;
– *révision externe :* les documents comptables annuels doivent être soumis au contrôle de réviseurs d'entreprises indépendants ;
– *assises financières* suffisantes : capital social de 350 millions de LUF dont

250 millions libérés ; les fonds propres ne peuvent devenir inférieurs au montant du capital social ;
- **crédit suffisant** en fonction de l'activité spécifique qu'il entend exercer.

2. Succursales de banques et d'établissements financiers de droit étranger

En vertu de la **reconnaissance mutuelle des agréments** qu'établissent la 2e directive bancaire et la directive sur les services d'investissement, l'agrément des autorités luxembourgeoises n'est plus requis pour les établissements de crédit ou les établissements financiers **d'origine communautaire** qui entendent exercer leurs activités au Luxembourg, soit par l'établissement d'une succursale, soit par voie de prestations de services, dès lors qu'ils sont déjà agréés et contrôlés par les autorités compétentes d'un autre État membre.

La loi entend par **établissement financier** une entreprise, autre qu'un établissement de crédit, dont l'activité principale consiste à prendre des participations ou à exercer certaines activités : prêts, crédits-bails, émission de moyens de paiement, octroi de garanties et engagements, transactions sur les marchés financiers, émission de titres, intermédiation sur les marchés interbancaires, gestion de patrimoine.

Quant aux établissements de crédit et autres professionnels du secteur financier qui ne sont **pas d'origine communautaire**, ils sont soumis aux mêmes règles d'agrément que les établissements de droit luxembourgeois. En outre, l'agrément ne peut être accordé qu'aux **succursales** de sociétés étrangères dotées de fonds propres distincts du patrimoine de leurs associés. Les succursales doivent disposer d'un capital permanent de dotation ou des assises financières équivalentes à celles exigées des professionnels luxembourgeois exerçant la même activité.

Agrément des autres professionnels du secteur financier

358-A La directive sur les services d'investissement établit une procédure d'agrément pour toute entreprise d'investissement qui souhaite fournir ses services sur certains instruments financiers. L'agrément dit **« passeport européen »** lui est fourni, sous réserve de respecter les conditions minimales fixées par les autorités de son État d'origine. Il lui permet d'offrir les mêmes services dans les autres pays soit à partir de son lieu d'établissement (liberté de prestations de services), soit en créant des succursales dans ces pays (liberté d'établissement) sans avoir à obtenir un nouvel agrément. La directive repose sur la **reconnaissance des systèmes de protection et de contrôle** : les autorités du pays d'origine établissent les **règles prudentielles** et les autorités du pays d'accueil indiquent aux sociétés d'investissement les **règles de conduite** applicables. Des règles minimales sont définies par la directive.

L'agrément écrit du ministre des finances luxembourgeois est donc requis pour toutes les entreprises d'investissement de droit luxembourgeois qui exercent à titre professionnel une activité consistant à **fournir un service d'investissement à des tiers**. Il est accordé pour une durée illimitée, après instruction par la CSSF.

Parmi les catégories d'activités d'intermédiation financière, la loi de 1998 distingue :
- les commissionnaires, les gérants de fortunes, les professionnels intervenant pour leur propre compte, les distributeurs de parts d'OPC et les preneurs fermes, qui sont des **entreprises d'investissement** au sens de la directive, soumises à agrément. Seuls ces professionnels peuvent bénéficier du passeport européen ;
- les **autres professionnels** du secteur financier, également soumis à agrément, qui sont les courtiers, les teneurs de marché, les dépositaires professionnels de

titres et les personnes effectuant des opérations de change-espèces. Ces derniers doivent se soumettre aux règles prudentielles du pays d'accueil s'ils veulent s'établir ou fournir leurs services dans un des pays membres de l'espace financier européen ;
— les *conseillers* en opérations financières ne sont pas soumis à l'agrément car leur activité ne consiste qu'en la fourniture d'informations. Il en va de même de l'activité de *recouvrement de créances*, qui n'est autorisée que sur avis du ministère de la justice.

La loi du 31 mai 1999 a ajouté les *domiciliataires*. Ce sont des personnes physiques et morales établies au Luxembourg et exerçant une des professions réglementées suivantes : établissement de crédit, autres professionnels du secteur financier et des assurances, avocats, réviseurs d'entreprises, expert-comptables. Elles acceptent, par convention écrite déposées au registre de commerce, qu'une ou plusieurs sociétés établissent auprès d'elles leur siège pour y exercer une activité qui entre dans le cadre de leur objet social. Pour recevoir l'agrément pour cette activité en tant que professionnel du secteur financier, elles doivent justifier d'assises financières d'une valeur de 15 millions de LUF.

358-B Les *conditions* d'agrément sont en général proches de celles qui sont requises des banques : administration centrale au Luxembourg ; bonne organisation administrative et comptable ; identité des actionnaires et structure transparente ; honorabilité et expérience professionnelle, crédit suffisant, révision externe ; système d'indemnisation.

Pour les *assises financières*, le capital social libéré est de 25 millions de LUF au moins si l'activité implique la gestion de fonds de tiers (5 millions de LUF si l'activité exclut la gestion de fonds de tiers). Des *conditions spécifiques* d'assises ou de capital social sont en outre prévues pour chaque activité (leur nombre, fin 1999, figure entre parenthèses) :

— les *courtiers et commissionnaires* (8 et 7). Les premiers mettent en relation les parties en vue de la conclusion d'une opération financière donnée tandis que les commissionnaires accomplissent en leur nom, mais pour le compte de leurs clients, des opérations financières spécifiques (assise financière : 15 millions de LUF) ;
— les *gérants de fortune* (38). Ils gèrent les avoirs de leurs clients en vertu d'un mandat et d'une commission et sur une base non collective. Ce sont des *personnes morales* disposant d'un capital social d'au moins 25 millions de LUF ;
— les *professionnels intervenant pour compte propre* (17). Ce sont des *personnes morales* faisant des opérations pour compte propre et à risque propre, en vue d'un profit. Leur capital social est d'au moins de 50 millions de LUF ;
— les *distributeurs de parts d'OPC* admis à la commercialisation au Luxembourg (25). Ce sont des *personnes morales* dont le capital social est de 10 millions de LUF au moins et de 50 millions de LUF si elles acceptent ou font des paiements ;
— les *preneurs fermes et teneurs de marché* (2 et 2). Leur activité consiste, d'une part, à négocier et à offrir des services de prise ferme pour l'émission et le placement d'instruments financiers, et, d'autre part, à assurer par des achats et des ventes la tenue du marché des instruments financiers. Le capital social de ces *personnes morales* est de 100 millions de LUF au moins ;
— les *dépositaires professionnels de titres ou autres instruments financiers* remis par des professionnels du secteur financier, à charge pour eux d'en assumer la garde et l'administration et d'en faciliter la circulation (1). Ce sont des *personnes morales* disposant d'un capital social de 100 millions de LUF ;
— les *conseillers en opérations financières* (10). Rémunérés exclusivement par

leurs clients, ils n'interviennent pas dans l'exécution des conseils qu'ils fournissent (assise financière : 5 millions de LUF) ;

Les personnes effectuant des *opérations de change-espèces* (achat ou vente de monnaies étrangères en espèces) ne sont soumises à aucune condition d'assises financières. L'activité de *recouvrement de créances*, pour autant qu'elle n'est pas réservée aux huissiers, n'est autorisée que sur avis du ministre de la justice.

359 La *Bourse* de Luxembourg a adapté son règlement d'ordre intérieur pour prendre en compte les *règles de transparence des marchés réglementés* qu'impose la directive pour protéger les investisseurs. Elles portent sur la disponibilité des informations relatives aux prix et volumes négociés sur ces marchés.

Le *passeport européen* permet aux succursales d'établissements provenant de l'Union européenne d'opérer en Bourse de Luxembourg sans avoir l'obligation de demander une autorisation selon les procédures luxembourgeoises mais en produisant l'autorisation qui leur a été délivrée par les autorités nationales dont elles relèvent.

Si la directive rend obligatoire l'accueil des membres sur la base d'une autorisation délivrée dans un des États membres, l'admission de membres *à distance* reste une faculté que le Luxembourg entend utiliser, d'autant que le système automatisé mis en place en 1996 rend cette approche possible.

Une proposition de *directive CE* vise à établir un cadre réglementaire pour la *commercialisation à distance de services financiers* au sein du marché unique (JOCE 1998 C 385 modifiée par COM/1999/385). Elle porte sur les contrats à distance concernant des services financiers (bancaires, d'assurance, d'investissement) conclus dans le cadre d'un système organisé de vente ou de prestations de services à distance, pour lesquels le fournisseur et le consommateur utilisent exclusivement des moyens de communication à distance (téléphone, courrier électronique, Internet).

Surveillance

Surveillance des banque

360 Le principe posé par la 2e directive bancaire et transposé dans la loi de 1993 est que la surveillance prudentielle *incombe aux* autorités de l'État membre qui a délivré l'agrément. Autrement dit, ce sont par exemple les autorités françaises qui sont chargées de surveiller les établissements français exerçant au Luxembourg leurs activités au moyen d'une succursale ou par voie de prestations de services. Au Luxembourg, un comité de liaison des autorités de surveillance du secteur financier est institué pour faciliter la coordination et l'échange d'informations entre les autorités de surveillance nationales. Les autorités procèdent elles-mêmes et sur place à la vérification des informations, notamment en matière de liquidité, solvabilité, garantie des dépôts, limitation des grands risques, etc., ou bien elles demandent à la CSSF de procéder à la vérification.

Les autorités du pays membre d'accueil peuvent demander à l'établissement un rapport périodique sur les opérations effectuées dans le pays d'accueil. Une collaboration entre les autorités du pays d'accueil et celles du pays d'origine est prévue quand les établissements effectuent des opérations à risques ou ne respectent pas les prescriptions légales.

Le second principe posé par la loi du 3 mai 1994 transposant la directive CE 92/30 en la matière est que la surveillance des établissements de crédit s'effectue *sur une base consolidée*. Toutes les banques établies au Luxembourg qui détiennent 20 % du capital d'une autre banque ou institution financière sont donc soumises à la surveillance de la CSSF sur une base consolidée.

La surveillance **porte sur** le respect de l'ensemble de la réglementation et, pour les banques, sur le respect de divers ratios repris dans la directive unique 00/12 du 20 mars 2000 (fonds propres, ratios de solvabilité, contrôle des risques importants, systèmes de garantie des dépôts). Lorsque les succursales de banques étrangères sont soumises dans leur pays d'origine à une surveillance offrant les mêmes garanties, ces ratios ne leur sont pas applicables.

La Commission européenne a publié une **Recommandation** dans le cadre du plan d'action visant à créer un marché intégré des services financiers. Elle préconise d'**étoffer l'information financière** dans les comptes annuels et les comptes consolidés des banques et autres établissements de crédit.

Surveillance des autres professionnels du secteur financier

361 À l'instar des établissements de crédit, la surveillance prudentielle des entreprises d'investissement est effectuée par la CSSF *sur la base de la situation financière consolidée* (solvabilité, adéquation des fonds propres aux risques de marché et contrôle des grands risques). La surveillance sur une base consolidée ne porte pas atteinte à la surveillance sur une base individuelle.

Lorsque la *compagnie financière mère* est constituée dans un *autre État membre* de l'UE ou de l'EEE dans lequel elle détient une entreprise d'investissement ou un établissement financier, ce sont les autorités compétentes de cet État qui exercent la surveillance sur une base consolidée et non la CSSF. À défaut de filiale dans l'autre État membre ou lorsque soit l'une des filiales, soit la compagnie financière mère sont constituées au Luxembourg, les autorités des pays où sont agréées les filiales se concertent pour désigner celle qui exercera la surveillance sur une base consolidée. Les entreprises de services bancaires auxiliaires sont incluses dans la consolidation.

Dans des cas individuels, la CSSF peut **renoncer** à inclure dans la consolidation une entreprise d'investissement située dans un pays tiers ou ne présentant qu'un intérêt négligeable. L'exemption de la surveillance sur une base consolidée est également possible, à condition que chaque entreprise, communautaire ou non, susceptible d'entrer dans le périmètre de surveillance porte ses actifs qui ne sont pas liquides en déduction des fonds propres, fasse l'objet d'une surveillance individuelle et mette en place des systèmes de contrôle des sources de capital et de financement de tous les autres établissements financiers susceptibles d'entrer dans le périmètre de surveillance

361-A Les établissements soumis à la surveillance de la CSSF sont tenus de lui **communiquer** périodiquement l'état de leurs actifs et de leurs engagements et de lui transmettre tous les documents de contrôle émis par le réviseur d'entreprise. Ils doivent publier leurs comptes annuels au Mémorial au plus tard dans les six mois de la clôture de l'exercice. La CSSF dispose d'un pouvoir de **vérification** des informations et d'un pouvoir d'injonction qui peuvent aboutir à la **suspension** des organes d'administration ou des activités.

Système d'indemnisation des investisseurs

362 L'*agrément des banques et des entreprises d'investissement* est subordonné à leur participation à un système luxembourgeois d'indemnisation de tous les investisseurs reconnu par la CSSF (loi du 27 juillet 2000). Il couvre les sociétés de droit luxembourgeois et leurs succursales établies dans un autre État membre ainsi que les succursales luxembourgeoises de sociétés non communautaires. Il assure à l'investisseur une indemnisation d'une valeur de 20 000 euros pour l'ensemble de ses investissements sur le même établissement (ou 90 % de la créance tant que le montant à verser est inférieur à 200 000 euros).

B. Bourse

Généralités

370 La *Bourse de Luxembourg* ne diffère pas fondamentalement des autres bourses européennes si ce n'est par sa très forte *orientation internationale* : au premier semestre 2000, les *18 303 lignes de cotation* émanent de plus de 3 600 émetteurs de quelque 90 nationalités différentes et sont ainsi réparties :
– 12 749 emprunts dont 2 518 en euros, 9 513 en autres devises que le LUF et 718 en LUF ;
– 299 actions et parts dont 238 étrangères ;
– 4 130 OPC dont 4 026 émanent de 563 entités luxembourgeoises pouvant regrouper plusieurs compartiments ;
– 1 125 warrants.

Ces chiffres attestent à quel point la communauté financière internationale se tourne vers la Bourse de Luxembourg pour la cotation d'une variété croissante d'instruments de financement et de gestion patrimoniale. Notons que le volume des transactions de la Bourse de Luxembourg a augmenté de 247 % entre 1996 et 1997 et qu'au premier semestre 2000, il est de 1 755 millions d'euros contre 2 499 pour toute l'année 1999 !

L'*orientation communautaire* n'est pas moins importante. On relèvera la part grandissante dans le volume des transactions des instruments cotés libellés en euro. D'autre part, la quasi-totalité des emprunts obligataires qu'émettent sur l'euro-marché des organismes supranationaux comme la Banque européenne d'investissement ou les institutions financières de l'Union européenne est cotée à la Bourse de Luxembourg. On notera enfin le développement des OPC comme instruments d'investissement et de gestion de fortune et plus particulièrement l'essor des « OPC communautaires » admis à la libre commercialisation dans l'espace communautaire (voir n°s 2156 s.).

Le *système automatisé de marché* (SAM) a contribué à l'essor de la Bourse car il relie depuis 1996 tous les membres, luxembourgeois et à distance, par un réseau électronique. Le premier segment du SAM est le « *marché à fixing multiple* », qui est un marché dirigé par les ordres couvrant toutes les valeurs mobilières et entièrement automatisé. Les valeurs mobilières y sont rassemblées en groupes de cotation qui, lors de plusieurs fixings quotidiens, passent successivement en appel. Les fixings en actions luxembourgeoises les plus actives sont faits sur une base continue.

Le deuxième segment, créé en 1997 parallèlement au marché à fixing multiple, est le « *marché continu à la demande* » qui est dirigé par les prix et qui s'adresse à des ordres importants. Il est animé notamment par des établissements s'engageant comme spécialistes. Les négociations se déroulent depuis les stations de travail situés aux sièges des membres de la Bourse, sans leur présence physique. La surveillance est assurée sur écran dans les locaux de la Bourse.

La *liquidation* des transactions se fait par un système de liquidation reconnu par la Bourse. Elle a lieu le troisième jour ouvrable après la conclusion de la transaction. Les valeurs à revenus fixes sont cotées en pourcentage de la valeur nominale exprimée au 30 juin 2000 en LUF, en euros et dans 36 devises. Les valeurs à revenus variables sont cotées en euros ou dans 18 autres devises. Les séances de bourse se déroulent les jours ouvrables de 10 h à 16 h.

Les fonctions de la *Bourse de Luxembourg*, notamment la surveillance par écrans informatiques d'un marché désormais sans présence physique, s'accompagnant d'une adaptation de son cadre réglementaire. Son *règlement inté-*

rieur a été modifié pour transposer les **nouvelles règles de transparence** des transactions qu'impose la directive CE sur les services d'investissement ; elle remplit désormais les critères de marché réglementé prévus par la DSI. Sa **mission de surveillance** prendra encore plus d'importance quand, conformément à la directive, elle prendra en charge sous la responsabilité de la Commission de Surveillance du Secteur financier le système de reporting.

371 L'avènement de l'euro a placé les bourses nationales devant la nécessité de se restructurer. À côté du modèle présenté par les bourses de Francfort, Londres et Paris consistant à créer une nouvelle entité de bourse pour y recentrer le négoce des actions cotées, une autre approche a été développée par les bourses d'Amsterdam, de Bruxelles et de Luxembourg pour créer un **marché Benelux de capitalisation boursière** des actions cotées. Elle leur permet d'occuper la quatrième place en Europe, grâce surtout à la forte capitalisation de la Bourse d'Amsterdam.

Le système, fonctionnel et pragmatique, repose essentiellement sur un **réseau intensif d'interconnexions électroniques entre les bourses**, de manière à permettre aux intermédiaires financiers agréés auprès de l'une d'elles d'opérer simultanément sur chacune des trois. Les bourses participantes gardent leur identité et leur autonomie politique et financière. Il s'agit néanmoins d'un pas décisif vers un seul marché intégré, les étapes suivantes pouvant être l'adjonction d'un « Benelux Clearing House » et l'élaboration d'un indice boursier commun.

372 Prenant en compte la nécessité d'installer des bourses et des marchés organisés spécialisés, la loi du 21 septembre 1990 a introduit le principe d'une **pluralité de bourses**.

À côté de la société de la Bourse de Luxembourg qui garde la concession jusqu'en 2027 de la **cotation des valeurs mobilières,** d'autres bourses peuvent donc être instituées, également sur concession, pour gérer les **nouveaux instruments financiers.** Mais cette possibilité n'est toujours pas exploitée. Aucune structure équivalente à celle du MATIF ne permet actuellement la **cotation** au Luxembourg des contrats à terme (« futures »), options, swaps et produits similaires et il n'existe d'ailleurs pas de réglementation spécifique pour leur **négociation**.

En principe, l'article 1965 du Code civil luxembourgeois interdit les négociations à terme dont l'objet est le paiement de la différence entre le prix dû à maturité et le prix dû à la conclusion du contrat. La loi bancaire du 21 juin 1984 a cependant introduit une dérogation qui permet de conclure des **contrats à terme** (sur des devises étrangères, des métaux précieux, des droits, etc.) à condition qu'ils le soient à la Bourse de Luxembourg et par l'intermédiaire d'une banque de droit luxembourgeois.

Commission de surveillance du secteur financier

375 La Commission de surveillance est un établissement public siégeant à Luxembourg et placée sous l'autorité du ministre ayant dans ses attributions la place financière qui exerce, depuis le 1er janvier 1999, **toutes les activités de surveillance du secteur financier** jusqu'alors réparties entre l'Institut monétaire luxembourgeois et le Commissariat aux bourses. Cette instance unique assure tant la surveillance des marchés d'actifs financiers que la surveillance prudentielle de toutes les personnes qui exercent à titre professionnel une des activités du secteur financier. Son comité consultatif de la réglementation prudentielle peut être saisi de tout projet de loi ou de règlement relevant de sa compétence.

Ses membres ainsi que les réviseurs et experts qu'elle mandate sont tenus au **secret professionnel**. La CSSF peut **toutefois** échanger des informations nécessaires à la surveillance du secteur financier avec les autorités des autres **États membres** de l'Union européenne et de l'EEE chargées de la surveillance :
– des autres institutions financières, des compagnies d'assurance et des marchés financiers ;
– des organes impliqués dans la liquidation et la faillite des professionnels du secteur financier, des compagnies d'assurance, des OPCVM des sociétés de gestion et des dépositaires d'OPCVM ;
– des personnes chargées du contrôle légal des comptes des professionnels.

Pour ce qui est des autorités des **États tiers**, l'échange n'est possible que si les informations transmises par la CCSF bénéficient de garanties de secret professionnel au moins équivalentes aux garanties luxembourgeoises et que l'autorité du pays tiers accorde le même droit d'information à la CSSF. Elle ne peut, en outre, les utiliser qu'à des fins et dans les limites ci-dessous pour la CSSF. Sur le secret professionnel luxembourgeois, voir n° 350 s.

La CSSF ne peut utiliser les informations **que pour** vérifier que les professionnels remplissent bien les conditions d'accès à l'activité et d'exercice de l'activité, y compris sur une base consolidée (liquidité, solvabilité, grands risques, adéquation des fonds propres aux risques de marché, organisation administrative et comptable, contrôle interne) ; imposer des sanctions dans le cadre de procédures engagées contre une de ses décisions.

Elle peut **transmettre des informations** destinées à l'accomplissement de leur mission aux banques centrales et autres autorités monétaires ainsi qu'aux autorités chargées de la surveillance des systèmes de paiement et aux chambres de compensation chargées du règlement des contrats sur un des marchés du Luxembourg.

Admission à la cote et offre publique

378 L'admission à la cote officielle et l'offre publique à la souscription ou à la vente des titres de sociétés sont réglementées par le règlement d'ordre intérieur de la Bourse de Luxembourg, la loi du 21 septembre 1990 relative aux **bourses** modifiée par la loi du 23 décembre 1998 sur la **surveillance des marchés d'actifs financiers** et le règlement grand-ducal du 28 décembre 1990 relatif au **prospectus** d'offre publique ou d'admission à la cote officielle de valeurs mobilières, modifié en dernier lieu par le règlement grand-ducal du 28 juin 1995. Le règlement transpose notamment les quatre directives de base en la matière (lesquelles seront prochainement codifiées dans une directive unique) : 79/279 sur les conditions d'admission à la cote officielle, 80/390 sur le prospectus pour l'admission à la cote, 82/121 sur l'information périodique à publier par les sociétés dont les actions sont admises à la cote, 88/627 sur les informations lors de l'acquisition ou la cession de participations importantes dans une société cotée.

En l'absence d'une définition légale de l'**offre publique**, la pratique est de considérer que l'offre est publique, dès lors qu'elle s'adresse à un nombre illimité de personnes, inconnues de l'émetteur, ou par des moyens de publicité. L'offre publique peut être faite avant la constitution ou l'augmentation de capital d'une société, au moyen de souscriptions publiques (voir n° 555). Elle peut être suivie ou non d'une demande d'admission à la cote officielle.

La loi du 23 décembre 1998 prévoit que la **bourse** vise les prospectus à publier pour l'offre publique de valeurs mobilières **cotées** en bourse ainsi que pour l'admission de valeurs à sa cote officielle, tandis que la **CSSF** vise les prospectus des offres **sans admission** à la cote (mais elle peut confier l'instruction du dossier à la bourse). Les décisions sont notifiées à l'émetteur dans un délai de six mois. Faute de notification, la demande est implicitement rejetée.

Les ***entreprises d'investissement*** luxembourgeoises et leurs succursales à l'étranger ont l'obligation de déclarer à la CSSF toutes les transactions effectuées sur des actifs financiers négociés sur une bourse inscrite sur la liste des marchés réglementés, que ces transactions aient eu lieu sur ce marché ou non. Elles en sont dispensées pour les transactions qu'elles effectuent sur un marché réglementé de l'EEE, dès lors qu'elles sont tenues à des obligations équivalentes par les autorités de ce marché. L'obligation de déclarer les transactions est étendue aux entreprises d'investissement originaires d'un pays de l'EEE et à leurs succursales luxembourgeoises, pour leurs transactions effectuées sur une bourse luxembourgeoise. Les déclarations doivent être disponibles au plus tard à la fin du jour ouvrable suivant la transaction et la CSSF peut effectuer des contrôles sur place. Elle est chargée de la collaboration et de l'échange d'informations avec les autorités de surveillance des autres États membres de l'EEE.

Les comptes annuels des sociétés luxembourgeoises cotées en bourse doivent être contrôlés par un réviseur professionnel indépendant. Les transactions en bourse sont exonérées de tout impôt ou taxe.

Des règles spécifiques sont applicables quand les titres offerts sont des actions et parts d'***OPC*** (voir n° 2120).

379 Quiconque se propose de procéder à une offre publique ou de faire admettre à la cote officielle des valeurs mobilières doit en ***aviser la Bourse de Luxembourg*** au moins quinze jours à l'avance en introduisant un dossier pour l'instruction du prospectus d'offre publique ou de cotation. Les autorités boursières transmettent l'avis au Commissariat aux bourses qui peut interdire de procéder à l'offre ou interdire la cotation.

380 S'il ne le fait pas, l'instruction du ***dossier d'approbation du prospectus*** est menée par la Bourse de Luxembourg. Sauf dispense partielle ou totale, le dossier comprend :

– ***le projet de prospectus*** ;
– des informations complémentaires ;
– des documents justificatifs : les ***statuts***; les règlements ou ***conventions*** (de garantie ou de prise ferme, fiduciaires : *trust indenture, trust agreement*, d'émission de certificats au porteur représentatifs d'actions nominatives : *deposit agreement*) ; les ***rapports annuels*** des trois dernières années et la dernière situation financière de l'émetteur ; le projet de ***notice légale*** à déposer auprès du greffe du tribunal d'arrondissement de Luxembourg.

Fidèle aux directives CE, l'Annexe III du règlement du 28 décembre 1990 indique le ***contenu du prospectus*** selon que l'opération projetée est la cotation ou l'offre publique de titres avec demande ou sans demande de cotation.

<small>Elle régit également le ***contenu*** du prospectus dans des ***cas particuliers*** : opérations portant sur des titres émis par des banques, des sociétés de financement ou des holdings ; sur des obligations garanties par une personne morale, sur obligations convertibles, échangeables ou assorties de warrants ; sur des certificats représentatifs d'actions ; pour certains emprunts obligataires dont le revenu et/ou le remboursement sont liés à des actions sous-jacentes (circulaire CaB 98/6) et pour certains warrants, titres obligataires et programmes d'émission (circulaire CaB 98/7) ; cotations de titres émis à la suite d'un changement dans la structure sociale.</small>

Il doit ensuite être ***publié*** par insertion dans un journal luxembourgeois à large diffusion ou sous la forme d'une brochure mise gratuitement à la disposition du public au siège de l'émetteur et auprès des organismes financiers chargés d'assurer au Luxembourg le service financier ou la réception des souscriptions. Un communiqué indiquant où lire ou se procurer le prospectus de cotation doit en outre être publié dans la Cote officielle de la Bourse de Luxembourg.

Les documents publicitaires, préalablement communiqués à la Bourse de Luxembourg, doivent aussi indiquer où obtenir le prospectus. Le prospectus d'offre publique doit être publié *au moment* de l'ouverture de l'offre publique. Le prospectus de cotation doit l'être au plus tard le jour précédant la cotation ou l'ouverture d'une négociation en bourse de droits de souscription préférentiels.

Le règlement grand-ducal du 28 juin 1995 prévoit toutefois une *dispense totale de l'obligation de publier* un prospectus lorsque les valeurs mobilières ont déjà été admises à la cote officielle d'un autre État membre de l'Espace économique européen (EEE) pendant au moins trois ans avant leur demande d'admission à la cote au Luxembourg, si les autorités de l'État membre concerné confirment qu'il a bien respecté ses obligations d'information et d'admission. L'émetteur doit cependant publier un *document d'information en lieu et place du prospectus* (en français, allemand ou anglais). Les annonces se bornant à informer de l'offre publique ou de l'admission et à indiquer les caractéristiques essentielles des valeurs mobilières sont communiquées au préalable à la Bourse pour contrôle avant publication.

381 La loi institue une procédure de *reconnaissance réciproque* pour les prospectus qui ont été approuvés par les autorités compétentes des *autres États membres* de l'Union européenne et qui sont présentés simultanément ou à des dates rapprochées.

Informations périodiques des actionnaires

382 Conformément à la directive 82/121/CEE, les sociétés dont les actions sont cotées en bourse doivent publier des rapports semestriels et annuels sur leurs activités et leurs états financiers. Des annonces doivent en être faites dans les journaux, avec indication du lieu où ils sont disponibles. Les rapports sont également adressés aux autorités boursières des États membres si les titres sont admis à la cote d'une de leurs bourses.

Pour les obligations déclaratives qui s'imposent aux sociétés concernées par une *OPA*, voir n° 387.

Pour les obligations spécifiques aux *OPC*, voir n°s 2200 s.

Réglementation des OPA

385 La *réglementation* luxembourgeoise en la matière est dispersée, parcellaire et d'une force contraignante inégale. Les autorités boursières appliquent en effet un code de conduite adopté en 1979 par la Fédération internationale des bourses et les recommandations CE de 1977 formant un code de conduite communautaire. Elles se fondent également sur le règlement d'ordre intérieur de la Bourse de Luxembourg et sur le règlement grand-ducal précité du 28 décembre 1990. Il n'y a pas de *jurisprudence* luxembourgeoise mais les OPA hostiles intervenues en Belgique notamment ne sont pas sans intérêt pour les autorités boursières.

L'offre publique d'acquisition faite aux actionnaires de la société cible peut se réaliser par l'*achat* de leurs titres moyennant paiement en numéraire à un prix généralement supérieur au prix du marché *(OPA)* ou par un *échange* de leurs titres *(OPE)*.

Il est intéressant de noter que seule l'*offre publique d'échange* est considérée comme une offre publique de valeurs mobilières relevant du décret précité de 1990 pour l'établissement, le contrôle et la diffusion du prospectus. Sauf dispense, le prospectus est donc obligatoire, que les titres offerts en échange des titres de la société cible soient cotés ou non.

386 L'*offre publique d'achat*, sans échange de titres, n'est en revanche pas considérée comme une offre relevant du règlement grand-ducal de 1990.

L'émetteur de l'OPA n'a donc pas à aviser la société cible et les autorités boursières. Il échappe à la procédure du prospectus et choisit librement comment informer les actionnaires de la société cible. Il doit toutefois respecter la deuxième recommandation du Code de conduite européen qui prescrit de fournir aux actionnaires des informations loyales, claires et précises, suffisantes. Il doit, en outre, respecter l'égalité de traitement des actionnaires évoquée ci-après ainsi que le règlement d'ordre intérieur de la Bourse de Luxembourg si les titres à acquérir sont cotés.

Obligations déclaratives liées aux participations importantes

387 Conformément à la directive 88/627/CEE, la loi du 4 décembre 1992 modifiée par la loi du 28 décembre 1998 régit les informations à publier lors de l'*acquisition* et de la *cession* directement ou par personne interposée d'une *participation importante* dans le capital d'une société cotée.

Il est obligatoire d'informer la société en cause et les autorités boursières chaque fois que les *seuils* de 10 %, 20 %, 33 1/3 %, 50 % et 66 2/3 % de participation ou d'acquisition de droits de vote sont franchis. De même, bien que la 13e directive relative aux OPA et OPE ne soit pas encore adoptée (JOCE 1990, C 240), l'acquéreur doit respecter le principe d'*égalité de traitement* des actionnaires.

La *société cible*, quant à elle, doit informer sans délai les autorités boursières de toute modification importante intervenue dans la composition de son actionnariat et leur transmettre toutes données susceptibles d'affecter la protection des investisseurs et le fonctionnement du marché (faits nouveaux importants susceptibles de provoquer une variation sensible des cours). Les informations doivent être publiées dans les journaux et elles doivent être mises à la disposition du public.

Opérations d'initiés

390 La directive 592/89/CEE relative aux opérations d'initiés a été très fidèlement transposée en droit interne par une loi du 3 mai 1991. La loi luxembourgeoise érige en infraction le fait d'utiliser une information privilégiée pour acquérir en bourse, pour son propre compte ou pour le compte d'autrui, des titres susceptibles d'être affectés par cette information.

L'*information privilégiée* doit être « une information qui n'a pas été rendue publique, qui a un caractère précis et concerne un ou plusieurs émetteurs de valeurs mobilières et qui, si elle était rendue publique, serait susceptible d'influencer de façon sensible le cours de cette ou de ces valeurs mobilières ». L'information ainsi détenue ne doit pas être nécessairement un secret. Il suffit qu'elle n'ait pas fait l'objet d'une diffusion publique mettant tous les investisseurs sur un pied d'égalité. C'est ainsi qu'une information fournie lors d'une réunion ou d'un colloque, auquel n'assistaient que quelques personnes, remplit les conditions légales de l'information privilégiée.

L'interdiction d'utiliser l'information ainsi décrite vise les *« initiés primaires »*, c'est-à-dire les personnes qui en disposent :

– en raison de leur qualité de membres des organes d'administration, de direction ou de surveillance de l'émetteur ;
– en raison de leur participation au capital de l'émetteur ;
– parce qu'ils ont accès à cette information dans l'exercice de leur travail, de leur profession ou de leurs fonctions.

Aucune profession ne peut a priori être exclue.

La loi s'applique également aux « *initiés secondaires* » qui ont obtenu l'information privilégiée par l'intermédiaire direct ou indirect d'un des « initiés primaires ». Pour que les initiés secondaires soient inquiétés, il faut qu'il y ait eu une recherche concrète de l'information. Selon les travaux préparatoires, « les personnes glanant au hasard et involontairement une information ayant le caractère d'information privilégiée ne peuvent pas être pénalement punies ».

Notons enfin que si l'initié est une personne morale, la loi prévoit expressément que l'interdiction s'applique aux personnes physiques qui participent à la décision de procéder à la transaction.

Concernant les *comportements* des initiés, qu'ils soient primaires ou secondaires, la loi incrimine le fait « d'acquérir ou de céder pour le compte propre ou pour le compte d'autrui, soit directement soit indirectement, les valeurs mobilières de l'émetteur ou des émetteurs concernés par cette information, en exploitant en connaissance de cause cette information privilégiée ».

Les *valeurs mobilières* visées sont les actions et les obligations, ainsi que les valeurs assimilables ; les contrats ou les droits permettant de souscrire, d'acquérir ou de céder des actions ou des obligations ; les contrats à terme, les options et les instruments financiers à terme portant sur des actions et des obligations ; les contrats sous indice portant sur des actions et des obligations.

Au sens où l'entend le législateur luxembourgeois, l'infraction n'existe cependant que lorsque les valeurs mobilières sont admises à être négociées sur un *marché réglementé et surveillé* et accessible au public. Le Luxembourg a ainsi utilisé la possibilité ouverte par la directive européenne d'exclure les transactions sur les valeurs mobilières non cotées et les transactions effectuées sans l'intervention d'un intermédiaire professionnel.

Il convient de relever encore que si l'infraction d'initié est bien une infraction intentionnelle, il n'est cependant pas requis que l'initié ait utilisé l'infraction pour réaliser un gain ou éviter une perte. L'infraction peut exister, même si l'initié a agi *pour compte d'autrui*. La loi luxembourgeoise *réprime* l'infraction à ces dispositions par un emprisonnement de un à cinq ans et une amende de 5 000 LUF à 50 millions de LUF, ou l'une de ces peines seulement. Le tribunal prononce en outre la confiscation du produit de l'infraction.

À l'égard des *initiés primaires* uniquement, la loi luxembourgeoise incrimine en outre le fait de communiquer l'information privilégiée à un tiers, si ce n'est dans le cadre normal de l'exercice de leur travail, de leur profession ou de leurs fonctions ainsi que le fait de recommander à un tiers d'acquérir, de céder ou de faire acquérir ou céder par un tiers, sur la base de cette information privilégiée, des valeurs mobilières. L'infraction est *punie* d'un emprisonnement de trois mois à trois ans et d'une amende de 5 000 LUF à 1 million de LUF ou l'une de ces peines seulement.

Coopération internationale en matière d'opérations d'initiés

391 En matière de coopération internationale, le contrôle du respect des dispositions exposées ci-dessus est *confié* à la CSSF agissant d'office ou sur demande et il ne s'exerce qu'à l'encontre des professionnels du secteur financier établis à Luxembourg.

La CSSF peut être tenu d'effectuer une *enquête* à la demande de l'autorité administrative compétente d'un autre État membre de l'Union européenne, la COB par exemple, mais à la différence de ce que prévoit la directive, la loi prévoit qu'il peut cependant refuser d'y donner suite si la communication des renseignements risque de porter atteinte à l'ordre public luxembourgeois ou si des poursuites sont déjà engagées au Luxembourg. Or, selon les travaux préparatoires, l'atteinte au *secret bancaire* constituerait une atteinte à l'ordre public luxembourgeois (voir n° 350).

La CSSF ne pourra d'ailleurs transmettre des informations au titre de la coopération internationale qu'aux autorités étrangères et à la condition qu'elles ne les utilisent pas *à des fins autres* que celles pour lesquelles ces informations ont été demandées en matière d'opérations d'initiés. Réciproquement, s'il reçoit des informations au titre de la coopération internationale, il pourra les utiliser exclusivement pour l'exercice de ses fonctions en matière de délits d'initiés.

392 Le Luxembourg a approuvé la Convention sur les opérations financières des initiés ainsi que son Protocole qui est entrée en vigueur pour ce pays le 1er décembre 1997. Ces textes étaient ouverts à la signature des États membres du *Conseil de l'Europe* à Strasbourg respectivement les 20 avril et 11 septembre 1989.

Le Protocole prévoit que, dans leurs relations mutuelles, les pays membres de l'Union européenne *appliquent d'abord* les règles issues de la transposition dans leurs législations de la directive 592/89/CEE sur les opérations d'initiés, et, *à titre subsidiaire,* celles découlant de ladite Convention.

Les parties s'engagent, sous réserve de réciprocité, à s'accorder mutuellement l'assistance la plus large dans la *communication des informations* nécessaires à la surveillance des opérations effectuées sur les marchés organisés ainsi que l'*aide judiciaire pénale* la plus large visant des infractions impliquant des opérations d'initiés.

Le Luxembourg déclare vouloir faire usage des *dérogations* que prévoit la loi luxembourgeoise *à l'obligation de secret* (voir n° 350), pour le cas où la CSSF aurait l'obligation de dénoncer à des autorités judiciaires des informations communiquées ou recueillies dans le cadre d'une demande d'assistance.

Droit des sociétés

TITRE 2

CHAPITRE 1
Choix d'une forme d'implantation

400 L'objet de ce chapitre est de présenter les différentes possibilités qui s'offrent aux entreprises désireuses de s'implanter au Luxembourg :
- ouverture d'une *succursale* au Luxembourg ;
- *transfert du siège* social au Luxembourg ;
- *association* avec un partenaire luxembourgeois en créant une structure juridique commune ou en prenant une participation dans une structure existante ;
- constitution d'une société, *filiale* ou *holding*. La constitution d'une *société européenne* constituera une alternative intéressante, notamment pour les entreprises de taille moyenne et les PME de la nouvelle économie qui s'internationalisent rapidement. Elle leur permettra en effet de développer (voire de restructurer) leurs activités transfrontalières sans passer par les formalités administratives qu'implique l'établissement d'un réseau de filiales dans des systèmes juridiques différents (simplification de procédures mais aussi gain de temps et d'argent). Cette nouvelle structure, mieux adaptée aux besoins d'un marché intérieur intégré, sera étudiée dans le BEEI en temps utile. En effet, après 30 ans de négociation, le sommet de Nice de décembre 2000 vient juste de débloquer, à l'heure où nous mettons sous presse, l'adoption d'un règlement et d'une directive.

Selon le projet de règlement, la société européenne devra opérer dans au moins deux États membres et avoir son *siège* dans le pays où se trouve son administration centrale (ce qui évitera les délocalisations compétitives). Elle sera *constituée* par fusion, par création d'un holding couvrant plusieurs filiales, par création d'une filiale commune ou par transformation d'une SA de droit national. Son *capital* social sera fixé à 120 000 euros. Ses *organes* seront l'assemblée générale des actionnaires et, soit un organe de direction et un organe de surveillance, soit un organe d'administration.

Selon le projet de directive, les partenaires sociaux devront trouver un accord sur les modalités de *participation des travailleurs à la surveillance des activités de l'entreprise*. S'ils n'y parviennent pas, elle prévoit l'application d'un modèle type sur l'information et la participation des salariés et elle fixe des règles qui obligent les dirigeants à présenter des rapports périodiques servant de base à la consultation et à l'information de l'organe de représentation des salariés. Elle prévoit des règles spéciales pour les SE issues d'une fusion dont les salariés bénéficiaient d'un droit de participation aux décisions avant la fusion (la cogestion en vigueur dans les sociétés allemandes notamment).

La SA et la SARL sont étudiées en détail dans le second chapitre de la présente partie (voir n°s 550 s.). On n'en traitera donc pas ici. Les conséquences *fiscales* de ces choix sont étudiées dans la deuxième partie de cet ouvrage.

Sources du droit des sociétés

401 Le texte de base en matière de droit des sociétés est la loi du 10 août 1915 concernant les sociétés commerciales (la LSC par la suite). Cette loi intègre les diverses modifications intervenues depuis la rédaction initiale de 1915, y compris celles résultant des *directives et règlements communautaires*. La loi a été modifiée en dernier lieu par une loi du 10 juin 1999 introduisant les sociétés coopératives organisées comme des sociétés anonymes.

À côté de ce texte fondamental, il existe d'autres textes dont l'objet est plus restreint. Citons notamment les lois du 25 mars 1991 sur le GIE et le GEIE, la loi du 21 juillet 1992 sur les faillites et le texte coordonné du 4 mars 1994 sur les associations et les fondations sans but lucratif.

SECTION 1 Succursale

402 Plutôt que de créer une société locale, une société étrangère peut choisir de s'implanter au Luxembourg en y établissant une succursale.

Au sens où l'entend la loi luxembourgeoise, le terme « succursale » désigne tout établissement *secondaire*, toute installation commerciale *dépendante*, tout centre de vie sociale accessoire, mais établi de façon *stable* et régulière en un lieu *fixe* où se trouve un mandataire qui y représente la société et y traite avec le public au nom de la société.

L'activité de la succursale étant nécessairement accessoire à celle de la maison principale, il en résulte que le transfert d'une part importante de l'activité ou du siège de direction de la société étrangère serait assimilé à un transfert de société (voir n° 415).

Formalités de dépôt et de publicité

403 La succursale d'une société étrangère n'a pas de capital propre. Elle n'a pas *de personnalité morale propre*, distincte de celle de la société principale. Elle est cependant astreinte aux mêmes *formalités de dépôt et de publicité* que les sociétés luxembourgeoises (art. 160 de la LSC, complété par les dispositions spécifiques prévues par la loi du 27 novembre 1992).

Les *personnes préposées à la gestion des succursales luxembourgeoises* de sociétés relevant du droit d'un autre État membre sont tenues de publier les actes et *indications suivantes* :

– adresse et activités de la succursale ;
– immatriculation de la société au registre de commerce d'un État membre ;
– dénomination de la succursale si elle est différente de celle de la société et forme de la société ;
– identité des personnes nommées pour engager la société à l'égard des tiers et la représenter en justice (en tant que représentants permanents pour l'activité de la succursale) ;
– dissolution, identité des liquidateurs, clôture de la liquidation ;
– documents comptables établis en français, anglais ou allemand et contrôlés selon le droit de l'État membre dont relève la société ;
– fermeture de la succursale.

Si la société étrangère établit *plusieurs succursales* au Luxembourg, la publicité peut être faite auprès du registre de l'une d'elles. Les lettres et bons de commande de chaque succursale doivent indiquer le registre où elle est immatriculée et son numéro d'immatriculation.

Ces formalités *ne s'appliquent pas* aux établissements financiers ni aux sociétés d'assurance étrangères.

404 Les *frais d'immatriculation* d'une succursale sont fonction de la dotation en capital. Ils comprennent également les frais de notaire, les frais de publication et les frais éventuels encourus pour la traduction assermentée des statuts de l'entreprise étrangère. Voir n°s 517 s.

Autres formalités

405 La société qui ouvre au Luxembourg une succursale industrielle, commerciale ou de services doit en outre obtenir une *autorisation de faire le commerce* (voir n°s 505 s.).

Par ailleurs, la responsabilité de la succursale est engagée *à l'égard des tiers* comme si elle était de droit luxembourgeois. Les documents et actes de toute nature émanant d'une succursale de société étrangère doivent indiquer aux tiers s'il s'agit d'une succursale.

406 La succursale d'une société étrangère est *dirigée* par un mandataire, sans condition de nationalité. Il est soumis au même régime de *responsabilité* que le gérant d'une société de droit luxembourgeois.

407 N'ayant *pas de capital propre* et pas de personnalité morale, la succursale ne peut être mise en faillite ou en liquidation. À travers la succursale, c'est en effet la *responsabilité de la société principale* qui est engagée, ce qui constitue, comme en droit français, l'inconvénient majeur de la succursale par rapport à la filiale.

408 Un autre inconvénient est que la succursale n'est généralement *pas adaptée à l'exercice de certaines activités* comme les activités de holding, de services financiers ou de gestion de droits de propriété intellectuelle ou industrielle. Elle s'utilise plus généralement pour des activités de nature commerciale (distribution), voire industrielle, et constitue parfois une première étape dans le processus d'implantation. Toutefois, la *transformation* ultérieure d'une succursale en filiale peut avoir des conséquences fiscales qu'il convient de prévoir.

En ce qui concerne le traitement des succursales *sur le plan fiscal*, on se reportera aux n°s 1210 s. (impôt sur les bénéfices) et n° 1669 (TVA). Signalons seulement qu'étant fiscalement considérées comme des établissements stables de leur société principale, les succursales sont soumises à l'imposition des bénéfices au même titre qu'une société de droit luxembourgeois.

SECTION 2 Transfert du siège social au Luxembourg

415 Au *Luxembourg*, le changement de nationalité d'une SA ou d'une SARL luxembourgeoise est possible depuis 1988 (article 67-1 de la LSC). La condition requise est d'obtenir l'unanimité de tous les actionnaires et obligataires pour les SA et de tous les associés pour les SARL. Sur le plan fiscal toutefois, l'opération est moins simple dans la mesure où elle est assimilée à une dissolution.

À l'inverse, si une société étrangère veut transférer son siège *vers le Luxembourg* et adopter la nationalité luxembourgeoise, elle ne saurait être accueillie au Luxembourg que pour autant que le droit de son pays d'origine autorise le changement de nationalité et que les conditions de ce droit soient satisfaites. En effet le droit luxembourgeois, par analogie avec les personnes physiques, admettra l'adoption de la loi nationale luxembourgeoise par une société initialement de nationalité étrangère, si cette loi initiale le permet. Il convient donc de rechercher en premier lieu s'il existe dans le droit du pays d'origine une disposition réglementant un tel transfert ou changement de nationalité. Rappelons, en ce qui concerne la **France**, que les articles 154 de la loi de 1966, pour les SA, et 60 al. 1, pour les SARL, autorisent le changement de nationalité de la société si l'assemblée générale des actionnaires ou des associés a approuvé la décision à l'unanimité.

416 *Sur le plan fiscal,* le transfert au Luxembourg du siège de direction effective ou du siège statutaire est une opération soumise au ***droit d'apport***, à moins qu'un droit d'apport n'ait été payé dans un État membre de l'Union européenne. Il s'agit là d'une disposition anti-fraude visant à dissuader les sociétés qui voudraient se soustraire au droit d'enregistrement luxembourgeois en créant des sociétés dans un paradis fiscal, sociétés qu'elles transféreraient ultérieurement au Luxembourg.

Quant aux ***plus-values latentes*** dégagées au moment du transfert, la loi luxembourgeoise semble laisser au pays d'origine leur éventuelle imposition. En ce qui concerne la **France**, le transfert du siège ou d'un établissement constitue une cause d'***imposition immédiate***, car à ce jour la France n'a conclu avec aucun pays une convention spéciale permettant qu'une société par actions dont l'assemblée générale a décidé le transfert à l'unanimité ne relève pas du régime fiscal des cessions et cessations d'entreprise.

SECTION 3 Association avec une entité luxembourgeoise

Généralités

420 Des développements spécifiques sont consacrés aux trois formes de sociétés de capitaux : les **SA** (voir n°s 500 s.), les **SARL** (voir n°s 800 s.), et les ***sociétés en commandite par actions*** (voir n°s 481 s.). On abordera donc ici les ***autres formes sociales*** permettant une coopération entre entreprises françaises et luxembourgeoises.

Par ailleurs, une société étrangère peut s'implanter au Luxembourg en prenant une ***participation*** dans une société luxembourgeoise existante ou en ***rachetant*** la totalité de ***ses actifs***. La prise de participation ne constitue pas un acte de commerce.

L'opération est alors soumise à diverses réglementations abordées dans cet ouvrage :
- contrôle des changes, voir n° 51 ;
- réglementation des OPA, voir n°s 390 s. ;
- réglementation du contrôle des concentrations et abus de position dominante. La législation luxembourgeoise, et notamment la loi du 17 juin 1970, transpose ou applique le droit communautaire en la matière ainsi qu'en matière de fusions.

Association d'entreprises

421 Une société étrangère peut également s'implanter au Luxembourg en créant une entité juridique commune avec des Luxembourgeois.

Le droit luxembourgeois prévoit diverses formes possibles d'associations d'entreprises.

En premier lieu, une union temporaire d'entreprises peut s'effectuer sous la forme d'une **association commerciale momentanée** constituée pour une opération déterminée et pour une période donnée. Cette forme d'union temporaire dépourvue de personnalité morale est décrite aux n°s 425 s.

Il existe, depuis mars 1991, une formule plus adaptée encore, lorsqu'une des entreprises concernées n'est pas de droit luxembourgeois. C'est la constitution d'un **groupement européen d'intérêt économique.** Le régime de cette création du droit communautaire est décrit aux n°s 436 s.

Création d'une société de personnes

422 Il reste bien entendu possible de mettre en place une structure de coopération commune dans le cadre d'un accord de joint-venture sous la forme sociale d'une société de personnes. Ces sociétés dotées de la personnalité morale sont, en droit luxembourgeois :
– la société en nom collectif (voir n° 467) ;
– la **société en commandite simple** (voir n° 462) ;
– la **société coopérative** (voir n° 470).

Pour l'*imposition* des sociétés de personnes, voir n° 1163.

A. Association commerciale momentanée

425 L'*union temporaire d'entreprises* s'effectue, au Luxembourg, sous la forme d'une association momentanée dont l'objet est de traiter, sans raison sociale, une ou plusieurs opérations commerciales déterminées. Malgré l'emploi malheureux du terme « association », il s'agit bien d'une société au même titre que les autres sociétés commerciales, mais ce qui la distingue d'une société en nom collectif, c'est que son **objet** est **momentané** et qu'elle n'est pas destinée à former entre les associés une « communauté durable d'intérêts communs ».

Avec l'association commerciale en participation, rarement utilisée, l'association momentanée constitue la seule forme de société à laquelle la loi ne reconnaît **pas de personnalité morale.** N'étant pas des entités juridiques distinctes de celles de leurs associés, ces entités ont les caractéristiques suivantes :
– pas de raison sociale ;
– pas de siège social ;
– pas de patrimoine propre ;
– pas de droit d'ester en justice ni d'être assignée ;
– pas de capacité de conclure les contrats ;
– transparence fiscale.

La responsabilité des associés est engagée **solidairement et collégialement** à l'égard des tiers avec qui ils ont traité. C'est solidairement qu'ils peuvent contracter, ester en justice, y être assignés ou être déclarés faillis.

Constitution

426 La loi dispense les associations momentanées des formalités prescrites pour les sociétés commerciales. Le contrat d'association momentanée est donc consensuel. Bien qu'il soit recommandé de rédiger un contrat d'association, aucun écrit n'est requis (sauf application d'autres règles que le droit des sociétés), ni aucun dépôt, publication ou inscription au registre du commerce.

Capital

427 Aucun capital n'est requis, la société n'ayant pas de patrimoine propre. Les associés peuvent cependant apporter des biens en jouissance à l'association momentanée.

En vertu du droit civil et en l'absence de dispositions contraires, la part de chaque associé dans les bénéfices est d'ailleurs fonction de ses apports.

Associés

428 Aucune règle ne s'impose ni quant au nombre ni quant à la qualité ou à la nationalité des associés.

Fonctionnement

429 Aux termes de la loi, les associations momentanées ont lieu entre les associés pour les objets, dans les formes, avec les proportions d'intérêt et aux conditions convenues entre eux.

Cette disposition laisse *toute liberté* aux associés pour organiser dans le contrat d'association le fonctionnement, l'administration, la gestion, le contrôle et la liquidation de l'association.

B. GIE et GEIE

435 Pour faciliter le développement de la coopération inter-entreprises au sein du Marché commun, le conseil de la CEE a adopté le 25 juillet 1985 un règlement (2137/85/CE, JOCE 1985 L 199) instituant le groupement européen d'intérêt économique. Ce règlement est entré en vigueur le 1er juillet 1989. Il fixe les principales caractéristiques du groupement tout en laissant aux États membres le soin de préciser certains points laissés optionnels (tels que la reconnaissance facultative de la personnalité morale du groupement) et certaines modalités d'application (conditions d'immatriculation et de publicité notamment).

Le législateur luxembourgeois a donc adopté le 25 mars 1991 une loi portant diverses mesures d'application du règlement CEE (Mémorial A 30 du 23 mai 1991). Par ailleurs, comme le législateur français, il a simultanément adopté une loi concernant les groupements internes d'intérêt économique. La loi sur le GEIE y renvoie pour le *contrat constitutif*, le *fonctionnement* et la *liquidation*.

Étant essentiellement la transposition du droit communautaire, le GEIE luxembourgeois et le GEIE français ne présentent pas de grandes différences (voir le tableau comparatif au n° 448 et le dossier européen Francis Lefebvre sur le GEIE). Aussi peut-on imaginer que plutôt que de constituer un GEIE luxembourgeois, l'entreprise française convainque son partenaire luxembourgeois de constituer un GEIE ayant son siège en France. Si cette solution paraît de prime abord plus intéressante (simplification des formalités, rattachement au droit français dans d'autres domaines : contrats de travail, fiscalité), ce sont en fait généralement des critères pratiques (nature et lieu d'exercice de l'activité envisagée) qui détermineront le choix des intéressés.

Pour une entreprise française, l'*avantage* du GIE ou du GEIE de droit luxembourgeois sur les autres formes sociales de ce pays est qu'il s'agit d'une création du droit communautaire proche du GIE que le droit français connaît depuis plus de vingt ans. Son organisation et son fonctionnement sont harmonisés au niveau communautaire, dans la mesure où le règlement CEE contient des dispositions impératives directement applicables. Le principal **inconvénient** de cette structure est constitué par les limitations que le règlement CEE impose quant à son objet et notamment l'impossibilité d'y recourir pour constituer un holding.

Dans la pratique, environ un millier de GEIE sont en existence dans l'Union européenne.

1. Création d'un GEIE

436 La possibilité de *constituer* un GEIE est ouverte à la fois aux personnes physiques et aux autres entités juridiques de droit public ou privé, ainsi qu'aux GIE déjà constitués.

Il est bien sûr nécessaire que deux membres au moins aient leur domicile ou leur siège ou du moins leur administration centrale dans des États membres différents.

Précisons à cet égard que la loi luxembourgeoise ne fixe pas de maximum au nombre de membres ni ne restreint la participation à un GEIE de certaines personnes physiques ou morales, comme les paragraphes 3 et 4 de l'article 4 du règlement CEE lui en laissent la possibilité.

Nota. Pour une *comparaison* des solutions françaises et luxembourgeoises face aux *options* laissées aux États membres par le texte communautaire, voir tableau n° 448.

437 Le GEIE a pour *but exclusif* de faciliter ou de développer l'activité économique de ses membres, d'en améliorer ou d'en accroître les résultats. Son *objet* peut être civil ou commercial mais l'activité du GEIE doit être auxiliaire à celle de ses membres. Il ne peut exercer le pouvoir de direction ou de contrôle des activités propres de ses membres ou des activités d'une autre entreprise.

Il ne peut réaliser de profits pour lui-même, émettre des emprunts obligataires ou faire appel au public en vue de participer au GEIE. Il est également interdit au GEIE de jouer le rôle d'un holding et de détenir, directement ou indirectement, à quelque titre que ce soit, des parts ou actions, quelle qu'en soit la forme, dans une entreprise membre. La détention de participations dans des entreprises tierces n'est autorisée que dans la mesure où elle est nécessaire à l'objectif du groupement et si elle a lieu pour le compte des membres du GEIE. Il ne peut être membre d'un autre GEIE ou employer plus de 500 salariés.

Formalités

438 Les parties sont libres d'organiser leurs relations sous réserve des dispositions impératives du règlement CEE. À défaut d'exprimer leur volonté, les dispositions suplétives du règlement CEE s'appliquent, puis la loi régissant le GIE interne.

Le contrat constitutif est *établi* par acte authentique ou sous seing privé. Il contient les *mentions* suivantes :
– *dénomination*, différente de celles de ses membres, précédée ou suivie de l'indication « groupement européen d'intérêt économique » ou du sigle GEIE ;
– *objet*, par définition auxiliaire à l'activité des membres ;
– identité des *membres* (nom ou raison sociale, forme juridique, domicile ou siège, le cas échéant, numéro d'immatriculation au registre du commerce) ;
– *durée* du GEIE, si elle n'est pas illimitée ;

- désignation du *siège* ;
- nomination des *gérants* avec indication de leurs pouvoirs ou des mandats de représentation ;
- nature et valeur des *apports* éventuels et identité des membres apporteurs ;
- modalités de gestion.

Le contrat est *publié par extraits* au Mémorial.

439 Au moment du dépôt, le GEIE demande son *immatriculation* au *registre* de commerce et des sociétés du tribunal d'arrondissement dans le ressort duquel il a son *siège* ou son *établissement* si le siège est situé dans un autre État membre.

Lorsqu'un GEIE *transfère son siège* dans un autre État membre, il doit demander la *radiation* de son immatriculation, laquelle est publiée. S'il conserve un *établissement* au Luxembourg, le dossier du GEIE est transféré au lieu de la nouvelle immatriculation.

Tous les actes et documents émanant du GEIE devront indiquer sa dénomination, son siège et le lieu du registre du commerce où le GEIE est immatriculé.

440 Le GEIE luxembourgeois n'acquiert la *personnalité morale* qu'à compter de son immatriculation au registre de commerce et des sociétés du siège alors que le GIE interne l'acquiert dès la conclusion du contrat.

Les GEIE ayant leur siège dans un autre État membre et fondant un *établissement au Luxembourg* sont soumis aux mêmes obligations que les sociétés étrangères ouvrant au Luxembourg une succursale ou un siège d'opération. L'immatriculation du GEIE étranger est faite au Luxembourg au registre de commerce du lieu de cet établissement. Une copie des documents est déposée au registre de l'État du siège ou au registre luxembourgeois d'immatriculation. La même possibilité est offerte aux GIE de droit étranger. Ils peuvent ouvrir une succursale ou un siège d'exploitation au Luxembourg, à condition de nommer un gérant responsable et de se soumettre aux prescriptions en matière de publicité.

La constitution d'un GEIE doit en outre faire l'objet d'une mention au JOCE. Cette mention contient notamment la référence du Mémorial dans lequel aura été publié le contrat.

2. Fonctionnement

441 Les organes du GIE sont l'assemblée des membres et les gérants. Les fondateurs d'un GEIE peuvent prévoir, en outre, d'autres organes dont le contrat détermine alors les pouvoirs. Cette possibilité n'existe pas pour les GIE de droit luxembourgeois. Le contrôle de la gestion est exercé conformément aux dispositions du contrat.

Assemblée du GEIE

442 L'assemblée, formée de l'ensemble des membres, se réunit sur convocation par lettre recommandée avec indication de l'ordre du jour. Elle se *réunit* au moins une fois par an pour arrêter les comptes annuels que leur soumettent les gérants dans les six mois de la clôture de l'exercice. Elle est réunie dans l'intervalle à la demande d'un gérant ou d'un membre, pour prendre toute décision ou accomplir tout acte nécessaire ou utile à la réalisation de son objet.

Elle *délibère* dans les conditions de *quorum et de majorité* prévues au contrat constitutif sauf si la délibération porte sur des points sur lesquels l'unanimité est requise par la loi. Si le contrat ne prévoit rien, toutes les décisions sont prises à l'unanimité, chaque membre disposant d'une *voix*. Le contrat peut toutefois prévoir une attribution de voix proportionnelle à l'apport de chaque membre, à condition qu'aucun ne détienne la majorité absolue. Si le contrat le prévoit ou si une assemblée en décide ainsi à l'unanimité, les décisions peuvent également être prises par une consultation écrite des membres.

Le *retrait* ou *l'admission* d'un nouveau membre ne peuvent avoir lieu que si le contrat le prévoit, pour les causes et selon les modalités qu'il fixe. La décision d'admettre de nouveaux membres est prise à l'unanimité des membres. Sauf clause contraire du contrat, les nouveaux membres d'un GIE ou d'un GEIE sont tenus de toutes les dettes du groupement, même celles qui ont été contractées avant leur admission.

L'*exclusion* d'un membre ne peut avoir lieu que pour les motifs énoncés au contrat ou s'il contrevient gravement à ses obligations. L'exclusion doit être prononcée par voie de justice, à moins d'une clause contractuelle en sens différent. À la différence de la loi belge, le législateur luxembourgeois n'a pas retenu l'option permettant d'exclure un membre dès le jugement déclaratif de sa faillite.

En cas de *décès* d'une personne physique membre du groupement, nul ne peut prendre sa place dans le groupement si ce n'est dans les conditions prévues au contrat de groupement ou, à défaut, avec l'accord unanime des membres restants.

On rappelle que le Luxembourg n'a pas utilisé la possibilité offerte par l'article 4 du règlement CEE, de limiter le *nombre de membres* d'un GEIE à 20. Un GEIE constitué au Luxembourg peut donc avoir un nombre illimité de membres.

Gérance

443 Le GEIE est géré par *une ou plusieurs personnes physiques ou morales*. En effet, utilisant la faculté qui lui est laissée par le règlement CEE, le législateur luxembourgeois, s'inspirant de la loi française, prévoit expressément que des *personnes morales* peuvent exercer la fonction de gérant d'un GEIE (et d'un GIE) et désigner une personne physique comme représentant permanent. Cette désignation doit être publiée au Mémorial. Les gérants ne sont pas nécessairement membres du GEIE. Ils sont *désignés* dans le contrat de groupement ou par décision de l'assemblée. Ils *délibèrent* selon les modalités prévues au contrat. Tout membre du groupement peut demander la *révocation* d'un gérant pour de justes motifs, sauf disposition contraire du contrat.

Chaque gérant *représente* le groupement envers les tiers et en justice. Si le contrat prévoit des *restrictions à leurs pouvoirs*, elles sont inopposables aux tiers. Par contre, la clause donnant à un ou plusieurs gérants un *mandat spécial pour représenter*, seuls, conjointement ou collégialement le groupement est opposable aux tiers. S'ils accomplissent des *actes excédant l'objet* du GEIE, le GEIE est lié, sauf si le tiers avait connaissance de cet excès de pouvoir.

Les gérants sont *solidairement responsables* :
– envers le GEIE dans l'accomplissement de leur mandat ;
– envers les tiers pour tout dommage résultant d'une infraction. Ils ne sont déchargés que s'ils n'ont pas pris part à l'infraction, si aucune faute ne leur est imputable et s'ils ont dénoncé l'infraction à l'assemblée la plus proche après en avoir eu connaissance.

Les gérants établissent les *comptes annuels* pour lesquels ils accomplissent dans les trente jours de leur approbation les formalités de dépôt et de publicité en joignant la liste des gérants en fonction.

444 Un GEIE ayant son *siège dans un autre État* et un établissement au Luxembourg doit, on l'a vu, s'y faire immatriculer. Il doit en outre confier la gestion de l'établissement luxembourgeois à un mandataire *préposé à la gestion* dont la responsabilité s'apprécie de la même manière que si le groupement était luxembourgeois. Si le mandataire est une personne morale, celle-ci doit, lors de sa nomination, désigner par lettre recommandée au GEIE une personne physique comme représentant permanent, laquelle encourt la même responsabilité que si elle était gérante en son nom propre. La désignation du représentant doit être publiée au Mémorial.

Capital, bénéfices et pertes du GEIE

Capital du GEIE

445 Le GEIE se distingue notamment de la société par le fait que sa création ne nécessite pas la constitution d'un capital social.

Bien que le règlement CEE ne l'envisage pas, rien ne s'oppose à ce que les fondateurs d'un GEIE ayant son siège à Luxembourg prévoient, dans le contrat constitutif, l'obligation pour tous les fondateurs ou certains d'entre eux de faire des apports en numéraire, en nature ou en industrie. Il est cependant expressément interdit aux GEIE de constituer leur capital par appel public à l'épargne.

Bénéfices et pertes du GEIE

446 Les bénéfices que ferait le groupement sont considérés comme des *bénéfices* des membres et répartis entre ceux-ci dans la proportion prévue au contrat ou à défaut par parts égales.

De même, les membres contribuent au règlement des *pertes* dans la proportion prévue au contrat de groupement ou, en cas de silence du contrat, à parts égales.

En outre, les membres du groupement répondent indéfiniment et solidairement des *dettes* de toute nature du groupement, et ce, même si le GEIE a été constitué par voie d'apports.

Dissolution et liquidation du GEIE

447 La *dissolution judiciaire* d'un GEIE peut être prononcée à la requête du ministère public si le GEIE poursuit des activités contraires à la loi pénale et donc à l'intérêt public.

La dissolution peut également résulter d'une *décision unanime des membres*, pour une des causes prévues par le règlement CEE :

– arrivée du terme ou de toute cause de dissolution prévue au contrat ;
– réalisation de l'objet du GEIE ou impossibilité de le poursuivre ;
– nombre de membres réduit à un seul.

448 Comparaison des solutions françaises et luxembourgeoises face aux options laissées par le règlement CEE.

Options laissées par le règlement CEE	Solutions françaises : loi du 13 juin 1989 et arrêté du 20 juin 1989	Solutions luxembourgeoises : loi du 25 mars 1991
– Attribution de la personnalité juridique au GEIE (Art. 1 § 3).	Oui	Oui
– Limitation à 20 du nombre des membres du GEIE (Art. 4 § 3).	Non	Non
– Restrictions concernant la participation à un GEIE de certaines personnes physiques ou morales (Art. 4 § 4).	Non	Non
– Possibilité d'opposition au transfert de siège (Art. 14 § 4).	Non	Non
– Possibilité pour une personne morale d'exercer la gérance (Art. 19 § 2).	Oui	Oui
– Perte de la qualité de membre en cas de faillite ou de liquidation (Art. 28 § 1 al. 2).	Non	Non
– Dissolution judiciaire du GEIE pour raison d'intérêt public (Art. 32 § 3).	Non	Oui

3. Régime fiscal

450 Le régime fiscal du GEIE est régi par une circulaire de l'administration fiscale (circulaire LIR n° 116 du 3 février 1989).

Notons que le ministère des Finances français a, pour sa part, commenté par une instruction du 10 mai 1991 (4 F-3-91) le traitement du GEIE en matière d'impôts directs – y compris les questions de territorialité – et de droits d'enregistrement.

En matière d'*impôt sur le revenu des collectivités*, le régime fiscal du GIE et du GEIE est celui de la *transparence fiscale*, chaque membre étant passible de l'impôt pour la part de bénéfice lui revenant (en cas de contrat constitutif) ou à parts égales (en l'absence de dispositions expresses).

451 *Au niveau international*, les règles suivantes sont applicables. Si les *sociétés membres* d'un GEIE situé au Luxembourg sont *étrangères*, les revenus qu'il verse ne seront soumis à l'impôt des non-résidents que si le GEIE y est considéré comme un établissement stable. La qualification du GEIE dépend donc de la notion luxembourgeoise d'*établissement stable* telle qu'elle est définie au n° 1189 ou de la définition qu'en donne la convention fiscale applicable (pour la convention franco-luxembourgeoise, voir n°s 1190 s.).

Dans la mesure où les membres du GEIE, luxembourgeois ou étrangers, sont considérés comme ayant leur *établissement stable* dans le pays où le GEIE est créé, ils y seront imposés pour les revenus versés par le GEIE. Mais si ce même pays ne considère pas que le GEIE est un établissement permanent de ses membres, ces derniers seront imposés selon les règles fiscales de leur pays de résidence.

La même règle s'applique au *régime des pertes* essuyées par un des membres du GEIE.

452 Pour les *autres impôts et taxes*, le régime est le suivant.

Le GEIE est redevable, en tant que tel, de l'*impôt commercial communal* qui est un impôt à caractère territorial frappant l'activité du GEIE et non ses membres (voir n°s 1335 s.).

Concernant le *droit d'apport* (voir n° 1825), les apports purs et simples faits au groupement sont exemptés des droits d'apport. Si les apports sont en partie onéreux, c'est-à-dire rémunérés autrement que par l'attribution de droits sociaux, l'opération sera cependant assujettie aux droits d'enregistrement dans la mesure de cette rémunération.

Si un apport comprend tant des immeubles situés à l'intérieur du pays que d'autres biens, les droits sociaux et les charges qui constituent la rémunération de cet apport sont censés, nonobstant toute clause contraire, se répartir proportionnellement entre la valeur attribuée à ces immeubles et celle attribuée aux autres biens par la convention. Cette répartition opérée, la perception des droits sera toujours faite de la manière la plus favorable au débiteur.

453 En matière d'*impôt sur la fortune* (voir n°s 1355 s.), les personnes physiques ou morales membres d'un GEIE sont soumises à l'impôt luxembourgeois sur la fortune, au taux de 0,50 %, pour la part leur revenant dans la valeur unitaire du capital d'exploitation du GEIE. Les non-résidents sont cependant imposés sur leurs seuls avoirs au Luxembourg.

454 En matière de *TVA*, le GEIE est assujetti à la TVA luxembourgeoise dès lors qu'il effectue des activités taxables pour lesquelles il émet des factures. Le caractère d'assujetti à la TVA suit en effet des critères exclusivement économiques, hors de toutes considérations juridiques concernant la structure sociale de l'opérateur économique.

C. Sociétés de personnes

Société en nom collectif et société en commandite simple

Règles communes

460 Les sociétés sont dotées de la *personnalité morale*. Elles peuvent être formées par des actes authentiques ou des actes sous seing privé.

Ces actes comprennent :
– l'identité des associés, la raison sociale, l'objet social, le lieu du siège, l'identité des gérants et leurs pouvoirs ;
– le montant du capital social avec l'indication des valeurs et la qualité en laquelle ces valeurs sont fournies ou promises en commandite ;
– la désignation des commanditaires d'une société en commandite simple et les obligations de chacun ;
– la durée de la société.

L'acte est publié par extrait au Mémorial et il est *déposé* selon les formalités exposées au n° 510.

Société en nom collectif

461 Définie par les articles 14 et 15 de la LSC, la société en nom collectif est constituée par deux associés au moins ayant la qualité de commerçant et répondant personnellement, solidairement et indéfiniment des dettes sociales. La mise en faillite de la société entraîne celle de tous ses associés.

La société existe sous une *raison sociale* qui ne peut être formée que des noms des associés.

La société en nom collectif dispose d'un *capital social* divisé en parts nominatives et dont le montant n'est pas réglementé.

Elle est dirigée par une *gérance* dont les pouvoirs, définis dans l'acte de constitution, sont publiés et donc opposables aux tiers.

Aucun organe de *contrôle* n'est institué par la loi.

Sur le plan *fiscal*, la société opère sous le régime de la *transparence fiscale*, les revenus étant imposés entre les mains des associés.

Société en commandite simple

462 Régie par les articles 16 à 22 de la LSC, la société en commandite simple est un contrat d'association entre des bailleurs de fonds, les commanditaires, et des personnes qui s'engagent à gérer la société, les commandités.

La *raison sociale* ne peut comprendre le nom d'un commanditaire mais doit nécessairement inclure le nom d'un ou de plusieurs commandités.

La société dispose d'un *capital social* propre dont le montant n'est pas réglementé et qui est divisé en parts sociales nominatives.

Elle est *gérée* par les commandités, seuls associés habilités à faire des actes de gestion.

Les *associés commanditaires* ne sont responsables des dettes sociales qu'à hauteur de leur mise alors que les commandités sont solidairement et indéfiniment responsables des dettes sociales.

Les *parts* de la société ne sont *cessibles* qu'avec l'accord de tous les intéressés.

Aucun organe de *contrôle* n'est institué par la loi.

463 Il existe une variante de cette forme de société, inspirée par le droit allemand : la *SARL et Cie*, *SECS* (GMBH & co KG). Dans cette hypothèse le commandité est remplacé par la société en responsabilité limitée aux fins de limitation de responsabilité, et la société reste néanmoins non imposée en tant qu'entité distincte de celle de ses associés.

Société coopérative

470 Cette forme sociale, peu utilisée, présente une grande souplesse de fonctionnement. En effet, la loi prévoit un certain nombre de dispositions mais elles ne s'appliquent qu'à titre supplétif, c'est-à-dire seulement à défaut de dispositions statutaires. Les membres fondateurs ont donc toute liberté pour réglementer les points suivants :
– la durée de la société ;
– les conditions d'admission, de démission et d'exclusion des associés ainsi que les conditions de retrait des versements ;
– la gérance ;
– l'assemblée générale ;
– la répartition des bénéfices et des pertes ;
– la responsabilité des associés : responsabilité solidaire ou divisée, illimitée ou à concurrence d'une somme donnée.

471 La coopérative est une société qui se compose d'*associés*, dont le nombre ou les *apports* sont *variables* et dont les parts sont incessibles à des tiers. Elle n'existe pas sous une raison sociale et elle est qualifiée par une dénomination particulière. Elle est composée de sept membres au moins. Elle est administrée par un ou plusieurs **mandataires**, associés ou non associés, qui ne sont responsables que du mandat qu'ils ont reçu. La **surveillance** de la société est confiée à un ou plusieurs commissaires, associés ou non. Les associés peuvent s'engager solidairement ou personnellement, indéfiniment ou jusqu'à concurrence d'une certaine valeur.

472 On attire l'attention du lecteur sur l'article 137 de la LSC qui soumet l'**organisation** et la **gestion** des coopératives au contrôle du Gouvernement. En contrepartie, les réglementations en matière de comptes annuels et de comptes consolidés ne s'appliquent pas à la SC.

Coopérative sous forme anonyme

473 En juin 1999, le législateur a relancé la forme sociale quelque peu désuète de la société coopérative pour doter la place financière d'un outil servant de base légale aux **fonds de pension** dont sont actionnaires les bénéficiaires ; ce faisant, il a construit une pyramide de dispositions qui, de générales, deviennent de plus en plus spéciales (lois des 8 et 10 juin 1999). Il a superposé à la coopérative traditionnelle une forme particulière, la société **coopérative organisée comme une société anonyme** et il lui a, à son tour, superposé une seconde forme particulière, la **société à capital variable** (SEPCAV). Ces formes spéciales étant destinées principalement aux fonds de pension, elles sont présentées dans l'étude d'ensemble qui leur est consacrée (voir n°s 2315 s.).

SECTION 4 Constitution d'une filiale ou d'un holding

480 La **filiale** est une entité économique et juridique distincte de la société mère. Elle est une société à part entière et qui est constituée selon les procédés prévus par la loi luxembourgeoise sur les sociétés.

Le recours à un **holding** de droit luxembourgeois prend essentiellement la forme sociale d'une SA, notamment dans le secteur bancaire et financier, d'une SARL ou encore d'une société en commandite par actions. En raison de son importance, la réglementation propre aux divers holdings fait l'objet de la troisième partie de cet ouvrage (voir n°s 2000 s.).

La constitution d'une filiale ou d'un holding de droit luxembourgeois implique une bonne approche de la matière. La **SA** et la **SARL** étant les formes d'implantation de loin les plus utilisées, nous leur consacrons l'essentiel des développements du chapitre suivant. Nous n'aborderons ici que la **société en commandite par actions**.

Société en commandite par actions (SCA)

481 Malgré sa relative complexité, la SCA connaît un regain d'intérêt pour la constitution des sociétés holdings et des OPCVM (notamment les SICAV). Elle permet en effet aux commandités de pouvoir détenir le **contrôle de la société** sans risquer d'être évincés par les actionnaires commanditaires, lors d'un retournement d'alliances. Dans un tel schéma, la gérance est en effet confiée à un commandité (une société anonyme dont toutes les parts sont au porteur, par exemple), lequel dispose d'un **droit de veto** à l'égard des propositions de l'assemblée générale des commanditaires (article 111 de la LSC).

La SCA est assez proche de la société en commandite simple puisqu'elle lie des associés commandités, indéfiniment et solidairement responsables des engagements sociaux, avec des associés commanditaires qui ne sont tenus des dettes et pertes sociales qu'à hauteur des fonds qu'ils ont promis d'y apporter.

La principale différence est que le capital social est représenté par des **actions librement cessibles**. Les dispositions relatives aux SA leur sont applicables, sous réserve des différences exposées ci-dessous et à l'exception du régime des fusions et scissions propre aux SA et exposé aux n°s 695 s.

Dispositions spécifiques

482 La *raison sociale* d'une SCA ne comprend que le nom d'un ou de plusieurs associés responsables, auquel peut être ajoutée une *dénomination sociale* particulière ou la désignation de l'objet social.

Les actes et documents sociaux sont soumis aux formalités de publicité exposées aux n°s 510 s. En outre, si ces pièces indiquent le capital social, toute diminution doit être mentionnée ainsi que tout montant non versé ou non souscrit (en cas d'augmentation de capital).

Si des *actions* sont émises *au porteur*, elles doivent être signées des gérants.

La *gérance* appartient à un ou plusieurs associés commandités, désignés par les statuts. Ils sont responsables comme *fondateurs* de la SCA.

L'*actionnaire commanditaire* qui prend la signature sociale ou dont le nom figure dans la raison sociale est solidairement tenu, à l'égard des tiers, de tous les engagements sociaux auxquels il aurait participé s'il contrevient à l'interdiction qui lui est faite de faire le moindre acte de gestion. Il en va de même dans le cas où il n'aurait pas participé aux engagements sociaux s'il a habituellement géré les affaires ou laissé figurer son nom dans la raison sociale.

Le *contrôle* de la SCA est confié à un collège de trois commissaires au moins qui donne des avis sur les affaires que les gérants lui soumettent et autorisent les actes qui sortent de leurs pouvoirs.

L'*assemblée générale* représente les actionnaires vis-à-vis des gérants. Elle ne fait ou ne ratifie les actes qui intéressent la SCA à l'égard des tiers ou qui modifient les statuts qu'*en accord avec la gérance*. C'est cette disposition qui permet d'assurer à la gérance un véritable droit de veto.

SECTION 5 **Formalités communes**

1. Formalités administratives

Autorisation d'établissement et de faire le commerce

505 La liberté de commerce (sous la forme d'une exploitation individuelle ou d'une société commerciale) est garantie par la constitution luxembourgeoise. Mais indépendamment des réglementations particulières à certaines activités, *l'exercice de toute activité commerciale ou industrielle* au Luxembourg est subordonnée à l'obtention d'une *autorisation* délivrée par le ministère des classes moyennes. Par ailleurs, certaines professions sont soumises à des autorisations spéciales.

Cette autorisation d'établissement est actuellement régie par la loi du 28 décembre 1988 dont l'article 1er dispose que « nul ne peut, à titre principal ou accessoire, exercer l'activité d'industriel, de commerçant ou d'artisan, ni la profession d'architecte ou d'ingénieur, d'expert-comptable ou de conseil en propriété industrielle sans autorisation écrite ». Cette obligation, qui est personnelle, non transférable et révocable, s'impose tant pour les *personnes physiques* que pour les personnes *morales* et quelle que soit leur nationalité.

Cependant les **ressortissants des États membres de l'Union européenne** qui ne sont pas établis au Luxembourg et qui n'y viennent qu'*occasionnellement* afin d'y recueillir des commandes ou faire des prestations de services relevant des professions commerciales ou libérales sont dispensées de toute autorisation administrative. A contrario, les ressortissants des pays hors de l'Union restent soumis à l'autorisation administrative (art. 20 et 21).

Procédure

506 La demande est à adresser au ministère des classes moyennes. Le requérant produira entre autres :
– un timbre « droit de Chancellerie » de 1 000 LUF délivré par l'administration de l'enregistrement et des domaines ;
– une copie ou un projet des statuts de la société à constituer ou constituée ;
– un certificat de bonnes vie et mœurs de son pays d'origine ;
– une déclaration sous serment faite devant un notaire d'attestation de non-faillite personnelle certifiant de l'honorabilité personnelle ;
– copie des diplômes ;
– dans certains cas, un contrat de travail avec la personne morale.

Les *sociétés commerciales* doivent au même titre que les particuliers solliciter une autorisation. Les conditions prévues devront être remplies par le chef d'entreprise, le directeur ou le gérant. L'autorisation est strictement personnelle.

Les *sociétés étrangères* s'implantant au Luxembourg sont tenues de désigner un représentant au nom de qui l'autorisation d'établissement sera établie.

L'autorisation d'ouvrir une à cinq *succursales* est accordée aux entreprises qui en font la demande. Ne sont toutefois pas soumises à ce calcul les activités suivantes : les agences de voyage, les cinémas, les dépôts des films à développer, les dépôts de nettoyage à sec, les entreprises industrielles, les établissements d'hébergement et de restauration, les points de vente des produits de la presse, les stations d'essence.

Il est à noter que dans le secteur commercial, la *qualification professionnelle* est requise pour toutes branches de commerce, sauf pour certaines activités régies par une réglementation propre.

Sont *dispensés* des conditions de qualification professionnelle :
– les industriels (sauf l'entrepreneur industriel en construction) ;
– les propriétaires de machines ou d'engins faisant, à titre professionnel, du louage d'industrie.

Après enquête administrative et délibération en commission, l'autorisation ministérielle de faire le commerce est délivrée si toutes les conditions requises sont remplies.

La pratique montre que la durée de la procédure dépasse rarement le délai de deux mois.

Autorisations propres à certaines activités

507 Certaines professions sont soumises à des autorisations spéciales. Outre les pharmacies, drogueries, activités hôtelières, débits de boissons alcoolisées, distillateurs, transports de marchandises et de personnes, et certaines activités de la sécurité sociale, ce sont les *compagnies d'assurances,* les *banques* et *certaines activités professionnelles du secteur financier.*

On notera que, pour les *activités du secteur financier,* l'autorisation d'établissement ne relève pas du ministère des classes moyennes mais du ministre du

Trésor, ayant dans ses attributions la place financière. De même l'autorisation d'exercer en matière de *recouvrement de créances* nécessite l'avis conforme du ministre de la justice.

Des autorisations spéciales sont encore nécessaires pour :
– les établissements dangereux, insalubres et incommodes (loi du 9-5-1990) ;
– les activités d'importation, d'exportation et de collecte de déchets ;
– l'exploitation des banques de données ;
– les ventes ambulantes ;
– les établissements privés d'enseignement supérieur ;
– les grandes surfaces.

Professions réglementées

508 *Certaines professions libérales* requièrent pour la délivrance de l'autorisation d'établissement la possession d'un diplôme attestant la qualification professionnelle. Les diplômes doivent être inscrits au registre des diplômes : architecte, ingénieur, expert-comptable, conseil en propriété industrielle, conseil économique.

2. Formalités de publicité

510 Une fois obtenue l'autorisation d'établissement (et, le cas échéant, l'autorisation spéciale), tout exploitant individuel et toute société commerciale souhaitant s'établir au Luxembourg doit accomplir des formalités de publicité.

Les fonctions dévolues en France aux tribunaux de commerce en matière d'immatriculation sont exercées au Luxembourg par les deux tribunaux d'arrondissement de Diekirch et de Luxembourg-ville qui sont notamment responsables du *registre de commerce et des sociétés* et du *registre des personnes physiques* (adresses des tribunaux en annexe).

Immatriculation au registre de commerce et des sociétés

511 Toute société commerciale (SNC, SCS, SA, SCA, SARL ou coopérative) doit se faire immatriculer. Il en va de même pour les sociétés étrangères qui établissent au Luxembourg une succursale.

Les formalités d'immatriculation doivent être accomplies au registre de commerce dans le mois qui suit la constitution et sur demande adressée au responsable du registre. Le *registre spécial des sociétés et associations* est tenu par le greffe du tribunal d'arrondissement dans le ressort duquel se trouve le siège statutaire. Tout retard est passible d'amendes.

L'inscription au registre de commerce et des sociétés mentionnera :
– la raison sociale ;
– l'objet social ;
– le capital social ;
– le siège social ;
– le nom des gérants et des mandataires de la société ;
– la date de constitution de la société.

Si la demande d'inscription est refusée, un recours peut être porté devant le tribunal d'arrondissement siégeant en matière commerciale dans un délai de quinze jours à compter de la notification de la décision.

Les documents déposés forment le *dossier* qui est ouvert pour chaque société. Le dossier peut être librement consulté et des copies certifiées conformes peuvent être demandées, moyennant droits de greffe mais, n'étant pas informatisés, ces services sont lents.

Lors de l'immatriculation, chaque entreprise se voit par ailleurs délivrer un *numéro* qu'elle devra faire figurer sur tous les documents sociaux.

Les *documents à déposer* lors de l'immatriculation sont les suivants :
- acte constitutif ;
- mandats annexés à l'acte constitutif, sauf pour les sociétés en nom collectif et en commandite simple.

Par la suite, d'*autres actes* seront à déposer : documents comptables annuels, prospectus, et notice en cas d'émission de titres, modifications statutaires, etc.

Signalons, en dernier lieu, l'obligation qui est faite aux *sociétés étrangères* de déposer le texte intégral de leurs statuts avant de pouvoir *émettre des titres* offerts au public. L'émission des titres est régie par le droit luxembourgeois sous réserve des règles gouvernant le statut de la société mère (voir n°s 600 et 641 s.). L'obligation ne s'étend pas à la publication des statuts (art. 161 de la LSC).

512 Au Luxembourg et à la différence de la France, l'immatriculation n'a pas pour effet de conférer à la société la personnalité morale. Les sociétés luxembourgeoises acquièrent la *personnalité morale dès la signature de l'acte constitutif*. Entre la constitution et l'immatriculation, le notaire peut émettre un certificat d'existence de la société ou de déblocage des fonds déposés en banque (voir n° 569)

L'immatriculation leur permet d'ester en justice et d'y être assignées, tandis que la publication des actes les rend opposables aux tiers.

Immatriculation au registre des personnes physiques

513 Dans le cas de l'exercice individuel d'une activité commerciale, industrielle ou artisanale, toute personne concernée doit s'inscrire au *registre des personnes physiques*. Les renseignements portent sur :
- les qualités du commerçant ;
- l'objet du commerce ;
- la dénomination ;
- le lieu où le commerce est exercé ;
- la date de création de l'entreprise ;
- le régime matrimonial.

Pour les activités occasionnelles des *ressortissants des États membres de l'Union européenne,* voir la dispense d'autorisation administrative exposée au n° 505.

Publication au Mémorial

514 Sauf exception, tout document déposé doit être publié au Mémorial, qui est l'équivalent de notre Journal officiel.

Au Luxembourg, les *actes constitutifs* sont publiés *en entier*. Seuls ceux des sociétés en nom collectif et en commandite simple sont publiés *par extraits* (voir n° 460). Les *mandats,* quand ils sont déposés, ne sont pas soumis à publication.

Les *actes* soumis aux formalités de dépôt et de publicité sont les suivants :
- acte constitutif ;

– acte apportant des modifications statutaires ;
– extraits d'actes relatifs à la désignation des administrateurs, des délégués à la gestion journalière (voir n° 626) et des liquidateurs et à la cessation de leurs fonctions ;
– extrait des actes fixant le mode de liquidation et les pouvoirs des liquidateurs ;
– extrait du jugement prononçant la dissolution ou la nullité.

Par ailleurs, certaines *déclarations* signées des organes compétents doivent également être déposées et publiées en cas de :
– dissolution de la société ;
– décès d'un associé d'une SARL et modifications intervenues dans les personnes des associés ;
– décision de convertir le capital social en euros (SA, SARL, SCA et coopératives).

Après modifications des statuts d'une SA, SCA ou SARL, enfin, la *rédaction mise à jour* du texte intégral des statuts doit être déposée, avec mention au Mémorial.

Publication des comptes

515 La loi du 4 mai 1984 sur la publicité des comptes des sociétés commerciales et les lois du 29 juillet et du 2 décembre 1993 ont transposé les directives 78/660/CEE du 25 juillet 1978 et 90/605 du 8 novembre 1990. Les comptes annuels régulièrement approuvés, le rapport de gestion ainsi que le rapport établi par l'organe de contrôle doivent être déposés dans le mois de leur approbation.

Seules les sociétés qui n'ont pas l'obligation de recourir à un réviseur d'entreprise (voir n° 637) peuvent établir un *bilan abrégé* et une *annexe abrégée* et sont dispensées de publier leurs comptes de pertes et profits, leur rapport de gestion et le rapport de leur organe de contrôle.

La loi du 29 juillet 1993 a transposé la directive 83/349/CE sur les *comptes consolidés*. Les comptes annuels et les comptes consolidés peuvent être *publiés en euros*, en plus de la monnaie ou de l'unité de compte dans laquelle les comptes ont été établis. Le taux de conversion est celui exprimé à la date de clôture du bilan.

Par ailleurs, la loi du 2 décembre 1993 transpose, à compter de l'exercice 1995, la directive 90/605/CE sur les comptes annuels et les comptes consolidés. Elle prévoit également que la publication au recueil spécial des sociétés et associations des comptes annuels et consolidés et autres documents s'y rapportant se fait par une *mention du dépôt au greffe* de ces documents.

Autres formalités administratives

516 Tout commerçant, personne physique ou morale, doit enfin demander son inscription à diverses administrations :
– administration des contributions directes ;
– administration de l'enregistrement, pour l'attribution d'un numéro de TVA ;
– centre commun de la sécurité sociale.

Siège social et nationalité

517 L'adresse exacte du siège doit être précisée dans le registre des sociétés mais l'indication de la commune suffit dans les statuts. Cela permet son transfert à l'intérieur de la commune par simple délibération du conseil d'administration.

Comme la France et la Belgique, le Luxembourg a adopté le système du *siège réel* et non le système anglo-saxon du *pays d'immatriculation* (art. 159 de la LSC).

Est donc considérée comme étant de *nationalité luxembourgeoise* et relevant du droit luxembourgeois la société dont le principal établissement se situe au Luxembourg, et ce, même si elle a été constituée et qu'elle a son siège statutaire à l'étranger. Le principal établissement est cependant présumé être le lieu du siège statutaire. Aussi une société dûment immatriculée selon le droit anglais ou américain et ayant son siège statutaire au Royaume-Uni ou aux États-Unis relève-t-elle du droit luxembourgeois dès l'instant que son principal établissement se situe au Luxembourg.

La règle définie par la loi du 31 mai 1999 est que si une société a son domicile à l'étranger mais un ou plusieurs *sièges d'opération au Luxembourg*, le lieu de son établissement luxembourgeois le plus important constitue son *domicile secondaire*. Le défaut de domicile connu constitue une contravention grave à la loi, susceptible d'entraîner la dissolution ou la fermeture judiciaire.

Inversement, comme nous venons de le voir, l'immatriculation au Luxembourg est obligatoire pour les sociétés étrangères qui implantent au Luxembourg une succursale ou un siège quelconque d'opération. Ces sociétés sont soumises aux formalités de dépôt et de publicité de leurs actes et de leurs bilans exposées ci-dessus.

Convention de domiciliation

517-A   La domiciliation est la situation dans laquelle une société établit son siège statutaire ou un siège quelconque d'opération *auprès d'un tiers* pour y exercer une activité et où ce tiers, appelé domiciliataire, fournit des services liés à l'établissement de ce siège. La loi du 31 mai 1999 prévoit que les parties se lient par une convention écrite de domiciliation déposées au registre de commerce. La loi du 31 mai 1999 réserve cette activité, sous peine de sanctions, aux membres inscrits de certaines professions réglementées. Les domiciliataires forment une nouvelle catégorie de professionnel du secteur financier soumis à agrément (voir n° 358-A). Ils sont soumis aux *obligations professionnelles* suivantes :
– préalablement à la conclusion de la convention de domiciliation, vérifier que le *domicile* de la société se situe à son principal établissement, qui se trouve, sauf preuve contraire, au lieu de son siège statutaire ;
– connaître l'*identité réelle* des membres des organes de la société domiciliée auprès de lui et, en cas de doute, rechercher ces informations ;
– conserver les *documents* permettant l'identification des personnes pendant une période d'au moins cinq ans après la fin de la relation contractuelle ;
– *dénoncer le contrat* si le mandataire contrevient aux dispositions légales régissant les sociétés commerciales et le droit d'établissement. La dénonciation se fait par dépôt au registre de commerce. La société n'aura alors plus de domicile légal si le siège dénoncé était son domicile.

Frais de constitution

518   Les frais de constitution se composent :
– des honoraires de notaire établis selon un barème ;
– des frais de publicité (publication au Mémorial et enregistrement au registre de commerce). Pour une SARL au capital de 500 000 LUF (12 400 euros) les frais sont respectivement de 250 F et 120 euros ;
– des droits d'enregistrement fixes et du droit d'apport de 1 % (voir n°s 1822 et 1825).

519 Frais et honoraires pour sociétés de capitaux :

Capital de la société (en LUF)	Droit d'apport 1 % (1)	Honoraires du notaire (TVA non incluse) (2)	Frais accessoires (3)	Total
1 250 000	12 500	8 500	23 000	44 000
2 000 000	20 000	10 000	22 000	52 000
3 000 000	30 000	12 000	24 000	66 000
4 000 000	40 000	14 000	24 000	78 000
5 000 000	50 000	16 000	25 000	91 000
6 000 000	60 000	18 000	24 000	102 000
7 000 000	70 000	20 000	24 000	114 000
8 000 000	80 000	22 000	24 000	126 000
9 000 000	90 000	24 000	24 000	138 000
10 000 000	100 000	26 000	26 000	152 000
15 000 000	150 000	31 000	26 000	207 000
20 000 000	200 000	36 000	28 000	264 000
25 000 000	250 000	38 000	28 000	316 000
30 000 000	300 000	41 000	30 000	371 000
35 000 000	350 000	43 000	30 000	423 000
40 000 000	400 000	46 000	31 000	477 000
45 000 000	450 000	48 000	31 000	529 000
50 000 000	500 000	51 000	33 000	584 000
55 000 000	550 000	53 000	33 000	636 000
60 000 000	600 000	55 000	35 000	690 000
65 000 000	650 000	57 000	37 000	744 000
70 000 000	700 000	59 000	37 000	796 000
80 000 000	800 000	63 000	37 000	900 000
90 000 000	900 000	67 000	37 000	1 004 000
100 000 000	1 000 000	71 000	37 000	1 108 000
200 000 000	2 000 000	91 000	37 000	2 128 000
500 000 000	5 000 000	151 000	37 000	5 188 000
700 000 000	7 000 000	171 000	37 000	7 208 000
900 000 000	9 000 000	191 000	37 000	9 228 000
990 000 000	9 900 000	200 000	37 000	10 137 000

(1) Droit d'apport pour les « sociétés familiales » : 0,5 %.
(2) D'autres charges pour honoraires divers (avocats, fiduciaires, domiciliation, administration) sont à prévoir. Pour les sociétés civiles, les sociétés en commandite simple, les sociétés en nom collectif et les sociétés coopératives, les honoraires sont moins élevés.
(3) Le coût varie en fonction de la longueur des statuts.

CHAPITRE 2 # Société anonyme

550 Le droit luxembourgeois des sociétés commerciales emprunte au droit *français*, au droit *belge* et, depuis 1972, au droit *communautaire* dont il a transposé la 1e et la 4e directives en matière de sociétés. En 1933, apparaît, aux côtés de la société anonyme *(SA)*, une autre forme sociale à responsabilité limitée, la *SARL*. Les *principales différences* entre les deux formes sociales, qui sont autant utilisées l'une que l'autre, sont les suivantes :

– *émission* de titres : la SARL ne peut émettre que des titres nominatifs alors que la SA émet également, et c'est un avantage déterminant, des titres au porteur ;
– *cession* des titres : la cession des titres de SA est libre alors que celle des titres de SARL est soumise à l'agrément des associés ;
– *organe de gestion* : le conseil d'administration de la SA se compose au minimum de trois membres alors que la SARL peut être administrée par un seul gérant ;
– *capital social minimum* : celui de la SA est de 1,250 million de LUF (libéré à hauteur de 25 % au minimum) tandis que celui de la SARL est de 500 000 LUF (intégralement libéré).

La SA est très proche de la *corporation* américaine. Son régime juridique élaboré en fait l'instrument le plus souvent utilisé pour la constitution des holdings. Quant à la *société en commandite par actions*, elle reprend, pour l'essentiel, la réglementation propre à la SA. Elle a été brièvement traitée aux n°s 481 s.

SECTION 1 ## Constitution d'une SA

Mode de constitution

555 Comme en France, la SA peut être constituée selon deux modalités : par constitution directe ou par souscription publique.

La procédure de *constitution directe* consiste à faire comparaître devant notaire deux actionnaires au moins, après qu'ils ont versé leurs apports (ou deux mandataires ou encore un seul mandataire agissant à la fois en son nom propre et, par procuration, pour la deuxième personne). Le notaire vérifie que les conditions ont bien été accomplies et rédige l'acte sur-le-champ. Tous les futurs actionnaires n'ont pas à comparaître personnellement devant notaire. Ils peuvent se faire représenter par des mandataires munis de procurations.

La constitution par *souscription publique* est une procédure plus lourde qui se déroule en trois étapes :

– *1re étape :* un projet d'acte rédigé par le notaire est publié et déposé au greffe du tribunal d'arrondissement du siège de la société en formation, dans un dossier ouvert au nom de la société. Il n'y a pas d'inscription de la société au registre de commerce.
– *2e étape :* recherche publique de l'épargne et versements relatifs à ces souscriptions. Des bulletins de souscription sont signés. Afin de garantir une parfaite information du public, l'offre publique d'actions doit être précédée du dépôt au greffe, dans le dossier de la société, d'une *notice* datée et signée par les fondateurs contenant les informations énumérées à l'article 33. Des informations supplémentaires sont à fournir aux souscripteurs dans le *prospectus d'émission* (articles 29 à 36 et circulaires de l'IML devenu la CSSF). Quinze

jours avant l'émission par appel à l'épargne, la Commission de surveillance du secteur financier doit être avisée au moyen d'un dossier établi conformément à ses circulaires. Si l'offre publique est suivie d'une cotation en bourse, les formalités de publicité édictées par la Bourse de Luxembourg devront en outre être respectées (voir n°s 379 s.). L'investisseur devra procéder à la libération en espèces de la souscription. Elle ne peut être inférieure à un quart du montant nominal ou du pair comptable de chaque action souscrite. Ces versements devront avoir été effectués au plus tard lors de la constitution définitive.

– *3ᵉ étape* : assemblée constitutive devant notaire, dans les trois mois de la première assemblée, aux jour et heure indiqués dans le bulletin de souscription, en présence des fondateurs et des souscripteurs qui le désirent. Si la majorité des souscripteurs présents ou valablement représentés (mandat régi par le droit commun) autres que les fondateurs ne s'y opposent pas, la société est définitivement constituée. La société peut être constituée si le capital n'est pas entièrement souscrit, à condition que le bulletin de souscription et le projet d'acte publié aient expressément mentionné cette possibilité.

Acte constitutif

556 Il comprend les mentions suivantes :
– identité des signataires de l'acte ;
– forme sociale et dénomination ;
– siège social (nom de la commune seulement) ;
– objet social ;
– montant du capital souscrit et du capital libéré ;
– montant du capital autorisé si cette procédure est retenue (voir n° 675) ;
– catégories des actions : droits afférents à chacune, nombre souscrit, valeur nominale des actions et nombre d'actions émises sans valeur nominale, modalité de cession des actions ;
– forme des actions : nominatives ou au porteur ;
– apport en nature : nom de l'apporteur et rapport du commissaire aux apports ;
– avantages particuliers consentis aux fondateurs ;
– nombre de titres hors capital et droits y afférents, notamment le droit de vote ;
– structure des organes de la SA si elle ne résulte pas de la loi ;
– durée de la société ;
– frais de constitution mis à la charge de la société.

Forme

557 L'acte constitutif doit revêtir la forme d'un acte notarié spécial, autrement dit, il doit être signé par les comparants, par devant notaire. Ce dernier a la charge de le déposer dans le mois de l'acte définitif, au registre spécial des sociétés et associations, pour publication au Mémorial.

L'acte est nécessairement rédigé *en français ou en allemand*. Il peut l'être en anglais si une version dans l'une ou l'autre de ces langues est incluse dans l'acte.

Dénomination et objet social

558 La SA est qualifiée par :
– une dénomination particulière qui doit être différente de celle de toute autre société ;
– ou la désignation de son objet social.

Une recherche d'antériorité auprès du greffe du tribunal d'arrondissement est nécessaire ; il n'est pas possible de réserver à l'avance une dénomination.

Elle n'existe pas sous une raison sociale et elle n'est désignée par le nom d'aucun des associés. Elle peut porter le sigle SA ou AG dans sa dénomination.

À peine de nullité, l'*objet social* ne doit être ni illicite, ni contraire à l'ordre public.

À noter que les *sociétés d'assurances, de capitalisation et d'épargne* ne peuvent adopter la forme d'une SARL et sont donc contraintes d'utiliser la forme d'une SA.

Durée

559 Les SA peuvent être constituées pour une durée *limitée* ou *illimitée*.

Dans le premier cas, peu fréquent, l'assemblée générale extraordinaire peut la proroger successivement selon les modalités de vote des assemblées extraordinaires (voir n° 597). Si elles sont constituées pour une durée illimitée, seule la dissolution peut y mettre fin (voir n° 715).

Nombre d'actionnaires

560 La loi requiert deux actionnaires au moins pour former une SA (en France, leur nombre ne peut être inférieur à sept). Elle ne fixe pas de nombre maximal.

Les actionnaires peuvent être des personnes *physiques* comme des personnes *morales*. Aucune condition de résidence ou de nationalité n'est requise.

Les comparants à l'acte de constitution sont considérés comme *fondateurs*. L'acte peut toutefois désigner comme fondateur celui ou ceux des actionnaires qui possèdent ensemble au moins un tiers du capital social, les autres comparants étant de simples souscripteurs ne recevant aucun avantage particulier (voir n° 647).

Capital social

561 Le montant *minimum* du capital social est fixé à 1,250 million de LUF. Pour les *établissements de crédit*, le capital souscrit est au minimum de 350 millions de LUF, libéré à hauteur de 250 millions.

Il peut être exprimé dans une *monnaie étrangère*, si elle est convertible. Pour des raisons pratiques, tous les documents comptables seront alors libellés dans la même devise.

561-A Entre le 1er janvier 1999 et le 31 décembre 2001, les SA, ainsi que les SARL, les SCA et les coopératives, peuvent *convertir en euros* leur capital social, leur capital autorisé et tous autres montants figurant dans leurs statuts et exprimés dans l'une des devises des États membres de l'Union européenne. A compter du 1er janvier 2002, la conversion sera automatique si elle n'a pas été effectuée avant cette date.

La *décision* sous seing privé est *prise par* l'assemblée générale (ou les associés dans les SARL de moins de 25 associés). Pour aboutir à un chiffre rond, elle peut également procéder à une *augmentation de capital* à condition, bien entendu, qu'il existe des réserves, des primes d'émission ou des plus-values de réévaluation ou de bénéfices reportés (selon la direction des contributions directes, le transfert de ces dernières sur les positions respectives exprimées en euros est une opération fiscalement neutre : LIR n° 54 bis/1 du 26 août 1998).

Le *montant* de l'augmentation de capital est limité à 1 000 euros ou à 4 % du capital souscrit avant l'opération.

Les décisions sont *prises à la majorité* simple des actionnaires ou des associés présents ou représentés, ce qui permet de mettre l'opération à l'ordre du jour de l'*assemblée générale annuelle*. Pour les SA et SCA qui ne désirent pas attendre cette échéance, l'assemblée *extraordinaire* ayant pour seul objet la conversion du capital en euros peut être convoquée par publication de l'avis dans un seul quotidien luxembourgeois, au moins huit jours avant l'assemblée. Les décisions sont *publiées* au Mémorial. L'assemblée générale ou les associés peuvent autoriser le conseil d'administration ou le gérant à prendre ces décisions (voir n° 675).

Les *différences résultant de l'application des règles d'arrondi* n'ont pas d'influence sur le caractère libératoire du paiement ou l'exactitude de l'inscription en compte dont la créance originelle fait l'objet.

Pour les sociétés dont le capital est exprimé en *écus*, toute référence à l'écu est remplacée par une référence à l'euro au taux d'un euro pour un écu. La seule démarche à faire est de procéder à un toilettage des statuts, toilettage qui ne constitue pas une modification des statuts et dont la publicité est assuré par le simple dépôt au registre du commerce et des sociétés.

561-B   La situation du capital social, *publiée* chaque année, à la suite du bilan, indique les mentions suivantes :
– nombre d'actions souscrites ;
– versements effectués ;
– liste des actionnaires dont les titres ne sont pas intégralement libérés et montant dont ils restent redevables. En cas d'*augmentation du capital*, la partie qui ne serait pas encore souscrite doit également être mentionnée.

Modalités de libération

562   Le capital social doit être intégralement souscrit et il doit être libéré au moins à hauteur du quart de la valeur nominale de chaque action, que les apports soient en numéraire ou en nature (ce qui est différent du régime français). La libération du *surplus* des apports *en nature* doit intervenir dans les cinq ans de la constitution. Pour les apports *en numéraire,* l'appel des versements par le conseil d'administration peut intervenir à tout moment. Les éventuelles primes d'émission doivent être libérées intégralement lors de la souscription.

Les actionnaires ne peuvent pas être exemptés de leur obligation de fournir leur apport. S'ils sont *défaillants,* l'exercice du droit de vote afférent aux actions en cause est suspendu aussi longtemps que les versements exigibles n'ont pas été effectués (article 67-7).

Apports

563   Les apports en société peuvent être effectués soit *en numéraire,* soit *en nature.* Dans les deux cas, la libération à la constitution de la société peut se limiter à 25 % de chaque action. Comme en France, les apports *en industrie* (exécutions de travaux, prestations de service) ne peuvent être rémunérés par des actions représentatives du capital souscrit.

564   Les *apports en nature* sont évalués par un réviseur d'entreprise indépendant désigné par les fondateurs. Son rapport décrit chaque apport et le mode d'évaluation retenu et il indique si la valeur des apports correspond au nombre et à la valeur nominale des actions émises en contrepartie. Le rapport est annexé à l'acte constitutif.

La vérification des apports n'est pas nécessaire quand il y a **apport de toute une entreprise,** c'est-à-dire quand 90 % de la valeur nominale ou au pair comptable des actions est émis en contrepartie d'apports en nature faits par une ou plusieurs sociétés et que diverses autres conditions sont remplies :
– la société bénéficiaire des apports renonce au rapport d'expert ;
– la société apporteuse dispose de réserves non distribuables pour un montant au moins égal à la valeur des actions émises en contrepartie des apports. Elle se porte garante, pour un même montant, des dettes de la société bénéficiaire nées dans l'année qui suit l'apport. Elle incorpore le même montant dans une réserve bloquée pendant trois ans.

La constitution d'une société par apport en nature peut conduire à l'exonération du droit d'apport dans certaines opérations intracommunautaires (voir n° 1825).

565 Les **quasi-apports** sont soumis à la même procédure de vérification que les apports en nature. Il s'agit des éléments d'actif cédés à la société par les signataires de l'acte constitutif, dans les deux ans qui suivent sa constitution et pour une contre-valeur d'au moins un dixième du capital souscrit. L'acquisition est en outre soumise à l'approbation de l'assemblée générale.

Ce dispositif ne s'applique toutefois pas aux acquisitions faites en bourse, sous contrôle judiciaire ou dans le cadre des opérations courantes de la société.

566 Les fondateurs doivent **ouvrir un compte** auprès d'une banque de la place, au nom de la société en formation et y **verser les fonds** représentant son capital social. La banque émet un certificat de blocage des fonds attestant du versement du capital social libéré. Les **apports en numéraire** sont ainsi versés avant la rédaction de l'acte.

Le versement peut être effectué dans une **autre monnaie** que celle dans laquelle est exprimé le capital social. Dans ce cas, la banque indique le taux de change en vigueur au jour de la signature de l'acte dans une déclaration déposée avec l'acte constitutif. Si le versement antérieur s'avère insuffisant en raison d'une variation des taux de change, un complément d'apport devra être versé. Pour la responsabilité des fondateurs en cas de défaillance, voir n° 570.

567 Tous les **actes de nature commerciale** qu'émet la société doivent contenir la dénomination sociale, la mention « société anonyme » reproduite en toutes lettres, le siège social et la mention « registre du commerce » ou « RC » suivie du siège du tribunal d'arrondissement et du numéro d'immatriculation.

Le conseil d'administration doit publier au Mémorial tout **changement de siège social.**

568 Si les documents commerciaux mentionnent le **capital social,** – mention qui n'est pas obligatoire –, ils doivent tenir compte des diminutions subies et de la partie non encore versée ou, en cas d'augmentation de capital non encore souscrite. À défaut de ces mentions ou si elles sont inexactes, les tiers pourront engager la responsabilité personnelle de l'agent de la SA responsable de l'acte incriminé.

Responsabilité des fondateurs en cours de constitution

570 Les fondateurs engagent personnellement et solidairement leur responsabilité si les **engagements** qu'ils ont **pris pour la société en formation,** avant l'acquisition de la personnalité morale, ne sont pas ratifiés par celle-ci dans les deux mois de sa constitution ou si celle-ci n'est pas constituée dans les deux ans.

Concernant le *capital social,* ils sont solidairement responsables de la libération effective du capital minimal et de la libération dans les cinq ans des actions émises en contrepartie d'apports en nature. Ils sont de plein droit réputés souscripteurs de la différence qui pourrait apparaître entre le capital minimal requis et le capital effectivement souscrit (voir n° 562).

Ils sont solidairement responsables de la réparation de tout préjudice résultant de la *nullité* de la société ou d'erreurs contenues dans l'acte de constitution.

Nullité de la société

571 La loi ne prévoit que quatre causes de nullité :
– vice de forme : l'acte constitutif ne revêt pas la forme authentique ;
– absence d'une des mentions obligatoires suivantes : dénomination, objet social, apports, montant du capital souscrit ;
– objet social illicite ou contraire à l'ordre public ;
– la société ne comprend pas au moins un fondateur valablement engagé.

Est *réputée non écrite* et n'entraînant donc pas la nullité toute clause de l'acte constitutif contraire à une règle impérative, à l'ordre public ou aux bonnes mœurs. Il en va de même pour toute clause contraire au principe du Code civil selon lequel nul ne peut être totalement affranchi des pertes de la société (clauses dites léonines). Cette disposition rend impossible l'exécution de *conventions de portage,* par lesquelles une société A prend une participation dans une société B dont une société C veut prendre le contrôle, C ayant fait une promesse de rachat à A, moyennant une rémunération fixe mettant A à l'abri des pertes sociales de B.

La nullité est prononcée par une décision judiciaire. Elle produit ses effets dès que prononcée mais elle n'est opposable aux tiers qu'à compter de sa publication. Elle entraîne la liquidation de la société, comme dans le cas d'une dissolution.

SECTION 2 Organes de la SA

A. Assemblées générales des actionnaires

580 L'assemblée générale a les pouvoirs les plus étendus pour faire ou ratifier les actes qui intéressent la société (article 67).

1. Types d'assemblées

Assemblée générale ordinaire

585 L'assemblée générale ordinaire est convoquée au moins une fois par an, la loi imposant que la date et l'heure figurent dans les statuts (contrairement au régime français). Les comptes annuels dressés par le conseil d'administration et présentés aux commissaires et réviseurs un mois avant la réunion sont à la disposition des actionnaires quinze jours avant. Elle entend le rapport des administrateurs, et des commissaires. Elle discute le bilan et décide de l'affectation des résultats. Elle donne quitus aux administrateurs pour leur gestion et procède aux nominations statutaires éventuelles.

Le bilan, le compte de résultats et, en annexe, le tableau de répartition des bénéfices, sont publiés par les soins du conseil d'administration au Mémorial (voir n° 515).

Assemblée générale extraordinaire

586 Les assemblées générales extraordinaires ont à leur ordre du jour toute *modification des dispositions statutaires*. Elles délibèrent de ce fait selon des règles de quorum et de majorité renforcées (voir n° 597). À noter que deux modifications requièrent même l'unanimité des actionnaires et des obligataires : le changement de nationalité de la société et l'augmentation des engagements des actionnaires.

Les assemblées générales extraordinaires ont compétence pour décider la *modification du capital souscrit* ou des *droits respectifs* des différentes catégories d'actions. Lorsque les modifications touchent à l'*objet social* ou à la *forme sociale*, la loi requiert également l'approbation de l'*assemblée générale des obligataires*, au cas où ces modifications ne résulteraient pas d'une fusion, scission ou opération assimilée. Sur les modalités de vote de cette assemblée, voir n° 606.

2. Convocation

588 Le conseil d'administration et les commissaires ont le *droit* de convoquer l'assemblée générale à tout moment quand ils considèrent que l'intérêt social l'exige et aux dates expressément retenues dans les statuts.

Ils ont l'*obligation* de le faire :
– dans un délai d'un mois quand 1/5e des actionnaires représentant 1/5e du capital en font la demande écrite en indiquant l'ordre du jour ;
– dans un délai de deux mois, quand la perte atteint la moitié ou les trois quarts du capital social. Le délai court à partir de la constatation de la perte ou du moment où cette perte aurait dû être constatée.

Les *modalités de convocation* diffèrent selon que toutes les actions sont nominatives ou non. Dans le premier cas, la convocation est faite uniquement par lettre recommandée adressée huit jours avant la réunion. S'il existe d'autres titres que des actions nominatives (ce qui est presque toujours le cas car les titres au porteur sont très populaires), la convocation doit, en outre, être faite par des annonces insérées deux fois à huit jours d'intervalle et huit jours avant l'assemblée dans le recueil spécial du Mémorial et dans un journal de Luxembourg. Dans la pratique, les statuts peuvent prévoir une annonce supplémentaire dans un journal du pays où se trouve la majorité des actionnaires.

La convocation doit *contenir* les *indications* suivantes : lieu, date et heure de la réunion, ordre du jour. Quand l'ordre du jour contient la modification de l'objet ou de la forme sociale, le texte intégral de la proposition doit figurer dans la convocation.

La convocation comprend, en outre, les *documents* suivants : bilan, compte de pertes et profits, rapport des commissaires. Ces documents ainsi que la composition du portefeuille social et la liste des actions non libérées sont d'ailleurs à la libre consultation et à la libre disposition des actionnaires, au siège social, quinze jours avant la réunion.

Assemblée spontanée

589   Lorsque tous les actionnaires sont présents ou représentés, ils peuvent décider à l'unanimité de tenir une assemblée générale extraordinaire sans qu'elle ait été précédée d'une convocation. S'il existe d'autres titres, leurs porteurs doivent avoir expressément renoncé à une convocation ordinaire. Cette réunion peut, avec la prudence nécessaire, se tenir *à l'étranger,* sous réserve que les points évoqués ne nécessitent pas la présence d'un notaire.

3. Tenue des assemblées

Date et lieu

590   Les statuts déterminent le *jour* et *l'heure* auxquels se tiennent les assemblées ordinaires. Le *lieu retenu,* généralement mais pas nécessairement le siège social, est obligatoirement *au Luxembourg.* Les autres assemblées peuvent se tenir *à l'étranger* sauf si l'ordre du jour prévoit des modifications statutaires nécessitant la présence d'un notaire. Le choix du lieu retenu ne doit toutefois pas viser à rendre impossible la présence de certains actionnaires.

Le conseil d'administration a le droit de *proroger,* séance tenante, l'assemblée (ordinaire ou extraordinaire) à quatre semaines. Il doit le faire si un cinquième des actionnaires représentant au moins un cinquième du capital social lui en font la demande. La décision de proroger annule toutes les décisions déjà prises, seule la seconde assemblée statuant définitivement.

Formalités d'admission

591   La loi laisse aux statuts le soin de déterminer les formalités nécessaires pour avoir accès aux assemblées, mais elle prévoit expressément le droit pour l'actionnaire d'être représenté par un *mandataire* et le *vote par procuration.*

Bureau de l'assemblée générale

592   La loi ne contient aucune disposition concernant le bureau, la présidence ou le secrétaire de séance. Elle prévoit seulement que les *procès-verbaux* sont signés par les membres du bureau et ceux des actionnaires qui le demandent.

Droit de vote

593   Le capital des SA se divise en *actions d'égale valeur,* avec ou sans mention de valeur.

L'article 67 pose le principe que, sauf disposition contraire des statuts, tout actionnaire peut prendre part au vote, par lui-même ou par mandataire, avec un *nombre de voix* égal aux actions qu'il possède, sans limitation. Seuls les détenteurs d'actions *sans droit de vote* sont privés de ce droit dans les limites légales. Par ailleurs le droit de vote peut être suspendu quand les versements exigibles n'ont pas été faits.

Quand la société a créé des *titres non représentatifs du capital* (les titres et parts bénéficiaires), les statuts déterminent les droits qui y sont attachés et notamment s'ils disposent d'un droit de vote.

De même, si une même action est détenue par *plusieurs propriétaires,* les droits y afférents sont suspendus jusqu'à ce qu'une seule personne soit désignée pour les exercer.

Intérêts opposés à l'intérêt social

594 Sauf disposition statutaire contraire, lorsqu'un actionnaire a, sur une question mise au vote, des intérêts contraires à l'intérêt social, il n'est pas pour autant privé de son droit de participer au vote, à la différence de l'administrateur (voir n° 620).

Convention de vote

595 En principe, les conventions de vote ne sont pas autorisées, sauf pour un vote ou sur un sujet donné et sans contrepartie. Elles sont donc inopposables, notamment si elles ne sont pas respectées. Par contre, rien n'interdit à une banque fiduciaire de regrouper les actions qu'elle détient pour le compte de ses clients fiduciants pour constituer des *voting trusts*, dans le respect de l'intérêt social et à condition de ne pas léser les droits des autres actionnaires.

Modalités de vote

596 Les statuts déterminent librement le mode de délibération au scrutin secret ou à main levée. Le vote par procuration est prévu par l'article 67 (3) de la LSC.

Conditions de quorum et de majorité

597 Quand l'assemblée est *ordinaire,* il n'y a *pas* de conditions de *quorum.*

Quand elle est *extraordinaire,* les actionnaires présents doivent représenter la moitié au moins du capital. À défaut, une nouvelle assemblée peut être convoquée, la convocation reproduisant l'ordre du jour et indiquant la date et la carence de la précédente. La seconde assemblée délibère valablement sans condition de quorum.

Les *statuts* peuvent rendre les conditions de quorum plus rigoureuses.

Quand l'assemblée est *ordinaire,* les résolutions sont adoptées à la *simple majorité* des votes valablement exprimés et sans tenir compte des abstentions.

Quand elle est *extraordinaire,* la *majorité des deux tiers* des actionnaires présents ou représentés est requise quand la résolution porte sur un des points suivants :

– modification d'une clause statutaire ;
– modification des droits respectifs afférents aux diverses catégories d'actions.

En outre, l'assemblée extraordinaire des actionnaires et l'assemblée des obligataires doivent adopter à l'unanimité la résolution qui vise à modifier la *nationalité* de la SA ou à augmenter les *engagements* des actionnaires.

Inversement la résolution approuvant la dissolution en cas de *pertes* des trois quarts du capital social ne requiert que le *quart* seulement des voix émises.

Enfin, les modifications touchant à l'*objet social* ou à la *forme sociale* doivent être approuvées également par l'assemblée générale des obligataires, délibérant dans les mêmes conditions de quorum et de majorité que l'assemblée extraordinaire des actionnaires. En cas de carence, les obligataires absents ou non représentés en seconde assemblée sont toutefois considérés comme présents et votant les propositions du conseil d'administration.

B. Assemblée générale des obligataires

600 La matière est régie par une loi du 9 avril 1987 (art. 86 à 94-8 de la LSC). Le régime décrit ci-dessous s'applique également aux *sociétés étrangères* qui soumettent un emprunt à la loi luxembourgeoise, sauf si les conditions d'émission en disposent autrement. Inversement, les sociétés résidentes peuvent soumettre leur emprunt à un droit étranger.

Masse des obligataires

601 Les obligataires dont les titres font partie d'une même émission forment obligatoirement une masse dotée de la personnalité juridique et représentée par une ou plusieurs personnes.

Le *représentant* de chaque masse est *désigné* par la société au moment de l'émission ou par l'assemblée générale pendant la durée de l'emprunt, ou encore par le tribunal d'arrondissement en cas d'urgence et à la requête de la société, d'un obligataire ou de tout tiers intéressé.

Les *pouvoirs* du représentant sont fixés librement par l'assemblée générale quand elle procède à sa désignation en cours d'emprunt, mais ils sont fixés par la loi quand la société a désigné le représentant à l'émission. L'assemblée peut toutefois élargir ou restreindre ses pouvoirs après un délai de six mois.

Les pouvoirs du représentant tels que définis à l'article 88 sont les suivants : il exécute les décisions de l'assemblée ; il accepte les sûretés destinées à garantir la dette sociale ; il accomplit les actes conservatoires des droits des obligataires ; il les représente dans toutes procédures collectives et déclarations de créances ; il peut ester en justice dans leur intérêt.

Le représentant est *révocable* par l'assemblée générale ou, pour justes motifs, par le tribunal d'arrondissement. Sa *responsabilité* s'apprécie comme celle d'un mandataire salarié.

Outre le représentant de la masse, la société peut désigner, lors de l'émission, des personnes chargées de *mandats spéciaux* pour le compte de la masse, sans que leurs pouvoirs puissent toutefois dépasser ceux des représentants. Les obligataires peuvent se faire représenter. L'obligataire (ou son mandataire) dont le droit de participer à l'assemblée est contesté peut prendre part au vote concernant son *admissibilité*. En début de réunion, la société met à disposition un *état des obligations en circulation.*

Convocation de l'assemblée

602 L'assemblée générale est *convoquée par* les représentants, le conseil d'administration, ainsi que le ou les commissaires. La convocation est faite dans les *formes et délais* prévus pour les assemblées des actionnaires (voir n° 588). Elle est obligatoire dans le mois qui suit une demande émise par des obligataires regroupant un vingtième des obligations d'une même émission en circulation. Le tribunal peut également désigner, sur requête, une personne qu'il habilite à convoquer l'assemblée.

La faillite de la société ne met pas fin au fonctionnement et au rôle de l'assemblée.

Tenue de l'assemblée

603 L'assemblée groupe les obligataires qui font partie d'une *même masse*. Toutefois, lorsqu'une question est commune aux obligataires appartenant à *plusieurs masses,* ceux-ci sont convoqués en assemblée unique (article 93). Peuvent y assister, avec voix consultative, des organes de la société ou toute personne autorisée par l'assemblée.

L'assemblée est *présidée* par les représentants de la masse. Au début de la réunion, un état des obligations en circulation est remis aux obligataires.

Compétences de l'assemblée

604 L'article 94-2 de la loi distingue 3 types de compétences :
- actes d'administration et actes conservatoires ;
- décisions appelées à modifier les droits des obligataires ;
- décisions relatives à la défense en général des intérêts des obligataires.

De plus, l'assemblée doit se prononcer sur les modifications statutaires touchant à l'*objet* ou la *forme* de la société lorsque ces modifications interviennent en dehors d'une fusion, scission ou opération assimilée.

Droit de vote

605 Chaque obligation donne droit à une voix au moins et le droit de vote est proportionnel à la quotité de l'emprunt que les obligations représentent.

Conditions de quorum et de majorité

606 Les résolutions sont adoptées à la *majorité simple* et *sans* condition de *quorum* quand l'assemblée se prononce sur les points suivants :
- désignation ou révocation du représentant de la masse ;
- révocation des mandataires spéciaux ;
- actes conservatoires.

Dans les autres cas, un *quorum* de la moitié du montant des titres en circulation est requis en première assemblée. À défaut, la deuxième assemblée n'est limitée par aucune condition de quorum. Les délibérations sont votées à la *majorité des deux tiers* des voix exprimées par les porteurs des titres représentés. Les points concernés sont les suivants :
- prorogation des échéances d'intérêts, réduction des taux d'intérêt ou modification des conditions de paiement ;
- modification de la durée de l'amortissement ;
- substitution des obligations par des actions de la société ou d'autres sociétés ;
- modification ou suppression des sûretés ;
- constitution d'un fonds ou de toute autre mesure visant à assurer la défense des intérêts communs.

Pour les trois premiers points, en outre, la décision ne peut être prise que si le capital social est entièrement appelé et pour les quatre premiers points, l'assemblée ne peut statuer qu'au vu d'un état de la situation active et passive, vérifié et certifié par les commissaires.

Enfin, lorsque la délibération est de nature à modifier les droits respectifs de plusieurs masses d'obligataires, les conditions de quorum et de majorité doivent être remplies dans chacune des masses.

Autres droits

607 Lorsqu'un représentant de la masse a été désigné, les obligataires ne peuvent plus exercer individuellement leurs droits et notamment introduire une action individuelle.

C. Conseil d'administration

610 C'est le seul organe d'administration de la SA, le droit luxembourgeois n'ayant pas plus repris que le droit belge la formule du droit allemand adoptée par la France du directoire et du conseil de surveillance.

Depuis la transposition de la première directive CEE, l'assemblée générale a perdu sa prééminence au profit du conseil d'administration, qui peut distribuer des acomptes (voir n° 667) ou décider d'augmenter le capital social (voir n° 675).

1. Administrateurs

Nombre

611 Les administrateurs sont au minimum trois. Ce seuil est porté à neuf pour les SA employant habituellement plus de 1 000 salariés (sur la base des trois dernières années). Il n'y a pas de seuil maximum.

Nomination

612 La nomination des administrateurs relève de l'assemblée générale des actionnaires. Les *premiers administrateurs,* en général les fondateurs comparant à l'acte de constitution, sont cependant nommés par l'acte même. Les formalités de dépôt et de publication des nominations sont donc accomplies par le notaire chargé de la rédaction de l'acte. *Par la suite,* ces formalités sont accomplies par les administrateurs en fonction pour chaque nomination, renouvellement de mandat ou cessation des fonctions.

En cas de *vacance* d'un poste d'administrateur en cours de mandat, les administrateurs restants pourvoient provisoirement au poste et l'assemblée générale procède à l'élection définitive, dès la réunion suivante.

Conditions requises pour être administrateur

613 Les administrateurs peuvent être des personnes *physiques* ou des personnes *morales.* Contrairement au régime français, il n'est pas nécessaire qu'ils soient actionnaires.

La loi n'impose pas aux *personnes physiques* de condition de nationalité ou de résidence, de limite d'âge ou de nombre de mandats. Il est admis en pratique que l'administrateur ne peut pas exercer les fonctions de commissaire ou de réviseur de la SA. Il peut par contre occuper légalement au sein de la société un poste de préposé (voir n° 626) ou d'employé.

Les *personnes morales* peuvent, en l'absence d'une interdiction statutaire, faire partie du conseil d'administration. Il est cependant clairement entendu qu'une société holding régie par la loi de 1929 ne peut être administrateur que d'une autre société holding.

On rappelle également que l'*autorisation de faire le commerce* est subordonnée à diverses conditions d'honorabilité personnelle et de qualification professionnelle qui visent les administrateurs (voir n°^{os} 505 s.).

Mandat

614 Le mandat est « à temps », c'est-à-dire limité à une durée maximale légale de *six ans*. Il est *renouvelable*.

Lorsque, en cas de vacance, un administrateur est nommé en cours de mandat, il achève le mandat de celui qu'il remplace.

Révocation

615 Les administrateurs peuvent, comme en France, être révoqués par l'assemblée générale des actionnaires « ad nutum » et sans indemnités.

Rémunération

616 Selon la formule de l'article 50 de la LSC, les administrateurs sont « salariés ou gratuits ». Dans la pratique, le mode de rétribution est fixé librement par les *statuts* : rémunération fixe accordée au prorata du temps d'exercice des fonctions, jetons de présence subordonnés à la présence effective aux réunions ou tantièmes calculés selon les bénéfices disponibles. L'assemblée générale est seule compétente en la matière.

Les rémunérations des administrateurs sont traitées, fiscalement, comme des bénéfices de professions libérales. Les tantièmes sont soumis à un *impôt spécial* retenu à la source et dont le taux varie entre 20 % et 39,27 % selon que le bénéficiaire est résident ou non et selon que la société prend ou non à sa charge la retenue. Pour les non-résidents, elle n'est que partiellement imputable sur leur revenu. Pour plus de détails, voir n°s 1475 et 1553.

2. Fonctionnement

620 Le *mode de fonctionnement* du conseil d'administration est librement fixé dans les statuts ou au sein du conseil même. À défaut de dispositions statutaires plus rigoureuses, les règles ordinaires des assemblées sont applicables : quorum de la moitié des membres et vote des décisions à la majorité absolue (sauf disposition statutaire, un administrateur ne peut en remplacer un autre). La loi prévoit seulement le cas des opérations dans lesquelles un administrateur a un *intérêt opposé* à celui de la société : sous peine d'engager sa responsabilité, il doit le déclarer au conseil, ne prendre part ni à la délibération ni au vote et faire mentionner sa déclaration au procès-verbal de la séance.

En cas de partage des voix, la proposition n'est pas adoptée et pour que la voix du président soit prépondérante, une disposition statutaire doit le prévoir expressément.

Les *fonctions* au sein du conseil sont définies dans des statuts, à l'exception d'un organe social prévu par la loi, le *délégué à la gestion journalière* des affaires (voir n° 626). Il revient aux statuts de créer le *conseil général* formé des administrateurs et des commissaires aux comptes et d'en déterminer les attributions.

3. Pouvoirs

625 Le conseil d'administration dispose de tous les pouvoirs qui ne sont pas réservés à l'assemblée générale pour accomplir les actes nécessaires ou utiles à la réalisation de l'objet social.

Toute clause statutaire limitant les pouvoirs des administrateurs est inopposable aux tiers, même si elle est publiée.

Le conseil représente la société à l'égard des tiers et en justice. Il peut **déléguer** son **pouvoir de représentation** ainsi que son **pouvoir de gestion interne** des affaires de la société à des représentants nommés par une clause statutaire.

<small>Selon une jurisprudence constante de la Cour de cassation française, l'appréciation des pouvoirs des dirigeants d'une société à engager celle-ci relève de la loi nationale de la société, celle-ci étant celle du siège social (Cass. com. 21 décembre 1987, 9 avril 1991 et 9 mars 1993).</small>

Délégation des pouvoirs du conseil

Gestion journalière

626 S'inspirant du droit belge, la loi prévoit à l'article 60 un organe social inconnu du droit français : le délégué à la gestion journalière des affaires de la société.

La gestion journalière, qui englobe la représentation de la société en la matière, peut en effet être déléguée par le conseil d'administration à une ou plusieurs personnes agissant seules ou conjointement comme organe social, les statuts déterminant les conditions de leur nomination ou révocation et leurs attributions.

Le conseil nomme le ou les délégués parmi les administrateurs de la société, ses directeurs, gérants et autres agents, qu'ils soient actionnaires ou non. Si le délégué pressenti est un administrateur, le conseil doit recevoir l'approbation préalable de l'assemblée générale et il doit lui rendre compte chaque année des traitements et avantages qu'il lui alloue au titre de délégué. Le **cumul des mandats** d'administrateur, de délégué et de salarié est donc expressément prévu par la loi luxembourgeoise.

La clause instituant la délégation de gestion journalière doit être déposée au greffe du tribunal de commerce et **publiée** au Mémorial (voir n° 514) afin d'être opposable aux tiers.

La **responsabilité** du délégué, enfin, est engagée conformément aux règles générales du mandat.

Pouvoirs de représentation de la société

627 Les statuts peuvent donner qualité à un ou plusieurs **administrateurs** agissant seuls ou conjointement pour représenter la société. La clause est opposable aux tiers dès sa publication au Mémorial.

Le **délégué à la gestion journalière** représente également la société mais ce pouvoir se cantonne à sa sphère de compétence, la gestion journalière. Toute limitation de ses pouvoirs de représentation ainsi définis est inopposable aux tiers, même si elle résulte d'une clause publiée au Mémorial.

Les **actes** accomplis par le conseil lui-même ou ses représentants (administrateurs visés ci-dessus ou délégués à la gestion journalière) lient la société même s'ils excèdent l'objet social, sauf en cas de mauvaise foi du tiers. Ils doivent être **signés**, avec indication de la **qualité** en vertu de laquelle le représentant de la société agit.

4. Responsabilité

630 Les administrateurs engagent leur **responsabilité contractuelle** à l'égard de la société quand ils accomplissent leur mandat et qu'ils commettent des fautes de gestion. L'**action sociale** est intentée par l'assemblée générale décidant à la majorité simple, à l'encontre de l'administrateur personnellement défaillant. L'action est possible tant que l'assemblée n'a pas donné décharge ou quitus.

La responsabilité des administrateurs est de nature **délictuelle** quand elle se fonde sur une infraction à la LSC ou aux statuts. Plus lourde, la responsabilité est solidaire. Seul en est déchargé l'administrateur qui n'a pas pris part à l'infraction, à qui aucune faute n'est imputable et qui l'a dénoncée à l'assemblée générale suivante. L'**action** peut être intentée par l'assemblée générale, par les actionnaires démontrant un préjudice personnel distinct du dommage causé à la société ou encore par les tiers qui peuvent intenter une action en dommages-intérêts même après quitus.

Les administrateurs sont tenus **solidairement** des obligations qui sont à la charge des **fondateurs** (pour la responsabilité des fondateurs, voir n° 570).

Les administrateurs engagent enfin leur responsabilité dans les conditions **de droit commun** fixées à l'article 1382 du Code civil.

631 Les administrateurs ne contractent aucune **obligation personnelle** relativement aux engagements de la société (Trésor public, sécurité sociale).

En cas de **perte** de la moitié ou des trois quart du capital social, les administrateurs sont tenus de convoquer l'assemblée générale extraordinaire (voir n° 588). S'ils ne le font pas, ils peuvent être déclarés personnellement et solidairement responsables envers la société de tout ou partie de l'accroissement de la perte. On notera, toutefois, que la loi luxembourgeoise n'institue **pas de responsabilité aggravée** en cas de faillite, comme le fait la loi belge. Si la société fait faillite, l'extension de la faillite à l'administrateur peut avoir lieu en cas de confusion d'intérêts, d'abus de biens sociaux ou de poursuite abusive d'une exploitation déficitaire.

D. Organes de contrôle

635 *Remarque* On se reportera utilement à la cinquième partie de cet ouvrage, consacrée aux **règles comptables** (n°s 3500 s.).

Le conseil d'administration est tenu de dresser les **comptes annuels** et de les remettre aux organes de contrôle un mois avant la réunion de l'assemblée générale annuelle. Pour la publication des comptes, voir n° 515. Les documents comptables comprennent le bilan, le compte de profits et pertes (avec indication des amortissements) ainsi que le rapport de gestion. Le bilan mentionne séparément l'actif immobilisé, l'actif réalisable et, au passif, les dettes de la société envers elle-même, les obligations et les dettes avec hypothèques ou gages et les dettes sans garanties réelles.

Le conseil dresse également l'**inventaire** annuel en indiquant les valeurs mobilières et immobilières, les dettes actives et passives et l'annexe, qui contient un résumé de tous les engagements et dettes des directeurs et commissaires.

Selon l'importance de la SA, le contrôle légal des documents comptables est confié à des **commissaires internes** ou bien à des **réviseurs d'entreprise indépendants,** membres d'un ordre professionnel. La même règle s'applique aux SCA, SARL de moyenne et grande importance, aux établissements de crédit et aux OPC.

Contrôle interne : les commissaires aux comptes

636 La surveillance interne de la société est confiée à un ou plusieurs commissaires aux comptes. Organes de la société, ils sont nommés par l'assemblée générale des actionnaires pour un mandat d'une durée maximale de six ans renouvelable. C'est l'assemblée qui fixe leurs émoluments et leur nombre. La loi n'interdit pas le cumul des fonctions d'administrateur et de commissaire, mais dans la pratique, ce cumul n'est pas admis.

Les commissaires peuvent être des personnes physiques ou des *personnes morales*.

Les commissaires disposent d'un *droit illimité* de surveillance et de contrôle de la situation financière et comptable. Ils reçoivent un rapport semestriel sur la situation active et passive de la société, ils contrôlent les comptes annuels et le rapport de gestion avant leur présentation à l'assemblée générale et ils rendent compte de leur mission à l'assemblée générale. Ils peuvent effectuer des contrôles à tout moment ou accomplir des missions supplémentaires prévues par les statuts. Ils peuvent se faire assister par un expert préalablement agréé par la société ou à défaut d'agrément, désigné par le tribunal de commerce.

Les commissaires forment un *collège* délibérant, comme les administrateurs, selon les règles statutaires ou ordinaires. Réunis avec les administrateurs, si les statuts le prévoient, ils forment le *conseil général*.

La *responsabilité* des commissaires est engagée, comme celle des administrateurs, à plusieurs titres : elle est contractuelle quand elle se situe dans le cadre de leurs fonctions (action sociale) et elle est délictuelle quand elle est engagée à l'égard de tiers pour les dommages provenant d'une infraction à la loi ou aux statuts.

Recours à un réviseur d'entreprise

637 La loi du 28 juin 1984 relative aux comptes sociaux a introduit au Luxembourg la profession d'expert-comptable, dit réviseur d'entreprise, chargé d'assurer le contrôle *externe* et *indépendant* des documents comptables des sociétés d'une certaine importance.

L'assemblée générale des actionnaires est tenue de nommer un ou plusieurs réviseurs d'entreprise quand la société remplit, pendant deux exercices consécutifs commençant à partir du 1er janvier 2000, *deux* des trois *critères* suivants :
– nombre de salariés supérieur à 50 ;
– chiffre d'affaires hors TVA supérieur à 6,25 millions d'euros ;
– total du bilan supérieur à 3,125 millions d'euros.

Si deux de ces trois critères ne sont pas remplis, la société peut remettre un bilan abrégé.

Les réviseurs d'entreprise sont obligatoirement choisis parmi les membres de l'*Institut des réviseurs d'entreprise* (IRE).

Les entreprises qui doivent recourir à un ou des réviseurs d'entreprise sont dispensées de se doter du contrôle interne décrit au n° 636.

Notons enfin qu'à la demande d'*actionnaires minoritaires* représentant au moins 20 % du capital exprimé, le tribunal de commerce peut, à titre exceptionnel, charger des réviseurs d'entreprise d'examiner les comptes et documents comptables de la SA.

SECTION 3 **Fonctionnement de la SA**

640 Cette section aborde les principales opérations susceptibles d'intervenir au cours de la vie de la SA :
- émission de titres (actions, obligations) ;
- transmission et acquisition de titres ;
- distribution ;
- modification de capital ;
- fusion, scission, procédures collectives.

A. Émission de titres

641 Les SA émettent des *actions,* représentant ou non le capital, ainsi que des *obligations* conférant à leur titulaire une créance sur la société.

1. Actions

Généralités

642 Par principe, le capital social est divisé en actions d'égale valeur.

Les actions sont émises *avec ou sans valeur nominale.* Quand il y a une valeur nominale, elle ne peut être inférieure à 50 LUF. Il est impossible d'émettre des actions pour un *montant inférieur* à leur valeur nominale, ou, à défaut, à leur pair comptable. Seuls ceux qui, de par leur profession, se chargent de placer des actions peuvent, avec l'accord de la société, payer moins que le montant qu'ils souscrivent. Inversement, il est licite d'exiger des nouveaux actionnaires le versement d'une *prime d'émission,* intégralement libérée à la souscription.

L'actionnaire est irrévocablement tenu d'effectuer l'apport promis et il ne peut, par la suite, récupérer sa mise pour la soustraire aux créanciers sociaux. Il y a une seule exception à ce principe : les SICAV (voir n° 2135).

Droits attachés aux actions

643 En principe toujours, ayant la même valeur, les actions ont les *mêmes droits.* En fait, les statuts peuvent créer diverses catégories d'actions dans le but précisément de conférer des *droits différents* entre elles. À l'intérieur de chaque catégorie, les droits sont identiques.

Droit de vote

644 À condition que les statuts le prévoient expressément, certaines actions peuvent disposer d'un *droit de vote limité* à certaines délibérations, notamment les actions ne représentant pas le capital (voir n°s 646 s.).

En second lieu, les *actions à dividende prioritaire sans droit de vote* ont été introduites par la loi du 8 août 1985. Leur émission (à la constitution de la SA ou lors d'une augmentation de capital) est soumise aux conditions suivantes :
- elles ne peuvent représenter plus de la moitié du capital social ;
- elles doivent conférer à la fois un droit prioritaire pour la distribution des bénéfices (droit de premier dividende et au sur-bénéfice) et un droit préférentiel pour le remboursement, en cas de liquidation.

Les actions sans droit de vote peuvent être nominatives ou au porteur, avec ou sans désignation de valeur nominale. Le droit d'information de l'actionnaire est le même que pour les actions avec droit de vote. Le *droit de vote* de ces actions est même *rétabli* pour les décisions susceptibles d'affecter les droits que ces actions confèrent (modification du dividende privilégié ou émission de nouvelles actions privilégiées et d'obligations convertibles par exemple) ou des intérêts essentiels comme la dissolution ou des modifications statutaires. En contrepartie, ces actions bénéficient de droits privilégiés.

Ces droits sont garantis de deux façons :

1. La loi prévoit que, si les bénéfices d'un exercice ne permettent pas de verser intégralement les dividendes prioritaires ou que l'assemblée n'a pas décidé la répartition de bénéfices permettant le versement intégral des dividendes prioritaires, la fraction des dividendes prioritaires non payée lors de la première année devra être versée à l'issue de l'exercice suivant. Les dividendes privilégiés sont ainsi *récupérables*.

2. Si malgré l'existence de bénéfices disponibles à cet effet, l'intégralité des dividendes prioritaires et récupérables dus au titre de deux exercices successifs n'a pas été versée pour quelque cause que ce soit, les détenteurs d'actions sans droit de vote *recouvrent le droit de vote*.

Droits patrimoniaux

645 Les actions représentatives du capital peuvent être ordinaires ou privilégiées.

Les actions *privilégiées* confèrent à leurs titulaires le droit à un *premier dividende fixe* (dividende « préciputaire ») qui est prélevé sur les bénéfices annuels avant toute autre distribution. Les actions *de priorité* ou *de préférence* donnent droit, au moment de la *liquidation,* à une quote-part du boni supérieure aux autres actions ou encore à leur remboursement à la valeur nominale ou au pair comptable.

Par ailleurs, les SA sont autorisées à émettre des *actions rachetables* qui sont proches des *redeemable preference shares* du droit britannique mais qui sont inconnues en France. Leur rachat par la société obéit aux conditions suivantes :

– il est autorisé par les statuts qui en ont fixé les modalités ;
– il est financé par des sommes distribuables ;
– une réserve indisponible est constituée, à hauteur de la valeur nominale ou du pair comptable des actions rachetées ;
– si, par suite du rachat, une prime est à verser aux actionnaires, elle ne peut être prélevée que sur les sommes distribuables.

Types d'actions

646 Comme en Belgique, il convient de distinguer les actions représentatives du capital et les titres ou parts bénéficiaires qui ne représentent pas une quote-part du capital mais auxquels les statuts attachent des droits pécuniaires, voire un droit de vote limité.

647 Issus de la pratique anglo-saxonne, les *titres et parts bénéficiaires* représentent la contrepartie d'apports qui ne rentrent pas dans le capital social. Ils sont toujours sans valeur nominale. Les actions hors capital, par opposition aux actions de capital sont :

– les *actions de jouissance,* créées à la suite d'une opération d'amortissement du capital (voir n° 690) et qui remplacent les actions qui ont été remboursées, à l'avance, sur le produit de la liquidation. Outre le remboursement de l'apport, les titres sont également privés du droit au premier dividende mais elles conservent tous les autres droits ;

— les **parts bénéficiaires** ou **parts de fondateur,** titres inconnus du droit français et dont les droits sont librement fixés par les statuts. Ces titres sont créés le plus souvent à la constitution (les parts de fondateur sont instituées en échange d'apports difficiles à évaluer ou non encore libérés). Bien que la loi ne prévoie pas de limitation, on s'accorde à dire qu'ils ne donnent pas droit au remboursement du capital social puisqu'ils ne représentent pas une contrepartie du capital. Il ne peut pas davantage leur être attaché un droit de souscription préférentielle en cas d'augmentation de capital. Ces titres visent à donner droit à une quote-part du bénéfice et du boni de liquidation, quand bien même leur bénéficiaire n'a pas contribué au capital social. Ils sont souvent dénués de droit de vote et permettent de « verrouiller » le capital. Leur création est soumise au contrôle d'un réviseur d'entreprise. Ils sont frappés d'un droit d'apport de 1 %. Les statuts peuvent limiter leur libre cessibilité.

Forme des actions

648 Les actions sont nominatives ou au porteur.

Elles sont **nominatives** au moment de la constitution et elles le restent tant qu'elles n'ont pas été intégralement libérées.

La **propriété** de l'action nominative s'établit par une inscription au **registre** tenu au siège social et s'atteste par la délivrance d'un certificat nominatif qui ne représente pas le titre. À cet égard, en cas de propriétaires multiples, seule la personne désignée par les copropriétaires est enregistrée.

L'actionnaire peut demander la **conversion** d'une action nominative en action au porteur, si les statuts ne l'interdisent pas formellement.

649 Les actions **au porteur** comportent les mentions suivantes :
– date de l'acte de constitution et de sa publication ;
– capital social, catégories d'actions, valeur nominale des titres ;
– avantages consentis aux fondateurs ;
– durée de la société ;
– assemblée générale annuelle : jour, heure, lieu.

Les actions portent un numéro d'ordre et peuvent être divisées en coupures, qui portent également un numéro d'ordre. Les coupures réunies en nombre suffisant confèrent les mêmes droits. La **propriété** des titres au porteur résulte de la possession matérielle du titre. La **conversion** en titre nominatif est toujours possible.

Il n'y a **aucune limitation** légale au nombre de titres au porteur qu'une SA peut émettre et dans la pratique cette forme est la plus courante. En conséquence, il est possible dans une société anonyme que toutes les actions soient au porteur.

2. Obligations

Conditions d'émission

650 Les sociétés anonymes ne peuvent émettre d'obligations remboursables par voie de tirage au sort à un taux supérieur au prix d'émission, qu'à la condition que les obligations rapportent 3 % d'intérêt au moins, que toutes soient remboursables par la même somme, et que le montant de l'annuité comprenant l'amortissement et les intérêts soit le même pendant toute la durée de l'emprunt.

Le montant de ces obligations ne pourra, en aucun cas, être supérieur au capital social versé.

Offre publique

651 L'émission, l'offre et la vente publiques d'obligations nécessitent le dépôt d'une *notice* au registre du commerce et sa publication au Mémorial (voir n°s 511 s.) comportant, outre l'identité des administrateurs signataires, les mentions suivantes :
– objet et durée de la société émettrice ;
– date de l'acte constitutif et des modifications statutaires ;
– capital social et partie non libérée du capital ;
– composition des conseils d'administration et de surveillance ;
– charges hypothécaires et obligations déjà émises (avec les garanties attachées à cette émission) ;
– nombre et valeur nominale des obligations à émettre, intérêt à payer, époque et conditions du remboursement ;
– derniers bilans et compte de pertes et profits.

Les *prospectus, circulaires* et bulletins de *souscription* reprennent le texte de la notice, ainsi que les affiches et insertions dans les journaux.

Forme des obligations

652 Comme les actions, les obligations sont représentées soit par des *titres nominatifs* inscrits au *registre des obligations nominatives* de la société, soit par des *titres au porteur*.

Le titre au *porteur* comporte les mentions suivantes :
– date de l'acte constitutif et de sa publication ;
– catégories d'actions et valeur nominale des titres ;
– durée de la société émettrice ;
– caractéristiques de l'obligation émise (voir ci-dessus) ;
– montant de l'émission dont elle fait partie et garanties spéciales attachées ;
– montant restant dû sur chacune des émissions antérieures, avec garanties attachées à chacune.

Les obligations *hypothécaires* indiquent la date d'inscription de l'hypothèque et son rang.

Les titres sont *convertibles* d'une forme à une autre comme les actions (voir n° 648).

B. Transmission et acquisition des titres

Modalités de transfert des titres

655 Les titres *au porteur* sont cessibles par simple transmission et sans formalités tandis que la cession des titres *nominatifs* s'effectue par une déclaration de transfert au registre des actions ou au registre des obligations, une signification à la société de la cession ou encore l'inscription de l'opération par la société elle-même sur les indications du cédant et du cessionnaire.

Limites à la libre cessibilité des titres

656 Les titres sont librement cessibles. La *loi* prévoit cependant l'incessibilité des actions avant la constitution définitive et l'incessibilité des actions à créer en vertu d'une augmentation de capital, avant la réalisation de l'opération. Les *statuts* peuvent, dans une mesure limitée, prévoir aussi des restrictions à la cessibilité.

Acquisition par la société de ses propres actions

657 La *souscription* par la société de ses propres actions est interdite.

Quant à l'*achat* ou à la *prise en gage* par la société de ses propres actions, il n'est possible que dans le respect des *conditions* suivantes :
— l'assemblée générale a autorisé l'achat et en a fixé les modalités ;
— la valeur nominale ou le pair comptable des actions détenues par la société ne dépasse pas 10 % de son capital social ;
— l'achat ne porte pas l'actif en dessous du capital social augmenté des réserves non distribuables ;
— les actions acquises sont entièrement libérées.

658 Par ailleurs, l'acquisition est autorisée dans les hypothèses suivantes :
— actions incluses dans un patrimoine transmis à titre universel (fusion, scission, apport partiel) ;
— actions acquises en exécution d'une réduction de capital ou dans le cadre d'une émission d'actions rachetables (voir n° 645) ;
— actions entièrement libérées acquises à titre gratuit ou par des banques en vertu d'un contrat de commission d'achat ;
— actions acquises en vertu d'une obligation légale ou par décision judiciaire pour protéger les actionnaires minoritaires en cas de modifications statutaires importantes ;
— actions acquises par défaillance d'un actionnaire ;
— actions entièrement libérées émises par une SICAF et acquises à la demande des investisseurs ;
— actions entièrement libérées acquises par adjudication judiciaire en recouvrement d'une créance.

Le rachat est encore autorisé aux fins de l'attribution des actions aux salariés ou de régularisation des cours.

Si l'achat a été réalisé dans une de ces hypothèses, il ne peut réduire l'actif net en dessous du capital social augmenté des réserves non distribuables. Sauf pour la première et la dernière hypothèse énumérées, les actions ainsi acquises doivent être *cédées* dans un délai de trois ans au maximum, si elles représentent plus de 10 % du capital social. Dans tous les cas, à défaut de cession, soit les actions sont *annulées*, soit le capital est réduit. Les actions acquises en violation des dispositions qui précèdent doivent être cédées dans un délai d'un an.

659 Le *régime juridique* des actions achetées est spécifique. En premier lieu, la loi prévoit la suspension du droit de vote attaché à ces actions et la constitution d'une réserve indisponible tant qu'elles figurent à l'actif du bilan. Le droit au dividende est généralement suspendu aussi. Ensuite, les administrateurs doivent présenter l'ensemble de l'opération dans leur rapport de gestion : motifs, nombre d'actions et quote-part du capital, valeur des actions acquises et des actions déjà détenues en portefeuille.

660 Une société *ne peut pas avancer des fonds,* accorder des prêts ou donner des sûretés en vue de l'*acquisition* de ses propres actions *par un tiers,* sauf s'il s'agit d'une banque, d'un établissement financier ou d'une SICAF.

L'interdiction de souscrire, d'acquérir ou de détenir des actions est étendue aux sociétés nationales ou étrangères dans lesquelles elles disposent directement ou indirectement de la majorité des droits de vote ou sur lesquelles elles peuvent exercer directement ou indirectement une influence dominante. Cette règle limite donc les *participations croisées.*

Lorsque la SA dispose seulement *indirectement* de la majorité des droits de vote ou qu'elle peut exercer seulement indirectement une influence dominante, les *droits de vote* attachés aux actions de la SA dont dispose l'autre société sont seulement *suspendus.*

L'*interdiction* ne vise *pas* les opérations effectuées :

– pour le compte d'une personne autre que celle qui souscrit, acquiert ou détient et qui n'est ni une SA ni une autre société dans laquelle elle dispose directement ou indirectement de la majorité des droits de vote ou sur laquelle elle peut exercer directement ou indirectement une influence dominante ;
– par les sociétés qui agissent en qualité et dans le cadre de leur activité d'*opérateur professionnel sur titres* (y compris les établissements de crédit) et qui sont membres d'une bourse de valeurs opérant dans un des États membres de l'Union européenne.

Acquisition et cession d'une participation importante dans une société cotée

661 La loi du 4 décembre 1992 transpose très fidèlement la directive 627/88/CEE en la matière. Elle prévoit que les personnes physiques et morales qui acquièrent ou qui cèdent, directement ou par personne interposée, une participation dans une société cotée à une bourse de l'Union européenne et qui, par suite de cette opération, détiennent des droits de vote atteignant, dépassant ou tombant en dessous de certains seuils sont tenues d'*informer* la société en cause et la Commission de surveillance du secteur financier du pourcentage de droits qu'elles détiennent après l'acquisition ou la cession.

Les *seuils* retenus sont les seuils minimaux prévus par la directive : 10 %, 20 %, 1/3, 50 % et 2/3 du total des droits de vote existant au moment de la transaction.

On entend par *acquisition d'une participation* non seulement l'achat mais aussi toute autre obtention, quel que soit son titre ou le procédé utilisé. Pour évaluer la participation, il faut prendre en compte les droits détenus en leur nom propre par d'autres personnes pour le compte de l'opérateur ainsi que les droits de vote détenus par les sociétés qu'il contrôle, si l'opérateur fait partie d'un *groupe.*

La déclaration est *à adresser* simultanément à la société et à la CSSF, dans un délai de sept jours civils. La *société* doit à son tour informer le public de chacun des États membres où ses actions sont cotées dans les neufs jours civils après réception de la déclaration.

Au Luxembourg, l'information est *publiée* au Journal de la cote officielle de la bourse de Luxembourg, en français, en allemand ou en anglais.

La Commission de surveillance du secteur financier (qui remplace le *Commissariat aux bourses*) est l'autorité administrative compétente et dispose à cet effet de pouvoirs d'enquête et de communication aux autorités des autres États membres. Elle peut dispenser la société de son obligation de publication s'il estime la divulgation contraire à l'intérêt public ou gravement préjudiciable à la société concernée.

La non-déclaration est passible d'une amende. Tant que les informations requises n'ont pas été déclarées et publiées, l'exercice des droits de vote afférents aux actions concernées est suspendu et les décisions prises en violation de cette suspension peuvent être annulées par le tribunal d'arrondissement.

662 Ces nouvelles obligations déclaratives ne *s'appliquent pas* :
– aux participations dans des OPC ;
– aux opérateurs sur titres professionnels, pour autant qu'ils n'utilisent pas l'acquisition pour s'immiscer dans la gestion de la société concernée.

C. Distribution

665 L'assemblée générale ordinaire qui procède à l'affectation du résultat et à la distribution – c'est-à-dire au versement des dividendes et des intérêts relatifs aux actions (tantièmes) – est tenue au respect des règles légales suivantes.

En premier lieu, la distribution n'est possible que lorsque à la date de clôture de l'exercice, l'*actif net* tel qu'il résulte des comptes annuels est ou deviendrait, à la suite d'une distribution, inférieur au montant du capital souscrit, augmenté des réserves indisponibles (art. 72-1). Cette règle ne s'applique pas aux **SICAF**.

Le montant du capital souscrit est diminué du montant du capital souscrit non appelé lorsque ce dernier n'est pas comptabilisé à l'actif du bilan.

En second lieu, la distribution **ne peut excéder** le montant des résultats du dernier exercice augmenté des bénéfices reportés ainsi que des prélèvements effectués sur les réserves disponibles et diminué des pertes reportées ainsi que des sommes à porter en réserve. Autrement dit, les bénéfices de l'exercice sont affectés d'abord à l'apurement des pertes antérieures et à la dotation des réserves obligatoires avant d'être distribués.

D'autre part, comme en France, une somme égale au moins à 5 % du bénéfice de l'exercice doit être affectée à la *dotation de la réserve légale* tant que celle-ci n'atteint pas au moins 10 % du capital social.

La loi n'interdit pas le paiement des dividendes *en nature* ou dans une *autre monnaie* que la monnaie d'émission.

666 L'assemblée générale ordinaire peut également décider d'affecter une partie du résultat à l'*amortissement du capital* (voir n° 690) ou à la *dotation de réserves*. Les statuts peuvent notamment prévoir que les dividendes afférents à une catégorie donnée d'actions seront affectés à une *réserve extraordinaire* pour une période donnée avant d'être distribués. Ils peuvent même prévoir la distribution de *montants fixes* provenant d'une réserve de dividendes.

Acomptes

667 Les statuts peuvent autoriser le *conseil d'administration* à verser des acomptes sur dividendes, avec l'approbation du commissaire aux comptes et sous diverses conditions.

Les *conditions* sont les suivantes :
– un état comptable fait apparaître que les fonds disponibles sont suffisants ;
– la distribution ne peut être décidée que dans la seconde partie de l'exercice ;
– un deuxième acompte ne peut être décidé que trois mois après la décision de verser le premier ;
– le montant de l'acompte *ne peut excéder* les résultats réalisés depuis la fin du dernier exercice augmentés des bénéfices reportés et des prélèvements effectués sur les réserves libres, mais déduction faite des pertes reportées et des sommes à porter obligatoirement en réserve ;
– le commissaire aux comptes doit vérifier que les conditions sont bien remplies, dans son rapport du conseil d'administration ;
– le conseil doit distribuer l'acompte dans les deux mois suivant l'état comptable.

Lorsque les acomptes *excèdent* le montant du dividende arrêté ultérieurement par l'assemblée générale, ils sont considérés, à due concurrence, comme un *acompte à valoir* sur le dividende suivant.

D. Modifications du capital

1. Augmentation de capital

Décision : procédure du capital autorisé

675 Cette procédure est décisive pour la stratégie de défense à mettre en place en cas de tentative d'OPA hostiles. Le principe est que l'augmentation de capital est décidée *par l'assemblée générale extraordinaire*. Conformément à la 2e directive 77/91/CEE sur les sociétés, l'acte de constitution peut cependant prévoir que l'assemblée délègue ce pouvoir au *conseil d'administration* et l'autorise à augmenter le capital social, en une ou plusieurs fois, à hauteur d'un montant donné. L'assemblée peut également accorder cette autorisation par une modification des statuts. L'autorisation de recourir à cette procédure dite de capital autorisé est valable pour une période de *cinq ans* renouvelable, à compter de la publication de la décision.

Si les nouveaux titres à créer dans le cadre du capital autorisé doivent modifier les droits respectifs de différentes catégories de titres existants, la décision du capital autorisé doit réunir dans chaque catégorie les conditions de quorum et de majorité renforcées (voir n° 597).

Modes d'augmentation du capital

676 L'augmentation du capital peut être faite :
– par incorporation des réserves et relèvement de la valeur nominale du capital ;
– par apports nouveaux et émission de titres nouveaux.

Augmentation de capital par incorporation des réserves

677 L'assemblée générale extraordinaire peut décider d'incorporer des actifs que la société possède déjà (réserves, acomptes sur dividendes). Cette *augmentation nominale du capital* consiste généralement à relever le montant nominal des actions en circulation et non à créer des actions nouvelles. Elle se réalise en diminuant le compte des réserves disponibles et en augmentant le compte du capital souscrit, pour un montant équivalent. Elle ne donne pas lieu au droit d'apport.

Augmentation du capital par apports nouveaux

678   L'augmentation de capital peut se faire par l'émission de nouveaux titres :
– obligations convertibles ;
– obligations assorties d'un droit de souscription ;
– actions nouvelles.

Quand l'augmentation se fait par la création de nouveaux titres, les **actions nouvellement émises** doivent être intégralement souscrites et libérées à hauteur de 25 % au moins de leur valeur nominale ou au pair comptable. Dans le cas où l'augmentation n'est pas entièrement souscrite, le capital ne peut être augmenté à hauteur des souscriptions que si les conditions de l'émission l'ont expressément prévu.

Le conseil d'administration constate la **réalisation de l'augmentation** par **acte notarié** dressé dans le mois de la clôture ou dans les trois mois de l'ouverture de la souscription.

En cas d'**apports en nature,** les prescriptions prévues à la constitution de la société leur sont applicables (voir n° 564).

En cas d'**apport en numéraire,** la loi n'exige pas la libération préalable de tout le capital, comme en France.

Lorsque l'augmentation de capital résulte de la **conversion** de toutes les obligations d'une catégorie **en actions,** la décision de convertir les titres doit être prise d'abord par l'assemblée générale des obligataires (voir n° 606) puis, dans un délai de trois mois, par l'assemblée des actionnaires (art. 94-2). Ces décisions sont soumises aux formalités de dépôt et de publicité exposées aux n°s 511 s.

679   Les **conditions de forme** et de **publicité** requises pour une augmentation du capital par apports nouveaux sont celles requises pour la constitution (voir n°s 557 et 511).

La **responsabilité** des administrateurs d'une SA en cours d'augmentation de capital est identique à celle des fondateurs de SA en cours de constitution (voir n° 570).

680   L'émission d'actions **en dessous du pair comptable** des actions anciennes n'existe pas en droit luxembourgeois.

En cas de pertes, la société qui cherche à se restructurer et à attirer de nouveaux investisseurs doit donc, dans un premier temps, réduire son capital social par absorption des pertes subies (voir n° 687) et réduire la valeur nominale des actions existantes. Ensuite, elle peut procéder à une augmentation de capital (opération obligatoire si la réduction a ramené le capital à un montant inférieur au montant minimum légal).

681   L'émission au pair d'actions nouvelles peut se faire à leur valeur nominale majorée d'une **prime d'émission.**

Sorte de droit d'entrée à verser entièrement dès la souscription, la prime d'émission a pour but, lorsqu'il existe des réserves et des plus-values, de ne pas léser les actionnaires anciens face aux souscripteurs nouveaux. Son montant est affecté à la dotation d'une **réserve spéciale.**

682   Hormis le cas des SICAV, le **droit préférentiel de souscription** est reconnu aux actionnaires anciens proportionnellement à la partie du capital que représentent leurs actions (article 32-3). Ce droit ne peut être supprimé ou seulement limité par les statuts quand les actions à émettre sont à libérer par des apports en numéraire. Dans ce cas, seule l'*assemblée générale* extraordinaire des actionnaires peut voter une telle décision ou autoriser le conseil à le faire dans le cadre de la procédure du capital autorisé (voir n° 675). La proposition doit figurer dans la convocation et être justifiée dans un rapport du conseil d'administration portant notamment sur le prix d'émission et présenté à l'assemblée.

Le droit préférentiel *porte sur* la souscription en numéraire des titres, ou sur la cession de ce droit.

Il est *attaché* par la loi à toutes les parts représentatives du capital mais les statuts peuvent prévoir qu'il ne s'applique pas aux actions dont les droits à la distribution et au boni de liquidation sont différents (voir n° 647), ou qu'il ne s'exerce qu'après que les actionnaires de la catégorie dans laquelle les nouvelles actions sont émises l'ont eux-mêmes exercé.

Le droit préférentiel de souscription ou de cession s'exerce dans un *délai* de trente jours au moins à compter de l'ouverture de la souscription. Elle est annoncée par un avis publié au Mémorial et dans deux journaux, ou par lettre recommandée lorsque toutes les actions anciennes sont nominatives.

Les droits préférentiels qui n'ont *pas* été *exercés* sont vendus en bourse et le produit de la vente est tenu à disposition des actionnaires pendant cinq ans puis acquis à la société.

2. Réduction de capital

685 Seule l'*assemblée générale extraordinaire* peut décider de réduire le capital souscrit. La réduction s'opère :
– par remboursement aux actionnaires ;
– sans remboursement des actionnaires et en vue de compenser les pertes subies.

La délibération est soumise aux *formalités de dépôt et de publicité* exposées aux n°s 511 s.

Réduction de capital avec remboursement des actionnaires

686 Le remboursement des actionnaires ou la dispense qui leur est faite de libérer les actions affecte la garantie des *créanciers*. Aussi ont-ils un droit (d'ordre public) à la constitution de *sûretés* pour les créances nées avant la publication de la délibération. La demande doit être présentée sous forme de requête adressée dans les trente jours au président du tribunal d'arrondissement et elle ne peut être refusée que si le créancier dispose de garanties adéquates ou que l'importance du patrimoine de la société rend inutile la constitution de sûretés. Aucun remboursement ou aucune dispense ne peut être accordé aux actionnaires tant que les créanciers n'ont pas eu satisfaction ou que le tribunal ne s'est pas prononcé contre leur demande.

Réduction de capital en vue de compenser les pertes ou de constituer une réserve

687 Lorsque la réduction vise à apurer des *pertes* qui ne sont pas susceptibles d'être absorbées par d'autres fonds, les actionnaires ne sont pas remboursés et les créanciers ne peuvent demander la constitution de sûretés sur les créances non échues.

Au cas où la perte n'est pas encore réalisée mais qu'elle est prévisible, la loi permet la réduction du capital sans formalités autres que celles prévues pour la modification des statuts. Il faut toutefois qu'une réserve équivalente à la réduction soit constituée en vue de couvrir la perte prévisible. L'opération ne doit pas dépasser 10 % du capital souscrit. La *réserve indisponible* ne peut servir qu'à apurer de nouvelles pertes ou à augmenter le capital nominal de la société par incorporation de réserves (voir n° 677).

Si la réduction de capital ramène celui-ci *en dessous du seuil légal,* l'assemblée doit dans le même temps décider une augmentation par apports nouveaux à due concurrence (voir n° 678) ou la transformation de la forme sociale.

3. Amortissement du capital

690 L'assemblée générale peut décider, si les statuts le prévoient, que tout ou partie des bénéfices et réserves disponibles peut être affecté à l'amortissement du capital (art. 69-1). L'opération se fait par le remboursement, au pair, de toutes les actions ou bien d'une partie de celles-ci tirées au sort, sans que le capital exprimé soit réduit.

Ces actions sont remplacées par des *actions de jouissance* qui conservent les mêmes droits, à l'exclusion, bien sûr, du droit de remboursement de l'apport et du droit de premier dividende attribués aux actions non amorties.

La délibération est soumise aux *formalités* de *dépôt* et de *publicité* exposées aux n°ˢ 511 s.

E. Fusions, scissions

1. Fusions

Généralités

695 La loi du 7 septembre 1987 a transposé les 3ᵉ et 6ᵉ directives CEE des 3 octobre 1978 et 17 décembre 1982 sur les fusions et les scissions des SA.

La fusion de SA de droit luxembourgeois s'opère :
– soit par transfert de l'actif et du passif d'une société à une autre, par suite d'une dissolution sans liquidation : c'est la *fusion-absorption ;*
– soit par transfert de l'actif et du passif de plusieurs sociétés à une nouvelle société, par suite de leur dissolution sans liquidation : c'est la *fusion-création.*

Dans les deux cas, la fusion peut aussi avoir lieu si les sociétés qui disparaissent sont en *liquidation,* pourvu qu'elles n'aient pas commencé la répartition de leurs actifs entre leurs actionnaires.

La fusion se réalise moyennant l'attribution aux actionnaires des sociétés absorbées d'*actions de la nouvelle société* et, éventuellement, d'une *soulte* en argent ne dépassant pas 10 % de la valeur nominale ou du pair comptable des actions attribuées.

Seules les règles juridiques sont abordées ici, la réglementation des OPA étant traitée aux n°ˢ 385 s. et le régime fiscal de ces opérations étant décrit aux n°ˢ 1312 s.

Des dispositions spécifiques visant à alléger la procédure de vérification du projet et de consultation des assemblées générales des sociétés concernées sont prévues dans le cas de l'*absorption* d'une société par une autre posséda[nt] ou plus des actions de la première. Elles débordent le cadre de cet ouv[rage].

Projet de fusion

696 Les conseils d'administration des sociétés prenant part à la fusion doivent établir un projet de fusion mentionnant :
- la dénomination, le siège et la forme des sociétés qui fusionnent ;
- la parité d'échange des actions et le montant de la soulte, le cas échéant ;
- les modalités de remise des actions nouvelles ;
- les modalités d'exercice du droit à distribution afférent aux actions nouvelles ;
- la date à partir de laquelle les opérations de la société absorbée sont considérées accomplies pour le compte de la société absorbante, sur le plan comptable ;
- les droits assurés par la société absorbante aux actionnaires ayant des droits spéciaux et des titres autres que des actions ;
- les avantages attribués aux réviseurs d'entreprise ou experts indépendants qui vérifient le projet, aux membres du conseil d'administration et aux commissaires aux comptes des sociétés qui prennent part à la fusion.

Chacune des sociétés doit *publier* le projet un mois avant la tenue de l'assemblée générale appelée à se prononcer.

Chaque conseil d'administration doit expliquer et justifier le projet et la parité d'échange des actions dans un *rapport*.

Vérification du projet

697 En outre, le projet est examiné et vérifié soit par des réviseurs d'entreprise désignés par le conseil d'administration de chaque société, soit par un ou plusieurs experts indépendants désignés, sur requête des deux sociétés, par le tribunal d'arrondissement de la société absorbante. Le *rapport d'expertise* émet un avis sur le caractère raisonnable et pertinent de la parité d'échange. Il décrit et apprécie les méthodes retenues pour déterminer la parité et mentionne les valeurs ainsi obtenues.

Les sociétés concernées doivent fournir tous renseignements et documents aux experts qui peuvent procéder aux vérifications nécessaires.

Information et décision de l'assemblée générale

698 La fusion requiert l'approbation des *assemblées générales* des sociétés participantes délibérant dans les conditions de *quorum* et de *majorité* prévues pour les modifications de statuts : présence en première assemblée de la moitié au moins du capital et vote à la majorité des deux tiers des actionnaires présents ou représentés.

Lorsque des titres autres que des actions ont été émis par la société absorbée, avec des *droits spéciaux,* ils doivent jouir au sein de la société absorbante de droits au moins équivalents, sauf si la modification des droits a été approuvée par une *assemblée des porteurs de ces titres,* statuant dans les conditions de quorum et de majorité renforcés.

Si la modification n'a pas été approuvée, les titres doivent être rachetés à un prix résultant d'une évaluation faite dans le projet de fusion et vérifiée par les experts.

Dans le mois qui précède la réunion, les actionnaires peuvent demander ou *consulter* au siège social les documents suivants : le projet, les comptes annuels et le rapport de gestion des trois derniers exercices des sociétés participantes ; un état comptable ; le rapport des administrateurs évoqué au n° 696 et celui des experts.

699 Dans certains cas, l'approbation de la fusion par l'assemblée générale de la société absorbante n'est *pas nécessaire* :
– si la société absorbante a publié le projet de fusion ou permis à ses actionnaires de consulter les documents, un mois au moins avant la réunion de l'assemblée générale de la société absorbée appelée à se prononcer sur le projet ;
– si les actionnaires disposant d'au moins 5 % du capital souscrit ont le droit de demander la convocation dans le mois d'une assemblée générale appelée à se prononcer sur l'approbation de la fusion. Ce droit de réquisition doit être prévu jusqu'au lendemain de l'assemblée générale tenue par la société absorbée.

Formalités

700 Le procès-verbal de l'assemblée générale décidant la fusion est établi par *acte notarié*. Quand l'approbation de la société absorbante n'est pas requise (voir ci-dessus), c'est le projet de fusion qui revêt la forme authentique.

L'opération doit être *publiée* au Mémorial pour prendre effet à l'égard des tiers.

Contestation de la fusion

701 Les *créanciers* des sociétés concernées disposent d'un délai de deux mois à compter de la publication du projet de fusion pour *s'opposer* à l'opération selon des modalités identiques à celles applicables en cas d'opposition à une réduction de capital (voir n° 686). La société débitrice peut écarter la demande en payant le créancier. Si la *sûreté* n'est pas fournie dans le délai fixé, la créance devient immédiatement exigible.

Les *obligataires* disposent des mêmes droits, sauf si la fusion a été approuvée par leur assemblée générale ou par une décision individuelle.

702 Les *actionnaires de la société absorbée* peuvent exercer une action en dommages-intérêts à l'encontre des administrateurs ou des experts ayant commis une faute. Leur responsabilité est solidairement engagée, à peine de démontrer qu'aucune faute ne leur est personnellement imputable.

2. Scissions

Généralités

705 La scission de SA de droit luxembourgeois s'opère par la répartition de l'ensemble du patrimoine d'une société *à plusieurs autres* sociétés, par suite d'une dissolution sans liquidation. Si les sociétés bénéficiaires de l'apport existent toutes déjà, c'est une scission par absorption. Dans le cas inverse, l'opération est une scission par constitution ou une combinaison des deux procédés. La société scindée peut être *en liquidation* pourvu qu'elle n'ait pas encore commencé la répartition de ses actifs. La loi ne prévoit pas le cas où la société scindée survit à la scission, par exemple en filialisant une partie de son activité.

La scission se réalise moyennant l'attribution aux actionnaires de la société scindée d'*actions* des sociétés bénéficiaires de l'apport et, le cas échéant, d'une *soulte* en argent de 10 % au plus de la valeur des actions nouvelles.

Réalisation de la scission

706 Les modalités de réalisation de la scission sont identiques à celles des fusions, sous réserve des indications données ci-dessous. Pour l'essentiel, on se référera donc aux n°s 696 s.

En ce qui concerne le *projet,* il doit en outre comporter :
– la description et la répartition précise des éléments d'actif et de passif à transmettre à chacune des sociétés bénéficiaires ;
– la répartition entre les actionnaires de la société scindée des actions des sociétés bénéficiaires ainsi que la clé de répartition.

Lorsqu'un *élément* d'actif ou de passif n'est *pas attribué* dans le projet, il est réparti entre les sociétés bénéficiaires au prorata de l'actif attribué à chacun dans le projet.

Si le *patrimoine* de la société scindée vient à subir une *modification importante* entre la date du projet et la date de la réunion de l'assemblée appelée à statuer sur le projet, le conseil d'administration de la société scindée doit informer l'assemblée générale ainsi que les administrateurs des sociétés bénéficiaires, lesquels préviendront à leur tour leurs propres actionnaires.

SECTION 4 Dissolution, liquidation et procédures collectives

1. Dissolution

715 La dissolution d'une SA résulte soit d'une décision de l'assemblée générale, soit d'une décision judiciaire. Elle n'est jamais de plein droit.

L'*assemblée générale* extraordinaire délibérant selon les modalités de vote exposées au n° 597 peut décider la dissolution de la société dans les cas suivants :

– *arrivée du terme* dans le cas, peu fréquent, où la SA est constituée pour une durée déterminée ;
– *pertes* d'une partie du capital social. Sauf dispositions plus rigoureuses, les administrateurs doivent convoquer une assemblée dans les deux mois qui suivent la constatation d'une perte de *la moitié du capital social*. L'ordre du jour est la dissolution éventuelle de la SA. Dans le cas où la perte atteint *les trois quarts du capital social,* les mêmes règles sont à observer mais, dans ce cas, la dissolution a lieu si elle est approuvée par le quart des voix émises. Elle est prononcée par le tribunal d'arrondissement siégeant en matière commerciale quand la société contrevient à la loi pénale ou à la loi sur les sociétés commerciales.

La dissolution est *judiciaire* quand la SA, luxembourgeoise ou étrangère, poursuit des activités contraires à la loi pénale ou contrevient gravement au Code de commerce et aux lois sur les sociétés commerciales, y compris en matière d'établissement. Elle est prononcée par le tribunal d'arrondissement siégeant en matière commerciale

716 Selon l'article 101 de la LSC, la *réunion de toutes les parts entre les mains d'un actionnaire unique* n'entraîne pas la dissolution de plein droit. L'actionnaire unique peut demander la dissolution et la liquidation. Il doit pour cela tenir une assemblée générale devant notaire et publier la décision. Sa responsabilité se limite alors à sa mise initiale. À l'issue d'un délai de six mois, par contre, l'actionnaire unique répond de toutes les dettes nées depuis la réunion de toutes les parts entre ses mains et *tout intéressé* peut demander à sa place la dissolution judiciaire. Le juge peut porter ce délai à douze mois avant de prononcer la dissolution. La loi ne prévoit pas la possibilité de régulariser la situation en faisant entrer un deuxième actionnaire, comme en droit belge.

2. Liquidation

720 La société dissoute est réputée exister pour sa liquidation. Il revient à l'assemblée générale de nommer les liquidateurs et de déterminer le mode de liquidation dans les conditions de quorum et de majorité des assemblées extraordinaires exposés au n° 597.

À défaut de nomination, les administrateurs sont considérés, à l'égard des tiers, comme liquidateurs.

Pouvoirs des liquidateurs

721 Sauf dispositions contraires dans les statuts ou dans l'acte de nomination, les liquidateurs disposent d'un pouvoir général de gestion. Ils doivent toutefois obtenir l'autorisation de l'assemblée générale pour les actes suivants :
– poursuivre l'activité ;
– emprunter pour apurer les dettes sociales ;
– créer des effets de commerce ;
– faire des hypothèques ou des gages ;
– aliéner les immeubles ;
– faire un apport d'actifs à d'autres sociétés.

Ils peuvent exiger des actionnaires le paiement des sommes qu'ils se sont engagés à verser.

Les liquidateurs ne peuvent répartir entre les actionnaires les sommes, valeurs ou biens sociaux qu'après le paiement de toutes les dettes sociales échues ou non échues (ou la consignation des sommes nécessaires à leur paiement). Toutefois, quand une société luxembourgeoise fait apport de tout son patrimoine actif et passif à une autre société luxembourgeoise, les liquidateurs peuvent répartir les actions attribuées en contrepartie de l'apport sans devoir préalablement rembourser les obligataires. C'est la société bénéficiaire de l'apport qui est alors tenue de l'emprunt émis par la société apporteuse.

Obligations des liquidateurs

722 Les liquidateurs établissent l'inventaire et le bilan de liquidation, lequel retrace les éléments d'actif et de passif. Ils réalisent l'actif et apurent le passif.

Les liquidateurs soumettent chaque année les résultats de la liquidation à l'assemblée générale et publient le bilan. Lorsque la liquidation est terminée, ils lui remettent un rapport, avec comptes et pièces à l'appui. Un *commissaire* désigné par l'assemblée contrôle ces documents et établit un rapport sur la gestion des liquidateurs. L'*assemblée de clôture de liquidation* statue sur le rapport, prononce la clôture, indique les modalités de dépôt et de conservation des livres et documents sociaux (cinq ans au moins), et la consignation des sommes et valeurs non remboursées revenant aux créanciers et aux actionnaires.

La clôture de la liquidation est publiée au Mémorial.

3. Procédures collectives

Faillite

725 La matière est régie par les articles 437 et suivants. du Code de commerce. Largement inspiré du droit belge, le droit luxembourgeois de la faillite se caractérise par le **principe d'unité et d'universalité**, la déclaration s'appliquant à tous les établissements que la société possède à l'étranger, sous réserve des conditions habituelles d'exécution des jugements.

Notons que le Luxembourg et la France n'ont pas signé de convention bilatérale. Or la France applique, quant à elle, le principe de territorialité et de pluralité de la faillite par lequel il y a autant de masses de biens qu'il y a de pays concernés. Toutefois le Luxembourg reconnaît l'effet universel des faillites.

La Convention de Bruxelles de 1968 relative à la reconnaissance et à l'exécution mutuelle des jugements exclut les procédures d'insolvabilité de son champ d'application mais il existe un **projet de règlement CE** qui vise toutes les procédures qui entraînent le dessaisissement partiel ou total du débiteur avec nomination d'un syndic et il concerne tous les débiteurs, qu'ils soient une personne physique ou morale, un commerçant ou un particulier, sauf les compagnies d'assurances, les banques et les entreprises d'investissement. Dans l'attente de l'adoption de ce dispositif présenté ci-dessous, le règlement des faillites internationales est actuellement fort complexe.

Projet de règlement CE

725-A L'uniformisation des règles se fera sur les **principes** suivants :
– ouverture de la procédure principale dans l'État membre où se situent les intérêts principaux de l'entreprise (ou siège statutaire) ;
– ouverture de procédures secondaires dans les États membres où se situent les établissements,
– compétence internationale des autorités compétentes de l'État membre d'ouverture de la procédure principale ;
– application de la « lex concursus » (loi nationale de l'État membre d'ouverture de la procédure principale), sauf exceptions limitatives, à savoir les biens immobiliers, les contrats de travail, les systèmes financiers, les droits soumis à enregistrement et les brevets et les marques communautaires ;
– reconnaissance automatique des décisions prises en application de la « lex concursus » sans nécessité d'un exequatur ;
– collaboration entre les syndics ;
– publicité des décisions relatives à la procédure dans les États membres ;
– principe d'égalité de traitement des créanciers.

La **juridiction compétente** sur le plan international est celle sur le territoire duquel est situé le centre des « intérêts principaux » du débiteur tel que le siège statutaire d'une société. La procédure est dite « principale ». Cette appellation ne fait pas référence aux brevets, marques et droits communautaires. Si le débiteur possède un établissement dans un autre État membre, une procédure secondaire de liquidation peut y être ouverte.

La **loi applicable** à la procédure et aux effets est celle de l'État d'ouverture. L'**ouverture de la procédure** n'affecte pas les **droits réels** que des créanciers et des tiers détiennent sur des biens meubles ou immeubles, corporels ou incorporels, situés dans un autre État membre.

La **clause de réserve de propriété** n'est pas remise en cause par l'ouverture de la procédure d'insolvabilité lorsque le bien en question se trouve dans un autre État membre que l'État d'ouverture. L'ouverture de la procédure n'est pas une cause de résiliation ou de résolution de la vente suivie de la livraison d'un bien sur le territoire d'un autre État membre, postérieurement à l'ouverture de la procédure.

Le créancier peut invoquer la **compensation** entre sa créance et la créance du débiteur si cela est permis par la loi. Toutefois, le principe d'application de la loi du pays d'ouverture connaît des **exceptions** : les droits immobiliers régis par la loi de situation ; les droits des participants à un système de paiement ou de règlement ou à un marché financier régis par la loi nationale ; les effets de la procédure sur le contrat de travail régis par la loi du contrat de travail ; les effets de la procédure sur un bien immobilier, un navire, un aéronef, un bien soumis à inscription sur un registre public régis par la loi de l'État membre sous l'autorité duquel est tenu le registre ; les instances en cours régies par la loi nationale.

La **décision d'ouverture de la procédure** est reconnue dans tous les États membres dès l'instant où elle produit des effets dans l'État d'ouverture, sans exequatur. L'ouverture d'une procédure principale ne fait pas obstacle à l'ouverture d'une procédure secondaire. Les effets de la procédure sont ceux attribués par la loi de l'État d'ouverture. Le principe de reconnaissance automatique touche les autres décisions relatives à la procédure d'insolvabilité : décision de clôture, concordat, décisions connexes, mesures conservatoires postérieures à la demande d'ouverture de la procédure. L'exécution suit les règles énoncées aux articles 31 à 51 de la convention de Bruxelles. Pour les autres types de décisions qui entrent dans son champ d'application matériel, la convention de Bruxelles est applicable.

Le **syndic** de la procédure principale a les **pouvoirs** octroyés par la loi de l'État d'ouverture sur le territoire des autres États membres jusqu'à l'ouverture d'une procédure secondaire. Il peut faire déplacer et se faire restituer les meubles dans la limite du respect des droits réels et des clauses de réserve de propriété. Sauf obligation légale prévue, le syndic peut demander la publication de la décision d'ouverture dans tous les États membres.

L'ouverture d'une procédure principale « permet d'ouvrir » une **procédure secondaire** de liquidation judiciaire d'un **établissement** situé sur un autre État membre. Le syndic de la procédure principale ou toute personne habilitée peut demander l'ouverture de la procédure secondaire. La loi applicable à la procédure secondaire est la loi nationale. Cependant, une procédure secondaire peut être ouverte antérieurement à la procédure principale. Le syndic principal et les **syndics** « **secondaires** » s'échangent des informations relatives à l'état des créances et aux mesures sur la base d'un devoir de **coopération réciproque**. Le but est de permettre au syndic principal de présenter toutes mesures relatives à la liquidation et à l'utilisation des actifs de la procédure, une demande de suspension de la procédure secondaire de liquidation ou une demande de clôture suite à un redressement ou à un concordat. Un syndic provisoire peut être nommé jusqu'à la décision définitive d'ouverture de la procédure principale afin de prendre toutes les mesures de conservation et de protection des biens du débiteur.

Les créances sont produites par tous les **créanciers**, y compris les autorités fiscales et de sécurité sociale de tout État membre. Les créanciers sont **informés**, sans délai, dès l'ouverture de la procédure, par la juridiction compétente ou par le syndic. Les créanciers peuvent **produire** leurs créances à la procédure principale et aux procédures secondaires. Les syndics peuvent produire les créances d'autres procédures et faire partie des assemblées de créanciers dans d'autres procédures si cela est utile à la procédure qu'ils mènent. Un créancier qui a reçu un **dividende** sur sa créance ne participe à la répartition dans une autre procédure que lorsque les créanciers du même rang et de même catégorie ont obtenu un dividende équivalent au sien.

État de faillite

726 Sont en état de faillite les commerçants en nom personnel et les sociétés commerciales qui cessent leurs paiements et dont le crédit se trouve ébranlé (article 437). Un commerçant ne peut plus être déclaré en faillite six mois après l'arrêt de ses activités commerciales alors qu'une société peut toujours être déclarée en faillite.

Les **établissements de crédit** sont soumis à une procédure spéciale faisant intervenir la CSSF la mise en faillite d'une banque pouvant être préjudiciable à la réputation de la place financière. La mise sous gestion contrôlée spécifique au secteur financier garantit une protection certaine des déposants.

Requête en faillite

727 Il s'agit d'une déclaration forcée prononcée par le juge lorsque aucun concordat préventif n'a pu être conclu avec les créanciers.

La faillite est déclarée par jugement du tribunal d'arrondissement siégeant en matière commerciale (article 442). Elle est prononcée :

– soit sur *aveu* de la société ou du commerçant à faire au greffe du tribunal de commerce du domicile ou du siège social ; le défaut d'aveu est sanctionné par la mise en banqueroute simple. La déclaration est à faire dans le mois au greffe du tribunal de commerce du siège social ou du domicile ;
– soit sur *assignation* des créanciers ;
– soit *d'office,* lorsqu'il existe des indices concordants, notamment dans le cas où la société est redevable envers la sécurité sociale ou le Trésor public.

Il n'y a pas de services de *dépistage* comme il en existe dans les principaux tribunaux de commerce belges, mais le *service économique du parquet* peut signaler l'existence d'un état de cessation des paiements aux magistrats de la juridiction commerciale, surtout dans les cas où des escrocs étrangers collectent des fonds auprès d'investisseurs non résidents naïfs, dans le but de les détourner dans le cadre d'activités bancaires illicites. Les plaintes au pénal qui en résultent invariablement provoquent le plus souvent une mise en faillite de la société de collecte de fonds.

Le tribunal, enfin, ordonne toujours une faillite d'office si une tentative de concordat préventif de faillite ou de mise sous gestion contrôlée, régime qui sera évoqué plus en détail ci-dessous, a échoué.

Jugement déclaratif de faillite

728 Le jugement déclaratif de faillite est *publié* dans les quotidiens choisis par le tribunal. Il contient les dispositions suivantes :

– il *nomme* un juge-commissaire et des curateurs qui sont en principe des avocats du barreau. La mission des curateurs est de se substituer tantôt au failli, tantôt aux créanciers pour réaliser l'actif et le répartir entre les créanciers, selon leur rang ;
– il fixe la *date de cessation des paiements,* c'est-à-dire la date à partir de laquelle toutes les transactions sont nulles et non avenues ou susceptibles d'être annulées si le cocontractant avait connaissance de la cessation des paiements ;
– il invite les créanciers à présenter leurs créances dans les vingt jours (ou davantage pour les non-résidents) au greffe du tribunal.

Le jugement peut être frappé d'*opposition* de la part des intéressés qui n'ont pas été parties du jugement. Selon que l'opposition émane du failli ou d'autres intéressés, le délai pour faire opposition est de huit ou de quinze jours.

Le jugement peut aussi faire l'objet d'un *appel* par toute personne intervenue au jugement.

Clôture des opérations

729 La faillite n'aboutit pas nécessairement à une liquidation, et ce, dans deux hypothèses :

– ou bien l'actif est à tel point insuffisant qu'il ne suffit même pas pour couvrir les frais d'administration de la faillite : dans ce cas, un jugement clôturera la faillite sans procéder à une distribution, sur requête du curateur ;
– ou bien l'actif est suffisant pour établir un *concordat après faillite,* procédure exceptionnelle au Luxembourg.

Après la vérification des créances, le failli peut proposer à ses créanciers un accord en vue de l'apurement de son passif, impliquant généralement des renonciations partielles de la part des créanciers. Si les propositions concordataires sont approuvées par une assemblée générale de créanciers, et homologuées dans la suite par le tribunal, le failli est replacé à la tête de ses affaires et peut poursuivre ses activités.

Le curateur fait l'*inventaire des actifs* et, avec l'accord du tribunal, il les *vend* aux enchères, par officier ministériel ou de gré à gré. Il n'est pas autorisé à remettre des éléments d'actifs aux créanciers. Les créanciers, comme tous les tiers intéressés, peuvent cependant **revendiquer** dans la faillite, certains biens : les biens donnés en consignation, confiés au failli pour réparation ou donnés au failli en leasing, ou en location. Les effets mobiliers impayés ne figurent pas sur cette liste. Par ailleurs, une loi du 31 mars 2000 consacre la validité des **clauses de réserve de propriété**.

La vente ou la remise des actifs ayant été faite, le curateur propose un **plan de répartition de l'actif** en audience publique.

La **distribution de la faillite** se termine par la **reddition des comptes** également en audience publique : le curateur soumet au tribunal les pièces bancaires attestant qu'il a remis les deniers de la faillite aux créanciers en conformité avec le plan de distribution.

Ordre de priorité des créanciers

730 S'agissant de la distribution de la faillite, on notera que les **administrations fiscales** et les **organismes de sécurité sociale,** outre la possibilité qu'elles ont d'inscrire une hypothèque dite occulte, bénéficient d'un **privilège général sur meubles** qui prime sur tous les autres (sous réserve du superprivilège des salariés) et qui aboutit en pratique à ce que dans neuf faillites sur dix, le Trésor absorbe 90 % de l'actif. Le superprivilège des **salariés** est de six fois le salaire social minimum pour les salaires dus pendant les six mois précédant la faillite. Si l'actif de la faillite est insuffisant, l'administration de l'emploi en fait l'avance. Les **créanciers privilégiés** sont ensuite indemnisés selon une hiérarchie des créances. Le résidu éventuel est réparti entre les créanciers **chirographaires**.

Banqueroute, interdiction de faire le commerce

732 La législation luxembourgeoise sur le droit d'établissement permet aux **autorités administratives** de sanctionner le comportement fautif d'un failli par le retrait de son **autorisation d'exercer le commerce** pour défaut d'honorabilité (voir n° 505).

L'article 444-1 nouveau prévoit que le tribunal qui a prononcé la faillite (ou le tribunal de commerce de Luxembourg en cas de faillite prononcée à l'étranger) peut prononcer à l'encontre des faillis ou des dirigeants, de droit ou de fait, associés ou non, d'une société déclarée en faillite et qui ont contribué à la faillite par une **faute grave et caractérisée** des **interdictions d'exercer** les activités suivantes : activité commerciale, fonctions d'administrateur, gérant, commissaire aux comptes, réviseur ou toute fonction conférant le pouvoir d'engager une société. L'interdiction est obligatoirement prononcée contre celui qui est condamné pour **banqueroute**, simple ou frauduleuse.

La demande est introduite par le curateur ou le ministère public dans un délai de trois ans à compter du jugement déclaratif de faillite. L'interdiction a une durée d'un an au minimum à vingt ans au maximum. Elle est mentionnée au registre du commerce.

Par ailleurs, l'article 495 nouveau prévoit que tout dirigeant, de droit ou de fait, personne physique ou morale, peut être déclaré **personnellement en faillite** s'il a agi dans un intérêt personnel, disposé des biens sociaux comme des siens propres ou poursuivi abusivement, dans son intérêt personnel, une exploitation déficitaire ne pouvant conduire qu'à la cessation de paiement de la société. En cas d'insuffisance d'actif et à la demande du curateur, le tribunal peut décider que les **dettes** doivent être **supportées**, en tout ou partie, avec ou sans solidarité, par les **dirigeants** à l'égard desquels sont établies des fautes graves ou caractérisées ayant contribué à la faillite.

L'action est prescrite dans un délai de trois ans à compter de la vérification des créances.

Gestion contrôlée

735 Un arrêté grand-ducal du 24 mai 1935 institue un régime de gestion contrôlée qui vient compléter la législation relative au sursis de paiement et au concordat préventif à la faillite (qui n'est quasiment jamais appliqué).

Le commerçant dont le crédit est ébranlé ou dont l'exécution intégrale des engagements est compromise peut demander le bénéfice de la gestion contrôlée en vue, soit de la *réorganisation de ses affaires,* soit de la *bonne réalisation de son actif.*

Il présente à ces effets une *requête* motivée au tribunal de commerce, appuyée des documents justificatifs et notamment la liste des créanciers. La requête est rejetée si, des éléments produits, il ne résulte pas que la mesure sollicitée peut assurer progressivement l'assainissement et l'exercice normal du commerce du requérant ou rendre meilleures les conditions de réalisation de l'actif.

Si la requête est accueillie favorablement, le tribunal délègue un de ses juges pour lui faire rapport dans le délai qu'il fixe. Le juge peut se faire assister par un expert.

Le rapport déposé, le tribunal rejette la requête et prononce la faillite du commerçant ou bien il place la gestion du patrimoine du requérant sous le contrôle d'un ou de plusieurs *commissaires.* Cette dernière décision est publiée au Mémorial.

Les commissaires établissent dans le délai fixé par le tribunal un *projet de réorganisation* ou un projet de réalisation et de *répartition de l'actif.*

Les commissaires communiquent leur projet, qui devra équitablement tenir compte de tous les intérêts en cause, aux *créanciers,* aux codébiteurs solidaires et cautions connus. Ils disposent de quinze jours pour prendre position quant au projet des commissaires.

Le tribunal ne peut approuver le projet qu'avec l'accord de plus de la moitié des créanciers représentant par leurs créances (non contestées par les commissaires) plus de moitié du passif.

Le *jugement approuvant le projet* est obligatoire pour le commerçant et pour ses créanciers, pour les codébiteurs solidaires et les cautions.

Liquidation forcée

736 Aussi fréquentes que les faillites, les mises en liquidation forcées sont prononcées par le tribunal d'arrondissement siégeant en matière commerciale lorsqu'une société poursuit des activités contraires à la loi pénale ou contrevient gravement au code de commerce, à la LSC ou à la loi sur l'établissement. Un cas fréquent de liquidation forcée est l'*omission de publier les comptes annuels.*

Société à responsabilité limitée

CHAPITRE 3

800 La société à responsabilité limitée luxembourgeoise est assez proche de la SARL française et elle est utilisée pour des sociétés de taille moyenne. Elle se caractérise par le fait que son capital social se divise en parts égales entre des associés dont la responsabilité est limitée à leurs apports. La cession des parts est libre entre associés mais soumise à agrément à l'égard des tiers.

Société à responsabilité limité unipersonnelle

801 La société unipersonnelle a été instituée en droit luxembourgeois par la loi du 28 décembre 1992. La SARL peut donc avoir un *associé unique* soit dès sa constitution, soit en cours de vie sociale par la *réunion de toutes ses parts en une seule main*. Le décès de l'associé unique et la réunion de toutes les parts entre les mains d'une seule personne n'entraînent pas la dissolution de la société.

L'associé unique exerce les *pouvoirs* attribués à l'assemblée des associés et ses décisions sont écrites ou inscrites dans un procès-verbal. Hormis les opérations courantes conclues dans des conditions normales, les contrats conclus entre l'associé unique et la société sont également consignés par écrit ou inscrits dans un procès-verbal. En pratique, l'associé unique doit veiller à une séparation stricte des intérêts sociaux et de ses intérêts personnels pour éviter l'accusation de négligence ou d'abus de biens sociaux.

Pour le reste, les dispositions prévues pour la SARL sont applicables, y compris donc les coûts de constitution et de fonctionnement et le régime fiscal : à la différence de la France ou de la Belgique, l'associé unique ne peut pas choisir son régime d'imposition.

A. Constitution

Mode de constitution

810 La SARL ne peut procéder à l'émission publique de parts sociales. Sa constitution est donc nécessairement réalisée selon la procédure directe décrite au n° 555.

L'*acte de constitution* est signé par devant notaire par les fondateurs. Les statuts ainsi que leurs *modifications* ultérieures, sont publiés, en entier, au Mémorial (voir n° 514). Ils indiquent le nom du ou des gérants.

Objet social

811 Les SARL peuvent être constituées pour un objet quelconque mais cette forme sociale est *interdite* aux sociétés d'assurance et aux établissements financiers.

Dénomination sociale

812 La SARL est qualifiée par une dénomination particulière, la désignation de son objet social ou encore sous une raison sociale comportant les noms d'un ou de plusieurs associés.

Tous les actes et documents sociaux doivent indiquer la dénomination sociale, la mention en toutes lettres « société à responsabilité limitée », le siège social, les mots « registre du commerce » ou « RC » suivis de l'indication du siège du tribunal d'arrondissement et du numéro d'immatriculation.

Durée de la SARL

813 Elle est constituée pour une durée limitée, susceptible d'être prorogée, ou plus généralement pour une durée illimitée.

Associés

814 On rappelle que depuis l'institution de la *société unipersonnelle* en 1992, le nombre d'associés est *au minimum* d'une personne. Le nombre *maximal* d'associés est limité à 40.

Les *personnes morales* peuvent être associées. Elles sont alors représentées par leurs gérants ou leurs administrateurs.

Quant à la *responsabilité des fondateurs*, ils sont solidaires envers les tiers :
– de toute la partie du capital non valablement souscrite et de la différence entre le capital minimal et le montant des souscriptions ;
– de la libération effective des parts ;
– de la réparation du préjudice découlant soit de la nullité de la société, soit de l'absence ou de la non-conformité des énonciations dans l'acte.

Capital social

815 Le montant minimum du capital social d'une SARL est de 500 000 LUF. Il doit être *intégralement souscrit* et les parts sociales doivent être *entièrement libérées* au moment de la constitution. Les *apports* sont en espèces ou en nature. Le capital peut être exprimé en devises. Entre le 1er janvier 1999 et le 31 décembre 2001, les SARL peuvent *convertir en euros* leur capital social, leur capital autorisé et tous autres montants figurant dans leurs statuts et exprimés dans l'une des devises des États membres de l'Union européenne (sur les modalités de conversion, voir n° 561 A).

Parts sociales

816 Le capital social est divisé exclusivement en parts sociales ayant une valeur de 1 000 LUF au moins. Cette formulation permet que la SARL ait, à l'instar de la SA, un capital exprimé dans une devise autre que le LUF (euro ou autre devise), du moment que la contre-valeur en LUF du capital exprimé en une devise étrangère correspond au capital minimum légal et que la contre-valeur des parts en FL soit égale ou supérieure à 1 000 LUF.

Les parts sont toujours *nominatives* et il est interdit de créer des parts bénéficiaires. Elles sont représentées par des certificats nominatifs de participation qui attestent de leur inscription au *registre* de la SARL. Ce registre contient l'acte de constitution et ses modifications ultérieures, l'identité des associés et les cessions de parts (date, signification ou acceptation de l'opération). Il est à la disposition des associés.

Compte tenu du régime de cession qui leur est propre, les parts sociales ne sont *jamais représentées par des titres négociables*.

B. Organes

1. Assemblée générale

820 Les décisions des associés sont prises en assemblées générales. Toutefois leur *tenue* n'est *pas obligatoire* quand le nombre des associés est au plus égal à 25. Dans ce cas, chaque associé reçoit le texte des résolutions ou décisions à prendre expressément formulées et il émet son *vote par écrit*.

Quand la tenue d'une assemblée est obligatoire, elle a lieu *au minimum une fois par an* à l'époque fixée par les statuts. *D'autres assemblées* peuvent être convoquées, *à la demande* de la gérance, de l'organe de contrôle ou des associés représentant plus de la moitié du capital social.

Les parts sociales étant de même valeur et constituant les seuls titres émis, le *nombre de voix* de chaque associé est *égal au nombre de parts* qu'il détient.

821 En première réunion ou consultation, un *quorum* d'associés représentant plus de la *moitié* du capital social est nécessaire. Aucun quorum n'est exigé sur deuxième convocation. Les décisions sont adoptées à la *majorité des votes* émis, quelle que soit la portion du capital représenté.

822 L'assemblée générale annuelle *approuve* le bilan et le compte des profits et pertes et elle se prononce, par un vote spécial, sur la *décharge* de la gérance et de l'organe de contrôle. Pour ce faire, tout associé peut prendre au siège social communication de l'inventaire du bilan et du rapport de l'organe de contrôle. Dans les SARL de plus de 25 membres, la communication n'est permise que dans la quinzaine qui précède la réunion.

Modification des statuts

825 L'assemblée générale peut modifier les dispositions statutaires en décidant à la simple majorité des associés mais le *quorum* requis est de *trois quart* du capital social représenté. Si la modification vise à changer la *nationalité* de la SARL, l'unanimité est requise.

2. Gérance

830 Le ou les gérants sont *nommés* par les associés, soit dans l'acte constitutif, soit postérieurement. Ils sont désignés parmi les associés ou non, sans condition de nationalité ou de résidence.

La gérance d'une SARL peut être confiée à une *personne morale*.

Ils sont nommés pour une *durée limitée* ou sans limitation de durée. Dans les deux cas et sauf disposition statutaire contraire, *ils ne sont révocables que pour des causes légitimes*.

Mandat

831 Chaque gérant peut accomplir tous les actes nécessaires ou utiles, sauf ceux que la loi réserve à l'assemblée générale. Il représente la SARL *à l'égard des tiers* et en justice et toute restriction statutaire de ses pouvoirs est inopposable aux tiers. En revanche, la clause donnant qualité à un ou plusieurs gérants pour **représenter la société**, seuls ou conjointement, est opposable aux tiers.

La SARL est liée par les actes accomplis par la gérance même s'ils excèdent l'objet social (sauf si le tiers savait ou ne pouvait ignorer que ces actes excédaient l'objet social).

Pour la **responsabilité** de la gérance, on se reportera aux n°s 630 s.

832 La gérance doit chaque année dresser un **inventaire** indiquant les valeurs mobilières et immobilières et les dettes de la société avec une annexe reprenant tous les engagements ainsi que les dettes des organes sociaux envers la société. Elle établit **le bilan** et le **compte de profits et pertes** avec les amortissements nécessaires.

Le bilan mentionne séparément l'actif immobilisé, l'actif réalisable et, au passif, les dettes de la société envers elle-même, les obligations, les dettes avec hypothèques ou gages et les dettes sans garanties réelles. Il spécifie au passif le montant des dettes au profit d'associés.

3. Contrôle

835 Seules les SARL comptant plus de 25 associés sont soumises à l'obligation de nommer un ou plusieurs **commissaires**. Associés ou non, ces commissaires sont nommés dans l'acte constitutif et leur mandat est renouvelable.

Ils ont un **droit illimité de surveillance** et de **contrôle** sur toutes les opérations et ils ont **accès** à toutes les écritures et à toutes les informations comptables et financières (bilan, compte et profits et pertes, annexe et rapport de gestion). Leur **responsabilité** est engagée suivant les mêmes règles que celles de la gérance.

Un contrôle extérieur confié à des **réviseurs d'entreprise** membres d'un ordre professionnel devient obligatoire lorsque certains seuils sont franchis (voir n° 637 et 5e partie de cet ouvrage, voir n°s 3500 s.).

C. Fonctionnement

840 Seules les opérations qui appellent des commentaires spécifiques aux SARL sont abordées ici :
- distribution des bénéfices ;
- régime de cession des parts sociales.

1. Distribution des bénéfices

841 Un prélèvement affecté à la constitution de la **réserve** légale est fait chaque année sur les bénéfices nets aussi longtemps que la réserve n'a pas atteint le dixième du capital social. Ce prélèvement est de un vingtième au moins.

Par ailleurs, si les bénéfices distribués ne correspondent pas à des bénéfices réellement acquis, les associés peuvent être contraints à les restituer. L'**action en répétition** se prescrit par cinq ans à compter de la demande.

2. Régime de cession des parts sociales

843   Les parts sont librement cessibles *entre associés,* la seule formalité étant la mention à porter au registre de la SARL.

En cas de transmission pour cause de décès, les héritiers réservataires, le conjoint et, pour autant que les statuts le prévoient, les autres héritiers légaux sont assimilés à des associés et bénéficient du régime de libre cession.

La cession ou la transmission *à des tiers* est en revanche très réglementée, ce qui reflète le caractère personnel de la société.

Dans les deux cas, la cession fait l'objet d'un *acte* authentique ou sous seing privé. Elle n'est *opposable* aux tiers et à la SARL qu'après qu'elle a été signifiée à la SARL ou acceptée par elle dans un acte notarié ou sous seing privé.

Cession ou transmission à des tiers

844   La cession entre vifs ou la transmission pour cause de décès requiert l'accord de l'assemblée générale quand le cessionnaire est un tiers.

L'*agrément* est donné par un vote de l'assemblée générale statuant à la majorité des trois quarts du capital social (ou des trois quarts des droits des survivants).

Refus d'agrément des héritiers

845   La loi est muette quand le cédant n'obtient pas l'agrément des autres associés pour le cessionnaire qu'il propose. En revanche, des solutions sont prévues en cas de *transmission pour cause de décès,* quand les héritiers ont le statut de tiers soumis à la procédure d'agrément et qu'ils ne sont pas agréés par les associés survivants. Comme ils sont déjà propriétaires des parts, seul l'exercice de leurs droits est suspendu jusqu'à ce que la transmission soit opposable à la société. Pour ce faire, les héritiers peuvent *mettre la gérance en demeure,* la notification étant faite par exploit d'huissier à la société et par lettre recommandée aux associés. Les associés ont alors un délai de trois mois pour se porter acquéreurs, trouver un acquéreur ou encore *faire acquérir les parts par la société elle-même* (art. 189 al. 5). Le prix de rachat se calcule sur la base des trois derniers bilans ou par évaluation judiciaire.

Passé le délai de trois mois, les héritiers non agréés peuvent provoquer la *dissolution anticipée* de la SARL.

D. Dissolution et liquidation

Dissolution

848   Sauf disposition contraire des statuts, l'interdiction d'un associé, sa faillite, sa déconfiture ou son décès n'entraîne par la dissolution de la SARL. Les créanciers personnels de l'associé ne peuvent saisir que les intérêts et dividendes lui revenant ainsi que la part qui lui est attribuée à la dissolution de la SARL.

L'article 101 de la LSC relatif à la *réunion de toutes les parts entre les mains d'une seule personne* n'est a priori pas applicable aux SARL (voir n° 716).

La dissolution de la SARL peut être *décidée par l'assemblée générale* des associés.

La *dissolution judiciaire* peut être demandée pour de justes motifs. Elle est prononcée par le tribunal d'arrondissement siégeant en matière commerciale quand la SARL contrevient à la loi pénale ou à la loi sur les sociétés commerciales.

La décision judiciaire prononçant la dissolution et ordonnant la liquidation est publiée par extraits au Mémorial et, à la demande du tribunal, dans des journaux luxembourgeois et éventuellement étrangers.

Liquidation

850 L'*assemblée générale* nomme le liquidateur et détermine les modalités de la liquidation par une délibération prise par la moitié des associés possédant les trois quarts des parts sociales. À défaut de cette majorité, la décision est judiciaire.

Si la liquidation est *judiciaire,* le tribunal d'arrondissement nomme un juge-commissaire et des liquidateurs et il arrête le mode de liquidation.

2ᵉ PARTIE

Système fiscal

TITRE 1

Aperçu d'ensemble

Généralités

1000 Malgré la taille relativement modeste de son économie, l'étude du système fiscal du Luxembourg présente pour un fiscaliste d'affaires des **intérêts multiples**. Bien entendu, le Luxembourg est avant tout réputé pour être, comme un certain nombre d'autres États européens, un **pays refuge** pour les capitaux en quête d'un prélèvement fiscal atténué. Mais cet aspect très particulier de sa législation fait le plus souvent oublier qu'il est d'abord une **place financière internationale** très active parce qu'elle s'appuie sur une structure de communications efficace et sur un système juridique bien adapté à cette fonction.

Par ailleurs, et en raison même de l'étroitesse de son propre marché intérieur, le Luxembourg a depuis longtemps tiré parti de sa situation géographique pour s'**insérer** activement **dans les courants d'échanges commerciaux intra-européens**. Cette volonté constante de s'inscrire dans des ensembles économiques plus vastes l'a ainsi conduit, dès 1921, à une union avec la Belgique dans les domaines commercial, douanier et monétaire puis à participer successivement à la création du Benelux (voir n°s 253 s.), qui est une union commerciale et douanière, et à la fondation de la CEE.

Structure des recettes fiscales

1005 Les statistiques fiscales de l'OCDE montrent clairement que la structure de ses prélèvements fiscaux apparente le Luxembourg davantage aux États de l'Europe du Nord qu'à la France.

En 1998, le total des **prélèvements obligatoires** faisait apparaître les différences suivantes entre nos deux pays :

– part des **prélèvements fiscaux directs** dans l'ensemble des prélèvements : 38,1 % du PIB contre 24,5 % en France ;
– impôts directs (**revenu et bénéfices**) : 38,1 % contre 24,5 % en France ;
– prélèvements **sociaux** : 25,7 % contre 36,4 % en France ;
– fiscalité **indirecte** : 27 % contre 27,6 % en France ;
– fiscalité du **patrimoine** : 8,5 % contre 5,4 % en France.

Ces estimations nous amènent déjà à ne pas surestimer l'étendue des avantages fiscaux offerts par le Luxembourg aux capitaux étrangers. En fait, ces avantages fiscaux spécifiques, bien qu'importants dans le cas des holdings et des OPCVM, coexistent avec une fiscalité directe traditionnelle nettement moins incitative. Nous aurons l'occasion de voir, au cours de cet ouvrage, comment la signature en 1958 d'une **convention** tendant à éviter les doubles impositions entre le **Luxembourg** et la **France** a restreint la portée de ces avantages fiscaux pour les résidents de France. Toutefois, la libéralisation du **marché européen des capitaux** a facilité encore davantage la localisation au Luxembourg de capitaux extérieurs, à la recherche d'une fiscalité avantageuse.

Origine étrangère du droit fiscal luxembourgeois

1010 Sous l'angle du droit comparé, le Luxembourg présente la caractéristique d'avoir fondé sa législation fiscale sur de **larges emprunts** à celles de ses voisins. Cela tient pour une part à l'histoire de cet État qui n'a accédé à une complète souveraineté qu'en 1867. Ainsi le Luxembourg doit-il à la **France** napoléonienne son droit civil et les règles de base des droits d'enregistrement. De même a-t-il repris de la **Belgique** son droit des sociétés et les principes des droits de succession, et, après la création de l'UEBL, ses principaux droits d'accises. Ces emprunts témoignent aussi d'une volonté constante de bénéficier des techniques juridiques élaborées par des États plus importants. Ainsi, dès 1913, le Luxembourg a adopté l'impôt annuel sur la fortune déjà en vigueur en **Allemagne** et aux **Pays-Bas**. C'est pourtant par un accident de l'histoire que les principaux impôts directs luxembourgeois sont d'origine **allemande**. L'occupation du Grand-Duché en 1940 a en effet entraîné l'extension à celui-ci de toute la législation fiscale du Reich. Cet apport massif fut maintenu en vigueur par un arrêté grand-ducal de 1944, sauf en matière de droits d'enregistrement et de succession, de droits d'accises, et de recouvrement des impôts.

La superposition de textes hétérogènes qui en résulta ne pouvait manquer de susciter de multiples difficultés d'application. Malgré des efforts de simplification, il en résulte qu'en présence d'une jurisprudence nationale relativement peu abondante, l'application et l'interprétation des textes luxembourgeois peuvent nécessiter la transposition de la doctrine ou de la jurisprudence allemande. Mais cette analyse peut se révéler très délicate lorsque les textes ont été modifiés entre-temps dans l'un ou l'autre pays.

Source du droit fiscal

1012 Par ailleurs, l'hétérogénéité de ses origines, **conjuguée à l'absence de toute codification,** peut rendre très délicate l'application du droit fiscal luxembourgeois. Les **textes de base** sont passablement nombreux. Ainsi les dispositions communes à l'ensemble des impôts directs (territorialité, droits et obligations respectifs des contribuables et de l'administration fiscale) sont-elles énoncées par des lois d'origine allemande :

– la **loi générale des impôts** (*Abgabenordnung* dans sa rédaction du 22 mai 1931) ;
– la **loi d'adaptation fiscale** (*SteueranpassungsGesetz* du 16 octobre 1934) qui complète la première, à laquelle est adjointe la loi sur le recouvrement des impôts du 27 novembre 1933, qui est, quant à elle, d'origine nationale et a été remise en vigueur en 1944 ;
– la **loi d'évaluation** *(Bewertungsgesetz),* allemande dans sa rédaction, du 16 octobre 1934, dont les dispositions sont utilisées pour asseoir l'impôt sur la fortune et l'impôt foncier.

Une simplification, affectant davantage la forme que le fond, est intervenue avec le vote de la loi du 4 décembre 1967 qui a créé un **impôt sur le revenu** commun aux **personnes physiques et morales**. Cette amorce de réforme a été complétée par le remplacement, depuis 1970, de l'ancien impôt sur le chiffre d'affaires d'origine allemande par une **TVA** qui a été conçue dès le départ sur le schéma européen et plus précisément sur le modèle belge. La loi du 12 février 1979 a transposé la 6e directive sur la TVA.

1013 Autour de ces grandes lois, s'ordonnent les textes (lois, ordonnances, directives) propres à chaque impôt direct et à la TVA.

Incidences du droit communautaire

1014 L'évolution contemporaine du droit fiscal luxembourgeois fait ressortir deux caractères qui ne manquent pas d'intérêt pour les entreprises internationales :

– sa *stabilité* certaine, les modifications étant toujours mesurées et jamais contradictoires ;
– le souci constant d'*harmonisation européenne* de ses auteurs.

Sur ce dernier point, l'influence grandissante du droit communautaire apparaît dans un nombre grandissant de textes luxembourgeois qui transposent les directives CE :

– sur la *TVA ;*
– sur les droits indirects frappant les *rassemblements de capitaux ;*
– en matière d'impôt sur les sociétés, sur les *distributions* versées par une filiale à sa société mère, sur les *fusions,* sur l'élimination des doubles impositions en cas de *correction des bénéfices d'entreprises associées.*

En outre, tant l'administration que les tribunaux luxembourgeois sont de plus en plus amenés à tenir compte de la *jurisprudence de la CJCE* et des articles directement applicables du Traité d'Amsterdam. Dans le domaine fiscal, l'influence du droit communautaire directement applicable a longtemps été limitée aux questions touchant aux impôts indirects mais depuis les années 1980, la CJCE a affirmé que certains articles directement applicables du Traité étaient susceptibles de prévaloir sur des dispositions nationales en matière d'impôts sur le revenu ou sur les sociétés.

Structure de l'administration fiscale

1016 Enfin, l'absence d'unité qu'on observe au niveau des sources du droit fiscal se retrouve au niveau de *l'administration fiscale* dont les services ne sont pas fusionnés.

L'*administration des contributions directes* recouvre principalement l'impôt sur le revenu, l'impôt commercial communal (taxe professionnelle), l'impôt foncier et l'impôt sur la fortune.

Conséquence de l'unification fiscale introduite par l'UEBL, l'*administration des douanes et accises* est chargée de la perception des droits d'accises et de la taxe sur les véhicules.

L'*administration de l'enregistrement et des domaines* est, quant à elle, compétente en matière de droits d'enregistrement, de timbre, d'hypothèque, de mutation à titre gratuit ou onéreux, mais aussi de taxe sur la valeur ajoutée et de taxes sur les transports et sur les assurances.

Contentieux

1020 Le contentieux fiscal relève, comme en France, des *deux ordres juridictionnels*, les litiges relatifs aux impôts directs relevant de l'ordre juridictionnel administratif et les droits d'enregistrement, TVA et taxes assimilées relevant de l'ordre judiciaire (voir n°s 270 s.).

Quand le litige est *judiciaire*, la procédure applicable est celle qui est prévue par le Code de procédure civile en matière sommaire. La phase contentieuse est, le plus souvent, précédée de pourparlers qui, sans être obligatoires, sont dans la pratique administrative.

Contentieux administratif

1021 Quant au contentieux des **impôts directs,** le recours doit être intenté dans les trois mois de la notification du bulletin d'impôt contesté s'il a trait au **montant** de l'impôt.

Il est d'abord soumis au directeur de l'administration des contributions directes, **préalable administratif** obligatoire. Si ce dernier le rejette, le contribuable dispose d'un délai de trois mois pour saisir le tribunal administratif, dans le cadre d'un **recours en réformation.** Si le recours devant le directeur reste sans réponse dans un délai de six mois, le contribuable peut saisir le **tribunal administratif** mais il n'a pas à devoir respecter un délai. La décision du tribunal administratif peut être déférée, par voie d'appel, à la **Cour administrative**, dans un délai de 40 jours depuis la notification du jugement par le greffe du tribunal. Elle statue en dernier ressort.

La **requête introductive d'instance** devant le tribunal administratif contient l'identité du requérant, la désignation de la décision contestée, l'exposé sommaire des faits et moyens invoqués, l'objet de la demande et le relevé des pièces utilisées, ainsi que, si le requérant demeure à l'étranger, une élection de domicile au Luxembourg. Le demandeur peut prendre connaissance des pièces versées à son dossier. Les moyens nouveaux sont admis dans la mesure où les parties peuvent présenter leurs observations, mais pas des demandes nouvelles. La **preuve** des faits déclenchant l'obligation fiscale appartient à l'administration mais celle des faits libérant de l'obligation fiscale ou la réduisant appartient au contribuable.

Devant le tribunal administratif, le contribuable peut **se faire représenter** par un avocat, un expert-comptable ou un réviseur d'entreprise. Devant la Cour administrative, la représentation par un avocat est obligatoire.

La créance du Trésor **se prescrit** par cinq ans mais en cas de non-déclaration, déclaration incomplète ou inexacte, avec ou sans intention frauduleuse, le délai de prescription est de dix ans.

1022 Si l'action porte sur un **vice de forme** des actes d'exécution des impôts directs, les tribunaux de l'ordre judiciaire (tribunaux d'arrondissement siégeant en matière civile) redeviennent compétents et la constitution d'avoué redevient obligatoire.

Pour ce qui est des **infractions fiscales** et du délit d'**escroquerie fiscale**, voir n° 352.

Plan de la partie

1030 Cette partie s'articule en quatre autres titres :

Le Titre 2 traite de l'imposition des **sociétés** :
- impôt sur le revenu des collectivités, n°s 1155 s.,
- impôt commercial, n°s 1335 s.,
- impôt sur la fortune, n°s 1355 s.

Le Titre 3 est consacré à l'imposition des **personnes physiques** :
- impôt sur le revenu, n°s 1410 s.,
- impôt sur la fortune, n°s 1600 s.

Le Titre 4 présente la **TVA**, n°s 1660 s.

Le Titre 5 aborde les **autres impôts** :
- impôt foncier, n°s 1810 s.,
- droits d'enregistrement, de timbre et d'hypothèque, n°s 1820 s.,
- droits de succession et de donation, n°s 1840 s.,
- impôts et taxes divers, n° 1860.

Imposition des sociétés

TITRE 2

1150 Comme la fiscalité des personnes, la fiscalité des entreprises est, au Luxembourg, *d'origine allemande*. Il n'est donc pas étonnant qu'elle présente avec celle de l'Allemagne des similitudes qui se manifestent déjà au niveau de sa structure. Ainsi les entreprises sont-elles essentiellement passibles d'impôts assis tant sur leurs revenus que sur leur capital :
- l'impôt sur le *revenu* des collectivités (l'impôt sur les sociétés) ;
- l'impôt sur la *fortune*, assis sur le capital ;
- l'impôt *commercial communal* qui est un impôt communal assis sur le montant de leurs bénéfices et fonctionnant comme la taxe professionnelle française ;
- l'impôt *foncier* qui est également un impôt communal ;
- enfin la taxe sur la valeur ajoutée (*TVA*), les droits d'accises et divers impôts comme l'impôt sur les assurances.

La *taxe d'abonnement* est un droit d'enregistrement annuel qui ne subsiste que pour les holdings de 1929 (voir n° 2050) et les OPCVM (voir n° 2141).

1151 Au contraire de la fiscalité des personnes, la fiscalité des entreprises est l'objet, surtout depuis quelques années, d'un intérêt certain des pouvoirs publics, qui s'est concrétisé par le vote de douze *réformes fiscales* en un peu moins de 12 ans. Les textes adoptés s'inscrivent dans *deux directions :*
- *faciliter l'adaptation de l'industrie* dans un contexte de crise économique générale, par l'attribution d'importants crédits d'impôt pour investissements, par de nouvelles facilités accordées aux restructurations de groupes de sociétés (exonérations des plus-values d'apport, création d'un régime d'intégration fiscale des résultats), par un allégement de l'impôt commercial, par l'autorisation de réévaluer partiellement les bilans en franchise d'impôt. L'effet d'allégement global de la seule réforme fiscale de 1990 est estimé à 14 milliards de LUF ;
- *renforcer le pouvoir d'attraction sur les capitaux étrangers,* pour maintenir et accroître le rôle de place financière internationale du Grand-Duché ; ainsi s'expliquent l'extension aux établissements stables d'entreprises étrangères du crédit pour impôt étranger à raison des revenus de capitaux mobiliers qu'ils reçoivent de pays tiers (voir n° 1191), la suppression de la retenue à la source sur les intérêts d'obligations, et les efforts accomplis actuellement pour développer le réseau des conventions fiscales signées par le Luxembourg. Une nouvelle réforme est programmée pour 2002 dont nous avertirons les lecteurs dans le Bulletin européen et international.

Dans l'ensemble, la fiscalité directe apparaît bien adaptée au développement des entreprises.

1152 Traditionnellement, la fiscalité du patrimoine était élevée en raison de la combinaison de l'impôt sur la fortune et de l'impôt commercial communal sur le capital. La suppression de ce dernier depuis le 1er janvier 1997 constitue une avancée considérable. Depuis le 1er janvier 1998, l'impôt sur la fortune constitue un crédit d'impôt qui peut être imputé sur l'impôt sur le revenu des collectivités ; il se trouve donc neutralisé dans de nombreux cas.

CHAPITRE 1

Impôt sur le revenu des collectivités

1155 Nous avons exposé aux n°s 1012 s. pourquoi la réforme fiscale de 1967 a substitué aux anciens impôts introduits pendant la dernière guerre un impôt sur le revenu commun aux personnes physiques et morales et régi par une loi que l'on désignera par la suite sous le sigle LIR.

Pour ces dernières, il prend la dénomination d'*impôt sur le revenu des collectivités,* que l'on désignera par la suite sous le sigle IRC. De manière générale, les règles d'assiette de l'IRC sont celles de l'impôt sur le revenu des personnes physiques et plus particulièrement celles relatives au bénéfice commercial. Néanmoins, pour des raisons pratiques évidentes, nous étudierons ici principalement les dispositions applicables aux sociétés. On examinera successivement :

– le champ d'application de l'IRC ;
– la détermination du bénéfice imposable ;
– les mesures d'incitation à l'investissement ;
– la liquidation, le recouvrement et le contrôle de l'impôt ;
– les règles particulières applicables aux groupes de sociétés.

SECTION 1 **Champ d'application**

1160 Il convient tout d'abord de distinguer quelles sont les entreprises dont les résultats sont soumis à l'IRC, puis de déterminer, dans le cas d'opérations internationales, quels sont les bénéfices ou les revenus qui sont imposables au Luxembourg (aspects territoriaux).

A. Collectivités imposables

Principes d'assujettissement à l'IRC

1161 Le terme de collectivités qu'emploie la LIR ne figure pas dans la loi du 10 août 1915 sur les sociétés commerciales. Il traduit donc l'existence de critères propres au droit fiscal. La collectivité imposable au sens de l'article 159 de la LIR peut être *définie* comme une entité juridique qui dispose d'une structure propre et exerce une activité distincte de celle des associés qui la composent. La *qualité de collectivité,* et donc l'assujettissement de principe à l'IRC, reposent, d'après la doctrine, sur deux critères, la forme et la structure juridique.

Forme

1162 L'article 159 de la LIR dispose que sont assujettis à l'IRC :
– les sociétés commerciales de capitaux : sociétés anonymes, sociétés en commandite par actions et sociétés à responsabilité limitée ;
– les sociétés coopératives, y compris les nouvelles sociétés coopératives orga-

nisées comme une société anonyme (SEPCAV, voir n° 2315 s) et les associations agricoles ;
– les sociétés d'assurances mutuelles ;
– les associations sans but lucratif, les associations d'épargne-pension (ASSEP, voir n° 2317), les fondations et établissements d'utilité publique ayant une personnalité juridique propre ;
– les établissements industriels ou commerciaux de l'État, des collectivités locales ou publiques ;
– les congrégations religieuses.

Structure juridique

1163 L'article 159 ajoute à la liste des collectivités imposables les « autres organismes de droit privé à caractère collectif dont le revenu n'est pas imposable directement dans le chef d'un autre contribuable ». Or, selon les articles 14 et 57 de la même loi, les associés d'une exploitation commerciale collective sont réputés avoir réalisé directement le bénéfice imposable. Par conséquent, les *sociétés de personnes*, c'est-à-dire les sociétés en nom collectif, les sociétés en commandite simple, les sociétés de fait, les sociétés en participation ou les associations momentanées, ne sont *pas assujetties à l'IRC* et n'ont aucune possibilité d'option.

Enfin, l'article 159 prévoit que sont également assujettis à l'IRC les patrimoines d'affectation (il s'agit essentiellement de tous les fonds provenant d'une collecte publique d'épargne) et les patrimoines de successions vacantes.

Exonérations et régimes particuliers

1165 Le fait qu'une collectivité entre dans le champ d'application de l'IRC et réponde aux conditions de territorialité définies aux n°s 1175 s. n'emporte pas son assujettissement à une obligation fiscale illimitée. En effet, certaines collectivités résidentes sont exonérées ou soumises à une obligation fiscale limitée.

Exonérations

1166 Elles peuvent être classées en deux catégories : les exonérations totales et les exonérations partielles ou conditionnelles.

L'*exonération totale* est accordée à certains organismes publics ou parapublics : la loterie nationale ; la société nationale des habitations à bon marché ; les entreprises publiques de fourniture d'eau, de gaz et d'électricité ; les caisses d'assurance sociale.

Les *exonérations partielles ou conditionnelles* visent :
– les associations sans but lucratif. Le produit de leurs opérations est imposable quand elles sont lucratives mais il est exonéré pour celles de leurs activités qui sont désintéressées (activités à caractère religieux, de bienfaisance ou d'intérêt général). Par ailleurs, les associations dont les activités ont un intérêt public particulièrement caractérisé peuvent bénéficier d'une exonération accordée par le conseil du gouvernement, sur avis du ministre des finances ;
– les associations agricoles dont l'activité se limite à l'utilisation en commun d'équipements agricoles, à la transformation ou à la vente des productions de leurs adhérents ;
– les associations professionnelles dont l'activité demeure exclusivement professionnelle ;
– les caisses patronales autonomes de secours et de pensions, lorsque leur activité conserve le caractère d'institution sociale.

Obligation fiscale limitée des collectivités résidentes

1167 L'assujettissement limité concerne essentiellement :
- les organismes de placement collectif (*OPC*) ;
- les *sociétés holdings* soumises à la loi *de 1929*. Ces dernières ne constituent pas une forme particulière de personnes morales mais sont des sociétés de droit commun dont la *nature des activités* est *strictement délimitée* par la loi qui les régit. Le *régime spécial* des holdings leur permet de bénéficier de l'exonération de l'impôt sur le revenu des collectivités, de l'impôt commercial communal et de l'impôt sur la fortune. De plus leurs distributions sont exonérées de retenue à la source.

Pour la clarté de l'exposé et en raison de leur importance, les *régimes particuliers des OPC, des sociétés holdings* et des *fonds de pension* font l'objet de la *3ᵉ partie* de cet ouvrage (voir nᵒˢ 2000 s. pour les sociétés holdings, nᵒˢ 2100 s. pour les OPC et nᵒˢ 2300 s pour les fonds de pension).

B. Territorialité

1. Règles luxembourgeoises

1175 De façon très classique, le Luxembourg a recours aux notions de *résidence* et de *source des revenus* pour délimiter l'étendue de sa souveraineté fiscale.

Sociétés résidentes

Définition

1176 Sont considérées comme résidentes du Luxembourg les sociétés qui y ont leur siège statutaire ou à défaut leur principal établissement, c'est-à-dire leur *siège de direction ou d'administration*.

Bénéfice mondial

1177 Les sociétés considérées comme résidentes du Luxembourg y sont imposables sur l'ensemble de leurs bénéfices quelle que soit la source de ceux-ci, à l'exception des produits de participations importantes dans les filiales étrangères (voir n° 1306).

Crédit pour impôt étranger

1178 En contrepartie de cette obligation fiscale illimitée, les sociétés résidentes ont droit à un crédit pour impôts étrangers et à une déduction de leur bénéfice imposable de la fraction du montant de ces impôts qui n'a pu trouver à s'imputer. Les articles 134 bis et 134 ter de la LIR prévoient un mécanisme de *crédits pour impôts étrangers* commun aux sociétés et aux personnes physiques. Il présente les caractéristiques suivantes.

1. Le crédit accordé tient compte de l'*impôt effectivement payé* dans le pays de la source et frappant *directement* le revenu.

2. Les impôts susceptibles d'ouvrir droit au crédit doivent être *de même nature* que l'impôt luxembourgeois sur le revenu, ce qui peut conduire à exclure certains impôts perçus par des collectivités locales ou des États membres de fédérations, comme les États-Unis. Mais dans ce cas, les impôts étrangers sont admis en charges déductibles du revenu imposable au Luxembourg.

3. Bien entendu, le montant de l'impôt étranger effectivement imputable *ne peut excéder* celui de l'impôt luxembourgeois calculé sur les revenus de source étrangère. À cet égard, la loi de 1978 a modifié les règles de prise en compte des *pertes étrangères* : elles ne sont plus prises en compte pour déterminer annuellement le revenu imposable luxembourgeois mais, dans la mesure où elles résultent d'une activité industrielle ou commerciale, elles sont néanmoins reportables sur les bénéfices commerciaux de l'État de la source ; en outre, le *report* n'est plus limité aux cinq exercices consécutifs, depuis 1991.

La *limite d'imputation* est en principe calculée *pays par pays.* Toutefois, pour les *revenus de capitaux mobiliers* (dividendes et intérêts), une *option* est offerte pour un calcul sur une base mondiale. Mais dans ce cas, les impôts étrangers ne sont imputables que dans la mesure où leur taux ne dépasse pas 25 %, et le crédit accordé à ce titre ne peut excéder 20 % de la cotisation totale d'impôt avant imputation du crédit. L'impôt résiduel est cependant **déductible** de la base d'imposition luxembourgeoise.

4. En l'absence de toute possibilité de report, la fraction de l'impôt étranger qui ne peut trouver à s'imputer est déduite comme *charge* du revenu imposable.

1179 Ces règles ont été instituées pour éviter la double imposition internationale en l'absence de convention. Mais elles s'appliquent également en présence des conventions qui ne recourent pas à la méthode de l'exemption.

On notera que la *limite d'imputation effective* calculée, par option, sur une *base mondiale* a été fixée très bas, ce qui limite l'intérêt de l'option pour cette méthode au cas des entreprises qui ne reçoivent de source étrangère que des revenus accessoires. À cet égard, il convient d'observer que la méthode de calcul *par pays,* qui de manière classique prend en considération l'impôt luxembourgeois correspondant à un revenu étranger net de frais, est avantageuse principalement lorsque l'essentiel des revenus en provenance d'un pays n'y a pas supporté de retenue à la source et profite essentiellement aux banques.

1180 Le Luxembourg, contrairement aux États-Unis, n'a pas retenu le mécanisme du crédit indirect attribué à raison de l'impôt sur les sociétés payé sur les bénéfices des filiales étrangères qui ont donné lieu à distribution de dividendes au profit d'une société mère résidente. Ce dispositif, qu'il convient de distinguer du crédit d'impôt au titre du bénéfice mondial, complète l'effacement de la double imposition des distributions internes des groupes internationaux.

Le souci de limiter les pertes de recettes fiscales semble avoir prévalu. Mais l'*absence de crédit indirect* n'est pas de nature à freiner le développement des échanges internationaux et notamment financiers à partir du Grand-Duché.

Sociétés non résidentes

Sociétés visées

1185 Sont considérées comme non résidentes, les collectivités assimilées aux sociétés et organismes visés à l'article 159 de la LIR (voir n°s 1162 s.), qui n'ont ni leur siège statutaire, ni leur principal établissement au Luxembourg (art. 160, al. 1, LIR).

1186 Pour l'application de l'obligation fiscale limitée, il est nécessaire, en premier lieu, de déterminer si une société étrangère doit être considérée comme entrant dans le champ d'application de l'IRC. À cet effet, il convient de rechercher si elle présente une *structure juridique* analogue à celle des collectivités luxembourgeoises qui y sont soumises.

En revanche, la nature de société de personnes ou de capitaux n'entre pas en ligne de compte. Ainsi une **société de personnes** à responsabilité limitée de droit belge, par assimilation à la société à responsabilité limitée au sens de la législation luxembourgeoise, sera traitée comme une société **de capitaux** passible de l'IRC et non comme une entreprise collective passible de l'impôt sur le revenu.

Revenus de source luxembourgeoise

1187 Ces sociétés ne sont imposables qu'à raison de leurs **revenus de source luxembourgeoise.**

L'article 156 de la LIR énumère toutes les **catégories de revenus** qui sont considérées comme étant **de source luxembourgeoise,** sans distinguer selon que ces revenus sont acquis par des collectivités ou des personnes physiques. La liste de ces revenus est la suivante :

1) les **bénéfices commerciaux** réalisés directement ou indirectement par un établissement stable ou par l'intermédiaire d'un représentant permanent au Luxembourg, autre qu'un commissionnaire, un négociant en gros ou un représentant de commerce indépendant ;

2) les bénéfices d'**exploitations** agricoles ou forestières situées au Luxembourg ;

3) les bénéfices des **professions libérales** lorsqu'elles sont exercées ou que les services sont utilisés au Luxembourg. La définition est donc bien plus large que celle retenue par l'OCDE qui subordonne le droit d'imposer à l'existence d'une base fixe d'affaires pour assurer l'activité ;

4) les **salaires** lorsque l'activité est exercée au Luxembourg, sauf lorsque le salarié non résident est au service d'un négociant, d'une entreprise industrielle ou d'une entreprise de transport et qu'il apporte la preuve qu'il est soumis à l'étranger, à raison de son salaire luxembourgeois, à un impôt correspondant à l'impôt luxembourgeois ;

5) les **pensions** et les rentes versées à raison d'une ancienne occupation salariée exercée au Luxembourg ou dont le débiteur est un organisme public luxembourgeois ;

6) les **revenus de capitaux mobiliers** suivants :
– les dividendes versés par des sociétés luxembourgeoises, autres que les holdings et les OPC ;
– les intérêts d'obligations ouvrant droit à une participation aux bénéfices de sociétés luxembourgeoises, qui ne sont pas des holdings ;
– les intérêts de prêts garantis par une hypothèque sur un immeuble situé au Luxembourg ;

7) les **revenus d'immeubles** situés au Luxembourg ou inscrits sur un registre public luxembourgeois.

Sont également imposables les **redevances** versées à des non-résidents, notamment les droits de licence de brevets déposés ou exploités dans un établissement stable au Luxembourg ;

8) les **plus-values** provenant **de** la **cession** :
– d'immeubles situés au Luxembourg et faisant partie du patrimoine privé (opérations spéculatives ou non : voir n° 1502) ;
– de participations importantes dans le capital de sociétés dans la mesure où le contribuable, après avoir été résident pendant plus de quinze ans, est devenu non-résident moins de cinq ans avant la réalisation du revenu ;
– de participations importantes, dans les six mois suivant la date d'acquisition.

1188 Les produits ou revenus ayant subi une *retenue à la source* ne font pas l'objet d'une imposition par voie de rôle, sauf lorsque ces produits sont rattachés à une entreprise industrielle ou commerciale ou à une exploitation agricole. En particulier, les bénéfices commerciaux sont considérés comme étant d'origine luxembourgeoise lorsqu'ils sont réalisés par l'intermédiaire d'un *établissement stable* qui y est situé ou d'un représentant salarié permanent qui y exerce son activité.

Notion d'établissement stable

1189 La notion d'établissement stable telle qu'elle est définie par l'article 16 de la loi d'adaptation fiscale de 1934 est *plus large* que celle retenue aujourd'hui par l'OCDE puisqu'elle cite comme exemples d'établissements les *dépôts de marchandises* et les *bureaux d'achat*, ainsi que, plus généralement, toutes les installations qui servent à une entreprise ou à son représentant permanent dans la conduite de leurs affaires. Elle englobe les chantiers dont la durée, seuls ou groupés, dépasse six mois.

Appliquant la *convention germano-luxembourgeoise*, la Cour d'appel a jugé qu'un peintre en bâtiment allemand qui avait loué au Luxembourg un local servant au dépôt de son matériel mais sans bureau, ni raccordement téléphonique, enseigne ou papier à lettres, ne pouvait y recevoir de commandes. Faute d'*infrastructure* lui permettant d'exercer une *réelle activité économique*, il ne disposait donc pas d'un véritable établissement stable (9 février 1999, Esch n° 10674 C). Elle a admis le *report en avant des pertes d'exploitation* d'un établissement permanent au Luxembourg, sans qu'il y ait lieu d'obliger le contribuable allemand à tenir et à conserver une comptabilité relative aux activités qu'il a exercées au Luxembourg. Il faut cependant que la comptabilité soit conforme aux règles nationales en matière de calcul des revenus et des pertes, peu importe le lieu où elle est tenue (28 janvier 1999, Wollferts n° 10673 C).

Modalités d'imposition

1190 Les revenus des entreprises non résidentes sont imposables :
– par voie de retenue à la source libératoire (voir n°s 4214 et 4217) ;
– par *voie de rôle* s'ils sont réalisés par l'intermédiaire d'un *établissement stable*.
Les modalités de la liquidation de l'IRC sont exposées plus loin aux n°s 1292 s.

Crédit pour impôts étrangers pour les établissements stables

1191 Depuis 1980, les établissements stables luxembourgeois d'entreprises étrangères ont droit, pour les *revenus de capitaux mobiliers* (dividendes et intérêts) qu'ils reçoivent *de source étrangère*, à un crédit au titre des impôts prélevés par l'État de la source. Ce crédit est calculé dans les conditions exposées plus haut pour les résidents (voir n° 1178). Comme pour ces derniers, les impôts étrangers qui n'ont pu être imputés peuvent être déduits du résultat imposable.

2. Convention fiscale franco-luxembourgeoise

1195 Pour les sociétés domiciliées fiscalement en France au sens de l'article 2, paragraphe 4 de la convention du 1er avril 1958, parce qu'elles y ont leur centre effectif de direction ou à défaut leur siège, les dispositions conventionnelles modifient bien entendu les règles que l'on vient d'exposer.

Notion conventionnelle d'établissement stable

1196 Ainsi l'article 2-3 donne-t-il une définition précise de la notion d'*établissement stable* qui exclut notamment les stocks de marchandises qui n'ont d'autre objet que de faciliter la livraison, ou les bureaux d'achat. L'article 4-1 rappelle le principe classique selon lequel les entreprises industrielles et commerciales d'un État ne sont *imposables* dans l'autre État que si elles y ont un établissement stable, le droit d'imposer étant alors limité aux revenus provenant des opérations traitées par cet établissement. Le paragraphe 3 du même article et l'article 5 laissent la possibilité à la France d'appliquer l'article 57 du CGI, et au Luxembourg d'utiliser l'article 56 de la LIR qui remplit les mêmes fonctions (voir n° 1323, transfert indirect de bénéfices à l'étranger).

1197 L'article 8 énonce le principe selon lequel les *dividendes* versés à des personnes non résidentes peuvent être soumis par l'État de la source à une retenue dont le taux varie en fonction de la participation au capital de la société distributrice mais ne peut excéder 15 %. Son paragraphe 6 prévoit cependant que ces dispositions ne s'appliquent pas lorsque le bénéficiaire des dividendes dispose dans cet État d'un établissement stable auquel se rattache la participation génératrice des dividendes.

1198 Sous le bénéfice de ces remarques, les règles de *détermination du bénéfice imposable* des établissements stables luxembourgeois de sociétés domiciliées en France sont les mêmes que celles applicables aux sociétés luxembourgeoises. Toutefois, l'article 4-3 rappelle qu'une *quote-part des frais de gestion* et d'administration générale exposés par le siège central pour l'ensemble d'une entreprise doit être imputée aux résultats de ses différents établissements stables.

Par ailleurs, les établissements stables luxembourgeois peuvent se prévaloir des règles luxembourgeoises de *report des pertes*, mais à la double condition que ces pertes soient en relation économique avec des revenus de source luxembourgeoise et que les *comptes* soient *conservés au Luxembourg* et tenus conformément à la réglementation luxembourgeoise. Saisie d'une question préjudicielle portant sur la conformité de cette condition avec l'article 52 du Traité de Rome sur la liberté d'établissement, la CJCE a considéré que le fait d'obliger une société dont le siège est à l'étranger à tenir une « double comptabilité » est contraire à la liberté d'établissement et ne peut se justifier par la nécessité de connaître avec certitude le montant des pertes en cause : les comptes tenus par la société en France doivent suffire, la Cour ayant par ailleurs remarqué que cette condition n'est imposée qu'au cas particulier où l'imputation de pertes est demandée (CJCE 15 mai 1997, aff. 250/95, Futura Participations & Singer c/ Administration des Contributions).

D'autre part, l'article 19-2 règle les problèmes que pourrait faire naître la divergence des législations des deux États quant à l'imposition des membres des sociétés de personnes, des sociétés de fait, des sociétés en participation, et des sociétés civiles.

Sociétés non résidentes sans établissement stable au Luxembourg

1200 Les sociétés non résidentes sans établissement stable au Luxembourg ne sont en principe imposables que par voie de *retenue à la source*. La retenue à la source frappe ainsi certains revenus de capitaux mobiliers : *dividendes* (voir n° 4214), *intérêts* (voir n° 4217) et *redevances* (voir n° 4220).

Remarque. Les sociétés *holdings* régies par la loi *de 1929* ont, somme toute, le même traitement fiscal que les sociétés non résidentes sans établissement stable, puisqu'elles ne peuvent pas récupérer la retenue à la source frappant les revenus mobiliers de source luxembourgeoise.

Régime des sociétés holdings de 1929

1205 L'échange de lettres du 8 septembre 1970 *exclut* du bénéfice de la convention à la fois les sociétés qui bénéficient au Luxembourg du régime des sociétés *holdings* soumises à la loi de 1929 (voir n°s 2007 s.) et les personnes domiciliées en France pour les revenus qu'elles tirent de ces sociétés et pour les participations qu'elles possèdent dans leur capital.

Des clauses analogues se trouvent dans quasiment toutes les conventions signées par le Luxembourg. Elles se justifient par le fait que les *intérêts* et les *dividendes versés* par des holdings *à des non-résidents* sont *exonérés* d'impôt luxembourgeois. Seules les cessions de participations au capital des holdings, qui sont effectuées dans les six mois qui suivent l'acquisition de la participation ou par une personne qui a été résidente du Luxembourg (voir n°1187) sont susceptibles de supporter une double imposition.

SECTION 2 Détermination du bénéfice imposable

A. Règles générales

Bénéfice imposable

1210 Tous les revenus perçus par une collectivité, qu'ils soient ou non liés à l'activité qu'elle exerce à titre principal, sont des *revenus sociaux* et concourent en conséquence à la réalisation de son bénéfice imposable. En principe, celui-ci est déterminé en suivant les mêmes *règles d'assiette* que pour les personnes physiques, c'est-à-dire en utilisant, selon le cas, la méthode de l'excédent de recettes (exposée au n° 1456) ou celle du bénéfice. En pratique, ce choix ne se pose que pour les collectivités sans but lucratif, ou pour les collectivités non résidentes dans la mesure où elles n'ont pas d'établissement stable. En effet, selon l'article 8 du Code de commerce, l'ensemble des opérations, quelle qu'en soit la nature, qu'effectuent les collectivités qui entrent dans le champ d'application de l'IRC et plus généralement toutes les entreprises y compris les sociétés de personnes qui doivent tenir une comptabilité régulière, doit être retracé dans les écritures commerciales et donc être considéré comme des bénéfices commerciaux.

Ainsi, le résultat imposable des entreprises est presque exclusivement déterminé selon la *méthode du bénéfice*, c'est-à-dire en faisant application de la *théorie du bilan*. La base d'imposition à l'IRC est donc déterminée par les variations de la valeur de l'actif net investi entre l'ouverture et la clôture d'un exercice, augmentées des prélèvements personnels et diminuées des apports.

Méthode du bénéfice

1212 L'application de cette formule soulève, comme en France, un certain nombre de questions traditionnelles.

Composition de l'actif immobilisé

1213 À cet égard, on se bornera à constater que le Luxembourg retient les *mêmes solutions* que la France pour distinguer les *immobilisations* et les *frais généraux*. Doivent ainsi être immobilisées les dépenses d'organisation de l'entreprise et celles qui ont été engagées pour garantir un contrat de location. De même, des règles identiques s'appliquent pour reconnaître quels sont les biens qui font partie du *patrimoine privé* et ceux qui doivent être rattachés au patrimoine *professionnel* des entrepreneurs individuels ou des membres des sociétés de personnes.

Neutralisation des apports

1214   Les *abandons de créances* consentis expressément dans le but de rétablir la situation financière d'une entreprise, et que l'article 52 LIR désigne comme des gains d'assainissement, ne constituent jamais un élément de son bénéfice imposable. En revanche, ils s'imputent obligatoirement sur les déficits s'il en existe (pertes de l'exercice ou pertes antérieures). Les déficits reportables sont donc diminués à concurrence de ces abandons de créances.

Notion de distribution occulte

1215   L'article 164 de la LIR définit les distributions occultes de bénéfices sociaux comme tout avantage reçu directement ou indirectement par un associé et qui lui aurait été refusé s'il n'avait eu cette qualité. *Comme en France,* constituent des distributions occultes la perception par un associé dirigeant de rémunérations exagérées, l'attribution de prêt à un taux d'intérêt anormalement bas ou sans intention d'en demander le remboursement, ou au contraire un prêt consenti par un associé à une société moyennant un taux d'intérêt anormalement élevé.

Les distributions occultes doivent être *réintégrées* dans le bénéfice imposable à l'IRC. Elles sont bien entendu soumises également à la retenue à la source sur les revenus de capitaux mobiliers avant d'être imposées au nom du bénéficiaire.

Périodicité et règles de rattachement

1220   L'exercice comptable peut ne pas coïncider avec l'année civile, mais il ne doit en aucun cas dépasser douze mois. Toute modification des dates d'ouverture et de clôture est subordonnée à une *autorisation* de l'administration. Le bénéfice d'un exercice tient compte de manière classique des *créances acquises* et des *dépenses engagées* au cours de celui-ci.

B.   Modes de détermination du bénéfice imposable

1. Corrections apportées à la méthode du bénéfice

1225   Par dérogation au principe général énoncé plus haut, les variations de l'actif net sont corrigées pour ne pas prendre en compte *certains produits*. D'autre part, la règle d'indépendance des exercices est aménagée pour tenir compte des *pertes antérieures*.

Exonération de dividendes

1226   Les dividendes versés entre sociétés affiliées et les plus-values dégagées par la vente de participations importantes sont exclus, sous certaines conditions, du bénéfice imposable (voir n°s 1306 s.).

Exonération des plus-values réinvesties

1227   Appliquant strictement la théorie du bilan, la loi ne fait aucune distinction entre gains en capital et produits ordinaires, imposés aux taux de

droit commun. Pour compenser cette rigueur de principe, elle a cependant prévu un régime d'*exonération sous condition de remploi* qui rappelle celui de l'ancien article 40 du CGI. Cette exonération est *accordée* :
– en cas de cession involontaire ayant donné lieu à indemnisation d'immobilisations de toute nature (destruction par force majeure ou expropriation) ;
– en cas de cession volontaire de bâtiments ou d'immobilisations non amortissables qui ont figuré pendant cinq ans au moins à l'actif d'un établissement luxembourgeois, respectivement 12 mois au moins au début de l'exercice d'aliénation pour les participations importantes.

Le prix de cession de l'actif sur lequel la plus-value a été réalisée doit être affecté *au cours du même exercice* à l'acquisition d'autres immobilisations. Celles-ci doivent en principe être techniquement et économiquement semblables aux immobilisations cédées volontairement. Cependant, depuis la réforme fiscale de 1990, il est possible, sous certaines conditions à déterminer par le directeur des contributions, d'obtenir l'exonération des plus-values réalisées sur la vente d'un immeuble, même quand le remploi a lieu avant la vente. Pour bénéficier de ce *remploi anticipé,* il faut que l'acquisition ou la construction du second immeuble avant la vente de l'immeuble qu'il est destiné à remplacer s'avère indispensable à la continuation de l'entreprise (art. 54).

L'exonération est maintenue lorsque le montant de la plus-value est porté à un *compte de réserve,* à condition d'être affecté en remploi au plus tard à la clôture du deuxième exercice qui suit celui de l'aliénation.

Dans tous les cas, la valeur du bien acquis en remploi est réduite à due concurrence du montant de la plus-value exonérée. En cas de réinvestissement dans une participation, un poste de réserve spéciale, égale à la plus-value transférée, doit être comptabilisé.

1228 Le régime d'exonération des plus-values tirées des cessions volontaires peut être *étendu,* par une autorisation particulière du ministre des Finances, aux plus-values de cessions d'actions, utilisées *au rachat de participations financières importantes* (voir n° 2068).

Reports déficitaires

1229 Les pertes nettes constatées à la clôture d'un exercice peuvent être reportées *en avant*, mais pas en arrière. Le report en avant est *illimité* depuis l'exercice 1991.

2. Évaluation des éléments d'actif

1233 La valeur des éléments de l'actif net est déterminée à la clôture de chaque exercice conformément aux règles énoncées par les articles 22 et 23 de la LIR. Ces règles servent à constater la dépréciation des éléments d'actif sans attendre leur réalisation. Elles s'accordent donc avec le *principe de prudence comptable* qui conduit à évaluer les éléments d'actif au plus bas et ceux du passif au plus haut. Elles sont dominées par un principe commun : le *prix d'acquisition* ou le *coût de revient* d'un bien constitue toujours sa *valeur plafond*. Le prix d'acquisition comprend les droits et taxes non déductibles ainsi que les frais accessoires.

Chaque élément est évalué *séparément*, sauf dans le cas de biens qui sont de nature et de valeur identiques, ou qui sont fongibles comme les stocks.

Modes d'évaluation

1234 La loi distingue quatre modes d'évaluation :

a) le *prix d'acquisition* augmenté des frais et de la TVA non récupérable ou bien le prix de revient diminué des amortissements déjà pratiqués, des subventions reçues et des plus-values transférées en remploi ;

b) la *valeur d'exploitation* définie comme le prix qu'une personne, se portant acquéreur de l'entreprise entière, donnerait pour un élément particulier en supposant qu'elle veuille continuer l'exploitation. La valeur d'exploitation des immobilisations amortissables est présumée être égale à leur valeur comptable, ajustée pour tenir compte des prix actuels. Celle des autres immobilisations est censée être égale à leur valeur de remplacement (prix du marché) ou à leur valeur d'usage (valeur de remplacement corrigée de la vétusté technique et de l'utilité du bien dans l'exploitation) ;

c) la *valeur estimée de réalisation* est elle aussi une notion d'origine allemande. Il s'agit d'une valeur théorique de cession dans des conditions normales de marché ;

d) la *valeur comptable* est retenue en principe pour les immobilisations transférées d'une entreprise à une autre. La valeur d'apport des participations financières est cependant égale au prix d'acquisition de celles-ci.

En principe, un bien doit toujours être évalué selon le *même procédé*. L'entreprise doit suivre une ligne de conduite constante, à moins que des raisons économiques ne justifient une modification du choix du mode d'évaluation. L'imprécision de ces notions peut être bien sûr à l'origine de contestations entre les entreprises et l'administration. À cet égard plus qu'en tout autre matière, la référence à la jurisprudence des tribunaux allemands n'est pas inutile.

Stocks

1235 Les stocks sont évalués à leur prix d'acquisition, leur coût de revient ou leur valeur d'exploitation si elle est inférieure. Pour les biens *fongibles*, plusieurs méthodes sont admises, sauf celle dite « *base-stock* » : le coût moyen pondéré, LIFO, HIFO ou FIFO, les circulaires administratives ayant été mises au diapason des dispositions comptables introduites dans la législation luxembourgeoise sur les sociétés commerciales. Après avoir diminué, la valeur des stocks peut remonter jusqu'au prix d'acquisition ou au coût de revient. Il en résulte alors une augmentation de la valeur de l'actif net qui sera prise en compte pour l'assiette de l'impôt.

Immobilisations amortissables

1236 Elles sont évaluées à leur prix d'acquisition ou à leur coût de revient diminué des amortissements pratiqués (*valeur nette comptable*). Il est toutefois possible de leur substituer la valeur d'exploitation si elle est inférieure (voir n° 1234). La perte de valeur ainsi constatée a un caractère définitif.

On constate ainsi que la notion de *valeur d'exploitation* est complémentaire de l'amortissement d'un bien dès lors qu'elle permet de corriger celui-ci par des déductions supplémentaires pour tenir compte de facteurs économiques exceptionnels de dépréciation. L'emploi de la valeur d'exploitation, lorsqu'elle est inférieure à la valeur nette comptable, s'apparente à un *amortissement exceptionnel*.

L'amortissement *par annuités décroissantes* est admis pour les immobilisations corporelles autres que les bâtiments, à condition que le propriétaire du bien en soit également l'utilisateur. Le taux d'amortissement ne peut cependant pas être supérieur à 30 %, ni à trois fois le taux d'amortissement qui serait applicable en cas d'amortissement linéaire, sauf pour le matériel scientifique et de recherche pour lequel des taux supérieurs sont admis.

Réévaluation légale des immobilisations amortissables

1238 En période de forte inflation, considérer le coût historique des immobilisations comme leur valeur plafond ne peut manquer de créer rapidement un écart important entre les énonciations du bilan fiscal et la réalité économique.

Réévaluation légale des bilans

1239 C'est donc pour rétablir une vérité des bilans que, pour la troisième fois depuis la Seconde Guerre mondiale, une *réévaluation facultative* a été autorisée pour les *immobilisations corporelles amortissables* figurant au *bilan* de clôture de l'exercice 1982. Cette opération n'a pas permis aux entreprises de dégager des capacités supplémentaires d'amortissement. Elle est donc *neutre au regard de l'IR et de l'IRC,* tant que les immobilisations réévaluées sont conservées.

Pour chaque immobilisation corporelle amortissable, l'excédent du prix d'acquisition ou du coût de revient sur les amortissements, et d'autre part la valeur d'exploitation, ont pu être réévalués en fonction de coefficients correspondant à l'année d'acquisition ou de création, ou de la précédente réévaluation légale. C'est entre ces deux termes nouveaux que peut varier, dans les conditions déjà exposées, l'évaluation qui est effectuée à la clôture de chaque exercice ultérieur. L'écart de réévaluation est porté en franchise d'impôt à un poste **provision de réévaluation** créé au passif du bilan. Cette provision peut immédiatement servir à absorber les reports déficitaires existant à la clôture de l'exercice de réévaluation, ainsi que les pertes de cet exercice. Le surplus, ou la totalité de la provision si l'entreprise est bénéficiaire, est réintégré au bénéfice imposable des exercices suivants, dans la limite des suppléments d'amortissement qu'entraîne leur calcul à partir des valeurs révisées.

En cas de *cession,* l'entreprise est pénalisée puisque la plus-value est calculée à partir de la valeur ancienne.

Autres immobilisations

Immobilisations non amortissables

1240 Les *terrains,* les *éléments incorporels* dans la mesure où ils ont été acquis (autrement, ils ne sont pas inscrits au bilan), et le *portefeuille titres,* peuvent être inscrits à leur prix d'acquisition ou à leur valeur d'exploitation si celle-ci est inférieure. Le constat de la dépréciation ou de la réévaluation ultérieure est en principe à la discrétion de l'entreprise mais les réévaluations ainsi librement pratiquées sont sanctionnées par l'imposition des plus-values constatées. Une évaluation au-dessus du prix d'acquisition reste cependant exclue.

Par exception, les *titres cotés en bourse* doivent obligatoirement être évalués selon le cours de la dernière séance de cotation de l'année. Pour les titres *non* cotés, il est nécessaire de déterminer une valeur théorique à partir de l'évaluation de la société émettrice, ou à défaut de recourir aux évaluations retenues pour asseoir l'impôt sur la fortune. Dans l'un et l'autre cas, toutes les variations de valeur influent sur le résultat imposable.

Créances

1241 Les créances commerciales sont évaluées selon les mêmes méthodes que les stocks.

Les prêts à long terme et les titres d'emprunts obligataires suivent le régime des immobilisations non amortissables.

Les principes généraux d'évaluation permettent de tenir compte directement des **difficultés de recouvrement** de certaines créances, en constatant leur dépréciation. Ce constat doit se faire distinctement pour chaque créance et avec une approximation suffisante, c'est-à-dire en procédant comme le ferait un homme d'affaires avisé placé dans les mêmes circonstances. À défaut, l'entreprise peut constater une provision pour créance douteuse (voir n° 1275).

Dettes

1242 Les dettes d'une entreprise sont toujours inscrites pour leur **montant nominal,** sauf si leur valeur d'exploitation est plus élevée. Tel est le plus souvent le cas pour les emprunts contractés en monnaies étrangères, qui sont inscrits pour le montant que l'entreprise devra rembourser.

Apports et prélèvements

1243 En principe, les règles d'évaluation conduisent à retenir la valeur d'exploitation des **éléments apportés** à l'entreprise ou qui en sont **retirés**. Mais si un bien est retiré de l'actif dans les deux ans de son apport, il ne peut en résulter une moins-value par rapport à sa valeur comptable. De plus, les **participations dites importantes** peuvent être inscrites au prix auquel elles ont été acquises par l'apporteur si l'opération d'apport bénéficie d'un report d'imposition (voir n° 1320). Par ailleurs, les **transferts** d'immobilisations entre deux entreprises s'effectuent sur la base de leur valeur comptable.

Règles propres aux créations d'entreprises

1244 Pour l'établissement du bilan de départ des entreprises nouvelles, les **biens neufs** sont inscrits pour leur prix d'acquisition ou de revient ; les **biens d'occasion** et les **dettes** pour leur valeur d'exploitation. Lorsqu'une entreprise est **rachetée globalement,** tous les éléments doivent figurer au bilan de l'acquéreur pour leur valeur d'exploitation.

3. Amortissements

1250 L'amortissement peut être pratiqué par le propriétaire économique, c'est-à-dire celui qui supporte la dépense d'équipement. Ainsi l'utilisateur d'un bien pris en **leasing** peut-il l'amortir alors que le bien demeure juridiquement la propriété du bailleur. En cas de cession d'une immobilisation partiellement ou intégralement amortie par l'utilisateur et de sa reprise en location par le même utilisateur, le bailleur ne peut pas amortir le bien pour un exercice donné pour un montant supérieur aux loyers perçus pendant cet exercice.

Méthodes d'amortissement

1251 L'amortissement peut être calculé selon deux méthodes principales, l'amortissement linéaire et l'amortissement dégressif, étant entendu que les règles d'amortissement restent **très souples.** Le passage de la méthode dégressive à la méthode linéaire est permis. Le procédé inverse n'est pas admis.

Il est également possible, en dehors des deux procédés courants, de calculer l'amortissement d'une immobilisation en se fondant sur son utilisation, ou en tenant compte d'une usure ou d'une obsolescence particulièrement rapides.

Amortissement linéaire

1252 Les immobilisations sont amorties en principe selon cette méthode. Elle est obligatoire pour les *bâtiments* et pour les éléments incorporels comme les *brevets*. Les dépenses occasionnées par l'acquisition d'*instruments de travail* (outillage, matériaux, vêtements spéciaux) sont amorties sur la durée usuelle d'utilisation, sauf si les biens sont de faible valeur ou d'une durée de vie inférieure à un an (voir n° 1254).

Les *taux* pratiqués résultent des usages, et varient de 4 à 5 % pour les bâtiments industriels, de 2 à 3 % pour les bâtiments administratifs, de 10 à 20 % pour le matériel et les équipements industriels, à 10 % pour le mobilier de bureau (armoires, bureaux, fauteuils...), à 20 % pour le matériel de bureau (machines à écrire, télécopies, télex, ordinateurs...), et 25 % pour les véhicules et le matériel roulant. Ces taux constituent des moyennes généralement admises mais susceptibles de variation dans des cas particuliers.

Amortissement dégressif

1253 Un amortissement dégressif peut être pratiqué pour toutes les immobilisations corporelles *autres que* les bâtiments, à condition que le propriétaire soit également l'utilisateur des immobilisations. En règle générale, le *taux* d'amortissement ne peut pas être plus de trois fois supérieur au taux linéaire qui serait normalement applicable, ni à 30 %.

Amortissements accélérés

1254 Il est possible de pratiquer une annuité complète sur les biens amortissables ayant été acquis au cours des *six premiers mois* de l'exercice fiscal. Corrélativement, les biens acquis au cours de la deuxième moitié de l'exercice fiscal peuvent être amortis par demi annuité.

Les biens dont la durée d'utilisation n'excède *pas un an* ainsi que les biens amortissables dont le *propriétaire* est également l'*utilisateur* et dont le coût d'acquisition ou le *prix* de revient n'excède pas 35 000 LUF (867.63 euros) par unité peuvent être amortis intégralement sur l'exercice d'acquisition ou de constitution. Cette disposition ne s'applique pas aux immobilisations acquises lors de la transmission d'une entreprise ou d'une partie autonome d'entreprise.

1255 L'amortissement dégressif des *matériels et outillages* utilisés pour des travaux de *recherche scientifique ou technique* peut être pratiqué dans la limite de quatre fois le taux linéaire correspondant aux matériels (au lieu de trois fois en règle générale) sans dépasser une annuité de 40 % (au lieu de 30 %).

1256 Les investissements en immobilisations amortissables destinées à *protéger l'environnement* ou à *économiser l'énergie* bénéficient d'un amortissement supplémentaire s'élevant au maximum à 60 % du prix d'acquisition ou de revient des biens investis. Cet *amortissement spécial,* qui se cumule avec l'amortissement normal du bien, peut être pratiqué au titre de l'exercice d'acquisition ou de l'un des quatre exercices suivants, ou bien être réparti de manière égale sur cinq exercices. Pour bénéficier de ce régime le coût des investissements visés doit s'élever à 100 000 LUF au moins, par année. Depuis 1991, cet amortissement spécial est étendu aux investissements effectués pour aménager les postes de travail des *travailleurs handicapés.* D'autrepart, il peut être accordé, sur décision favorable du conseil du gouvernement, pour les investissements réalisés à l'occasion de la *création d'exploitations* entièrement *neuves*.

Report d'amortissement

1258   Les annuités d'amortissement non pratiqué au cours d'un exercice ne sont en principe *pas reportables* sur les exercices suivants. La question a perdu beaucoup d'intérêt depuis que le report en avant des pertes est illimité (voir n° 1229).

Aides fiscales à l'investissement

1260   Les incitations à l'investissement font l'objet de la section suivante, aux n°s 1280 s.

4. Charges déductibles

1265   Aux termes de l'article 45-1 de la LIR, sont déductibles toutes les charges qui ont un *rapport économique avec l'exploitation,* ce qui conduit à écarter toutes les dépenses d'ordre privé même lorsqu'elles peuvent profiter à l'activité professionnelle, et celles qui sont directement liées à un revenu exonéré. D'autre part, comme en France, le principe de l'indépendance des exercices conduit à ne prendre en considération les charges déductibles que pour la détermination du résultat de l'exercice auquel elles se rattachent.

La liste des charges déductibles étant sensiblement la même qu'en France, on se bornera à relever les différences suivantes.

Frais de personnel

1266   Les sommes allouées au personnel dirigeant ne sont déductibles que dans la mesure où elles rémunèrent un *travail effectif* accompli pour l'entreprise, ce qui conduit à écarter les *tantièmes* et *jetons de présence.* Pour être déductible, le montant des sommes allouées à un *associé dirigeant* ne doit pas être exagéré.

Les *cotisations* patronales versées aux caisses de pensions de *retraite* et d'*invalidité* en faveur du personnel sont déductibles lorsqu'elles répondent à un accord d'entreprise. Pour les cotisations à des *fonds de pension* ou retraites complémentaires, voir n° 3243-A

Impôts et taxes

1267   Sont *déductibles* l'impôt commercial communal, l'impôt foncier, la TVA non récupérable et les rappels de TVA, la taxe sur les véhicules à moteur, et la fraction des impôts étrangers qui n'a pu être imputée sur la cotisation d'impôt luxembourgeois.

Les sociétés résidentes ainsi que les établissements stables de sociétés étrangères peuvent également imputer en dernier *l'impôt sur la fortune* sur l'IRC dû au titre d'une même année d'imposition. Pour cela, elles doivent, avant la clôture de l'exercice suivant, s'engager à inscrire au bilan une *réserve* équivalant au quintuple de l'impôt sur la fortune qui fait l'objet de l'imputation et à maintenir cette réserve *pendant* les cinq années d'imposition suivant l'imputation. Si la société utilise la réserve *avant* l'expiration de ladite période à des fins autres que l'incorporation au capital, le montant de l'IRC dû au titre de l'exercice en question sera relevé d'1/5 du montant de la réserve prématurément distribuée. En revanche, *après* la période quinquennale, la société est libre de disposer de la réserve, soit pour la distribuer, soit pour l'affecter pour une nouvelle période quinquennale à un poste de réserve pour l'imputation d'un impôt sur la fortune à échoir ultérieurement. Concernant l'ordre des imputations sur l'IRC, l'impôt sur la fortune vient en dernier, après les crédits d'impôt pour impôt étranger, pour investissement ou pour embauche de chômeurs.

En revanche, l'IR et l'IRC (impôt sur les sociétés) ne sont **pas déductibles**.

Frais financiers

1268 La législation luxembourgeoise ne comprend pas de règle permettant de lutter contre la **sous-capitalisation** comme aux États-Unis ou en France. Il n'y a donc **pas de limite générale** pour la déduction des intérêts d'emprunts. Mais, bien entendu, la déduction est refusée lorsque des intérêts sont considérés comme une **distribution occulte** à un associé en raison de leur taux anormalement élevé ou parce que l'administration considère le prêt comme un **apport déguisé**.

D'autre part, en raison du régime fiscal spécifique des sociétés mères et filiales, les intérêts d'emprunts contractés par une société luxembourgeoise pour acquérir soit des **participations supérieures à** 10 % dans le capital d'autres sociétés résidentes ou non résidentes, soit des participations dont le **prix d'acquisition** ne dépasse pas 50 millions de LUF, ne sont déductibles que s'ils excèdent les dividendes exonérés générés par cette participation au cours de la même année.

Les intérêts débiteurs d'emprunts contractés pour l'acquisition de **participations donnant lieu à des revenus exonérés** peuvent donc être déduits dans la mesure où ils sont supérieurs aux produits de ces participations. Si par exemple une participation supérieure à 10 % dégage un produit de 10 et que les intérêts débiteurs pour l'acquérir sont de 50 au cours du même exercice, l'excédent de 40 sera déductible.

Cette question peut être déterminante dans le cas des holdings ordinaires, les **SOPARFI** (voir n° 2035).

Autres frais

1269 L'article 167 de la LIR prévoit des types de dépenses que seules les **collectivités** peuvent déduire, par opposition aux personnes physiques :
– les montants dus aux commandités dans les sociétés de commandite par actions au titre de loyers, avoirs en compte ou d'une activité au service de la société ;
– les ristournes allouées aux membres de sociétés coopératives de consommation et d'associations agricoles ;
– la dotation que les **compagnies d'assurances** et les nouvelles associations d'épargne-pension (ASSEP voir n° 2317) affectent aux réserves techniques. Les règlements d'exécution de cette disposition et une circulaire administrative forment le fondement juridique de l'attrait fiscal des **compagnies captives de réassurance** luxembourgeoises (voir n°1331).

5. Provisions

1275 Les provisions doivent constater une perte ou une charge probable dont la connaissance s'est révélée au cours de l'exercice, et qui résulte de circonstances particulières et précises et non d'un risque éventuel de caractère général. Leur montant doit reposer sur une appréciation sérieuse et raisonnée des faits. Sont **déductibles** fiscalement, lorsqu'elles sont inscrites au bilan, les provisions suivantes :

– pour créances douteuses lorsque l'évaluation de la créance à l'actif ne tient pas déjà compte du risque. Pour être déductible, la créance doit être évaluée avec une approximation suffisante. Elle entre dans la base imposable l'année au cours de laquelle elle est payée ;
– pour risques relatifs aux cautions et avals ;
– pour procès en cours ;
– pour gratification au personnel ;
– pour commissions dues aux représentants ;
– pour pension de retraite au personnel (avant la loi du 8 juin 1999 sur les pensions complémentaires, voir n° 3243-A) ;
– pour impôts déductibles ;
– pour garantie de travaux ou de matériel.

Il faut ajouter les dotations que font les **établissements de crédit** à des postes de provisions pour assurer la garantie de certains **dépôts bancaires** et notamment les comptes d'épargne. La logique du système prend en compte l'ensemble des engagements de la banque et repose sur le fait que certains de ses engagements, en apparence sains, pourront s'avérer défaillants. Aussi la banque peut-elle constituer une provision forfaitaire de 1,25 %, appliqué avec un coefficient de pondération qui varie avec le caractère plus ou moins risqué de ces différents postes de bilan à l'instar de la prise en compte de ces postes pour le ratio Cooke. En revanche, ne sont **pas déductibles** fiscalement les provisions de propre assureur, pour renouvellement du stock ou des immobilisations ou pour réparations importantes différées.

Provision pour frais de passage à l'euro

1276 L'administration des contributions directes a réglementé la constitution par les entreprises d'une provision pour frais liés à l'introduction de la monnaie unique (circulaire LIR 46/1 du 11 mars 1997). Pouvant être constituée sans délai, elle constitue un avantage fiscal appréciable en termes de trésorerie. Les frais engendrés par le marketing, l'information de la clientèle, l'adaptation du matériel informatique existant, le développement de logiciels, la formation du personnel et la nécessité de faire un double traitement des données pendant la période de transition vers le basculement définitif dans l'euro constituent des **charges et dépenses d'exploitation à caractère exceptionnel** et répondent bien aux critères qui président à la constitution d'une provision, tant au regard des règles comptables que des règles fiscales.

Le **montant** de la provision doit correspondre aux frais présumés directement causés par le passage à la monnaie unique. « Ils doivent être nettement précisés et faire l'objet d'une programmation détaillée des travaux à entreprendre, assortie d'une estimation précise des coûts. Les dépenses liées à des investissements nouveaux amortissables sont exclues.

Les frais présumés occasionnés jusqu'au basculement vers l'euro peuvent être étalés linéairement par le biais de dotations adéquates à un **compte « Provision pour frais de basculement vers l'euro »** à effectuer à charge des exercices précédant l'exercice du changement définitif de la devise ».

Les **banques** bénéficient d'une provision identique (circulaire IML 97/134 du 17 mars 1997).

SECTION 3 **Mesures d'incitation à l'investissement**

1280 Comme dans la plupart des pays industrialisés, la législation luxembourgeoise offre des mesures d'incitation qui favorisent l'*investissement*.

Au Luxembourg, les incitations à l'investissement sont comparativement plus avantageuses qu'en France et surtout leur attribution est liée à moins de conditions.

Exonération d'impôt en faveur des industries nouvelles

1282 La loi-cadre de développement et de diversification économiques du 27 juillet 1993, présentée au n° 30 de cet ouvrage, a institué une réduction d'impôt *pendant 8 exercices* en faveur des *entreprises nouvelles* ou des entreprises qui introduisent des *fabrications nouvelles* au Luxembourg, à condition que la mesure ne compromette pas la rentabilité d'entreprises existantes.

La réduction d'impôt est de *25 %*, sans pouvoir dépasser un pourcentage déterminé des investissements affectés à l'entreprise ou à la fabrication nouvelle. Les travaux d'installation ou d'introduction doivent être terminés dans les trois ans.

La *demande* doit être déposée avant la fin de l'exercice de mise en service et la réduction est accordée au titre de cet exercice et des sept exercices suivants. La décision est prise sur avis d'une commission spéciale composée de représentants de divers ministères (économie, finances, aménagement du territoire, intérieur et travail).

En ce qui concerne les *investisseurs*, la loi du 22 décembre 1993 institue en leur faveur un *abattement à l'investissement en capital-risque* exposé au n° 1289.

Crédits d'impôt pour investissement

1283 La loi prévoit l'attribution de bonifications d'impôts sur le revenu dont le taux dépend de la nature et du montant de l'investissement effectué. Les crédits d'impôt sont déductibles de l'impôt dû pour l'exercice, mais ils ne le sont pas de l'impôt liquidé par voie de retenue non remboursable. À défaut d'imputation, ils sont *reportables* sur l'impôt des *dix* années suivantes.

Crédit d'impôt de 6 % ou de 2 %

1284 Les entreprises peuvent déduire un crédit d'impôt pour les *investissements* suivants réalisés au cours de l'exercice : biens amortissables corporels autres que bâtiments, cheptel et gisements ; installations sanitaires et de chauffage central dans l'industrie hôtelière ; construction de logements sociaux.

Sont *exclus* les investissements suivants : biens amortissables sur moins de quatre ans ; biens acquis par transmission à titre onéreux de tout ou partie d'une entreprise ; biens d'une valeur d'acquisition ou de revient inférieure à 35 000 LUF ; biens d'occasion ; véhicules de transport sauf notamment ceux utilisés exclusivement à l'intérieur de l'entreprise.

Le crédit d'impôt est de *6 %* pour la tranche d'investissements qui ne dépasse pas 6 millions de LUF et de *2 %* au-delà. Pour les investissements susceptibles de protéger l'environnement ou de permettre des économies d'énergie, ces taux sont portés à 8 % pour la tranche d'investissement en dessous de 6 millions de LUF et à 4 % au-delà de cette tranche.

Il existe des *mesures anti-abus*. Les crédits d'impôt ne peuvent pas être réclamés quand une société existante ou une partie autonome d'entreprise est transférée à une entreprise nouvellement établie, les actifs transférés n'étant pas considérés comme des biens investis dans le cadre d'un premier établissement.

Pour les contrats de *crédit-bail de matériel,* seul le preneur du crédit-bail bénéficie directement, et à l'exclusion de la société de leasing, des crédits d'impôt pour investissement, et ce, à la condition que les biens soient situés au Luxembourg. En ce qui concerne le *leasing d'un navire,* le donneur de leasing d'un navire exploité par une entreprise de navigation maritime battant pavillon Luxembourgeois est expressément écarté par la loi du bénéfice des crédits d'impôt. Le preneur du crédit-bail profite seul de la bonification, et cela indépendamment de la situation géographique du navire.

Crédit d'impôt de 12 % pour investissements supplémentaires

1285 Les entreprises industrielles ou commerciales peuvent également déduire un crédit égal à 12 % des *investissements complémentaires* qu'elles ont réalisés en immobilisations corporelles amortissables autres que les bâtiments, le cheptel ou les gisements minéraux et fossiles. Sont *exclues* de cette mesure les exploitations agricoles et les activités libérales. L'*investissement complémentaire* au titre d'un exercice est égal à la différence entre :
– la *valeur* attribuée à ces biens *lors de la clôture de l'exercice,* qui est déterminée sans tenir compte des immobilisations suivantes : biens amortissables sur moins de quatre ans ; biens acquis par transmission à titre onéreux de tout ou partie d'une entreprise ; biens d'occasion ; biens isolés acquis à titre gratuit ; véhicules de transport sauf sous certaines conditions ceux utilisés exclusivement à l'intérieur de l'entreprise ;
– et leur *valeur de référence,* qui est déterminée par la moyenne arithmétique des valeurs de ces biens à la clôture des cinq exercices précédents et qui est au minimum de 75 000 LUF.

Crédits d'impôt pour embauche de chômeurs

1286 Depuis 1997, une bonification d'impôt est accordée sur demande aux entreprises exerçant une activité commerciale, industrielle, minière, artisanale ou agricole (à l'exclusion des entreprises de travail temporaire) ainsi qu'aux redevables exerçant une profession libérale qui embauchent des *chômeurs* inscrits depuis au moins trois mois. L'embauche doit se faire sous *contrat* à *durée indéterminée* ou pour une durée de *deux ans* ou pour remplacer une personne en congé parental et pour au moins 16 heures de travail hebdomadaire. La mesure est actuellement reconduite jusqu'au 31 décembre 2002

La bonification mensuelle d'impôt par chômeur est de 10 % du montant de la rémunération mensuelle brute déductible comme dépense d'exploitation. Le crédit d'impôt est accordé *pendant 36 mois,* sur l'année d'imposition pendant laquelle les rémunérations sont versées ; à défaut d'impôt suffisant, il est reportable sur les dix exercices suivants.

Abattements d'impôt pour certains investissements

Investissements dans l'audiovisuel

1287 Pour drainer les capitaux luxembourgeois ou étrangers vers la production audiovisuelle luxembourgeoise, une loi du 13 décembre 1988 a institué un avantage fiscal en faveur des personnes physiques ou morales qui investissent dans ce secteur. La loi du 21 décembre 1998 l'a prorogé jusqu'en

2008 mais uniquement en faveur des *sociétés de capitaux*. Les *sociétés* dans lesquelles les fonds doivent être investis sont des sociétés de production qui sont des sociétés de capitaux résidentes pleinement imposables. Les *montants investis* sont les sommes que les investisseurs justifient avoir engagées et dépensées au Luxembourg sous forme de versements en espèces ou d'autres sources de financement.

Pour bénéficier du régime des certificats, les sociétés de production adressent une *requête* au Fonds national de soutien à la production audiovisuelle qui la transmet aux ministres compétents. Sur décision commune et après avis du Fonds, ceux-ci délivrent les certificats. Leur *montant* ne peut être supérieur à la somme des contributions financières que fournit la société requérante. Les certificats restent nominatifs, endossables une fois et non fractionnables. Les *œuvres* susceptibles de bénéficier du régime doivent être réalisées principalement au Luxembourg et contribuer au développement de la production audiovisuelle nationale. Le nombre de certificats émis est fixé en fonction des critères d'éligibilité des œuvres ainsi que des coûts de production effectivement exposées.

L'avantage fiscal se matérialise par des *certificats* émis par le gouvernement. La société de financement ou de production a au préalable fourni l'identité de ses actionnaires et la part leur revenant en fonction des participations nominatives au capital de la société, au jour où la demande est présentée. Les certificats sont *nominatifs* et ne peuvent être *endossés* qu'une seule fois (l'identité de l'endossataire, qui ne peut être une personne physique, devant être communiquée sous quinzaine au département audiovisuel du ministère d'État). Ils ne peuvent être *fractionnés*. Ils n'ont pas le caractère de titres de valeurs mobilières et ils concrétisent seulement un avantage fiscal.

1288 Les sociétés de capitaux qui possèdent des certificats d'investissement peuvent déduire forfaitairement de leur revenu ou de leur bénéfice imposable un *abattement à l'investissement audiovisuel*. Il est accordé en pourcentage des revenus, dans la limite de 30 %. Le fait générateur de l'abattement est la détention des certificats au 31 décembre de l'année d'imposition.

Investissements en capital-risque

1289 Pour favoriser le financement d'entreprises nouvelles, de fabrication ou de technologies nouvelles, la loi du 22 décembre 1993 a repris l'idée exposée ci-dessus des certificats d'investissement. Elle institue un avantage fiscal en faveur des résidents *personnes physiques* ou *morales* qui investissent dans les sociétés résidentes de *capital-risque* (voir n° 1282), lors de leur constitution ou lors de l'augmentation de leur capital en vue de financer de nouvelles technologies.

Le gouvernement émet des *certificats d'investissement* représentatif des apports en numéraire faits au capital social libéré des sociétés agréées. La société ayant reçu l'agrément du ministre des finances indique les noms, raison sociale et adresse des bénéficiaires (principaux ou endossataires) ainsi que la part revenant à chacun. Les certificats sont *nominatifs*, ils peuvent être *endossés* une fois mais l'endossataire doit être une société de capitaux, et ils ne sont *pas fractionnables*.

Les détenteurs de ces certificats bénéficient sur demande et pour l'année d'imposition visée par le certificat, d'un *abattement à l'investissement en capital-risque* qui n'est pas cumulable avec l'abattement à l'investissement audiovisuel (voir ci-dessus). Le fait générateur de l'abattement est la détention des certificats au 31 décembre. L'abattement est déductible de leur revenu ou de leur bénéfice imposable dans la limite de 30 %.

Mesures en faveur des sociétés de navigation maritime

1290 Pour enrayer l'hémorragie des navires de commerce de l'Union européenne et leur immatriculation soit sous pavillon de complaisance de pays tiers soit sous des seconds registres nationaux (Madère ou les îles Canaries), la Commission européenne avait proposé en 1989 de créer un registre maritime communautaire EUROS fonctionnant en liaison avec les premiers registres nationaux des États membres. Le système du *pavillon communautaire* aurait garanti aux navires des aides d'État en échange d'obligations d'employer des marins communautaires. Cette harmonisation n'ayant pu aboutir, le Luxembourg a créé en 1990 un *pavillon maritime luxembourgeois* et les structures appropriées : registre public maritime et commissariat aux affaires maritimes (loi du 9 novembre 1990 modifiée par la loi du 17 juin 1994). Depuis lors, la Commission européenne a révisé ses orientations sur les *aides d'État* au transport maritime : pour ne pas entraîner de distorsions de concurrence, elles doivent sauvegarder l'emploi communautaire, préserver le savoir-faire maritime et améliorer la sécurité (JOCE 1997 C 205).

Outre les retombées fiscales directes de la création d'un pavillon luxembourgeois utilisé par 140 navires (droits d'immatriculation et imposition des bénéfices), les *objectifs* poursuivis sont surtout la diversification du secteur des services par la création sur la place financière de nouvelles activités comme le financement de contrats commerciaux maritimes, le courtage, les assurances maritimes et l'établissement de sociétés de classification.

Bien qu'il n'impose aucun quota minimal de marins ressortissants de l'Union européenne, le pavillon maritime luxembourgeois n'est en aucun cas un pavillon de complaisance. *Peuvent être immatriculés* au registre luxembourgeois les navires appartenant pour plus de la moitié à des ressortissants de l'Union européenne ou à des sociétés y ayant leur siège, les navires affrétés coque nue et ceux exploités par ces personnes, à condition qu'une partie significative de la gestion du navire soit effectuée à partir du Luxembourg. Sauf dérogation, le commandant du navire doit être un ressortissant de l'Union européenne titulaire d'un diplôme de navigation reconnu au Luxembourg.

1291 La principale incitation fiscale consentie en plus des avantages de la fiscalité luxembourgeoise concerne les *marins non résidents* travaillant à bord d'un navire battant pavillon luxembourgeois : ils sont soumis à un régime d'imposition forfaitaire par voie d'une retenue à la source libératoire de 10 %, calculée sur 90 % de leur salaire brut diminué d'un abattement supplémentaire de 35 000 LUF par mois ou 1 400 LUF par jour.

Quant aux quelques 140 *sociétés de navigation* qui exploitent des navires battant pavillon luxembourgeois, l'allégement fiscal consiste en une exonération de l'impôt commercial et des droits d'enregistrement (sauf l'enregistrement des hypothèques). Les activités de transport maritime ne sont pas assujetties à la TVA. Pour le reste, leurs bénéfices sont imposés à l'IRC dans les conditions de droit commun, ce qui leur permet d'entrer dans le champ d'application des conventions fiscales. Elles bénéficient des crédits d'impôt pour investissements décrits aux n°s 1283 s. dès lors qu'elles font des investissements éligibles aux taux de 6 ou 12 % mais, bien entendu, sans que les navires exploités aient à se trouver de façon permanente au Luxembourg.

Créé à l'automne 1997, le *registre des bateaux* (navigation fluviale) *et des navires* (navigation maritime) *de plaisance* est le pendant du registre public maritime créé en 1990. Il est possible d'immatriculer au Luxembourg les bateaux et navires appartenant aux ressortissants de l'Union européenne ou aux *personnes morales ayant leur siège dans l'UE*. Ils doivent toutefois disposer d'un établissement au Luxembourg, notion peu précise pour les personnes physiques. L'immatriculation confère la nationalité au navire de plaisance et emporte l'obligation de battre

pavillon luxembourgeois, l'obligation du port du pavillon se justifiant par l'ex[...]
national. Le port d'attache qui doit être affiché sur la coque avec le numéro d'imm[...]
Grevenmacher pour les bateaux de plaisance et Luxembourg pour les navires

SECTION 4 — Calcul et paiement de l'impôt

Calcul de l'impôt

1292 Comme dans certains pays nordiques, l'IRC est calculé par application d'un *barème proportionnel* mais, pour consolider la compétitivité de l'économie et sa capacité de créer de nouveaux emplois, il a été simplifié. Depuis 1998, au-delà d'un bénéfice de 600 000 LUF, le taux est uniformément de 30 %.

Bénéfice imposable	Impôt dû
Moins de 400 000 LUF	20 %
De 400 000 à 600 000 LUF	80 000 LUF + 50 % du bénéfice > 400 000 LUF
Au-delà de 600 000 LUF	*30 %*

Taux d'imposition effectif

1293 Pour déterminer le taux d'imposition effectif des sociétés de capitaux luxembourgeoises, il faut cependant tenir compte des impôts suivants :

– l'*impôt de solidarité* qui est une surtaxe finançant le fonds de solidarité chômage, en l'absence d'un système de cotisations sociales d'assurance chômage. Cette surtaxe est de 4 % pour l'année 1998, ce qui porte le *taux marginal* d'imposition à 31,2 % ;
– l'*impôt commercial communal,* dont le taux moyen est de 9,09 %, notamment à Luxembourg Ville. Comparable à la taxe professionnelle française, il constitue une charge déductible pour la détermination de l'IRC (voir n°s 1335 s.) ;
– l'*impôt sur la fortune* dont le taux moyen est de 0,5 % (voir n° 1361).

En résumé, le *taux global* de l'impôt est de *37,45 %* pour 1998 pour un bénéfice supérieur à 600 000 LUF.

Sociétés non résidentes

1294 Les *sociétés non résidentes* sont soumises au même taux de *30 %* que les sociétés résidentes. Elles peuvent demander l'application du *barème* ci-dessus si l'ensemble de leurs revenus de source luxembourgeoise et étrangère est inférieur à 600 000 LUF. Seuls leurs revenus de source luxembourgeoise sont imposables.

Déclaration

1295 Les collectivités imposables à l'IRC sont tenues de déposer leurs déclarations de résultats *avant le 31 mai* de chaque année. Ces déclarations s'apparentent au tableau de détermination du résultat fiscal utilisé en France, et détaillent les ajustements apportés au résultat du bilan commercial.

Depuis l'exercice 1999 et pendant toute la période transitoire, pour les contribuables qui en font la demande, les administrations publiques acceptent

...s et les déclarations en euros et effectuent leurs paiements en ...ix est irréversible.

...ment

...RC donne lieu au versement de *quatre acomptes* trimestriels les ...juin, 10 septembre et 10 décembre, avec régularisation annuelle ...résultats de l'exercice sont connus. L'impôt *trop perçu* donne lieu à ...ou imputation.

SECTION 5 Fiscalité de groupe

1310 Les régimes particuliers institués pour éviter la double imposition économique des distributions de dividendes entre sociétés appartenant à un même groupe sont abordés dans l'étude spécifique consacrée aux *sociétés holdings* :
– le régime d'exception institué en faveur des sociétés *holdings* régies par la loi de *1929,* qui consiste à exonérer d'impôt tous les revenus du holding (dividendes, intérêts, redevances et plus-values) est décrit aux n°s 2050 s. ;
– les divers régimes de *sociétés mères et filiales* applicables aux *holdings ordinaires* : le régime luxembourgeois (voir n° 2060), les régimes prévus par les conventions fiscales (voir n° 2063), le régime issu de la directive CE mère et filiales (voir n° 2064).

Sont regroupés dans la présente section les autres règles et régimes propres aux groupes de sociétés :
– le régime des fusions et acquisitions tel qu'il résulte de la transposition de la directive CE en la matière ;
– le régime de l'intégration fiscale ;
– les prix de transfert et les rapports économiques entre sociétés liées ;
– le régime des sociétés fournissant des services communs à un groupe : quartiers généraux, sociétés de financement et sociétés captives de réassurance.

A. Régime fiscal des fusions et acquisitions

Généralités

1312 Une acquisition peut être définie comme une opération par laquelle une société devient propriétaire des actions ou des actifs d'une autre société en contrepartie d'une somme payée en espèces. Par opposition, la fusion se définit comme l'opération par laquelle une société obtient les actions ou les actifs d'une autre société en échange de ses propres actions.

Directive CE sur les fusions intracommunautaires

1313 La directive 90/434 a institué la *neutralité fiscale* des fusions, scissions, apports d'actifs et échanges d'actions intéressant des sociétés d'États membres différents. Au plan *juridique* toutefois, le régime commun de ces opérations est toujours dans les limbes. L'application du régime commun fiscal est subordonnée à *six conditions* :

1. Chacune des sociétés concernées doit être résidente d'un État membre au sens de la législation fiscale interne de cet État sans pouvoir, en outre, être

considérée comme résidente d'un État hors CE au regard de la convention fiscale conclue entre cet État et l'État membre où elle est domiciliée.

2. Les sociétés concernées doivent revêtir l'une des formes sociales prévues par l'annexe de la directive et qui sont, pour la France comme pour le Luxembourg, les SA, les SARL et les sociétés en commandite par actions, ce qui exclut les sociétés coopératives.

3. Les sociétés concernées doivent être assujetties à l'impôt sur les sociétés (sans possibilité d'option).

4. Lorsque l'opération s'accompagne du versement d'une soulte par la société absorbante aux actionnaires de la société absorbée, cette soulte ne doit pas excéder 10 % de la valeur nominale des titres attribués à ces actionnaires.

5. Les actifs transférés dans le cadre de la fusion doivent demeurer dans l'État de la société absorbée où ils constitueront un établissement stable de la société absorbante.

6. Le nouveau propriétaire des actifs transférés doit calculer l'amortissement et les plus-values ou moins-values de cession ultérieures des éléments transférés dans les mêmes conditions que si la fusion n'avait pas eu lieu.

La principale *mesure fiscale favorable* est que les plus-values dégagées à l'occasion de ces restructurations ne seront pas imposées au moment de l'opération mais seulement lorsqu'elles seront effectivement réalisées. Par ailleurs, la directive prévoit que les droits et les obligations de la société absorbée en matière de réserves et provisions déductibles et d'imputation des pertes seront automatiquement repris par l'établissement stable continuateur.

Enfin, s'agissant des *actionnaires* des sociétés qui fusionnent, ils sont **exonérés** de toute imposition sur l'échange de titres résultant de la fusion.

1314 La neutralité fiscale n'est théoriquement requise que pour les *restructurations intracommunautaires* mais ce serait fausser le jeu de la concurrence que de ne pas accorder aux opérations internes la même neutralité fiscale minimale. Inversement, les avantages consentis par les régimes en vigueur applicables aux opérations internes doivent désormais être étendus aux restructurations intracommunautaires.

Au plan juridique, les *opérations visées* sont les suivantes :

– la *fusion* est l'opération par laquelle une ou plusieurs sociétés transfèrent, par suite et au moment de leur dissolution sans liquidation, l'ensemble de leur patrimoine à une autre société anonyme luxembourgeoise qui existe ou qu'elles constituent moyennant l'attribution à leurs associés de titres représentatifs du capital de l'autre société ou de la société nouvelle et éventuellement d'une soulte (limitée à 10 % de la valeur nominale ou du pair comptable de ces titres). Est également une fusion au plan fiscal seulement, l'opération par laquelle une société transfère par suite et au moment de sa dissolution sans liquidation, l'ensemble de son patrimoine à la société qui détient la totalité des titres représentatifs de son capital social.

– la *scission* est l'opération par laquelle une société anonyme luxembourgeoise transfère par suite et au moment de sa dissolution sans liquidation, l'ensemble de son patrimoine à deux sociétés anonymes luxembourgeoises préexistantes ou nouvelles moyennant l'attribution à ses associés, selon une règle proportionnelle, de titres représentatifs du capital social des sociétés bénéficiaires de l'apport et, éventuellement, d'une soulte en espèces.

– l'*apport d'actifs* est l'opération par laquelle une société apporte, sans être dissoute, l'ensemble ou une ou plusieurs branches de son activité à une autre société, moyennant la remise de titres représentatifs du capital de la société bénéficiaire de l'apport (sans soulte).

– l'*échange d'actions* est l'opération par laquelle une société acquiert, dans le capital d'une autre société, une participation ayant pour effet de lui conférer la majorité des droits de vote de cette société, moyennant l'attribution aux associés de l'autre société, en échange de leurs titres, de titres représentatifs du capital social de la première société et, éventuellement, d'une soulte (limitée à 10 % de la valeur nominale ou du pair comptable des titres remis en échange).

Transposition en droit luxembourgeois

1315 La loi de finances du 20 décembre 1991 complétée par le décret du 21 décembre a transposé la directive en étendant un régime identique d'exonération des plus-values de fusion et de scission entre sociétés luxembourgeoises aux opérations intracommunautaires.

Les *sociétés françaises* susceptibles de bénéficier de ses dispositions sont les SA, SCA, SARL ainsi que les établissements et entreprises publics à caractère industriel et commercial, assujettis à l'impôt sur les sociétés sans possibilité d'option et sans en être exonérés. Les sociétés *luxembourgeoises* concernées par le régime commun au plan fiscal sont, quant à elles, les SA, les SARL et les SCA (et dans certains cas les coopératives).

Fusion, scission

1316 Selon l'article 170 de la LIR, ces opérations n'entraînent **aucune imposition des plus-values** déterminées par la différence entre la valeur réelle des éléments d'actifs transférés (c'est-à-dire celle qui aurait été retenue si les éléments d'actifs avaient été vendus dans un autre cadre que la fusion ou la scission) et leur valeur fiscale. Pour que les plus-values soient exonérées, il faut que la société bénéficiaire amortisse les immobilisations apportées sur leur **valeur comptable nette,** comme si la fusion, la scission ou l'apport d'actifs n'avaient pas eu lieu. Cela suppose donc que les éléments d'actifs apportés demeurent dans l'État de la société apporteuse et qu'ils soient rattachés à un établissement stable de la société bénéficiaire. Celle-ci reprend alors les valeurs comptables de la société apporteuse pour la gestion de l'établissement stable, suivant le principe de la continuation des écritures comptables.

Selon la même logique, les *provisions* et les *réserves* constituées par la société apporteuse en franchise d'impôt doivent pouvoir être reprises, dans les mêmes conditions d'exonération, par l'établissement stable de la société bénéficiaire situé dans l'État de la société apporteuse. Les *pertes* de la société absorbée (non encore amorties fiscalement) ne sont pas transférées à la société absorbante.

Remarques :

L'article 170 contient **deux restrictions** qui n'existent pas dans le texte de la directive :

– le transfert des actifs doit s'effectuer en échange d'*actions créées spécifiquement en vue du transfert* par la société bénéficiaire ;
– le report d'imposition n'est accordé que si la contrepartie au transfert d'actifs consiste en un *échange d'actions* ou une *annulation* des actions que détient la société bénéficiaire dans le capital de la société apporteuse. Or la directive prévoit l'exonération complète dès lors que la soulte ne dépasse pas 10 % des titres remis en échange. Si la société bénéficiaire de la transmission a une participation dans la société absorbée, alors la transmission doit être motivée par de sérieuses raisons économiques.

Concernant spécifiquement les scissions, la réglementation luxembourgeoise est, en revanche, plus libérale, en ce qu'elle autorise une *scission partielle* alors que la directive ne prévoit que le transfert de l'ensemble de son patrimoine. Il faut cependant que les biens à transmettre comprennent au moins une entreprise ou une partie autonome d'entreprise formant à elle seule un ensemble. Toutefois, si le ministre des finances certifie que l'opération est réalisée « dans l'intérêt de l'économie nationale », le régime fiscal favorable est néanmoins acquis à l'opération.

Apport d'actifs

1318 Selon l'article 59 de la LIR, les règles décrites ci-dessus à propos des opérations de fusion et de scission s'appliquent mutatis mutandis à un apport d'actifs si une société apporte l'ensemble de son activité ou une branche d'activité tout en subsistant, les nouvelles parts de la société bénéficiaire lui étant attribuées directement. Des règles spécifiques s'appliquent cependant quand les biens apportés comprennent un établissement stable situé dans un autre État membre que celui de la société qui fait l'apport.

Apport d'un établissement stable situé dans un État membre autre que celui de la société apporteuse

1319 Quand la société apporteuse est étrangère et qu'elle transfère un établissement stable situé au Luxembourg, l'État membre dont elle est résidente doit renoncer à imposer son établissement stable. Le Luxembourg et l'État de la société apporteuse traitent cet apport comme si le Luxembourg était l'État de la société apporteuse. Les éléments d'actifs transférés sont évalués à la valeur nette comptable avant apport et ne dégagent donc aucune plus-value imposable. Des problèmes se poseront dans le cas où l'autre État membre n'aura pas encore transposé la directive si le régime interne ne prévoit pas un régime similaire d'exonération (En France, l'article 25 de la loi 91-1323 du 30 décembre 1991 transpose la directive).

Si l'établissement stable transféré par une société apporteuse luxembourgeoise se situe dans un État membre avec lequel le Luxembourg n'a *pas* conclu *de convention fiscale*, le Luxembourg peut imposer les bénéfices ou les plus-values de l'établissement stable qui apparaissent à l'occasion du transfert. Toutefois, la franchise d'impôts correspondant à ce bénéfice est réduite à hauteur de l'impôt qui aurait frappé ces bénéfices ou ces plus-values dans l'État de l'établissement stable en l'absence des dispositions de la directive.

Échange d'actions et report d'imposition

1320 Selon l'article 54 de la LIR, la plus-value dégagée lors de l'échange d'actions par une société (cet échange lui conférant la majorité des droits de vote dans une autre société) bénéficie désormais de la même exonération qu'en cas de remploi du prix de cession d'une participation ou de la plus-value dégagée par l'aliénation d'une immobilisation constituée par un bâtiment ou d'un élément de l'actif non amortissable (pour l'exonération des plus-values sous condition de remploi, voir n° 1227). Il s'agit d'un sursis d'imposition. Il est de l'intérêt du contribuable de se prévaloir, quand il le peut, de l'exonération définitive prévue dans le cadre du régime des Soparfi (voir n° 2068).

Remarques : 1. L'article 54 prévoit *deux conditions* qui n'existent pas dans la directive :
– la participation doit avoir été *détenue* pendant une durée de douze mois au moins à compter du commencement de l'année au cours de laquelle la plus-value de cession a été réalisée (cinq ans pour les autres immobilisations) ;
– la société procédant à un échange d'actions doit obtenir du ministre des finances une confirmation préalable selon laquelle l'opération est « effectuée pour des *motifs économiquement valables* ». La condition plus rigoureuse selon laquelle l'opération devait être « motivée par de sérieuses raisons économiques » a été atténuée à partir du 1er janvier 1992.

2. Aucune disposition ne régit le cas où l'*actionnaire* est une *personne physique*, ce qui n'est pas conforme à la directive. L'article 22 (5) de la LIR prévoit cependant qu'en cas de fusion ou de scission de sociétés de capitaux, les titres reçus en échange par les actionnaires agissant dans le cadre d'une activité commerciale sont réputés constituer les mêmes biens que les titres remplacés. Cet article s'applique en matière de bénéfices commerciaux. La doctrine soutient que les particuliers agissant dans le cadre de la gestion de leur patrimoine privé devraient pouvoir bénéficier de cette possibilité par application des principes allemands du *Tauschgutachten*. La jurisprudence de la CJCE permet également de conclure en ce sens (aff. C 28/95 du 17 juillet 1997, Leur-Bloem).

Liquidation, transfert du siège, transformation

1321 Par dérogation au principe de l'annualité de l'impôt, les sociétés ne sont pas imposables pendant le déroulement des opérations de liquidation mais seulement à l'issue de celles-ci. Le *boni de liquidation* est considéré comme un revenu et il est soumis à l'IRC au taux de droit commun. Il correspond à la différence entre l'actif net investi résultant du bilan établi à la fin de l'exercice précédant celui où la mise en liquidation a été décidée (à diminuer du bénéfice non encore distribué au moment où la liquidation est décidée) et le produit net de liquidation. Les bénéfices sont cependant imposés annuellement si les opérations durent plus de trois ans.

Si un *non-résident* perçoit un boni de liquidation d'une société de capitaux luxembourgeoise et pleinement imposable, il ne sera imposable au Luxembourg qu'au cas – exceptionnel – où il détient dans la société liquidée une participation de plus de 25 % et où il a été soumis à l'impôt luxembourgeois depuis plus de 15 ans à titre de résident et depuis moins de 5 ans à titre de non-résident. En tout état de cause, le boni de liquidation ne figure pas dans les revenus de source luxembourgeoise soumis à retenue à la source par l'article 146 de la LIR. Voir également n° 1571.

Il faut surtout retenir que *le transfert à l'étranger du siège d'une société résidente* du Luxembourg est assimilé à sa liquidation. Le bénéfice est alors déterminé en tenant compte de la valeur estimée de réalisation de l'ensemble de l'entreprise, afin de soumettre à l'impôt la valeur des éléments incorporels du fonds.

D'autre part, la *transformation* d'une société est elle aussi assimilée à une dissolution, suivie d'un transfert de patrimoine à la société nouvelle. L'opération n'emporte toutefois pas d'imposition à l'IRC si la société ancienne et la société nouvelle sont toutes deux des sociétés de capitaux imposables.

B. Régime d'intégration fiscale

1322 Une société résidente peut intégrer dans ses résultats ceux de sa filiale résidente si les conditions ci-après, instaurées par la loi du 1er juillet 1981, sont réunies :
– la société mère doit détenir directement ou indirectement **99 % au moins** du capital de sa filiale ;
– la société mère et la filiale doivent être des **sociétés** de capitaux **résidentes**, pleinement imposables à l'IRC ;
– il doit exister entre les deux sociétés une *intégration économique* (intervention directe de la société mère dans l'activité de la filiale) *et organique* (contrôle effectif par la société mère de la gestion de la filiale qui est réputée dépourvue d'autonomie de décision).

Sur agrément du ministre des finances, la société filiale peut être ainsi assimilée fiscalement à un établissement stable de la société mère.

Le régime de l'intégration est accordé pour une période minimum de cinq exercices. Cependant, depuis le 1er janvier 1991 et sur demande, le taux d'intégration peut être ramené de 99 % à **75 %** en faveur de sociétés aptes à promouvoir l'expansion et l'amélioration structurelle de l'économie nationale. La **demande** doit avoir reçu l'accord d'au moins 3/4 des actionnaires minoritaires détenant la quote-part que ne détient pas la société mère et elle est accordée après avis favorable des ministres des finances et de l'économie.

C. Transferts indirects de bénéfices entre sociétés apparentées

Sous-capitalisation

1323 Il n'existe pas de règles spécifiques en matière de *sous-capitalisation*. L'administration fiscale admet toutefois un *ratio d'endettement* de 85/15 au-delà duquel les intérêts sont assimilés à des revenus distribués. D'une manière générale, les conditions entre sociétés affiliées doivent être fixées comme entre des parties indépendantes. Autrement dit, les prix entre sociétés liées doivent être ceux de la pleine concurrence (principe de l'*arm's length*). À défaut, l'administration fiscale est fondée à rétablir la situation telle qu'elle aurait dû être en l'absence de relations spéciales. Ainsi l'article 56 de la LIR autorise-t-il l'administration des contributions directes à fixer *forfaitairement* le *résultat imposable* d'une entreprise lorsqu'un transfert indirect de bénéfices a été rendu possible par le fait que celle-ci entretient des *relations économiques particulières* avec une personne physique ou morale qui n'est pas résidente du Luxembourg. Cette notion n'est pas définie par la loi, mais il est entendu qu'elle doit être interprétée de façon extrêmement large comme impliquant l'existence de liens de dépendance de droit ou de fait, directs ou indirects, notamment par l'intermédiaire d'une société holding.

Transfert de bénéfices entre entreprises liées établies dans l'Union européenne

1323-A Les douze premiers États membres de la **CE** ont signé, le 23 juillet 1990, une *convention multinationale* relative à l'élimination des doubles impositions en cas de correction de bénéfices d'entreprises associées (JOCE 1990 L 225 – dite convention CE d'arbitrage – voir Mémento CE, n°s 6800 s.). Elle est entrée en vigueur le 1er janvier 1995 entre ces douze États. Conclue initialement pour une durée de 5 ans entre les douze premiers États membres, la convention a été *prorogée* par un protocole du 16 juillet 1999, qui a pris effet le 1er janvier 2000 ; il prévoit la prorogation de la convention pour de nouvelles périodes successives de 5 ans à condition qu'aucun État contractant ne soulève d'objections par écrit, au moins 6 mois avant l'expiration de la période considérée. La convention ne s'appliquera à l'égard des derniers États membres (Autriche, Finlande et Suède) que lorsque tous les États auront ratifié la convention d'adhésion.

La convention prévoit que la matière imposable est répartie entre les États membres concernés sur la base de résultats qui seraient obtenus si les entreprises en cause traitaient avec des entités indépendantes et non avec des entreprises associées (principe de l'*arm's length)*. Elle vise aussi bien les transferts de bénéfices entre entreprises associées que les transferts de bénéfices entre une entreprise et un établissement stable de celle-ci.

Lorsqu'un État membre informe la société ayant bénéficié de conditions préférentielles qu'il envisage de corriger ses bénéfices et que cette dernière, estimant être dans un cas de double imposition, n'accepte pas cette correction, elle dispose d'un délai de trois ans pour recourir à la procédure amiable prévue par la convention. Les autorités fiscales concernées disposent d'un pouvoir discrétionnaire pour rechercher un accord amiable en vue d'éviter la double imposition. En cas d'échec dans un délai de deux ans, elles constituent une *commission consultative* qui rend dans un délai de six mois un avis fondé. Elles disposent alors d'un délai de six mois soit pour prendre une décision commune qui s'écarte dudit avis, soit pour se conformer à l'avis si elles ne parviennent pas à un accord. Avec l'assentiment des entreprises concernées, elles-peuvent décider de publier l'accord amiable qui devient ainsi un élément de la **doctrine administrative internationale.** (Communication du Conseil : JOCE 1994 C 337).

L'administration a commenté les dispositions de la convention CE d'arbitrage dans une instruction (Inst. 26 octobre 1999, 14 F-1-99 ; Bulletin Fiscal Francis Lefebvre 12/99, p. 798 s.).

Remarque : Signalons qu'en application de l'article 15 de cette convention, elle ne porte pas atteinte aux obligations plus larges en matière d'élimination des doubles impositions en cas de correction des bénéfices d'entreprises associées qui peuvent découler d'autres conventions auxquelles les États contractants sont ou seront partie ou du droit interne de ces États.

D. Sociétés fournissant des services communs au groupe

1324 Les groupes de sociétés peuvent être amenés à regrouper des tâches communes au sein de centres exclusivement affectés à ces services. Le souci d'optimisation fiscale conduit les groupes à localiser ces centres dans les pays offrant, au regard de l'activité concernée, le régime juridique et fiscal le plus adapté. À cet égard, le Luxembourg se situe en bonne position pour accueillir trois types de services communs :
– les quartiers généraux des groupes multinationaux : les centres de coordination ;
– les services bancaires et financiers : les sociétés de financement inter-sociétés ;
– l'assurance et la réassurance : les sociétés captives de réassurance.

1325 Le régime fiscal applicable à ces sociétés n'est pas à proprement parler un régime fiscal privilégié. Les sociétés sont assujetties à l'IRC et aux autres impôts dans les conditions de droit commun, ce qui leur permet de rentrer dans le champ d'application des conventions fiscales. Elles bénéficient toutefois d'un **aménagement des règles d'assiette** de l'imposition de leurs bénéfices.

On notera toutefois que parmi les quelque 300 régimes qui, en Europe, sont susceptibles de créer une **concurrence fiscale dommageable**, le sommet d'Helsinki de décembre 1999 en a relevé 66 qui devront être soit **adaptés**, soit **supprimés** d'ici à 2003. Les centres de coordination et les sociétés de réassurance luxembourgeois en font partie.

1. Centres de coordination

1326 Les centres de coordination, également appelés quartiers généraux ou *headquarters*, ont été institués pour inciter les groupes multinationaux à établir certaines de leurs activités communes au Luxembourg, mais ils ne connaissent pas un grand succès. Une circulaire 119 de la direction des contributions directes en date du 12 juin 1989 a précisé leur régime fiscal mais, devant les pressions de l'étranger, elle a été abrogée par la circulaire 1119 du 20 février 1996.

Les centres de coordination sont des sociétés de capitaux résidentes à caractère multinational ou des établissements stables de sociétés étrangères qui sont membres d'un groupe international étranger. Leur **objet social** est limité à des activités administratives exercées à l'usage exclusif ainsi qu'au seul profit de tout ou partie des sociétés du groupe international étranger. Les **activités admi-**

nistratives que le centre est autorisé à mener au profit du groupe sont **exclusivement** :
- les services d'organisation centrale et de secrétariat ;
- la publicité, le marketing et les études de marché ;
- la fourniture, le rassemblement et le traitement d'informations techniques ou administratives ;
- les relations avec les autorités nationales ou internationales ;
- la centralisation de travaux comptables et financiers administratifs, d'informatique et d'expertise juridique ainsi que les prestations d'assistance et de service directement et indirectement en relation avec les activités à considérer.

Agrément

1327 L'établissement d'un centre de coordination est soumis à l'agrément préalable de l'administration des contributions. L'agrément est basé sur les prix de marché tels qu'ils pourraient être facturés par un tiers indépendant rendant des services analogues. Cette qualification fiscale est accordée pour une durée indéterminée. Le centre s'engage toutefois à informer l'administration s'il s'écarte des activités autorisées ou s'il ne les exerce plus au profit exclusif du groupe.

Conditions requises

1327-A Le centre de coordination doit faire partie d'un *groupe*, c'est-à-dire qu'il doit être détenu directement ou indirectement à 25 % au moins par une autre société, ces sociétés étant placées sous une direction unique.

Il y a groupe *international étranger* quand le groupe comprend des sociétés financièrement liées et établies dans au moins deux pays autres que le Luxembourg et dont la maison mère n'est pas contribuable résident, mais qui, à l'étranger, est assujettie à un impôt équivalant à l'IRC luxembourgeois. Une part prépondérante des activités du centre doit, en outre, être fournie au profit des sociétés du groupe établies à l'étranger.

À la différence des centres de coordination belges, aucun *chiffre d'affaires* minimum n'est requis.

Les prestations administratives rendues par le centre au profit des sociétés étrangères du groupe ne sont **pas** constitutives d'un *établissement stable* au Luxembourg pour ces sociétés.

Régime fiscal

1328 La circulaire citée ci-dessus n'institue pas à proprement parler un régime spécifique comme en Belgique ou en Irlande. Elle modifie seulement les règles ordinaires d'assiette de l'IRC.

En matière d'*imposition des bénéfices,* le centre est imposé au titre d'un *bénéfice théorique minimum* égal à 5 % des frais et dépenses encourus, à l'exclusion des dépenses non déductibles (notamment l'IRC et l'impôt sur la fortune) et de l'impôt commercial (méthode dite du *cost-plus*). Si les dépenses et charges ainsi encourues sont inférieures à 30 millions de LUF, en raison des avantages anormaux consentis aux sociétés du groupe, le bénéfice commercial est *forfaitairement* fixé à 1,5 million de LUF. Par ailleurs, si le centre se livre à des activités de *compensation de factures* exprimées en devises différentes, le bénéfice théorique est estimé à un taux minimum de 1 % du total des factures traitées (1,5 % si le centre supporte le risque de change).

En matière d'*impôt sur la fortune* (voir n° 1356), les éléments de la fortune imposable sont ceux qui sont directement attachés au centre.

2. Sociétés de financement

1329 Les sociétés de financement ont été instituées par la circulaire 120 de la direction des contributions directes en date du 14 juillet 1989 pour attirer au Luxembourg les *activités de financement internes des groupes* de sociétés d'une certaine importance. Cette circulaire a été abrogée par la circulaire 1120 du 20 février 1996.

La *société mère,* qui peut prendre la forme d'un holding, doit en effet disposer de capitaux propres d'au moins 5 milliards de LUF ou de leur contre-valeur correspondante. Aucune condition de capital minimum ne s'impose en revanche pour la société de financement elle-même.

La société de financement est une société de capitaux résidente, pleinement imposable, faisant partie d'un groupe international et ayant pour *objet exclusif* de consentir des prêts à des sociétés du groupe refinancés par des moyens et instruments financiers tels que des émissions publiques, des emprunts privés ou des prêts bancaires. Les fonds réunis ne peuvent être transformés ni quant à leur devise ni quant à leur échéance. L'administration fiscale leur permet toutefois de conclure des accords de swap d'intérêts ou de swap de devises, sous réserve que les fonds soient placés pendant huit jours maximum sur un compte porteur d'intérêts et, pour les fonds libellés en devises, que leur conversion en LUF s'effectue au taux de change applicable le jour où ils sont prêtés aux membres du groupe.

Régime fiscal

1330 Les sociétés de financement ont un *bénéfice imposable* qui est déterminé selon des règles d'assiette particulières.

Le *bénéfice commercial* retenu par l'administration fiscale pour l'imposition des bénéfices est un bénéfice *minimum* calculé en appliquant au montant des prêts accordés par la société de financement une *marge bénéficiaire forfaitaire* d'au moins 0,25 %. Ce forfait minimum est réduit à 0,125 % dans le cas où le risque afférent à l'intervention de la société est couvert par une garantie juridique. Si le *bénéfice réel* est supérieur à la marge forfaitaire, il convient de retenir ce montant pour l'assujettir à l'IRC aux taux habituels.

Les *intérêts* perçus lors du placement de ressources financières extérieures pendant une durée maximale limitée à huit jours sont imposables aux taux habituels. Les *pertes* ne sont pas déductibles.

De même, les *retenues de source étrangère* ne sont ni imputables à l'impôt sur le revenu luxembourgeois, ni déductibles du bénéfice lorsque la marge est fixée forfaitairement. L'*impôt sur la fortune* (voir n° 1356) s'établit sur les éléments de fortune directement attachés à la société de financement.

3. Sociétés captives de réassurance

1331 Soucieux de diversifier les activités de la place financière, le Luxembourg s'est doté d'une législation souple et efficace pour devenir une place d'assurance et être une des terres d'accueil des sociétés captives de réassurance. Depuis l'entrée en vigueur en 1984 d'une loi sur le secteur des assurances, modifiée par la loi du 6 décembre 1991 et complétée par celle du 8 août 2000, 96 compagnies d'assurances et 260 sociétés de réassurance se sont installées au Luxembourg et exercent, sous le contrôle d'une autorité de tutelle, le commissariat aux assurances, lequel dispose de pouvoirs de sanctions pécuniaires ou disciplinaires.

La réglementation du secteur des assurances fait l'objet d'un texte coordonné le 15 février 1995 (Mémorial A 12/1995). La loi du 8 août 2000 concerne la surveillance complémentaire des entreprises d'assurance luxembourgeoise faisant partie d'un groupe d'assurance (participant à au moins une entreprise d'assurances ou de réassurance, ou dont la mère est une holding d'assurance ou une entreprise de réassurance ou d'assurances d'un pays tiers, ou encore dont la mère est une société holding mixte d'assurance). Elle englobe donc la *coassurance* et la *réassurance communautaires* ainsi que le *libre établissement* et la *libre prestation de services* sur le territoire de l'ensemble de l'Union européenne des entreprises d'assurances luxembourgeoises ayant reçu l'agrément (pour la construction du marché commun de l'assurance, voir Mémento CE Francis Lefebvre n°s 2610 s.).

Une entreprise de *réassurance* est une entreprise dont l'activité principale consiste à accepter les risques cédés par une entreprise d'assurances ou d'autres entreprises de réassurances, en contrepartie du paiement d'une prime. Au sein d'un groupe de sociétés, la fonction de réassurance est, en pratique, intégrée dans une filiale spécifique qualifiée de société « captive de réassurance ». Des contrats de réassurance lient la société captive et le principal assureur. Une large partie des primes versées à l'assureur principal peut donc être récupérée par l'intermédiaire de la captive. Dans les schémas classiques de réassurance, la société captive rétrocède le plus souvent la plus grande partie des risques souscrits contre une part seulement des primes encaissées, rendant ainsi possible la constitution de réserves. Dans la très grande généralité des cas, la gestion des risques est confiée à une société spécialisée.

1332 Les sociétés captives sont des sociétés commerciales sous la forme anonyme, dotées d'un capital social de 1 225 000 euros ou l'équivalent s'il est libellé dans une devise autre que l'euro. L'*agrément* de l'entreprise de réassurance et de son dirigeant est accordé par le ministre après instruction de la demande par le commissariat aux assurances. L'activité de réassurance est exclusive de toute activité d'assurance directe. Un dirigeant peut être agréé pour plusieurs entreprises de réassurance. Il doit justifier de garanties d'honorabilité et de connaissances professionnelles de haut niveau et avoir son domicile au Luxembourg. Les livres comptables doivent être tenus et conservés au Luxembourg et les entreprises de réassurance doivent se soumettre à une révision comptable externe. Elles doivent disposer au Luxembourg d'une organisation interne suffisante, avoir des moyens propres suffisants en fonction de leurs engagements et constituer des provisions techniques suffisantes.

Remarques : 1. Un *plan actuariel* détaillé les *risques à couvrir* est remis au commissariat aux assurances et la société doit respecter un coefficient de *solvabilité,* c'est-à-dire disposer, une fois constituée, de moyens propres autres que des réserves techniques, et représentant au moins 10 % des primes annuelles nettes (primes encaissées diminuées des primes versées, au cas où la captive se réassure elle-même) et 2 % dans la branche Vie.

2. À la différence des fonds de pension sous la forme de société d'épargne pension à capital variable (SEPCAV) et d'association d'épargne pension (ASSEP) qui sont soumis à l'agrément de la CSSF (loi du 8 juin 1999, voir n°s 2310 s.), les *fonds de pension soumis au contrôle prudentiel du Commissariat aux assurances* relèvent du même régime de l'agrément que les entreprises de réassurance (règlement du 31 août 2000). Est considéré comme tel tout fonds établi séparément de toute entreprise participante en vue de financer des prestations de retraite, d'incapacité, de décès ou de survie en faveur du personnel des entreprises participantes et pour lesquelles ces dernières assument la responsabilité financière. Le ministre peut l'autoriser à *transférer son portefeuille* à un autre fonds établi au Luxembourg ou dans l'Union européenne ou à une entreprise d'assurances de l'Union européenne agréée pour pratiquer les branches de l'assurance-vie. L'agrément délivré lui permet de réaliser des activités, soit en régime d'établissement,

soit en régime de **libre prestation de services** en dehors du Luxembourg. Tout fonds qui désire établir une **succursale** dans un autre État membre doit en demander l'autorisation préalable au Commissariat aux assurances.

Régime fiscal

1333 En ce qui concerne l'*imposition de leurs bénéfices,* en principe les captives sont redevables de l'impôt sur les sociétés aux taux habituels. Mais la charge de l'impôt des sociétés de réassurance qui s'installent au Luxembourg est considérablement réduite en raison de **règles d'assiette particulières** destinées à tenir compte des contraintes techniques inhérentes à l'activité exercée et qui ont pour effet de réduire considérablement la charge afférente aux opérations de réassurance elles-mêmes.

Les captives peuvent ainsi constituer, en franchise d'impôt, des **provisions** techniques pour les primes qu'elles conservent pour leur propre compte. Ces provisions doivent former la contrepartie des obligations existant à l'égard des compagnies d'assurances cédantes à la fin de l'exercice. Ces provisions sont essentiellement une provision pour sinistres à payer ; une provision pour risques en cours ; une provision pour fluctuation de sinistralité exonérée d'impôt dans certaines limites techniques.

Quant à l'*impôt sur la fortune,* la captive y est assujettie dans les conditions de droit commun (voir n°s 1355 s.) mais la provision pour fluctuation de sinistralité est une dette déductible.

Pour ce qui est de l'*impôt commercial* (voir n°s 1335 s.), les aménagements fiscaux sont les suivants. Les provisions pour sinistres à payer et celles pour risques en cours ont le caractère de charges déductibles pour l'évaluation monétaire du capital d'exploitation. De même, la provision pour fluctuation de sinistralité vient en diminution de la base imposable pour la détermination du bénéfice d'exploitation.

CHAPITRE 2 # Autres impôts

SECTION 1 ## Impôt commercial communal (ICC)

1335 L'impôt commercial est lui aussi la transposition d'un impôt allemand, la *Gewerbesteuer*. Il est au demeurant **très proche** de la **taxe professionnelle française.**

L'impôt commercial constitue la principale ressource fiscale des collectivités locales luxembourgeoises. Le gouvernement étudie son remplacement par un impôt additionnel qui serait prélevé sur les activités économiques. Cette réforme de la fiscalité locale prendrait mieux en compte l'impact des activités économiques sur l'environnement naturel et humain.

Champ d'application

1336 L'impôt commercial est dû par **tous les établissements stables** (sur cette notion, voir n° 1189) d'entreprises industrielles ou commerciales qui exercent leur activité au Luxembourg. Les sociétés de personnes, de capitaux, les sociétés coopératives ou à caractère mutualiste, dotées de la personnalité morale y sont soumises **de plein droit,** quelle que soit la nature de leur activité ou de leurs revenus.

Comme tout impôt local, l'impôt commercial est assis sur une **base territoriale.** Ainsi sont pris en compte les seuls éléments d'imposition qui se rattachent à l'exploitation d'un établissement stable sur le territoire du Grand-Duché.

Sont exclus, les exploitations agricoles ou forestières, les professions libérales, les revenus de la location de biens, sauf si la location de biens n'est que l'accessoire d'une activité dont le caractère de prestation de services est prépondérant.

Base imposable

1337 Depuis 1997, l'impôt commercial est assis sur le seul **produit d'exploitation**, alors que jusqu'alors, il était assis également sur le capital d'exploitation, c'est-à-dire la valeur unitaire de l'exploitation (déterminée selon la loi d'évaluation et réajustée) et, avant 1987, sur la masse salariale. La loi du 1er décembre 1936 relative à l'impôt commercial ne définit pas la notion de produit d'exploitation mais elle indique la marche à suivre pour le déterminer à partir du bénéfice imposable à l'impôt sur le revenu ou à l'IRC.

Majoration du bénéfice imposable

1339 Le **bénéfice imposable** à l'IR ou à l'IRC est **tout d'abord** majoré d'une série d'éléments dont les plus importants sont les suivants :
– rémunérations et avantages alloués aux associés dirigeants des sociétés de capitaux qui détiennent une participation supérieure à 25 % ;
– pertes engendrées par la participation à des sociétés de personnes ou à des associations de fait ;
– rémunérations et autres avantages versés au conjoint de l'exploitant ;
– rémunérations et autres avantages des commandités et de leurs conjoints.

Minoration du bénéfice imposable

1340 Le *bénéfice imposable est ensuite minoré* des éléments suivants :
– 10 % de la valeur unitaire (voir n° 1812) des immeubles appartenant à l'entreprise ;
– bénéfices provenant de participations égales à 10 % au moins dans des sociétés résidentes pleinement imposables à l'IRC ;
– bénéfices recueillis dans le cadre d'une société de personnes ;
– bénéfices des établissements stables étrangers.

Du bénéfice ainsi ajusté sont *encore déduits :*
– un abattement forfaitaire fixé à 700 000 LUF pour les entreprises relevant de l'IRC et à 1 200 000 LUF pour les entreprises relevant de l'IR ;
– le cas échéant, des pertes reportables. Depuis 1990, la limitation du report des pertes à cinq exercices a été supprimée également pour l'ICC. N'entrent cependant en compte que les pertes constatées lors de la détermination du bénéfice d'exploitation selon les modalités propres à l'ICC (majoration et déduction) et qui n'ont de ce fait pas été déduites du bénéfice d'exploitation.

Liquidation

1344 Le calcul de l'impôt s'opère en *deux temps*. Tout d'abord, un taux d'assiette est appliqué à la base pour obtenir la base d'assiette. Pour le produit d'exploitation, le taux d'assiette est fixé par la loi à 4 %. Ensuite, on obtient la cotisation d'impôt en appliquant à la base d'assiette les taux communaux. Les plus fréquents varient entre 230 et 270 % (250 % à Luxembourg Ville).

Le *taux réel* de l'ICC est élevé puisque l'impôt nominal représente dans la plupart des cas 10 % du bénéfice. En pratique, la charge réelle est légèrement inférieure puisque l'ICC constitue une *charge déductible* du bénéfice imposable. Elle n'en reste pas moins tout à fait significative. Le taux moyen net est de 9,09 %, notamment à Luxembourg Ville, en raison du fait que l'ICC est déductible de sa propre base.

Recouvrement

1345 L'impôt commercial donne lieu à des *versements provisionnels* les 10 février, 10 mai, 10 août et 10 novembre de l'année suivant celle au titre de laquelle l'impôt est établi. Les communes fixent leur taux d'imposition au plus tard le 1er novembre. L'établissement de l'impôt s'effectue par *émission d'un rôle* au vu d'une déclaration annuelle établie par l'entreprise.

SECTION 2 Impôt sur la fortune

Champ d'application

1355 L'impôt sur la fortune est dû par les *personnes morales* comme par les *personnes physiques*. Les unes et les autres sont assujetties à une obligation fiscale illimitée ou limitée selon qu'elles sont ou non résidentes du Luxembourg (voir n°s 1176 s.).

D'autre part, l'article 20 de la *convention franco-luxembourgeoise* réserve le droit d'imposer les biens productifs de revenus, comme les entreprises et les immeubles, à l'État contractant qui a le droit d'imposer les revenus correspondants. Ainsi la convention permet-elle au Luxembourg d'imposer le capital d'exploitation des établissements stables que des entreprises françaises exploitent sur son territoire.

Base imposable

1356 Pour les sociétés de capitaux, et de manière plus générale pour les entreprises qui exercent une activité, l'impôt sur la fortune est assis sur le *capital d'exploitation*. Celui-ci est défini par l'article 54-1 de la loi d'évaluation comme étant composé de tous les éléments d'une unité économique qui sert à titre principal à l'exercice d'une activité d'entreprise et appartient à l'exploitant. Le capital d'exploitation comprend donc aussi bien les éléments corporels ou incorporels (droits d'exploitation, brevets et licences) de l'actif immobilisé que le fonds de roulement. Mais les immeubles n'y sont rattachés que pour autant qu'ils servent principalement à exercer une activité industrielle et commerciale. À défaut, ils seraient classés dans les biens fonciers (voir ci-après au n° 1611).

Exonérations

1357 Certains *éléments* de fortune sont exonérés. Il s'agit :

– des participations qui bénéficient du régime luxembourgeois des sociétés mères et filiales exposé aux n°s 2059 s., c'est-à-dire égales à 10 % au moins du capital ou dont le prix d'acquisition représente au moins 50 millions de LUF. Aucune condition de durée de détention n'est requise ;
– des droits de licence artistique ou littéraire détenus par l'auteur lui-même ;
– du capital d'exploitation des établissements stables situés à l'étranger, lorsqu'une convention fiscale prévoit une telle exonération ;
– de l'ensemble du capital d'exploitation des sociétés holdings luxembourgeoises régies par la loi de 1929.

Déductions

1358 De *l'actif brut,* il convient de déduire les dettes et les provisions en rapport avec l'exploitation pour respecter le principe selon lequel l'impôt est assis sur des **valeurs nettes**. Le capital d'exploitation est donc une variante de l'actif net alors que les autres éléments de fortune (agricole, forestier, foncier, voir ci-après n° 1610) sont d'abord retenus pour leur valeur brute, la déduction des charges intervenant seulement au stade de la fortune globale.

Évaluation

1359 Chaque entreprise est considérée aux fins de l'évaluation du capital d'exploitation comme constituant une unité économique à laquelle est attribuée une *valeur unitaire globale.* Pour la calculer, les éléments du capital d'exploitation sont en principe évalués tous les trois ans d'après leur *valeur d'exploitation,* c'est-à-dire la fraction du prix global de l'entreprise qu'un acquéreur éventuel de celle-ci, décidé à en poursuivre l'exploitation, accepterait de payer pour chaque élément. Cette règle s'applique aux meubles faisant partie de l'*actif immobilisé,* aux *stocks* et aux *éléments incorporels* comme les brevets.

À la différence de l'impôt sur le revenu, la valeur d'exploitation de ces éléments tient compte, en matière d'impôt sur la fortune, à la fois de la *valeur de remplacement des biens* et de leur *valeur d'usage,* ce qui revient à réduire la valeur de remplacement pour tenir compte de leur vétusté ou de leur obsolescence. Elle varie donc nécessairement en fonction de l'utilité de chaque bien, entre sa valeur de remplacement qui est un plafond, et sa valeur de rebut qui est un plancher.

1360   Les *autres éléments* du capital d'exploitation sont ainsi évalués :
– les *immeubles* sont évalués tous les six ans selon les règles applicables aux biens fonciers (voir n° 1611).
– les *droits d'exploitation* concédés sont retenus pour leur valeur vénale réelle.
– les *titres* de sociétés *cotées* en bourse sont évalués au dernier cours de l'année précédant celle de la fixation des valeurs unitaires. Les titres *non cotés* sont retenus selon leur valeur vénale au 31 décembre de l'année précédant celle de l'évaluation.

Liquidation

1361   Le *taux* de l'impôt sur la fortune est uniformément fixé à *0,5 %*.

Les *sociétés résidentes* sont redevables d'une *cotisation minimale* annuelle fixée à 2 500 LUF pour les sociétés anonymes et les sociétés en commandite par actions, et à 1 000 LUF pour les sociétés à responsabilité limitée. Les *autres* collectivités ne sont redevables de l'impôt sur la fortune qu'à partir d'un patrimoine de 100 000 LUF.

L'impôt sur la fortune fait l'objet d'*acomptes trimestriels* basés sur la cotisation calculée lors de la précédente opération de fixation triennale des valeurs unitaires. La dernière opération d'évaluation a eu lieu par référence au 1er janvier 1998. Toute variation de valeur unitaire de plus de 20 % ou de 3 millions de LUF entraîne la fixation d'une nouvelle valeur.

L'impôt sur la fortune n'est pas déductible de l'assiette de l'IRC ou de l'IR mais, depuis 1998, les sociétés résidentes et les établissements stables de sociétés étrangères peuvent cependant demander à l'*imputer sur l'IRC* selon les modalités particulières exposées au n° 1267.

SECTION 3   ## Taxe annuelle d'abonnement

1370   Frappant autrefois les titres de toutes les sociétés de capitaux luxembourgeoises, cette taxe qui est en quelque sorte un impôt permanent sur le capital des sociétés, ne subsiste que pour les sociétés *holdings* régies par la loi *de 1929* (n° 2050) et les *organismes de placement collectif* (n° 2141).

TITRE 3 Imposition des personnes physiques

1400 Au Luxembourg, comme dans tous les États dont la législation fiscale est d'inspiration allemande, la fiscalité personnelle est fondée, d'une part, sur une *imposition annuelle des revenus*, d'autre part, sur l'imposition du patrimoine.

Concernant l'*imposition du patrimoine*, elle comprend l'impôt sur la fortune, perçu par l'État, l'impôt foncier, perçu par les collectivités locales, auxquels s'ajoute la valeur locative des logements occupés par les propriétaires. En outre, le patrimoine privé supporte encore lors de sa transmission des droits de mutation à titre onéreux ou à titre gratuit.

À ne considérer que sa structure, la fiscalité personnelle ne paraît pas ménager les détenteurs de biens. En pratique, les différentes impositions du patrimoine, qui sont fondées sur une loi d'évaluation commune, sont sensiblement moins lourdes qu'en France et surtout qu'en Allemagne.

CHAPITRE 1 # Impôt sur le revenu

1410   La loi du 4 décembre 1967 à laquelle il a déjà été fait référence (et qui sera désignée dans la suite de cette section par les initiales LIR) n'a pas bouleversé le système d'imposition des revenus qui reste largement inspiré du régime allemand avec toutes les conséquences que cela implique quant à l'interprétation des notions fondamentales.

En particulier, si elle a regroupé en un impôt unique les anciens impôts sur le revenu des personnes physiques et sur les sociétés, elle n'a supprimé ni l'ancien dispositif de retenues à la source sur les revenus des personnes physiques, ni l'impôt spécial sur les tantièmes créé en mars 1939, distinct de l'impôt sur le revenu et lui aussi d'origine allemande.

Depuis lors, l'imposition des revenus des particuliers n'a pas été bouleversée, mais a continué d'évoluer dans ce qui paraît être le sens général de la politique fiscale luxembourgeoise : compenser les sacrifices budgétaires consentis pour faire du Grand-Duché une place financière majeure par les recettes d'une fiscalité personnelle aux avantages très strictement mesurés. C'est surtout à la première idée que répondaient en 1978 l'introduction d'un système de crédit pour impôts étrangers, et la suppression de toute retenue à la source sur la plupart des intérêts d'obligations. Mais c'est la seconde qui a conduit en 1975 à limiter la prise en compte des charges de famille par le système du quotient familial, puis en 1978 à étendre sensiblement la notion de plus-value immobilière imposable.

Tel qu'il se présente aujourd'hui, l'impôt sur le revenu luxembourgeois reste marqué par une **approche cédulaire** qui conduit au maintien de règles d'assiette propres à chaque catégorie de revenus, et qui laisse subsister une définition limitative de la notion de plus-value imposable.

Inversement, il innove par rapport à son modèle allemand au niveau des modalités qui sont retenues pour personnaliser l'impôt et pour taxer moins lourdement les revenus exceptionnels.

Pour les **non-résidents,** cet impôt ne présente guère que deux avantages : la possibilité d'une imposition forfaitaire pendant dix ans pour les personnes qui viennent s'établir au Luxembourg, et l'exonération de la plupart des intérêts que les non-résidents reçoivent de source luxembourgeoise.

La dernière **réforme** importante a eu lieu le 6 décembre 1990 (Mémorial A n° 70 du 20 décembre 1990). Dans le domaine de l'imposition des personnes physiques, les modifications les plus remarquables amélioraient la déductibilité de certaines charges et dépenses professionnelles encourues par les salariés, ainsi que des intérêts d'emprunts contractés par le contribuable pour l'acquisition de son logement, et l'imposition des plus-values.

La même loi a apporté des modifications plus fondamentales encore dans le domaine de l'imposition des sociétés, qui ont fait l'objet de développements plus amples.

La loi de finances pour 2001 contient une importante **modification tarifaire.**

Remarque terminologique

1411   Le droit fiscal luxembourgeois a recours à des termes et expressions quelque peu déroutants pour un lecteur français. Dans la mesure où les textes et imprimés officiels utilisent ces termes, nous les reprenons dans l'exposé qui suit en fournissant ici leur correspondance en droit fiscal français :

– *imposition collective :* imposition conjointe ;
– *modération d'impôt en raison d'enfants :* abattement pour charge d'enfants ;
– *frais d'obtention du revenu professionnel :* frais professionnels ;
– *imposition par voie d'assiette :* recouvrement par voie de rôle.

SECTION 1 **Champ d'application**

1420   Pour les raisons déjà indiquées plus haut, les aspects internationaux de l'impôt sur le revenu ont au Luxembourg une importance particulière et forment un ensemble de dispositions très complet qui n'est pas dépourvu de particularités intéressantes. Bien entendu, toutes ces dispositions s'appliquent sous réserve des dispositions des conventions internationales.

A.   Personnes imposables

Principe

1421   L'impôt sur le revenu frappe les *personnes physiques* par opposition aux sociétés de capitaux qui sont, elles, soumises à l'impôt sur les collectivités (voir n°s 1155 s.).

On notera que les *sociétés de personnes* (sociétés en nom collectif, en commandite simple, en participation ou associations momentanées) ne sont, elles, soumises en tant que telles ni à l'impôt sur le revenu ni à l'impôt sur les sociétés. En effet, étant transparentes sur le plan fiscal, ce sont les associés de ces sociétés qui supportent individuellement l'impôt sur les bénéfices réalisés par celles-ci, cet impôt pouvant être l'impôt sur le revenu ou l'impôt sur les sociétés selon la qualité de chaque associé. Il n'existe pas non plus de système permettant, sur option, de soumettre ces sociétés directement à l'impôt sur les sociétés.

L'impôt sur le revenu vise toutes les personnes physiques qui vivent au Luxembourg (critère du domicile) ou qui perçoivent des revenus luxembourgeois (critère de la source).

Foyer fiscal : imposition collective (conjointe)

1422   Le revenu imposable est celui qui est acquis par l'ensemble des membres d'un même *foyer* fiscal. Cependant, les salaires des *enfants mineurs* (moins de 21 ans) sont toujours imposés distinctement (art. 4-2 de la LIR). L'imposition collective se limite aux époux contribuables *résidents*. Pour les conjoints *non résidents qui travaillent tous les deux* au Grand-Duché (voir n° 1585), l'imposition collective se limite aux époux qui « ne sont pas en fait séparés en vertu d'une dispense de la loi ou de l'autorité judiciaire ».

Depuis 1991, les contribuables *résidents* sont imposés collectivement *dès lors* qu'ils se sont mariés en cours d'année civile, ou qu'ils étaient mariés à un moment quelconque de l'année d'imposition ; l'imposition collective est étendue aux couples qui *deviennent résidents en cours d'année,* même s'ils le sont pour une partie de cette année d'imposition seulement. Enfin, dans certains cas, les non-résidents peuvent être imposables collectivement. Pour satisfaire les impératifs découlant des conventions internationales conclues par le Luxembourg dans le domaine des droits de l'homme, les *enfants naturels* reconnus et les descendants naturels des enfants adoptifs font partie des personnes formant un ménage et ouvrant droit à la modération d'impôts pour charge d'enfants (voir n° 1522). D'autre part, le contribuable conserve pendant deux ans et dans la limite d'un certain montant de revenus son droit à une bonification d'impôt pour raison d'enfants quand un *enfant vient de quitter le foyer* (voir n° 1523-2).

Enfin, une personne qui remplit les conditions pour être imposée collectivement avec **deux conjoints au cours d'une même année d'imposition** (procédure de divorce déclenchée en début d'exercice fiscal et remariage avant la fin de ce même exercice) n'est imposable collectivement qu'avec le premier conjoint. Des dispositions similaires ont été adoptées en ce qui concerne l'imposition collective pour les besoins de l'impôt sur la fortune.

B. Règles de territorialité

Principe

1423 Pour l'imposition des revenus, le champ d'application territorial de la loi fiscale luxembourgeoise est délimité par les notions de **résidence** des personnes et de **source** des revenus.

Un contribuable est imposable soit en tant que résident, soit en tant que non-résident. Ainsi, les personnes physiques qui sont **résidentes** du Luxembourg y sont en principe passibles de l'impôt sur l'ensemble de leurs revenus qu'ils soient de source luxembourgeoise ou étrangère. À cette obligation illimitée, s'oppose celle des personnes **non résidentes** qui ne sont imposables que sur certains de leurs revenus de source luxembourgeoise.

La distinction est également d'importance du fait que certains **avantages fiscaux** résultant des règles fiscales internes ou de conventions bilatérales ne sont applicables qu'aux résidents.

Personnes résidentes

1424 Aux termes de l'article 2 de la LIR, sont considérées comme **résidentes** les personnes qui ont au Grand-Duché leur domicile fiscal ou leur séjour habituel. La définition de ces deux critères doit être recherchée respectivement dans les articles 13 et 14 de la loi d'adaptation fiscale déjà citée, et dans quelques décisions jurisprudentielles.

La loi prévoit tout d'abord que le **domicile fiscal** d'une personne se trouve « à l'endroit où elle possède une habitation dans des conditions qui permettent de conclure qu'elle la conservera et qu'elle l'utilisera ». Il n'est pas pour autant nécessaire que cet usage soit permanent. De même, le pouvoir de disposer librement d'une habitation peut être exercé par des membres de la famille du contribuable, voire par des employés de maison. L'existence d'un domicile fiscal au Luxembourg est donc une question de fait, indépendante à la fois des intentions du contribuable et de la localisation de son domicile légal. Cette notion est donc très proche de celle de « foyer permanent d'habitation » qu'utilise l'OCDE.

Le **séjour habituel** résulte également d'une situation de fait excluant toute présence purement passagère en un endroit déterminé ou plus généralement sur le territoire du Grand-Duché. En règle générale, le séjour, pour devenir habituel, doit durer plus de six mois, même s'il est interrompu par de courtes absences. L'obligation fiscale illimitée s'applique alors de façon rétroactive au premier jour de présence sur le territoire luxembourgeois.

À ces deux critères d'ordre personnel, le deuxième alinéa de l'article 14 de la loi d'adaptation fiscale juxtapose un critère d'ordre économique en énonçant que sont considérés comme résidents tous les **propriétaires et dirigeants d'entreprises luxembourgeoises**. La jurisprudence considère que cette disposition crée un domicile fictif au Luxembourg, indépendant des deux critères précédents.

Personnes non résidentes

1425 Sont considérées comme **non résidentes** les personnes physiques qui ne disposent au Luxembourg ni de leur domicile, ni d'une résidence habituelle et qui ne satisfont pas à la condition de durée minimum de séjour.

Un contribuable non résident n'est imposable au Luxembourg qu'à raison des seuls *revenus de source luxembourgeoise* visés à l'article 156 de la LIR (reproduit au n° 1187). Les revenus non visés sont exonérés d'impôt, les exonérations les plus notables concernant les revenus alloués par une société holding luxembourgeoise. L'imposition des non-résidents est traitée aux n°^{os} 1570 s.

1426 Il faut enfin observer que la liaison entre les notions de résidence et d'obligation fiscale illimitée est très étroite. Ainsi, le fait que dans un ménage l'un des époux soit considéré comme non résident pendant une partie de l'année d'imposition (année civile) fait obstacle au rattachement des revenus correspondants au foyer fiscal dont les revenus sont imposables collectivement.

L'article 157 bis de la LIR, tel que l'ont modifié la loi du 6 décembre 1990 et la loi du 23 décembre 1997, a réformé le régime d'imposition des **salariés non résidents** : ils rentrent en principe dans la même classe d'impôts que les retraités ou les personnes vivant seules ayant des enfants à charge (classe 1 A, voir n°^{os} 1520 s.). Ils sont soumis à la classe d'impôts applicable aux époux (classe 2) si les revenus acquis sur le territoire du Grand-Duché dépassent 50 % des revenus du ménage. Si les deux conjoints travaillent à titre de salariés au Grand-Duché de Luxembourg, l'octroi de la classe 2 aura pour conséquence l'imposition collective.

Élimination des doubles impositions

1430 Le recours presque exclusif à des critères d'ordre personnel pour définir la résidence fiscale des personnes physiques est bien entendu de nature à multiplier les risques de double imposition en l'absence de convention fiscale pour résoudre les conflits entre souverainetés fiscales. Or, le réseau des *conventions fiscales* signées par le Luxembourg est à la fois récent et relativement peu important (pour la trentaine de conventions fiscales en vigueur au 1er novembre 2000, voir n° 4503).

Imposition forfaitaire

1431 Aussi, pour éviter ce risque, l'article 8 de la LIR prévoit-il une exception au principe de l'obligation fiscale illimitée à la charge des contribuables résidents. Cette disposition stipule que lorsqu'une personne physique a son domicile fiscal au Luxembourg du seul fait qu'elle y possède **une** ou **plusieurs résidences secondaires**, son *revenu imposable* est *fixé forfaitairement* à un montant compris entre cinq et dix fois le loyer brut ou la valeur locative brute de ces résidences. En tout état de cause, l'impôt ne peut être inférieur à celui qui serait dû par l'intéressé considéré comme non-résident, à raison de ses seuls revenus imposables de source luxembourgeoise. Ces dispositions, rarement appliquées, ne sont pas sans analogie avec celles visées à l'article 164-C du Code général des impôts français (assujettissement à trois fois la valeur locative réelle de l'habitation).

Le contribuable qui y trouve intérêt peut également demander à être imposé normalement en qualité de résident du Luxembourg (art. 8 de la LIR).

Crédit pour impôt étranger

1432 Les articles 134 bis et 134 ter de la LIR prévoient un mécanisme de *crédits pour impôts étrangers* ou une déduction de ces prélèvements du montant imposable des revenus de source étrangère. Ce dispositif, commun aux **sociétés** et aux **personnes physiques**, est exposé avec les règles de territorialité des sociétés aux n°s 1178 s.

Règle du taux effectif

1433 Lorsque les conventions recourent à la méthode de l'exemption, l'article 134 de la LIR permet d'appliquer la méthode du taux effectif d'imposition pour déterminer le taux de l'impôt luxembourgeois applicable aux autres revenus qui ne sont pas exonérés en vertu de la convention fiscale.

C. Année fiscale

1436 Le revenu imposable est un revenu **annuel**. En principe, l'année fiscale coïncide avec l'année civile. Des dates différentes peuvent néanmoins être retenues sur autorisation préalable des autorités fiscales.

Les recettes taxables au titre d'une année déterminée sont celles qui ont été **mises à la disposition** du bénéficiaire au cours de celle-ci. Les frais et charges déductibles doivent avoir été engagés la même année en vue d'acquérir, d'assurer ou de conserver les recettes (art. 105 de la LIR).

D. Exonérations

1438 L'article 115 de la LIR exonère de manière expresse un certain nombre de revenus, pour des raisons sociales essentiellement. Il s'agit notamment :

- *de prestations sociales :*
– prestations en nature allouées par l'Office des assurances sociales et prestations en espèces attribuées en vertu d'une assurance maladie ou par l'Association d'assurance contre les accidents, lorsqu'elles n'ont pas le caractère d'un salaire de substitution ;
– allocations familiales de naissance et autres prestations de même nature.

- *de rémunérations accessoires aux salaires :*
– heures supplémentaires et primes d'ancienneté dans certains plafonds ;
– indemnités pour frais y compris les frais de déplacement dans la limite de montants forfaitaires de frais, fixés par l'administration ;
– indemnités pour rupture abusive de contrat de travail attribuées par une juridiction du travail ;
– indemnités de départ prévues par la loi sur le contrat de travail (dans certaines limites cependant, pour les salariés âgés d'au moins 60 ans au moment du licenciement) ;
– indemnités pour licenciement économique jusqu'à 500 000 LUF en cas de fermeture de l'entreprise ;
– indemnité de départ prévue par la législation sur le contrôle du travail et indemnité pour rupture abusive du contrat de travail, jusqu'à 500 000 LUF ou six fois le montant moyen du volume mensuel. L'indemnité de départ n'est exonérée qu'à raison du cinquième de son montant pour les salariés de 60 ans ou plus ayant un salaire de plus de 3 450 000 LUF.

- *d'intérêts* produits par des formes d'épargne que le législateur souhaite encourager de manière particulière : comptes d'épargne constatés par des livrets d'épargne et obligations ou titres similaires émis par une collectivité publique, jusqu'à un plafond de 60 000 LUF (120 000 LUF dans l'hypothèse où ces intérêts sont acquis par un ménage soumis à imposition collective).

- de la moitié des *revenus mobiliers* versés par un établissement public ou une société résidente pleinement imposable ayant fait l'objet d'une retenue à la source : les revenus en provenance d'un OPCVM ou d'un holding ne bénéficient donc pas de cette exonération (voir également n° 1546). Pour l'exonération de la première tranche de 60 000 LUF des revenus mobiliers, montant à doubler en cas d'imposition collective, voir également n° 1465.

- de *revenus particuliers* :
– les capitaux versés à l'échéance d'un contrat d'assurance-vie ;
– les revenus résultant, notamment, de l'obtention par le contribuable de valeurs de rachat de contrats d'assurances-pension, sous certaines conditions (pour les pensions versées par les fonds de pensions, voir n° 2542) ;
– les revenus résultant du fait que le contribuable a obtenu des taux d'intérêts particulièrement favorables. Le gouvernement luxembourgeois peut exonérer partiellement ce type de revenus. L'importance du secteur financier au Luxembourg explique cette mesure qui peut paraître singulière : les salariés du secteur financier obtenaient pratiquement tous des prêts hypothécaires à des conditions particulièrement favorables de la part de leur employeur. Cette disposition constitue d'ailleurs le corollaire d'une autre disposition introduite par la loi du 6 décembre 1990 et qui permet au gouvernement d'imposer ces bonifications d'intérêts à titre d'*avantages en nature*.

1439 Bien entendu, les règles propres à *certaines catégories de revenus* peuvent également aboutir à des *exonérations particulières*. Il en est ainsi en matière de bénéfices industriels ou commerciaux, de bénéfices non commerciaux, et de revenus de capitaux mobiliers notamment.

Le revenu imposable est un revenu *global*. La notion de revenu n'est pas définie par la loi. Le revenu imposable est simplement la somme algébrique de huit catégories légales de revenus. L'influence de l'approche cédulaire subsiste puisque *tout revenu n'entrant pas expressément dans une des catégories est exonéré* ; tel est le cas par exemple des gains de loterie ou de jeu.

SECTION 2 Détermination du revenu imposable

1450 L'article 10 de la LIR répartit les revenus imposables en huit catégories :
– bénéfice commercial ;
– bénéfice agricole et forestier ;
– bénéfice provenant de l'exercice d'une profession libérale ;
– salaires ;
– pensions et rentes ;
– revenus de capitaux mobiliers ;
– revenus de la location de biens ;
– revenus divers (plus-values mobilières et immobilières notamment).

Les règles d'assiette propres à chacune d'elles seront examinées plus loin, après que l'on aura tout d'abord exposé comment est déterminé le revenu imposable.

A. Modes de détermination des revenus catégoriels

1454 Selon leur nature, le *montant net des revenus catégoriels* est déterminé en recourant à l'une ou l'autre des deux méthodes suivantes : la détermination d'un bénéfice ou la méthode de l'excédent des recettes sur les frais professionnels.

Méthode du bénéfice

1455 La *détermination d'un bénéfice* est de règle pour les trois premières catégories de revenus ci-dessus, c'est-à-dire pour toutes les activités professionnelles indépendantes. À l'instar du droit allemand, ces bénéfices sont déterminés en faisant application de la *théorie du bilan*.

Le bénéfice net correspond donc à la différence de valeur de l'actif net investi entre la fin et le début de l'année fiscale, augmentée des prélèvements personnels et diminuée des apports.

Cette règle a été étudiée en détail dans le titre 2 consacré à la fiscalité des entreprises (voir n°s 1210 s.). On indiquera seulement ici que son application n'est pas générale.

En effet, le principe de la prise en compte de toutes les variations de l'actif net est en pratique appliqué essentiellement par les exploitants astreints à la tenue d'une comptabilité régulière en raison notamment de l'importance de leur activité et par les personnes qui sont considérées comme coexploitantes d'une entreprise collective, c'est-à-dire les membres de sociétés de personnes.

Les petites exploitations individuelles, ainsi que la plupart des professions libérales, déterminent leur bénéfice selon une *méthode simplifiée*, basée sur les recettes encaissées et les dépenses ayant donné lieu à un décaissement effectif.

Enfin, pour les petites exploitations agricoles, la loi prévoit comme en France la fixation de *forfaits* par application de taux moyens de rendement.

Méthode de l'excédent des recettes sur les frais professionnels

1456 Elle est applicable pour les autres catégories de revenus. Il n'est donc pas tenu compte des accroissements de valeur pour déterminer ces revenus, sauf bien entendu pour l'imposition proprement dite des plus-values.

Frais d'obtention du revenu (frais professionnels déductibles)

1457 Depuis la réforme du 6 décembre 1990, les *salariés* et les contribuables obtenant des *bénéfices commerciaux* peuvent déduire à titre de frais professionnels (dits frais d'obtention du revenu professionnel) les *frais de déplacement* entre leur domicile et leur lieu de travail dans une fourchette de 15 600 LUF à 117 000 LUF (voir respectivement aux n°s 1479 et 1473).

D'*autres déductions forfaitaires* sont admises à titre de frais d'obtention du revenu pour les catégories suivantes de revenus (art. 107 de la LIR) :
– revenus provenant d'une occupation *salariée* : 21 000 LUF (42 000 LUF si les deux époux sont salariés) ;
– revenus provenant de *pensions* ou de *rentes* : 12 000 LUF (24 000 LUF en cas d'imposition conjointe) ;
– revenus de *capitaux mobiliers* : 1 000 LUF (2 000 LUF en cas d'imposition conjointe).

Les déductions forfaitaires sont accordées pour chaque catégorie de revenus relevant de cette méthode.

B. Revenu net imposable

Règles générales

1460 Le *revenu global* s'obtient par totalisation des revenus et déduction des déficits nets catégoriels.

Il n'est dérogé à ce principe que pour les produits entrant dans la catégorie des **revenus divers** : déficits ou gains d'activités occasionnelles et plus ou moins-values des particuliers. Le résultat net négatif tiré de cette catégorie n'est pas compensable avec les autres revenus catégoriels (art. 7-2 de la LIR).

Pour les **autres catégories** de revenus relevant du régime du bénéfice, les pertes excédentaires ne peuvent faire l'objet d'un report sur une autre année d'imposition que dans les conditions exposées ci-après (n° 1461).

Report déficitaire

1461   Du revenu brut global sont déduits les **déficits** subis au cours des exercices antérieurs par les exploitants individuels (commerciaux, non commerciaux, agricoles) dont les résultats sont déterminés selon la **méthode du bénéfice.** Depuis l'exercice 1991, le **report des pertes** n'est plus limité aux cinq exercices suivants (art. 114 de la LIR).

Dépenses spéciales déductibles

1462   Du revenu brut global sont ensuite déduites ce que l'article 109 de la LIR appelle les **dépenses spéciales,** et qui ne sont en principe pas imputables sur une catégorie particulière de revenus. Pour être déductibles, ces dépenses ne doivent pas non plus se rapporter à des revenus exonérés.

1463   Certaines dépenses privées sont déductibles au titre des **dépenses spéciales :**

1. Les **intérêts de dettes non professionnelles,** autres que celles afférentes à l'habitation principale, jusqu'à un plafond de 27 000 LUF par contribuable composant le ménage. Il est à noter que les intérêts d'emprunts afférents à l'habitation principale ne sont déductibles qu'à hauteur d'un revenu locatif fictif et dans la limite d'un plafond variable selon le nombre de personnes composant le ménage et leur durée d'occupation du logement (voir n° 1488).

2. Les **rentes** versées en vertu d'une convention de **divorce par consentement mutuel** ou d'un **jugement de divorce** prononcé après le 31 décembre 1997, dans un plafond annuel de 768 000 LUF. Etant déductibles dans le chef du débirentier, elles sont imposées dans le chef de leur bénéficiaire (art. 109 bis de la LIR).

Il y a lieu d'admettre, à notre avis, non seulement la déductibilité de pensions alimentaires servies sur base d'une convention conclue au Luxembourg, mais encore de celles que doit verser un contribuable résident luxembourgeois en vertu d'une convention de divorce conclue dans un pays dont les modalités de divorce par consentement mutuel sont proches de celles du Luxembourg, ce qui est notamment le cas de la France.

3. Les **cotisations d'assurance sociale.** Il convient de distinguer :
– les cotisations d'assurance sociale légale, déductibles sans limitation ;
– les cotisations volontaires, c'est-à-dire non obligatoires, à un établissement de sécurité sociale luxembourgeois.

4. Les **primes d'assurance** destinées à couvrir des **risques personnels** (décès, accidents, maladie...), y compris ceux encourus par les autres membres du même foyer fiscal, mais à l'exclusion des risques matériels (incendie, vol...). Sont également déductibles, les primes des contrats d'**assurance-vie** d'une durée au moins égale à dix ans. Les polices d'assurance peuvent être souscrites auprès de compagnies agréées au Luxembourg ou, depuis la loi du 8 décembre 1994, de compagnies agréées ayant leur siège social dans l'un des pays de l'Union européenne. Les primes d'**assurance pension** individuelle sont déductibles à concurrence de 27 000 LUF par personne composant le ménage. L'article 111 bis de la LIR prévoit une déduction supplémentaire de 48 000

LUF par époux pour des primes servant à constituer un contrat d'assurance-pension garantissant au contribuable une rente viagère différée d'au moins 10 ans et payable mensuellement au plus tôt à l'âge de 60 ans.

5. Les *cotisations à des caisses d'épargne-logement* agréées au Luxembourg ou dans un autre pays de l'Union européenne, dans une limite de 27 000 LUF (54 000 LUF en cas d'imposition collective). Les cotisations sont déductibles lorsqu'elles sont versées auprès d'organismes agréés, et dans le cadre de contrats souscrits pour financer l'acquisition d'un logement à usage d'habitation. Les cotisations sont déductibles dans les mêmes limites que celles applicables aux primes d'assurance. Ces deux catégories de déduction sont donc cumulables.

6. Les *dons à des organismes reconnus d'utilité publique* ou à des fondations décernant des bourses d'études ou de recherche, dans la limite de 10 % du revenu net total jusqu'à concurrence de 20 millions de LUF.

7. Les retenues opérées sur les rémunérations des salariés en raison de l'existence d'un régime complémentaire de pension créé par la loi du 8 juin 1999, à hauteur de 48 000 LUF par an (art. 110-3 de la LIR).

Au montant réel de ces dépenses, peut être substitué un *forfait minimum* égal à 18 000 LUF par an et qui peut être doublé lorsque, dans un même foyer fiscal, les deux époux sont salariés (article 113 de la LIR).

Abattements spéciaux

1465 Après déduction des dépenses spéciales, le revenu global est encore réduit par des *abattements spéciaux* qui permettent de tenir compte de la situation personnelle des contribuables, mais aussi de la nature de certains revenus. Ces derniers sont indépendants des abattements qui peuvent être prévus au niveau des revenus catégoriels.

Des abattements spéciaux peuvent être accordés au titre :

– des *charges extraordinaires* qui bouleversent la capacité contributive : entretien d'ascendants dans le besoin, dépenses liées à une maladie grave ou à la survenance d'un décès, frais de domesticité ou de garde d'enfant. Ces charges ne sont déductibles, sur demande, que si elles excèdent un certain pourcentage de revenu imposable (entre 1 et 10 %) variant selon le niveau de revenu et la situation de famille du contribuable (art. 127 et 127 bis de la LIR) ;
– des *salaires*. L'abattement compensatoire pour salaires, est fixé à 24 000 LUF, ce montant étant doublé lorsque les deux conjoints sont salariés ;
– des *retraites*. L'abattement compensatoire pour retraites s'élève également à 24 000 LUF et il est doublé lorsque les conjoints sont imposables collectivement.

Pour les salaires comme pour les retraites, l'abattement compensatoire s'élève à 2 000 LUF par mois entier d'imposition quand l'*assujettissement* à l'impôt intervient *en cours d'année*.

– des parts ou d'actions de sociétés luxembourgeoises : cet abattement à l'*investissement mobilier*, introduit par une loi du 27 avril 1984 et régulièrement prorogé, est depuis 1994 de 60 000 LUF (120 000 en cas d'imposition conjointe). Les actions ou parts sociales doivent représenter des apports en numéraire dans des sociétés de capitaux résidentes et pleinement imposables, et elles comprennent les parts d'OPC agréées dont 75 % du portefeuille est composé de titres desdites sociétés. L'acquisition se fait lors de la constitution ou lors d'une augmentation de capital par apports nouveaux. Les titres doivent être détenus pendant les quatre exercices suivants, à défaut de quoi la cession anticipée donne lieu à imposition rectificative (sauf en cas de décès ou invalidité du contribuable) ;

– des ***plus-values de cession ou de cessation d'activités*** industrielles, commerciales, non commerciales ou agricoles. L'abattement pratiqué sur leur montant est de 400 000 LUF, mais peut être porté à 1 million de LUF lorsque des immeubles figurent parmi les biens cédés ;
des certificats d'investissement en capital-risque évoqués au n° 1289 ;
– des ***plus-values de cession de participations importantes*** ou des plus-values ***immobilières*** des particuliers (sauf en cas de gains spéculatifs). Cet abattement présente deux originalités. S'élevant en principe à 2 millions de LUF (4 millions en cas d'imposition conjointe), ce montant ne peut être utilisé qu'une fois sur une période de dix ans. De plus, sur une plus-value réalisée par l'aliénation d'un immeuble bâti acquis par voie de succession en ligne directe, un abattement de trois millions de LUF est accordé. Dans le cas d'époux imposés conjointement, un abattement de 3 millions de LUF est accordé sur la part héréditaire de chaque époux. Cet abattement ne peut jamais générer une perte.

À propos des plus-values ***immobilières***, l'aliénation à titre onéreux des parts de sociétés civiles immobilières est à assimiler depuis 1991 à une cession d'immeubles pour la fraction que représentent les parts cédées dans le capital social.

C. Règles d'assiette catégorielles

1470 Dans un souci de clarté, seules seront exposées les règles les plus importantes pour des personnes qui investissent ou qui exercent une activité professionnelle au Luxembourg. Ainsi les bénéfices agricoles et forestiers seront-ils laissés hors du champ de cette étude.

Bénéfices commerciaux

1471 Entrent dans cette catégorie les ***bénéfices*** d'activités industrielles, commerciales, artisanales ou minières qui sont exercées à la fois de manière indépendante et dans un but lucratif. Font également partie de cette catégorie :
– les plus-values de cession ou de cessation d'entreprises et en principe les plus-values égales au montant des réserves latentes, constatées lors de la transformation d'une entreprise individuelle en société de capitaux. En fait, depuis 1980, l'imposition de ces dernières plus-values est différée jusqu'à la revente des titres reçus en contrepartie des apports ;
– toutes les sommes reçues, fût-ce en contrepartie d'un travail salarié, par les associés de sociétés de personnes ;
– les rémunérations versées aux associés commandités des sociétés en commandite par actions.

Les ***règles d'assiette*** propres à cette catégorie sont communes à celles utilisées pour déterminer le bénéfice imposable des sociétés soumises à l'IRC ; on invite donc le lecteur à se reporter aux n°s 1210 s.

On rappelle que les ***plus-values*** de cession et de cessation d'entreprises ouvrent droit à un abattement particulier (voir ci-dessus), et que les ***déficits*** commerciaux qui n'auraient pas trouvé à s'imputer sur les autres revenus du même exercice peuvent être reportés sur les résultats des exercices suivants.

1472 Le législateur a consigné dans la sous-section consacrée au bénéfice commercial et dans les nombreuses dispositions d'exécution et circulaires administratives prises sur la base des articles de loi relatifs au bénéfice commercial, une série de ***règles comptables*** fondamentales. Elles concernent notamment la **détermination du résultat,** la délimitation des dépenses d'exploitation permises, les modalités autorisées de l'amortissement, avec un régime d'encouragement temporaire en faveur d'investissements faits dans l'intérêt de la protection de l'environnement ou des économies d'énergie, les modes d'évaluation des différents postes d'actif tant en cours d'exploitation qu'en cas d'aliénation ou de destruction.

La plupart de ces dispositions sont communes à l'imposition des collectivités, donc à la fiscalité des sociétés. Dans l'architecture générale du Code, cette section présente dès lors un intérêt majeur. La partie de la loi consacrée aux sociétés, au demeurant fort brève, se contente de renvoyer à bon nombre de dispositions figurant dans la partie consacrée au bénéfice commercial par le biais de l'article 162 et de son annexe (voir ci-dessus n^{os}1212 s. pour un examen détaillé de ces dispositions). Cependant, l'examen des problèmes concrets n'est pas facilité par la coexistence de ces dispositions avec la loi d'origine allemande d'évaluation des biens et valeurs du 16 octobre 1934 et de ses dispositions d'exécution.

1473 Sous réserve de ne pas conduire à une perte, les **frais de déplacement** des exploitants entre leur domicile et leur lieu d'activité constituent des dépenses d'exploitation dans la limite d'une déduction forfaitaire minimale de 15 600 LUF par an. Pour la **réduction d'impôt pour investissement,** voir n°s 1280 s.

Bénéfices des professions libérales

1475 La définition de ces revenus est assez comparable à la définition française des bénéfices non commerciaux. Cette catégorie **comprend** les revenus des activités suivantes, exercées d'une façon indépendante : activités scientifique, artistique, littéraire, enseignante ou éducative, l'activité professionnelle des médecins, dentistes, vétérinaires, sages-femmes, kinésithérapeutes, masseurs, avocats, notaires, huissiers, exécuteurs testamentaires, administrateurs de biens, experts-comptables et fiscaux, ingénieurs, architectes, chimistes, inventeurs, experts-conseils, journalistes, reporters photographes, interprètes et traducteurs. Par ailleurs, entrent dans cette catégorie les rémunérations que reçoivent les administrateurs, les commissaires aux comptes et plus généralement tous les **dirigeants de sociétés** passibles de l'impôt sur le revenu des collectivités, pour l'exercice de fonctions non salariées, c'est-à-dire qui, aux termes de la loi, ne concernent pas la gestion quotidienne des sociétés. Ces rémunérations sont également soumises à une retenue à la source, appelée **impôt spécial sur les tantièmes** (voir n°s 1553 et 1579).

1476 La **détermination du bénéfice** non commercial répond, de façon générale, aux règles applicables aux bénéfices commerciaux. Ainsi, le bénéfice comprend le gain tiré de la cession ou de la cessation de l'activité, et les éléments de l'actif immobilisé, affectés à l'exercice de l'activité libérale, sont amortissables selon les règles générales. Toutefois, la spécificité des activités libérales implique un mode de comptabilisation basé sur les encaissements et les décaissements effectifs. En revanche, à la différence de la France, les gains tirés par un particulier de **la cession de valeurs mobilières** sont imposables dans la catégorie des revenus divers avec l'ensemble des plus-values considérées comme spéculatives.

Sous réserve de ne pas conduire à une perte, les **frais de déplacement** des professions libérales entre leur domicile et leur lieu d'activité constituent des dépenses d'exploitation dans la limite d'une déduction forfaitaire minimale de 15 600 LUF par an.

Salaires

1478 Les rémunérations qualifiées de salaires par la législation fiscale peuvent être divisées en *trois catégories*.

Il s'agit tout d'abord de toutes les sommes versées aux personnes qui sont placées dans un *état de subordination* juridique vis-à-vis de leur employeur. À cet égard, les enfants d'un exploitant individuel peuvent être considérés comme ses salariés ; ils sont toutefois imposés séparément sur cette rémunération (voir n° 1435). En revanche, si le droit du travail luxembourgeois permet en pure théorie l'existence d'un contrat de travail entre conjoints, l'article 46 de la LIR exclut des dépenses déductibles les rémunérations versées au conjoint par l'exploitant. D'autre part, seules les rémunérations d'un *travail actuel*, y compris les rappels de salaires, sont imposables dans cette catégorie. Les retraites doivent être déclarées avec les pensions et les rentes dans une catégorie distincte.

Sont également considérées comme des salaires au regard de l'impôt sur le revenu, des rémunérations versées au titre d'une activité qui ne résulte pas d'un contrat de travail. Il en est ainsi des sommes versées aux *dirigeants de sociétés* et aux *gérants, même majoritaires,* de SARL, lorsqu'elles sont la contrepartie d'un travail effectif dans le cadre de la gestion quotidienne de leurs sociétés. Si les *associés majoritaires d'une SARL* peuvent dès lors conclure avec leurs sociétés des contrats de travail valables en droit du travail, il n'est pas moins vrai que le cas de figure pose deux autres problèmes. Au regard de la protection sociale, le gérant détenant lui-même la majorité des parts d'une collectivité doit s'affilier à une caisse de pensions et de maladie des indépendants, dont les prestations sont moins favorables que celles des organismes de sécurité sociale des salariés. D'autre part, les salaires versés à ce titre peuvent, sous certaines conditions, compter comme éléments de bénéfice pour l'impôt commercial communal. En revanche, les émoluments attachés à l'administration générale de la société (tantièmes, jetons de présence) sont rangés dans la catégorie des revenus de professions libérales (voir n° 1475).

Le salaire au sens fiscal comprend également les *prestations de sécurité sociale* qui ont un caractère de revenu de substitution, comme les indemnités de chômage, les prestations versées pour maladie, maternité, ou accident du travail. Si ces prestations ne constituent pas un revenu de substitution, elles demeurent exonérées, de même que certaines rémunérations accessoires et indemnités dont le régime est exposé au n° 1438 ci-dessus.

Frais déductibles

1479 Comme en France, les salariés peuvent déduire :
– au titre de leurs *frais professionnels* (dits frais d'obtention du revenu professionnel) : soit un *forfait* de 21 000 LUF (doublé si les deux conjoints sont salariés), soit le montant de leurs *frais réels* ;
– au titre de leurs *frais de déplacement* : un montant allant de 15 600 à 117 000 LUF (voir n° 1457) ;
– un *abattement compensatoire* de 24 000 LUF (doublé si les deux conjoints sont salariés, voir n° 1465).

Retenue à la source

1480 Comme dans d'autres pays voisins, les salaires sont imposés par voie de *retenue à la source* : voir n°s 1538 s. Pour les résidents, son montant est généralement imputable sur la cotisation d'impôt.

Pensions et rentes

1482 Sont compris dans cette catégorie les pensions de retraite, mais aussi tous les arrérages de rentes versés en exécution d'un contrat ou à titre bénévole, à condition que les versements aient un caractère *répétitif* et qu'ils aient pour le débiteur ou donateur le *caractère de charges déductibles*. Ainsi, les rentes versées en contrepartie de la cession d'une entreprise sont imposables, tandis que les pensions alimentaires ne le sont pas (dans la mesure où leur versement ne constitue pas une charge déductible chez le créancier d'aliments ; voir n° 1463 pour les pensions de divorce).

Les arrérages de rentes viagères constituées à titre onéreux et moyennant un paiement global sont imposables sur la moitié seulement de leur montant.

Frais déductibles

1483 Les *retraites* bénéficient des déductions suivantes :
– un forfait de 12 000 LUF par foyer accordé à titre de frais professionnels ;
– un abattement compensatoire de 24 000 LUF (doublé en cas d'époux imposables collectivement et tous deux retraités) ; cet abattement ne peut excéder la différence entre la somme des pensions et rentes allouées au contribuable d'un côté et, de l'autre, celle des déductions au titre des frais et des dépenses spéciales traitées ci-dessus au n° 1463.

Revenus de capitaux mobiliers

Définition

1485 Ces revenus correspondent dans une large mesure à la définition retenue en France pour l'assiette de l'impôt sur le revenu.

Ainsi, aux *distributions des sociétés* passibles de l'impôt sur le revenu des collectivités (IRC), la loi assimile les avantages particuliers offerts aux associés et qu'elle considère comme des distributions déguisées, mais aussi la part de bénéfice allouée aux bailleurs de fonds d'une entreprise commerciale ou d'une société qui n'est pas soumise à l'IRC. Ces distributions sont soumises au régime de la retenue à la source visé aux n°s 1545 s. ci-après.

En revanche, les revenus de capitaux mobiliers suivants, tout en étant imposables dans le chef des contribuables résidents, ne font *pas* l'objet d'*une retenue à la source* :
– intérêts d'obligations et titres assimilés : bons du Trésor, bons de caisse (à l'exception des obligations participatives) ;
– intérêts de créances non négociables ;
– escompte relatif aux titres de créances négociables ;
– produit de la réalisation avant terme de coupons de dividendes ou d'intérêts, lorsque le titre de capital ou de créance n'est pas réalisé avec le coupon.

Conformément à l'article 97, 3e alinéa de la LIR, les produits visés ci-après *ne constituent pas des revenus de capitaux mobiliers* et échappent à l'impôt s'ils ne sont pas compris dans un bénéfice professionnel. Il s'agit :
– des attributions d'actions gratuites dont l'émission entraîne une réduction de la participation représentée par les titres déjà détenus ;
– des remboursements consécutifs à une réduction de capital motivée par de sérieuses raisons économiques ;
– des sommes reçues dans le cadre d'un partage de l'actif social ;
– les allocations provenant d'un rachat d'actions par une SEPCAV (voir n° 2355).

Régime d'imposition

1486 Les revenus de capitaux mobiliers ouvrent droit à :
– une *déduction pour frais* fixée forfaitairement à 1 000 LUF. Le plus souvent, la déduction des frais réels et justifiés est plus avantageuse ;
– le cas échéant, un *abattement spécial* de 60 000 LUF (doublé en cas d'imposition collective), accordé *pour investissement* quand les dividendes proviennent de certaines sociétés luxembourgeoises (voir n° 1465) ;
– une *exonération* de 50 % des dividendes perçus d'une société de capitaux pleinement imposable (voir n° 1438).

Leur montant net, après retenue à la source le cas échéant, est imposable selon le *barème général* de l'impôt sur le revenu (voir n° 1515).

Revenus de la location de biens

1488 Comme dans d'autres États que la France, cette catégorie comprend non seulement le revenu des *immeubles loués,* mais également celui des immeubles *dont le propriétaire se réserve la jouissance*, sur la base d'un revenu fictif. Dans le premier cas, les redevables ont droit à une déduction forfaitaire de 35 % du loyer brut, limitée à 105 000 LUF par an ou à la déduction des frais réels (avec, dans ce cas, perte du droit d'opter pour la déduction forfaitaire pendant 15 ans). Dans le second cas, le revenu fictif est égal à 4 % de sa valeur unitaire si celle-ci ne dépasse pas 150 000 LUF et à 6 % au-delà. Sur la notion de valeur unitaire, on se reportera au n° 1611.

Quant aux intérêts d'emprunts afférents à *l'habitation principale*, ils ne sont déductibles qu'à hauteur d'un revenu locatif fictif et dans la limite d'un plafond variable selon divers critères (nombre de personnes composant le ménage, date de leur entrée dans les lieux et durée d'occupation). Ces *plafonds* sont majorés de leur propre montant pour le conjoint en régime d'imposition collective et pour chaque enfant.

Le *taux d'amortissement* pour un immeuble donné en location est fonction de l'âge de celui-ci : de 1 à 5 années : 4 % ; années suivantes : 2 % ; immeuble d'une ancienneté supérieure à 60 ans : 3 %. Les dépenses d'investissement effectuées en cas de *rénovation* d'un logement ancien, dépassant 20 % du prix d'acquisition du bâtiment, sont également soumises à amortissement.

1489 Les *redevances* versées pour l'usage de marques de fabrique, *brevets,* dessins et modèles entrent également dans cette catégorie, ainsi que les *droits d'auteur,* et plus généralement le produit de la location de *tous biens meubles* par des particuliers.

Revenus divers

1500 Dans une approche du revenu imposable encore empreinte de l'ancienne conception cédulaire, l'existence d'une catégorie-balai n'est guère concevable. C'est pourtant cette fonction que remplit la catégorie des revenus divers dans la mesure où elle permet de prendre en compte des recettes qui sont la contrepartie de *prestations occasionnelles* dès lors qu'elles sont supérieures à un montant annuel de 10 000 LUF.

Sont donc imposables à ce titre le produit de la cession d'inventions, les *commissions isolées* reçues à raison d'entremises occasionnelles par des personnes qui ne sont pas des intermédiaires professionnels ou encore les *primes* déduites antérieurement en exécution d'un contrat d'*assurance-pension* visées ci-dessus au n° 1463 et la valeur de *conversion* des droits à la *rente viagère* en un capital résultant de pareil contrat.

Les *pertes* de cette catégorie de revenus ne sont imputables que sur les bénéfices de cette même catégorie.

Plus-values imposables

1501 Cette catégorie est composée, pour l'essentiel, des différentes *plus-values* réalisées par des particuliers. Comme l'Allemagne, le Luxembourg impose traditionnellement les plus-values spéculatives caractérisées par le court délai de détention des biens cédés et celles résultant de cessions de participations importantes dans des sociétés de capitaux. Depuis 1978, l'impôt a frappé de nombreuses plus-values immobilières sans pour autant aboutir à une taxation généralisée. La réforme du 6 décembre 1990 a encore modifié le régime.

1502 Les plus-values imposables portent sur :

- la *cession de biens mobiliers,* dans deux cas à finalité spéculative :

– délai de *détention inférieur à* six mois, ou vente à découvert, pour tous les *biens meubles autres* que les obligations émises par des sociétés luxembourgeoises dont la cession est toujours exonérée, à l'exception des cessions d'obligations participatives ou d'obligations convertibles ou échangeables (*art. 99 bis* de la LIR) ;
– quel que soit le délai de détention, lorsque la cession porte sur une *participation importante.* La loi considère que cette condition est remplie lorsque le contribuable, seul ou avec son conjoint et ses enfants mineurs, a participé, de façon directe ou indirecte à un moment quelconque au cours des cinq années précédant le jour de la cession, pour plus de 25 % au capital d'une société de capitaux ou d'une société coopérative (*art. 100* de la LIR).

- la *cession de biens immobiliers :*

Ne sont *pas visés,* les immeubles faisant partie de l'actif d'une entreprise commerciale ou agricole ou d'une profession libérale, ni l'habitation principale du contribuable. D'autre part, les plus-values inférieures à 10 000 LUF ne sont pas imposables (art. 99 bis de la LIR).

La loi distingue *deux situations* :

– délai de détention inférieur à deux ans : hypothèse d'application de l'article 99 bis ;
– période de détention supérieure à deux ans : hypothèse d'application de l'article 99 ter, c'est-à-dire imposition à la moitié du taux global (voir n° 1531 b.).

Il est à noter que les plus-values imposables en raison de l'article 99 bis (« revenus de spéculation ») le sont au *taux plein,* tandis que celles découlant des articles 99 ter et 100 bénéficient d'un taux *réduit* (voir n° 1531 b.).

Mode de détermination de la plus-value

1503 Le *bénéfice* est égal à la différence entre d'une part le prix de réalisation et d'autre part le prix d'acquisition ou de revient augmenté des frais d'obtention. Il n'y a plus lieu de défalquer, comme précédemment, l'amortissement du prix d'acquisition.

La loi a prévu un régime fort complexe de détermination du prix d'acquisition pour les *terrains agricoles* et des coefficients de réévaluation pour les *immeubles acquis* par le détenteur ou ses auteurs *avant* le 1er janvier 1941 en vue de tenir compte de l'érosion monétaire (voir n° 1504).

Les plus-values sur la *cession de participations importantes* ou les *plus-values immobilières* des particuliers ouvrent droit à un abattement qui présente deux originalités. S'élevant en principe à un montant de l'ordre de 2 millions de LUF (le double en cas d'imposition collective des conjoints), ce montant ne peut être utilisé qu'une fois sur une période de dix ans. De plus, dans le cas d'une plus-value réalisée par l'aliénation d'un *immeuble bâti*, acquis par voie de succession en ligne directe, un abattement de 3 millions de LUF est accordé. Dans le cas d'époux imposés conjointement, un abattement de 3 millions de LUF est accordé sur la part héréditaire de chaque époux. Cet abattement ne peut jamais générer une perte.

Elles sont d'autre part passibles des *taux réduits* prévus pour les revenus extraordinaires (n° 1531 b.).

Les plus-values et moins-values spéculatives peuvent être *compensées* entre elles, mais aussi avec les deux autres groupes de plus-values. Si une moins-value nette subsiste, elle ne peut trouver à s'imputer sur les autres revenus.

Coefficient d'érosion monétaire (2000)

1504 La neutralisation de la plus-value monétaire est mise en œuvre par la *réévaluation du prix d'acquisition* à prendre en compte pour la détermination des revenus. Les coefficients de réévaluation sont adaptés tous les deux ans à l'évolution de l'indice des prix à la consommation.

année	coefficient	année	coefficient	année	coefficient	année	coefficient
1918 et antérieures	120,09	1938	16,95	1959	4,47	1980	1,82
1919	54,59	1939	17,00	1960	4,46	1981	1,68
1920	29,22	1940	15,63	1961	4,43	1982	1,54
1921	29,90	1941	10,08	1962	4,39	1983	1,41
1922	32,09	1942	10,08	1963	4,27	1984	1,34
1923	27,13	1943	10,08	1964	4,14	1985	1,30
1924	24,16	1944	10,08	1965	4,01	1986	1,30
1925	23,08	1945	8,04	1966	3,91	1987	1,30
1926	19,48	1946	6,38	1967	3,81	1988	1,28
1927	15,44	1947	6,14	1968	3,70	1989	1,24
1928	14,80	1948	5,75	1969	3,62	1990	1,19
1929	13,78	1949	5,45	1970	3,46	1991	1,15
1930	13,54	1950	5,26	1971	3,30	1992	1,12
1931	15,10	1951	4,87	1972	3,14	1993	1,08
1932	17,39	1952	4,79	1973	2,96	1994	1,06
1933	17,48	1953	4,80	1974	2,70	1995	1,04
1934	18,17	1954	4,75	1975	2,44	1996	1,03
1935	18,51	1955	4,76	1976	2,22	1997	1,01
1936	18,41	1956	4,73	1977	2,08	1998 et postérieures	1,00
1937	17,43	1957	4,52	1978	2,02		
		1958	4,49	1979	1,93		

SECTION 3 **Calcul et paiement de l'impôt**

1510 Le calcul de l'impôt sur le revenu, tel qu'il est issu de la réforme fiscale de décembre 1990, est assez *complexe* au Luxembourg, en raison notamment de l'existence, à côté du barème de droit commun, de taux réduits d'imposition dont bénéficient certains revenus considérés comme extraordinaires.

A. Imposition des revenus courants

Barème de l'impôt (2001 et 2002)

1515 Une fois déterminé le revenu imposable global, le calcul de l'impôt dépend tout d'abord du barème de base. Il n'y a **pas d'imposition en deçà** de 390 000 LUF et le taux marginal est de 42 % pour l'exercice 2001 et 38 % pour l'exercice 2002, auquel il faut ajouter une surcharge pour le fonds de l'emploi de 2,5 % assise sur le montant de l'impôt (voir n° 1528).

2001		2002	
390 000 - 459 000	14 %	390 000 - 459 000	10 %
459 000 - 528 000	16 %	459 000 - 528 000	12 %
528 000 - 597 000	18 %	528 000 - 597 000	14 %
597 000 - 666 000	20 %	597 000 - 666 000	16 %
666 000 - 735 000	22 %	666 000 - 735 000	18 %
735 000 - 804 000	24 %	735 000 - 804 000	20 %
804 000 - 873 000	26 %	804 000 - 873 000	22 %
873 000 - 942 000	28 %	873 000 - 942 000	24 %
942 000 - 1 011 000	30 %	942 000 - 1 011 000	26 %
1 011 000 - 1 080 000	32 %	1 011 000 - 1 080 000	28 %
1 080 000 - 1 149 000	34 %	1 080 000 - 1 149 000	30 %
1 149 000 - 1 218 000	36 %	1 149 000 - 1 218 000	32 %
1 218 000 - 1 287 000	38 %	1 218 000 - 1 287 000	34 %
1 287 000 - 1 356 000	40 %	1 287 000 - 1 356 000	36 %
1 356 000 et au-delà	42 %	1 356 000 et au-delà	38 %

Classes d'imposition selon les charges de famille

1518 Pour l'application de ce barème, les contribuables sont répartis en **trois classes** d'imposition, en fonction de l'importance des **charges de famille** (art. 119 de la LIR) : classes 1, 1a et 2. L'exposé qui suit concerne les contribuables **résidents**. Les dérogations pour les contribuables **non résidents** sont détaillées aux n°s 1535 s.

1519 La **première** classe, la **classe 1**, regroupe toutes les personnes ne figurant dans aucune des autres classes, et notamment, les célibataires sans enfants à charge et ayant moins de 65 ans ainsi que les personnes divorcées depuis plus de trois ans.

L'imposition des revenus de cette classe se fait suivant le barème, sans allégement pour charges de famille.

1520 La **deuxième** classe, la **classe 1a,** comprend :
– les personnes **veuves** ;
– les personnes qui bénéficient d'une modération pour enfants autre que celles appartenant à la classe 2 (les célibataires et **divorcés ayant charge de famille**) ;
– les personnes ayant **plus de 65 ans** au début de l'année d'imposition.

Dans cette classe, l'impôt est déterminé selon une formule que le législateur, suivant en cela une tradition luxembourgeoise regrettable, s'est efforcé de rédiger sous la forme la plus incompréhensible qui soit mais qui vise essentiellement à diminuer le montant du revenu imposable, lorsqu'il est inférieur à 1 560 000 LUF :

« L'impôt à charge des contribuables de la classe 1a est déterminé par application du tarif du revenu imposable ajusté réduit de la moitié de son complément à 1 560 000, sous réserve que le taux d'accroissement maximal ne puisse dépasser 42 % ».

Autrement dit, à partir du seuil de 1 560 000 LUF, l'impôt dû en classe 1a est identique à celui dû en classe 1.

1521 La *troisième* classe, dite *classe 2*, regroupe :
– les personnes *mariées* imposées conjointement en vertu de l'article 3 de la LIR ;
– les personnes *veuves* dont le conjoint est décédé au cours des *trois années* précédant l'année d'imposition ;
– les personnes *divorcées*, séparées de corps ou séparées de fait en vertu d'une dispense de la loi ou de l'autorité judiciaire au cours des *trois années* précédant l'imposition, si avant cette époque et pendant cinq ans, elles n'ont pas bénéficié de cette même disposition ou d'une disposition similaire antérieure (art. 119 de la LIR).

Fort de son goût pour les formules hermétiques, le législateur a déterminé le mode de calcul des impôts en classe 2 comme suit : « L'impôt à charge des contribuables de la classe 2 correspond au double de la cote qui, par application du tarif prévu à l'article 118, correspond à la moitié du revenu imposable ajusté ». Autrement dit, l'idée du législateur est qu'un couple imposé collectivement et ayant un revenu global de 1 000 000 LUF ne doit pas être imposé plus lourdement que deux concubins célibataires gagnant chacun 500 000 LUF. L'imposition doit dans les deux cas être identique, voire légèrement plus favorable aux époux imposés collectivement, en raison des abattements supplémentaires qui leur sont reconnus. Si par *exemple* un ménage imposé collectivement gagne des revenus d'un montant A, on consulte le barème pour déterminer la cote d'impôt que payerait un contribuable de la classe 1 et disposant de revenus égaux à (A : 2). Ensuite, on multiplie la cote d'impôt ainsi obtenue par 2.

1522 Alors qu'auparavant, les personnes ayant charge d'enfants formaient une classe d'imposition autonome, depuis 1991, le *mécanisme d'allégement d'imposition pour enfants* se greffe soit sur la *classe 1a*, soit sur la *classe 2*.

La modération d'impôt pour enfants de l'article 123 de la LIR peut être *obtenue pour* :
– les descendants ;
– les enfants du conjoint, même en cas de dissolution du ménage ;
– les enfants adoptifs et leurs descendants ;
– les enfants recueillis de façon durable au foyer ;
– sur demande du contribuable, les enfants qui poursuivent de façon continue des études de formation professionnelle à plein temps et pour qui le contribuable assure les frais d'entretien et de formation, et ce, sans limite d'âge ;
– sur demande du contribuable, les enfants, même âgés de plus de 21 ans, jouissant du maintien de l'allocation familiale allouée aux enfants handicapés ou infirmes, lorsque ces enfants font partie du ménage du contribuable (art. 123 de la LIR).

1523 La présence d'enfants au ménage du contribuable de la classe 1a ou de la classe 2 a une influence sur le *montant d'impôts* dus à quatre niveaux :
– situation de droit commun : modération d'impôt ;
– situation transitoire : bonification d'impôt ;
– situation exceptionnelle : abattement extraordinaire pour charge d'enfants ;
– abattement monoparental.

1. Modération d'impôt pour enfant

L'article 122 dispose que « L'impôt à charge des contribuables des *classes 1a ou 2* ayant un ou des enfants est égal à l'impôt dû pour un même revenu imposable ajusté par un contribuable de la classe 1a ou 2, diminué d'une modération d'impôt de 36 000 LUF par enfant à porter en déduction dans la limite de l'impôt dû ». La modération concerne les enfants qui font partie du ménage du contribuable, même s'ils séjournent ailleurs pour une raison autre que lucrative.

2. Bonification pour charge d'enfants

Selon l'article 123 bis, on prend en compte la situation des contribuables qui n'ont plus droit à la modération d'impôt alors qu'ils continuent à encourir des frais et dépenses pour le compte de leurs enfants. S'ils ne réunissent plus les conditions pour avoir droit à la modération d'impôt depuis deux exercices au maximum, ils peuvent demander une bonification qui tient lieu de modération d'impôt. Une bonification pleine, équivalente à la modération pour enfants à charge, est accordée si le revenu imposable est inférieur à 2 300 000 LUF. Si le nombre d'enfants visés au n° 1522 ne dépasse pas cinq et que le revenu imposable ajusté est entre 2 300 000 LUF et 2 660 000 LUF, « la bonification d'impôt correspond à un dixième de la différence entre 2 306 000 LUF et le revenu préqualifié » (exercice 2000). La bonification n'est plus accordée à partir d'un revenu de 2 660 000 LUF. Un même enfant ne peut donner droit qu'à deux bonifications successives.

3. Abattement extraordinaire pour enfants

L'abattement prévu à l'article 127 bis vise la situation des enfants de moins de 21 ans dont le contribuable assure les frais d'entretien, d'éducation ou de formation professionnelle, même s'ils ne font plus partie de son ménage. Il prend en considération les frais d'études réellement exposés, dans un plafond de 11 600 LUF par mois ou 139 200 LUF par an.

4. Abattement monoparental

Les contribuables de la classe 1a ayant au moins un enfant à charge et ne bénéficiant pas d'allocations bénévoles (versées par consentement mutuel) ou susceptibles d'exécution forcée (résultant d'une décision judiciaire) de la part de tiers ont droit à un abattement de 77 400 LUF par an ou 6 450 LUF par mois (art. 127 ter de la LIR). L'abattement est diminué du montant des allocations de toute nature le dépassant, hormis la rente orphelins.

Autres déductions

1525 Les époux imposables collectivement bénéficient en outre d'un *abattement extraprofessionnel* de 180 000 LUF dans l'une des hypothèses suivantes (art. 129 b) :
– ils perçoivent tous deux des revenus d'une occupation salariée ;
– l'un est salarié et l'autre perçoit des revenus commerciaux, agricoles ou forestiers ou exerce une profession libérale ;
– l'un exerce une activité indépendante et l'autre a le statut de « conjoint aidant ».

Schéma général pour la détermination du revenu imposable

1526 La somme des revenus catégoriels diminuée d'éventuels abattements de cession et des frais d'obtention des revenus évoqués au n° 1457 donne le total des *revenus nets ajustés*.

Pour obtenir le revenu imposable, il faut *déduire* successivement :
- les dépenses spéciales : n° 1463 ;
- les pertes d'exploitation reportables : n° 1461 ;
- les abattements divers : abattement spécial (n° 1465), extraordinaire pour enfant ou monoparental (voir n°s 1523-3 et 1523-4), extraprofessionnel (n° 1525).
- les abattements pour investissements (voir n° 1465) ;
- le montant des retenues prélevées à la source : sur les salaires et pensions (voir n° 1538) et sur les revenus de capitaux mobiliers (voir n° 1545) ;
- le montant du crédit d'impôt pour impôt étranger (voir n° 1178).

Le revenu imposable ajusté ainsi obtenu est imposé suivant le barème et la classe d'impôt s'il s'agit de *revenus ordinaires* et à des taux spéciaux s'il s'agit de *revenus extraordinaires*.

Calcul de l'impôt sur les revenus courants

1527 Les calculs précédents sont évidemment d'une complexité telle que l'on ne saurait imposer l'obligation au contribuable de les effectuer lui-même. Pour cette raison, *plusieurs barèmes* établis par les soins de l'administration sont publiés au début de chaque année, indiquant tant l'impôt dû pour un revenu donné que le montant des retenues à effectuer.

Impôt de solidarité

1528 Finalement, le contribuable doit *majorer* le montant d'impôt obtenu de 2,5 %, cette cotisation supplémentaire appelée communément « impôt, surcharge ou surtaxe de solidarité » étant redistribuée par le *fonds de chômage* aux chômeurs sous forme d'indemnités.

B. Imposition des revenus extraordinaires

1530 L'article 132 de la LIR prévoit par ailleurs une réduction des taux d'imposition de droit commun en faveur de revenus considérés comme extraordinaires (revenus exceptionnels au sens du droit français) parce que, pour la plupart, leur périodicité dépasse un an. Les éléments les plus importants soumis à ce régime de faveur sont les *plus-values non spéculatives* des particuliers et celles qui sont constatées lors de la *cession* ou de la *liquidation d'entreprises* et, depuis 1994, les rappels de pension.

L'impôt est calculé selon plusieurs formules différentes selon la nature des revenus, qui reviennent à atténuer les effets de la progressivité du barème normal, et à les imposer à un taux proportionnel dès lors que leur montant excède 10 000 LUF.

1531 *Trois catégories* de revenus sont visées :

a. Revenus imposables au taux maximum :

- les revenus extraordinaires des professions libérales ;
- les revenus extraordinaires des professions salariées ;
- certaines indemnités pour manque à gagner (art. 11 de la LIR).

Cette première catégorie est soumise à un impôt égal à quatre fois l'excédent de l'impôt correspondant, d'après le barème normal, à la somme du revenu ordinaire et du quart des revenus extraordinaires, sur l'impôt correspondant au revenu ordinaire, selon le barème normal. Le *taux maximum* est de 25,2 % (+ surcharge de solidarité de 2,5 %).

b. Revenus imposables à la moitié du taux global :
- les bénéfices tirés de la cession ou de la liquidation d'une entreprise ;
- les plus-values non spéculatives réalisées lors de la cession d'immeubles appartenant au patrimoine privé (voir n° 1502) ;
- les plus-values tirées de la cession de participations importantes ;
- les bénéfices forestiers réalisés lors de coupes de bois dont la valeur dépasse le produit annuel moyen de l'exploitation ;
- les primes déduites antérieurement en exécution d'un contrat d'assurance-pension, la valeur de conversion des droits à la rente viagère en un capital résultant de pareil contrat, lorsque le contribuable, ayant déduit dans les années antérieures des primes d'assurance versées en vue d'obtenir une pension d'assurance retraite complémentaire, décide de convertir cette assurance-pension complémentaire en versement d'un capital.

Le *taux* de l'impôt applicable à cette catégorie correspond à la moitié du taux moyen applicable au revenu imposable ajusté, comprenant à la fois le revenu ordinaire et le revenu extraordinaire. Il *ne peut dépasser* 21 % (+ surcharge de solidarité de 2,5 %).

c. Revenus imposables au quart du taux global.

Sont ici visés les revenus forestiers réalisés à la suite d'un cas de force majeure, notamment en cas d'expropriation, d'incendie, de gel. L'impôt dû à raison de ces revenus correspond au quart du taux moyen appliqué au revenu imposable ajusté, comprenant le revenu ordinaire et le revenu extraordinaire. Le *taux* applicable à cette catégorie *ne peut dépasser* 10,5 % (+ surcharge de solidarité de 2,5 %).

C. Recouvrement de l'impôt dû par les résidents

1535 L'impôt sur le revenu est en principe recouvré par voie de rôle. Mais certains revenus supportent préalablement une retenue à la source.

1. Retenues à la source

1537 Les retenues à la source frappent les résidents qui perçoivent des *salaires* et *pensions*, certains revenus de *capitaux mobiliers* et des *tantièmes* et qui versent certaines *redevances* à des non-résidents. Elles sont *libératoires* lorsque ces revenus n'excèdent pas certains montants, ce qui dispense le contribuable d'établir une déclaration annuelle de revenus (voir n° 1561).

Salaires et pensions

1538 L'obligation de pratiquer la retenue à la source représente une charge administrative non négligeable pour la partie versante. S'ajoute, en outre, la contribution assurance dépendance (voir n° 1554).

Les *sommes soumises à la retenue* classique sont les revenus considérés comme salariaux au regard de l'impôt sur le revenu (voir n° 1478) mais aussi des pensions de retraite versées au titre d'une activité salariée. Quant à la *base de calcul,* la retenue doit être opérée sur le *montant brut* des sommes versées, y compris les compléments ou rappels de salaires, et les primes de fin d'année.

De ce montant brut doivent être *déduits* (voir n° 1479) :
- les cotisations sociales obligatoires et les cotisations de sécurité sociale complémentaires ;
- les salaires ou parties de salaires exonérés d'impôt ;
- la déduction pour frais de déplacement inscrite sur la fiche de retenue. À cette fin, l'administration communale de la résidence du salarié contribuable devra porter les indications nécessaires au calcul de celle-ci sur la fiche de retenue d'impôts (voir n° 1541 in fine).

Les *frais professionnels* sont pris en compte pour leur montant forfaitaire. Mais les salariés conservent le droit de demander à l'administration la prise en compte, dès le stade des retenues, de leurs frais réels s'ils sont supérieurs. Il en est de même des *dépenses spéciales* (voir n° 1463), et pour les seuls salariés résidents, des *abattements spéciaux pour charges extraordinaires* (voir n° 1465), dont la prise en considération peut également être demandée à l'administration.

1539 *Doivent opérer la retenue :*
- les employeurs ;
- les sociétés pour les sommes versées à leurs dirigeants et qui sont qualifiées de salaires au regard de l'impôt sur le revenu (voir n° 1478) ;
- les organismes débiteurs de pensions de retraite ou de prestations se substituant au salaire.

Modalités de calcul

1540 La retenue est calculée d'après des *barèmes* de droit commun (salaires, rémunérations non périodiques, pensions). À cet effet, l'administration édite une série de tables de calcul correspondant à la périodicité des versements (jour, semaine, mois, année) et à la situation de famille telle qu'elle existait avant le début de l'année d'imposition. Ces tables prennent en compte les déductions forfaitaires légales. Les modifications de la *situation de famille* qui interviennent en cours d'année ne sont prises en compte que dans la mesure où elles sont favorables aux salariés, et à leur demande. Toutefois, les modifications du nombre d'enfants à charge sont systématiquement prises en compte, qu'elles soient favorables ou non aux salariés.

La complexité des règles opératoires de la retenue rend nécessaire dans bien des cas une *régularisation* de celle-ci en fin d'année. Elle est automatique pour les salariés dont les revenus font l'objet d'une imposition par voie de rôle (voir n° 1561). Dans les autres cas, elle n'est réservée qu'à certaines catégories de salariés en fonction de leur durée de résidence ou de l'exercice de leur activité salariée au Luxembourg (voir n° 1563).

Obligations des salariés

1541 Avant le début de l'année, l'administration communale délivre à chaque salarié une *fiche de retenue* d'impôt, comportant des indications sur sa situation de famille et sur l'éloignement de son lieu de travail. Cette fiche doit être remise à l'employeur auquel elle permet d'effectuer les retenues. Si le salarié souhaite qu'il soit tenu compte d'autres éléments que les déductions forfaitaires légales, ou si sa situation de famille se trouve modifiée en cours d'année, il doit demander à l'administration fiscale d'apporter les modifications nécessaires. Le cas échéant, il peut en fin d'année demander à celle-ci de procéder à une régularisation des retenues opérées.

Obligations des employeurs

1542 L'employeur doit *calculer et opérer* la retenue à chaque versement. Il doit en reverser le montant au Trésor mensuellement, trimestriellement, ou annuellement selon l'importance des rémunérations. En fin d'année, il doit opérer la *régularisation* des retenues, lorsque celle-ci est de droit.

L'employeur et, dans le cas où celui-ci est une personne morale, ses organes statutaires sont *personnellement responsables* du versement des retenues. Cette responsabilité peut même être étendue à l'acquéreur d'une entreprise qui resterait redevable de retenues non versées pour une époque antérieure à l'acquisition.

Revenus de capitaux mobiliers

1545 Sont soumis à une retenue à la source les produits suivants lorsqu'ils sont versés par une *société résidente* qui n'a *pas le statut de holding* de 1929 (sur cette notion, voir n°s 2000 s.) ou d'OPCVM :
– les distributions de bénéfices opérées par les sociétés de capitaux, y compris celles qui prennent la forme d'avantages accordés aux associés, ainsi que les parts de bénéfices attribuées aux bailleurs de fonds par des sociétés qui ne sont pas soumises à l'impôt sur les sociétés ;
– les intérêts d'obligations ouvrant droit à une participation aux bénéfices (obligations participatives).

1546 A contrario, sont *exonérés de la retenue* classique :
– les distributions de bénéfices des sociétés *holdings de 1929* ;
– les obligations ordinaires et autres titres de créances négociables prévoyant le versement d'un intérêt fixe ;
– les intérêts de prêts et de sommes déposées en compte courant au Luxembourg ;
– le produit des coupons détachés avant terme.

On retiendra surtout que ces règles sont conçues pour dispenser de retenue les dividendes mis en paiement au Luxembourg par des *sociétés non résidentes* et les intérêts des emprunts obligataires émis depuis le Grand-Duché par ces mêmes sociétés.

Il est évident que l'absence de retenue à la source ne fait pas obstacle à l'*imposition par voie de rôle* de ces revenus dans le chef de bénéficiaires résidents.

Taux

1548 Quand elle a lieu d'être, la retenue est de *25 %* du montant brut des produits qui en sont passibles. La retenue est prélevée par la société débitrice à la date de la mise à disposition du bénéficiaire. Elle ne vise expressément que les revenus de source luxembourgeoise, sous réserve bien évidemment de l'application des conventions fiscales et des régimes d'exonération. Elle est de 33 1/3 si le débiteur la prend à sa charge. Toutefois, en vue de réduire leur double imposition, les dividendes sont *exonérés* à concurrence de 50 %, de sorte que la retenue à la source forme en quelque sorte un *crédit d'impôt* imputable, voire restituable, principalement pour les résidents, mais également pour les non-résidents à condition que ces derniers fassent l'objet d'une imposition par voie d'assiette (voir également n° 1438).

Imputation

1549 L'impôt prélevé à la source est imputable *sur l'impôt global* calculé par voie de rôle lorsque le contribuable est tenu de déposer une déclaration annuelle de revenus (voir n° 1561).

Redevances versées à des non-résidents

1552 Certaines redevances sont soumises à une retenue à la source de 10 et 12 % lorsqu'elles sont versées à des non-résidents : voir n° 1578.

Impôt spécial sur les tantièmes

1553 Les sommes allouées aux **membres du conseil d'administration** ou aux **commissaires aux comptes** des sociétés résidentes sont soumises à un impôt spécial, distinct de l'impôt sur le revenu, dont le montant est déductible des bases de celui-ci. Les sommes visées ne sont bien entendu pas celles qui sont versées pour une activité quotidienne de gestion de l'entreprise.

Lorsque le bénéficiaire est résident du Luxembourg, le **taux** de la retenue est de 20 % (25 % si la société la prend à sa charge). Pour les non-résidents, voir n° 1579.

Contribution assurance dépendance

1554 Depuis le 1er janvier 1999, il existe une nouvelle cotisation sociale, dite **contribution assurance dépendance**, destinée à financer l'assistance fournie aux personnes dépendantes. Elle est prélevée au taux de 1 % :
– sur le montant brut du **salaire** diminué de 25 % du salaire minimum ;
– sur les **revenus passifs** nets, les revenus nets de la **location** de biens (n° 1488) et les **plus-values** nettes (n° 1501) perçus par les résidents.

N'étant pas considérée comme un impôt sur le revenu, elle n'est fiscalement pas déductible.

2. Recouvrement par voie de rôle

1560 *Remarque terminologique.* Notons que la loi luxembourgeoise emploie le terme « imposition par voie d'assiette ».

1561 La souscription d'une déclaration annuelle de revenus est **obligatoire** dans les cas suivants :
– le revenu imposable comprend des revenus agricoles, commerciaux et industriels, locatifs ou tirés de professions libérales, quel que soit leur montant ;
– il comprend des revenus non soumis à retenue dépassant 18 000 LUF après abattements ;
– il comprend pour plus de 60 000 LUF de revenus mobiliers soumis à retenue ;
– il dépasse 2,3 millions de LUF ;
– en cas d'imposition conjointe des époux, il dépasse 1,25 million de LUF en classes 1 et 2 et 1 million de LUF en classe 1a ;
– un salarié ou un retraité entend compenser des pertes provenant d'une catégorie de revenu autre que celle ayant subi la retenue à la source.

1562 Lorsque la déclaration est exigible, elle doit être **souscrite** avant le 31 mars de l'année qui suit celle de la réalisation ou de la perception des revenus. L'impôt sur le revenu fait l'objet en cours d'année de **versements provisionnels** égaux au quart de la cotisation de l'année précédente. Une fois établie la cotisation d'impôt de l'année au vu de la déclaration, l'administration procède à l'imputation des différentes retenues à la source. Sur le choix de faire des versements en *euros*, voir n° 1295.

1563 Le *trop-perçu* est en principe remboursé, sauf dans le cas de la retenue sur les revenus de capitaux mobiliers. Le trop-perçu est *restituable* dans deux cas.

1. Lorsque le contribuable n'est *pas tenu de déposer une déclaration* d'impôt (voir n° 1561), la restitution peut se faire par voie de décompte annuel (art. 145 de la LIR) :
– s'il a été résident du Luxembourg pendant les douze mois de l'année d'imposition ;
– s'il a exercé une activité salariée de façon continue au Luxembourg pendant au moins neuf mois au cours de l'année d'imposition ;
– si sa rémunération brute de source luxembourgeoise a été au moins égale à 75 % de sa rémunération brute annuelle.

2. Lorsqu'il est *tenu de déposer une déclaration* d'impôt, la retenue est restituable (art. 154-6 de la LIR) :
– s'il n'a pas obtenu d'autres revenus professionnels au Luxembourg ou à l'étranger ;
– s'il a été résident pendant une partie de l'année d'imposition et non-résident pendant l'autre partie mais qu'il a exercé une activité salariée au Luxembourg pendant toute l'année ;
– enfin, sans condition de durée de séjour ou d'emploi salarié, s'il demande à être imposé comme un contribuable résident. Ce cas revient à restituer la retenue à la source seulement si elle dépasse l'impôt annuel correspondant à tous les revenus de source luxembourgeoise et de source étrangère. Cette méthode correspond donc, en fait, à l'établissement d'un taux effectif.

Dès 1990, la CJCE avait jugé discriminatoire et contraire à la libre circulation des personnes le refus de l'administration luxembourgeoise de restituer le trop-perçu à un salarié allemand résidant au Luxembourg et ayant dû quitter ce pays en cours d'année fiscale (8 mai 1990, aff. C 175/88, Klaus Biehl).

1564 En matière d'impôt sur le revenu, le *délai de prescription* est de cinq ans. Il est toutefois porté à dix ans lorsque la déclaration souscrite s'avère être incomplète ou inexacte, avec ou sans intention frauduleuse.

Le *défaut de paiement* de l'impôt à son échéance rend exigible un intérêt de retard de 0,6 % par mois, taux qui peut être abaissé par règlement grand-ducal, le mois de l'échéance étant négligé et le mois du paiement étant compté pour un mois entier. Il est cependant possible pour les contribuables d'obtenir des délais de paiement avec ou sans intérêts, ou la décharge totale ou partielle des intérêts de retard.

D. Imposition des non-résidents

1570 Pour délimiter sa souveraineté fiscale, le Luxembourg combine les critères de *résidence* des personnes et de *source des revenus*. Les règles de résidence exposées aux n°s 1424 s. s'appliquent sous réserve des conventions internationales. Concernant la *convention franco-luxembourgeoise* du 1er avril 1958 modifiée par un avenant du 8 septembre 1970, il convient de se référer aux définitions qu'elle donne du domicile fiscal et des règles de source des revenus, dans le cas où les règles luxembourgeoises entreraient en conflit avec les règles françaises.

Revenus de source luxembourgeoise

Dispositions luxembourgeoises

1571 L'article 156 de la LIR énumère toutes les **catégories de revenus** qui sont considérées comme étant **de source luxembourgeoise.** Comme il ne distingue pas selon que les revenus sont acquis par des collectivités ou par des personnes physiques, on renvoie le lecteur au n° 1187 où ces revenus sont énumérés. Concernant les **revenus de capitaux mobiliers**, on notera que, a contrario, les dividendes versés par les holdings et les OPCVM, les intérêts obligataires versés par des holdings et les intérêts ne provenant pas de prêts hypothécaires ne sont pas imposables au Luxembourg s'ils sont perçus par des non-résidents.

En revanche, on attire l'attention sur la particularité suivante : les **revenus d'opérations spéculatives** immobilières ou encore les opérations spéculatives (revente dans les six mois de l'acquisition) sur des valeurs mobilières, à condition de porter sur une participation importante dans une société luxembourgeoise, sont imposables dans le chef des non-résidents ; il en va de même pour les attributions de **boni de liquidation** résultant de participations importantes, même en dehors de tout caractère spéculatif, si le contribuable a été résident luxembourgeois pendant plus de quinze ans, et qu'il est devenu non-résident depuis moins de cinq ans (voir également n° 1321).

Dispositions de la convention franco-luxembourgeoise

1572 Pour les **résidents de France,** les revenus de professions non commerciales, par exemple, ne sont imposables au Luxembourg que s'ils se rattachent à l'activité d'un point d'attache fixe (art. 15-2 de ladite convention). De même, les droits d'auteur et les redevances ne sont imposables qu'en France lorsqu'ils sont versés à des résidents de France.

En pratique, hormis les salaires (et sauf mise en œuvre dans ce cas de la clause de mission temporaire de l'article 14 paragraphe 2), ce sont le plus souvent les **bénéfices d'entreprises** ou de **professions libérales** ainsi que les **dividendes** versés par des sociétés résidentes pleinement imposables qui sont imposables au Luxembourg.

Concernant les **produits financiers**, la convention attribue au Luxembourg le droit de les imposer mais nous venons de voir que les dividendes et **revenus de holdings et d'OPCVM** ainsi que les **intérêts autres que** d'obligations participatives et de prêts garantis ne figurent pas dans la liste de l'article 156 énumérant les revenus considérés être de source luxembourgeoise. Autrement dit, ils ne sont pas imposables au Luxembourg quand ils sont perçus par des résidents de France. Quant aux **plus-values de cession de valeurs mobilières** et revenus provenant de contrats d'**assurance-vie**, la convention les classe dans les revenus innommés dont l'imposition est exclusivement réservée à l'État de résidence, c'est-à-dire la France. Pour des développements sur l'assurance-vie luxembourgeoise, voir notre ouvrage Assurance-vie en libre prestation de services.

Remarque. Qu'ils soient imposables au Luxembourg ou en France, les revenus de valeurs mobilières de source luxembourgeoise doivent figurer sur l'imprimé spécial n° 2047 à joindre à la **déclaration d'impôt du contribuable résident de France** pour y supporter l'impôt français au taux progressif.

Calcul et recouvrement de l'impôt

1575 Les personnes physiques non résidentes sont, comme dans de nombreux autres États, imposables en fonction de la nature de leurs revenus, soit par voie de **retenues à la source** libératoires, soit **par voie de rôle.**

Imposition par voie de retenue à la source

Salaires et pensions

1576 De manière générale, la retenue est opérée selon un *barème* dans les conditions exposées n°s 1538 s. En particulier, le nombre d'enfants à charge est pris en compte mais la loi limite les déductions au titre des *dépenses spéciales* (voir n° 1463) aux cotisations d'assurances sociales légales et aux cotisations de retraite complémentaire. D'autre part, les contribuables non résidents bénéficiaires de revenus professionnels peuvent opter pour le *forfait minimum* évoqué au n° 1463 in fine. La plupart des *abattements spéciaux* évoqués au n° 1465 ne sont pas admis. Par contre, l'abattement pour *charges extraordinaires* pour enfants vivant hors du ménage, les étudiants à charge par exemple, est admis (voir n° 1523-3).

Depuis 1998, les non-résidents imposables au Luxembourg du fait qu'ils y obtiennent 90 % de leurs revenus professionnels peuvent demander à être *imposés comme des résidents* (voir n° 1586). Pour la *restitution* des impôts trop perçus, voir n° 1563.

Revenus de capitaux mobiliers

1577 Lorsque des *dividendes* et *intérêts* d'obligations ouvrant droit à une participation aux bénéfices (obligations participatives) sont *versés à* des non-résidents *par* une société résidente pleinement imposable, ils sont soumis à une retenue au taux de 25 % (33 1/3 si le débiteur prend l'impôt à sa charge). Pour réduire leur double imposition, seule la moitié de la somme versée est imposable et la retenue prélevée forme un *crédit d'impôt* imputable, voire restituable, également pour les non-résidents à condition qu'ils fassent l'objet d'une imposition par voie d'assiette (voir également n° 1438). Depuis l'exercice 1998, les non-résidents peuvent, en outre, avoir droit à l'*abattement à l'investissement mobilier* évoqué au n° 1465.

En vertu des articles 8-2 et 9 de la convention, les *résidents de France* bénéficient d'un taux réduit conventionnel qui ne peut excéder 15 % pour les dividendes et 10 % pour les intérêts d'obligations participatives et de prêts garantis. Pour les intérêts de prêts garantis par une hypothèque immobilière, l'impôt est établi non par retenue mais par voie de rôle mais il ne peut non plus dépasser ce taux. A contrario, les autres revenus de capitaux mobiliers ne subissent aucune retenue à la source.

Redevances

1578 Il s'agit ici d'une *retenue particulière* qui n'a pas d'équivalent pour les résidents. Il faut d'ailleurs relever que le tribunal administratif de Luxembourg a considéré qu'elle était dépourvue de base légale, ce qui rend son avenir incertain (6 janvier 1999 n° 10599, NWG). Elle est perçue :
– sur les droits d'auteur et les revenus de la propriété littéraire ou artistique, au taux de 10 % ;
– sur les produits de la concession de licences d'exploitation de brevets, de marques, etc., au taux de 12 %.

En l'absence d'*établissement stable* au Luxembourg, ces revenus sont imposables exclusivement en France lorsque leur bénéficiaire en est résident.

Impôt spécial sur les tantièmes

1579 Cet impôt, dont les principales caractéristiques ont été exposées n° 1553, est également perçu sur les rémunérations versées à des *administrateurs* de sociétés *non résidents* du Luxembourg. Dans ce cas, la retenue à la source opérée par la société est soumise au *taux* de 20 %, applicable aux administrateurs résidents, augmenté de 8,2 %, soit 28,2 %. Ce taux passe à 39,27 %, si la société débitrice prend l'impôt à sa charge. En outre, les tantièmes ne constituent *pas une charge déductible*.

La retenue de 28,2 % est *libératoire* quand la rémunération annuelle perçue ne dépasse pas 53 000 LUF par société. Dans le cas inverse, après déduction d'une fraction de la retenue de 20 %, la fraction non déductible forme *crédit d'impôt* et la rémunération est soumise au barème progressif (voir n° 1515). Il en résulte pour le bénéficiaire une double imposition partielle qui lui est particulièrement défavorable.

Imposition par voie de rôle

1582 Les *autres revenus* des non-résidents sont imposés par voie de rôle après souscription d'une déclaration annuelle commentée au n° 1561. Sur le choix de faire des versements en *euros*, voir n° 1295.

Les non-résidents soumis à *déclaration annuelle* sont tous les contribuables ayant une activité au Grand-Duché plus de neuf mois par an, salariés ou pensionnés, mariés et non séparés de fait, percevant au Grand-Duché plus de 50 % des revenus professionnels de leur ménage (art. 157-4 de la LIR déclarant applicable aux non-résidents susvisés l'article 153 de la LIR). Seuls ces derniers peuvent *compenser les pertes* résultant d'une catégorie de revenus soumise à retenue à la source avec d'autres, à condition que les pertes soient en relation économique avec des revenus de source luxembourgeoise.

Pour les *autres non-résidents*, l'acquittement des retenues à la source vaut imposition définitive. Ils ont droit à l'abattement spécial prévu pour l'imposition des plus-values immobilières (voir n° 1465).

Classes d'imposition

1584 Alors qu'auparavant, les non-résidents étaient imposés uniformément, quelle que fût leur situation de famille et à un taux ne pouvant être inférieur à 15 %, le mode d'imposition des époux non-résidents exerçant tous deux une activité salariée au Luxembourg s'est progressivement rapproché de celui des résidents (art. 157 bis). *En résumé*, les non-résidents réalisant au Luxembourg un bénéfice commercial, agricole ou forestier, ou un bénéfice provenant de l'exercice d'une profession libérale, les salariés et les pensionnés, à l'exception des administrateurs et commissaires de société relèvent des mêmes classes d'impôt que les résidents et peuvent *bénéficier des allégements d'impôt pour enfants* (modération, bonification et abattement, voir n° 1523) dans les mêmes conditions que les résidents.

1. Les contribuables non résidents *mariés*, ne vivant pas séparés de fait et réalisant des revenus professionnels au Luxembourg entrent dans la *classe 1a*.

2. Toutefois, les non-résidents *mariés* et non séparés de fait sont imposés en *classe 2* s'ils sont imposables au Luxembourg du chef de *plus de 50 % des revenus professionnels* de leur ménage. Si les deux époux acquièrent au Luxembourg des revenus professionnels imposables, l'octroi de la classe 2 entraîne leur imposition conjointe.

3. Les *autres non-résidents* qui réalisent un revenu professionnel imposable au Luxembourg entrent dans la classe 1 et 1a selon leurs charges de famille respectives et en classe 2 pendant trois ans si ce sont des personnes divorcées ou devenues veuves.

Taux d'imposition

1585 Le taux d'imposition des revenus autres que les salaires et les pensions ne peut jamais être inférieur à 15 % à l'exception des revenus forestiers qui, en cas de force majeure, ne peuvent être inférieurs à 7,5 %.

Assimilation fiscale des non-résidents aux résidents

1586 Pour assurer un traitement fiscal équivalent aux résidents et aux non-résidents et en conformité avec les arrêts de la CJCE (aff. C-279/93 du 14 février 1995, Schumacker et aff. C-80/94 du 11 août 1995, Wielockx), un nouvel article 157 ter prévoit depuis 1998 que les contribuables non résidents peuvent demander à être assimilés aux contribuables résidents s'ils sont imposables au Luxembourg d'au moins *90 % du total de leurs revenus professionnels* luxembourgeois et étrangers. Les non-résidents mariés sont soumis à l'imposition conjointe au titre de leurs revenus luxembourgeois et ils bénéficient de la règle de *progressivité de l'impôt* pour les revenus professionnels étrangers des deux époux. L'assimilation peut être demandée dès lors qu'un des époux satisfait à la condition d'avoir 90 % de ses revenus professionnels, luxembourgeois ou étrangers, imposables au Luxembourg.

Les non-résidents qui remplissent la condition ci-dessus et qui optent pour l'assimilation ont leurs revenus imposables soumis au *taux* d'imposition qui leur serait applicable s'ils étaient des résidents luxembourgeois imposables en raison de leurs revenus de source luxembourgeoise ou étrangère. En outre, ils bénéficient, comme les résidents, de la déduction des *dépenses spéciales* (voir n° 1463) et de l'*abattement à l'investissement mobilier* (voir n° 1465). Ils sont rangés dans les mêmes *classes d'impôt* que les résidents se trouvant dans la même situation familiale (voir n° 1518). S'ils perçoivent des salaires ou des pensions imposables au Luxembourg, ils sont soumis à la *retenue à la source* dans les mêmes conditions que les résidents (voir n° 1538).

Les non-résidents optant pour l'assimilation doivent justifier par des documents probants leurs revenus professionnels étrangers.

Exemples. 1. Les époux non résidents X et Y habitent en Allemagne et ont deux enfants mineurs membres de leur ménage. En 1998, Y n'a pas eu de revenu et X a réalisé les revenus suivants :

- salaire au titre d'un travail au Luxembourg 1 500 000
- salaire au titre d'un travail en Allemagne 500 000
- cotisations sociales versées au Luxembourg 180 000
- cotisations sociales versées en Allemagne 90 000
- primes d'assurances 100 000

Comme X est imposable au Luxembourg du chef de 75 % seulement de ses revenus professionnels, les époux n'ont pas droit à l'assimilation. X a toutefois droit à la déduction des cotisations sociales luxembourgeoises et au forfait minimum (voir n° 1463 point 3 et in fine) ainsi qu'à la classe d'impôt 2 (voir n° 1584-2).

2. Un non-résident divorcé depuis 1990, ayant un enfant mineur membre de son ménage et habitant en France a réalisé les revenus suivants en 2000 :

bénéfice commercial provenant d'un établissement stable au Luxembourg 2 000 000 (1)
bénéfice commercial réalisé en France 200 000 (2)
revenu provenant de la location d'un immeuble en France 500 000 (3)
cotisations sociales versées en France 73 000 (4)
primes d'assurance 54 000 (5)
cotisation à une caisse d'épargne-logement 54 000 (6)
intérêts débiteurs 54 000 (7)
achat d'actions de sociétés luxembourgeoises 60 000 (8)
demande de l'abattement pour charges extraordinaires pour des dépenses de ... 300 000 (9)

Étant imposable au Luxembourg du chef de 90,9 % de ses revenus professionnels, il peut bénéficier de l'assimilation fiscale :

- revenus luxembourgeois 2 000 000
- abattement spécifique au bénéfice commercial (art. 128 bis) 100 000
- revenu étranger exonéré 200 000

Total des revenus nets	2 100 000
– dépenses spéciales (4) + (5) + (6) + (7)	235 000
Revenu imposable	1 865 000
– abattement pour charges extraordinaires : 300 000 – 93 250	206 750 (9)
– abattement à l'investissement mobilier	60 000 (8)
Revenu imposable ajusté	1 598 250
Impôt suivant barème (classe 1a/1) sans la surcharge de 2,5 %	342 836
Part d'impôt correspondant aux revenus exonérés : 342 836 × 200 000/2 100 000	32 651
Impôt à payer	310 185
Faute d'assimilation fiscale, l'impôt aurait été de 368 690 (célibataire classe 1).	

CHAPITRE 2 # Impôt sur la fortune

1600 Seul l'impôt sur la fortune sera exposé ci-après mais, en fait, les particuliers peuvent être redevables de quatre impôts sur le patrimoine :

– l'*impôt foncier,* perçu par la commune de situation des immeubles (voir n° 1810) ;
– l'*impôt sur la fortune,* dont les recettes vont à l'État, qui sont tous deux des impôts annuels ;
– les *droits de mutation* à titre gratuit lors de la transmission du patrimoine (impôt d'État) (voir n° 1842) ;
– les droits de mutation à titre onéreux ainsi que les *droits de donation* qui constituent des droits d'enregistrement perçus également au profit de l'État (voir n°s 1820 et 1850).

1601 On a déjà exposé les origines très diverses du droit fiscal luxembourgeois et tout particulièrement de la fiscalité du patrimoine (voir n°s 1010 s.). Celle-ci ne présente donc pas la même unité qu'en Allemagne. Les dispositions de la *loi d'évaluation,* qui devraient former un tronc commun à tous ces impôts ne s'appliquent pas en effet aux droits de mutation et d'enregistrement. Au niveau de la fiscalité des particuliers, elles ne servent qu'à asseoir l'impôt sur la fortune et l'impôt foncier.

Au demeurant, cette unification très partielle des modes d'évaluation met en évidence l'absence d'articulation entre ces deux impôts, et la double imposition juridique que supporte le capital foncier (impôt foncier + impôt sur la fortune), comme dans tous les États européens appliquant ces deux impôts simultanément.

Puisque l'assiette de l'impôt sur la fortune nécessite, en raison de son caractère synthétique, la mise en œuvre de l'ensemble des dispositions de la loi d'évaluation, celle-ci ne fera pas l'objet d'une étude séparée.

A. Personnes imposables

1605 Comme en Allemagne, l'impôt est assis sur la fortune des **personnes physiques et** des personnes **morales.** Les règles concernant les secondes, et plus généralement l'actif des entreprises, ont été examinées dans le titre 2.

L'étendue de *l'obligation fiscale* des personnes physiques diffère selon qu'elles sont ou non résidentes du Luxembourg. Pour la définition des personnes résidentes il est fait application des mêmes dispositions qu'en matière d'impôt sur le revenu (voir ci-dessus n°s 1422 s.).

1606 Les *résidents* sont soumis à une obligation fiscale illimitée entraînant l'imposition de l'ensemble de leurs biens, qu'ils soient situés au Luxembourg ou à l'étranger.

Les *non-résidents* ne sont imposables que sur certains éléments de fortune situés au Luxembourg :
– biens agricoles et forestiers ;
– biens fonciers, bâtis ou non bâtis ;
– capital d'exploitation investi dans un établissement stable situé au Luxembourg ;

— droits de propriété industrielle enregistrés au Luxembourg. Ceux portant sur des œuvres littéraires et artistiques ne sont pas imposables ;
— tous biens, autres que ceux ci-dessus, qui sont mis à la disposition ou loués à une entreprise luxembourgeoise par une entreprise non résidente ;
— créances garanties par des immeubles situés au Luxembourg ;
— droits détenus dans une association en participation luxembourgeoise.

Les biens non compris dans l'énumération précédente sont *exclus* de l'impôt luxembourgeois sur la fortune. Il en est ainsi notamment du patrimoine mobilier détenu par un non-résident (portefeuille-titres, participations dans des sociétés non cotées, dépôts bancaires).

1607 Lorsque des personnes sont *résidentes de France,* les dispositions de l'*article 20 de la convention* modifient l'étendue de cet assujettissement. De façon très traditionnelle, les règles énoncées par cet article reviennent à réserver le droit d'imposer les biens productifs de revenus (immeubles, entreprises) à celui des deux États qui a le droit, d'après la convention, d'imposer les revenus correspondants. En revanche, les autres éléments de fortune sont imposables uniquement dans l'État du domicile de leur propriétaire, à l'exception des meubles meublants qui sont imposés dans l'État de la résidence à laquelle ils sont affectés. Par ailleurs, l'article 20-4 laisse aux deux États la possibilité d'utiliser en ce domaine la règle du *taux effectif* d'imposition.

B. Fortune imposable

1610 Le principal problème d'application que pose tout impôt annuel sur la fortune est celui des modalités d'évaluation des biens sur lesquels il porte. À cet égard le Luxembourg a conservé les solutions qu'avait mises au point l'Allemagne.

La *loi d'évaluation* distingue donc au sein du patrimoine global *quatre catégories de biens :*

— biens agricoles et forestiers ;
— biens fonciers ;
— le capital d'exploitation des entreprises industrielles et commerciales ;
— enfin une catégorie fourre-tout composée de tous les autres biens qui ne sont pas compris dans les trois précédentes.

Les exclusions de la base d'imposition ont surtout pour but de favoriser les créations locales. Sont ainsi *exonérés* les objets d'art créés par des artistes nationaux contemporains, les droits d'auteur qui sont encore la propriété de l'auteur ou de ses descendants. Plus généralement, échappent à l'impôt les éléments du mobilier domestique, les voitures, les droits à pension nés d'un travail salarié antérieur, les bijoux et objets en métal précieux lorsque leur valeur globale n'excède pas 500 000 LUF, les pièces et médailles si leur valeur totale ne dépasse pas 50 000 LUF. De même, sont exonérés :

— les *œuvres d'art* et de collection dont la valeur totale n'excède pas 1 million de LUF ;
— les *assurances-vie* dont la valeur ne dépasse pas 200 000 LUF et qui sont souscrites auprès de compagnies agréées au Luxembourg ou dans un des pays de l'Union européenne ;
— les avoirs en *comptes bancaires* ou d'épargne ainsi que les titres cotés de sociétés anonymes pleinement imposables au Luxembourg, dans la limite d'un *plafond* global de 1,4 million de LUF (2,8 en cas d'imposition conjointe).

1611 Pour chacune des trois premières catégories de biens énumérées ci-dessus, la loi d'évaluation prévoit une méthode de détermination de la valeur, étant entendu que par principe général, la valeur des biens imposables est la *valeur estimée de réalisation* (*Gemeinerwert*) c'est-à-dire le produit que pourrait procurer leur vente dans des conditions normales. Au sein de chaque catégorie, les biens sont évalués par *unités économiques* homogènes auxquelles est attribuée une *valeur unitaire* :

– pour les *biens agricoles et forestiers,* la valeur unitaire est une valeur de rapport capitalisée (revenu net de l'exploitation multiplié par 18) ;
– pour les *immeubles,* la valeur unitaire des biens non bâtis est estimée selon la valeur vénale des terrains. Les immeubles bâtis sont répartis en deux groupes. Le premier groupe comprend les immeubles de rapport ou à usage mixte : leur valeur imposable est déterminée par application sur le loyer brut annuel au 1er août 1939 d'un coefficient variant entre 13 et 16 selon le secteur en cause. Le second groupe comprend les immeubles à usage industriel ou commercial évalués selon leur valeur vénale ;
– l'évaluation du *capital d'exploitation des entreprises* est examinée en détail aux n°s 1359 s. ;
– pour les *autres biens,* l'évaluation se fait naturellement de façon individuelle, en retenant en principe leur valeur réelle au premier jour de l'année d'imposition. Ainsi les titres cotés en bourse sont-ils évalués à leur dernier cours avant cette date. Les créances sont en général retenues pour leur valeur nominale.

En général, la valeur unitaire des biens est évaluée *tous les six ans.* Le capital d'exploitation fait l'objet d'une évaluation tous les *trois ans.* Dans ces intervalles, une évaluation nouvelle peut être effectuée lorsque les valeurs unitaires varient de plus d'un vingtième (pour les exploitations agricoles et les biens fonciers) ou de plus d'un cinquième (pour la valeur de l'entreprise) ou de plus de 2 millions de LUF dans tous les cas. En cas de *création* de nouvelles unités économiques, une évaluation particulière est également effectuée.

1612 L'impôt sur la fortune est par définition un impôt sur la *fortune nette.* Ainsi, après l'addition des valeurs unitaires et des valeurs individuelles, sont notamment *déduits* :

– les dettes relatives aux éléments imposables du patrimoine ;
– les charges d'usufruit ou de rente viagère supportées par le contribuable ;
– les emprunts personnels de celui-ci.

Les *personnes non résidentes* ne peuvent déduire que les dettes relatives aux éléments imposables au Grand-Duché.

C. Calcul de l'impôt

Résidents

1615 Pour les personnes résidentes du Luxembourg, l'impôt est assis sur l'ensemble des biens du ménage, y compris ceux des enfants mineurs.

Au contraire de l'impôt français sur la fortune qui a d'abord une fonction redistributive, l'impôt luxembourgeois, comme l'impôt allemand dont il est issu, a pour fonction de surtaxer la possession du patrimoine (les droits de mutation étant nettement plus faibles qu'en France) et d'imposer le revenu en nature que représente la jouissance de biens. Il est donc d'application très générale, comme dans la plupart des États nord-européens. Cela explique le faible montant des *abattements* accordés à chaque foyer :

– 100 000 LUF pour le *chef de famille* (porté à 200 000 LUF en cas d'imposition conjointe) ;
– 100 000 LUF pour chaque *enfant à charge*. Depuis 1990, le législateur tente de rapprocher les dispositions en matière d'impôt sur la fortune et d'impôt sur le revenu : ainsi les abattements pour enfants ont été rapprochés des cas de modération de l'impôt sur le revenu pour cause d'enfants.

Le cas échéant, un abattement spécial de 100 000 LUF est accordé aux *personnes âgées* de plus de 60 ans qui sont en incapacité de travail pour trois ans au moins, dont le montant de la fortune ne dépasse pas 1 million de LUF et qui disposent d'un revenu annuel ne dépassant pas 150 000 LUF.

Non-résidents

1616 Les personnes non résidentes n'ont droit, quant à elles, à *aucun abattement*.

Taux

1617 Le taux de l'impôt est uniformément de 0,5 %.

TITRE 4 # TVA

1660 Conformément à la 6ᵉ directive prescrivant l'adoption généralisée de la TVA dans les pays de la CEE, cette taxe est entrée en vigueur au Luxembourg le 1ᵉʳ janvier 1970, prenant la place d'un système de taxation en cascade, la *Umsatzsteuer*. Elle est régie par la loi du 12 février 1979, modifiée à de nombreuses reprises, notamment à la suite de l'introduction en 1993 de l'actuel **régime de TVA intracommunautaire**.

SECTION 1 Champ d'application

A. Opérations imposables

Opérations placées dans le champ d'application de la TVA

1661 La taxe s'applique :
– aux livraisons de biens et prestations de services faites au Luxembourg par un assujetti dans l'exercice de son activité professionnelle ;
– aux acquisitions intracommunautaires ;
– aux importations.

Opérations placées hors du champ d'application de la TVA

1662 *Remarque.* Il faut bien distinguer :
– les opérations qui se situent **en dehors du champ d'application** de la taxe, ce qui interdit la qualité d'assujetti (même sur option) et la déduction des taxes supportées en amont (voir n° 1710) ;
– les opérations **exonérées** qui sont dans le champ d'application de la taxe mais qui en sont exonérées bien qu'elles soient réalisées par des assujettis. Cette qualité leur permet de récupérer la TVA supportée en amont.

Certaines **prestations de services** sont exemptées en raison de la **nature de la profession** du prestataire : notaires, médecins, dentistes, vétérinaires et certaines professions paramédicales. En revanche, les prestations des avocats et des conseillers fiscaux sont soumises à TVA, même lorsque leurs prestations sont fournies à l'intention de clients non résidents, ou au bénéfice de holdings ou d'OPCVM.

La **cession** totale ou partielle d'une **universalité de biens** entre assujettis, même si elle comprend des éléments incorporels, comme une clientèle ou un pas-de-porte, est exemptée. L'application la plus notable de ce principe concerne les cessions de fonds de commerce entre assujettis ; la franchise de TVA a comme corollaires que le repreneur est censé continuer la personne du cédant et qu'il reprend notamment les obligations du cessionnaire en matière de TVA.

Livraisons de biens

1663 La **livraison de biens**, définie comme le transfert du pouvoir de disposer d'un bien corporel comme un propriétaire, comprend les biens suivants :

– les ***biens meubles corporels*** (transportables). Sont comprises les livraisons d'***énergie***, de chaleur et de froid (mesurés par compteur) et les meubles ***par anticipation*** (par exemple récolte sur pied, pierres de carrières non encore extraites). Par contre, la livraison de ***meubles incorporels*** (actions même au porteur, obligations, titres et effets de commerce) n'est pas imposable. Est ***assimilée à une livraison*** la remise matérielle d'un bien donné en location ou vendu à tempérament (avec clause de réserve de propriété prévoyant la transmission de la propriété au locataire au terme du contrat) ; la transmission sur réquisition légale ou dans le cadre d'un contrat de commission ou de consignation ; la délivrance d'un produit transformé suite à un travail à façon ou de travaux immobiliers (à l'exception des travaux d'entretien courant) ;
– les ***biens immeubles par destination*** (machines installées dans une usine pour son exploitation ou meubles attachés à perpétuelle demeure à l'immeuble). Peu importe que les biens soient ***usagés ou neufs***. Pour certains biens d'occasion, il existe toutefois une taxation spécifique (voir n° 1686) ;
– les ***immeubles en état futur d'achèvement***, ou l'exécution d'un contrat d'ouvrage et d'entreprise.

Les cessions de droits immobiliers ne résultant ni d'une vente en état futur d'achèvement ni de l'exécution d'un contrat d'ouvrage et d'entreprise sont en principe des opérations exonérées mais elles peuvent être imposées ***sur option*** si elles sont réalisées entre assujettis et dans certaines conditions.

Comme en France, les ***livraisons à soi-même*** (prélèvements au bénéfice de l'assujetti pour son usage privé) sont taxables, de même que l'affectation aux besoins de l'entreprise assujettie d'un bien produit par l'entreprise.

Prestations de services

1664 On entend par prestation de services, ***toute opération*** généralement quelconque exécutée par un opérateur économique ayant la qualité d'assujetti ***qui n'est pas une livraison***. Pareille opération peut inclure, notamment, la cession d'un bien incorporel comme un droit d'auteur, par exemple.

Une prestation de services effectuée par un assujetti au bénéfice d'un preneur, mais exécutée par un tiers ***sous-traitant***, est réputée avoir été rendue par le sous-traitant à l'assujetti, et par ce dernier au preneur.

Les ***prestations de services à soi-même*** (fournies par l'assujetti pour les besoins de son patrimoine privé, de son personnel ou de son entreprise) ne constituent pas des opérations taxables.

Importations

1665 Constitue une importation l'entrée sur le territoire luxembourgeois de marchandises en provenance de pays tiers et qui n'ont ***pas*** été mises ***en libre pratique***, c'est-à-dire qu'elles ne sont ***pas*** d'origine communautaire ou qu'elles n'ont pas été « communautarisées », c'est-à-dire mises en libre pratique dans un des États membres, après paiement des droits d'importation.

Seule constitue une importation l'entrée ***définitive*** au Luxembourg ainsi que certaines entrées temporaires. Par contre, l'importation sous ***régimes suspensifs*** ou sous ***entrepôt sous douane*** n'est pas taxable aussi longtemps que les marchandises ne sortent pas de ces régimes.

1666 À la différence des livraisons de biens et des prestations de services, les importations sont des ***opérations imposables*** quelle que soit leur destination et le statut de l'importateur.

Les marchandises provenant d'États tiers supportent la TVA luxembourgeoise quand elles sont *introduites directement au Luxembourg* (sans transiter par un autre État membre), pour y être mises à la consommation (et non réexportées ou placées sous un régime douanier particulier). C'est donc la mise en libre pratique et en consommation au Luxembourg qui vaut importation dans ce pays, les biens pouvant ensuite librement circuler dans l'UE.

Quand les marchandises importées au Luxembourg *transitent par un autre État membre*, la France, par exemple, le *principe* communautaire est que les droits de douane et la TVA sont exigibles en France, premier État membre dans lequel elles arrivent. Mais, par *dérogation*, ils peuvent être acquittés au Luxembourg, pays de leur destination finale, les biens étant placés, en France, sous le régime douanier du transit communautaire externe (T1).

Calcul de la TVA à l'importation

1667 La *base d'imposition* est égale à la valeur en douane des marchandises augmentée (si ceux-ci n'y sont pas déjà inclus) des frais de commission, d'emballage, de transport et d'assurance ainsi que des droits de douane ou d'accises éventuellement dus. Depuis le 1er janvier 1996 et en vertu de la 2e directive de simplification, sont également inclus dans la valeur en douane les frais accessoires intervenant jusqu'au premier lieu de destination à l'intérieur de l'Union européenne, si ce lieu est connu au moment du fait générateur.

La taxe est calculée au *taux* de droit commun.

La taxe est *déductible* en tant que taxe d'amont dès lors que les conditions de déductibilité de droit commun sont remplies (voir n° 1710) et que l'importateur peut attester le paiement de la TVA à l'importation.

Exigibilité et paiement

1668 La TVA à l'importation est due en même temps que les droits de douane et *au moment* du dédouanement (présentation des marchandises et du DAU auprès d'un bureau des douanes).

Elle est *due* y compris *par* les personnes non identifiées. Les *particuliers* bénéficient toutefois d'une franchise pour l'importation de marchandises faisant l'objet de petits envois sans caractère commercial (2 000 F Lux par envoi) ou contenues dans leurs bagages personnels (valeur globale inférieure à 7 300 F Lux).

B. Opérations exonérées

1670 Sur la distinction entre une exonération ouvrant droit à la taxe d'amont et une exemption entraînant la perte de ce droit, voir la remarque au n° 1662.

Les opérations exonérées sont dans le champ d'application de la taxe. Comme elles sont *réalisées par* des assujettis, ces derniers peuvent *récupérer la TVA d'amont*.

Ce sont en premier lieu les *opérations avec l'étranger* : exportations vers des pays hors UE, livraisons intracommunautaires, travaux à façon sur des biens destinés à l'exportation, ventes en franchise dans les magasins duty free, transports internationaux et prestations de services accessoires, opérations afférentes aux navires, bateaux et aéronefs.

La liste des *opérations exemptées en régime intérieur* (sans droit à déduction) est particulièrement longue. Elle a notamment pour effet d'exonérer la plupart

des prestations habituellement fournies par les établissements bancaires. Elle comprend notamment :
- toutes les prestations de l'administration des postes, y compris les télécommunications ainsi que la fourniture d'eau par les collectivités publiques ;
- la plupart des **opérations bancaires courantes,** et notamment les opérations **sur valeurs mobilières,** à l'exclusion notable de la location de coffres-forts ;
- l'ensemble des prestations de services en rapport avec des **organismes de placement collectifs** en valeurs mobilières (OPCVM) et des fonds de pension, avec cependant une restriction notable : si les activités « nobles » comme l'exercice de mandats sociaux sont exonérées, des activités comme la tenue de la comptabilité ne le sont pas nécessairement (consulter la circulaire administrative) ;
- les opérations d'**assurance** et de **réassurance ;**
- les opérations de jeux et de paris ;
- la plupart des prestations **médicales,** hospitalières et paramédicales, mais pas les fournitures de produits pharmaceutiques ;
- la plupart des prestations liées à l'enseignement, l'éducation de l'enfance et de la jeunesse, la vie **culturelle** ou sportive ;
- sous réserve de ce qui a été dit sur l'option en matière d'opérations immobilières (voir n° 1663), la cession des **terrains** et des **immeubles construits** qui est une opération soumise à un droit de mutation (voir n° 1823). En revanche, la cession d'**immeubles avant construction** est une opération imposable au taux ordinaire, pour la partie terminée. La **location d'immeubles** est également exonérée sauf si l'immeuble est **à usage commercial** et que les parties optent, par demande conjointe, pour l'assujettissement du bail à la TVA afin de permettre au bailleur de récupérer la taxe d'amont.

C. Territorialité de la TVA

1671 Pour l'application de la TVA, le territoire national est celui du Grand-Duché. Un règlement grand-ducal pourrait cependant modifier le champ d'application territorial de la TVA luxembourgeoise.

Lieu d'imposition des livraisons de biens

1672 **En règle générale**, les livraisons de biens sont considérées comme effectuées au Luxembourg lorsqu'elles portent sur des biens qui y sont **mis à la disposition** de l'acquéreur.

Lieu d'imposition des prestations de services

1673 Les opérations regroupées dans la catégorie des prestations de services étant à la fois très diverses par leur nature et souvent difficiles à appréhender physiquement, il a été impossible de trouver une seule règle permettant de déterminer, dans tous les cas de figure, le lieu où est effectuée et donc où doit être imposée telle ou telle prestation de services. Pour déterminer leur lieu d'imposition, la directive CE a donc prévu un **critère général** et des **critères spécifiques** qui s'y substituent pour certaines prestations de services.

Règle générale

1674 Les prestations de services sont considérées comme effectuées à l'endroit où se trouve le **siège de l'activité économique du prestataire.** Ce siège se trouve dans l'État où le prestataire centralise la gestion et l'exercice habituel de son activité. En d'autres termes, un prestataire français qui fournit des services à un client luxembourgeois lui facture la TVA française et, à l'inverse, une entreprise française qui fait appel à un prestataire luxembourgeois acquitte la TVA luxembourgeoise.

Lorsqu'un redevable exerce son activité à la fois au Luxembourg et à l'étranger, les services sont considérés comme rendus à l'endroit où se trouve l'*établissement permanent* dans lequel la prestation de services a été effectuée. Si le prestataire français possède un établissement au Luxembourg et que c'est cet établissement qui fournit les services demandés au client luxembourgeois, ce sera la TVA luxembourgeoise et non plus la TVA française qui devra être facturée au client. Comme la notion d'établissement stable n'est pas définie par la loi luxembourgeoise sur la TVA, la doctrine se réfère aux définitions qu'en donne la CJCE (4 juillet 1985, aff. 186/84, Günter Berkholz ; 17 juillet 1997, aff. 190/95, ARO Lease BV ; 20 février 1997, aff. 260/95, DFDS). Un centre d'activités constitue un établissement stable notamment s'il a un caractère durable, une organisation minimale et des moyens matériels et humains suffisants.

Lorsque la TVA est due au Luxembourg, le prestataire luxembourgeois ou l'établissement luxembourgeois du prestataire français l'acquitte selon les *modalités d'imposition de droit commun.*

Prestations imposables au lieu d'exécution

1675 Par exception à la règle ci-dessus, certaines prestations sont taxables dans l'État où elles sont exclusivement ou essentiellement exécutées : elles sont soumises à la *TVA luxembourgeoise même si* elles sont fournies par une entreprise française, *dès lors qu'*elles sont exécutées au Luxembourg. Il s'agit essentiellement :

– des prestations relatives aux *immeubles* situés au Luxembourg ;
– des activités accessoires au transport de marchandises ;
– et des prestations matériellement exécutées au Luxembourg comme des *activités culturelles*, artistiques ou sportives ;
– des services liés à des *biens meubles corporels* (travaux, expertises, évaluations et rapports) matériellement exécutés au Luxembourg, *sauf si* le destinataire est identifié à la TVA dans un autre État où les services sont alors localisés (2e directive de simplification transposée depuis le 1er janvier 1996).

Prestations « immatérielles »

1676 Pour les prestations « immatérielles », la détermination de l'État dans lequel la TVA est due se fait en fonction du *lieu d'établissement* et de la *qualité* (assujetti/non-assujetti) *du destinataire* du service. Si le bénéficiaire est un assujetti, la prestation est réputée effectuée dans le pays de son entreprise ; s'il est non assujetti, dans le pays où il a son domicile si celui-ci se situe dans un pays tiers. Cela implique que si le bénéficiaire n'est pas assujetti et réside dans la CE la règle générale (taxation dans le pays du prestataire de service) s'applique.

Le *tableau* ci-dessous présente les cas où, dans le cadre de prestations de services impliquant une entreprise française et une entreprise luxembourgeoise, il y a lieu d'appliquer la TVA luxembourgeoise ou la TVA française.

Remarque. Si le destinataire de la prestation est l'un des établissements stables d'une entreprise, c'est le lieu où se situe cet établissement qui est déterminant.

	Prestataire établi	
	En France	En Allemagne
Preneur établi en France : Assujetti Non assujetti	situation interne	TVA française *TVA luxembourgeoise*
Preneur établi au Luxembourg : Assujetti Non assujetti	*TVA luxembourgeoise* TVA française	situation interne

Les **prestations concernées** par ce régime sont notamment les cessions et concessions de droits d'auteur, de brevets, de droits de licence, de marques et droits similaires, de clientèle et de monopole ; les travaux de publicité (sur cette notion, voir la remarque au n° 1664) ; les travaux de nature intellectuelle (expertise comptable, conseils, bureau d'études, etc.) ; les services financiers et bancaires ; la mise à disposition de personnel ; les services des courtiers et des mandataires intervenant dans les prestations énumérées ci-dessus ; la location de biens autres que des moyens de transport, les prestations de services de télécommunication.

Cette liste correspond globalement à ce qu'on désigne généralement comme des prestations immatérielles. Le fait qu'un type de prestations figure dans cette liste n'exclut pas qu'il soit par ailleurs exonéré en vertu d'autres dispositions (ex. : activités bancaires ou opérations d'assurance).

Opérations réalisées par Internet

1676-A La Commission a présenté une **proposition de directive** visant à unifier le régime de TVA applicable dans les États membres à certains **services fournis par voie électronique et à** prévenir les distorsions de concurrence dans ce domaine (COM (2000)349, 7 juin 2000).

Les **services visés** sont pour l'essentiel la fourniture par voie électronique de services dans le domaine des logiciels, du traitement des données et de l'informatique (y compris la conception ou l'accueil de sites Web) ainsi que de services d'information. En revanche, les marchandises commandées par Internet mais livrées sous forme physique ne sont pas concernées car elles relèvent des règles normalement applicables aux livraisons de biens. Les règles proposées sont les suivantes :

Lorsque le **prestataire est situé dans l'UE** et que la prestation est fournie :
– à un preneur assujetti situé dans un autre État membre : elle serait taxable dans l'État membre du preneur et la TVA serait due par ce dernier (principe de l'autoliquidation) ;
– à un particulier situé dans un autre État membre : le prestataire facturerait la TVA au taux normal en vigueur dans l'État dans lequel il est identifié ;
– à un preneur situé dans un État tiers : la TVA européenne ne serait pas applicable.

Lorsque le **prestataire est situé dans un pays tiers** et que la prestation est fournie :
– à des preneurs établis dans la Communauté : elle est soumise à la TVA européenne dans les mêmes conditions que ci-dessus.
– à des preneurs non assujettis établis dans la Communauté : l'opérateur étranger aurait l'obligation de s'identifier à la TVA dans un État membre dans lequel il effectue des prestations (en principe l'État membre dans lequel est effectuée la première opération imposable). Cette identification se limiterait à un seul État membre et ne serait obligatoire que pour les opérateurs dont les ventes annuelles dans la Communauté à des non-assujettis dépassent 100 000 euros.

Prestations liées aux échanges intracommunautaires

1677 Les prestations de *transports intracommunautaires de marchandises*, les prestations *accessoires à ces transports* et celles fournies par les *intermédiaires transparents* (agents commerciaux agissant pour le compte d'autrui, par opposition aux intermédiaires commerciaux qui agissent en leur nom propre) obéissent à des règles de détermination du lieu d'imposition qui sont assez complexes.

En résumé, la TVA est toujours due dans le pays du *bénéficiaire de la prestation* chaque fois que celui-ci y est *identifié* (c'est-à-dire qu'il y possède un numéro d'identification TVA). En revanche, lorsque le bénéficiaire n'est *pas identifié*, la taxe est due, selon la nature de l'opération, dans le pays de départ du transport, d'exécution de l'opération accessoire ou dans le pays où l'agent exerce son activité.

La 2e directive de simplification, transposée au Luxembourg depuis le 1^{er}janvier 1996, assimile à un transport intracommunautaire de biens le transport de biens dont les lieux de départ et d'arrivée sont situés à l'intérieur d'un même État, à condition que le *transport* soit *accessoire* à un transport intracommunautaire de biens (lieu de départ et d'arrivée dans deux États différents).

Régime des exportations

1679 Les exportations de biens effectuées à partir du Luxembourg et à destination d'un État tiers (hors UE) sont exonérées mais elles ne font pas perdre à l'exportateur le droit de déduire la taxe d'amont grevant ses propres acquisitions de biens ou de services.

L'exportation peut être *directe* si l'ensemble de l'opération (transport ou expédition compris) est effectué par le fournisseur luxembourgeois ou pour son compte, ou *indirecte* si l'exportation hors du territoire communautaire est réalisée par quelqu'un d'autre (client étranger ou transporteur agissant pour le compte du client étranger).

Opérations assimilées aux exportations

1680 Un certain nombre d'opérations à caractère international suivent le même régime que les exportations. Elles sont exonérées tout en ouvrant droit à déduction. Ce sont notamment des travaux et services fournis au Luxembourg portant sur des biens qui sont ensuite exportés ; des biens et services fournis aux navires et aéronefs utilisés en trafic international.

SECTION 2 Base d'imposition et exigibilité

A. Base d'imposition

Règle générale

1685 La base d'imposition *se compose,* en général, de tout ce qui constitue la contrepartie. Si elle consiste en une somme d'argent, la taxe est calculée sur tout ce que le fournisseur du bien ou le prestataire de services obtient ou doit obtenir, y compris les subventions attachées au prix de ces prestations. Font partie du prix d'achat les frais accessoires, commissions, frais d'emballage et droits de douane.

Sont exclus de la base imposable les escomptes pour paiement anticipé, les rabais, les intérêts de retard, les débours et la TVA elle-même.

Cas particuliers

1686 Certaines opérations relèvent de règles particulières fondées sur la *valeur normale* des biens : opérations assimilées à une livraison de biens ou à une prestation de services ; opérations dont la contrepartie ne consiste pas, ou pas exclusivement, en une somme d'argent, ainsi que certaines opérations sans contrepartie ; prestations des agences de voyages ; livraisons intracommunautaires et importations sans paiement d'un prix.

En vertu de la directive 94/5/CE (dite 7e directive) transposée par le règlement du 12 juillet 1995, le calcul de la TVA pour les *biens d'occasion*, objets d'art, de collection ou d'antiquité se fait, en général, non pas sur le prix de vente total mais *sur la marge* perçue par l'assujetti revendeur. Ce régime s'applique y compris dans les échanges intracommunautaires : pour ces ventes, la taxe est donc exigible dans le pays du vendeur, ce qui constitue une dérogation au régime ordinaire des échanges de biens intracommunautaires (art. 56 ter).

B. Exigibilité

Fait générateur

1688 Pour la prestation de services ou la livraison de biens, le fait générateur intervient et la taxe est due, en principe, *au moment où* la prestation est parfaite ou à la livraison du bien. En cas de livraison ou de *prestation continue*, c'est l'expiration de chaque période de décompte ou de paiement qui constitue le fait générateur.

La taxe peut toutefois être due, à titre subsidiaire, *avant* la fourniture du bien ou du service, lorsque survient le premier des événements suivants : facturation (d'un acompte généralement) ; encaissement ; échéance convenue du prix ou d'une partie du prix. Dans ces trois cas, la taxe n'est due qu'à hauteur du montant facturé, payé ou échu, et elle est due sur le solde au moment de la livraison ou de l'exécution.

Pour les livraisons *à soi-même,* le moment de l'opération coïncide avec celui du prélèvement ou de la première utilisation du bien.

C. Redevables et assujettis

Assujettissement

1690 Aux termes de la loi, « est considéré comme un assujetti quiconque accomplit de façon indépendante et à titre habituel des opérations relevant d'une activité économique, quels que soient les buts et les résultats de cette activité et quel qu'en soit le lieu ».

Les *mandataires* et les *courtiers* étant des assujettis, leurs prestations (commissions) sont imposables même si les opérations dans lesquelles ils interviennent sont hors champ, comme une vente de terrain, par exemple. Les *holdings passifs* étant généralement considérés comme exerçant une activité civile, ils ne sont donc pas des assujettis.

Comme la notion d'*unité fiscale* en matière de TVA n'existe pas au Luxembourg, les entreprises *membres d'un groupe* sont chacune assujetties.

Les *succursales luxembourgeoises de sociétés étrangères* sont des opérateurs économiques assujettis à la TVA dans les conditions de droit commun.

Les *bureaux de représentation* ne réalisant que des travaux préparatoires ou accessoires n'ont pas la qualité d'assujetti : s'ils effectuent des opérations ayant supporté la TVA luxembourgeoise, ils devront recourir à la procédure de récupération de la taxe d'amont décrite au n° 1716 pour être remboursés du montant que leur ont facturé leurs fournisseurs.

L'assujettissement peut être *partiel*. Il peut être *sur option*, si l'entreprise qui fait des opérations exonérées préfère facturer la TVA et récupérer la taxe d'amont ayant frappé ses opérations. L'option est possible pour les exploitations agricoles et pour la livraison et la location de biens *immeubles*.

Seule exception au principe selon lequel seules les livraisons effectuées par un assujetti sont soumises à la TVA : la *livraison occasionnelle de moyens de transport neufs* par un non-assujetti à l'intérieur du pays.

Modalités pratiques

1691 Lorsqu'une personne commence une activité qui lui confère au Luxembourg la qualité d'assujetti à la TVA, elle doit au préalable déposer une *déclaration d'activité professionnelle* à l'administration de l'enregistrement et des domaines.

Cette inscription sur la liste matricule des assujettis entraîne la délivrance d'un *numéro d'identification* à la TVA. Il doit figurer sur toutes les pièces ayant trait à l'activité professionnelle. Le changement ou la cessation des activités doivent également être communiqués dans les quinze jours.

Identification des assujettis non établis

1692 Les principaux cas dans lesquels une entreprise française devra demander son identification à la TVA luxembourgeoise sont les suivants :
– elle possède au Luxembourg un *établissement* qui réalise un chiffre d'affaires taxable excédant 400 000 LUF ;
– elle vend des biens *à partir d'un stock* qu'elle détient dans ce pays ou elle *achète* des produits qu'elle revend dans ce pays ; elle *revend* au Luxembourg des biens qu'elle a importés dans ce pays en son nom ;
– elle livre au Luxembourg des biens qu'elle *installe* et/ou *monte sur place* ;
– elle effectue des *prestations de services* autres que celles évoquées aux n°^{os} 1675 s. ;
– elle vend par correspondance à des clients luxembourgeois non assujettis, des particuliers, par exemple ;
– elle effectue certaines *opérations triangulaires* (voir n° 1700).

Si elle ne procède pas à son identification au Luxembourg alors qu'elle y est tenue, elle perd, en principe, tout *droit à restitution* de la TVA supportée sur ses dépenses (voir n° 1716), par exemple sur les achats de prestations à des sous-traitants ou sur des achats locaux. Il peut donc être important de ne pas attendre la fin d'une opération pour demander son enregistrement.

Désignation d'un représentant fiscal solidaire

1693 Si l'entreprise française possède au Luxembourg un établissement lui-même assujetti et immatriculé dans les conditions de droit commun, celui-ci fera automatiquement office de représentant fiscal, y compris pour les opérations taxables ne relevant pas directement de cet établissement.

Dans le cas contraire, la pratique de l'administration luxembourgeoise est de lui demander de fournir une *caution* ou une *garantie bancaire* ou de désigner un garant. L'administration peut toutefois exiger la nomination d'un *représentant fiscal* solidairement responsable quand l'opérateur étranger est une personne morale non assujettie ou un assujetti qui est débiteur de la taxe par l'effet des règles de taxation communautaires et qui effectue des opérations au Luxembourg dans le cadre de son entreprise, qu'il s'agisse d'opérations internes ou d'acquisitions intracommunautaires.

Ce dispositif est même renforcé par le fait qu'au regard de la loi luxembourgeoise, l'opérateur étranger est **codébiteur solidaire** de la TVA luxembourgeoise avec le bénéficiaire de la prestation de services, chaque fois que ce dernier en est redevable par l'effet des règles de taxation communautaires (voir n° 1673). En effet, au Luxembourg, le représentant fiscal est *solidairement responsable* de la dette fiscale de son commettant à qui il se substitue pour l'accomplissement de l'ensemble des formalités en matière de TVA.

Cette *responsabilité solidaire* qui lie le fournisseur étranger et le bénéficiaire de la prestation ou de la livraison permet à l'administration luxembourgeoise de trouver un débiteur en toutes circonstances. Aussi la plus grande prudence s'impose-t-elle au client résidant au Luxembourg, particulièrement si son fournisseur n'est pas identifié à la TVA luxembourgeoise ; et même s'il l'est, seule l'existence d'un représentant fiscal solidaire fait disparaître la solidarité du client luxembourgeois que l'on vient d'évoquer, à moins que l'administration ne parvienne à établir sa connivence avec le fournisseur pour éluder le paiement de la TVA. De même, une défaillance du bénéficiaire de la prestation de services peut désormais rendre le prestataire co-débiteur (voir n° 1722).

SECTION 3 **TVA intracommunautaire**

1695 Contrairement à la règle énoncée au n° 1672 pour les livraisons internes au Luxembourg, les livraisons intracommunautaires sont taxées dans le *pays de destination* lorsque les biens sont matériellement expédiés ou transportés d'un pays membre à l'autre et que le destinataire est lui-même assujetti à la TVA dans le pays d'arrivée et qu'il a un numéro d'identification. Elles sont exonérées dans le pays de départ mais y ouvrent droit à déduction.

Acquisition intracommunautaire

1696 Selon l'article 18 de la loi sur la TVA, est considérée comme une acquisition intracommunautaire l'obtention du pouvoir de disposer comme un propriétaire d'un bien meuble corporel qui a été expédié et transporté depuis un État membre autre que celui du destinataire. Les acquisitions intracommunautaires (autres que des moyens de transport, des boissons alcoolisées et des tabacs manufacturés) ne sont pas soumises à la TVA si leur montant global HT du pays de départ n'excède pas 400 000 LUF au cours de l'année civile.

Le *transport entre deux États membres* peut être fait par le vendeur, l'acquéreur ou un tiers agissant au nom et pour le compte de l'un ou l'autre.

Les acquisitions doivent l'être *à titre onéreux* et *par des assujettis*. Par *exception*, les acquisitions intracommunautaires portant sur des *moyens de transport neufs* sont soumises à la TVA, que l'acquéreur soit un assujetti ou un particulier.

Certaines opérations sont *assimilées à* des acquisitions intracommunautaires, notamment :

– la *réception* par le client luxembourgeois *de travaux à façon* accomplis dans un autre État membre. En sens inverse, du point de vue du prestataire des tra-

vaux, si le client fournit les matériaux nécessaires aux travaux, l'opération constitue pour lui une prestation de services ;
– l'introduction au Luxembourg de biens acquis dans d'autres États membres, par un entrepreneur ou un professionnel assujetti à la TVA, *pour les besoins de son entreprise* ou de son activité professionnelle. Bien qu'il n'y ait pas de transfert de propriété, ce transfert physique de biens s'assimile à une acquisition.

1697 En règle générale, l'acquisition est considérée réalisée au Luxembourg *au lieu* d'arrivée des biens transportés et la TVA est exigible *au moment* de la livraison, quand les biens sont mis à la disposition de l'acquéreur.

Le *redevable* de la TVA est l'opérateur qui réalise l'acquisition : le destinataire des biens parvenus au Luxembourg ou, s'ils n'y sont pas parvenus, la personne identifiée à la TVA luxembourgeoise si elle ne peut pas prouver que l'acquisition a été taxée dans l'État membre où ils sont effectivement parvenus. Concernant l'*identification à la TVA*, on reprend le numéro d'identification fiscale que l'on fait précéder du code pays « LU ». En ce qui concerne les *groupes de sociétés*, chaque société a un numéro distinct puisqu'il n'y a pas d'intégration fiscale en matière de TVA.

En principe, la TVA versée lors de l'acquisition intracommunautaire est admise en *déduction de la TVA* due par l'assujetti luxembourgeois.

Notons enfin que pour faciliter les contrôles fiscaux et les relevés statistiques, les opérateurs communautaires doivent présenter une déclaration récapitulative des opérations intracommunautaires effectuées dans le trimestre précédent (voir n° 1724) ainsi qu'une déclaration mensuelle INTRASTAT (voir n° 42).

Exceptions

1698 Ne constituent *pas des acquisitions intracommunautaires* celles réalisées :
– en franchise de taxe ;
– dans le cadre d'une vente à distance ;
– sur des biens nécessitant une installation ou un montage ;
– dans le cadre du régime des biens d'occasion et objets d'art (voir n° 1686).

Opérations triangulaires

1700 Les opérations triangulaires sont des opérations dans lesquelles une entreprise d'un pays A vend des biens à une entreprise d'un pays B qui les revend à un client dans un pays C et demande à son fournisseur du pays A de les livrer directement dans le pays C.

Si l'on appliquait les règles ordinaires de TVA intracommunautaires l'entreprise du pays B, c'est-à-dire l'entreprise intercalaire, devrait demander son identification dans le pays C ou dans le pays A, selon la façon dont est organisée l'opération. Pour éviter ces contraintes, la 1re directive 92/111/CEE, dite de simplification, dispense l'entreprise intercalaire de se faire identifier dans les autres pays lorsque l'opération concerne uniquement des entreprises des États membres qui sont assujetties à la TVA dans leur pays respectif et que plusieurs conditions sont remplies (notamment celle de ne pas être établie dans le pays et de ne pas y avoir désigné un représentant fiscal).

SECTION 4 **Taux de la TVA**

1705 À côté du *taux normal* de 15 %, il existe trois taux réduits :
– le taux *super-réduit* de 3 % : notamment les *produits* alimentaires (sauf les boissons alcooliques), les livres et journaux, les vêtements d'enfants, l'eau, les produits pharmaceutiques ; *services* de restauration sur place, d'hôtellerie, de transport des personnes, prestations culturelles, éducatives et sportives, droits d'auteur ;
– le taux *réduit* de 6 % : gaz, électricité et certaines livraisons d'objets d'art (voir n° 1686) ;
– le taux *intermédiaire* de 12 % : *produits :* vins, combustibles, essence sans plomb, tabac ; *services* des professions libérales, agences de voyages, agences de publicité, garde et gestion de valeurs mobilières, gestion de crédit.

SECTION 5 **Déductions**

Déduction de la taxe d'amont

Droit à déduction

1710 L'assujetti peut déduire de la taxe dont il est redevable pour les livraisons et les prestations qu'il a effectuées les taxes ayant grevé les biens et les services qui lui ont été fournis, dans la mesure où il *utilise* ces biens et ces services dans l'exercice de son activité professionnelle *pour* effectuer des *opérations taxables* (voir n° 1661), exonérées (voir n° 1670) ou réalisées à l'étranger mais qui ouvriraient droit à déduction si elles l'étaient au Luxembourg.

La TVA déductible concerne exclusivement des dépenses à caractère *professionnel*. Il convient donc de vérifier dans quelle mesure la TVA ayant grevé un bien ou un service destiné également à un usage privé entre en ligne de compte pour la déduction (par exemple les frais relatifs à un bâtiment à usage mixte).

Par ailleurs, les déductions des *assujettis partiels* s'opèrent, comme en France, selon la règle du prorata général ou selon la règle de l'affectation réelle entre les activités taxables et les autres.

Depuis 1993, la TVA est récupérable partiellement, même par des non-assujettis, en matière de *construction*. Destinée à lutter contre le travail au noir, cette mesure permet aux particuliers de demander la récupération, à hauteur de 12 % sur les 15 % exposés, des dépenses qu'ils ont engagées pour des constructions nouvelles ou des rénovations (certaines de ces dernières devant être effectuées dans les trois ans de l'acquisition de l'immeuble).

Exclusion du droit à déduction

1711 Les exclusions de taxes déductibles concernent :
– les *opérations exemptées*, ce qui empêche les établissements financiers et d'assurance notamment, de déduire la TVA d'amont ayant grevé leurs prestations (voir n° 1670) ;
– les *dépenses somptuaires*, de divertissement ou de représentation.

Il existait jusqu'en 1995 un régime forfaitaire pour les *frais de route et de séjour*, et un régime particulier pour les revendeurs professionnels de véhicules automobiles d'occasion. Son maintien lors de l'introduction du régime INTRASTAT a donné lieu à des difficultés pratiques et à un contentieux important. Depuis le 1er janvier 1995, le Luxembourg applique aux véhicules automobiles d'occasion (ainsi qu'aux bien d'occasion, objets d'art et d'antiquité) un régime particulier d'imposition de la marge bénéficiaire (voir n° 1686).

Des règlements d'exécution organisent les modalités de la régularisation des déductions de TVA opérées pour les *actifs professionnels* (« biens d'investissement »), soit que la TVA ait été initialement déduite mais que l'actif ait subi un changement de destination en cours d'utilisation qui en exclut sa déductibilité, soit au contraire que l'actif remplisse les critères de déductibilité en cours d'utilisation mais que la TVA n'ait pas été déduite lors de son acquisition.

La loi luxembourgeoise fait une place à part aux *dépenses* qui ne sont pas déductibles, même si elles sont *fournies par un assujetti à un autre assujetti*. L'application la plus connue est celle des débours d'huissier facturés à un avocat, et qui seront refacturés comme tels au client ou à l'adversaire succombant.

Exercice du droit à déduction

1712 Le droit à déduction prend naissance *au moment où* la taxe est due. La déduction est *immédiate et globale* en ce sens que l'assujetti l'exerce en imputant, sur le total des taxes dues pour une période de déclaration, le total des taxes pour lesquelles le droit à déduction a pris naissance au cours de la même période, pour autant que soient respectées les conditions d'exercice de ce droit. Il ne peut opérer la déduction que dans la déclaration relative à la période au cours de laquelle les formalités qui conditionnent l'exercice de ce droit sont remplies.

Régularisation des déductions pratiquées

1713 Les déductions initialement opérées ne sont *définitives* que si elles sont correctes et si un événement ultérieur ne vient pas modifier la destination initialement assignée aux biens et services. Dans ce cas, la réduction doit être *révisée*.

Récupération de la taxe d'amont

Remboursement aux assujettis locaux

1715 Pour les assujettis tenus à déclaration périodique, la règle est que lorsque le montant de la TVA portée en déduction excède le montant de la TVA due, l'*excédent* est en principe *reporté* dans la déclaration suivante comme TVA déductible.

Cependant, l'assujetti peut demander le *remboursement* de ce crédit de taxe dès que l'excédent dépasse 50 000 LUF ou 100 LUF en fin d'année civile.

Remboursement aux assujettis non établis au Luxembourg

1716 Si l'entreprise française est identifiée à la TVA au Luxembourg, elle récupère la TVA d'amont qu'elle a pu acquitter dans ce pays selon la procédure décrite ci-dessus.

Dans le cas inverse, elle doit utiliser la *procédure de restitution* instituée par la *8ᵉ directive CEE*.

Le formulaire de *demande* de remboursement, en français, peut être obtenu en France (DGI, Service de remboursement de TVA, 9, rue d'Uzès, 75084 Paris Cedex 02). La demande doit être déposée au Luxembourg à l'Administration de l'enregistrement et des domaines (Bureau d'imposition XI, adresse complète en annexe) dans les six mois de la fin de l'année civile, et être accompagnée d'une liste de pièces justificatives déterminée par arrêté grand-ducal (notamment l'attestation d'assujettissement à la TVA française, les originaux des factures, etc.).

Le remboursement peut être demandé *à tout moment* de l'année lorsque la somme remboursable atteint l'équivalent de 200 euros ou à l'issue de l'année civile si elle est comprise entre 25 et 200 euros. Il est payable par transfert bancaire, par chèque ou par mandat.

SECTION 6 **Obligations des redevables**

Facturation et comptabilité

Délivrance de factures et journal des recettes

1717 Pour chaque livraison de biens ou prestation de services, l'assujetti *doit* en principe délivrer à son client une facture faisant apparaître la TVA due, *au plus tard* le 15 du mois suivant celui au cours duquel l'opération a eu lieu, ou, s'il s'agit d'un acompte, lors de son encaissement.

La facture *mentionne* le numéro d'identification de chacun des deux opérateurs, le prix hors taxe de chaque opération taxable, pour chaque taux différent la taxe correspondante, ainsi que, le cas échéant, l'exonération. La facture est établie indifféremment dans l'une des trois *langues* officielles du pays (français, allemand, luxembourgeois) mais pour faciliter le contrôle au plan communautaire, il est préférable de s'en tenir aux langues officielles de l'Union européenne, à savoir l'allemand ou le français.

Lorsque le montant global de la facture ne dépasse pas 2 000 F Lux, le montant de la TVA n'a pas à être indiqué. Cependant, la réglementation des prix impose aux commerçants de ne leur soumettre que des devis et des factures TTC.

Obligations d'ordre comptable

1719 Comme le régime de la TVA se fonde essentiellement sur la comptabilité, les assujettis doivent se soumettre à des obligations comptables sans qu'il y ait, en principe, de prescriptions quant à la méthode comptable à utiliser. La comptabilité doit être suffisamment détaillée pour permettre la perception de la TVA. Les principaux *documents à tenir* sont les facturiers d'entrée et de sortie, le journal des recettes et le tableau des biens d'investissement.

La comptabilité doit distinguer les ventes ou les recettes d'après les différents taux de TVA, et faire apparaître clairement les opérations sur des biens ou sur des services utilisés pour l'entreprise de l'assujetti. Elle doit obligatoirement être tenue à l'intérieur du pays.

Les livres et documents doivent être *conservés* par l'assujetti pendant une période de dix ans à compter du premier janvier, suivant leur clôture ou leur date. Ils doivent être communiqués à toute requête des agents chargés du contrôle.

Déclarations périodiques et paiement de la TVA

1721 *En principe,* tout assujetti est tenu de déposer des déclarations périodiques à la TVA et de verser au Trésor la taxe exigible qui en découle mais certains assujettis en sont *dispensés,* à condition en général de renoncer au droit à déduction (voir n° 1725).

Les assujettis doivent déposer dans les 15 premiers jours du mois une *déclaration mensuelle* de la TVA devenue exigible au cours du mois précédent et acquitter cette taxe.

Selon leur *chiffre d'affaires*, certains sont toutefois soumis à d'autres règles :
– chiffre d'affaires annuel réalisé l'année civile précédente entre 4,5 millions et 25 millions de LUF : la déclaration est *trimestrielle* (dans les 15 premiers jours du trimestre civil) ;
– chiffre d'affaires réalisé l'année civile précédente inférieur à 4,5 millions de LUF : la déclaration est *annuelle* (avant le 1er mars), avec toutefois des *acomptes trimestriels*.

À défaut de déclarations effectuées dans les délais prescrits, l'administration peut fixer des *acomptes provisionnels*.

Les assujettis tenus au dépôt de déclarations mensuelles et trimestrielles doivent en outre déposer avant le 1er mai une *déclaration annuelle récapitulative* et acquitter le solde de taxe éventuellement dû. Lorsqu'ils cessent leur activité en cours d'année, cette obligation est remplie dans les deux mois de la cessation.

Pour pouvoir *payer la taxe en euros*, les assujettis doivent remplir un bordereau de conversion leur permettant d'informer l'administration de leur intention avec effet au 1er janvier de l'année d'imposition (ou à partir de la date de leur immatriculation s'ils commencent une activité taxable).

Responsabilité solidaire du client

1722 Le bénéficiaire des prestations ou des livraisons fournies par l'assujetti est *solidairement responsable* envers l'État du paiement de la TVA, *sauf si* :
– le consommateur final est un particulier ayant acheté la marchandise ou la prestation de services à un assujetti luxembourgeois ;
– le bénéficiaire prouve qu'il s'est libéré de la TVA à l'égard de l'assujetti luxembourgeois ou du représentant fiscal de l'assujetti étranger.

État récapitulatif des opérations intracommunautaires

1724 L'assujetti qui a effectué une livraison intracommunautaire doit remettre dans les quinze premiers jours de chaque trimestre une *déclaration récapitulative trimestrielle* des acquéreurs identifiés à la TVA dans un autre pays membre et pour lesquels la taxe est devenue exigible au cours du trimestre précédent. Les informations à fournir sont celles prescrites par la directive CE.

Si son *chiffre d'affaires* hors taxe réalisé l'année précédente est compris entre 1,8 et 4,5 millions de LUF et que le montant annuel hors taxe de ses livraisons (moyens de transport neufs exclus) ne dépasse pas 600 000 LUF, l'assujetti est autorisé à remettre un état *annuel*. De même, il peut remettre un état récapitulatif *simplifié* si son chiffre d'affaires annuel n'a pas dépassé 1,8 million de LUF et que le montant hors taxe de ses livraisons intracommunautaires n'a pas dépassé 600 000 LUF.

En France, la déclaration d'échanges de biens (DEB) est une déclaration mensuelle ayant une finalité à la fois fiscale et statistique. Cette double finalité provient de ce qu'elle regroupe, en fait, deux déclarations imposées par la réglementation communautaire, l'« état récapitulatif TVA » et la « déclaration INTRASTAT ». *Au Luxembourg*, comme dans la plupart des États membres, ces déclarations sont distinctes (pour la déclaration *INTRASTAT*, voir n° 42).

Régimes particuliers

1725 Il existe des régimes particuliers, sur option, prévoyant des obligations réduites :

– les assujettis dont le chiffre d'affaires annuel hors taxe est *inférieur à 400 000 LUF* : franchise de taxe mais, en revanche, non-déductibilité de la taxe d'amont ;
– les assujettis dont le chiffre d'affaires annuel hors taxe est compris *entre 400 000 et 1 million de LUF* : atténuation dégressive de la taxe due ; elle est égale à 1 % de la différence entre 1 million de LUF et le chiffre d'affaires annuel hors taxe effectivement réalisé, sans pouvoir être supérieure à 6 000 LUF ou le montant de la taxe due après déduction de la TVA d'amont. L'atténuation n'est pas imputable sur la taxe exigible à l'importation ;
– les agences de voyages ;
– les avocats : possibilité d'opter pour la déduction de la taxe acquittée en amont d'un montant forfaitaire de 0,75 % de leurs recettes ;
– certains exploitants agricoles.

Administration, contrôle et contentieux

1726 La TVA est *gérée par* l'administration de l'enregistrement et des domaines, comme le sont les autres impôts sur la circulation juridique des biens (taxes assimilées au timbre, droits d'enregistrement et droits de timbre). Elle dispose d'un arsenal de moyens de contrainte fort important.

Outre un *droit d'exécution sur contrainte,* comparable à une saisie-exécution en matière civile, et le droit de procéder par sommation à tiers détenteur, comparable à une saisie-arrêt en matière civile, elle dispose d'un *privilège général* sur meubles et d'une *hypothèque* occulte dispensée d'inscription, mais prenant néanmoins rang au jour de la naissance de la créance. Cela a pour effet pratique que l'administration de l'enregistrement et l'administration des contributions (qui a des privilèges similaires) se partagent l'actif de la plupart des faillites luxembourgeoises.

En cas d'existence d'indices graves, précis et concordants de fraude, ou de non-dépôt des déclarations, l'administration peut procéder à une *taxation d'office.*

L'introduction d'une *voie de recours* ne dispense pas du paiement de la taxe, mais le paiement de la taxe n'est pas, en matière de TVA, une condition de recevabilité du recours. Le recours est exercé devant les tribunaux ordinaires et non devant une juridiction administrative. L'assujetti a cependant la possibilité de déposer un recours gracieux auprès du bureau d'imposition et du directeur de l'administration. Ce dernier peut décerner des *amendes* fiscales, et sous certaines conditions, la fraude fiscale en matière de TVA peut donner lieu à des *poursuites pénales.*

Prescriptions

1727 Les droits du Trésor se prescrivent en principe par cinq ans, mais cette prescription peut être interrompue dans les conditions prévues par l'article 2244 du Code civil luxembourgeois qui est d'une teneur similaire au même article du Code civil français.

Les droits à restitution d'impôts ou d'amendes injustifiées se prescrivent en tout état de cause par un délai de cinq ans qui commence à courir le 31 décembre de l'année civile à laquelle se rapporte l'impôt à restituer ou pendant laquelle l'amende a été infligée.

TITRE 5 — Autres impôts

1800 Sont rassemblés sous le présent titre un certain nombre d'impôts et taxes sans lien direct les uns avec les autres mais qui, sans avoir l'importance de ceux étudiés jusqu'ici, devaient néanmoins être évoqués, même si c'est de façon plus succincte. Dans les sections qui suivent, on traitera donc :
– de l'impôt foncier ;
– des droits d'enregistrement, de timbre et d'hypothèque ;
– des droits de succession et de donation ;
– d'impôts et taxes divers.

SECTION 1 — Impôt foncier

1810 Sont assujettis à cet *impôt communal* tous les propriétaires d'immeubles bâtis ou non bâtis situés sur le territoire d'une commune. L'impôt ayant un caractère réel, la circonstance que le propriétaire ne soit pas résident du Luxembourg est indifférente.

Exonérations

1811 *Sont exonérés :*
– les biens fonciers de l'État et des communes, affectés à un service public ;
– les biens fonciers des associations de bienfaisance ;
– les immeubles des établissements hospitaliers et des ordres religieux lorsqu'ils sont utilisés au service de la médecine, du culte, de l'enseignement religieux ou à des fins administratives ;
– les ouvrages d'art, les voies ferrées et routières ainsi que le patrimoine foncier administratif des chemins de fer luxembourgeois.

Évaluation

1812 L'impôt foncier est assis sur la *valeur unitaire* de toute propriété immobilière évaluée selon les principes de la loi d'évaluation. La valeur unitaire des immeubles est actuellement toujours basée sur les valeurs de 1941.

Assiette

1813 L'*assiette* est déterminée en appliquant à chaque valeur unitaire un pourcentage variant entre 0,7 % et 1 % selon qu'il s'agit d'un immeuble bâti ou non bâti et selon le montant de la valeur unitaire.

Pour les *bâtiments d'exploitation*, l'assiette varie entre 0,7 % et 1 % de la valeur unitaire des immeubles.

Calcul de l'impôt

1814 Le *taux* de l'impôt est ensuite voté par *chaque commune*.
La fourchette actuelle des taux est de 90 % à 800 %, avec des variations très sensibles selon les régions et les communes, rurales, industrielles ou urbanisées. Les communes sont donc autorisées à appliquer des taux différenciés

selon qu'il s'agit d'une propriété agricole ou forestière, à destination commerciale ou à destination d'habitation pluri ou unifamiliale. À titre d'exemple, l'impôt foncier à **Luxembourg-ville** varie de 250 % à 750 % selon la nature du bâtiment.

Ces taux très élevés s'expliquent par la faiblesse des valeurs unitaires qui se situent dans un rapport de 1 à 0,1 par rapport aux valeurs réelles actuelles des biens fonciers.

1815 En contrepartie de l'impôt foncier, les immeubles échappent à l'impôt commercial exposé aux n°s 1335 s. Par ailleurs, il est **déductible** de la base de l'IRC ou de l'IR.

SECTION 2 Droits d'enregistrement, de timbre et d'hypothèque

Droits d'enregistrement

1820 Les **textes de base** en la matière sont les lois des 23 décembre 1913 et 7 août 1920 sur l'enregistrement, modifiées en dernier lieu par une loi du 29 décembre 1971 et une loi du 13 juin 1984. Comme la TVA, l'ensemble de ces impôts sur la circulation juridique des biens est géré par l'administration de l'enregistrement et des domaines. On relèvera que le droit d'apport sur les rassemblements de capitaux a fait l'objet d'une **harmonisation communautaire**.

Champ d'application

1821 Les droits sont perçus sur la valeur vénale des biens faisant l'objet d'une transmission à titre onéreux ou sur les sommes ou les valeurs faisant l'objet des actes juridiques.

Sont toutefois exonérés certains actes, soit en raison de la nature ou de l'objet des opérations juridiques, soit en raison de la qualité des parties.

Calcul et paiement de l'impôt

1822 Les droits sont dus à l'occasion de l'enregistrement des actes.

Ils sont fixes ou proportionnels selon la nature de l'acte.

Les **droits proportionnels**, de 500 LUF au moins, s'appliquent aux actes établis pour les obligations, condamnations, liquidations de sommes ou de valeurs, et pour toute transmission entre vifs de propriété, d'usufruit ou de jouissance de biens mobiliers ou immobiliers.

Les **droits fixes**, exigibles lors de la présentation des actes à la formalité d'enregistrement, sont des droits d'actes qui s'appliquent aux autres actes civils, judiciaires ou extrajudiciaires. Ils sont de 500 LUF au moins à 1 000 LUF au plus.

Si l'acte n'est pas inscrit dans les délais requis, le montant du droit dû est doublé.

Taxation des mutations immobilières

1823 Toute vente portant sur des immeubles situés au Luxembourg ou sur des droits relatifs à de tels immeubles est passible de droits d'enregistrement. En règle générale, elle est exonérée de TVA.

Le **taux de base** des droits d'enregistrement est de 6 %. Il est **réduit** à 1,2 % pour les ventes d'immeubles pour cause de faillite et les ventes de certains biens ruraux et d'habitations bon marché.

Outre un droit de transcription de 1 % (voir n° 1830), il faut ajouter, pour le territoire de la **commune de Luxembourg** seulement, une **surtaxe** de 50 % perçue pour la ville par l'administration de l'enregistrement. Cette surtaxe n'est pas prélevée quand la vente porte sur un immeuble affecté à l'habitation depuis au moins dix ans.

Pour les immeubles **en construction**, les droits sont perçus sur le terrain seulement. Si le vendeur et l'acquéreur sont assujettis à la TVA, ils peuvent opter sur demande préalable pour le paiement de la TVA sur la vente, au taux normal.

1824 Au moment de la vente, l'acquéreur peut déclarer auprès du notaire qu'il achète avec **intention de revendre**. Dans ce cas, le droit d'enregistrement passe de 6 % à 7,2 %, mais l'acheteur obtiendra restitution de 4 % si la revente intervient dans un délai de 4 ans et de 5 % en cas de revente dans un délai de deux ans. La surtaxe spécifique à la commune de Luxembourg est restituable dans les mêmes proportions.

Taxation des opérations sociales : droit d'apport

1825 Donnent lieu au paiement d'un droit d'apport sur les rassemblements de capitaux les opérations sociales suivantes :

– **constitution** et **augmentation de capital** sans incorporation des réserves : droit fixe de 1 %. Pour les sociétés familiales, le droit d'apport est réduit à 0,5 % ;
– **apports purs et simples,** mobiliers ou immobiliers : droit fixe de 1 % ;
– apports **à titre onéreux :** ce sont les apports rémunérés autrement que par l'attribution de droits sociaux. Ils sont soumis au droit proportionnel qui frapperait la cession onéreuse de ces éléments. Pour les **mutations immobilières**, le taux est donc de 6 % (voir n° 1823). La prise en charge du **passif hypothécaire** grevant l'immeuble apporté est également assimilée par l'administration à un apport à titre onéreux. Toutefois, conformément à la directive 69/335/CEE du 17 juillet 1969, les **apports de branches d'activité**, les **fusions** ou les transferts peuvent échapper à cette imposition s'ils interviennent entre sociétés ressortissantes des États membres de la CE. Compte tenu de la complexité de la matière, un examen cas par cas s'impose, et l'étude des différentes hypothèses d'application dépasserait le cadre du présent ouvrage ;
– **augmentation de capital** par incorporation des réserves : droit fixe de 500 LUF ;
– **cession de parts** d'associés ou d'actions : droit fixe de 500 LUF.

Droits de timbre

1828 Le **texte de base** est la loi du 23 décembre 1913 sur l'enregistrement complétée par la loi du 28 mars 1938 et divers arrêtés ministériels ultérieurs.

Cet **impôt sur les écrits** frappe les actes juridiques suivants :

– **actes** publics et privés destinés à **faire titre et loi** entre les parties : timbre de dimension dont le prix varie, selon la **dimension** du papier, entre 75 LUF et 400 LUF (montants en vigueur depuis le 1er mars 1995) ;
– **écrits** délivrés aux particuliers par les **services publics** (passeports, permis, légalisations, etc.) : droit de timbre **fixe**, variant de 10 LUF à 6 000 LUF ;
– **actes commerciaux** (lettres de change, billets à ordre ou au porteur, mandats, effets de commerce, billets et obligations non négociables) : droit de timbre proportionnel, fixé à 0,1 % du montant exprimé ou de la valeur nominale.

Parmi les **actes exonérés,** il faut relever les titres émis par les sociétés (actions et obligations).

Le *paiement* s'effectue par l'apposition de timbres fiscaux ou par l'acquittement des droits lors de leur exigibilité.

Droits d'hypothèque

1830 Les *textes de base* sont *deux lois* du 18 avril 1910 et du 7 août 1920 (régime hypothécaire), modifiées en dernier lieu par une loi du 14 juillet 1966 (bateaux de navigation intérieure), une loi du 29 mars 1978 (aéronefs) et une loi du 9 novembre 1990 (bateaux de navigation maritime).

Pour être *opposables aux tiers*, les transferts de propriété font l'objet d'une transcription après leur enregistrement. De même, les baux d'une durée de plus de neuf ans, les jugements tenant lieu d'acte authentique et quelques rares actes sans grand intérêt pratique sont soumis à l'obligation de transcription. Le bureau de la conservation des hypothèques perçoit un *droit de transcription* de 1 % sur les jugements, les actes notariés et les actes administratifs à transcrire. La base imposable est composée de la valeur vénale de l'immeuble, du bateau ou de l'aéronef.

Les hypothèques font l'objet d'un *droit d'inscription* qui est de 0,5 pour mille, renouvelable en principe tous les 10 ans et dont la base imposable est le montant principal de la créance à inscrire.

Un *droit spécial* variant de 50 LUF à 500 LUF est, en outre, perçu par l'État au profit du conservateur des hypothèques à titre d'indemnité pour la responsabilité personnelle qu'il assume.

Hypothèque sur les navires

1831 La loi du 9 novembre 1990 créant un pavillon maritime luxembourgeois prévoit que, bien qu'étant des biens meubles, les bateaux de navigation maritime peuvent faire l'objet d'une hypothèque. Cette possibilité s'étend aux navires en cours de construction ainsi qu'aux agrès, appareils et machines, et même au fret.

SECTION 3 Droits de mutation à titre gratuit

1840 Comme en France, les mutations de biens effectuées à titre gratuit sont soumises à des droits de mutation au profit de l'État. Ces droits sont très proches dans leur principe de ceux qui sont perçus en France.

1. Droits de succession

Successions imposables

1842 Les droits de succession ne sont dus que si le défunt était un *résident du Luxembourg* au moment de son décès, c'est-à-dire s'il y avait établi son *domicile de fait*. Bien que la loi mentionne le siège de la fortune, ce n'est pas le lieu où se trouve l'actif successoral qui est déterminant mais le *lieu d'où le défunt les* gérait. Les droits sont perçus sur l'ensemble des biens qu'il transmet, à la seule exception des immeubles situés à l'étranger.

Inversement, lorsque le défunt est *non résident* du Luxembourg, les droits de succession, qualifiés de droits de mutation par décès, ne sont perçus que sur la valeur brute des immeubles situés au Luxembourg. En l'absence de convention en la matière, ces règles s'appliquent sans atténuation aux *résidents de France*.

Base imposable

1843 On notera tout d'abord qu'il n'est jamais fait rapport des donations antérieures, *sauf* pour les dons reçus dans l'année qui a précédé le décès si ceux-ci n'ont pas été frappés de droits de donation (voir n° 1850).

Les éléments de l'*actif successoral* sont *évalués* à leur valeur vénale au jour du décès, sans tenir compte des évaluations fixées pour l'assiette des autres impôts sur le capital. Diverses *règles spécifiques* dérogent toutefois à ce principe :
– les créances hypothécaires inscrites sont retenues pour le montant du capital et des intérêts dus au jour du décès ;
– les rentes emphytéotiques et les rentes foncières perpétuelles sont évaluées à 20 fois leur montant annuel ;
– les titres et valeurs mobilières sont retenus pour leur valeur au jour du décès (cours de bourse notamment).

Les *successions d'habitants du Grand-Duché* peuvent être réduites du montant des *charges* comprenant les intérêts dus au jour du décès, les dettes relatives à la profession du défunt, les charges publiques ou communales ainsi que les frais funéraires. Le conjoint survivant a droit à un abattement de 1,5 million de LUF.

À l'opposé, aucun abattement n'est accordé aux *successions de non-résidents*.

Exonérations

1844 Certaines successions d'*habitants du Luxembourg* sont exonérées :
– les parts ab intestat recueillies en ligne directe ;
– la part ou l'usufruit recueilli par le conjoint survivant ayant des enfants ou des descendants communs avec le défunt ;
– toute succession dont la valeur nette ne dépasse pas 50 000 LUF ;
– les legs au profit de l'État, de certains organismes publics ainsi que les successions entre membres de la Maison souveraine.

À l'opposé, aucune exonération n'est accordée aux successions de *non-résidents* du Grand-Duché.

Taux de l'impôt

Résidents

1845 Les taux des droits de succession applicables aux *résidents* varient selon le degré de parenté et le montant recueilli.

1. Selon le degré de parenté :
– en ligne directe au-delà de la part ab intestat : 2,5 % pour la quotité disponible. Pour le surplus : 2,5 % pour le montant par préciput et 5 % pour le montant rapportable ;
– entre époux sans enfant commun : 5 % après l'abattement de 1,5 million de LUF ;
– en ligne collatérale, selon le degré de parenté : entre 6 et 15 % pour la quotité disponible et 15 % pour le surplus ;
– autres cas : 15 %.

2. Selon le montant recueilli :

Une fois les taux ci-dessus appliqués, l'impôt est *majoré progressivement* par fractions de 1/10 dès lors que la part nette recueillie par une personne excède 400 000 LUF. La plus forte majoration est de 22/10 pour une part supérieure à 70 millions de LUF.

Non-résidents

1846 Le droit de mutation par décès applicable aux **non-résidents** comprend deux *taux* de base :
- 2 % en ligne directe ;
- 5 % entre époux ayant des enfants ou des descendants communs.

Ces taux sont légèrement plus faibles que les taux applicables aux résidents, mais on rappelle qu'ils frappent chaque part *sans exonération ou abattement.*

Ils font l'objet des *majorations* exposées ci-dessus. Outre ces taux, les *taux de droit commun* applicables aux résidents sont applicables aux non-résidents.

1847 Les *legs en faveur des communes,* des hospices et bureaux de bienfaisance sont imposés au taux unique de 4 % sans majoration. Les legs en faveur des *associations* sans but lucratif, des établissements d'utilité publique, de l'évêché, des consistoires et des synagogues sont taxés au taux unique de 6 % sans majoration.

2. Droits de donation

1850 Les droits de donation sont tout à fait *indépendants des droits de succession.* Ce sont des droits d'enregistrement frappant essentiellement les biens immobiliers situés au Luxembourg (et accessoirement les actes juridiques soumis à enregistrement). Pour leur calcul, aucun cumul n'est effectué entre les dons et legs reçus d'un même auteur si ce n'est au cours de l'année qui précède le décès de celui-ci.

Le droit est *calculé sur* la base de la valeur vénale des biens transmis, sans déduction des charges et sans abattement personnel.

Les donations que perçoivent tant les résidents que les non-résidents sont frappées de droits d'enregistrement aux *taux* suivants :
- en ligne directe : 1,8 %, si la donation est une avance inférieure à la part ab intestat ou 2,4 %, dès que la donation est faite par préciput et hors part, ou dès qu'il y a simple dispense de rapport, ou dès que le don est supérieur à la part ab intestat ;
- entre époux : 4,8 % ou 2,4 % si le don est inscrit dans le contrat de mariage ;
- entre frères et sœurs : 6 % (3 % à l'occasion du mariage du donataire) ;
- autres degrés de parenté : de 8,4 % à 14,4 %.

Les dons en biens immobiliers sont en outre frappés d'un *droit de transcription* de 1 % (voir n°1830) auquel peut s'ajouter dans certains cas une *surtaxe* communale de 50 % des droits de donation, lorsque les immeubles se situent à Luxembourg-ville (voir n°1823).

SECTION 4 — Impôts et taxes divers

1860 Il faut enfin mentionner un ensemble hétéroclite d'impôts indirects et taxes divers :
- taxe sur les *paris* relatifs aux épreuves sportives : 15 % ;
- taxe sur le *loto* : 15 % ;
- impôt dans l'intérêt du service d'*incendie,* versé par les assureurs au taux de 6 % sur les primes d'assurance incendie ;
- impôt sur les *assurances* versé par les assureurs au taux 4 % sur les primes et qui est prélevé si le Luxembourg est le pays de situation du risque (immeubles

et biens meubles s'y trouvant) ou le pays de la prise de l'engagement (lieu de conclusion d'un contrat d'une durée inférieure à quatre mois couvrant le risque voyage de l'assuré ou de ses biens, résidence principale ou siège social de l'assuré). Les contrats d'*assurance vie* et les contrats de réassurance sont exonérés de cette taxe ;
– taxe sur les *véhicules* automoteurs, calculée (en partie comme la vignette française) d'après la cylindrée du moteur ou le poids du véhicule. Elle est acquittée au moyen d'une vignette fiscale par la personne au nom de laquelle le véhicule est immatriculé. Sont exonérés les véhicules affectés au service de l'État ou des collectivités et établissements publics, les ambulances, les taxis et voitures de location sans chauffeur sous certaines conditions, les véhicules pour invalides ;
– taxe sur les *débits de boissons* alcooliques (taxe d'ouverture et taxe annuelle) ;
– taxe sur les *amusements publics* (cinémas, attractions foraines, appareils de musique...) ;
– prélèvement sur le produit brut des *jeux de casino* (taux de 15 % à 85 %).

Droits d'accises

1865 Les droits d'accises sont des prélèvements indirects et des taxes de consommation au même titre que la TVA qui frappent certains produits à leur *production* ou à leur *importation*. Les droits d'accises luxembourgeois sont harmonisés au sein de l'union économique belgo-luxembourgeoise en matière d'alcool et ils relèvent de l'administration des douanes et accises.

Ils sont perçus, de façon classique, sur les *produits* suivants : huiles minérales légères, avec ou sans plomb et gasoils utilisés comme carburant. Le gasoil utilisé pour le chauffage domestique n'y est pas soumis. Depuis 1994, ces accises servent à alimenter le fonds pour l'emploi et constituent une « contribution sociale » ; gaz de pétroles liquéfiés et benzols ; tabacs fabriqués ; alcool éthylique (distillation et importation) sauf pour les usages industriels ; vins et autres boissons fermentées (mousseuses et non mousseuses). Les vins expédiés de Belgique au Luxembourg sont exonérés des droits ainsi que les vins tranquilles luxembourgeois ; bières ; boissons non alcoolisées (eaux minérales, gazéifiées et limonades) ; sucres ; café.

Les tarifs des accises sont le plus souvent des *droits spécifiques* (par quantité) ou parfois comme en France *ad valorem* (selon la valeur du produit importé). Par exemple, les tabacs fabriqués, les cigares, cigarillos et tabacs de coupe sont imposés ad valorem tandis que l'imposition des cigarettes est en partie ad valorem, en partie spécifique.

Les droits d'accises s'appliquent indépendamment de la TVA qui frappe ces mêmes produits. Contrairement à cette dernière, les droits d'accises ne sont pas déductibles. Ils sont à la charge de l'acheteur mais sont acquittés par la personne qui effectue la mise à la consommation des produits en cause (fabricant, importateur...).

Dans le cadre de l'*harmonisation* des impôts indirects, les directives du 19 octobre 1992 uniformisent l'assiette et rapprochent les taux minimaux des droits d'accises prélevés dans l'Union européenne depuis le 1er janvier 1993. Les produits d'*accises communautaires* sont les huiles minérales, l'alcool et les boissons alcoolisées et les tabacs manufacturés. Les autres produits soumis à accises restent soumis à des accises nationales ou à des accises uniformisées au sein de l'UEBL.

3ᵉ PARTIE

Régimes particuliers

2000 Cette partie est consacrée exclusivement à deux structures juridiques spécifiques : les *holdings* et les *organismes de placement collectif*. Elle se termine par une étude rapide de la loi du 8 juin 1999 instituant les *fonds de pensions*.

Pour l'étude d'*autres* sociétés ou structures juridiques spécifiques, le lecteur se reportera utilement aux nos 1324 s. relatifs aux sociétés captives de réassurance, centres de coordination et sociétés de financement.

TITRE 1 Holdings

2001 Le concept de sociétés holdings dont l'*objet social* consiste à *détenir des participations* dans le capital d'autres sociétés est particulièrement développé aux Pays-Bas et au Luxembourg. Plus de 8 000 sociétés commerciales (représentant un capital de 915 milliards de LUF) ont choisi le Luxembourg pour y exercer des activités d'investissement, de financement ou de contrôle et bénéficier d'un *régime d'exonération fiscale* particulièrement remarquable : exonération d'impôt sur les bénéfices et les plus-values, pas de retenue à la source au Luxembourg.

Malgré ce régime fiscal d'exception, ou plutôt à cause de ce statut fiscal, les holdings régis par la loi du 31 juillet 1929 présentent l'inconvénient majeur d'être *exclus du bénéfice des conventions fiscales et de la directive CEE* relative au régime fiscal des mères et filiales. D'autre part, la plupart des États ont réagi à cette fiscalité privilégiée en prenant des *mesures anti-abus*. En outre, les holdings de 1929 font partie des 66 régimes répertoriés par le Conseil d'Helsinki de décembre 1999 de *fiscalement dommageables*. De ce fait, ils devront être soit *adaptés*, soit *supprimés* d'ici à 2003. Enfin, certains voisins, dont les Pays-Bas et la Belgique, ont institué des régimes qui exonèrent également les produits des participations financières, tout en relevant du droit commun. Cumulant donc immunité fiscale et bénéfice des instruments fiscaux internationaux, ce sont des véhicules concurrentiels d'*optimisation fiscale internationale*.

Aussi, à l'instar de ces États, le Luxembourg a-t-il pris, par un règlement grand-ducal du 24 décembre 1990, des mesures fiscales relatives au régime des mères et filiales offrant à des sociétés de participations financières une *alternative aux holdings purs* régis par la loi de 1929 : les SOPARFI ou encore les holdings ordinaires. Ils ne figurent pas dans la liste des régimes « fiscalement dommageables » évoquée plus haut. Nous présenterons les deux types de holdings en étudiant successivement leur statut juridique et leur régime fiscal. Ces mesures fiscales n'ont cependant pas créé un nouveau type de sociétés ni innové sur le terrain du droit des sociétés.

CHAPITRE 1 # Statut juridique

2005 Les holdings ne constituent pas une forme particulière de société au plan juridique. Cela s'explique par le fait que le concept est une notion purement fiscale qui s'adresse à des sociétés de participations qui, *en raison de leurs activités spécifiques,* bénéficient d'un régime d'exonération très large.

La loi sur les sociétés commerciales est donc applicable aux holdings, sous réserve de certains allégements en matière de publication des états comptables. Pour de plus amples informations sur le droit des sociétés, nous renvoyons le lecteur aux développements qui lui sont consacrés aux n°s 555 s.

SECTION 1 ## Activités du holding

2006 La différence essentielle entre le holding pur de 1929 et le holding ordinaire dit SOPARFI a trait à l'objet social. La loi de 1929 soumet les holdings à la loi sur les sociétés commerciales mais comporte une restriction importante : une société qui se soumet à la loi de 1929 pour bénéficier du statut fiscal favorable en découlant est soumise à des restrictions rigoureuses concernant son objet social et l'étendue de ses activités. L'article 1er de la loi de 1929 limite en effet l'objet social des holdings exclusivement « à la prise de participations, sous quelque forme que ce soit, dans d'autres entreprises luxembourgeoises ou étrangères, ainsi qu'à la mise en valeur de ces participations, de manière qu'elle n'ait pas d'activités industrielles propres et qu'elle ne tienne pas un établissement commercial ouvert au public ».

Par contre, les sociétés dites « SOPARFI », sociétés de capitaux luxembourgeoises de droit commun tant au niveau juridique qu'au niveau fiscal, échappent complètement à ces restrictions.

A. Holdings purs de 1929

2007 L'article 1er précité de la loi de 1929 combine donc une définition positive (l'activité d'une société de gestion de participations) et une définition négative (l'exclusion de certaines activités) pour cerner la nature passive des revenus des holdings.

Les holdings sont qualifiés de purs par opposition à des holdings étrangers – les sociétés holdings suisses, par exemple, qui peuvent exercer une activité industrielle ou commerciale annexe – ou par opposition aux holdings ordinaires institués en 1990 et décrits ci-après (dites SOPARFI).

Pourtant la doctrine et à sa suite l'Administration de l'enregistrement ont donné du texte primitif, notamment des notions de participations et de mise en valeur, une *interprétation extensive* au point que les sociétés holdings ne sont plus uniquement de simples sociétés de gestion de participations financières.

Cette extension a tout d'abord consisté en un élargissement des activités autorisées aux sociétés holdings traditionnelles, puis a conduit à l'apparition, il y a une quinzaine d'années, de nouvelles formes de sociétés bénéficiant de ce régime : les holdings de financement, agissant comme le banquier d'un groupe de sociétés. Ils ont largement contribué à développer le lancement d'emprunts obligataires internationaux à partir du Luxembourg.

Activités autorisées

2008   L'objet social d'un holding pur englobe exclusivement les activités suivantes :
— l'acquisition, la gestion et la cession de *participations* dans toute société de capitaux, luxembourgeoise ou étrangère ;
— l'acquisition, la gestion et la cession de *valeurs mobilières à revenu fixe* émises par des organismes publics ou privés, luxembourgeois ou étrangers ;
— le financement, par l'attribution de *crédits, avances* ou *cautionnements,* des filiales dans lesquelles sa participation est raisonnable ; l'administration a fixé le seuil de détention à 25 % mais des dérogations sont possibles pour les filiales d'une certaine importance ou même pour des entreprises auxquelles le holding a concédé l'exploitation d'un brevet qu'il détient ;
— la *gestion de comptes bancaires* alimentés par ses propres actionnaires ou par des tiers, à condition que les soldes des comptes créditeurs aient un rapport maximal de 1 à 3 avec le capital souscrit ;
— l'émission publique ou privée d'*emprunts obligataires* et de certificats de dépôt en observant un rapport maximal de 1 à 10 entre le capital libéré et le montant des emprunts ;
— l'acquisition de participations dans des *sociétés immobilières* constituées sous forme de sociétés de capitaux ;
— à titre d'activité principale ou accessoire, l'acquisition, la détention et l'exploitation de *brevets*, par concession de licences d'exploitation de ces brevets aux filiales du holding et même à des tiers, mais alors en s'abstenant de toute activité industrielle ou de négoce de brevets. Le holding peut également acquérir des licences d'exploitation de brevets venant en complément de ceux qu'il détient déjà.

2009   À titre d'*activité accessoire*, le holding peut également réaliser les activités suivantes :
— la détention de *marques de fabrique* et leur exploitation, par la concession de licences de marques aux filiales. L'acquisition de marques par le holding n'est possible que si la loi de la société cessionnaire permet, comme le fait la loi française, de dissocier la cession de la marque et celle du fonds de commerce (cession « libre » et non « liée ») ;
— la détention de *comptes bancaires* libellés en toutes devises auprès de banques luxembourgeoises ou étrangères. Pour couvrir le risque de fluctuation des cours, le holding peut conclure des contrats de change à terme ;
— une activité spéculative d'achat et de vente de titres est exclue si elle est assimilée à une activité commerciale. On notera que l'activité autorisée vise la gestion de titres, même virtuels, mais une interprétation prudente de la pratique administrative exclut pour l'instant encore les droits dérivés. On retiendra cependant surtout qu'une telle activité spéculative ne peut en aucun cas être faite pour le compte de tiers.

Activités interdites

2010   En revanche, une société holding ne peut pas mener les activités suivantes :
— emprunter au-delà des coefficients indiqués au n° 2039 ;
— émettre des bons de caisse à vue ou à court terme ;
— avoir une activité industrielle ou commerciale ou être prestataire de services ;

– agir comme courtier, comme banquier ou comme administrateur dans une société commerciale, sauf en vertu d'un mandat gratuit dans une autre société de participations dont elle est actionnaire ;
– agir à la fois pour son propre compte et pour le compte de tiers (gestion de portefeuille de titres par exemple) ;
– consentir des prêts, avances ou garanties aux sociétés qui ne sont pas ses filiales, sauf s'il s'agit d'un holding de financement (voir n° 2015) ou avancer des fonds à ses propres actionnaires ;
– détenir des droits intellectuels non brevetables : know-how, secrets de fabrique, modèles et dessins, franchises, droits d'auteur (sur des logiciels ou sur des scénarios). Seule la détention par le holding luxembourgeois d'un holding étranger détenant à son tour légalement de tels droits (holding irlandais par exemple) permet de contourner cet obstacle ;
– être directement propriétaire des immeubles autres que ceux nécessaires à ses propres services. Toutefois, le holding peut détenir des participations dans des sociétés immobilières de capitaux mais il ne peut pas détenir de parts dans une société civile immobilière ;
– acquérir un fonds de commerce ;
– détenir la totalité des actions ou parts d'une société ;
– détenir des participations dans des sociétés de personnes (société en commandite simple, société en nom collectif ou société civile), qu'elles soient de droit luxembourgeois ou de droit étranger. En effet, seules les sociétés de capitaux sont considérées comme des contribuables différents des actionnaires ou associés.

Le holding peut toutefois prendre des participations dans des sociétés autres que des sociétés de capitaux si les conditions suivantes sont remplies (décision n° 46-51 du ministre des finances du 27 mars 1986) :
– au niveau du holding : son capital social doit être libéré à hauteur de 50 millions de LUF au moins et il ne doit pas avoir d'activités d'administration ou de gestion des filiales ;
– au niveau des filiales : leur objet social doit être exclusivement la prise de participations dans des sociétés de capitaux ; leurs statuts doivent leur interdire d'emprunter et doivent prévoir que la responsabilité du holding ne peut être engagée qu'à hauteur de sa mise.

Clause type

2011 La loi du 31 mai 1999 rend obligatoire soit l'adjonction du mot « holding » à la *dénomination sociale* de la société, soit la référence expresse à la loi du 31 juillet 1929. Elle précise que son *objet social* doit indiquer explicitement qu'il demande à être considéré comme société holding au sens de la loi de 1929.

Compte tenu des restrictions inhérentes au holding de 1929, il est recommandé a contrario de donner au holding un objet social aussi large que le permet la loi de 1929. À titre d'exemple, la formule à retenir pourrait être la suivante : « La société a pour objet la *prise de participations* sous quelque forme que ce soit dans des sociétés luxembourgeoises ou étrangères, la gestion ainsi que la mise en valeur de ces participations. « La société peut employer ses fonds à l'acquisition, la gestion ou la cession d'un *portefeuille* se composant de *valeurs mobilières* et titres de toutes origines.

Elle peut participer à la *création*, au développement, à la formation et au contrôle *de toute entreprise*. Elle peut acquérir tous titres par voie de participation, d'apport, de souscription, de prise ferme ou d'option d'achat, de négociation et de toutes autres manières. Elle peut acquérir, exploiter ou céder des *brevets* et des licences d'exploitation s'y rapportant. La société peut octroyer aux entreprises auxquelles elle s'intéresse tous concours, *prêts*, avances ou garanties.

D'une façon générale, elle peut prendre toutes mesures de contrôle et de surveillance et faire toutes opérations qu'elle jugera utiles à l'accomplissement ou au développement de son objet, notamment en *empruntant* avec ou sans garanties et en toutes monnaies, par voie d'émission d'obligations, et en prêtant auxdites sociétés, en restant toutefois dans les limites de la loi du 31 juillet 1929 sur les sociétés de participations financières ainsi que de l'article 209 de la loi sur les sociétés commerciales telle que modifiée. »

Remarques. La référence à l'article 209 de la loi sur les sociétés commerciales rappelle que ces holdings bénéficient de certains allégements en matière d'*obligations comptables* applicables aux comptes consolidés.
Concernant les *émissions obligataires*, si la forme retenue est la SARL et non la SA, il convient de préciser que les émissions sont non publiques.

Exemples de recours au holding de 1929

2012 Évoquons tout d'abord le *holding privé, individuel ou familial*. L'implantation au Luxembourg par des personnes physiques non résidentes d'une société de famille empruntant la forme d'un holding permet d'assurer la pérennité du patrimoine familial par la création d'un *patrimoine d'affectation* différent de leur patrimoine personnel. Elle permet de bien gérer les intérêts familiaux en réalisant des opérations de type patrimonial sous un régime fiscal privilégié.

Le *holding de placement* permet, notamment en cas de succession et d'indivision, d'assurer une gestion centralisée du portefeuille de valeurs mobilières des diverses personnes physiques, puisque le portefeuille est constitué et géré pour le compte du holding mais selon les principes de la gestion privée. Sur le plan fiscal, le patrimoine affecté au holding échappe à une imposition sur son revenu ou sur les plus-values résultant de la cession de valeurs mobilières. Au surplus, l'absence de retenue à la source permet au holding de distribuer des dividendes et intérêts en franchise d'impôt.

Bien qu'aucun niveau de patrimoine ne soit requis, précisons que la formule ne s'adresse, compte tenu des frais de constitution et de fonctionnement de la structure, voire des sous-structures mises en place, qu'aux personnes susceptibles d'affecter au holding un patrimoine ou un capital d'au moins 4 millions de LUF.

2013 Les autres cas de recours au holding correspondent aux types d'activités financières exercées au profit de *sociétés* :

– le *holding de gestion ou de contrôle* : la détention de participations dans les sociétés d'un même groupe industriel et commercial ou d'une multinationale lui permet de coordonner et de rationaliser les activités de ces sociétés, sans pouvoir pour autant intervenir dans la gestion des sociétés contrôlées. Ainsi le holding peut-il concentrer les ressources financières du groupe en se procurant des ressources supplémentaires sur le marché des eurodevises afin de les prêter à ses filiales à des taux très compétitifs. À la différence du holding de financement, ce holding ne peut accorder de crédits qu'aux sociétés qu'il contrôle directement ;

– le *holding de lancement* : pour permettre le démarrage de nouvelles sociétés ne pouvant faire lever leur capital social par appel direct au public, il souscrit ferme des actions de sociétés qui viennent d'être créées ou qui sont en voie de formation ; il les revend ultérieurement à des investisseurs privés, en dégageant un profit ;

– le *holding de brevet* : il détient un portefeuille de brevets qu'il n'exploite pas lui-même mais qu'il gère exclusivement en octroyant des licences d'exploitation soit à ses filiales, soit à des tiers. S'il détient des marques de fabrique, il ne peut octroyer de licences d'exploitation qu'à ses filiales. Sur le plan fiscal, les redevances reçues par le holding peuvent être réinvesties sans retenue luxem-

bourgeoise à la source. Le produit de la cession du brevet à des tiers doit faire l'objet de réemploi dans d'autres participations, faute de quoi ces opérations se verraient qualifiées de commerciales et feraient perdre leur statut de holding à ces sociétés ;
– la société de **conseil** dont l'objet social est l'assistance *à un organisme de placement collectif* (décisions du ministre des finances n° 12 061 du 17 octobre 1967 et n° 46 54 4/11 du 16 novembre 1970) : son capital social est d'au moins 3 millions de LUF ; elle doit investir dans l'OPC conseillé 5 % de son capital social représentant au moins 2 millions de LUF s'il s'agit d'une société d'investissement, ou 2,5 % de son capital représentant 1 million de LUF s'il s'agit d'un fonds de placement ; cette activité a perdu beaucoup de son intérêt pratique depuis que les OPC luxembourgeois prennent plus ou moins systématiquement la forme de SICAV dotées d'organes propres ;
– le *holding de financement* : voir n° 2015.

Règles propres au holding de financement

2015 En 1965, le régime des holdings a été étendu à des sociétés de financement (décision du ministre du Trésor du 9 septembre 1965), afin de leur permettre, sur autorisation préalable et sous certaines conditions, de gérer leur trésorerie au niveau du groupe dont elles font partie, de lancer des emprunts obligataires ou d'accorder des crédits à toutes les sociétés du groupe, même à celles qu'il ne contrôle pas directement. Cette souplesse permet à des groupes internationaux :

– d'*émettre des emprunts obligataires* dont le produit contribue au financement de n'importe quelle société du groupe ;
– de financer, dans le cadre du groupe, des sociétés en leur prêtant les fonds déposés par d'autres ;
– de réaliser, dans le cadre du groupe et sous certaines conditions, des opérations d'affacturage ou de prise en pension de lettres de change.

À cet effet, on entend par *groupe de sociétés* toutes les sociétés réunies sous une dénomination commune et toutes les sociétés contrôlées à 25 % au moins et entretenant des relations économiques suivies.

À côté de son *activité principale* de financement, le holding peut exercer une activité ordinaire de société de participations financières. Inversement, un holding classique peut demander à bénéficier du régime des sociétés de financement s'il remplit les conditions évoquées ci-dessus.

Pour exercer cette activité de financement, le holding doit remplir des **conditions spécifiques** :
– il doit revêtir la forme d'une société anonyme ou à responsabilité limitée ;
– le capital social souscrit doit s'élever au minimum à 50 millions de LUF et les actions représentatives du capital doivent être nominatives ;
– ses actifs doivent être constitués d'actions ou de parts émises par des sociétés du groupe fondateur à hauteur de 10 % au moins du capital social souscrit. Cet investissement doit être réalisé dans un délai de trois mois à compter de la constitution du holding ;
– il peut émettre des emprunts obligataires à hauteur de 10 fois son capital libéré et d'autres emprunts à hauteur de 3 fois son capital souscrit ;
– il doit prêter le produit de ses emprunts et de ses autres fonds aux seules sociétés du groupe, une clause statutaire en disposant obligatoirement ainsi ;
– la société mère ou les sociétés membres du même groupe doivent comparaître comme fondateurs dans l'acte de constitution du holding ;
– les actions du holding ne peuvent être cédées à des tiers étrangers au groupe que si les emprunts contractés ont été remboursés.

Holding tête de groupe

2016 En 1982, le statut particulier des holdings de financement a été étendu aux holdings qui ne remplissent pas, à leur niveau ou à celui de leurs

filiales, les conditions énumérées ci-dessus, s'ils se trouvent à la tête d'un groupe et s'ils remplissent les conditions d'ordre fiscal requises des holdings milliardaires, conditions exposées au n° 2055 (décision du secrétaire d'État aux finances du 16 février 1982). Ce double statut leur permet d'exercer les activités complémentaires suivantes :
– assistance financière à toute société dont ils ont directement ou indirectement le contrôle effectif ;
– aide financière aux sociétés dont 25 % des actions appartiennent aux sociétés définies ci-dessus et avec lesquelles les premières entretiennent des relations économiques suivies ;
– assistance aux filiales effectivement contrôlées par des sociétés dont une participation de 25 % est détenue.

Holdings de financement à participations bancaires

2017 Les holdings de financement à participations bancaires, enfin, ont été autorisés de 1967 à 1981 pour financer des sociétés qui ne pouvaient pas avoir accès dans les conditions habituelles au marché des capitaux.

B. SOPARFI

Sociétés commerciales ordinaires

2020 La différence avec les holdings classiques régis par la loi de 1929 est que les SOPARFI sont des *sociétés commerciales ordinaires* relevant du droit commun, y compris pour leur objet social. Ce statut leur permet notamment de ne pas se cantonner à cette activité de gestion de participations et d'exercer, à titre principal ou accessoire, d'autres activités, industrielles ou commerciales, ou de fournir des prestations de services. L'exercice d'activités mixtes est même très intéressant sur le plan fiscal (voir n°s 2070 s.).

Ce statut leur permet, en outre, de ne pas être soumis aux ratios bilantaires très stricts applicables aux holdings purs (voir n° 2039) et d'ailleurs aussi aux holdings de droit néerlandais, ainsi que de pouvoir prêter et emprunter en dehors du groupe auquel elles appartiennent, à la différence des holdings de financement classiques (voir n° 2015).

Clause type

2021 Si la SOPARFI est constituée en vue de détenir des participations financières uniquement, il peut sembler superflu d'indiquer qu'elle peut réaliser des opérations commerciales. Il est cependant recommandé d'insérer cette possibilité dans l'objet statutaire.

Si des pressions s'exercent sur les autorités luxembourgeoises pour qu'elles mettent fin à ce que des pays étrangers pourraient considérer comme une utilisation abusive du régime communautaire des sociétés mères et filiales, les SOPARFI qui ont, même accessoirement, une activité commerciale *justifiant leur nature de société commerciale de droit commun* ne risqueront pas d'être remises en cause.
Sur le plan *fiscal*, en outre, cela leur permet d'avoir un numéro INTRASTAT et d'être enregistrées à la TVA pour pouvoir déduire la TVA sur les frais généraux (frais de domiciliation et de comptabilité), si elles réalisent un chiffre d'affaires suffisant pour être soumises à la TVA. Cela leur permet aussi de réduire la base imposable du holding par récupération des crédits d'impôt étrangers, déduction des moins-values et remontées des pertes, alors que le holding de 1929, de par son statut fiscal particulier, n'a évidemment aucune possibilité de récupération (voir n°s 2070 s.).

« La société a pour objet ... (telle ou telle activité commerciale)... ainsi que toutes opérations pouvant s'y rapporter directement ou indirectement ou pouvant en favoriser le développement.

La société a par ailleurs pour objet social la prise de participations, sous quelque forme que ce soit, dans d'autres entreprises luxembourgeoises ou étrangères, la gestion ainsi que la mise en valeur de ces participations.

D'une façon générale, elle peut prendre toutes mesures de contrôle et de surveillance et faire toutes opérations qu'elle jugera utiles à l'accomplissement ou au développement de son objet social, notamment en empruntant avec ou sans garanties et en toutes monnaies, y compris par voie d'émission publique d'obligations (si la forme sociale retenue est la SA) ou par voie d'émission non publique d'obligations (si le holding prend la forme d'une SARL) ».

Cas de recours à la SOPARFI

2022 Dans le cadre de la mise en œuvre au Luxembourg de la directive CEE sur le régime des sociétés mères et filiales, le régime des SOPARFI est le *support idéal pour* créer à l'intérieur d'un groupe une structure stable de détention de participations importantes permettant de tirer profit :
– du réseau des conventions fiscales conclues par le Luxembourg ;
– de l'exonération des revenus de dividendes et des plus-values de cession à moyen terme sous les conditions plus amplement détaillées aux n°s 2034 s. ;
– de l'imputation des retenues à la source étrangères, dans la mesure où les dispositions de droit interne luxembourgeois le permettent, cet aspect particulier étant susceptible de rendre intéressante pour un groupe européen, la détention par la SOPARFI de ses filiales établies non seulement dans les pays membres de l'Union européenne, mais même en dehors de l'UE ;
– des services bancaires de la place financière de Luxembourg pour le financement de l'acquisition de participations.

Par contre, la SOPARFI n'est *pas l'instrument idéal pour* des prises de participations à très court terme ; par ailleurs, l'absence de retenues à la source sur les dividendes distribués par la SOPARFI n'affectant que les personnes morales, la SOPARFI n'est généralement pas adaptée à la gestion d'un patrimoine familial, sauf si dès le départ aucune distribution n'est envisagée.

La *juxtaposition d'une SOPARFI et d'un holding de 1929*, que la SOPARFI détienne le holding de 1929 ou l'inverse, est une question délicate et présente généralement peu d'intérêt : les dividendes versés par un holding de 1929 à une SOPARFI luxembourgeoise ne bénéficieraient pas plus d'une exonération qu'une éventuelle plus-value en cas de cession du holding. De même, il y aurait retenue à la source sur les dividendes versés par une SOPARFI à un holding de 1929.

SECTION 2 Principales règles juridiques

Assujettissement à la loi sur les sociétés commerciales de 1915

2025 Le holding ne constitue pas une forme particulière de société au plan juridique. Cela s'explique par le fait que le concept est une notion purement fiscale qui s'adresse à des sociétés qui, en raison de leurs activités spécifiques, bénéficient d'un régime d'exonération très large. Il en résulte que sa constitution ne nécessite **aucune autorisation préalable** de la part de l'autorité fiscale compétente, à la différence des holdings néerlandais.

La SOPARFI, qui a des activités commerciales, doit toutefois demander, comme toute société commerciale, l'autorisation de faire le commerce auprès du ministère des classes moyennes (voir n°s 505 s.).

Choix de la forme sociale

2026 Le holding peut revêtir la forme d'une *société de capitaux* réputée comme telle tant par le droit des sociétés que par le droit fiscal luxembourgeois, c'est-à-dire la SA, la SARL, la société en commandite par actions, à l'exclusion des sociétés coopératives qui ne permettent pas de bénéficier du régime des SOPARFI. Les sociétés de personnes sont également exclues car elles sont réputées par la fiscalité luxembourgeoise ne pas constituer un contribuable distinct de leurs associés.

La forme *anonyme* est de loin la plus répandue et il n'existe pas de société simplifiée, comme cela existe en France. On renvoie le lecteur aux développements qui y ont été consacrés (n°s 500 s. et, pour les autres formes sociales respectivement, n°s 800 s., 481 s., 470 s.), tout en rappelant rapidement les avantages pratiques que présente la forme anonyme :
– les titres représentatifs du capital social peuvent être au porteur et donc cessibles par simple tradition ;
– le capital social peut être libellé en n'importe quelle devise ;
– les actions peuvent être cotées en bourse ;
– il n'y a pas de restrictions quant à la nationalité et la résidence des administrateurs ;
– seule la SA connaît un régime juridique de fusion et scission (voir n°s 695 s.).

Si la discrétion sur le propriétaire économique n'est pas nécessaire, la *SARL* présente l'avantage d'être une structure plus simple et moins coûteuse, dans la mesure où elle peut être gérée par un dirigeant unique (voir n° 830). On peut même concevoir le recours à une société unipersonnelle à responsabilité limitée.

Formalités de publicité

2027 Les *statuts* sont intégralement publiés au Mémorial luxembourgeois et enregistrés au greffe du registre du commerce où ils sont mis à la *libre consultation publique*. La publication des dispositions limitant la cessibilité des actions a son intérêt dans la mesure où elle les rend opposables aux tiers acquéreurs. En revanche, il est recommandé de ne pas y inclure des dispositions pour lesquelles on souhaite la *confidentialité*. Si le souci de confidentialité prime toutes les autres préoccupations, ces dispositions sont à insérer dans des conventions sous seing privé qui seront néanmoins enregistrées pour obtenir date certaine : droits des actionnaires minoritaires dans la répartition des postes d'administrateurs ou de liquidateurs et pactes de vote notamment.

En dehors des statuts, les *documents soumis à publication* sont les suivants. Le *holding pur de 1929* doit déposer tous les ans, dans les quinze jours de son approbation par l'assemblée générale, un résumé de son bilan et de son compte de pertes et profits, auprès de l'Administration de l'enregistrement et des domaines et, s'il revêt la forme d'une SA, auprès du registre du commerce et des sociétés. La composition du conseil d'administration est également à fournir. En revanche, il n'a pas à fournir la composition de son portefeuille, l'identité de ses créanciers ou débiteurs ou des renseignements sur les filiales détenues à plus de 20 %.

À la différence des holdings purs, les *SOPARFI* sont tenues de fournir en annexe du bilan des informations précises sur la nature des participations importantes détenues. Mais comme les actions peuvent être au porteur si la société est constituée sous la forme anonyme et que son capital a été intégralement libéré (voir n° 649), la confidentialité peut être préservée.

On notera que, contrairement au régime français, le holding acquiert la **personnalité morale** et peut donc commencer son activité *dès* la signature de l'acte notarié. Cependant, seule la publication de ses statuts au Mémorial le rend opposable aux tiers.

Frais de constitution et de fonctionnement

2028   Les *frais de constitution* du holding comprennent :
– les honoraires du notaire pour la réception de l'acte constitutif. Ces honoraires, proportionnels au capital social, sont de 8 500 LUF pour la première tranche de 1 million de LUF et sont plafonnés à 0,1 % pour la dernière tranche supérieure à 500 millions de LUF (voir le tableau complet au n° 519) ;
– les frais de publication de l'acte, établis selon sa longueur, et qui sont approximativement de 15 000 LUF ;
– les frais d'inscription au registre du commerce : 4 800 LUF ;
– le droit d'apport de 1 % du capital social, qui est à provisionner sur le compte du notaire instrumentant, à charge pour lui de le verser aux services de l'enregistrement ;
– le cas échéant, les honoraires du cabinet d'avocats chargé de la préparation des statuts.

Ces droits et frais sont des *frais d'établissement* et, en tant que tels, ils sont amortissables comptablement et déductibles du bénéfice imposable. Ils peuvent être intégralement déduits du premier exercice social, mais doivent être amortis au plus tard dans les 5 ans de l'acte de constitution.

Les *frais de fonctionnement* comprennent au minimum les frais de publication du compte de profits et pertes et des avis de convocation (sauf si tous les titres sont nominatifs) et, selon la longueur des textes, ils sont d'environ 8 000 LUF. S'y ajoutent, le cas échéant, les frais de modification des statuts (augmentation de capital, publication et enregistrement des modifications statutaires). L'essentiel des coûts de fonctionnement provient, toutefois, de la rémunération des *services de domiciliation ou d'exploitation* qui peuvent être prévus avec une *banque* dans le cadre d'un contrat fiduciaire ou avec une *société fiduciaire* et auxquels ont souvent recours les promoteurs d'un holding :

– *services de domiciliation* du holding : fourniture d'un siège social, traitement du courrier, tenue des livres, dépôt des comptes annuels, préparation des déclarations à faire à l'Administration de l'enregistrement pour les besoins de la taxe d'abonnement. Les SOPARFI étant des sociétés ordinaires, elles doivent établir un jeu complet de déclarations fiscales (pour l'IRC, l'ICC et l'impôt sur le fortune) et, si elles ont une activité commerciale ou industrielle, les déclarations périodiques de TVA ;
– *services d'exploitation* du holding : secrétariat, mise à disposition d'actionnaires apparents lorsque, dans un souci de discrétion, les bénéficiaires économiques ne veulent pas apparaître comme tels, mise à disposition d'administrateurs et d'un commissaire, gestion des activités commerciales dans le cas d'une SOPARFI.

Statuts

2029   *Remarque introductive* Seules seront commentées ici les dispositions qui présentent un intérêt spécifique pour l'implantation d'un holding au Luxembourg ou qui sont différentes des règles françaises, les SA ayant fait l'objet de développements généraux auxquels on renvoie le lecteur (n°s 555 s.).

L'*identité des membres fondateurs* ayant comparu à l'acte de constitution du holding doit toujours être indiquée. Si la discrétion est requise, seul un montage par voie fiduciaire permet de garder leur anonymat : une société écran crée le holding et détient les actions à titre fiduciaire pour le compte des **bénéficiaires économiques** à qui elle transmet ultérieurement tout ou partie des titres au porteur. Bien entendu, l'identité des bénéficiaires est connue de la société fiduciaire ainsi que de la banque où est tenu le compte, en vertu de ses obligations légales en matière de lutte contre le blanchiment de l'argent (voir n° 353). Par la suite, l'anonymat n'est préservé entre actionnaires que si les bénéficiaires économiques réels n'assistent pas aux assemblées générales en leur nom personnel et ne signent pas le registre des présences. La société fiduciaire pourra en effet les représenter aux assemblées générales, permettant ainsi que le nom du promoteur n'apparaisse jamais aux procès-verbaux.

Les assemblées générales peuvent se tenir n'importe où à l'intérieur de la commune mais, contrairement à la France, l'heure et la date de l'assemblée générale ordinaire doivent être indiquées dans les statuts. Hormis les assemblées modifiant les statuts – qui doivent se tenir devant notaire –, les assemblées générales extraordinaires peuvent se tenir à tout endroit et donc à l'étranger. Il en va de même pour les conseils d'administration. Toutefois, l'assemblée générale ordinaire doit être tenue au siège social.

2029-A Les règles de *domiciliation* sont plus souples qu'en France puisque les statuts peuvent n'indiquer que la commune luxembourgeoise où se situe le siège social, sans mentionner son adresse précise ; celle-ci étant fixée lors de la première assemblée générale clôturant l'acte. Elle est indiquée au registre des sociétés et elle est modifiable par simple délibération du conseil d'administration. Cette solution évite toute modification statutaire en cas de transfert du siège à l'intérieur de la commune.

Il est fréquent que les holdings n'aient pas de siège propre, les fondateurs souscrivant un *contrat de domiciliation* auprès d'une banque, d'un avocat, d'un expert-comptable ou d'une société fiduciaire dite de domiciliation qui fournit un siège social au holding. Le choix du domiciliataire et la qualité du contrat de domiciliation sont décisifs. Sont *domiciliataires* de sociétés, les personnes physiques ou morales qui acceptent qu'une ou plusieurs sociétés, dans lesquelles elles ne sont pas elles-mêmes un associé exerçant une influence significative sur la conduite des affaires, établissent auprès d'elles un siège pour y exercer une activité dans le cadre de leur objet social ; elles leur fournissent des services prédéfinis liés à cette activité.

Seuls les membres des **professions réglementées** suivantes peuvent être domiciliataires : établissement de crédit ou autre professionnel des secteurs financier et des assurances (dans ces secteurs, une formation universitaire et une assise financière de 15 millions de francs luxembourgeois sont également requises), réviseur d'entreprises, expert-comptable. Tout domiciliataire est soumis aux **obligations professionnelles** suivantes :
– avant de conclure par écrit une convention de domiciliation, vérifier que le **domicile de la société** requérante est situé à son principal établissement, c'est-à-dire au lieu de son siège statutaire, sauf preuve contraire ;
– connaître l'**identité réelle** des organes sociaux et, en cas de doute, prendre des mesures raisonnables pour obtenir ces informations sur l'identité des personnes pour qui elles agissent ;
– **dénoncer le contrat de domiciliation** si les mandataires sociaux contreviennent aux dispositions légales concernant les sociétés commerciales et le droit d'établissement. La dénonciation prend effet à partir de la date de son dépôt au registre du commerce et des sociétés du ressort du domicile de la société. La cessation de la domiciliation est publiée au Mémorial.

2030 Le *transfert* du siège d'un holding luxembourgeois *à l'étranger* est libre si la délibération a été adoptée à l'unanimité de ses actionnaires et obligataires pour une SA et à l'unanimité de ses associés pour une SARL. Cette opération fait bien évidemment perdre à la société son statut de société de droit luxembourgeois et le bénéfice de son statut fiscal particulier.

Le *transfert provisoire* sans perte du statut de société de droit luxembourgeois motivé par des événements extraordinaires d'ordre politique, économique ou social est même prévu depuis la seconde guerre mondiale.

Capital social

2031 Le capital social est d'un montant *minimum* légal de 1,25 million de LUF pour une SA et de 500 000 LUF pour une SARL. Le capital d'une SOPARFI constituée sous la forme d'une SA doit être *libéré* à hauteur de 1/4, soit 312 500 LUF. Celui d'un holding de 1929 doit aussi être libéré de 1/4 mais avec un minimum de 1 million de LUF. En pratique, compte tenu des coûts de fonctionnement inhérents à la structure, le patrimoine d'un holding luxembourgeois doit dépasser 4 millions de LUF. À la différence de la France, la libération de 1/4 s'impose pour tous les apports, tant en numéraire qu'en nature. Bien entendu, les actions de SA ne peuvent devenir au porteur qu'à leur libération intégrale.

Le capital social d'une SA peut être libellé *en devises étrangères* mais il faut alors tenir la comptabilité dans la même devise. La situation peut devenir complexe pour les SOPARFI car, en vertu du principe de l'égalité des contribuables, la fiscalité luxembourgeoise impose que le bilan fiscal soit en LUF ou en euro.

2032 Lorsqu'il y a plusieurs bénéficiaires, les statuts peuvent prévoir d'aménager le principe d'égalité des actions et de créer plusieurs catégories d'actions pour *protéger un actionnaire minoritaire* ou renforcer sa position. Les *actions privilégiées* permettent de rétablir la parité des voix en dépit d'apports inégaux. Outre cette pondération indirecte des droits de vote, le mécanisme des actions *sans droit de vote* assure la même protection, notamment lorsque les droits essentiels sont en jeu puisqu'ils sont alors rétablis (voir n° 644).

Le *démembrement des droits* assure, dans un *holding familial*, la dépossession immédiate des ascendants au profit des héritiers nus-propriétaires mais leur garantit, leur vie durant, le contrôle du holding et l'usufruit des actions. Il est prudent d'indiquer que le droit de vote sera exercé en toute hypothèse par l'usufruitier.

2033 Il est fréquent que les *clauses de cessibilité des actions* limitent celle-ci en établissant un droit de préemption en faveur des autres actionnaires. Il faut rédiger très attentivement les modalités d'exercice de ce droit : à qui notifier l'intention de vendre ? où, à qui, selon quel formalisme et dans quels délais l'adresser ? quel mécanisme prévoir pour la prédétermination du prix de vente ? Notons qu'une clause rendant quasi impossible la cession est susceptible d'être invalidée par le juge.

Les statuts peuvent interdire la cession à des personnes physiques, mais il faut savoir que la dissolution d'un actionnaire personne morale peut entraîner l'arrivée d'actionnaires personnes physiques et engendrer en ricochet une cession pour cause de décès.

Un holding ayant pris la forme d'une société anonyme peut *acquérir ses propres actions* dans la mesure où la loi sur les sociétés commerciales le permet. Il peut émettre des *actions rachetables*, ce qui peut être un véhicule intéressant s'il est utilisé par le bénéficiaire économique pour réaliser une plus-value.

Pactes hors statuts

2034 Il est conseillé de régler certaines questions non pas dans les statuts – qui seront publiés – mais dans des conventions conclues sous seing privé :

– la *représentation* proportionnelle des différents groupes d'actionnaires *au sein du conseil d'administration* fera l'objet d'un protocole d'accord entre actionnaires afin de garantir à chaque groupe un nombre déterminé de postes d'administrateurs et de liquidateurs ;
– les modalités de *délibération du conseil d'administration* seront développées dans le règlement intérieur du conseil à partir des grandes lignes figurant dans les statuts ;
– c'est dans le *contrat de domiciliation* et de *gestion* conclu par les promoteurs d'un holding avec une banque, une société fiduciaire ou un cabinet d'avocats que doivent être prévues « sur mesure » les modalités de répartition des pouvoirs entre les administrateurs et les actionnaires tendant à renforcer le droit d'information des actionnaires (périodicité du relevé de la situation comptable par exemple) ou à résoudre les conflits entre ces organes. Le contrat de gestion peut prévoir de fournir les trois administrateurs légalement nécessaires ainsi qu'un organe de contrôle (commissaire ou réviseur d'entreprise) ;
– le *contrat fiduciaire,* qui est un mécanisme juridique présenté ci-après.

Contrat fiduciaire

2035 Utilisé par les Romains pour affranchir leurs esclaves, puis par les croisés pour organiser leur absence, la fiducie est une structure juridique qui présente des traits communs avec le *trust* anglo-saxon et la *Treuhand* germanique, mais qui n'existe en principe pas dans les pays de droit napoléonien.

Pragmatique, le Luxembourg a cependant introduit ce concept dans son droit, en organisant ponctuellement un droit de la fiducie qui répond aux exigences de la place financière et qui a donné lieu à d'abondantes applications pratiques dont l'ampleur contraste singulièrement avec la brièveté du texte qui les gouverne. Il s'agit de la *fiducie des établissements de crédit*, régie par le règlement du 19 juillet 1983, qui est un contrat nommé dans lequel le fiduciaire est toujours une banque.

Le fiduciant convient avec le fiduciaire qu'il lui transfère la propriété de certains biens (l'actif fiduciaire), à charge pour ce dernier d'exercer, pendant la durée du contrat, les droits patrimoniaux y afférents conformément aux instructions du fiduciant (distribuer ou capitaliser les revenus). À l'exécution du contrat, le fiduciaire doit restituer l'actif fiduciaire au fiduciant ou à toute personne désignée par lui.

Le point saillant de ce règlement est de mettre les avoirs du fiduciant à l'abri de ses propres créanciers car, vis-à-vis des tiers, les biens confiés par le fiduciant font partie du patrimoine du fiduciaire. Comme ils sont comptabilisés séparément du reste de son patrimoine, ils constituent un *patrimoine d'affectation* hors d'atteinte des créanciers de la masse en cas de liquidation du fiduciaire.

Le fiduciaire est donc bien plus qu'un simple représentant du fiduciant. Il agit comme un véritable propriétaire, mais il exerce les droits patrimoniaux afférents aux biens conformément aux *instructions* du fiduciant et, le contrat une fois exécuté, il doit *restituer* l'actif fiduciaire au fiduciant ou à toute personne désignée par lui, cette dernière obligation constituant une obligation de résultat.

Si le pouvoir réglementaire luxembourgeois a réservé cette activité aux établissements de crédit, c'est que ceux-ci sont soumis à la surveillance administrative de la Commission de surveillance du secteur financier, et qu'ils sont dotés des moyens nécessaires pour tenir la comptabilité rigoureuse qu'exige le bon fonctionnement de cette entité.

2036 L'*actif fiduciaire* est le plus souvent formé d'un portefeuille de valeurs mobilières mais, selon l'objet du contrat, il peut se composer de biens mobiliers autres, de droits réels, de créances ou de droits corporels ou incorporels. Parmi les diverses opérations que permet la fiducie, on citera :

– la *fiducie gestion,* qui permet le portage et la mise en valeur des titres en respectant l'anonymat du fiduciant et qui constitue le contrat le plus courant pour un holding. Le fiduciant transmet les titres d'une société ou les sommes permettant au fiduciaire de souscrire ces titres. Puis il charge le fiduciaire d'en assurer le portage un certain temps et, immédiatement ou après un délai convenu, de lui restituer la propriété des titres (ou le produit de la vente) ou de céder l'un ou l'autre à un tiers ;

– la *fiducie gestion d'un patrimoine d'investissement,* qui est un véhicule d'investissement qui dispense le fiduciant de constituer une société et le décharge de la gestion des avoirs. Le fiduciaire assure en son nom l'administration, la gestion et les placements. Il exécute les ordres d'investissement sur les instructions du fiduciant ou sur celles de ses conseillers (en vertu d'un contrat de gestion de fortune). Il distribue ou capitalise les revenus et, en fin de contrat, il restitue la propriété des actifs comme convenu ;

– la *fiducie dépôt de confiance :* nouveau contrat entre trois parties par lequel le fiduciant tranfère au fiduciaire la propriété d'un bien, à charge pour lui de le garder jusqu'à ce que soient réalisées les conditions convenues lui permettant de transférer le bien à l'autre partie, destinataire ultime du bien. À défaut, le fiduciaire restitue le bien au propriétaire initial ;

– la *fiducie sûreté :* l'actif fiduciaire formé du bien donné en garantie permet au fiduciaire de garantir la créance d'un tiers ou de garantir un risque assumé par le fiduciaire à la demande du fiduciant.

Les prestations du fiduciaire sont rémunérées sous forme de commissions.

Le *fiduciant* doit déclarer au fiduciaire son identité et ses coordonnées ainsi que celles des ayants droit économiques effectifs, s'il est une personne morale. Le fiduciaire peut, en effet, se rendre pénalement complice si le fiduciant commet une infraction à la loi sur le blanchiment de l'argent (voir n°s 353 s.). Le fiduciant doit mettre à sa disposition tous documents et informations lui permettant de faire face à ses obligations et il s'engage notamment à ne pas céder le contrat de fiducie et à ne pas changer l'ayant droit économique effectif sans l'en avertir au préalable.

2037 À côté de cette fiducie véritable, et abusivement à notre avis, la pratique luxembourgeoise qualifie de contrat de fiducie un contrat innomé et hybride qui n'a pas d'autre base légale que les articles du Code civil relatifs au *mandat sans représentation* auquel il s'apparente.

Le fiduciaire peut être un cabinet d'avocats, une société de domiciliation (voir n° 2029-A) ou un bureau d'expertise comptable. La qualité de leur travail n'est pas nécessairement moindre que celle fournie par les établissements financiers, mais force est de constater que les garanties légales en cas de défaillance du fiduciaire ne sont pas les mêmes.

Organes

2038 Pour éviter d'avoir à réunir trop souvent le *conseil d'administration*, une clause statutaire peut prévoir la validation de ses délibérations par courrier ou par télécopie circulaire. De même, il est recommandé de prévoir statutairement la solution à adopter en cas de partage des voix (voix prépondérante du président, arbitrage de l'assemblée générale...).

Pour le reste, les modalités de délibération du conseil d'administration ont davantage leur place dans le règlement intérieur de cet organe. La répartition des postes d'administrateurs entre les divers groupes pourra, elle, faire l'objet d'un pacte d'actionnaires.

Règles financières

2039 Étant des instruments financiers utilisés pour le contrôle d'un groupe de sociétés, les **holdings purs de 1929** ne peuvent se financer par dettes que dans des cas limités. Ils sont soumis à des **règles financières spécifiques** visant à assurer un équilibre entre le montant de leur capital et le montant de leurs engagements en veillant à éviter un surendettement de la structure. En effet, les autorités luxembourgeoises sont soucieuses de ne pas trop minimiser le volume de la taxe d'abonnement à percevoir, tout en étant désireuses d'éviter des cessations de paiement dues à un surendettement qui seraient préjudiciables à la bonne réputation de la place financière. Ces règles sont les suivantes :

– leur **capital social libéré** est au minimum de 1,25 million de LUF dont au moins 1 million de LUF doit être libéré à la constitution. Il est porté à 50 millions de LUF pour les holdings de financement (voir n° 2015) ;
– ils peuvent émettre des **bons de caisse** à 3 ans au minimum (et 5 ans au maximum), à condition que leurs statuts leur permettent de souscrire des emprunts ;
– le montant total de leurs **emprunts obligataires** ne doit pas dépasser 10 fois le montant de leur capital social libéré ;
– le montant de leurs **autres engagements,** comme des avances d'actionnaires, des émissions de bons de caisse ou d'emprunts (emprunts obligataires exclus), ne peut excéder 3 fois le montant du capital souscrit.

En cas de non-respect de ces ratios bilantaires, l'excédent de dettes peut être requalifié en capitaux propres pour les besoins du calcul de la taxe d'abonnement et le holding risque de perdre son statut fiscal (voir n° 2050). Ces **deux ratios** sont cumulables, sauf pour les sociétés holdings milliardaires.

Les holdings **ne peuvent pas** recevoir en dépôt des fonds provenant du public puisqu'ils ne peuvent pas avoir d'établissement commercial ouvert au public. Hormis les holdings de financement (voir n° 2015), ils ne peuvent accorder des prêts qu'à des sociétés avec lesquelles ils ont un lien direct de participation.

2040 Les **SOPARFI**, quant à elles, sont également soumises à un ratio d'endettement qui découle de la **pratique administrative.** S'inspirant des ratios pratiqués dans les pays voisins, l'administration considère en effet que les emprunts souscrits par une SOPARFI ne peuvent excéder six fois le montant de ses fonds propres. En cas de non-respect de ces ratios bilantaires, l'excédent de dettes peut être requalifié fiscalement, comme pour les holdings purs. La sanction est cependant d'une nature différente : l'Administration des contributions peut refuser la déductibilité des charges financières qu'elle jugera trop élevées et requalifier les intérêts excédentaires en dividendes déguisés.

À la différence des holdings de financement classique (voir n° 2015), les SOPARFI peuvent **prêter et emprunter** en dehors du groupe auquel elles appartiennent, à condition toutefois que cette activité ne se transforme pas en une activité de dispensateur de crédit pur et simple : une SOPARFI n'est pas un établissement de crédit.

L'Administration des contributions peut également requalifier un taux débiteur trop élevé ou un taux créditeur trop bas en une distribution occulte de bénéfices ou en un apport déguisé.

CHAPITRE 2 # Régime fiscal

SECTION 1 ## Holdings de 1929

A. Régime général

Avantages

2050 Le statut fiscal privilégié, qui constitue la principale caractéristique du holding pur luxembourgeois, exonère ce dernier de tout impôt, sauf le droit d'apport et la taxe d'abonnement. Autrement dit, le holding n'est **pas redevable** de l'impôt sur le revenu, de l'impôt commercial communal, de l'impôt sur la fortune, pas plus qu'il n'est assujetti à la TVA, ce qui a pour conséquence qu'un holding pur ne saurait pas non plus récupérer une quelconque TVA d'amont. Les **revenus de toute nature** (dividendes, intérêts, redevances de licences et plus-values) sont **perçus** en franchise d'impôt. Il n'existe aucune **retenue à la source** sur les intérêts et les dividendes **versés** aux sociétés actionnaires. Enfin, aucun impôt ne grève les produits de la liquidation.

Les impôts qui **restent dus** sont :

- le **droit d'apport** qui est prélevé à la constitution du holding ou en cas d'augmentation de son capital par apport en espèces ou en nature. Il est calculé au taux de **1 %** sur la valeur nette des biens apportés, le droit étant perçu au moment de l'enregistrement de l'acte. Le montant sur lequel le droit est liquidé ne peut en aucun cas être inférieur à la valeur réelle des actions attribuées ou à leur valeur nominale si elle excède la valeur réelle.
Encore le droit d'apport n'est-il **pas dû** dans les cas suivants :

– à la constitution du holding, en cas d'apports de parts sociales représentant 75 % au moins du capital social d'une autre société de capitaux domiciliée dans un autre État de l'Union européenne. Les apports doivent également être rémunérés en parts sociales, la soulte ne dépassant pas 10 % de la valeur nominale ou du pair comptable des parts attribuées. Les parts sociales apportées ne peuvent en principe pas être cédées avant cinq ans ;
– à la constitution, en cas d'apport de la totalité du patrimoine ou d'une ou plusieurs branches d'activité d'une société domiciliée dans un des États membres de l'UE. Les apports doivent être rémunérés en parts sociales, la soulte ne dépassant pas 10 % de la valeur nominale ou du pair comptable des parts attribuées ;
– lors d'une augmentation de capital réalisée par incorporation de réserves provenant de bénéfices.

Notons que cette exonération n'est pas spécifique aux holdings de 1929, mais qu'elle s'applique à toutes les sociétés luxembourgeoises dont la constitution est soumise au droit d'apport.

- la **taxe annuelle d'abonnement** est perçue au taux de **0,20 %** sur le montant libéré des actions représentatives du capital, majoré le cas échéant des primes d'émission. Elle est calculée sur la valeur effective des titres : valeur nominale la première année puis valeur réelle des titres au cours boursier moyen de l'exercice précédent. La taxe prélevée est au minimum de 2 000 LUF. Lorsque le holding distribue un dividende excédant 10 % du capital libéré, la taxe est calculée sur une assiette égale à dix fois le montant des dividendes distribués. Si les ratios bilantaires exposés au n° 2039 ne sont pas respectés, le montant de

dettes en excès entre dans la base d'imposition. La taxe est payable au trimestre, avant le 20 du mois qui suit le trimestre, sur déclaration au Trésor.
- la *retenue à la source sur tantièmes* (voir n° 1553 et n° 1579).

Inconvénients

2051 En raison de ce régime fiscal privilégié, les holdings de 1929 **sont exclus du champ d'application des conventions fiscales** conclues par le Luxembourg (voir les commentaires de la convention franco-luxembourgeoise au n° 4203). Ils sont donc écartés des régimes relatifs aux sociétés mères et filiales que contiennent certaines conventions. De plus, les dividendes perçus par le holding en provenance de filiales localisées dans l'Union européenne ne peuvent bénéficier de la suppression de retenue à la source instituée par la directive CEE relative aux sociétés mères et filiales (voir n° 2067).

Il en résulte que les **revenus** (dividendes ou intérêts) **perçus par le holding** et les **plus-values** qu'il réalise à raison de la cession de ses participations sont certes exonérés d'impôt luxembourgeois sur les sociétés, mais ils supportent, en revanche, dans l'État où ils sont générés, les retenues à la source de droit commun prévues par le droit interne de cet État (25 % pour les dividendes dans le cas de la France). Étant exonéré d'impôt luxembourgeois sur les sociétés à raison de ces revenus ou de ces plus-values, le holding ne peut imputer sous forme de crédit d'impôt étranger les retenues à la source versées dans l'État d'origine. Elles tombent de ce fait en non-valeur.

Les **dividendes distribués** par le holding luxembourgeois au profit d'actionnaires résidents ou non résidents échappent à toute retenue à la source du côté luxembourgeois.

Les **plus-values de cession** des titres détenus par les holdings, ainsi que les **plus-values** dégagées à la **liquidation** des holdings, échappent à l'impôt au Luxembourg, mais, étant hors du champ d'application des conventions fiscales, elles sont susceptibles d'être imposées dans le pays du siège de la société émettrice, en application de la législation interne de ce pays.

2052 Les holdings de 1929 font partie de la liste des régimes constituant une « *concurrence fiscale dommageable* », répertoriés au Conseil d'Helsinki en décembre 1999 dans le cadre du Code de bonne conduite. Ces régimes devraient être modifiés d'ici le 1er janvier 2003.

Dans la mesure où les holdings de 1929 sont écartés des conventions fiscales, chaque pays conserve le droit d'appliquer sa propre législation. En particulier, les **mesures anti-abus** destinées à lutter contre l'évasion fiscale leur sont appliquées sans atténuation.

Ainsi, **du côté français**, les holdings de 1929 sont visés par l'article **209 B** du CGI. En application de ce texte, si une **personne morale** française passible de l'impôt sur les sociétés détient directement ou indirectement au moins 10 % d'une société étrangère située dans un pays à régime fiscal privilégié ou si le prix de revient de la participation est supérieur ou égal à 150 millions de FF, elle est imposable en France à raison de la quote-part dans les profits de cette filiale étrangère en proportion de sa participation, que les résultats soient distribués ou non. L'imposition est établie sous une cote séparée, ce qui empêche toute compensation des résultats de la filiale étrangère avec ceux de la société mère française. On se reportera à l'ouvrage « Paradis fiscaux et opérations internationales 1999 » pour une étude détaillée du dispositif français (n°s 531 s.).

La loi de finances française pour 1999 a introduit dans le CGI français un nouvel article **123 bis** qui met à mal l'opacité fiscale dont bénéficiaient jusqu'alors les **personnes physiques** résidentes de France et actionnaires de holdings luxembourgeois : « Lorsqu'une personne physique domiciliée en France détient directement ou indirectement 10 % au moins des actions, parts, droits financiers ou droits de vote dans une personne morale, un organisme, une fiducie ou une institution comparable établi ou constitué hors de France et soumis à un régime fiscal privilégié, les bénéfices ou les revenus positifs de cette personne morale, organisme, fiducie ou institution comparable sont réputés constituer des revenus de capitaux mobiliers de cette personne physique dans la proportion des actions, parts ou droits financiers qu'elle détient directement ou indirectement, lorsque l'actif ou les biens de la personne morale, organisme, fiducie ou institution comparable sont principalement constitués de valeurs mobilières, de créances, de dépôts ou de comptes courants ».

Pour les **autres pays**, voir le même ouvrage : n°s 1500 s. pour la législation britannique sur les *controlled foreign companies ;* n° 1540 pour l'Espagne ; n°s 1560 s. pour la Belgique et n°s 1600 s. pour l'Allemagne.

B. Régime des holdings milliardaires

2055 On entend par holding milliardaire le holding qui, lors de sa constitution ou ultérieurement, dispose de fonds propres d'au moins un milliard de LUF. Un tel holding peut combiner des activités de holding classique et des activités de holding de financement (voir n° 2015), ce qui le dispense de respecter les règles relatives aux ratios bilantaires exposées au n° 2039.

Il peut se soumettre au régime ordinaire prévu pour la perception de la taxe annuelle d'abonnement ou bien demander à l'Administration de l'enregistrement à être placé sous un régime spécial mis en place par la loi du 12 juillet 1977. L'*option* est en principe irrévocable. Elle consiste à être redevable d'un **impôt unique** sur le revenu distribué en lieu et place de la taxe d'abonnement.

L'*assiette* de l'impôt se compose de trois éléments :
– le montant des intérêts payés aux porteurs d'obligations ;
– les dividendes distribués aux actionnaires ;
– les émoluments et tantièmes payés aux administrateurs, commissaires et liquidateurs résidant moins de 6 mois par an au Luxembourg.

Le **barème** varie selon que le total des intérêts payés chaque année aux titulaires d'obligations et d'autres titres négociables semblables est inférieur, supérieur ou égal à 100 millions de LUF.

• Montant des intérêts payés inférieur à 100 millions de LUF :
– sur les intérêts d'obligations et titres semblables : 3 % ;
– sur les dividendes, tantièmes et rémunérations : 3 % de la différence entre 100 millions et le montant des intérêts d'obligations ;
– sur le surplus de dividendes, tantièmes et rémunérations dans la limite de 50 millions : 0,18 % ;
– sur l'excédent de répartition des dividendes, tantièmes et rémunérations : 0,1 %.

Seuls sont visés les tantièmes et rémunérations payés aux administrateurs, commissaires et liquidateurs non résidents du Luxembourg.

• Montant des intérêts payés égal ou supérieur à 100 millions de LUF :
– sur les intérêts d'obligations et titres semblables : 3 % ;

– sur les dividendes, tantièmes et rémunérations payés à concurrence de 50millions : 0,18 % ;
– sur l'excédent de dividendes, tantièmes et rémunérations : 0,1 %.

Dans l'un ou l'autre cas, l'*impôt ne peut être inférieur* à 2 millions de LUF.

L'impôt est établi semestriellement, dans les 20 premiers jours de janvier et de juillet.

SECTION 2 SOPARFI

2058 Le nouveau régime a été introduit le 24 décembre 1990 par un règlement grand-ducal relatif aux privilèges fiscaux des sociétés mères et filiales publié au Mémorial A n° 82 du 31 décembre 1990.

Il avait pour objectif de remédier aux deux inconvénients majeurs des holdings de 1929 exposés ci-dessus : exclusion du bénéfice des conventions fiscales et exclusion du champ d'application de la directive CEE sur les sociétés mères et filiales.

Il n'a pas créé pour autant un nouveau type de sociétés. La différence avec les holdings classiques régis par la loi de 1929 est que précisément les SOPARFI sont des *sociétés commerciales ordinaires* relevant du droit commun tant pour le régime juridique (pas de restrictions relatives à l'objet social) que pour le statut fiscal (pas d'exonération fiscale exorbitante du droit commun). Il en résulte que les SOPARFI ne sont donc pas écartées a priori du bénéfice des conventions fiscales conclues par le Luxembourg ni du régime CEE des sociétés mères et filiales.

Le concept de SOPARFI, acronyme créé par les praticiens mais qui ne figure comme tel dans aucun texte, combine une notion fiscale (régime des sociétés mères et filiales) et une notion économique (activité principalement mais non exclusivement consacrée à la gestion de participations). Le holding pur de 1929 bénéficie d'une exonération subjective liée à son statut et s'étendant à tous ses revenus, tandis que la SOPARFI bénéficie d'une *exonération objective*, liée à la nature de certains de ses revenus, les revenus de ses participations dans d'autres sociétés de capitaux.

Proche du régime néerlandais de participation-exemption et du régime belge institué en 1991, ce régime présente les caractéristiques suivantes :
– exonération des dividendes reçus, du boni de liquidation et des plus-values de cession, selon la nature, l'importance et la durée de détention des participations ;
– pas de retenues à la source sur les dividendes distribués entre sociétés résidentes de l'Union européenne ou application des taux réduits conventionnels ;
– possibilité d'imputer sur le bénéfice dégagé par d'autres activités imposables les charges financières supérieures aux produits des participations, les moins-values de cession de participations et, sous certaines conditions, les crédits d'impôt étrangers ;
– assujettissement à la TVA pour celles de ses activités qui sont des activités taxables.

2058-A Concernant les *mesures anti-abus* applicables aux *résidents de France*, les *SOPARFI* qui n'ont que des *activités de holding classique* sont assurément visés tant par l'article 209 B pour les personnes morales que par l'article 123 bis pour les les personnes physiques (voir n° 2052). La réponse est plus nuancée pour celles qui ont également des *activités commerciales*. Elles pourraient être hors du champ d'application de l'article 123 bis, dès lors que ces activités génèrent principalement un bénéfice commercial ordinaire. En outre, si le régime d'exonération des plus-values de cession des participations décrit au n° 2067 donne bien à la SOPARFI sa qualification de régime fiscal privilégié puisqu'un tel régime n'existe pas en France, la réponse est moins tranchée pour le régime mères et filiales décrit au n° 2060 et qui est d'inspiration communautaire. La transparence fiscale viserait donc en priorité la cession des actions détenues, même indirectement, dans une SOPARFI. La détention indirecte s'entend des actions, parts, droits financiers ou droits de vote détenus par le conjoint, les ascendants ou les descendants.

A. Activités classiques de holding

Exonération des dividendes reçus des filiales ou redistribués par la SOPARFI

2059 Pour bénéficier de l'exonération au titre du régime luxembourgeois sur les dividendes encaissés (art. 166) ou du régime communautaire sur les dividendes redistribués à sa société mère (art. 147), la SOPARFI doit être :
– une société de capitaux *résidente* et pleinement imposable à l'IRC,
– ou, depuis 1996, un *établissement stable* au Luxembourg soit d'une société résidant dans un État membre de l'Union européenne, soit d'une société de capitaux résidant dans un pays avec lequel le Luxembourg a conclu une convention ;

Régime luxembourgeois des dividendes perçus

2060 Étant une société de capitaux ordinaire, la SOPARFI qui répond aux conditions ci-dessus bénéficie du régime luxembourgeois d'*exonération des sociétés mères et filiales* prévu à l'article 166 de la LIR et à ses règlements d'exécution, si sa *filiale* est :
– une société de capitaux résidente et pleinement imposable à l'IRC, ce qui exclut les holdings de 1929 ;
– une société résidant dans un autre État membre de l'UE et visée par la directive CE mères et filiales ;
– une société de capitaux non résidente et pleinement imposable à un impôt étranger correspondant à l'IRC.

À défaut d'une source réglementaire ou jurisprudentielle, les critères que retient, avec souplesse, la pratique administrative pour apprécier la *pleine imposition* sont les suivants :
– l'impôt étranger doit être prélevé sur une base obligatoire ;
– son assiette est déterminée selon des critères similaires aux critères luxembourgeois ;
– le taux effectif d'imposition, évalué sur une base annuelle, est au moins égal à 15 %. Désireuse d'exclure du régime d'exonération les dividendes provenant de filiales situées dans des paradis fiscaux, l'administration luxembourgeoise prend en compte le taux nominal d'imposition et non la charge fiscale effectivement acquittée à l'étranger et éventuellement inférieure à 15 %. De même, si les revenus de la filiale étrangère proviennent de succursales situées dans des pays tiers, elle compare son imposition dans ces pays à celle qui l'aurait frappée si elle avait été résidente luxembourgeoise avec des établissements stables dans ces pays ;
– l'impôt étranger doit être prélevé directement dans le chef de la société et non dans le chef de ses actionnaires, ce qui exclut les sociétés étrangères fiscalement transparentes.

2061 L'entité mère luxembourgeoise bénéficiant du régime SOPARFI doit détenir une participation d'au moins *10 % du capital* de la filiale ou représentant un prix d'acquisition d'au moins *50* millions de LUF.

La SOPARFI doit détenir ou s'engager à détenir cette participation directement pendant une période ininterrompue d'au moins *douze mois*. Tel qu'il a été interprété par la CJCE et repris par une loi luxembourgeoise du 23 décembre 1997 comportant un catalogue de mesures fiscales, le critère de la durée de détention minimale peut s'apprécier a posteriori, et non seulement au moment de la distribution des dividendes, comme le prévoyait le dispositif antérieur (CJCE 17 octobre 1996, aff. jtes 283, 291 et 292/94, Denkavit International, RJF 12/96).

2062 L'exonération est totale et il n'est prévu aucune réintégration pour quote-part de frais et charges comme en Belgique ou en France. En contrepartie, les *dépenses d'exploitation* en rapport avec les dividendes exonérés ne sont *pas déductibles*. Ainsi, à la différence du régime français des sociétés mères et filiales, les intérêts des emprunts contractés pour le financement d'une prise de participation ne sont pas déductibles. Seul est déductible, s'il y a bénéfice imposable, le montant des charges financières qui est supérieur aux produits des participations (voir n° 2073). Les SOPARFI ne sont donc pas toujours le meilleur véhicule pour une opération de fusion-acquisition.

Régimes conventionnels des dividendes perçus

2063 Une vingtaine de conventions de double imposition conclues par le Luxembourg prévoient aussi un *régime de sociétés mères et filiales* (voir n° 4503). Les conditions pour bénéficier de ces régimes varient d'une convention à l'autre et peuvent s'écarter sensiblement des conditions posées pour le régime interne par l'article 166 de la LIR. Dans certains cas, il peut être intéressant de se placer sous un régime conventionnel d'exonération de dividendes dont les *conditions d'application* sont *plus souples* que celles posées par le régime luxembourgeois. Si notamment les conditions du régime luxembourgeois relatives à la durée de détention des participations ne sont pas remplies, il convient de faire l'examen attentif des tableaux ci-après : en effet, les dispositions plus favorables d'une convention bilatérale prévalent sur la loi interne.

La *convention franco-luxembourgeoise,* par exemple, n'impose pas de condition de durée de détention des titres pour pouvoir bénéficier de l'exonération des dividendes reçus (voir n° 4214). La convention *helvético-luxembourgeoise,* quant à elle, n'exige pas que la société suisse soit soumise à un impôt correspondant à l'IRC.

	Seuil de participation	*Durée de détention*
Allemagne	25 %	–
Belgique	25 % ou 250 millions LUF	depuis le début de l'exercice
Canada	10 %	depuis le début de l'exercice
Danemark	25 %	depuis le début de l'exercice
États-Unis	10 %	depuis le début de l'exercice
France	25 %	–
Grèce	25 %	depuis le début de l'exercice
Hongrie	25 %	depuis le début de l'exercice
Indonésie	25 %	depuis le début de l'exercice
Irlande	25 %	–
Malte (1)	25 %	depuis le début de l'exercice
Maurice (1)	10 %	depuis le début de l'exercice
Pologne	25 %	depuis le début de l'exercice
Suède	10 %	depuis le début de l'exercice
Suisse	10 %	

(1) La société étrangère doit être pleinement imposable.

Retenue à la source sur dividendes distribués

2064 La directive 90/435/CEE du 23 juillet 1990 concernant le régime fiscal commun applicable aux *sociétés mères et filiales* d'États membres différents a été transposée en droit luxembourgeois par la loi du 6 décembre 1990 (art. 147). On notera que, depuis l'exercice 1998, le régime communautaire des sociétés mères et filiales est aligné sur le régime luxembourgeois d'exonération des dividendes reçus décrit au n° 2060 pour ce qui est des taux de participation et délais de détention.

- La *filiale distributrice* est une société de capitaux résidente et pleinement imposable.

- La *société bénéficiaire* peut être :
– une autre société résidente et pleinement imposable ;
– une société résidant dans un autre État membre ;
– un établissement stable au Luxembourg soit d'une société résidant dans un État membre de l'Union européenne, soit d'une société de capitaux résidant dans un pays avec lequel le Luxembourg a conclu une convention.

À la mise à disposition des distributions, elle doit détenir ou s'engager à détenir directement pendant une période ininterrompue d'au moins *douze mois* (et non plus vingt-quatre) une participation d'au moins *10 % du capital* (et non plus 25 %) de la filiale ou représentant un prix d'acquisition d'au moins *50 millions* de LUF. Pendant toute la période de détention, le taux de participation ne doit pas descendre au-dessous de 10 % ou le prix d'acquisition au-dessous de 50 millions de LUF. Concernant le critère de la *durée de détention minimale*, tel qu'il a été interprété par la CJCE et repris par la loi luxembourgeoise du 23 décembre 1997, il doit s'apprécier a posteriori et non au moment de la distribution des dividendes, comme le prévoyait le dispositif antérieur (voir n° 2061).

Un règlement grand-ducal du 18 décembre 1998 a fixé les conditions à respecter par le bénéficiaire si celui-ci ne satisfait pas à la durée de détention de douze mois à la date de mise à disposition des dividendes mais qu'il s'engage à l'observer par la suite et que, pendant toute la période, le taux de participation ne descend pas au-dessous de 10 % ou le prix d'acquisition au-dessous de 50 millions de LUF. Les retenues sont à opérer si, à la date de distribution, la condition sur la durée de détention n'est pas encore remplie. L'administration fiscale luxembourgeoise rembourse cette retenue sur simple requête, dès lors qu'il est établi que la société mère a rempli les conditions de durée et de seuils de détention (nouveaux articles 147 et 149 de la LIR).

Retenue à la source conventionnelle

2065 Étant des redevables de droit commun, les SOPARFI peuvent bénéficier des dispositions concernant les groupes de sociétés qui figurent dans les *conventions* préventives de double imposition conclues par le Luxembourg. Les régimes mère et filiales qu'instituent ces conventions réduisent en général le taux de la retenue à la source prélevée sur les dividendes, dans le cadre de régimes spécifiques mère et filiales. Le tableau ci-après indique les *taux réduits* prévus dans les principales conventions qui lient le Luxembourg et qui s'appliquent quand les conditions posées par la directive ne sont pas réunies.

	Retenue à la source dans l'autre État sur les dividendes reçus par une société de capitaux résidente, détenant une participation importante	Retenue à la source au Luxembourg sur les dividendes distribués par une SOPARFI à sa société mère
Allemagne *	10 %	10 %
Autriche *	5 %	5 %
Belgique *	10 %	10 %
Canada	5 ou 10 % selon les cas	5 %
Danemark *	5 %	5 %
Espagne *	10 %	5 %
États-Unis	5 %	5 %
Finlande *	5 %	5 %
France *	5 %	5 %
Grèce *	38 %	7,5 %
Irlande *	0 %	5 %
Italie *	15 %	15 %
Japon	5 %	5 %
Norvège	15 %	5 %
Pays-Bas *	2,5 %	2,5 %
Royaume-Uni *	5 %	5 %
Suède *	0 %	0 %
Suisse	5 % ou 0 %	5 % ou 0 %

* Pays membres de l'Union européenne bénéficiant à ce titre de la suppression de toute retenue à la source, en application du régime mère et filiales (cf. n° 2067).

2066 *En l'absence d'un régime conventionnel*, et à condition que l'actionnaire de la SOPARFI ne soit pas à son tour une personne morale remplissant les conditions d'exonération des revenus de dividendes relatives à la durée de détention et au taux de participation, c'est bien sûr le *taux interne* de 25 % qui s'applique à la retenue à la source. Comme la loi du 22 décembre 1993 exonère à hauteur de 50 % les revenus de capitaux distribués par des sociétés de capitaux pleinement imposables, ce taux correspond approximativement à la charge fiscale maximale frappant effectivement les dividendes dans le chef des personnes physiques résidentes (50 % des dividendes imposés au taux maximal de 43,05 % (47,15 % jusqu'en 2000) ; ce taux marginal était autrefois égal à 50 %). Afin de les inciter à déclarer ces revenus, la retenue à la source forme pour elles un crédit d'impôt restituable.

On notera que les holdings purs de 1929 qui détiendraient une SOPARFI ne bénéficient pas plus de l'exonération de retenue à la source sur les dividendes distribués par cette dernière que les SOPARFI ne peuvent recevoir en exonération d'impôt des dividendes distribués par un holding de 1929 ou dégager des plus-values de cession sur un tel holding. Sauf pour certains cas précis, la détention d'une SOPARFI par un holding de 1929, ou inversement, est source de problèmes, et en règle générale, la démarche est à déconseiller (voir n° 2022).

Exonération des plus-values de cession

2067 Un règlement grand-ducal du 24 décembre 1990 a étendu le bénéfice du régime des sociétés mères et filiales aux plus-values réalisées sur les *cessions* de participations *importantes* détenues dans une société de capitaux résidente (ou non résidente et soumise à un impôt similaire à l'impôt sur les sociétés luxembourgeoises). L'innovation a été fondamentale car jusqu'alors seuls les holdings purs régis par la loi de 1929 bénéficiaient de l'exonération fiscale de leurs plus-values de cession mais ils étaient écartés du réseau conventionnel. Le dispositif est encore plus avantageux que celui qu'offrent les holdings néerlandais et, si la localisation des plus-values est le principal paramètre, la SOPARFI est sans doute, en termes d'optimisation fiscale, le meilleur véhicule d'investissement.

Actuellement, une *société de capitaux* résidente soumise au régime fiscal *de droit commun* peut réaliser des plus-values de cession de titres en franchise d'impôt si les *conditions* suivantes sont remplies :

- *au niveau de la SOPARFI :*

– la participation doit être de *25 % du capital* social de la filiale ou, à défaut, représenter un coût d'acquisition d'au moins *250 millions* de LUF ;
– cette participation « qualifiante » et l'ensemble des titres cédés de la filiale doivent être détenus pendant une période ininterrompue et incompressible de *douze mois* précédant le début de l'exercice au cours duquel intervient la cession. C'est la date d'acquisition de la participation cédée qui constitue le point de départ du délai.

- *au niveau de la filiale*, la condition est la même que pour l'exonération des dividendes : les deux sociétés sont luxembourgeoises et pleinement imposables à l'IRC, ou bien la filiale est non résidente et elle est soumise à un impôt étranger correspondant à l'IRC (voir n° 2060).

2068 Le règlement grand-ducal du 28 avril 1992 a cependant apporté des *limitations*. Les moins-values latentes provenant d'une *dépréciation antérieure* des titres peuvent s'imputer sur les plus-values réalisées lors de la cession des titres, mais les plus-values ne sont dorénavant exonérées que pour la partie sur laquelle la société mère n'a pas diminué la valeur comptable de sa participation (en raison des pertes de la filiale, par exemple). Autrement dit, la plus-value réalisée demeure imposable à hauteur de la dépréciation constatée et seul le supplément reste exonéré. Il en va de même dans le cas où la participation entraîne pour la société mère des charges financières supérieures aux bénéfices qu'elle en retire et génère des *pertes*.

Soit par *exemple* une société qui acquiert une participation en 1997 au prix de 100, qui déduit en 1997, 1998 et 1999 les intérêts d'emprunts contractés en vue de cette acquisition pour un montant annuel de 15 et qui ne reçoit aucun dividende au cours de ces années. Ses pertes cumulées s'élèvent donc à 45. Elle vend sa participation en 2000 au prix de 200, réalisant ainsi une plus-value de 100. Le montant de la plus-value exonérée n'est plus de 100 mais se limite à 55 (100 − 45) ; la différence de 45, qui correspond aux charges financières précédemment déduites, est imposable (tout en s'imputant sur les pertes dont le report en avant est illimité).

Autres exonérations

2069 Étant des sociétés commerciales ordinaires, les SOPARFI ne sont pas redevables de la *taxe annuelle d'abonnement*, contrairement aux holdings purs de 1929 (voir n° 2050).

Par ailleurs, en cas de *dissolution*, aucun *impôt spécial* n'est dû, et notamment aucune retenue à la source n'est prélevée même si le produit de la liquidation provient en partie de bénéfices capitalisés. Cela ne signifie pas pour autant qu'au moment de leur dissolution éventuelle, les SOPARFI échapperaient aux dispositions de l'IRC prévues en matière de liquidation, de fusion, de transformation ou de transfert de siège de manière générale. Toutefois, il va de soi que les revenus de dividendes ou de plus-values de cession remplissant les conditions de l'article 166 LIR perçus pendant la durée de la liquidation continuent de bénéficier des mêmes exonérations, et, surtout, que le caractère exonéré des revenus de dividendes ou de plus-values de cession perçus antérieurement à la mise en liquidation reste acquis. Cela tient à la nature juridique spécifique du régime mère et filiales : il s'agit d'une véritable exonération et non d'une immunisation temporaire.

Notons enfin que les SOPARFI ne sont soumises ni à l'*impôt sur la fortune* (voir n°s 1355 s.) ni à l'*impôt commercial communal* (voir n°s 1335 s.) pour leurs activités de société de participations financières lorsque les participations qu'elles détiennent dans des sociétés luxembourgeoises remplissent certaines conditions, identiques à celles applicables à l'exonération des dividendes dans le cadre du régime des sociétés mères et filiales (voir n° 2060). En effet, le législateur luxembourgeois a pris soin de reprendre dans les textes de lois sur l'impôt sur la fortune les dispositions mère-filiale analogues à celles résultant de l'IRC. En matière d'impôt commercial, les principes de l'IRC sont repris en tout état de cause (§ 7 Grw St G). Cela revient à dire qu'une société qui a comme activité exclusive la détention de participations financières dans des sociétés luxembourgeoises n'est soumise ni à l'impôt sur la fortune ni à l'impôt commercial et qu'une société à activité mixte n'y est soumise que pour ses activités commerciales ou industrielles.

B. Activités industrielles ou commerciales

Bénéfice imposable

2070 En dehors des dividendes, du boni de liquidation et des plus-values de cession acquis en franchise d'impôt, les *autres revenus* des SOPARFI (intérêts d'emprunt et bénéfice commercial ordinaire) restent passibles de l'IRC (30 % plus contribution spéciale de solidarité, soit 31,2 %), de la taxe professionnelle communale (taux moyen de 9,09 %, notamment à Luxembourg-Ville) et de l'impôt sur la fortune (taux moyen de 0,5 %). En résumé, le taux global de l'impôt est de 37,45 % depuis 1998 pour un bénéfice supérieur à 600 000 LUF (voir n° 1293).

Si la SOPARFI a une activité exclusive de gestion de participations financières, l'assujettissement purement théorique à l'IRC est suffisant pour lui permettre de se placer sous le bénéfice des conventions fiscales et de la directive CE mères et filiales.

Si toutefois la SOPARFI a d'*autres activités générant un bénéfice imposable,* des activités industrielles ou commerciales, des prestations de services comme la gestion des excédents de trésorerie d'un groupe par exemple, la structure peut être utilisée pour réduire la base imposable par l'imputation ou la compensation des éléments suivants :
– crédits d'impôt étrangers ;
– moins-values ;
– charges financières excédentaires.

Récupération des crédits d'impôt étrangers

2071 Étant des redevables de droit commun, les SOPARFI peuvent, à la différence des holdings purs de 1929, imputer les retenues prélevées à la source sur les dividendes distribués dans le pays d'établissement de leurs filiales sur l'impôt luxembourgeois frappant les revenus en provenance du même pays ou les revenus étrangers en cas de recours à la méthode optionnelle de l'imputation globale (équivalent luxembourgeois du crédit d'impôt français).

Ainsi une SOPARFI qui encaisse un dividende de 100 ayant fait l'objet à l'étranger d'une retenue à la source de 5 est-elle exonérée d'impôt luxembourgeois sur le dividende de 100 et peut-elle, en outre, imputer sur l'impôt frappant ses autres revenus en provenance du même pays ou, dans certains cas, sur tous ses autres revenus de capitaux mobiliers non exonérés, le crédit d'impôt étranger de 5. Les conditions et les limites de cette imputation sont exposées aux n°s 1178 s.

Déduction des moins-values

2072 On notera qu'à la différence des holdings néerlandais, les *moins-values réalisées* lors d'une cession de titres ou les moins-values *latentes* constatées sous forme de provisions pour dépréciation des titres de participation restent déductibles du bénéfice imposable.

Bien entendu, si la SOPARFI n'a pas d'activités imposables, les moins-values ne peuvent ni s'imputer ni se compenser et tombent en non-valeur.

En contrepartie de la déductibilité des moins-values, la plus-value correspondant à une moins-value précédemment déduite au titre de la participation (*recapture*) sera imposable au taux normal à hauteur des sommes déduites auparavant.

Soit une SOPARFI qui acquiert en janvier 2000 une participation de 50. En novembre 2000, les titres sont estimés à 39. Des revenus imposés de la SOPARFI une moins-value latente de 11 (50–39) est déductible.

Les titres sont cédés en février 2001 (soit après une détention supérieure à 12 mois) pour un montant de 60. La moins-value de 11 déduite antérieurement est imposable au taux de l'IRC. La plus-value de 10 (60–50) est exonérée.

Remontée des pertes

2073 Lorsque les charges financières engagées pour l'acquisition des titres de participation excèdent le montant des dividendes exonérés, les *pertes fiscales* sont intégralement *déductibles* et elles sont *reportables* sans limitation. Cette possibilité n'a bien sûr d'intérêt que pour les SOPARFI qui dégagent un bénéfice imposable de par leurs activités industrielles ou commerciales

CHAPITRE 3 # Étude comparative

Tableau comparatif des holdings purs de 1929 et des SOPARFI

2075 La réforme fiscale introduisant les SOPARFI n'a pas pour autant sonné le glas des holdings de 1929. D'une part, comme nous l'avons vu, ils restent un véhicule utile, notamment, pour le placement d'un patrimoine familial sous le couvert d'une discrétion absolue, ou pour la réalisation de plus-values à court terme ou encore pour les activités spécifiques des holdings de financement. D'autre part, ils peuvent être utilisés en tandem avec une SOPARFI de façon à optimiser les avantages de chacune de ces structures.

Le *choix* entre deux types de holdings présentant chacun des avantages spécifiques ou leur *combinaison* permet au Luxembourg de demeurer un lieu d'implantation privilégié pour les sociétés gérant d'importantes participations étrangères et de le conforter comme place financière de l'Europe.

Dans cette optique, le tableau ci-après permet de comparer les avantages et les inconvénients respectifs des deux régimes :

	SOPARFI	HOLDING de 1929
activités autorisées	– activité de gestion de participations : activité exonérée – activité commerciale ou industrielle : activité imposable	– acquisition et gestion de valeurs mobilières et de brevets – aucune activité commerciale ou industrielle
ratios bilantaires (fonds propres sur total du bilan)	–	oui
taxe d'abonnement	–	0,20 % par an
conventions de double imposition	applicables	non applicables
régime CE mère et filiales	applicable	non applicable
mesures nationales anti-évasion	non applicables, surtout si activité commerciale ou industrielle concomitante	applicables
imputation ou déduction des ***retenues à la source étrangères***	oui, mais taux conventionnels et régime CE mère et filiales	sans intérêt
remontée des pertes	oui	sans intérêt
exonération des ***plus-values à court terme***	non	oui, sous réserve des mesures anti-abus prises dans le pays d'établissement de la filiale (cf. n° 2052)
publicité sur la nature des participations détenues	oui (avantage dans certains cas)	non
possibilité de ne pas révéler l'***actionnariat***	oui	oui

2076 Tableau comparatif de plusieurs régimes fiscaux de holdings

	FRANCE	LUXEMBOURG — Holdings purs de 1929	LUXEMBOURG — SOPARFI	BELGIQUE	PAYS-BAS
Dividendes					
Exonération	100 %	100 %	100 %	95 %	100 %
Taux de participation minimum	5 % (1)	–	10 % ou 50 millions de LUF	5 % ou 50 millions de FB	5 %
Durée de détention (2)	2 ans	–	1 an	1 an	–
Charges afférentes à la prise de participation	déductibles	–	partiellement déductibles (voir n° 2061)	déductibles	en principe non déductibles
Plus-values					
Exonération	non (3)	oui	oui	oui	oui
Taux de participation minimum	–	–	25 % ou 250 millions de LUF	–	5 %
Durée de détention	2 ans	–	1 an avant le début de l'exercice de cession	–	–
Moins-values	déductibles	–	déductibles	non déductibles	déductibles sous conditions

(1) Pour les exercices clos à compter du 31 décembre 2000. Pour les exercices antérieurs : 10 % ou 150 millions de FF.
(2) La durée de détention doit s'apprécier a posteriori et non au moment de la distribution des dividendes (CJCE 17 octobre 1996, Denkavit International, voir n° 2061).
(3) Mais taux réduits de 19 % si participation égale ou supérieure à 5 % si participation égale ou supérieure à 5 % ou coût de revient égal ou supérieur à 150 millions de FF.

Organismes de placement collectif

TITRE 2

Cadre juridique

2100 Le concept d'organisme de placement collectif (OPC par la suite), qu'il adopte la structure d'un fonds commun, d'une société d'investissement, d'un trust ou toute autre forme, est né avec la révolution industrielle et les **besoins nouveaux de financements** nécessaires au développement des entreprises.

Le premier OPC luxembourgeois est constitué en février 1959. On assiste dès 1960 au développement de véhicules d'investissement sous forme sociétaire dont les titres représentatifs ne peuvent être acquis qu'à la Bourse de Luxembourg. La décision des autorités luxembourgeoises dans les années 60 de placer les OPC sous le régime fiscal des sociétés holding (loi du 31 juillet 1929 sur le régime fiscal des sociétés de participation financières (*Holding Companies*)) leur assura un **développement rapide**. Au regard du **droit des sociétés**, les OPC n'étaient pas soumis à une réglementation particulière, mais relevaient de la loi du 10 août 1915 sur les sociétés commerciales (la loi de 1915). Diverses **dispositions réglementaires** venaient compléter cette réglementation empirique, comme par exemple en 1965 le contrôle systématique des actions/parts offertes au public, en 1970 l'approbation préalable par les autorités monétaires de tous les OPC et en 1972 la création d'une liste sur laquelle doivent figurer les OPC désirant exercer leur activité au ou à partir du Luxembourg.

C'est finalement la loi du 25 août 1983 (la loi de 1983) qui fixe un **régime juridique et fiscal propre** aux OPC. Cette même loi institue la **société d'investissement à capital variable** (SICAV). Une centaine d'OPC fonctionne alors. Cette loi crée aussi l'*Institut Monétaire Luxembourgeois* (IML), qui a entre autres pour tâche la surveillance des OPC à Luxembourg (sur les autres attributions de l'IML devenu la CSSF, voir n° 340).

2101 En 1988, le Luxembourg est le premier pays de la CEE à transposer la **directive** 85/611 du 20 décembre 1985 (la Directive) portant **coordination** des dispositions législatives, réglementaires et administratives concernant certains organismes de placement collectif en valeurs mobilières (OPCVM). Le Conseil, constatant la diversité des législations des États membres en matière d'OPCVM, estimait qu'une coordination des législations nationales paraissait opportune en vue de rapprocher, sur le plan communautaire, les conditions de concurrence entre OPC. Ceci devait permettre de réaliser une protection plus efficace et plus uniforme des investisseurs et faciliter aux OPC situés dans un État membre la commercialisation de leurs parts sur le territoire des autres États membres.

2102   Le législateur luxembourgeois a profité de la *loi du 30 mars 1988* relative aux OPC (la Loi) pour transposer les dispositions communautaires et pour **reformuler** entièrement le droit spécifiquement luxembourgeois des OPC. La loi de 1988, modifiée en dernier lieu par la loi du 17 juillet 2000, remplace celle du 25 août 1983. Elle a fait l'objet de circulaires successives de la part de la CSSF ; la dernière, en date du 21 janvier 1991 (la *circulaire 91/75*) remplace les précédentes et explicite les dispositions légales, comme le ferait un règlement d'application. Enfin, la *loi du 29 avril 2000* renforce la surveillance prudentielle des OPC et la circulaire 2000/8 du 15 mars 2000 porte sur la protection des investisseurs en cas d'erreurs dans le calcul de la valeur nette d'inventaire.

Par ailleurs, une loi du 19 juillet 1991 réglemente les *fonds dits « spéciaux »*, c'est-à-dire les OPC dont les parts ou actions sont réservées à un ou plusieurs investisseurs institutionnels et ne sont pas destinées au placement dans le public (voir n°s 2250 s.).

2103   Au cours du second semestre 2000, la *place financière* du Grand-Duché de Luxembourg a franchi le seuil des 37 100 milliards de LUF d'actifs d'OPC domestiques. Cette industrie des fonds se situe aujourd'hui à la première place européenne et à la deuxième place mondiale derrière les États-Unis ($ 6 846 milliards au 31 décembre 1999).

2104   Ces quelque 37 100 milliards de LUF étaient *répartis* fin août 2000 en 866 fonds communs de placement ou FCP, 825 SICAV et 34 autres OPC. Parmi ces 1 725 OPC, 728 étaient des structures mono-compartiments alors que 997 structures étaient multi-compartiments, avec un total de 6 597 compartiments. (Sur la définition des OPC mono et multi-compartiments, voir n° 2127).

La *politique d'investissement* des OPCVM est orientée à raison de 33,1 % vers les valeurs mobilières à revenu fixe, 43,5 % vers les valeurs mobilières à revenu variable et 8,6 % vers les valeurs mobilières diversifiées.

Les *promoteurs* des OPC luxembourgeois sont d'abord d'origine suisse (25 % du total des actifs nets), puis allemande (17,7 %), puis américaine (15,9 %), italienne et belge.

CHAPITRE 1 # Notions générales

SECTION 1 ## Définition des OPC

2110 La loi de 1988 a pour but de protéger l'épargnant qui confie ses fonds à un organisme financier dont l'activité est de les affecter à des opérations de placement collectif, selon le principe de la répartition des risques. Pour que l'on soit en présence d'une activité couverte par la loi du 30 mars 1988 trois **conditions** doivent être cumulativement remplies. Il faut qu'il y ait placement collectif de l'épargne ; cette épargne doit être recueillie auprès du public (voir cependant à ce sujet les n°s 2250 s. sur les « fonds spéciaux » ou dédiés) ; enfin, les investissements faisant l'objet du placement collectif doivent répondre au principe de la répartition des risques.

2111 Par **placement collectif de l'épargne**, on entend investissement commun des fonds recueillis individuellement auprès des épargnants. Cet investissement peut se faire dans des valeurs mobilières ou dans d'autres valeurs. Le but poursuivi est d'en tirer un rendement ou une plus-value en capital et non d'exercer une influence, voire de prendre le contrôle, au travers d'une participation (voir cependant le n° 2243 sur les OPC de capital risque). Le maintien des valeurs dans le portefeuille d'un OPC dépend uniquement de leur rendement ou de leur potentiel de plus-value en capital et exclut la volonté a priori de détenir les titres à long terme.

2112 La circulaire 91/75 stipule que « le public est sollicité lorsque la collecte de l'épargne affectée au placement collectif n'a pas seulement lieu dans un cercle restreint de personnes ». Cette définition laconique n'est guère éclairante sur ce qu'il convient d'entendre, au Grand-Duché de Luxembourg, par **appel public à l'épargne**. Les travaux préparatoires de la loi du 30 mars 1988 apportent quelques précisions en rappelant que la cotation à la Bourse de Luxembourg (qui pour certains présume l'appel public) n'équivaut pas à un tel appel car ce dernier nécessite une commercialisation active par le biais d'une sollicitation directe du public. La notion d'appel public à l'épargne semble ainsi devoir être prise dans une acception « dynamique » et non « passive ». Il semble également acquis qu'un véhicule d'investissement qui, en pratique, ne sollicite pas l'épargne du public au sens précisé ci-dessus mais en a la vocation puisse malgré tout recevoir la qualification d'OPC au sens de la loi du 30 mars 1988. Echappent en tout état de cause à ce critère les OPC dédiés ou « spéciaux » (voir n°s 2250 s.). Enfin, la circulaire 91/75 rappelle que les OPC commercialisés au Luxembourg doivent observer les règles posées par les lois du 25 août 1983 sur la protection juridique des consommateurs, du 27 novembre 1986 réglementant certaines pratiques commerciales et sanctionnant la concurrence déloyale, et du 16 juillet 1987 concernant le colportage, la vente ambulante, l'étalage de marchandises et la sollicitation de commandes.

2113 Le principe de la **répartition des risques** consiste à diversifier les investissements opérés. La diversification s'apprécie par rapport à la variété de titres détenus et par rapport à la capitalisation totale de ces titres. Son application a pour but d'empêcher une concentration excessive des investissements qui font l'objet du placement collectif. Les limitations d'investissement abordées plus loin (n°s 2230 s.) traduisent la mise en œuvre de ce principe.

2114 Ces *critères d'appréciation* permettent à la **CSSF** de décider si la loi du 30 mars 1988 est applicable ou non aux organismes qui n'ont pas adopté la forme juridique des fonds communs de placement ou des sociétés d'investissement. S'ils sont insuffisants, d'*autres éléments* sont pris en compte pour affiner la qualification d'OPC : structure générale de l'organisme, rachat systématique des actions/parts, existence d'une société de conseil en investissement, prélèvement de commissions d'achat et de gestion, etc. Ainsi, en application de l'ensemble de ces éléments d'appréciation, les **SOPARFI** (voir n°s 2020 s.) qui sont des sociétés ordinaires sont exclues du champ d'application de la loi du 30 mars 1988 parce que leur activité est commerciale et qu'elles n'ont pas pour objet social le placement collectif d'une épargne. Il en est de même des *holdings familiaux* et des *clubs d'investissement* qui bien qu'ayant pour objet le placement collectif de l'épargne ne font pas appel au public.

SECTION 2 Forme juridique

2120 Les OPC peuvent revêtir soit la *forme contractuelle* d'un fonds commun de placement (FCP), soit la *forme sociétaire ou statutaire* d'une société d'investissement à capital variable (SICAV) ou à capital fixe (SICAF). Quelle que soit sa forme juridique, tout OPC peut être *mono ou multi-compartiment.* Enfin tout OPC ou tout compartiment d'un OPC peut émettre des parts/actions de différentes natures. La distinction entre OPC soumis ou non à la directive CE sera examinée dans un développement distinct (n°s 2100 s.).

On rappelle qu'un OPC est considéré comme étant luxembourgeois et dès lors soumis aux lois luxembourgeoises en matière d'OPC lorsque le siège statutaire de la société de gestion d'un FCP ou celui de la société d'investissement se trouve au Luxembourg.

A. Fonds commun de placement

2121 Le FCP est une *copropriété indivise de valeurs mobilières*, comparable au *unit trust* anglais et au *mutual fund* américain, gérée par une société de gestion pour le compte de copropriétaires (les porteurs de parts) engagés à concurrence de leurs investissements. La copropriété est constituée par les *apports* des différents investisseurs qui reçoivent en échange des *parts* représentatives de leur apport. Contrairement aux règles communes de l'indivision, ni les porteurs de parts, ni leurs mandataires ne peuvent exiger le partage ou la dissolution du FCP.

2122 La gestion du FCP doit être conforme à un *règlement de gestion* et s'opérer dans l'unique intérêt des porteurs de parts. L'article 12 de la Loi indique les mentions obligatoires devant figurer dans ce règlement qui doit être publié au Mémorial (journal officiel) et déposé au greffe du Tribunal d'Arrondissement. Les porteurs de parts adhèrent au règlement de gestion par l'acquisition de leurs parts, ils n'interviennent pas directement dans la gestion et ne peuvent la sanctionner.

Comme le règlement de gestion, la *société de gestion* doit être agréée par la CSSF (voir n° 340). Elle peut prendre la forme d'une société anonyme (SA), d'une société à responsabilité limitée (SARL), d'une coopérative (SC) ou d'une société en commandite par actions (SCA). Son *capital social* entièrement libéré doit être au minimum de 5 millions de LUF (ou son équivalent en devises). Les actions qu'elle émet sont des **titres nominatifs**. La société de gestion agit en son nom mais pour le compte du FCP. Elle encourt la responsabilité d'un mandataire salarié et ne peut disposer des actifs indivis que dans l'intérêt des porteurs de parts. L'activité d'une société de gestion doit se limiter à la gestion d'organisme(s) de placement collectif, l'administration de ses propres actifs devant rester accessoire. Pour bénéficier du **statut fiscal** avantageux des holdings de la loi de 1929 (voir n°s 2050 s.), la société de gestion doit se contenter de gérer un seul fonds (mono ou multi-compartiments), cette gestion constituant son activité exclusive.

2123 Le **montant des avoirs** d'un FCP doit être égal ou supérieur à 50 millions de LUF (ou l'équivalent dans une autre devise), montant qui doit être atteint dans les six mois suivant l'agrément par la CSSF. Les actifs du fonds doivent être déposés dans une banque qui, en tant que **dépositaire**, est chargée d'assurer la protection des investisseurs en contrôlant les agissements de la société de gestion (voir n°s 2190 s.).

B. Société d'investissement

2125 Les sociétés d'investissement sont les OPC revêtant la **forme statutaire ou sociétaire**. Elles peuvent être à **capital fixe** (SICAF) ou à **capital variable** (SICAV). Les statuts des SICAV prévoient que le montant de leur capital doit être égal à tout moment à la valeur de leur actif net. Au contraire, les SICAF ne connaissent pas d'adaptation automatique de leur capital. Toute augmentation ou diminution doit être préalablement autorisée et devra être constatée par acte notarié. On peut toutefois recourir à la technique du capital autorisé (durée maximale cinq ans), mais toute modification du capital social doit être constatée par acte notarié. Pour toutes les dispositions non prévues par la loi, les SICAV et SICAF sont soumises à la loi de 1915 (voir les développements sur les sociétés commerciales). Ainsi, contrairement au **droit commun des sociétés commerciales**, la loi de 1988 prévoit que les actions des SICAV doivent être entièrement libérées dès la souscription, ne prescrit aucune réserve légale et n'accorde pas de droit de souscription préférentiel aux anciens actionnaires sauf disposition contraire des statuts.

2126 Les SICAV ne peuvent prendre que la **forme** d'une société anonyme, tandis que les SICAF peuvent adopter l'une des quatre formes de sociétés de capitaux prévues par la loi de 1915 (SA, SARL, SC, SCA). Le **capital social** des sociétés d'investissement est au minimum de 50 millions de LUF (ou son équivalent en devises), montant qui doit être atteint dans les six mois suivant l'agrément. En contrepartie de leur apport, les investisseurs reçoivent des **actions** représentatives du capital social. Contrairement aux porteurs de parts de FCP, les actionnaires ont comme dans toute société un pouvoir de contrôle direct. Si elles prennent la forme anonyme, ces sociétés sont gérées par un conseil d'administration qui s'entoure généralement de conseillers ou gestionnaires en investissement. Si la forme retenue est celle d'une société en commandite par actions (voir n° 481), l'administration en est confiée à un gérant nommé dans les statuts, ce qui n'exclut pas le recours à des conseillers en investissement externes. Les **statuts** ont dans un OPC de forme statutaire un rôle proche de celui du règlement de gestion des FCP. Parmi les OPC de forme statutaire les SICAV sont les plus fréquentes.

C. Structures mono et multi-compartiments

2127 La loi du 30 mars 1988 autorise officiellement la création de fonds dits multi-compartiments ou fonds parapluie (*umbrella funds*), préalablement admis sur la base d'un « ruling CSSF ». Il s'agit d'OPC constitués sous forme de FCP ou de société d'investissement et comportant une **pluralité de compartiments** tout en respectant une **unité de fond**. Au sein du même OPC, les compartiments peuvent correspondre à des catégories d'actifs, des politiques d'investissement, des devises, des gestionnaires ou conseillers en investissement, des zones géographiques ou des instruments de couverture différents. Ils offrent ainsi à l'investisseur la possibilité de sélectionner ces critères en choisissant d'investir dans tel ou tel compartiment, à l'intérieur du même véhicule d'investissement.

De plus, après avoir investi dans un compartiment, l'investisseur a le droit (sauf exception prévue dans les documents constitutifs de l'OPC) de passer facilement dans un autre compartiment. Cette **conversion** à l'intérieur d'un OPC s'opère par un échange des parts/actions d'un compartiment contre des parts/actions d'un autre compartiment et ne donne en principe pas lieu au paiement de commissions de l'ordre de celles qui existeraient si l'investisseur avait investi dans des organismes juridiquement distincts et indépendants. Dans les OPC Partie I la conversion doit obligatoirement être possible alors que dans les autres OPC elle peut être interdite (sur la distinction Partie I/Partie II, voir n°s 2155 s.). Tout engagement pris par un des compartiments lie l'OPC dans son entier, à moins que le contraire ait été prévu avec certains créanciers.

2128 Un OPC à compartiments multiples constitue une seule et **même entité juridique**. Ceci implique notamment qu'un OPC à compartiments multiples dont certains compartiments relèveraient normalement de la Partie I de la loi, alors que d'autres compartiments ne peuvent relever que de la Partie II, relève pour sa totalité de la Partie II (sur la distinction Partie I/Partie II, voir n°s 2155 s.). Les documents constitutifs doivent marquer clairement le fait qu'un OPC est ou non multi-compartiments.

- La loi du 17 juillet 2000 modifie l'article 111 (2) de la loi de 1988 en ce que, contrairement aux dispositions du code civil, les actifs d'un compartiment déterminé ne répondent que des dettes, engagements et obligations qui concernent ce compartiment, sauf stipulation contraire des documents constitutifs des OPC. Dans les relations des porteurs de parts entre eux, chaque compartiment est traité comme une entité à part. La présence au sein d'une même personne morale d'actionnaires traités comme des membres d'entités distinctes est une **notion inconnue du droit français** qui entraîne notamment de délicats problèmes de qualification fiscale lorsque l'actionnaire passe d'un compartiment à l'autre. Les OPC multi-compartiments dérogent au principe de l'unicité du patrimoine.

Signalons que diverses notes de la CSSF traitent des problèmes de la liquidation d'un compartiment au sein d'un OPC multi-compartiments et de l'amortissement des frais d'établissement occasionnés par la création d'un nouveau compartiment.

2129 Lorsque les OPC à compartiments multiples adoptent la **forme d'un FCP**, des règles préservant l'unité du fonds s'imposent. Le FCP doit avoir une seule société de gestion, un seul règlement de gestion, un seul dépositaire et un seul réviseur d'entreprise. Les compartiments doivent avoir une dénomination générique commune. Les certificats ne se différencient que sur la désignation des compartiments. Que l'OPC revête la forme d'une société d'investissement ou d'un FCP, la *valeur des actions/parts* diffère d'un compartiment à l'autre puisqu'elle se calcule par rapport à l'actif net de chaque compartiment. Ceci déroge, pour les *SA*, à la règle selon laquelle le capital se divise en actions d'égale valeur (voir n° 642). Les statuts doivent prévoir que cette inégalité est sans incidence sur le *droit de vote* attaché aux actions et que certaines décisions relèvent de l'assemblée générale unique tandis que d'autres seront prises en assemblée générale d'un compartiment. Le *capital social* doit être exprimé en une devise unique de référence mais la valeur nette ou valeur liquidative de chaque compartiment est cependant exprimée dans la devise du compartiment. Les limitations de placement s'observent à l'intérieur de chaque compartiment, sauf la détention des titres d'un même émetteur qui s'apprécie par rapport à l'ensemble de l'OPC.

D. Caractéristiques des actions et des parts

2130 On distingue *deux catégories* principales d'actions/parts, les actions/parts de *distribution* et les actions/parts de *capitalisation*. Contrairement aux premières, les actions/parts de capitalisation ne donnent en principe pas droit au versement de dividendes, les revenus étant réinvestis directement en venant augmenter le capital détenu. Chaque OPC et chaque compartiment peut comporter l'une ou/et l'autre de ces catégories d'actions/parts. Le droit luxembourgeois ne s'oppose pas à la création de catégories d'actions/parts d'autre nature que celles de distribution et de capitalisation.

2131 Au sein du même OPC ou du même compartiment peuvent être définies des *classes d'actions* différentes. On peut ainsi trouver une classe d'actions/parts dites « ordinaires » et une autre classe garantie par exemple contre les risques de change d'une devise de référence. Chacune de ces classes et catégories peut à son tour comprendre des parts/actions sous *forme nominative ou au porteur*. Dans le premier cas le nom du détenteur ou de son « nominee » (voir n° 2181 pour la définition du *nominee*) est inscrit sur un registre tenu par l'agent de l'OPC (voir n°s 2177 s.). Dans le second cas, les parts/actions qui sont émises circulent librement. La propriété des titres appartient alors à celui qui les détient (il convient de ce reporter aux règles générales du Code Civil). Il est important de noter que le Luxembourg ne connaît pas la *dématérialisation* obligatoire des parts/actions au porteur.

SECTION 3 **Régime fiscal des OPC**

A. Imposition des OPC

2140 Sous réserve du droit d'enregistrement, de la taxe d'abonnement annuelle et des taxes forfaitaires « CSSF » (voir ci-dessous), les OPC luxembourgeois sont exonérés de tout impôt ou taxe. Les OPC luxembourgeois sont ainsi exempts de tout impôt sur les revenus ou sur les gains en capital. Aucune retenue à la source n'est pratiquée sur les dividendes payés et aucun droit de timbre n'est dû sur les émissions, transferts ou conversions d'actions/parts.

Ce *régime privilégié* est bien entendu lié à l'inscription de l'OPC sur la liste officielle (voir n° 2172). En cas d'infraction, c'est-à-dire si l'OPC se livre à des opérations qui dépassent le cadre des activités autorisées par la loi du

30 mars 1988, l'administration de l'enregistrement et des domaines peut lui retirer son statut fiscal privilégié et lui imposer une amende fiscale fixée à 0,2 % du montant intégral de ses avoirs.

2141 Le *droit d'enregistrement* est un droit fixe d'un montant de 50 000 LUF perçu une seule fois lors de la constitution de l'OPC.

La *taxe d'abonnement* est calculée en pourcentage des avoirs nets de l'OPC évalués au dernier jour de chaque trimestre. Cette taxe est payable trimestriellement. Le *taux* de base annuel est de 0,06 % mais il a été ramené à 0,02 % depuis le 1er janvier 1997 et à 0,01 % depuis le 1er janvier 1998 pour :
– les organismes dont l'objet exclusif est le placement en instruments du marché monétaire et en dépôts auprès d'établissements de crédit ;
– les organismes dont l'objet exclusif est le placement en dépôts auprès d'établissements de crédit.

Depuis le 1er janvier 1997, le taux a également été ramené à 0,01 % pour les organismes qui sont régis par la loi du 19 juillet 1991 concernant les OPC dont les titres ne sont pas destinés au placement dans le public. Depuis lors, la valeur des avoirs représentés par des parts détenues dans d'autres OPC est exonérée de la taxe, pour autant qu'elles y aient déjà été soumises. De plus, depuis la loi du 17 juillet 2000, ce taux de 0,01 % s'applique également à des compartiments individuels d'OPC visés par la loi de 1988 ainsi qu'à des classes individuelles de titres créées à l'intérieur d'un OPC ou à l'intérieur d'un compartiment d'un OPC à compartiments multiples, si les titres de ces compartiments ou classes sont réservés à un ou plusieurs investisseurs institutionnels.

Par ailleurs, un règlement grand-ducal du 12 mars 1991 a institué des *taxes forfaitaires* à percevoir par la CSSF pour l'exercice de la surveillance du secteur financier. Les tarifs actuellement en vigueur sont :
– un forfait unique de 81 000 LUF, porté à 151 000 LUF pour les OPC à compartiments multiples, perçu pour l'instruction de chaque demande d'agrément ;
– un forfait annuel de 81 000 LUF par OPC. Ce forfait est porté à 121 000 LUF pour les OPC constitués ou fonctionnant selon une loi étrangère et qui ne répondent pas aux conditions posées par la Directive. Il est de 151 000 LUF pour les OPC à compartiments multiples.

B. Imposition des investisseurs

Résidents

2142 Les investisseurs résidents du Luxembourg y sont imposés sur les produits provenant des OPC (intérêts ou dividendes) dans les conditions de droit commun et sans retenue à la source. Les plus-values de cession réalisées par les personnes physiques en dehors de leur activité professionnelle ne sont imposées que si elles sont réalisées moins de six mois après l'achat des parts ou des actions ou si le résident détient plus de 25 % des parts ou actions de l'OPC. La détention de parts ou actions d'OPC est prise en compte dans le calcul de l'impôt sur la fortune.

Non-résidents

2143 En ce qui concerne les non-résidents, la fiscalité des OPC est particulièrement attractive. Les dividendes et intérêts sont distribués sans aucune retenue à la source au Luxembourg, sauf s'ils sont versés à un établissement permanent au Luxembourg. Les plus-values de cession y sont également exonérées d'impôt, sauf pour les cessions de participations importantes intervenant dans les six mois de leur acquisition.

Conversions

2144 Notons enfin qu'au Luxembourg le passage d'un compartiment à l'autre à l'intérieur du même OPC n'est pas considéré comme une cession susceptible de dégager une plus-value. La grande majorité des administrations fiscales des pays frontaliers ne partage pas cette position. À ce sujet, voir ci-dessous la position de l'administration française au n° 2147.

C. Aspects internationaux

FCP

2145 Concernant les **FCP** et leurs sociétés de gestion, on notera les points suivants. Les fonds communs de placement n'entrent en général pas dans le **champ d'application des conventions fiscales**. L'administration luxembourgeoise a entrepris des négociations avec certains pays pour qu'ils étendent le bénéfice de leur convention fiscale aux FCP.

En raison de leur absence de personnalité morale, les FCP luxembourgeois sont considérés en **France** comme « fiscalement transparents » et n'entrent pas dans le champ d'application de la convention franco-luxembourgeoise tel qu'il est défini à l'article 2, alinéa 2. De ce fait, les porteurs de parts résidant en France ne sauraient bénéficier des taux conventionnels de retenue à la source.

Quant à la société de gestion du FCP, son statut de holding luxembourgeois la place dans le champ d'application de l'**article 209 B du CGI** si les actionnaires sont des personnes morales françaises passibles de l'IS qui détiennent directement ou indirectement au moins 10 % du holding ou si le prix de revient de la participation est supérieur ou égal à 150 millions de FF. La quote-part leur revenant au titre du bénéfice réalisé par le holding, qu'il soit distribué ou non, sera assujettie à l'impôt français, sous une cote séparée c'est-à-dire sans compensation avec d'autres profits ou pertes en France (voir n° 2052). On notera toutefois que la société de gestion n'est pas forcément un holding de gestion si elle gère plusieurs fonds soumis au contrôle prudentiel.

Pour déterminer le seuil de 10 %, les actions, parts, droits financiers ou droits de vote détenus indirectement par la personne morale s'entendent de ceux détenus par une chaîne d'actions, de parts, de droits financiers ou de droits de vote ; l'appréciation du pourcentage s'opère en multipliant entre eux les taux de détention successifs. Dans ce cas, l'assujettissement est limité à la participation directe et indirecte dans le holding.

SICAV

2146 Pour ce qui est des SICAV, des précisions s'imposent pour celles qui ont un **compartiment français**. Notons tout d'abord que si, du côté luxembourgeois, il est nécessaire que la SICAV ait son administration centrale au Luxembourg pour y être considérée comme résidente, du côté français, la même nécessité s'impose pour que l'administration française ne qualifie pas l'activité générée au titre du compartiment français comme constitutive d'une exploitation réalisée en France ou, en présence d'une convention, d'un établissement stable en France (assujettissement à l'IS à raison des profits attribuables à la France et à un impôt de distribution sur les profits, déduction faite de l'IS). Pour cela, il est essentiel que le **centre de décision effectif** concernant les investissements se situe hors de France.

En raison de leur régime fiscal privilégié, les SICAV luxembourgeoises, alors même qu'elles sont des personnes morales, peuvent être écartées du bénéfice de certaines *dispositions conventionnelles* pour les produits distribués par leur compartiment français dans la mesure où elles ne sont pas automatiquement résidentes au sens conventionnel. Si la SICAV est résidente, les *intérêts* bénéficient du taux conventionnel de 10 % pour la retenue à la source prélevée en France, mais les *dividendes* supportent la retenue à la source au taux interne de 25 %. Le taux conventionnel de 5 ou de 15 % n'est en effet applicable qu'aux revenus imposables (article 10 bis) ; or la SICAV échappe à l'impôt luxembourgeois sur les sociétés. Pour la même raison, elle ne peut bénéficier du *remboursement de l'avoir fiscal* à raison des produits qu'elle perçoit de source française.

Une décision ministérielle française du 27 novembre 1971 (14-B-5-77) permet toutefois à certains investisseurs institutionnels ayant une activité internationale et offrant leurs titres au public, sous certaines conditions et sur demande préalable, de bénéficier du remboursement de l'avoir fiscal.

Quant aux *plus-values* dégagées par le compartiment français au profit d'une SICAV luxembourgeoise, par hypothèse résidente, la convention attribue au Luxembourg le droit de les imposer (voir n° 2051).

Imposition en France

2147 L'*imposition en France* des revenus distribués par une SICAV luxembourgeoise à des actionnaires résidents de France appelle les remarques suivantes. Si le propriétaire des parts/actions est une personne physique, les dividendes perçus sont imposés dans la catégorie des revenus de capitaux mobiliers et ne bénéficient pas de l'avoir fiscal attaché aux dividendes distribués à la SICAV puisque cette dernière est non résidente. Les personnes morales sont redevables de l'IS à raison des dividendes qu'elles perçoivent. Les plus-values de cession de parts/actions sont imposées dans les conditions de droit commun applicables aux personnes physiques et aux sociétés.

Il y a cependant une difficulté commune à tous les OPC à compartiments, difficulté qui a trait au *changement de compartiment*. Les épargnants ont statutairement la possibilité de transférer leurs droits d'un compartiment à l'autre, transfert qui s'opère par un échange d'actions : la SICAV crédite l'actionnaire de la valeur liquidative des actions du compartiment initial et elle le débite de la valeur des actions du nouveau compartiment émises en remplacement. Du *côté luxembourgeois*, ce passage ne s'analyse pas comme une cession susceptible de dégager une plus-value. Du *côté français*, l'administration, en revanche, qualifie cette opération d'échange entre des participations dans des compartiments différents. Or un échange de parts/actions même sans soulte est considéré comme une vente suivie d'un achat. Si ce transfert de propriété génère une plus-value, la plus-value est imposable immédiatement.

SECTION 4 Différents types d'OPC luxembourgeois (distinction Partie I et Partie II de la loi)

2155 Le droit luxembourgeois fait une *distinction importante* en matière d'OPC entre les OPC relevant de la première et de la deuxième partie de la loi du 30 mars 1988. Les premiers (articles 1 à 53 de la loi) sont couramment qualifiés d'*OPC Partie I* et sont conformes aux règles de coordination minimales posées par la directive 85/611. La Partie I de la loi n'est en fait rien d'autre que la transposition de cette directive en droit luxembourgeois. Au contraire les *OPC Partie II*, (articles 58 à 69 de la loi), sont de droit « purement luxembourgeois » et ne tombent pas dans le champ d'application de cette directive.

Le critère principal déterminant le rattachement d'un OPC à la Partie I ou à la Partie II est l'objet des investissements projetés par l'OPC. Sauf exception (voir n°s 2240 s.), un OPC investissant en valeurs mobilières est soumis aux dispositions de la Partie I et donc de la directive CE.

La distinction Partie I/Partie II produit ses effets tant au niveau des *investissements réalisables* qu'au niveau des *possibilités de commercialisation* de ces OPC hors du Luxembourg.

A. OPC Partie I ou OPCVM coordonnés

2156 Conformément aux dispositions de la directive CE, les OPC Partie I doivent avoir pour objet exclusif le *placement* de leurs actifs en *valeurs mobilières*. Nous verrons au n° 2231 ce qu'il faut entendre par valeurs mobilières. Notons simplement qu'elles répondent à certaines garanties comme la cotation officielle ou la négociabilité sur un marché réglementé, reconnu, en fonctionnement régulier et ouvert au public. La conformité des investissements avec ces dispositions est appréciée de manière restrictive et ne connaît normalement pas de possibilité de dérogation.

2157 Les OPC Partie I sont *obligatoirement de type ouvert*. Cela signifie qu'ils doivent racheter directement ou non les parts ou actions à la demande des investisseurs. Toute limitation qui reviendrait à rendre difficile le rachat est interdite. Dans certains cas exceptionnels prévus par le règlement de gestion ou les statuts, ou bien lorsque les demandes de rachat reçues un même jour dépassent un certain seuil fixé par rapport au nombre de parts/actions en circulation, le rachat de parts/actions peut être suspendu ou provisoirement réduit. Un OPC peut être ouvert au rachat seulement à partir d'une certaine date. Ce n'est alors qu'à partir de cette date qu'il tombe dans le champ d'application de la Partie I, à moins que les restrictions d'investissement auquel il est soumis s'y opposent. Si l'ouverture au rachat à partir d'une certaine date est prévue dès la création de l'OPC le prospectus doit attirer l'attention des investisseurs sur ce point.

2158 Rappelons que pour relever de la Partie I de la loi, les OPC doivent promouvoir la vente de leurs parts/actions auprès du public dans la CE. Muni du « label européen » les OPC Partie I (UCITS en anglais) bénéficient du fameux *« passeport européen »* qui leur confère le droit d'accéder à la libre commercialisation de leurs actions/parts dans la CE.

L'OPC Partie I qui se propose de commercialiser ses parts dans un des États membres est dispensé de la lourde procédure d'agrément instituée par cet État membre à condition de respecter certaines conditions. Il doit au préalable *informer* la CSSF ainsi que l'autorité de contrôle de l'État membre d'accueil (la COB pour la France, par exemple) de son intention et fournir à cette dernière un *dossier* comprenant ses documents constitutifs, son prospectus, les derniers rapports financiers, des informations sur les modalités prévues pour commercialiser les actions/parts dans cet État, ainsi qu'un certificat de conformité délivré par la CSSF et attestant qu'il remplit les conditions pour être un OPCVM communautaire. La commercialisation des parts peut commencer dans les deux mois suivant le dépôt du dossier, sauf opposition formelle de l'organe de contrôle du pays concerné.

L'OPC Partie I est tenu de **diffuser** dans cet État, et dans une langue qu'il accepte, les documents et informations qui doivent être publiés au Luxembourg. Il doit **respecter** les règles non harmonisées en vigueur dans l'État membre d'accueil, notamment celles sur la publicité, les modalités de paiement et de rachat des parts, la diffusion des informations.

Remarques. Un OPC Partie I ne peut jamais **se transformer** en OPC Partie II. À l'inverse, un OPC Partie II peut, à condition de respecter les dispositions de la directive transposée, adopter le statut d'OPC Partie I.

B. Autres OPC

2160 La seconde partie de la loi est nettement moins explicite quant aux limitations applicables aux autres OPC et renvoie au pouvoir réglementaire de la CSSF pour plus de précisions et de définitions. Dans sa deuxième partie, c'est essentiellement une **loi-cadre** qui ne définit pas de moule général pour les autres OPC, mais renvoie à des règles particulières en fonction du type d'investissement projeté.

2161 Sont considérés en premier lieu comme des OPC Partie II, d'une part tous les OPCVM **exclus de la Partie I** pour des raisons autres que leur politique d'investissement tels les OPCVM fermés (sauf exceptions mentionnées), les OPCVM qui recueillent des capitaux sans promouvoir la vente de leurs actions/parts auprès du public dans l'Union Européenne (c'est-à-dire que ces OPC s'adressent au public mais renoncent à toute activité promotionnelle dans l'UE) et les OPCVM dont la vente des actions/parts est réservée par ses documents constitutifs au public des pays qui ne font pas partie de l'UE.

En second lieu, certains OPCVM sont soumis à la Partie II de la loi en raison même de leur **politique d'investissement.** Sont notamment visés ici les OPC pouvant :

– placer 20 % ou plus de leur actifs nets dans des capitaux à risque élevé, c'est-à-dire dans des titres de sociétés nouvellement créées ou en voie de développement ;
– placer 20 % ou plus de leur actifs nets dans des valeurs mobilières différentes de celles dans lesquelles la première partie de la loi prescrit aux OPC Partie I d'investir ;
– contracter de manière permanente et pour des besoins d'investissement des emprunts pour au moins 25 % de leurs actifs nets ;
– placer 20 % ou plus de leurs actifs nets dans des parts d'autres OPC ouverts ;
– investir 20 % ou plus de leurs actifs nets en instruments du marché monétaire et en liquidités et les OPC pouvant investir 50 % ou plus de leurs actifs nets en liquidités.

De plus, les **règles très souples** du droit « spécifiquement » luxembourgeois autorisent ainsi la création d'OPC de toute nature investissant ou non en valeurs mobilières, tels les fonds en futures, fonds venture, fonds immobiliers, fonds investis en métaux précieux, fonds de fonds... Voir n°s 2242 s.

2162 Cette liste n'est pas exhaustive, tous les placements étant a priori envisageables à condition de respecter le principe de **diversification des investissements.** En résumé, on ne peut pas définir un type unique d'OPC luxembourgeois, car la loi très flexible permet de nombreuses constructions. En contrepartie de cette souplesse, les OPC soumis à la Partie II de la loi ne bénéficient pas de la **libre circulation** à l'intérieur de la CE. Dans l'attente d'une harmonisation communautaire, leurs titres ne sont admis à la vente que dans le respect des conditions et procédures d'agrément établies par les organes des États membres concernés. Les OPC Partie II ne peuvent pas faire publiquement appel à l'épargne en dehors du Luxembourg, mais ils peuvent être ouverts à tout investisseur étranger qui le demande.

2163 Les OPC Partie II peuvent être *ouverts ou fermés à l'entrée*. Ainsi les fonds spéciaux ou dédiés sont réservés à une certaine catégorie d'investisseurs et excluent tous les autres. On peut aussi réserver la vente des actions/parts d'OPC Partie II à des pays hors de la CE. Les OPC luxembourgeois peuvent de même être *ouverts ou fermés au rachat*. Les OPC fermés peuvent l'être totalement ou permettre un rachat à des conditions limitatives.

Règles communes à tous les OPC

CHAPITRE 2

Introduction

2170 Nous avons fait une distinction entre les règles structurelles communes à tous les OPC (qu'ils relèvent de la Partie I ou de la Partie II de la loi) et les règles concernant la politique d'investissement qui caractérisent chaque type d'OPC.

Nous évoquerons dans ce chapitre le *rôle des différents intervenants* au cours de la vie d'un OPC. La Commission de Surveillance du Secteur Financier (1), antérieurement l'Institut Monétaire Luxembourgeois puis la Banque Centrale du Luxembourg ainsi que le réviseur indépendant (2) sont des autorités omniprésentes dans leur fonction de surveillance. L'administration centrale de l'OPC (3), la banque dépositaire (4) et éventuellement la Bourse de Luxembourg (5) jouent un rôle prépondérant dans la vie d'un OPC. Les dispositions communes à tous les OPC portent en outre sur les informations dont doivent disposer les investisseurs (6) et sur certains investissements réalisables par tous les OPC quelle que soit leur politique d'investissement (7).

1. Commission de surveillance du secteur financier (CSSF)

2171 Créé par la loi du 20 mai 1983, l'Institut Monétaire Luxembourgeois (IML) a vu sa dénomination changer le 1er juin 1998 en Banque Centrale du Luxembourg et ses compétences reprises par la Commission de surveillance du secteur financier (la « CSSF »), créée le 23 décembre 1998. La CSSF a débuté ses activités le 1er janvier 1999. Comme la COB en France, elle est l'organe de contrôle chargé de *protéger les épargnants* et d'*assurer le bon fonctionnement du marché*. Selon ces attributions, la CSSF peut donc intervenir non seulement quand la loi le prévoit expressément, mais aussi chaque fois que le besoin de protection des investisseurs l'exige.

Le *contrôle* de la CSSF s'exerce à l'égard de tous les OPC luxembourgeois, y compris les activités menées par les OPCVM luxembourgeois en dehors du territoire national, en vertu du principe du *home-country control*. Conformément à ce même principe, les OPC communautaires non-luxembourgeois tombant dans le champ de la Directive et qui sont commercialisés au Luxembourg ne sont soumis qu'à un contrôle limité à leur politique de commercialisation au Grand-Duché. Les autres OPC de droit étranger soumis dans leur État d'origine à une surveillance permanente effectuée par une autorité de contrôle officielle pourront être commercialisés au Luxembourg après une procédure d'agrément normale auprès de la CSSF.

2172 Pour pouvoir exercer son activité, tout OPC doit être agréé par la CSSF. Cet *agrément* se matérialise par une inscription sur la *liste officielle des OPC*. Cette liste est publiée au Mémorial dans un but d'information du public. La demande d'agrément est à introduire dans le mois qui suit la constitution de l'OPC et avant tout début d'activité. Dans la pratique, elle lui est largement antérieure. Elle comprend les projets de documents constitutifs, de prospectus, de contrats avec la banque dépositaire, la personne en charge de l'administration centrale de l'OPC et d'éventuels gestionnaires, conseillers ou sous-conseillers en investissement. Il convient d'y joindre les informations relatives au promoteur, aux administrateurs et dirigeants, les modalités et les pays de commercialisation et les investisseurs ciblés. Le contrôle de la CSSF s'exerce a priori et l'agrément concerne uniquement la conformité de l'OPC avec les différentes dispositions légales et réglementaires. Il n'est pas question de contrôler l'opportunité ou la rentabilité du produit. La CSSF procède aussi à la vérification des documents destinés à la publicité. Tout changement apporté ultérieurement à la documentation est à son tour soumis à l'agrément préalable de la CSSF.

2173 La CSSF contrôle les OPC *pendant toute la durée de leur existence*. D'une part le *contrôle* est *juridique* et l'OPC doit toujours observer les dispositions légales, réglementaires et conventionnelles, sous peine de voir la CSSF lui retirer son agrément, ce qui entraînerait une liquidation judiciaire automatique. D'autre part, la CSSF vérifie les *conditions de fonctionnement* des OPC en se faisant transmettre des rapports financiers mensuels, semestriels et annuels (voir n°s 3608 et 3613). La responsabilité de la CSSF ne saurait être engagée quant à la véracité des informations qui lui sont communiquées. Les informations sont transmises soit directement par l'OPC, soit par le réviseur qui peut agir spontanément ou sur demande de la CSSF. La CSSF a la possibilité de demander des renseignements complémentaires à l'OPC et peut envoyer des inspecteurs vérifier sur place l'exactitude des renseignements fournis.

2174 La CSSF dispose d'un *pouvoir disciplinaire* à l'égard des administrateurs, gérants et autres dirigeants d'OPC, de même qu'à l'encontre des liquidateurs nommés en cas de liquidation volontaire d'un OPC.

Enfin, il convient de rappeler que la loi donne à la CSSF la possibilité de *collaborer* avec ses homologues d'autres États membres en vertu de l'introduction du *home-country control*. Au Luxembourg cette possibilité est étendue aux États qui ne sont pas membres de la CE en cas de réciprocité. Les informations ainsi échangées doivent être couvertes dans les deux pays par le secret professionnel. Toute mesure grave concernant un OPC Partie I est communiquée aux autorités de contrôle des pays où sont commercialisées les parts de cet OPC.

2. Révision des comptes

2175 Aux termes de la loi de 1988 modifiée par la loi du 29 avril 1999, les OPC luxembourgeois doivent faire contrôler par un réviseur d'entreprises agréé les données comptables contenues dans leur rapport annuel. L'*attestation* du réviseur d'entreprises émise à la suite du contrôle certifie au moins que ces données comptables donnent une image fidèle de l'état du patrimoine. Elle est reproduite intégralement dans chaque rapport annuel, avec le cas échéant ses réserves.

Le réviseur d'entreprises est nommé et rémunéré par l'OPC. Il doit justifier d'une expérience professionnelle adéquate en matière d'OPC. Si, dans l'accomplissement de sa mission, il a connaissance du fait que l'information fournie aux investisseurs ou à l'autorité de contrôle dans les rapports ou autres documents de l'OPC ne décrit pas d'une manière fidèle la situation financière et l'état du patrimoine de l'OPC, il est obligé d'en *informer* aussitôt la CSSF.

La CSSF peut fixer des règles quant à la portée du mandat de révision et au contenu du rapport de révision des documents comptables annuels. Elle peut demander à un réviseur d'entreprises d'effectuer un *contrôle* portant sur un ou plusieurs aspects déterminés de l'activité et du fonctionnement d'un OPC, aux frais de ce dernier. Pour des développements plus détaillés, voir n°s 3600 s.

2176 Par ailleurs, les OPC doivent immédiatement *communiquer à l'autorité de contrôle*, sans y être spécialement invités, les attestations, rapports et commentaires écrits émis par le réviseur d'entreprises dans le cadre des contrôles auxquels celui-ci doit procéder conformément à la Loi. Parmi les pièces communiquées doivent notamment figurer les *commentaires* écrits du réviseur, qui prennent le plus souvent la forme d'une lettre à l'OPC (« *management letter* »). Le réviseur d'entreprises est en outre tenu de fournir à l'autorité de contrôle tous les renseignements ou certificats que celle-ci requiert sur les points dont le réviseur d'entreprises a ou doit avoir connaissance dans le cadre de l'exercice de sa mission. Il en va de même si le réviseur d'entreprises apprend que les actifs de l'OPC ne sont pas investis conformément à la loi ou au prospectus. L'autorité de contrôle refuse ou retire l'inscription sur la liste aux OPC dont le réviseur ne remplit pas les conditions et les obligations fixées par la loi.

3. Administration centrale de l'OPC

Obligations générales

2177 Aux termes de la loi du 30 mars 1988, l'administration centrale de tout OPC luxembourgeois doit être située *au Luxembourg*, c'est-à-dire là où est situé le siège statutaire de la société de gestion du FCP ou celui de la société d'investissement. La loi a prévu la même exigence pour les OPC relevant de la Partie I et ceux relevant de la Partie II afin de permettre à l'autorité de contrôle, au dépositaire et au réviseur d'entreprises de remplir plus aisément leurs missions légales respectives.

Il ressort de la description qui est donnée par la circulaire IML 91/75 que la notion d'administration centrale englobe exclusivement des *fonctions comptables et administratives*. La comptabilité doit être tenue au Luxembourg et les pièces comptables doivent y être disponibles. En outre, les émissions et les rachats doivent être exécutés au Luxembourg. Le registre nominatif des participants doit être tenu au Luxembourg et l'administration centrale de l'OPC doit en assurer la mise à jour régulièrement.

Le prospectus, les rapports financiers et tous autres *documents destinés aux investisseurs* doivent être établis en collaboration avec l'administration centrale de l'OPC au Luxembourg. En tout état de cause, la partie « intellectuelle » de cette tâche doit être accomplie au Luxembourg. Cela signifie que la confection matérielle de ces documents peut être confiée à des prestataires situés à l'étranger. De même des conseillers ou experts spécialisés situés à l'étranger peuvent intervenir dans leur rédaction (voir ci-dessous). La correspondance, l'envoi des rapports financiers et de tous autres documents destinés aux actionnaires ou porteurs de parts doivent s'opérer « en principe » au départ de Luxembourg et en toute hypothèse sous la responsabilité de l'administration centrale de l'OPC. Par exception, la législation d'un pays étranger peut contenir des dispositions qui s'opposent à l'expédition à partir du Luxembourg. Cette exigence a été formulée uniquement pour préserver la confidentialité des données relatives aux investisseurs plaçant leurs ordres directement au Luxembourg ou dont le nom se trouve dans le registre des participants. Le calcul de la valeur nette d'inventaire doit lui aussi être effectué au Luxembourg.

2178 Il est important de noter que ces *fonctions* n'ont pas nécessairement à être assumées par l'OPC lui-même. Elles peuvent être *déléguées à des prestataires de services* dans la mesure où ces prestataires sont eux-mêmes établis au Luxembourg et où il n'en résulte pas un morcellement excessif des tâches. En effet, comme l'administration centrale doit assurer à tout moment une fonction de surveillance et une fonction de coordination de ces délégués, l'autorité de contrôle n'accepte pas en principe que l'exécution des émissions et des rachats, la tenue du registre nominatif des participants ou la comptabilité soient confiées à des prestataires de services différents. A contrario, les *fonctions autres que comptables et administratives* peuvent être exercées hors du Luxembourg : gestion du portefeuille par des conseillers en investissement, conseils et expertises épisodiques, prises d'ordres de souscription et de rachat par des intermédiaires (voir ci-dessous n° 2180). Ceci est un point fondamental du régime luxembourgeois.

2179 Lorsque l'OPC utilise un *réseau téléinformatique* pour l'accomplissement des tâches liées à la tenue de la comptabilité et au calcul de la valeur nette d'inventaire, l'unité de traitement est en principe localisée au Luxembourg. Elle peut toutefois se trouver à l'étranger si l'administration centrale de l'OPC dispose de l'accès immédiat aux données et de la maîtrise du programme. Dans l'un ou l'autre cas, il lui revient de procéder elle-même aux opérations de saisie des données. Si des gérants de portefeuille ou des mandataires établis à l'étranger sont habilités à entrer dans le réseau et à y déclencher des opérations comptables, l'administration centrale doit avoir un dispositif de protection limitant l'accès aux seules informations nécessaires à l'exécution de leur mandat de gestion (garantie de confidentialité). Elle doit également mettre en place des procédures de contrôle de la régularité de leurs opérations.

De même, l'administration centrale de l'OPC est seule habilitée à procéder aux opérations d'imputation, de proratisation et de provisionnement nécessaires pour finaliser le *calcul de la valeur nette d'inventaire* (frais, dépenses et taxes à payer par l'OPC). Enfin, la *documentation essentielle* de l'OPC doit être disponible au Luxembourg : pièces comptables, inventaires, titres de propriété et de créances, répartition des parts ou actions en circulation, etc.

Émission et rachat des parts ou actions

2180 Le traitement des ordres de souscription et de rachat est une *fonction réservée* à l'administration centrale de l'OPC : détermination des prix, établissement et envoi des bordereaux et des certificats. Elle peut toutefois habiliter des *intermédiaires* (luxembourgeois ou étrangers) à recueillir des ordres de souscription et de rachat et à agir en tant qu'agents financiers et mandataires pour les parts/actions des OPC qui les ont désignés. Le recours à ces intermédiaires ne peut en aucune façon restreindre la possibilité pour les investisseurs de s'adresser directement aux OPC de leur choix pour placer leurs ordres de souscription et de rachat. Les OPC doivent d'ailleurs mentionner expressément cette possibilité dans leur prospectus d'émission. Les intermédiaires peuvent intervenir en qualité de distributeurs, de *nominees* ou de teneurs de marché.

2181 Les *distributeurs* agissent au nom et pour le compte de leurs clients investisseurs. Ce sont des intermédiaires qui font partie du dispositif de distribution mis en place par l'OPC. Ils peuvent intervenir activement dans la commercialisation des parts/actions d'un OPC ou être désignés dans la documentation de vente comme étant habilités à recevoir des ordres de souscription et de rachat pour le compte de l'OPC concerné. Ils peuvent être autorisés à recevoir ou à faire des paiements en règlement des ordres de souscription et de rachat. Le cas échéant, ils peuvent également être autorisés à détenir un stock de certificats non encore émis. Les distributeurs sont soumis à des obligations spécifiques d'information de l'administration centrale située à Luxembourg.

Les *nominees* agissent en leur nom mais pour le compte de leurs clients investisseurs et s'interposent ainsi entre ces derniers et l'OPC. Lorsque l'intervention d'un *nominee* fait partie intégrante du dispositif de distribution mis en place par les promoteurs de l'OPC, les relations entre les différentes parties concernées doivent être fixées par un contrat qui précise leurs obligations respectives. L'intervention d'un *nominee* n'est admise que si son rôle fait l'objet d'une description adéquate dans le prospectus. L'investisseur doit pouvoir exiger à tout moment la détention directe des parts/actions de l'OPC souscrits ou à souscrire, à moins que cette intervention soit rendue indispensable ou obligatoire par des raisons réglementaires ou des pratiques contraignantes.

Enfin, les *teneurs de marché* agissent en leur nom et pour leur compte. Ils interviennent par conséquent à leurs risques exclusifs. Comme pour les *nominees*, si l'intervention d'un teneur de marché fait partie intégrante du dispositif de distribution, les relations entre les différentes parties concernées doivent être fixées contractuellement.

Mesures contre le blanchiment

2182 En raison de l'*intervention d'intermédiaires* dans le processus de commercialisation des OPC, leur administration centrale, et plus particulièrement leur registre, peut avoir des difficultés à connaître l'identité des investisseurs dont les ordres sont recueillis. Or, la vérification de l'identité des investisseurs est une tâche primordiale dans le cadre de la lutte contre le blanchiment de l'argent issu du trafic de la drogue, puni pénalement au Luxembourg (sur ce sujet, voir aux n°s 353 s.).

La circulaire IML 94/112 du 25 novembre 1994 – Lutte contre le blanchiment et prévention de l'utilisation du secteur financier à des fins de blanchiment – prévoit cependant des aménagements à cette obligation et permet dans une certaine mesure à l'administration centrale de l'OPC de se fier à l'intermédiaire ayant reçu la souscription pour vérifier l'identité du souscripteur. Cette *dispense d'identification* du souscripteur n'est cependant autorisée que dans les cas où l'intermédiaire est soumis à une obligation d'identification équivalente à celle exigée par la loi luxembourgeoise. En effet, dans ces cas, le contrôle d'identité du souscripteur par l'administration centrale de l'OPC n'est pas nécessaire dans la mesure où il a déjà été effectué par l'intermédiaire.

2183 Sont considérés comme soumis à une **obligation d'identification équivalente** les professionnels du secteur financier admis à exercer leur activité au Luxembourg et les professionnels du secteur financier admis à exercer leur activité à l'étranger. Ces derniers doivent être résidents soit d'un État membre de la CE qui a transposé à leur égard les dispositions de la directive européenne en la matière (directive 91/308 CEE relative à la prévention de l'utilisation du système financier aux fins de blanchiment de capitaux), soit d'un État qui applique à leur égard des dispositions équivalentes aux normes luxembourgeoises en matière de prévention de l'utilisation du système financier à des fins de blanchiment (il s'agit notamment des pays ayant adhéré aux conclusions du rapport du Groupe d'Action Financière GAFI). Sont également visées les succursales et filiales qualifiées des professionnels financiers visés ci-dessus, si la loi applicable à ces professionnels financiers leur fait obligation de veiller au respect par leurs succursales ou filiales des dispositions qui leur sont applicables.

2184 Dans l'hypothèse d'une *demande de souscription* recueillie par un *intermédiaire soumis* à une obligation d'identification équivalente à celle exigée par la loi luxembourgeoise (et relevant donc de l'une des catégories reprises au n° 2183), l'administration centrale de l'OPC devra uniquement vérifier le statut de l'intermédiaire. Autrement dit, elle devra avoir l'assurance raisonnable que son correspondant est autorisé à exercer l'activité d'intermédiaire financier dans le cadre légal de son pays de résidence. À cet effet, l'administration centrale devra réunir des pièces officielles probantes relatives à l'intermédiaire (registre du commerce, statuts, comptes publiés...).

Par contre, si la souscription est recueillie par un *intermédiaire* qui n'est *pas soumis* à une obligation d'identification équivalente à celle exigée par la loi luxembourgeoise, l'administration centrale de l'OPC devra non seulement vérifier le statut de l'intermédiaire mais encore identifier les souscripteurs finaux sur la base de documents probants. À cet effet, les personnes physiques devront produire une copie certifiée conforme d'une pièce d'identité et les personnes morales de leurs documents statutaires officiels (statuts, registre du commerce, comptes publiés).

Enfin, si le souscripteur s'adresse *directement* à l'administration centrale de l'OPC *par courrier*, l'étendue de la vérification à opérer dépendra de l'intermédiaire financier utilisé pour le paiement de la souscription, c'est à dire du donneur d'ordre. Lorsque cet intermédiaire est soumis à une obligation d'identification équivalente à celle exigée par la loi luxembourgeoise, aucune identification supplémentaire à celle découlant de l'échange de courrier ne sera requise. Par contre, si l'intermédiaire financier concerné n'est pas soumis à une obligation d'identification équivalente à celle exigée par la loi luxembourgeoise, le souscripteur sera tenu de s'identifier au moyen des documents mentionnés ci-dessus.

2185 L'administration centrale de l'OPC doit en outre *coopérer* pleinement avec les autorités luxembourgeoises responsables de la lutte contre le blanchiment, d'une part en fournissant à ces autorités, à leur demande, toutes informations nécessaires et, d'autre part, en informant, de sa propre initiative, le Procureur d'État auprès du tribunal d'arrondissement de Luxembourg de tout fait qui pourrait être l'indice d'un blanchiment d'argent issu du trafic de la drogue (obligation de dénonciation des opérations suspectes).

4. Banque dépositaire

a. Accès à la fonction de dépositaire

2190 Pour tous les OPC, qu'ils relèvent de la Partie I ou de la Partie II de la Loi, il est prévu que le dépositaire doit être un établissement bancaire et d'épargne au sens de la loi du 5 avril 1993 relative à la surveillance du secteur financier. L'accès à la fonction de dépositaire d'un OPC Partie I de la Loi est *réservé* en exclusivité aux banques de droit luxembourgeois ou aux succursales luxembourgeoises de banques originaires d'un pays membre de la CE. Le dépositaire d'un OPC relevant de la Partie II de la Loi peut de plus être la succursale luxembourgeoise d'une banque originaire d'un pays qui n'est pas membre de la CE.

Aux termes de l'article 71(2) de la Loi, un OPC n'est agréé que si l'autorité de contrôle approuve le choix du dépositaire. Cette **approbation** ne saura être donnée que si le dépositaire proposé peut justifier qu'il dispose de l'infrastructure nécessaire, c'est-à-dire de moyens humains et techniques suffisants pour accomplir l'ensemble des tâches liées à sa fonction.

b. Fonctions de dépositaire

2191 L'examen des fonctions de dépositaire d'un OPC luxembourgeois requiert au préalable qu'une **distinction** claire et précise soit établie entre la **notion de garde matérielle** au sens civil du terme et la **notion de surveillance**. Il semble en effet que la notion de surveillance soit trop souvent oubliée au profit de celle, plus traditionnelle, de conservation. L'IML devenu CSSF rappelle cependant dans sa circulaire 91/75 que « la notion de garde, telle qu'elle est employée pour désigner la mission générale du dépositaire, n'est pas à comprendre dans sa signification de « conserver », mais dans sa signification de « surveiller », ce qui implique que le dépositaire doit savoir à tout moment de quelle façon les actifs de l'OPC sont investis et où et comment ces actifs sont disponibles. » L'IML met ainsi en exergue le rôle prépondérant que doit jouer le dépositaire dans le cadre plus vaste de **contrôle prudentiel de l'OPC**. Le dépositaire apparaît ainsi autant comme un auxiliaire de l'autorité de supervision que comme un prestataire de services bancaires soumis aux règles générales du contrat de dépôt.

Garde matérielle

2192 Le dépositaire a les mêmes obligations vis-à-vis de l'OPC que celles qu'il a envers tout client en tant que banquier. Ces obligations sont régies par les dispositions applicables au **contrat de dépôt** contenues dans le code civil. Le dépositaire a l'obligation de restituer à tout moment (moyennant un préavis raisonnable à fixer contractuellement ou selon les usages) à l'OPC les avoirs en dépôt.

En tant que gardien des actifs, le dépositaire assume à l'égard de l'OPC une **responsabilité pour faute**. Il peut limiter cette responsabilité contractuellement sans toutefois pouvoir s'exonérer de son dol. Sa responsabilité sera également limitée par le **redépôt des actifs** auprès de correspondants tiers situés à l'étranger. Le dépositaire de l'OPC luxembourgeois est en effet autorisé à déléguer ses fonctions de garde matérielle (ce qui sera le plus souvent le cas en pratique) sans toutefois pouvoir remettre l'intégralité des actifs auprès d'un sous-dépositaire global. Cette dernière restriction est cependant sujette à quelques exceptions.

Signalons encore que le dépositaire a également, aux termes de la circulaire 91/75, la faculté d'agir comme **agent fiduciaire** dans le cadre de ses relations avec l'OPC (sur la fiducie, voir n° 346).

Surveillance

2194 Ainsi qu'il est dit plus haut, l'obligation de surveillance signifie ou implique que le dépositaire doit savoir à tout moment de quelle façon les actifs de l'OPC sont investis et où et sous quelle forme ces actifs sont disponibles. Par ailleurs, aux termes de la Loi, le dépositaire accomplit toutes les **opérations concernant l'administration courante** des actifs de l'OPC.

Indépendamment de cette fonction générale de surveillance, le dépositaire est soumis à des **obligations de surveillance spécifiques** qui vont varier selon la forme juridique de l'OPC concerné et selon la partie de la Loi dont il relève. Cela signifie que le dépositaire doit, notamment pour les **fonds communs de placement** de la *Partie I* :

– s'assurer que la vente, l'émission, le rachat et l'annulation des parts effectués pour le compte du fonds ou pour la société de gestion ont lieu conformément à la Loi ou au règlement de gestion ;
– s'assurer que le calcul de la valeur des parts est effectué conformément à la loi ou au règlement de gestion ;
– exécuter les instructions de la société de gestion, sauf si elles sont contraires à la loi ou au règlement de gestion ;
– s'assurer que dans les opérations portant sur les actifs du fonds la contrepartie lui est remise dans les délais d'usage ;
– s'assurer que les produits du fonds reçoivent l'affectation conforme au règlement de gestion.

Le dépositaire d'un fonds commun de placement de la *Partie II* est tenu aux mêmes obligations que le dépositaire d'un fonds de la Partie I à l'exception de l'obligation de s'assurer que le calcul de la valeur des parts est effectué conformément à la loi ou au règlement de gestion.

2195 Quant au dépositaire d'une *SICAV* ou de tout autre OPC qui n'a pas la forme juridique d'un fonds commun de placement, il n'est pas fait de distinction entre OPC relevant de la Partie I ou de la Partie II de la Loi. En plus du rôle de gardien des actifs qui lui sont confiés, il doit :

– s'assurer que la vente, l'émission, le rachat et l'annulation des parts ou actions effectués par l'OPC ou pour son compte ont lieu conformément à la loi ou aux documents constitutifs ;
– s'assurer que dans les opérations portant sur les actifs de l'OPC la contrepartie lui est remise dans les délais d'usage ;
– et enfin s'assurer que les produits de l'OPC reçoivent l'affectation conforme aux documents constitutifs.

Au vu de l'énumération qui précède, il apparaît que le dépositaire d'une SICAV ou de tout autre OPC qui n'a pas la forme juridique d'un fonds commun de placement n'est pas tenu à des obligations de surveillance et de contrôle aussi étendues que celles que la Loi impose aux dépositaires de FCP.

c. Délégation des fonctions de surveillance et responsabilité

2196 En principe, la délégation de ses fonctions de surveillance par le dépositaire n'est pas possible. Sans doute lui est-il loisible de déléguer l'exécution de *certaines tâches matérielles* mais il ne peut déléguer la vérification de l'exécution correcte de ces tâches par le tiers concerné. S'agissant des fonctions de surveillance imposées par la Loi, le dépositaire est responsable à l'égard de la société de gestion et des porteurs de parts ou des actionnaires de tout préjudice subi par eux, résultant de l'inexécution ou de la mauvaise exécution fautives de ses obligations. La fonction de surveillance imposée au dépositaire s'exerce également à l'égard des tiers auprès desquels les actifs de l'OPC sont en dépôt. Selon la circulaire IML 91/75, le dépositaire satisfait à son obligation de surveillance lorsqu'il est convaincu à tout moment que ce tiers est compétent et bénéficie d'un crédit suffisant.

2197 Le dépositaire ne peut en aucun cas se décharger de sa responsabilité de surveillance. Ainsi, le dépositaire ne peut notamment pas se prévaloir de ce que le dépôt des actifs de l'OPC aurait été effectué avec l'accord général ou spécifique de l'OPC. Toute *clause* du règlement de gestion d'un FCP ou des statuts d'une SICAV (ou tout autre accord) qui limiterait ou exclurait cette responsabilité serait nulle. Le dépositaire serait bien évidemment pleinement responsable si le règlement de gestion du FCP (ou les statuts de la SICAV) lui interdisait de « redéposer » les avoirs de l'OPC auprès d'un tiers.

5. Cotation à la Bourse de Luxembourg

2198 Même s'ils effectuent eux-mêmes la vente et le rachat de leurs propres parts/actions, les OPC luxembourgeois peuvent procéder, pour diverses raisons, à la cotation en bourse de leurs actions/parts. La procédure est simple, rapide et peu onéreuse. La *demande d'admission* doit être introduite par un agent agréé en Bourse. L'OPC doit fournir un certain nombre de documents qui doivent permettre de juger de son admissibilité. Le dossier doit entre autres contenir le prospectus, les documents statutaires, les règlements ou conventions, les rapports annuels...

Pour pouvoir faire l'objet d'une cotation, l'OPC doit bien sûr avoir été *agréé au préalable* par la CSSF. Notons enfin qu'il est possible, dans le cas d'OPC à compartiments multiples, de ne demander la cotation en Bourse de Luxembourg que pour certains des *compartiments* d'un tel OPC.

6. Information des investisseurs

2200 Les *documents d'information et de publicité* destinés aux investisseurs sont le prospectus, les rapports financiers, les documents constitutifs de l'OPC, la publication des prix et les documents de publicité.

a. Prospectus

2201 Afin de permettre aux investisseurs de porter un jugement sur l'investissement proposé, le prospectus doit contenir une *description* des objectifs d'investissement y compris les objectifs financiers, une description de la politique d'investissement et de ses limites, la détermination des prix d'émission et de rachat des parts, des *indications* quant au régime fiscal, à la clôture des comptes, aux modalités de distribution... Il doit être daté et être transmis par l'OPC à l'autorité de contrôle pour agrément. Toute modification devra être notifiée immédiatement à l'autorité de contrôle.

Les *OPC à compartiments multiples* doivent prévoir un seul et même prospectus pour l'ensemble des compartiments qui les composent. À côté de ce prospectus, l'OPC peut prévoir d'autres prospectus pour chaque compartiment comprenant impérativement la mention que ce compartiment ne constitue pas une entité juridique distincte.

b. Rapports financiers

2202 Les OPC luxembourgeois sont tenus de produire *deux rapports par an* : un rapport annuel (qui devra être audité) et un rapport semestriel. De plus, des règles particulières s'appliquent aux OPC à compartiments multiples. Pour des développements plus détaillés, voir n°s 3600 s.

Rapport annuel

2203 L'OPC doit produire pour chaque exercice un rapport annuel devant contenir un *bilan* ou un état du patrimoine, un *compte ventilé* des revenus et des dépenses de l'exercice, un rapport sur les activités de l'exercice écoulé et des renseignements divers tels le nombre de parts en circulation, la valeur nette d'inventaire par part ainsi que toute information significative permettant aux investisseurs de porter en connaissance de cause un jugement sur l'évolution de l'activité et les résultats de l'OPC.

Les données comptables contenues dans le rapport annuel sont auditées par un *réviseur agréé* et transmises à l'autorité de contrôle par l'OPC. Le rapport annuel doit être *publié* dans les quatre mois de la clôture de l'exercice financier auquel il se rapporte. Il doit être tenu à la disposition du public aux endroits indiqués dans le prospectus et doit être remis sans frais aux investisseurs.

Les *obligations comptables des OPC* sont étudiées aux n°s 3600 s.

Rapport semestriel

2204 Un rapport semestriel doit être produit pour les six premiers mois de l'exercice. Plus succinct que le rapport annuel, il doit au moins contenir l'état du patrimoine, le nombre de parts en circulation, la valeur nette d'inventaire par part, un descriptif du portefeuille.

Il doit être publié dans les deux mois à compter de la fin de la période à laquelle il se réfère et est transmis à l'autorité de contrôle par l'OPC. Il doit être tenu à la disposition du public aux endroits indiqués dans le prospectus et doit être remis sans frais aux investisseurs.

Règles particulières aux OPC à compartiments multiples

2205 Les OPC à compartiments multiples doivent fournir dans leurs rapports financiers des *informations séparées* sur chacun des compartiments qui les composent ainsi que des *informations globalisées* sur l'ensemble de ces compartiments. Les états financiers séparés sont exprimés dans la devise propre à chaque compartiment. Pour les besoins de l'établissement de la situation de l'OPC, ces états financiers doivent être additionnés après avoir été convertis dans la devise de référence du capital social, lorsque l'OPC revêt la forme juridique d'une société d'investissement ou dans la devise qui est choisie à cet effet par la société de gestion, lorsque l'OPC a la forme juridique d'un FCP.

c. Documents constitutifs de l'OPC

2206 Par document constitutif, on entend les *statuts* pour un OPC de forme sociétaire et le *règlement de gestion* pour un OPC de forme contractuelle. En principe, ces documents font partie intégrante du prospectus auquel ils doivent être annexés. Cependant, ils peuvent être dissociés du prospectus si celui-ci informe l'investisseur qu'il pourra en avoir communication et qu'à sa demande il pourra les consulter à l'endroit prévu dans le prospectus.

Les documents mentionnés aux n°s 2201 s. doivent être offerts gratuitement au souscripteur avant la conclusion du contrat.

d. Publication du prix

2207 Les OPC doivent rendre public le prix d'émission, de vente et de rachat de leurs parts chaque fois qu'ils émettent, vendent et rachètent leurs parts. La *fréquence minimale* de publication du prix varie selon que les OPC relèvent de la Partie I ou de la Partie II. Les *OPC Partie I* doivent rendre publics ces prix au moins deux fois par mois. L'autorité de contrôle peut toutefois permettre à ces OPC de porter ce rythme à une fois par mois si cela ne porte pas préjudice aux intérêts des participants. Les **OPC Partie II** doivent rendre publics ces prix au moins une fois par mois. Sur demande justifiée, l'autorité de contrôle peut accorder des dérogations (voir à ce propos le régime spécial applicable aux OPC « venture » et aux OPC immobiliers – n°s 2243 et 2245).

e. Documents publicitaires

2208 Toute publicité comportant une invitation à acheter des parts d'un OPC doit indiquer l'existence d'un prospectus officiel et les endroits où celui-ci peut être obtenu par le public. Les documents publicitaires utilisés par les personnes chargées du placement et par les représentants de celles-ci doivent être soumis à l'agrément de l'autorité de contrôle lorsqu'ils ne font pas l'objet d'un contrôle de la part des autorités compétentes.

7. Règles concernant les investissements opérés

2210 Contrairement aux règles décrites précédemment les dispositions évoquées dans cette section ne sont plus d'ordre structurel. Elles s'appliquent, avec un caractère obligatoire différent, à tous les OPC. C'est pourquoi nous ne les avons pas reprises dans la description des limitations d'investissement propres à chaque type d'OPC.

La loi luxembourgeoise permet, à condition que le prospectus le mentionne expressément, de recourir à des techniques et instruments portant sur des valeurs mobilières ou destinés à couvrir les risques de change. Le point H de la circulaire IML 91/75 précise les **instruments utilisables** et les **limites** applicables. Les rapports financiers doivent indiquer si et dans quelle mesure il y a eu recours à de telles opérations.

2211 Les techniques et instruments portant sur des valeurs mobilières sont :

– les opérations portant sur des *options d'achat et de vente*, à condition que celles-ci soient négociées sur un marché réglementé, en fonctionnement régulier, reconnu et ouvert au public. La circulaire pose des limitations portant sur le pourcentage des primes à payer par rapport aux actifs de l'OPC Partie I. De plus, les ventes d'options d'achat doivent en principe être couvertes par la détention des titres sous-jacents ou d'options en sens contraire, à moins que le prix d'exercice des options d'achat ne dépasse pas 25 % de l'actif net. Pour toute vente d'options, l'OPC Partie I doit à tout moment disposer des liquidités nécessaires pour faire face à une éventuelle livraison de titres ;
– les opérations portant sur des *contrats à terme* sur instruments financiers et sur des options sur de tels contrats. Ces contrats peuvent porter sur des indices boursiers, des taux d'intérêt... Ils doivent eux aussi être négociés sur un marché réglementé. Pour les contrats à terme *sur indice boursier*, il doit exister un lien suffisamment étroit entre la composition de cet indice et les actifs constituant le portefeuille de l'OPC Partie I. Pour les contrats à terme *sur taux d'intérêt*, le total de tels engagements ne doit pas dépasser la valeur d'évaluation globale des actifs à couvrir détenus par l'OPC Partie I dans la devise correspondant à celle de ces contrats.

2212 Un OPC pourra également faire des opérations dans un *but autre que celui de couverture*, c'est-à-dire procéder à des achats ou des ventes de contrats à terme ou d'options sur tous types d'instruments financiers à condition que la somme des engagements découlant de ces opérations d'achat et de vente cumulée avec la somme des engagements qui découlent des ventes d'options d'achat et des ventes d'options de vente sur valeurs mobilières ne dépasse à aucun moment la valeur de l'actif net de l'OPC.

Sont ainsi admises les **opérations de prêt de titres** à condition que ce prêt ait lieu dans le cadre d'un système standardisé de prêt organisé par un organisme reconnu de compensation de titres ou une institution financière de premier ordre spécialisée dans ce type d'opérations. Les prêts ne peuvent en principe pas dépasser 50 % de la valeur d'évaluation globale des titres en portefeuille et leur durée ne peut être supérieure à 30 jours.

Il en va de même pour les **opérations de réméré**, c'est-à-dire d'achat et de vente de titres, pour lesquelles une clause réserve le droit au vendeur de racheter ces titres à un terme et à un prix fixés à l'avance. L'OPC peut intervenir comme acheteur ou comme vendeur, à condition que la contrepartie de l'opération soit une institution financière de premier ordre spécialisée dans ce type d'opération. Pendant toute la durée du contrat de réméré l'OPC ne peut vendre les titres avant que la contrepartie les ait rachetés ou que le délai de rachat ait expiré.

2213 La loi autorise aussi des opérations destinées à couvrir les **risques de change**. Un OPC peut conclure des contrats à terme sur devises, vendre des options d'achat et acheter des options de vente sur devises. Ces opérations peuvent être effectuées soit sur un marché réglementé, en fonctionnement régulier, reconnu et ouvert au public, soit de gré à gré si elles sont traitées avec des institutions financières de premier ordre spécialisées dans ce type d'opération. Dans tous les cas, il faut qu'il y ait un lien direct entre l'opération ainsi réalisée et les actifs à couvrir. Ce lien s'apprécie tant par rapport au montant qu'à la durée de détention de ces actifs.

Règles particulières à chaque type d'OPC

CHAPITRE 3

SECTION 1 **Réglementation spécifique des OPC Partie I**

2230 Comme nous l'avons précisé au n° 2156, les OPC Partie I investissent leurs actifs principalement en valeurs mobilières. Parmi ce qui les distingue des autres OPC on remarque notamment la fréquence du calcul de la valeur d'inventaire, l'obligation d'être ouvert au rachat et leur passeport. Il nous reste maintenant à examiner une dernière caractéristique des OPC Partie I, sans doute la plus importante, à savoir les strictes *restrictions et limitations d'investissement* auxquelles ces OPC sont soumis.

Ces limitations peuvent être classées en *trois catégories* : les règles concernant la nature des titres dans lesquels les OPC Partie I peuvent investir, les règles destinées à mettre en pratique le principe de diversification des risques et, enfin, les règles concernant le passif des OPC Partie I.

a. Règles concernant la nature des titres

Principes généraux

2231 Premier principe, l'OPC Partie I doit investir dans des *valeurs mobilières admises* à la cote officielle d'une bourse de valeurs ou *négociées* sur un autre marché réglementé, en fonctionnement régulier, reconnu et ouvert au public dans un des États membres de l'Union Européenne, voire d'autres États à condition que les documents constitutifs de l'OPC Partie I l'aient expressément prévu. Il suffira en pratique de préciser les continents sur lesquels l'OPC Partie I compte investir. Il peut également investir dans des valeurs mobilières nouvellement émises, à condition que leur admission sur une bourse ou sur un marché ait été demandée et que cette admission ait lieu dans l'année suivante.

On notera que ni la Directive ni la Loi ne définissent pour autant ce qu'il faut entendre par *valeurs mobilières*. Pour résoudre d'éventuels *problèmes de qualification*, la CSSF s'aligne sur la définition qu'en donne la loi nationale quand le titre est étranger et elle applique la pratique luxembourgeoise quand le titre est luxembourgeois. Or, la jurisprudence luxembourgeoise admet comme valeurs mobilières tous les titres qui sont susceptibles de cotation en bourse, que leur admission soit effective ou qu'elle soit seulement possible. On considérera donc entre autres comme valeurs mobilières les actions, les obligations et les warrants. Les parts d'OPC de type fermé sont assimilées à n'importe quelle autre valeur mobilière.

Si la définition des bourses de valeurs ne pose pas de problème, on ne peut pas en dire autant des *marchés réglementés* qui ne sont définis ni par la Directive, ni par la loi luxembourgeoise. Seule la circulaire IML 91/75 fait un effort de clarification en précisant qu'un marché réglementé se caractérise par une confrontation des offres et des demandes qui permet de dégager un prix unique. Ce marché est caractérisé par la transparence et la neutralité de ses organisateurs. Un marché sera reconnu s'il est soumis à une autorité de tutelle ayant eu une délégation de l'État. Le fonctionnement régulier se caractérise par une fixation des cours selon une périodicité fixe. Enfin un marché est ouvert au public quand il n'est pas restreint à une clientèle particulière. Ces définitions permettent d'écarter les marchés de gré à gré et les marchés sporadiques et d'inclure les seconds marchés quand ils existent et les principaux marchés spécialisés.

Exceptions

2232 Par dérogation au premier grand principe évoqué ci-dessus, la loi dispose qu'un OPC Partie I peut placer au maximum 10 % de ses actifs dans d'*autres valeurs mobilières* et dans *des titres de créances assimilables* par leurs caractéristiques à des valeurs mobilières. La loi précise que ces caractéristiques sont la transférabilité, la liquidité et la possibilité de déterminer un prix avec précision ou selon une périodicité égale à celle du calcul de la valeur liquidative. Les titres de créances assimilables à des valeurs mobilières sont des instruments du marché monétaire négociés régulièrement et dont l'échéance résiduelle dépasse douze mois.

Deuxième dérogation, l'article 40 point 4 de la loi dispose qu'un OPC Partie I peut détenir des *liquidités* mais uniquement à titre accessoire. On classe parmi les liquidités les avoirs à vue, les avoirs bancaires à court terme (moins de douze mois) et les instruments du marché monétaire régulièrement négociés et dont l'échéance résiduelle est inférieure à un an. Contrairement à d'autres États membres, le Luxembourg n'impose aucun ratio maximum en matière de liquidités. La jurisprudence luxembourgeoise définit le terme accessoire comme pouvant aller jusqu'à 49 % des actifs de l'OPC Partie I. Cependant, l'investissement essentiel doit se faire en valeurs mobilières.

Un OPC Partie I ne peut d'autre part investir plus de 5 % de ses actifs dans d'*autres OPC ouverts*. Peu importe la forme juridique des deux OPC, une SICAV peut investir dans une SICAV, une SICAF ou un FCP, et vice-versa. Un problème particulier se pose pour les *OPC liés* à l'OPC investissant par une gestion ou un contrôle commun. Dans ce cas la possibilité de tels investissements doit être prévue par les documents constitutifs de l'OPC Partie I. De plus, l'investissement prévu doit être autorisé par la CSSF, ce qui en pratique se fait par le biais de l'approbation du prospectus et, enfin, l'OPC dans lequel on investit doit obéir à une spécialisation géographique ou économique. Aucun droit ni frais ne pourra être facturé pour ces opérations.

Enfin, un OPC Partie I ne peut acquérir que les biens meubles et immeubles indispensables à son activité et ne peut investir dans des métaux précieux ou des certificats les représentant.

b. Répartition des risques

2233 Deuxième grand principe, dans un *but de répartition des risques*, la loi énumère une série de *restrictions* ou de *limites*, s'exprimant en pourcentage soit par rapport aux actifs de l'OPC lui-même, soit par rapport à l'émetteur des titres acquis par l'OPC. Ainsi un OPC Partie I ne peut placer plus de 10 % de ses actifs en valeurs mobilières d'un *même émetteur*. Seconde limite, l'OPC Partie I ne peut placer plus de 40 % de ses actifs dans des émetteurs dans lesquels il place plus de 5 % de ses actifs. La limite de 10 % est portée à 35 % et la deuxième limite n'existe plus quand l'émetteur des valeurs mobilières est un État membre de l'UE ou une de ses collectivités territoriales, un État tiers ou un organisme international public dont font partie un ou plusieurs États de l'UE. Enfin, la limite de 10 % passe à 25 % et la seconde limite passe de 40 à 80 % pour certaines obligations émises par un établissement de crédit ayant son siège social dans l'UE et soumis à un contrôle public dans le but de protéger les obligataires (spécificité du droit luxembourgeois, non prévue par la directive CE).

Ces trois limites ne peuvent *se cumuler*. Ainsi, les placements en valeurs mobilières d'un même émetteur ne pourront dépasser 35 % des actifs de l'OPC Partie I. Par exception à ces dispositions, un OPC Partie I peut, en effet, être autorisé à placer jusqu'à 100 % de ses actifs dans différentes valeurs mobilières émises ou garanties par un État membre de l'UE ou ses collectivités territoriales ou un État tiers ou un organisme international public dont font partie un ou plusieurs États membres de l'UE. Toutefois, l'autorisation de la CSSF n'intervient que si les garanties données aux investisseurs sont équivalentes à celles d'OPC Partie I classiques. Les valeurs mobilières devront appartenir à 6 émissions au moins, l'OPC ne pourra placer plus de 30 % de ses actifs dans la même émission et les documents constitutifs du fonds ou de la SICAV devront énumérer les pays ou organismes émettant ou garantissant ces valeurs mobilières.

2234 Certaines dispositions sont destinées à éviter une *prise d'influence ou de contrôle* de l'OPC Partie I dans l'émetteur des valeurs mobilières détenues en portefeuille. Il n'est en effet pas de l'essence des OPC Partie I de détenir des participations ayant vocation de contrôle, mais de veiller au placement diversifié et collectif de l'épargne publique. C'est pourquoi une société d'investissement ou de gestion ne peut, pour tous les OPC Partie I qu'elle gère, acquérir des actions assorties d'un droit de vote et permettant d'exercer une influence notable sur la gestion de l'émetteur. Ces OPC ne peuvent, enfin, acquérir d'actions avec droit de vote et leur permettant d'exercer une influence sur la gestion de l'émetteur. En outre, les OPC Partie I ne peuvent acquérir plus de 10 % d'actions sans droit de vote ou d'obligations provenant d'un même émetteur et 10 % de parts d'un même OPC. Ces limites ne sont pas applicables aux titres émis ou garantis par un État de l'UE ou une organisation internationale. Sauf pour les valeurs émises ou garanties par un État de l'UE, ses collectivités publiques territoriales, par un État tiers ou un organisme international public dont font partie un ou plusieurs États membres de l'UE.

Ces *limitations* ne sont *pas applicables* à un OPC Partie I investissant dans le capital d'une société d'un État tiers respectant les dispositions des articles 42 et suivants de la loi et investissant essentiellement en titres de cet État, ni pour les actions détenues par une société d'investissement dans le capital de ses filiales exerçant exclusivement au profit de celle-ci certaines activités de gestion, conseil ou de commercialisation. Elles ne s'appliquent pas non plus aux droits de souscription attachés à des valeurs mobilières faisant partie de l'actif de l'OPC Partie I, ni aux OPC Partie I nouvellement créées. Ceux-ci ont un délai de 6 mois après la date de leur agrément par la CSSF pour appliquer ces limitations. En cas de dépassement de ces limitations, l'OPC Partie I devra lors de ses prochaines transactions avoir comme principal but de régulariser sa situation.

c. Règles concernant le passif des OPC Partie I

2235 Le troisième grand principe concerne l'utilisation limitée de l'emprunt et l'interdiction faite aux OPC de prêter ou de se porter garant de tiers.

La *capacité d'emprunt* d'un OPC Partie I est réservée aux emprunts temporaires (c'est-à-dire que ces emprunts ne sont pas faits à des fins d'investissement) et elle est limitée à 10 % des actifs. L'OPC peut néanmoins financer l'acquisition de titres étrangers en empruntant des devises dans le cadre d'un prêt face-à-face (*back to back loan*) qui consiste à déposer auprès du prêteur un montant en monnaie nationale égal ou supérieur au montant emprunté. Une SICAV peut aussi emprunter jusqu'à concurrence de 10 % de ses actifs nets pour l'acquisition des immeubles indispensables à la poursuite de son activité directe. En tout état de cause, l'ensemble des emprunts de la SICAV ne pourra dépasser 15 % de ses actifs nets.

Les articles 48 et 49 de la loi interdisent quant à eux à un OPC Partie I d'*octroyer des crédits* ou de *se porter garant* pour les tiers. De même l'OPC ne peut effectuer de ventes à découvert sur valeurs mobilières. Ceci n'empêche cependant pas l'acquisition de valeurs mobilières non entièrement libérées.

SECTION 2 **Réglementation spécifique des OPC Partie II**

A. Règles générales

2240 À la différence des OPC soumis à la Partie I, les placements des OPC Partie II peuvent porter sur des *valeurs autres que mobilières*.

Sous réserve des règles propres aux OPC spécialisés, les **limitations de placement** auxquelles sont soumis les OPC Partie II sont en principe les suivantes : l'OPC ne doit pas investir plus de 10 % de ses actifs nets en valeurs mobilières non cotées ou non traitées sur un autre marché réglementé, il ne doit pas acquérir plus de 10 % des titres de même nature émis par une même entité, et enfin il ne doit pas investir plus de 10 % de ses actifs nets en titres d'une même entité (*règle des « trois fois dix pour cent »*).

La CSSF se réserve le droit, moyennant demande expresse et motivée, d'autoriser des *dérogations* à la règle dite des « trois fois dix pour cent ». C'est par ce biais qu'il est notamment possible de constituer à Luxembourg une structure *master/feeder*, structure qui requiert qu'une exception soit faite à la deuxième limitation de 10 % puisqu'un OPC est amené à investir l'intégralité de ses actifs dans un seul et même OPC. Signalons également que la règle des « trois fois dix pour cent » ne s'applique pas aux titres émis par les États membres de l'OCDE ou par des institutions à caractère communautaire ou international. En revanche, elles sont applicables aux acquisitions de parts d'OPC de type ouvert lorsque ces OPC ne sont pas soumis à des exigences de répartition des risques comparables à celles qui sont prévues pour les OPC de la Partie II de la loi. Lorsque de tels investissements sont prévus, le prospectus doit mentionner cette possibilité. S'il est prévu d'effectuer ces investissements dans des OPC gérés par le même promoteur, la nature des droits et des frais doit également être précisée.

Pour les *restrictions en matière d'emprunt*, signalons que les OPC de la Partie II peuvent contracter des emprunts jusqu'à concurrence de 25 % de leurs actifs nets, cette limite ne s'imposant évidemment pas aux fonds à levier, c'est-à-dire aux fonds utilisant régulièrement la technique de l'emprunt pour financer la majeure partie de leurs investissements.

Certaines des limitations de placement exposées ci-dessus sont inapplicables aux OPC spécialisés, qui font l'objet des développements qui suivent.

B. OPC spécialisés

2242 Il existe à l'heure actuelle *trois types* d'OPC dits spécialisés : les « OPC venture » dont l'objet principal est le placement dans des capitaux à risques élevés, les « OPC en futures » dont l'objet principal est le placement dans des contrats à terme (sur matières premières et/ou sur instruments financiers) et/ou sur des options et enfin les « OPC immobiliers » dont l'objet principal est le placement dans des valeurs immobilières.

Les *règles particulières* que la CSSF a établies dérogent aux règles du régime commun sur les points énoncés ci-après. La CSSF peut accorder certaines *dérogations* à ces règles sur la base d'une justification adéquate.

1. OPC venture

2243 « OPC venture » fait référence aux OPC dont l'objet principal est le placement dans des *capitaux à risques élevés*. On vise ici l'investissement dans des titres de sociétés non cotées, soit que ces sociétés aient été nouvellement créées, soit qu'elles se trouvent en voie de développement et qu'elles n'aient donc pas encore atteint le stade de maturité nécessaire pour accéder au marché boursier. Leur régime déroge aux règles de droit commun sur les points suivants.

Organe de gestion et surveillance. Les dirigeants des organes de gestion et, le cas échéant, les conseillers en investissement, doivent justifier d'une expérience spécifique dans le domaine des capitaux à risques élevés.

Limitations de placement. Les limitations de placement qui sont imposées aux OPC de la Partie I ne sont pas applicables, à l'exception de l'exigence générale de diversification des risques d'investissement. Afin d'assurer une répartition minimale de ces risques, ces OPC ne peuvent investir plus de 20 % des leurs actifs nets dans une seule société.

Emission et rachat des parts/actions. La date de détermination des prix d'émission et de rachat dépend de la fréquence prévue pour l'émission et le rachat des parts/actions de l'OPC. L'OPC peut prévoir certaines restrictions au droit des investisseurs de présenter leurs parts/actions au rachat. Dans ce cas, ces restrictions doivent être décrites clairement dans le prospectus.

Nature des parts/actions. Les coupures des parts/actions émis par l'OPC et les inscriptions dans le registre nominatif des participants doivent porter sur un nombre de parts/actions dont la valeur au moment de l'émission est au moins égale à 500 000 LUF.

Rémunération des organes de gestion et de conseil en investissement. Si les rémunérations des organes de gestion et de conseil en investissement sont plus élevées que celles perçues dans des OPC classiques, le prospectus d'émission doit indiquer si ce surplus de rémunération est également payable sur les actifs qui ne sont pas investis dans des capitaux à risques élevés.

Information des investisseurs. Les rapports annuels et semestriels de l'OPC doivent contenir des indications sur l'évolution des sociétés dans lesquelles l'OPC a investi. En cas de vente de titres en portefeuille, l'OPC doit publier séparément pour chaque poste de titres le montant de la plus-value ou de la moins-value qui a été réalisée. En outre, les rapports financiers doivent indiquer les cas concrets de conflits d'intérêts qui peuvent surgir entre les dirigeants des organes de gestion ou de conseil en investissement et l'OPC.

Indications spéciales à publier dans le prospectus d'émission. Le prospectus d'émission doit contenir une description des risques d'investissement inhérents à la politique d'investissement de l'OPC ainsi que la nature des conflits qui peuvent surgir entre les intérêts des dirigeants des organes de gestion et de conseil en investissement et les intérêts de l'OPC. En raison du risque que présente l'investissement dans ce type d'OPC, le prospectus doit indiquer que l'investissement ne convient qu'aux personnes pouvant prendre ce risque. Il est conseillé au souscripteur moyen de n'y investir qu'une partie des sommes qu'il destine au placement à long terme.

2. OPC en futures

2244 « OPC en futures » désigne les OPC dont l'objet principal est le placement dans des **contrats à terme** (sur matières premières et/ou sur instruments financiers) et/ou dans des options. Les OPC en futures sont soumis au régime dérogatoire suivant.

Organes de gestion. Les dirigeants des organes de gestion et, le cas échéant, les conseillers en investissement, doivent justifier d'une expérience dans le domaine de l'investissement respectivement dans des matières premières, dans des contrats à terme sur instruments financiers et dans des options.

Limitations de placement. Les limitations de placement que doivent respecter les OPC en futures sont les suivantes :

– Les dépôts de marge en rapport avec les engagements ayant trait à des contrats d'achat et de vente à terme et à la vente des options d'achat et de vente ne peuvent dépasser 70 % des actifs nets de l'OPC, le solde de 30 % représentant une réserve de liquidités.

– L'OPC ne peut conclure que des contrats à terme négociés sur un marché organisé. Les contrats à terme sous-jacents à des options doivent également répondre à cette condition.

– L'OPC ne peut pas conclure des contrats portant sur des matières premières autres que des contrats à terme sur matières premières. Par dérogation, l'OPC peut acquérir au comptant des métaux précieux négociables sur un marché organisé.

– L'OPC ne peut acquérir que des options d'achat et des options de vente qui sont négociées sur un marché organisé. Les primes payées pour l'acquisition des options en cours s'imputent sur la limite des 70 % prévue ci-dessus.

– L'OPC doit assurer une répartition adéquate des risques par une diversification suffisante.

– L'OPC ne peut détenir une position ouverte à terme dans un seul contrat à terme pour lequel la marge requise représente 5 % ou plus des actifs nets. Cette règle s'applique également aux positions ouvertes résultant d'options vendues.

– Les primes payées pour l'acquisition d'options en cours ayant des caractéristiques identiques ne peuvent pas dépasser 5 % des actifs nets.

– L'OPC ne peut détenir une position ouverte dans des contrats à terme portant sur une seule matière première ou une seule catégorie de contrats à terme sur instruments financiers pour lesquels la marge requise représente 20 % ou plus des actifs nets. Cette règle s'applique également aux positions ouvertes résultant d'options vendues.

Emprunts. L'OPC ne peut contracter des emprunts qu'à concurrence de 10 % de ses actifs nets sans que ces emprunts puissent servir à des fins d'investissement.

Nature des parts/actions. Comme pour les OPC venture, les coupures des parts/actions de l'OPC et les inscriptions dans le registre nominatif des participants doivent porter sur un nombre de parts/actions dont la valeur au moment de l'émission est au moins égale à 500 000 LUF.

Rémunération des organes de gestion et de conseil en investissement. Si les rémunérations des organes de gestion et de conseil en investissement sont plus élevées que celles qu'ils perçoivent auprès des OPC Partie I classiques, le prospectus d'émission doit indiquer si le surplus de rémunération est également payable sur les actifs qui ne sont pas investis dans des contrats à terme et/ou dans des options.

Information des investisseurs. Les rapports annuels et semestriels de l'OPC doivent indiquer pour chaque catégorie de contrats à terme et d'options réalisés le montant du bénéfice ou de la perte respectivement au profit ou à charge de l'OPC. En outre, les rapports financiers doivent contenir des indications chiffrées sur les commissions payées aux courtiers et les rémunérations payées aux organes de gestion et de conseil en investissement.

Indications spéciales à publier dans le prospectus d'émission. Le prospectus d'émission doit contenir une description de la stratégie de négociation en contrats à terme et en options poursuivie par l'OPC ainsi que les risques d'investissement inhérents à la politique d'investissement. Il faudra notamment mentionner que les marchés des contrats à terme et des options sont extrêmement volatiles et que le risque de subir une perte est très élevé. Etant donné que l'investissement dans cet OPC présente un risque au-dessus de la moyenne, le prospectus doit contenir une mention indiquant que l'OPC en cause ne convient qu'aux personnes qui peuvent prendre ce risque.

3. OPC immobiliers

2245 « OPC immobiliers » fait référence aux OPC dont l'objet principal est le *placement dans des valeurs immobilières*. Par valeurs immobilières, l'on entend les immeubles inscrits au nom de l'OPC, les participations dans des sociétés immobilières (ainsi que les créances sur de telles sociétés) dont l'objet et le but exclusifs sont l'acquisition, la réalisation et la vente ainsi que la location d'immeubles, étant entendu que ces participations doivent être réalisables au moins autant que les droits immobiliers détenus directement par l'OPC, les droits donnant une jouissance à long terme sur des biens immobiliers tels que des droits de superficie, des baux emphytéotiques, ainsi que les droits d'option sur des valeurs immobilières. Les règles énoncées ci-après modifient les règles du régime commun sur les points suivants.

Organes de gestion. Les dirigeants des organes de gestion et, le cas échéant, les conseillers en investissement, doivent justifier d'une expérience spécifique dans le domaine de l'investissement dans des valeurs immobilières.

Limitations de placement. Les limites de placement imposées aux OPC de la Partie I ne sont pas applicables. Toutefois, les placements en valeurs immobilières doivent être diversifiés de telle façon qu'une répartition adéquate des risques soit assurée. Afin d'assurer une répartition minimale de ces risques, les OPC concernés ne peuvent investir plus de 20 % de leurs actifs nets dans un seul immeuble, cette limitation étant applicable au moment de l'acquisition de l'immeuble en question. Ne sont pas considérés comme distincts les biens immobiliers dont la viabilité économique est liée. La règle des 20 % ne s'applique qu'à l'issue d'une période de démarrage qui ne peut s'étendre au-delà d'une durée de quatre ans à compter de la date de clôture de la période de souscription initiale.

Emission et rachat des parts/actions. La valeur nette d'inventaire à la base du calcul des prix d'émission et de rachat des parts/actions doit être déterminée au moins une fois par an, à savoir à la clôture de l'exercice social ainsi que chaque jour au cours duquel des parts/actions sont émises ou rachetées. Pour les valeurs immobilières, les dirigeants peuvent utiliser, pour tout l'exercice, la valeur d'évaluation telle que déterminée à la fin de l'exercice précédent, à moins qu'un changement de la situation économique générale ou de l'état des immeubles n'exige une nouvelle évaluation à faire dans les mêmes conditions que l'évaluation annuelle.

L'OPC peut, au cas où le droit des investisseurs de présenter leurs parts/actions au rachat est prévu, imposer certaines restrictions à ce droit et est même obligé de le faire lorsque cela est justifié, notamment au regard des particularités de la politique d'investissement. Ces restrictions doivent être décrites clairement dans le prospectus. L'OPC peut prévoir un délai de paiement au cas où il ne dispose pas de liquidités suffisantes pour honorer immédiatement les demandes de rachat.

Rémunération des organes de gestion et de conseil en investissement. Si les rémunérations des organes de gestion et de conseil en investissement sont plus élevées que celles qu'ils perçoivent auprès des OPC Partie I classiques, le prospectus d'émission doit indiquer si le surplus de rémunération est également payable sur les actifs qui ne sont pas investis dans des valeurs immobilières.

Evaluation des immeubles. Un ou des experts immobiliers indépendants jouissant d'une expérience spécifique en matière d'évaluations immobilières doivent intervenir en matière d'évaluation des immeubles, notamment lors de la clôture de l'exercice annuel ou en cas de vente ou d'achat d'immeubles. Sauf circonstances exceptionnelles dûment justifiées, le prix d'acquisition ou de vente d'un immeuble ne peut être sensiblement supérieur ou inférieur à la valeur d'évaluation déterminée par les experts.

Emprunts. La somme des emprunts de l'OPC ne peut pas dépasser en moyenne 50 % de la valeur d'évaluation de tous les immeubles.

États financiers. Certaines règles de consolidation doivent être respectées en matière de consolidation des comptes de l'OPC avec ceux des sociétés immobilières qui lui sont affiliées.

Indications spéciales à publier dans le prospectus d'émission. Le prospectus doit contenir une description des risques d'investissement inhérents à la politique d'investissement de l'OPC et indiquer de manière précise la nature des commissions, frais et charges qui incombent à l'OPC et leurs modes de calcul et d'imputation.

C. Fonds spéciaux ou « dédiés »

2250 Il a été rappelé dans le chapitre consacré aux notions générales que, outre la diversification des placements et la gestion commune, le troisième grand principe régissant tout OPC est la multiplicité des investisseurs combinée à l'appel public à l'épargne. Ce dernier principe a été quelque peu battu en brèche par la constitution d'OPC dont l'intégralité des parts ou actions étaient en pratique **réservés à un nombre réduit d'investisseurs**. La loi du 19 juillet 1991 « concernant les OPC dont les titres ne sont pas destinés au placement dans le public » a en quelque sorte ratifié a posteriori cette situation de fait en accordant à ces OPC un cadre légal approprié. Une note de l'ILM devenu CSSF du 17 juin 1992 précise certains des points contenus dans la loi de 1991.

Avant d'aborder l'étude du régime juridique applicable à ces OPC, une **précision terminologique** s'impose. La loi de 1991 parle d'*OPC* « dont les titres ne sont pas destinés au placement dans le public » tandis que la note de 1992 parle de « fonds spéciaux », faisant ainsi indirectement référence à leur pendant allemand (*Spezialfunds*). Pour notre part, nous préférons le terme moins ambigu de fonds ou OPC « dédiés » qui exprime clairement l'exclusivité de l'investisseur. Le terme OPC spécial ou spécialisé sera quant à lui utilisé pour désigner les OPC ayant des politiques d'investissement plus pointues, tels que ceux décrits aux n°s 2242 s.

2251 Le *régime juridique* applicable aux OPC dédiés pourrait se résumer en quelques mots. La Loi de 1991 fait en effet référence à la quasi intégralité des dispositions de la Loi applicables aux OPC de la Partie II. Seuls les mots « destiné au placement dans le public » ont été remplacés par « réservé à un ou plusieurs investisseurs institutionnels » (sur ce qu'il convient d'entendre par « investisseur institutionnel », voir ci-dessous). Ainsi, sous réserve des règles relatives aux investisseurs, le régime des OPC dédiés est identique en tous points (agrément, organisation de la surveillance, administration, politiques et restrictions d'investissement, structures mono ou multi-compartiments, etc.) à celui des OPC dépourvus du label européen.

Il convient d'ajouter que les OPC dédiés se voient offrir la possibilité de déroger aux dispositions de *publicité* auxquelles sont soumis les autres OPC. Ainsi, sur demande justifiée, la CSSF peut autoriser certains OPC dédiés à ne pas publier le prix d'émission et de rachat de leurs parts. Par ailleurs, les OPC dédiés ne sont pas obligés de mettre leurs documents d'émission (prospectus, contrats, etc.) à la disposition d'un public qui, par définition, n'y trouverait aucun intérêt. Seront cependant rendus publics (par leur publication dans le Mémorial) les statuts et/ou le règlement de gestion ainsi que leurs modifications. Il est également utile de préciser qu'en pratique, compte tenu du caractère institutionnel des investisseurs concernés (voir ci-dessous), le régime prudentiel applicable aux OPC dédiés apparaît généralement plus souple que celui applicable aux autres OPC.

2252 Le dernier point important à considérer concerne la définition des *investisseurs autorisés* à investir dans un OPC dédié. Ainsi qu'il a été rappelé plus haut, la réglementation stipule que les parts/actions d'OPC dédiés doivent être exclusivement réservées à des investisseurs institutionnels. La note de 1992 précise qu'il s'agit des « entreprises et organisations qui gèrent des fonds et des valeurs importants ».

Seront ainsi considérés comme investisseurs institutionnels les professionnels du secteur financier, les entreprises d'assurance et de réassurance, les institutions de sécurité sociale, les fonds de pension, les groupes industriels et financiers ainsi que les structures mises en place par les précédents pour poursuivre leurs activités.

Ne seront pas considérés comme investisseurs institutionnels les investisseurs privés. Ceux-ci ne peuvent ni constituer, ni avoir accès, directement ou indirectement, à un OPC dédié. La note de de 1992 consacre de longs développements sur la notion d'accès direct et indirect et son application à certains produits d'assurance ou aux fonds de pension. Ces développements dépassent le cadre du présent ouvrage. Enfin, la note de 1992 considère le cas particulier des *sociétés holding*. Si l'actionnariat d'une telle société se compose uniquement d'investisseurs institutionnels, cette société aura le statut d'investisseur institutionnel. Si l'actionnariat est au contraire uniquement composé d'investisseurs privés, la société aura le statut d'investisseur privé. Dans le cas où l'actionnariat est mixte, la société pourra avoir le statut d'investisseur institutionnel s'il est établi que « cette participation n'est pas prévue dans le but de faire un usage abusif des possibilités offertes par la loi de 1991 ».

L'exigence posée par la loi de 1991 quant au caractère institutionnel des investisseurs est assortie d'un *contrôle préventif* strict. Il y a ainsi notamment obligation de communiquer à l'autorité de contrôle l'identité des investisseurs concernés. Elle est également assortie d'un *contrôle répressif* dont les modalités sont reprises dans la note de 1992.

Signalons enfin qu'il est expressément permis à des entités existantes (OPC ou sociétés holding) qui répondraient, ou prendraient les dispositions pour répondre, aux conditions posées par la loi de 1991 de *se transformer en OPC dédié*. En ce qui concerne les OPC dédiés à compartiments multiples, la note rappelle qu'un OPC est soit soumis à la loi de 1991, soit soumis à la loi de 1988. Il n'est par conséquent pas possible d'avoir un compartiment soumis à la première et un autre à la seconde. Il reste cependant possible à un OPC de réserver certains de ses compartiments à un ou plusieurs investisseurs institutionnels ou privés.

TITRE 3 — Fonds de pension

2300 Des études au niveau européen ont révélé, ces dernières années, que le *financement des retraites* des générations futures s'avérera de plus en plus difficile en raison notamment de l'augmentation de la durée de vie et de la diminution de la population active (le ratio retraités/population active devant doubler entre 2000 et 2040), de l'augmentation du chômage et du rallongement de la durée des études. Pour prévenir ces problèmes, les États réfléchissent à des mesures alternatives ou supplémentaires au régime classique des retraites par répartition et se répartissent grosso modo en deux blocs. Pour le bloc des pays de type anglo-saxon, les Néerlandais et les Scandinaves, il faut privilégier le deuxième pilier après le pilier de la sécurité sociale et donc créer des fonds de pension. Alors que le bloc continental comprenant la France, le Luxembourg et l'Allemagne assurent l'essentiel des prestations de retraite au moyen du premier pilier de la sécurité sociale. Indépendamment de ce clivage, les pays se dotent de plus en plus d'un cadre juridique permettant la création de fonds de pension (Espagne, Italie). Et c'est dans ce contexte politique et social que le Luxembourg a voté en 1999 deux nouvelles lois concernant les régimes internationaux de pension et les régimes complémentaires de pension.

2305 La nouvelle loi sur les fonds de pension internationaux créés à partir du Luxembourg a été adoptée le 8 juin 1999. Elle devrait pouvoir mettre à profit l'expérience acquise par la place bancaire luxembourgeoise dans la mise en place et la gestion des fonds d'investissements. Ce marché offre en effet un potentiel de développement considérable si les sociétés multinationales souhaitant établir des fonds de pension pour leurs expatriés considèrent les fonds de pension luxembourgeois comme une alternative aux véhicules existants qui sont essentiellement des centres de fonds « off-shore » (île de Man, Jersey, Bermudes).

Cependant le succès immédiat de cette loi n'est pas certain, car bien souvent, des barrières entravent des apports transfrontaliers aux fonds de pension internationaux et affaiblissent l'industrie de ces fonds. La jurisprudence de la CJCE a certes essayé de supprimer les obstacles à la libre circulation des capitaux à l'intérieur de l'Union européenne. Il n'en reste pas moins que seul un cadre juridique communautaire permettrait de lever des barrières à la constitution de fonds de pension transfrontaliers.

2306 Une réglementation communautaire permettrait :
– sur le plan *fiscal*, d'harmoniser, ou tout le moins de coordonner, les conditions de déductibilité des contributions des employeurs et des salariés aux fonds de pension et les conditions d'imposition des revenus financiers pendant la constitution de l'épargne puis lors de la sortie en prestations de retraite ;
– sur le plan des *régimes de retraite*, d'harmoniser les conditions d'ouverture du droit à la retraite et le calcul des retraites, ce qui vise un nombre croissant

de salariés avec le développement de l'expatriation et du « nomadisme » des carrières.

La Commission CE a bien proposé une **directive CE** « relative à la coordination des dispositions législatives, réglementaires et administratives concernant les institutions de retraite professionnelle » (COM 2000-507 provisoire) mais elle vise seulement à assurer la cohérence avec les autres directives CE sur les services financiers (voir n° 357) et à édicter des règles prudentielles pour chaque type de régime. Elle devra donc être complétée par une directive sur la fiscalité des cotisations et des prestations. Si elle est adoptée, cette proposition instituera le libre choix du gestionnaire au sein de l'UE et elle permettra aux institutions d'assurer une gestion transfrontalière des régimes de retraite professionnelle mais la gestion se fera dans le respect des normes sociales en vigueur dans le pays de l'entreprise au sein de laquelle le régime a été mis en place. À défaut d'harmonisation, le « forum shopping », qui consiste à choisir la législation applicable en localisant le contrat de travail dans un pays plutôt qu'un autre, devrait donc subsister.

Le **champ d'application** de la proposition couvre l'ensemble des **institutions** de retraite professionnelle qui ne relèvent pas de la Sécurité sociale et qui fonctionnent en capitalisation ; cela exclut donc les institutions fonctionnant en répartition et les régimes fondés exclusivement sur des provisions au bilan. Concernant les types de **contrats**, la directive couvre uniquement ceux pour lesquels les droits acquis ne peuvent pas être rachetés avant l'âge de la retraite, ce qui exclut donc les contrats individuels d'assurance en cas de vie. La directive ne concerne pas non plus les opérations de retraite surcomplémentaire des sociétés d'assurance-vie, des établissements de crédit ou des OPCVM qui sont déjà régies par leurs propres règles prudentielles. Tout au plus, prend-elle en compte le chevauchement possible des règles prudentielles applicables à ces activités.

Quant aux **règles prudentielles**, elles touchent aux modalités de gestion des fonds collectés, à la surveillance et à la transparence de cette gestion. Elles sont souples et peu contraignantes. Comme les autres directives sur les services financiers (voir n° 357), il est prévu un système de reconnaissance mutuelle des dispositifs nationaux de surveillance et d'agrément.

2307 Comme il l'a fait dans le passé, le législateur luxembourgeois a anticipé l'adoption de cette directive CE. Les fonds de pension luxembourgeois offrent une structure adaptée et flexible pour accueillir les engagements de pension des **expatriés** des sociétés multinationales. Un groupe international effectuant des opérations partout dans le monde n'est en effet généralement pas en mesure de localiser son fonds de pension dans un unique pays qui ne présente aucun désavantage.

2308 La loi, fort complexe, nécessitera d'être développée dans des règlements d'application qui ne sont pas sortis à l'heure où nous mettons sous presse. Des informations complémentaires devront donc être fournies en temps utile, notamment dans le Bulletin européen et international. Elles feront, le cas échéant, l'objet d'un additif à ce Dossier.

SECTION 1 **Régime juridique**

Structure légale des fonds de pension au Luxembourg

2310 Les lois des 8 et 10 juin 1999 ont fourni un cadre permettant de créer les fonds de pension luxembourgeois. Ceux-ci peuvent prendre **deux formes sociales** instituées à cet effet, soit celle d'une société coopérative organisée comme une société anonyme, soit celle d'une association sans but lucratif.

Malgré ces différences dans la structure légale, les deux véhicules ont des **traits communs** tenant essentiellement à leur activité très particulière. Ils font l'objet d'une **surveillance** par la Commission de Surveillance du Secteur Financier (voir ci-dessous) et leur *contrôle* est confié à un réviseur d'entreprises (voir n° 2345). Vis-à-vis des tiers, leurs activités sont réputées être des *actes de commerce*. Enfin, la *dissolution* ou liquidation judiciaire sont prononcées par le tribunal d'arrondissement siégeant en matière commerciale qui peut appliquer les règles issues du code de commerce.

Surveillance de la CSSF

2311 La CSSF doit donner son agrément qui comportera notamment l'approbation :
– des *statuts* du fonds et de son règlement de pension. À cet effet, le fonds de pension doit fournir des informations détaillées concernant ses directeurs, son audit, ses clauses et conditions ainsi que l'identité de son fondateur. Un *règlement de pension* doit être établi, qui doit déterminer les droits et obligations des bénéficiaires, les cotisations qui doivent être effectuées, l'identité des gestionnaires du fonds, leur rémunération, la politique d'investissement, les règles d'évaluation des biens ainsi que la durée du *fonds ;*
– de la *banque dépositaire* (voir n° 2325) et des *gestionnaires* d'actif et de passif choisis (voir n° 2340).

Société sociétés d'épargne-pension à capital variable (SEPCAV)

2315 La loi du 10 juin 1999 a introduit une nouvelle forme de sociétés coopératives pour accueillir les sociétés d'épargne-pension à capital variable. Ce nouveau véhicule hybride combine les caractéristiques d'une société coopérative (principe de la variabilité des associés et du capital social et son corollaire, l'incessibilité des parts) avec celles d'une société anonyme, d'où la dénomination « société coopérative organisée comme une société anonyme ». Elle s'écarte toutefois de la SA par des dérogations et exceptions liées à son activité particulière. L'objet social, le capital minimum, les actions et les formalités en cas d'apports en nature font l'objet de dispositions spécifiques dues à l'activité particulière des SEPCAV par rapport aux autres coopératives.

Contrairement à la coopérative, l'*acte constitutif* d'une SEPCAV doit être un acte notarié, dressé en langue française, allemande ou anglaise (dans ce dernier cas, sans nécessité d'une traduction dans une des langues officielles) au choix des comparants.

La SEPCAV fonctionne comme la coopérative sous forme de société anonyme avec des adaptations. Elle a les mêmes *organes* que la société anonyme (conseil d'administration, commissaires aux comptes et assemblée générale des actionnaires) mais les statuts peuvent prévoir que le conseil d'administration comprend des représentants des cotisants. Les actionnaires sont les affiliés et les bénéficiaires des pensions.

Concernant le *capital social*, la SEPCAV reste proche de la coopérative traditionnelle puisqu'elle se fonde sur la variabilité des apports : l'entrée et la sortie des cotisants se font par l'augmentation et la diminution du capital social et non par la cession des parts/actions.

Les *actions* doivent être entièrement libérées et il n'existe pas de droit de préférence des actionnaires existants en cas d'émission d'actions nouvelles. Alors que les actions de SA sont des valeurs mobilières librement cessibles, les actions émises par la SEPCAV ne sont ni cessibles ni saisissables. En outre, elles n'ont pas à être d'égale valeur mais la loi ne précise pas si toutes les actions auront alors le même droit de vote ou s'il sera proportionnel à la valeur des actions. Enfin, les actions ne donnent pas lieu au paiement d'un dividende ou autres distributions mais lorsque les actionnaires prennent leur retraite, leurs actions sont rachetées par le fonds de pension et ce rachat leur permet d'obtenir un **paiement en capital** (pas d'annuités sur une période fixe ou illimitée).

En cas de **dissolution** et liquidation ou lorsque les **pertes** font tomber le capital social en dessous des 2/3 du capital minimum, les conditions de quorum et de majorité sont renforcées par rapport à celles applicables aux SA. La procédure de dissolution et de liquidation est celles applicables aux OPC.

Association d'épargne-pension (ASSEP)

2317 Le deuxième véhicule prévu pour les fonds de pension par la loi du 8 juin 1999 est un groupement à caractère commercial doté de la personnalité juridique qui est une création hybride qui emprunte certains traits à l'association sans but lucratif régie par la loi du 21 avril 1928 et d'autres aux associations commerciales (association momentanée et association en participation) régies par la loi sur les sociétés commerciales du 10 août 1915.

Elle ressemble à l'**association sans but lucratif** mais elle s'en écarte par les points suivants. D'abord, elle a une activité économique puisque précisément son **objet** est la collecte et le placement d'avoirs pour conférer le bénéfice d'un capital ou d'une rente aux bénéficiaires. Ensuite, pour des raisons de sécurité juridique évidentes, l'**acte constitutif** de l'ASSEP est obligatoirement notarié et l'ASSEP acquiert la personnalité juridique dès sa constitution. Comme le contrôle de l'institution est assuré par la CSSF, l'ASSEP est dispensée de déposer la liste annuelle de ses membres auprès du tribunal.

Elle ressemble également aux **associations commerciales** (voir n°s 425 s.). D'abord, ses activités constituent des **actes de commerce**. Le régime de ses **apports** et quasi-apports est similaire à celui de la SA. En cas de **pertes** d'une partie substantielle du capital ou si les provisions techniques sont inférieures à un certain seuil, l'assemblée doit être convoquée pour délibérer sur la dissolution. Mais, alors que les associations commerciales se distinguent des sociétés en ce qu'elles sont dépourvues de la personnalité juridique, l'ASSEP a bien la personnalité juridique.

2318 Dans l'ASSEP, les droits des affiliés et des bénéficiaires prennent la forme de droits de **créances** et il est prévu, au moment de la retraite, soit le bénéfice d'un capital, soit le paiement d'une rente à verser ainsi que, le cas échéant, des prestations accessoires.

L'ASSEP est **mise en place par** les promoteurs du fonds de pension, par exemple l'employeur. Au moment de la retraite, les bénéficiaires peuvent **recevoir soit** un paiement en capital, soit des rentes.

Informations fournies aux bénéficiaires

2320 Le fonds doit publier des rapports annuels et bi-annuels qui retracent ses avoirs et ses performances. Ce rapport doit être soumis à la CSSF et doit être accessible aux bénéficiaires du fonds. Un réviseur d'entreprises contrôle les rapports ainsi que les comptes annuels du fonds.

Banque dépositaire

2325 Le capital du fonds de pension est confié à une banque dépositaire. Cette banque doit garantir que les investissements sont réalisés en accord avec le règlement du fonds de pension et la loi de 1999 et que l'évaluation des biens est effectuée correctement. **Seuls peuvent être dépositaires** les instituts de crédit entrant dans le champ d'application de la loi bancaire du 5 avril 1993 et ayant préalablement obtenu un accord spécifique de l'autorité de surveillance luxembourgeoise.

Le dépositaire doit avoir son **siège social** au Luxembourg, ou lorsque le siège social est dans un autre État membre de l'Union européenne, l'institut de crédit doit avoir un établissement permanent au Luxembourg. La banque dépositaire doit veiller à ce que, lors du **transferts de biens** appartenant au fonds, la contrepartie soit remise au fonds dans des délais raisonnables. La banque doit encore **contrôler** que les sommes reçues pour le fonds sont utilisées selon les termes des documents constitutifs du fonds.

Gestionnaire des biens et obligations

2340 Un gestionnaire peut être nommé pour gérer les avoirs de la SEP-CAV et de l'ASSEP, sous réserve qu'il reçoive l'agrément de la CSSB pour exercer cette fonction.

Certains professionnels sont éligibles de droit comme **gestionnaires d'actif** des fonds de pension luxembourgeois : les sociétés d'assurances de droit luxembourgeois agréées par le Commissariat aux assurances, les établissements de crédit de droit luxembourgeois, les gérants de fortune et les professionnels du secteur financier de droit luxembourgeois intervenant pour leur propre compte (voir n°s 358-A). La gestion de l'actif peut aussi être déléguée à des professionnels étrangers agréés spécifiquement par la CSSF sur la base de critères de compétence, d'honorabilité et de solidité financière précisés dans un règlement grand-ducal daté du 4 février 2000.

Quant à la **gestion du passif** du fonds de pension, elle peut être sous-traitée à un ou plusieurs gestionnaires de passif luxembourgeois. Les gestionnaires étrangers doivent être agréés par l'autorité de contrôle sur la base de critères de compétence en matière actuarielle, d'honorabilité et de solidité financière.

2341 Le fonds peut également choisir d'assurer **lui-même** la gestion de son actif et/ou de son passif mais il devra alors prouver à la CSSF qu'il dispose des ressources et de l'infrastructure nécessaires pour mener à bien ces fonctions.

L'ASSEP peut nommer un gestionnaire **supplémentaire** pour s'occuper de la gestion des obligations du fonds. Comme l'ASSEP peut avoir à payer des annuités aux retraités, il peut effectivement être important de faire suivre l'évolution de ces engagements par des professionnels **spécialisés**.

Contrôle

2345 Le contrôle des données comptables contenues dans le rapport annuel des fonds de pension est **assuré par** un réviseur d'entreprise. Le rapport du réviseur doit certifier que les informations comptables donnent un aperçu fidèle des biens et obligations du fonds.

SECTION 2 ## Régime fiscal

2350 Le traitement fiscal des fonds de pension doit être analysé à **trois niveaux** :

– taxation de l'apport au fonds ;

- taxation du fonds lui-même ;
- taxation des pensions payées par le fonds.

Taxation de l'apport au fonds

2351 Au Luxembourg, une loi du 8 juin 1999 a introduit plusieurs limites à la déductibilité fiscale des apports effectués à un fonds complémentaire de pension :

- au niveau de *l'employeur*, la déduction pour les apports effectués au profit d'un employé (dotations, allocations, cotisations et primes d'assurances nécessaires pour financer les pensions complémentaires) ne doit pas dépasser 20 % de la rémunération annuelle ordinaire de l'affilié ;
- en ce qui concerne les contributions des *employés*, la déduction est limitée à un montant de 48 000 LUF. De plus, l'Inspection générale de la sécurité sociale, en tant qu'autorité compétente, doit produire un certificat à la demande de l'administration fiscale, attestant la conformité juridique et actuarielle du régime complémentaire de pension aux dispositions de la loi du 8 juin 1998 et à ses dispositions fiscales.

Jurisprudence de la CJCE

2352 La CJCE a déjà eu plusieurs occasions de statuer sur le problème de la déduction fiscale en matière de fonds de pension étrangers et de contrats d'assurance-vie. Elle a développé une jurisprudence qui condamne les *discriminations en matière fiscale* dans ses arrêts du 14 février 1995 et du 11 août 1995 (respectivement Schumacker, aff. C-279/93 et Wielockx, aff. C-80/94).

En conformité avec cette jurisprudence, la CJCE a décidé qu'une taxe spécifique ne frappant que des apports à des contrats d'assurance-vie contractés avec une compagnie d'assurance étrangère était contraire aux libertés communautaires fondamentales. La Suède a essayé de justifier cette taxe sur les apports par le besoin de *compenser une taxe spécifique* ne frappant que les sociétés d'assurance-vie suédoises. La Cour a trouvé que cette taxe empêchait en pratique les résidents suédois de souscrire une assurance-vie étrangère, ce qui n'est pas acceptable à l'intérieur de l'Union européenne. Cette discrimination viole les principes fondamentaux de libre circulation du capital, des travailleurs et des services (28 avril 1998, aff. C-118/96, Safir).

De même, elle a jugé qu'un État membre ne pouvait lier une subvention d'intérêts d'un crédit pris pour financer une habitation à la condition que cet emprunt ait été obtenu auprès d'une institution de crédit nationale. L'argument du Luxembourg mis en cause dans cette affaire, selon lequel les subventions d'intérêts ont été financées par le budget national et par des taxes payées notamment par des institutions de crédit nationales, mais non par des banques établies à l'étranger, a été rejeté par la CJCE. Des *arguments budgétaires* ne présentent donc pas une justification acceptable pour des dispositions fiscales qui violent les libertés communautaires fondamentales (14 novembre 1995, aff. C-80/94, Svensson).

Il apparaît donc qu'un État membre ne peut, d'un côté, se fier à des arguments budgétaires pour refuser la déduction d'apports effectués à un plan étranger de retraite et, d'un autre côté, refuser une déduction fiscale pour des paiements à un fonds luxembourgeois, si une telle déduction est prévue pour des apports de capitaux à un fonds national. Cette explication montre aussi pourquoi le cadre légal luxembourgeois doit être flexible. Les fonds de pension luxembourgeois doivent pouvoir s'adapter aux exigences légales et fiscales de plans complémentaires de retraite du pays du promoteur du fonds.

Comité des Affaires Fiscales de l'OCDE

2352-A Dans un contexte international, le Comité des affaires fiscales de l'OCDE a abordé le traitement fiscal des *apports effectués par des employés à des fonds étrangers* dans un rapport finalisé en 1989. Les conclusions ont été incorporées dans les commentaires au modèle de convention fiscale de l'OCDE. Selon le rapport de ce comité, l'apport effectué par des salariés dans un État contractant, le Royaume-Uni par exemple, à un fonds de pension établi dans l'autre État, le Luxembourg, doit être déductible au Royaume-Uni de la même façon et aux mêmes conditions que les apports faits à un fonds de pension britannique.

Taxation du fonds

2353 Deux buts ont été atteints :
– le fonds ne fait l'objet d'*aucune taxe* ou de peu de taxes (un droit d'apport de 50 000 LUF, pas de taxe d'abonnement, pas de TVA sur les opérations de gestion). L'absence de taxation significative dans l'État d'établissement du fonds est nécessaire pour garantir une recette optimale sur les investissements des cotisations versées au fonds de pension ;
– le fonds doit profiter des *conventions fiscales*. Pour la même raison, la protection du fonds par les conventions fiscales doit être assurée, afin que les investissements ne soient pas entravés par d'importantes retenues à la source sur les revenus encaissés par le fonds.

La SEPCAV et l'ASSEP sont soumises à des *régimes fiscaux différents*. L'alternative entre les deux régimes doit aider les promoteurs du fonds à déterminer le traitement fiscal qui a le plus de chances d'être accepté par les autorités fiscales de la juridiction dans laquelle la SEPCAV et l'ASSEP vont investir la plupart de l'épargne collectée.

Régime fiscal de la SEPCAV

2355 La SEPCAV est une société *pleinement imposable* et est soumise en tant que telle à l'IRC, à l'impôt commercial communal et à l'impôt sur la fortune.

Cependant la SEPCAV est *exonérée sur* les revenus provenant de valeurs mobilières et sur les gains de capital réalisés sur la cession de valeurs mobilières. Par exemple, les paiements d'intérêts sur des obligations sont exonérés de l'impôt sur le revenu au niveau de la SEPCAV, alors que les intérêts générés par un compte bancaire sont totalement soumis à l'impôt. La SEPCAV a donc intérêt à *structurer ses investissements* pour échapper à l'IRC et à l'impôt commercial communal au Luxembourg. En optant pour une taxation sur une base réduite uniquement dans la loi du 8 juin 1999, le législateur luxembourgeois a tenté d'orienter les investissements de la SEPCAV vers les marchés de capitaux. La SEPCAV peut actuellement *déterminer sa charge fiscale* en fixant la proportion de ses investissements en titres et autres biens. Cela peut lui permettre de payer suffisamment d'impôts pour être admise comme résidente luxembourgeoise par les autres États ayant signé une convention fiscale avec le Luxembourg.

Cette exonération des revenus et plus-values de valeurs mobilières est soumise à la *condition* que la SEPCAV révèle chaque année à l'administration fiscale luxembourgeoise l'*identité de ses actionnaires et leur participation dans la SEPCAV*. L'administration fiscale luxembourgeoise est ainsi informée des droits de pension des futurs retraités et peut transmettre ces informations à des administrations fiscales étrangères. La fourniture de ces informations est aussi une condition pour l'exonération en matière d'impôt sur la fortune.

Régime fiscal de l'ASSEP

2356 Le législateur a choisi une autre voie pour l'ASSEP. Elle entre aussi dans le champ d'application de l'IRC et de l'impôt commercial communal, mais elle doit passer des **provisions, fiscalement déductibles**, pour tenir compte des engagements de pension à l'égard des bénéficiaires. En conséquence, l'ASSEP n'aura aucune fortune taxable et les apports faits à l'ASSEP, de même que ses revenus financiers, sont compensés par cette provision déductible. Actuellement **aucune obligation de révéler l'identité des bénéficiaires** n'est prévue pour une ASSEP, même si des réflexions sont en cours afin d'étendre cette obligation des SEPCAV également aux ASSEP.

Conventions fiscales

2357 D'autres difficultés peuvent s'ajouter, qui viennent de dispositions particulières incluses dans plusieurs conventions fiscales. La **convention fiscale franco-luxembourgeoise** du 1er avril 1958 lie ainsi l'octroi du taux conventionnel de retenue à la source sur les dividendes et les intérêts à la condition qu'un certificat émis par les autorités fiscales de l'État de résidence du bénéficiaire (ici le Luxembourg) atteste que le revenu en cause est soumis entre les mains du bénéficiaire à une imposition directe selon la loi nationale. Or, comme une SEPCAV n'est pas imposée sur des intérêts d'obligations françaises, aucune réduction de retenue à la source ne devrait être applicable.

Impôt sur la fortune

2358 Le Luxembourg prélève encore un impôt sur la fortune à un taux de 0,5 %.

Une exonération est prévue pour la **SEPCAV**, à condition qu'elle se soumette à l'obligation d'information visée ci-dessus.

Pour une **ASSEP**, chaque augmentation des biens résultant d'un apport ou d'investissements est compensée par une provision obligatoire, de sorte qu'il n'existe pas de fortune imposable.

Droit d'apport

2359 Un règlement grand-ducal a remplacé le droit d'apport de 1 % prélevé sur les apports au capital lors de la constitution et lors d'augmentations de capital ultérieures par un **droit fixe** pour les fonds de pension, limité à 1 250 euros. Ce droit d'apport doit être payé lors de la constitution de l'ASSEP ou de la SEPCAV.

Régime fiscal des paiements de pension

2362 En **droit interne luxembourgeois**, depuis la loi du 8 juin 1999 sur les régimes complémentaires de pension, les paiements de pensions sont **exonérés** au niveau du bénéficiaire, **si** les cotisations effectuées jusqu'alors par l'employeur au fonds de pension représentaient un revenu imposable pour les employés. En conséquence, les pensions allouées dans le cadre de la loi sur les retraites complémentaires devraient généralement être exonérées au Luxembourg.

En revanche, il n'y a **pas d'exonération** si un résident luxembourgeois jouit d'un plan de pension étranger créé lorsqu'il n'était pas imposable au Luxembourg ou d'un plan mis en place avant la loi de 1999.

2363 Le régime fiscal des paiements du fonds de pension est déterminé par l'**État de résidence** des bénéficiaires conformément à la législation applicable dans ce pays. En effet, l'article 18 du modèle de convention fiscale de l'OCDE donne à l'État de résidence du bénéficiaire le droit d'imposer les pensions reçues au titre d'une **relation salariale antérieure** et la plupart des conventions fiscales conclues par le Luxembourg suivent ce principe.

Un fonds de pension luxembourgeois peut aussi procurer des pensions qui ne sont pas liées à une relation salariale antérieure. Si, par exemple, les membres d'une **profession libérale** créent leur propre fonds de pension au Luxembourg, les pensions qu'ils reçoivent de ce fonds entrent dans le champ d'application de l'article 21 du modèle de convention fiscale de l'OCDE, qui s'applique aux revenus non couverts par les autres articles de la convention. L'allocation du droit d'imposition reste néanmoins la même que celle de l'article 18, comme ce revenu est uniquement imposable dans l'État de résidence du bénéficiaire.

Le cadre légal entourant les pensions complémentaires est préjudiciable aux **salariés frontaliers**. Pendant leur période d'activité, ils sont imposables au Luxembourg sur les cotisations versées par leur employeur à leur fonds de pension. Cependant, comme ils ne sont pas des résidents luxembourgeois, ils ne peuvent pas toujours profiter des exonérations au titre des retraites allouées par le fonds de pension et qui résultent du droit interne luxembourgeois, car les conventions fiscales signées par le Luxembourg avec ses voisins attribuent généralement le droit d'imposer les pensions à l'État de résidence du bénéficiaire.

4ᵉ PARTIE

Droit social

Droit du travail

TITRE 1

SECTION 1 Cadre administratif et juridique

Sources du droit du travail

3000 La relation employeur-salarié relève du *contrat de travail* individuel qui est lui-même établi dans le respect des dispositions prévues par la *loi* telles que complétées ou améliorées par les *conventions collectives*. D'autres sources peuvent entrer en compte pour l'établissement du contrat de travail : la *jurisprudence* dégagée par les tribunaux en matière sociale, les *textes internationaux ou communautaires* en la matière, la *doctrine administrative* dégagée par l'administration de l'emploi, l'inspection du travail et des mines, les décisions de la commission paritaire de conciliation et celles du conseil d'arbitrage de l'office national de conciliation.

Lois et règlements

3001 Le droit du travail n'a pas été codifié au Luxembourg. Aussi sera-t-il nécessaire d'indiquer les principaux textes des lois et règlements qui régissent les divers aspects de la relation employeur-salarié. On notera que le droit du travail luxembourgeois distingue deux catégories de salariés, les *ouvriers* et les *employés*, la catégorie des employés incluant notamment les *cadres*. Il n'y a pas de catégorie particulière pour les *dirigeants*. La dernière loi sociale importante est la loi du 12 février 1999.

Au plan européen, il convient d'ajouter à ces sources nationales, outre la Charte des droits fondamentaux de l'Union européenne, les directives sociales qui doivent être transposées dans les législations nationales dans un délai de trois ans.

Conventions collectives

3002 Au sens luxembourgeois, les conventions collectives sont tous les accords conclus par les partenaires sociaux pour compléter ou améliorer les dispositions légales en matière de rémunérations et de conditions de travail. Aucune distinction n'est faite au Luxembourg entre l'accord d'entreprise et la convention collective.

Les conventions peuvent être conclues au sein d'une entreprise entre l'employeur et les représentants syndicaux (accord d'entreprise en France) ou bien au sein d'un groupe d'entreprises ou d'un ensemble d'entreprises de la même profession entre des organisations patronales et des syndicats de travailleurs.

Pour plus de détails, on se reportera aux n°s 3135 s.

Cadre administratif

3005 L'élaboration et la mise en œuvre de la réglementation du travail et de la politique sociale relèvent du *ministère du travail* et des services qui en dépendent (adresses en annexe).

On mentionnera notamment l'*inspection du travail et des mines* dont la mission, définie dans la loi du 4 avril 1974, est double :
- prévenir et aplanir tous les conflits du travail qui ne sont pas collectifs (ces derniers relevant de l'office national de conciliation) ;
- veiller à la bonne application des règles d'*hygiène et de sécurité* qui font l'objet en dernier lieu de la loi modifiée du 17 juin 1994 et de divers règlements grand-ducaux du 4 novembre 1994 sur la sécurité et la santé des travailleurs au travail. Ses agents disposent du pouvoir de pénétrer dans les locaux sans avertissement préalable, de procéder à des contrôles et enquêtes et de consulter registres et fichiers. Ils peuvent ordonner que des modifications, des contrôles techniques ou même des mesures immédiates soient prises (en cas de danger imminent). En cas de nécessité, le directeur de l'inspection du travail peut même ordonner l'évacuation des locaux.

Pour exercer sa mission, l'Inspection peut disposer depuis février 1995 d'une banque de données gérée par le centre informatique de l'État qui contient un répertoire des établissements sous son contrôle et divers fichiers (inspections, réclamations, infractions, accidents de travail, conventions collectives, délégations du personnel, etc.).

Les infractions aux lois, règlements et conventions collectives sont constatées dans des procès-verbaux déposés auprès du procureur d'État qui décide des suites judiciaires à leur donner. L'inspection du travail reçoit également certaines déclarations : accidents du travail et maladies professionnelles, incident grave qui aurait pu causer un accident du travail grave, avis préalable à l'ouverture d'un chantier temporaire ou d'un établissement, avis préalable au licenciement simultané (dans les trente jours), par la même entreprise, de plus de sept salariés.

L'*administration de l'emploi (ADEM)* est un organe du ministère du travail qui, au travers de la commission nationale du travail, a pour mission de promouvoir l'utilisation des forces du travail en coordination avec la politique économique et sociale : surveillance de l'évolution du marché de l'emploi, recrutement et placement des travailleurs étrangers, orientation professionnelle des jeunes, reconversion des chômeurs et des handicapés.

L'*office national de conciliation (ONC)* est un organe du ministère de l'emploi chargé de prévenir et d'aplanir les conflits collectifs, dont la saisine est obligatoire avant de pouvoir déposer un préavis de grève.

Contentieux social

3006 Le rôle des tribunaux arbitraux spécialisés en *droit du travail* et en *sécurité sociale* a été étudié dans le cadre de l'organisation judiciaire du Luxembourg. On invite donc le lecteur à se reporter au n° 278.

Il reste à préciser qu'en cas de divergence sur l'*interprétation des accords collectifs,* les différends sont portés devant le ministre du travail et, en cas de recours, devant la commission paritaire de l'ONC.

SECTION 2 Conditions d'emploi

Recrutement

3012 Les services de l'administration de l'emploi (ADEM) jouent un rôle analogue aux services de l'ANPE en France. Ils répertorient les demandeurs d'emploi et ils fonctionnent en tant qu'agences de recrutement et de placement. Il est obligatoire, sous peine d'amende, de leur déclarer tout poste vacant au moins trois jours ouvrables avant toute publication dans la presse. De même, toute embauche doit leur être signalée dans les huit jours, au moyen de formulaires types.

On relèvera que l'ADEM a la première exclusivité du placement, exclusivité qui s'étend au recrutement des travailleurs à l'étranger.

La loi du 19 mai 1994 et le règlement du 14 décembre 1994 régissent le *travail intérimaire* et le prêt de main-d'œuvre.

L'exercice d'une activité d'entrepreneur de *travail intérimaire* est subordonné à l'*autorisation* du ministère du travail ainsi qu'à l'autorisation d'établissement décrite au n° 505. De façon classique, l'entreprise de travail temporaire est liée à l'entreprise utilisatrice par un contrat de mise à disposition et au travailleur intérimaire par un contrat de mission. Au plan *international*, la législation du travail luxembourgeoise est applicable tant aux contrats (de mise à disposition et de mission) conclus par une entreprise étrangère de travail temporaire dont le client exerce son activité au Luxembourg qu'au contrat de mission qu'une entreprise luxembourgeoise a conclu avec un travailleur intérimaire pour des missions se déroulant à l'étranger.

Les employeurs peuvent mettre leurs salariés à la disposition provisoire d'autres employeurs dans les cas suivants : menace de licenciement ou sous-emploi, travail occasionnel, restructuration d'un groupe. Ils doivent demander l'autorisation au ministre du travail en joignant, sous peine d'irrecevabilité de la demande, l'avis des délégués du personnel ; si la durée du *prêt de main-d'œuvre* n'excède pas 8 semaines au cours d'une période de référence de 6 mois, ils peuvent également faire conjointement une notification préalable à l'administration de l'emploi.

Le directive 00/43/CE interdisant toutes les *discriminations* liées à la *race* ou à l'origine ethnique et en ce qui concerne notamment l'accès à l'emploi, la formation et la protection sociale doit être transposée avant le 28 juin 2003. L'autre directive luttant contre les discriminations pour des raisons de *religion* ou de conviction, de *handicap*, d'*âge* ou d'*orientation sexuelle* est en cours d'adoption.

A. Contrat de travail

3013 Le contrat de travail est régi par une loi uniforme du 24 mai 1989 (Mémorial A 1989 n° 35).

Malgré de nombreuses harmonisations, quelques dispositions varient encore selon qu'elles concernent des employés ou des ouvriers (rémunération des heures supplémentaires, indemnités de départ supplémentaires, protection contre le licenciement en cas d'incapacité de travail). Aussi est-il important de bien définir les deux catégories. L'*ouvrier* effectue un travail essentiellement manuel tandis que l'*employé* fournit un travail d'une nature principalement intellectuelle pour lequel il a reçu une formation spéciale ou acquis une expérience pratique prolongée.

Par ailleurs, le *personnel d'encadrement* ne forme pas une catégorie particulière et il relève de la réglementation sur les employés, sauf pour la rémunération des heures supplémentaires.

Il en va de même pour les *dirigeants de sociétés,* les gérants des SARL et des sociétés de personnes ou, dans les SA, les délégués à la gestion journalière et les administrateurs salariés. Un administrateur délégué à la gestion journalière ne peut être lié par un contrat de travail à une société pour laquelle il exerce des **fonctions d'administration et de surveillance.** Il en va autrement pour les **fonctions techniques,** qu'il peut exercer par ailleurs (Cour d'Appel, 28 janvier 1998, n° 21033). On relèvera que les fonctions d'administrateur de holdings sont souvent remplies par des salariés d'établissement de crédit. Voir également n° 1478.

3013-A Le plan d'action en faveur de l'emploi comprend, pour **les demandeurs d'emploi de moins de 30 ans**, la création d'un contrat d'auxiliaire temporaire destiné à leur fournir une initiation pratique facilitant leur insertion dans la vie active ainsi que celle d'un stage d'insertion comprenant des périodes alternées de formation théorique et de formation pratique. En cas d'aggravation de la crise de l'emploi des jeunes, les entreprises de plus de 100 salariés devront, sous peine d'amendes, occuper sous ces formes des jeunes demandeurs d'emploi à raison de 1 % de leur effectif (loi du 12 février 1999).

Le **contrat d'auxiliaire temporaire**, renouvelable une fois, est conclu pour une **durée** allant de trois à douze mois, au cours de laquelle le jeune peut suivre des cours de formation décidés et organisés par l'administration de l'emploi et le service de formation professionnelle du ministère de l'éducation nationale.

Le placement en **stage d'insertion** est réservé aux entreprises couvertes par une convention-cadre conclue avec l'administration. Il prend fin en cas de placement dans un emploi dans l'entreprise ou dans une autre, et au plus tard après une **durée** de douze mois.

L'auxiliaire temporaire perçoit une **indemnité** égale à 80 % du salaire social minimum (90 % après quatre années d'études validées) s'il n'est pas tenu de suivre de cours (100 % dans le cas inverse). Le stagiaire perçoit, en lieu et place de l'indemnité de chômage, une indemnité égale à 80 % du salaire social minimum ainsi qu'une prime de mérite facultative à la charge discrétionnaire de l'employeur. Dans les deux cas, l'indemnité est prise en charge, à part égale, par l'employeur et par le Fonds pour l'emploi. La part patronale des charges sociales afférentes au contrat d'auxiliaire est prise en charge par le Fonds. L'indemnité est soumise aux charges sociales et fiscales prévues en matière de salaires. Le jeune demandeur d'emploi qui refuse sans motif valable l'un ou l'autre contrat proposé par l'administration de l'emploi perd le droit à indemnité de chômage.

Conditions de validité

3014 Le contrat de travail doit toujours revêtir la **forme écrite** et être passé en **double** exemplaire (article 4 de la loi du 24 mai 1989). Tout contrat non écrit est présumé être à durée indéterminée.

Le Luxembourg a transposé avec retard la directive 91/533/CEE relative à l'obligation pour l'employeur d'informer le travailleur des conditions applicables au contrat de travail.

La loi du 15 mai 1995 reprend les **mentions obligatoires** que la directive prévoit pour tout contrat de travail (identité des parties, lieu de travail, catégorie d'emploi, date de début de contrat, durée du congé payé, durée des délais de préavis, montant du salaire, durée normale du travail, conventions collectives applicables). Si le salarié est amené à **se déplacer à l'étranger** pendant plus d'un mois, le contrat indique notamment que l'employeur doit lui notifier par écrit et avant son départ la durée du travail exercé à l'étranger, la devise servant au paiement de son salaire ainsi que, le cas échéant, les avantages en espèces et en nature liés à l'expatriation et les conditions de son rapatriement.

L'employeur dispose d'un délai de deux mois à compter de la réception de la demande pour remettre au travailleur qui le lui demande un **contrat de travail conforme** à la loi.

Période d'essai

3015 Une telle clause est nécessairement sous forme écrite quand le contrat est à durée indéterminée, mais si la convention collective applicable à l'entreprise en prévoit le recours général, il n'est pas nécessaire de la reprendre dans le contrat de travail.

D'une durée variant selon le niveau de formation de la personne embauchée, la période d'essai est en principe de deux semaines au moins et six mois au plus. Par dérogation, elle peut être de six à douze mois au-delà d'un certain salaire. Elle n'est pas renouvelable mais elle peut être prolongée d'un mois maximum en cas de maladie du salarié.

À l'issue des deux premières semaines, le contrat est résiliable de part et d'autre, sans préavis, sans justification et sans indemnités. La notification se fait par lettre recommandée.

Clause de non-concurrence

3016 La clause écrite par laquelle un salarié s'interdit pour le temps qui suit l'expiration du contrat de travail d'exercer des activités similaires à celles de son ancien employeur afin de ne pas porter atteinte à ses intérêts, est autorisée sous réserve de plusieurs conditions :

– elle ne peut être convenue qu'avec un employé dont le salaire annuel brut dépasse 275 000 LUF à l'indice 100, soit 1 585 182 LUF au 1er juillet 2000 ;
– elle ne peut excéder les douze mois qui suivent l'expiration du contrat ;
– elle est géographiquement limitée à l'intérieur des frontières luxembourgeoises ;
– elle ne peut viser que l'exploitation d'une entreprise personnelle.

Durée

3020 Le contrat de droit commun est le contrat à **durée indéterminée**.

Le recours à un contrat à **durée déterminée** est limité aux situations suivantes :

– exécution d'une tâche précise et non durable ;
– remplacement d'un salarié absent ou dont le contrat est suspendu.

Le contrat doit en principe indiquer la date d'**échéance du terme**. La conclusion d'un contrat de date à date n'est cependant pas obligatoire quand il est conclu pour assurer le remplacement d'un salarié absent ou dont le contrat est suspendu, quand il s'agit d'un contrat d'emploi saisonnier ou d'un secteur pour lequel il est d'usage de recourir à de tels contrats (audiovisuel, secteur bancaire, sport professionnel, enquêteurs occasionnels, etc.).

Le contrat ou un avenant au contrat doivent également indiquer sa **reconduction** éventuelle. Le contrat ne peut être renouvelé que **deux fois,** dans une limite maximum de 24 mois. La poursuite du travail **au-delà du terme** ultime ou du terme initialement convenu le transforme en contrat à durée indéterminée.

À l'issue d'un contrat à durée déterminée, l'employeur ne peut conclure un **nouveau contrat** de ce type avec le même salarié, pour le même emploi, sauf pour les activités hautement spécialisées et les contrats d'emploi saisonnier qui peuvent être successifs.

La directive 99/70 du 28 juin 1999 interdisant les **discriminations** à l'encontre des salariés recrutés sous CDD qui ne seraient pas justifiées par des raisons objectives doit être transposée avant le 10 juillet 2001 par adoption d'une loi ou par négociation d'une convention collective.

B. Rémunération

3025 Il faut entendre par rémunération, salaire ou appointements la *rétribution globale* de l'employé, ce qui comprend, outre le salaire proprement dit, les autres avantages accessoires tels que notamment les gratifications, tantièmes, primes occasionnelles et *avantages en nature*.

La *périodicité* du paiement est mensuelle pour les employés et au moins bimensuelle pour les ouvriers. L'action en paiement des rémunérations dues au salarié est de trois ans.

L'employeur peut procéder à des *retenues sur salaires* (limitées à 10 % de la rémunération), pour amendes, pour certains dommages, pour remboursement d'avances. Les retenues sont obligatoires en cas de saisie-arrêt ou de cession du salaire.

La rémunération du salarié est *fixée librement* par les parties sous réserve de respecter les lois suivantes :
– la loi sur le salaire social minimum qui est un salaire de référence qui, à la différence du système français, concerne l'ensemble des salaires (voir n° 3030) ;
– les conventions collectives ;
– le règlement de 1974 sur l'*égalité des rémunérations entre les hommes et les femmes* pour un *travail de valeur égale* étendu par la loi du 8 décembre 1981 à l'ensemble de l'activité professionnelle, voir n° 3042). Ce principe énoncé à l'article 141 (ex-art. 119) du traité de Rome est d'ailleurs d'effet direct et comme tel susceptible d'être invoqué devant les juridictions nationales qui doivent assurer la protection des droits ainsi conférés (CJCE, 8 avril 1976).

Droit au maintien du salaire

3026 Le salarié a droit au maintien de son salaire pendant certaines absences. Le salaire pris en compte pour la détermination de ses droits est formé de la moyenne des trois derniers mois en cas de rémunération variable et c'est celui que le salarié aurait perçu dans les autres cas. Dans les deux hypothèses, les éléments non périodiques sont retirés : gratifications, primes, heures supplémentaires.

Les absences assimilées par la *loi* à des périodes de travail effectif pour la rémunération sont les suivantes :
– congés annuels dits « de récréation », voir n° 3037 ;
– congés extraordinaires et congé sportif, voir n° 3038 ;
– congé formation, voir n° 3040 ;
– congé de maternité, voir n° 3042 ;
– congé pour raisons familiales, assimilé à une période d'incapacité de travail, voir n° 3038-A ;
– congé maladie ou accident, voir n° 3027 ;
– heures de délégation des représentants du personnel ;
– congé spécial pendant le préavis de licenciement, voir n° 3059.

Les *conventions collectives* peuvent, bien sûr, ajouter d'autres situations où le salaire est dû bien que le travail n'ait pas été fourni.

Congé maladie accident

3027 Le régime de congé maladie et accident diffère quelque peu des autres en ce que le maintien du salaire par l'employeur n'est dû que pour une période donnée qui varie selon que le salarié est un employé ou un ouvrier.

S'agissant des **employés**, l'employeur a la charge de leur maintenir leur **salaire intégral** dès le premier jour et pendant les trois mois qui suivent le mois de survenance de l'événement. Au-delà de cette période, et pendant 52 semaines au plus, le salarié perçoit des indemnités journalières servies par la caisse maladie dont il relève (voir n° 3240). L'employeur doit les compléter jusqu'à parfaire le salaire net, pendant une durée de douze mois. Passé le délai de 52 semaines, le salarié peut éventuellement percevoir la pension invalidité servie par la caisse de pension des employés privés (voir n° 3241).

Outre ce droit à rémunération, l'employé malade ou accidenté voit le **poste** qu'il occupe lui être **réservé** pendant trois mois à partir du mois de l'événement. Il bénéficie, en outre, d'une protection contre le **licenciement** pendant la même période.

3028 Pour ce qui est des **ouvriers**, le maintien de leur salaire pendant 52 semaines est à la charge de leur caisse maladie (la CNAMO). Mais l'employeur avance à l'ouvrier les indemnités dues, à compter du premier jour d'arrêt et pendant les trois mois qui suivent le mois de survenance de l'événement. Il se fait rembourser par la caisse maladie en lui adressant un décompte.

Salaire social minimum

3030 Le salaire social minimum (SSM) a été institué par une loi du 12 mars 1973 réformée en dernier lieu par la loi du 22 décembre 2000.

Le SSM est soumis à une **double réévaluation** : il est automatiquement adapté à toute hausse de l'indice des prix supérieure à 2,5 points (mécanisme de l'échelle mobile des salaires). D'autre part, il est revalorisé au moins tous les deux ans, en fonction du développement économique, à partir d'un indice 100 qui constitue le **salaire minimum de référence** d'un travailleur non qualifié de plus de 18 ans et qui est, au 1er janvier 2001, de 8 809 LUF par mois (pour 173 heures) à l'indice 100, soit 50 778 LUF à l'indice 576,43 en vigueur au 1er juillet 2000. Le salaire minimum est majoré de 20 % pour les travailleurs ayant une qualification professionnelle correspondant à un diplôme de fin d'apprentissage.

Il est important de noter que le salaire de référence s'applique à l'**ensemble des salaires** et il fait fonction de paramètre dans la fixation des seuils et des plafonds en matière de sécurité sociale (voir n° 3231).

Pour les employés **qualifiés** ayant une expérience de deux ans ainsi que pour les ouvriers non qualifiés ayant une **expérience** de dix ans, le salaire minimum est relevé. Inversement, les **jeunes** entre 15 et 18 ans bénéficient du salaire minimum mais à un taux dégressif selon leur âge.

Les **conventions collectives** peuvent elles aussi fixer des salaires minimaux à condition qu'ils soient supérieurs au SSM.

Dans la pratique, les **accords collectifs** conclus au sein des grandes entreprises prévoient des salaires bien plus élevés que le salaire minimum légal. Le 13e mois est également un avantage pécuniaire très répandu.

3032 Depuis 1986, il existe à côté du SSM un **revenu minimum garanti** (RMG) géré par le fonds national de solidarité en faveur des personnes privées d'emploi. Assez proche de l'équivalent français, le RMG prend en compte la composition du foyer du bénéficiaire ; au 1er janvier 2001, son montant de base est, pour le premier adulte, de 36 171 LUF par mois (indice 576,43).

C. Conditions de travail

Durée du travail

3035 La durée légale du travail est limitée à **40 heures** par semaine, mais de nombreuses conventions collectives l'ont abaissée. En principe, les heures sont réparties sur 5 ou sur 6 jours ouvrables. Il existe toutefois des régimes dits « de dérogation compensatoire » qui permettent de répartir autrement les heures de travail à condition de respecter une limite journalière :
– répartition des heures de travail sur une semaine de moins de 5 jours ouvrables : limite quotidienne de 9 heures ;
– répartition sur une période de référence de 2 semaines (conditions de travail spécifiques) ou de 4 semaines (travail en équipes successives) : limite quotidienne de 10 heures ;
– la répartition sur une année entière est réservée aux employés du secteur hôtelier, sur autorisation ministérielle.

L'aménagement du temps de travail dans le cadre de ces régimes dérogatoires entraîne le dépassement de la durée légale (ou conventionnelle) du travail, mais les heures dépassées sont compensées par des heures de repos et elles ne sont pas des heures supplémentaires payées à un taux majoré.

Les **heures supplémentaires** sont les heures travaillées au-delà de la durée légale (ou conventionnelle) du travail en régime normal ou au-delà de la limite quotidienne en régime dérogatoire. Soumises à l'autorisation préalable du ministre du travail (sauf urgence ou force majeure), ces heures sont à relever dans un **registre** spécial et elles sont **limitées à** deux heures par jour et 48 heures par semaine, sauf dérogations. Les heures supplémentaires *aux jours ouvrables* sont rémunérées à un taux majoré de 25 % pour les ouvriers, de 50 % pour les employés et de 100 % pour les adolescents.

Le *dimanche* est, en principe, un jour chômé. L'interdiction ne frappe cependant pas certains salariés (cadres supérieurs, voyageurs de commerce), certains emplois (réparation, entretien, surveillance) et certaines entreprises (hôtellerie, santé, spectacles, entreprises familiales). Le *travail du dimanche et des jours fériés* donne droit à une rémunération au taux majoré de 70 % pour le dimanche et de 100 % pour les jours fériés. Les salariés ayant travaillé un dimanche peuvent, en outre, demander un repos compensateur.

Le *repos hebdomadaire* est de 44 heures ininterrompues et coïncidant, si possible, avec le dimanche.

Aménagement de la durée du travail

3035-A La matière est régie par la loi du 12 février 1999. L'entreprise qui veut bénéficier d'un aménagement de la durée du travail doit, pour chaque **période de référence** de quatre semaines consécutives, établir et afficher, après avis de la délégation du personnel, un plan d'organisation du travail (POT) portant sur son activité prévisible et les principes d'organisation du travail en cas d'événements imprévisibles. Les conventions collectives peuvent modifier la période de référence dans la limite de douze mois.

Sauf cas de force majeure ou événements imprévisibles, les heures de travail effectuées au-delà des limites fixées par le plan sont considérées comme des **heures supplémentaires**. Soit elles sont rémunérées au taux majoré (25 % pour les ouvriers et 50 % pour les employés), soit elles ouvrent droit à compensation à raison d'une heure trente par heure supplémentaire, soit elles font l'objet d'une formule mixte (repos compensateur d'une heure par heure supplémentaire et paiement de la majoration).

La *durée de travail normale* est limitée à huit heures par jour ou quarante heures par semaine, sauf limites inférieures fixées par les conventions collectives. Les salariés peuvent être occupés au-delà de ces limites, à condition que la durée hebdomadaire moyenne, calculée sur une période de référence de quatre semaines, ne dépasse pas quarante heures ou la durée conventionnelle. Quand la durée du travail journalière est supérieure à six heures, tout salarié a droit à **une pause non rémunérée** d'au moins trente minutes et, sauf exceptions, l'employeur ne peut entrecouper sa journée d'autres pauses.

La durée du travail *maximale* ne peut dépasser dix heures par jour, ni quarante-huit heures par semaine. Dans un nombre limité de secteurs, elle peut être portée à douze heures par jour, à condition que la durée hebdomadaire ne dépasse pas quarante heures.

Si le *travail hebdomadaire* est réparti sur cinq jours ou moins, la durée normale peut être portée à neuf heures par jour. S'il est organisé par équipes successives, la durée peut dépasser quarante heures par semaine, à condition que la durée hebdomadaire moyenne, calculée sur une période de référence de quatre semaines ne dépasse pas quarante heures et que la durée journalière ne dépasse pas dix heures.

Travail volontaire à temps partiel

3036 Pour une meilleure maîtrise du chômage, la loi du 26 février 1993 réglemente le travail à temps partiel qu'elle définit a contrario comme étant un horaire hebdomadaire inférieur à la durée normale légale ou conventionnelle.

La création par l'employeur de postes à temps partiel est soumise à la **consultation préalable** du comité mixte d'entreprise ou de la délégation du personnel. Le travail à temps partiel est *volontaire* : le refus par un salarié occupé à temps plein d'effectuer un travail à temps partiel ou de reprendre un temps plein ne constitue pas un motif grave ou légitime de licenciement.

Le *contrat de travail* doit stipuler la durée hebdomadaire du travail convenue, sa répartition entre les jours de la semaine et les limites, conditions et modalités des heures supplémentaires, c'est-à-dire les heures effectuées par le salarié, d'un commun accord, au-delà de la durée de travail contractuelle mais dans la limite de la durée du travail légale ou conventionnelle. Elles ouvrent droit aux majorations de rémunération propres aux heures supplémentaires. La rémunération des salariés à temps partiel est réduite proportionnellement à celle des salariés travaillant à temps plein.

La *directive* 78/81/CE du 15 décembre 1997 concernant l'accord-cadre sur le travail à temps partiel doit être transposée avant le 20 janvier 2000.

Congés payés

3037 La matière est régie par le texte coordonné en date du 20 septembre 1979.

Le *droit à des vacances annuelles,* appelées congé payé de récréation, naît après trois mois de travail ininterrompu auprès du même employeur. Il peut être remis en cause en cas d'absences injustifiées dépassant 10 % du temps de travail dû. La *durée* des congés payés est de 25 jours ouvrables par an, indépendamment de l'âge des salariés. En outre, les salariés dont le service ne permet pas un repos ininterrompu de 44 heures par semaine ont droit à un congé payé *supplémentaire* d'un jour ouvrable pour chaque période de huit semaines pendant laquelle ce repos n'a pas été accordé. Le congé de *maladie*, de *maternité* ou pour raisons familiales est assimilé à des périodes de travail effectif pour le calcul de la durée des congés. De même, en cas de congé parental ou de maladie pendant les congés payés, ces derniers sont reportés dans les délais légaux.

Pour les salariés entrant ou quittant l'entreprise *en cours d'année,* le congé est dû à raison d'1/12 par mois de travail entier. Le congé est *rémunéré* sur la base du salaire des trois derniers mois. L'employeur doit tenir un *livre* des congés annuels du personnel.

3038 Il existe également des *congés extraordinaires* accordés à l'occasion de certains événements familiaux ou d'ordre personnel : mariage, naissance, adoption, décès, déménagement.

Mentionnons aussi le *congé sportif* régi par le texte coordonné du 15 mars 1983. D'une *durée* maximum de douze jours ouvrables par an, le congé est réservé aux athlètes désireux de participer à des compétitions internationales. Le salaire du bénéficiaire, à la charge de l'État, est maintenu par l'employeur qui en fait l'avance.

3038-A La *directive* 96/34/CE ayant été transposée par la loi du 12 février 1999, l'un des deux parents peut demander un *congé parental,* à *condition* qu'il élève un enfant de moins de cinq ans, qu'il cesse son activité ou ne l'exerce plus qu'à mi-temps, qu'il soit affilié à l'assurance pension depuis au moins douze mois et qu'il soit domicilié au Luxembourg (ou qu'il ait le statut de salarié détaché d'une entreprise luxembourgeoise). La *durée* du congé est de six mois par enfant ou de douze mois à mi-temps (prolongée de deux mois en cas de naissances multiples). Il est pris en entier et en une seule fois. En cas de congé à mi-temps, les parents peuvent se le répartir, de façon à assurer une présence permanente auprès de l'enfant. Le congé à temps plein ouvre droit à une *indemnité* forfaitaire mensuelle de 11 000 LUF à l'indice 100, soit 63 407 LUF au 1er juillet 2000 (indice 576,43). Elle est exonérée de charges sociales et fiscales et versée par la Caisse nationale des prestations familiales. La demande est notifiée à l'employeur par lettre recommandée. Ce dernier ne peut refuser le congé ou le reporter que dans des cas limitativement énumérés. Le contrat de travail est *suspendu* et l'emploi ou un emploi similaire est conservé. La durée du congé est prise en compte pour la détermination des droits liés à l'ancienneté et l'ouverture des droits en matière de protection sociale, notamment pour l'indemnisation du chômage.

Par ailleurs, il est institué un *congé pour raisons familiales* pour permettre à l'un des parents salariés d'assurer une présence auprès d'un enfant de moins de quinze ans en cas de maladie grave, d'accident ou d'autres raisons impérieuses de santé justifiées par un certificat médical. D'une *durée* de deux jours par enfant et par an, ce congé est *assimilé à* un congé maladie accident (voir n° 3027).

3039 Les *jours fériés légaux,* c'est-à-dire les jours de fête qui tombent normalement un jour ouvrable, sont les 1er et 2 janvier, les lundis de carnaval et de Pâques, le 1er mai, l'Ascension, le lundi de Pentecôte, le 23 juin (fête nationale), le 15 août, le 1er novembre, les 25 et 26 décembre. Si un jour férié tombe un dimanche, il est remplacé par un jour férié de rechange qui doit être pris dans les trois mois, dans la limite de trois jours par année calendaire. S'il tombe un jour ouvrable chômé par le salarié, il ouvre droit à un repos compensateur. Le salaire maintenu au salarié pendant le chômage d'un jour férié s'appelle une « indemnité spéciale ». Le travail pendant un jour férié ouvre droit en plus de l'indemnité spéciale à la rémunération habituelle au taux majoré de 20 %.

Congé formation

3040 La loi du 4 octobre 1973 a institué un congé formation appelé congé éducation visant à encourager la formation civique des jeunes de moins de 25 ans exerçant une activité professionnelle et le perfectionnement professionnel de tout actif désireux de suivre des cours officiels pour adultes. La *durée* globale du congé est limitée à soixante jours et à vingt jours ouvrables par période de deux ans. Le salaire, dont la charge revient à l'État, charges sociales incluses, est maintenu par l'employeur qui en fait l'avance.

Protection des femmes et égalité de traitement

3042 La loi du 8 décembre 1981 a introduit l'égalité de traitement entre les hommes et les femmes dans l'ensemble des activités professionnelles et elle complète ainsi l'égalité de rémunération déjà posée en 1974 (voir n° 3025).

Le principe d'égalité de traitement entre homme et femme a été élevé au rang de **fondement de la Communauté européenne** (CJCE, 8 avril 1976, aff.43/75, Defrenne II). Par ailleurs, le principe de l'*égalité de rémunération* entre travailleurs masculins et féminins pour un **travail de valeur égale** (art. 141, ex-art. 119, du traité d'Amsterdam) est d'effet direct et comme tel susceptible d'être invoqué devant les juridictions nationales qui doivent assurer la protection des droits ainsi conférés (CJCE, 8 avril 1976, précité).

Applicable à l'origine aux seules *rémunérations* (art. 141), le principe de l'égalité de traitement a été *étendu graduellement*, par voie de directives, aux domaines de l'accès à l'emploi (pour les femmes enceintes notamment), de la formation professionnelle et des conditions de travail, des régimes légaux de sécurité sociale qui assurent une protection contre les risques de maladie, d'invalidité, de vieillesse, d'accident de travail, de maladie professionnelle et de chômage, des régimes professionnels de sécurité sociale, de l'exercice d'une activité indépendante et de la protection de la maternité.

En cas de violation de l'interdiction de discrimination et à la lumière de l'objectif des directives (qui font incomber à l'employeur la charge de la preuve de la non-discrimination), la **réparation pécuniaire** doit être **adéquate** en ce sens qu'elle doit permettre de compenser intégralement les préjudices effectivement subis du fait (en l'occurrence) du licenciement discriminatoire, selon les règles nationales applicables (CJCE, 2 août 1993, aff. C-271/91, Marshall).

Pour plus de détails, le lecteur se reportera au Mémento CE, n°s 8240 s.

L'égalité dans les conditions de travail a eu pour effet de supprimer l'interdiction du *travail de nuit des femmes* dans l'industrie luxembourgeoise. La CJCE a en effet jugé qu'une interdiction générale en la matière constitue une atteinte à la directive 76/207/CEE sur l'égalité de traitement en matière d'accès à l'emploi, de formation et promotion professionnelle et de conditions de travail (aff. C. 345/89, Stoeckel, 25 juillet 1991).

Pour ce qui est de la *protection de la grossesse et de la maternité,* la durée légale du *congé de maternité* est de huit semaines au moins avant l'accouchement et de huit semaines au moins après l'événement (loi du 3 juillet 1975 modifiée par la loi du 7 juillet 1998). Le congé prénatal commence obligatoirement la huitième semaine précédant la date présumée de l'accouchement et la femme enceinte ne peut plus reporter son congé prénatal si elle se sent apte au travail. Le congé postnatal est également prolongé de quatre semaines en cas d'accouchement multiple. Pendant la durée du congé, la salariée a droit au maintien de son *salaire,* les indemnités lui étant versées par la caisse maladie (voir n° 3240).

Elle bénéficie d'une protection contre le *licenciement* dès qu'elle est en état de grossesse médicalement constatée et pendant une période de douze semaines après l'accouchement. L'employeur est tenu de lui conserver l'emploi (ou un emploi équivalent) pendant son congé de maternité.

Si, à l'issue de son congé de maternité, elle ne reprend pas son travail, elle est présumée avoir rompu son contrat de travail mais les droits liés au *congé* spécial d'éducation lui sont automatiquement acquis. Ce congé lui permet de bénéficier d'une priorité de réembauche à l'échéance d'une durée d'un an. Une loi de 1988 a d'autre part institué une **allocation d'éducation** pour inciter les parents à faibles revenus à élever leurs enfants les deux premières années.

Le dispositif de protection de la grossesse et de la maternité est conforme à la directive 92/85/CEE sur la sécurité et la santé des travailleuses enceintes, accouchées ou allaitantes, bien qu'il soit reproché au Luxembourg de ne pas l'avoir transposée (Aff. C-409/97 ; recours introduit par la Commission européenne le 5décembre 1997).

D. Cessation du contrat

3050 Les modalités pour mettre fin au contrat pendant la période d'essai ont été examinées au n° 3015.

Une fois la période d'essai terminée, le contrat de travail peut prendre fin pour les raisons suivantes :
- pour les contrats à durée déterminée, expiration du terme contractuel ;
- résiliation par consentement mutuel ;
- résiliation par l'une ou l'autre partie : démission ou licenciement individuel (avec préavis ou indemnités compensatrices de préavis ou bien sans préavis pour motifs graves) ;
- licenciement collectif ;
- décision judiciaire ;
- atteinte de l'âge de la retraite ou de la préretraite du salarié ;
- décès du salarié ;
- décès ou mise en faillite de l'employeur.

La matière a été complétée par une loi du 26 mai 2000 concernant la protection contre le **harcèlement sexuel** dans les relations de travail.

1. Licenciement individuel

a. Licenciement avec préavis

3051 La procédure de licenciement avec préavis est applicable en cas de résiliation unilatérale du contrat de travail à l'initiative de l'employeur. Ce dernier doit respecter, outre les **règles légales** exposées ci-dessous, les dispositions intéressant cette question qui peuvent figurer soit dans le contrat de travail soit dans la convention collective.

Notification au salarié

3052 La notification du licenciement se fait par lettre recommandée. Toutefois, l'apposition de la signature du salarié sur le double de la lettre de licenciement vaut accusé de réception de la notification.

Le salarié dispose alors d'un délai d'un mois pour demander à connaître les motifs de son licenciement. L'employeur est tenu de lui fournir au plus tard dans le mois suivant la notification des **motifs réels et sérieux** liés à l'aptitude ou la conduite du salarié ou fondés sur les nécessités de l'entreprise. Les échanges se font par lettre recommandée. Le salarié peut saisir le juge du travail dans les trois mois suivant le licenciement ou la lettre motivée, s'il juge le licenciement abusif (voir n° 3065).

Dans les entreprises de **plus de 150 employés,** la procédure à respecter comporte d'abord un **entretien préalable** avec l'employé. L'employeur doit convoquer le salarié par lettre recommandée en lui indiquant les motifs de son licenciement ainsi que le jour, l'heure et le lieu de l'entretien pour lequel l'employé peut se faire assister d'un autre employé ou d'un délégué du personnel. Copie de la convocation est adressée aux délégués du personnel de l'entreprise ou, à défaut, à l'inspection du travail et des mines. Dès le lendemain de l'entretien et au plus tard dans les huit jours, l'employeur peut alors notifier le licenciement comme indiqué ci-dessus.

Lorsque le licenciement est signifié **pendant une période de congé payé**, la notification produit ses effets dès accusé de réception, sous réserve toutefois de la protection spéciale dont bénéficient les salariés pendant certains congés (voir n° 3060).

Préavis de licenciement

3053 L'employeur est tenu de respecter des **délais légaux** de préavis de licenciement. Ces délais sont des délais minima qu'un accord individuel ou une convention collective peuvent prévoir **plus longs**.

Ancienneté	Délai de préavis
moins de 5 ans	2 mois
entre 5 et 10 ans	4 mois
plus de 10 ans	6 mois

Si l'employeur ne respecte pas le délai de préavis, il doit verser au salarié une **indemnité compensatrice de préavis** égale au salaire correspondant au délai non observé. Inversement, il peut dispenser le salarié d'effectuer son travail pendant le délai de préavis.

Indemnité de licenciement

3056 En plus de l'indemnité compensatrice due par l'employeur s'il rompt la relation salariale sans respecter le délai de préavis, le salarié a droit à des indemnités de départ dont le montant varie avec l'ancienneté acquise, le statut (employé ou ouvrier) et le nombre de salariés travaillant dans l'entreprise.

Indemnité de licenciement d'un salarié travaillant dans une entreprise de plus de 20 salariés

3057

Ancienneté dans l'entreprise	Indemnité de l'employé	Indemnité de l'ouvrier
entre 5 et 10 ans		1 mois
entre 10 et 15 ans		2 mois
entre 15 et 20 ans		3 mois
entre 20 et 25 ans	6 mois	3 mois
entre 25 et 30 ans	9 mois	3 mois
après 30 ans	12 mois	3 mois

Entreprises de moins de 20 salariés

3058 Lorsque l'entreprise compte moins de 20 salariés, l'employeur peut opter entre le versement des indemnités de licenciement exposées ci-dessus ou un allongement du délai de préavis légal. Il doit notifier son choix dans la lettre de licenciement.

S'il opte pour l'*allongement de la durée de préavis,* les délais à respecter seront les suivants :

Ancienneté dans l'entreprise	Prolongation des délais de préavis	
	Employé	Ouvrier
entre 5 et 10 ans	5 mois	
entre 10 et 15 ans	8 mois	
entre 15 et 20 ans	9 mois	
entre 20 et 25 ans	12 mois	9 mois
entre 25 et 30 ans	15 mois	9 mois
après 30 ans	18 mois	9 mois

Droits du salarié pendant le préavis

3059 Le salarié licencié a droit à un *congé spécial* pour rechercher un nouvel emploi, d'une durée limitée à 6 jours ouvrables.

Ce congé est rémunéré par l'employeur à condition que le salarié se soit inscrit comme demandeur d'emploi auprès de l'administration de l'emploi (voir n° 3012) et qu'il justifie qu'il s'est présenté à des offres d'emploi.

Protection spéciale contre le licenciement

3060 Certains salariés bénéficient de mesures de protection particulières les mettant pendant une période donnée à l'abri d'une décision de licenciement avec préavis.

Est *illégal* et susceptible d'être *annulé,* le licenciement d'un salarié :

– pendant la *grossesse :* dès qu'elle est médicalement constatée, et pendant une période de douze semaines après l'accouchement ;
– en cas de *maladie* ou d'*accident du travail :* pendant la fraction du mois de l'événement et les trois mois suivants s'il s'agit d'un employé et pendant les 26 semaines suivant l'événement si le salarié est un ouvrier. La notification doit parvenir à l'employeur avant que le salarié ne reçoive une lettre de licenciement ou de convocation à entretien préalable ;
– dans l'accomplissement de son mandat de *délégué du personnel* (titulaire ou suppléant) : dès la présentation des candidatures et pendant les trois mois suivants pour les candidats non élus ou jusqu'à une période de six mois après l'expiration de leur mandat pour les délégués élus (loi du 18 mai 1979). En cas de faute grave pendant leur mandat, la mise à pied immédiate est possible, voir n° 3087.

Le licenciement d'un *membre du comité mixte d'entreprise* reste possible mais, pour ne pas être abusif, il doit résulter d'un vote à la majorité absolue des voix dans les deux groupes du comité.

b. Licenciement sans préavis

Licenciement sans préavis pour faute grave

3062 L'employeur peut résilier le contrat de travail (qu'il soit à durée déterminée ou indéterminée) sans avoir à respecter le délai légal de préavis et à verser une indemnité de départ dès lors qu'il justifie de « motifs graves procédant du fait ou de la faute du salarié ». Le salarié dispose du même droit à l'égard de son employeur. Dans les deux cas, la rupture ouvre droit à des *dommages-intérêts* à charge de la partie qui a initié la rupture.

La *jurisprudence* définit le motif grave comme étant celui dont « la nature est telle qu'il rend impossible la poursuite des rapports contractuels et qu'il compromet définitivement la confiance réciproque ». L'abandon de poste pour cause de *grève* légalement organisée ne constitue pas, par exemple, un motif grave.

La notification se fait par lettre recommandée. L'apposition de la signature du salarié sur le double de la lettre vaut accusé de réception.

La *lettre de licenciement* doit indiquer avec précision les faits reprochés au salarié ainsi que les circonstances qui sont de nature à leur conférer le caractère de motif grave. L'employeur dispose d'un *délai* d'un mois à compter du jour où il a eu connaissance des faits pour les invoquer comme constitutifs d'une faute grave. Ce délai peut être dépassé lorsque les faits ont donné lieu, dans le mois, à l'exercice de poursuites pénales ou bien lorsqu'une partie invoque un fait ou une faute antérieure à l'appui d'un fait nouveau ou d'une nouvelle faute.

Dans les entreprises comptant plus de 150 salariés, l'employeur doit recourir à la procédure de *l'entretien préalable,* décrite au n° 3052.

En cas de *contestation* portée devant le juge, c'est à l'employeur d'apporter la preuve des motifs qu'il invoque et du bien-fondé de sa décision.

c. Licenciement abusif

3065 La loi du 24 mai 1989 dispose qu'il y a usage abusif du droit de résilier et acte socialement et économiquement anormal quand le licenciement :
- est *contraire à la loi* (voir n° 3060) ;
- ou qu'il ne repose pas sur des *motifs réels et sérieux* liés à l'aptitude ou à la conduite du salarié ou fondés sur les nécessités du fonctionnement de l'entreprise, de l'établissement ou du service (voir n° 3052).

La Cour de cassation a confirmé cette double optique (arrêt du 25 juin 1981).

Le licenciement d'un membre du comité mixte d'entreprise est également abusif s'il n'a pas été approuvé à la majorité absolue des deux groupes.

En dehors de cette définition légale, d'autres textes retiennent que le licenciement est abusif si certaines règles ne sont pas observées.

Le salarié victime d'un licenciement abusif peut introduire une demande en *dommages et intérêts* dans un délai de trois mois suivant la notification du licenciement, la réception de la lettre motivée ou l'expiration du délai dans lequel l'employeur devait motiver sa décision. Le montant des indemnités allouées par le juge du travail prend en compte les usages, l'ancienneté du salarié et les intérêts réciproques des parties. Dans certains cas de licenciement illégal, il peut, à la demande du salarié, recommander sa réintégration dans l'entreprise ; s'il est réintégré, l'employeur n'a pas à verser de dommages et intérêts et, dans le cas inverse, le juge peut majorer les dommages et intérêts d'un mois de salaire.

2. Licenciement collectif

3067 La loi du 23 juillet 1992 est venue réformer la loi du 2 mars 1982. Elle fonde le licenciement collectif sur la combinaison de deux notions :
- le *nombre de salariés* licenciés collectivement au cours d'une même période :

sept salariés sur une période de trente jours ou bien quinze salariés sur une période de quatre-vingt-dix jours ;
- la *cause* du licenciement, nécessairement *extérieure* au salarié.

La réglementation du licenciement économique ne s'applique pas aux licenciements intervenant à la suite d'une *cessation d'activité* suite à une décision de justice (faillite) ou à l'incapacité physique ou au décès de l'employeur (voir n° 3085) ; elle s'applique indépendamment du fait que la décision émane de l'employeur ou d'une entreprise qui contrôle cet employeur.

3068 L'employeur est tenu de procéder à des *consultations préalables* avec les représentants du personnel (délégués, comité mixte d'entreprise et, le cas échéant, organisations syndicales). Il leur notifie par écrit le projet de licenciement et leur communique les renseignements leur permettant de formuler des propositions constructives : exposé des motifs, nombre de salariés affectés, période de licenciement, critères de choix, méthode de calcul de l'indemnité ; il envoie copie de ces courriers à l'administration de l'emploi et à l'inspection du travail.

Les négociations sont entamées en vue d'aboutir, dans un délai maximum de quinze jours, à l'établissement d'un *plan social*. Elles portent au minimum sur les possibilités d'éviter ou de réduire le nombre des licenciements, sur les possibilités de reclassement ou de reconversion et sur les mesures de compensation financière. Le procès-verbal des négociations est consigné dans une convention intitulée « plan social » et transmis à l'administration de l'emploi qui en donne copie à l'inspection du travail et des mines.

En cas d'*accord* sur le plan social, l'employeur peut procéder à la notification individuelle des licenciements, en respectant, si l'entreprise a plus de 150 salariés, la procédure de l'entretien préalable décrite au n° 3052. En cas de *désaccord*, les parties saisissent conjointement l'*office national de conciliation* (voir n° 3145), dans un délai de trois jours. Il statue au plus tard dans les quinze jours suivant sa première séance ; le procès-verbal de ses délibérations est transmis à l'administration de l'emploi et à l'inspection du travail. Tout licenciement notifié ou tout entretien préalable ayant lieu avant la signature du plan social ou avant le procès-verbal de l'ONC est nul et sans effet et ouvre droit à réintégration judiciaire des indemnités pour rupture abusive.

Le licenciement collectif ne *prend effet* qu'à compter d'un délai minimum légal de 75 jours, délai que le ministre du travail peut porter à 90 jours ou au contraire réduire à la durée du préavis légal ou conventionnel.

Indemnités de licenciement

3069 Il n'existe pas d'indemnités légales spécifiques au licenciement collectif. Les indemnités perçues par les salariés licenciés sont au minimum celles qu'ils auraient perçues dans le cadre d'un licenciement individuel. Plus généralement, elles font l'objet des négociations menées dans le cadre du plan social exposé ci-dessus.

3. Démission

3075 La démission du salarié est le pendant du licenciement individuel puisque, dans les deux cas, il s'agit d'une résiliation unilatérale du contrat de travail qui intervient sans préavis lorsqu'il y a un motif grave de rupture et avec préavis (ou perte du salaire correspondant) dans les autres cas.

La notification est faite par lettre recommandée quand la rupture est à l'initiative du salarié. L'apposition de la signature de l'employeur sur le double de la lettre de démission vaut également accusé de réception de la démission.

Démission avec préavis

3076 À moins d'une faute grave de l'employeur justifiant une rupture immédiate, le salarié démissionnaire est tenu de respecter un *délai de préavis* qui est de moitié inférieur à celui que doit respecter l'employeur en cas de licenciement (voir n° 3053). S'il ne le respecte pas, il perd son droit au salaire pour un montant correspondant au délai légal non respecté. Les délais de préavis légaux exposés dans le tableau ci-dessous sont des délais maximaux qu'une convention individuelle ou collective peut raccourcir.

Délai de préavis légal de démission

3077

Ancienneté	Délai de préavis
moins de 5 ans	1 mois
entre 5 et 10 ans	2 mois
plus de 10 ans	3 mois

Démission sans préavis

3078 La rupture *pour motif grave* s'effectue suivant la même procédure, qu'il s'agisse d'un licenciement ou d'une démission. Nous renvoyons donc le lecteur mutatis mutandis au n° 3062.

4. Autres motifs

Expiration du contrat à durée déterminée

3080 Le contrat à durée déterminée cesse de plein droit à l'*expiration du terme* fixé, sauf reconduction possible (voir n° 3020). Il peut également être résilié par l'une ou l'autre partie, sans préavis, pour *motifs graves*. Pour la notification et les indemnités à la charge de la partie en faute, on se reportera à ce qui est dit au n° 3062.

Si les relations de travail se poursuivent *au-delà du terme* contractuel, elles sont considérées se poursuivre dans le cadre d'un nouveau contrat à durée indéterminée.

Par ailleurs, le non-renouvellement d'un contrat à durée déterminée après plusieurs *prorogations successives* peut être assimilé à un licenciement abusif.

Résiliation par consentement mutuel

3081 Le contrat de travail peut prendre fin d'un commun accord. L'accord, rédigé en double exemplaire et signé des deux parties, doit mentionner la volonté réciproque des parties afin d'éviter une contestation ultérieure.

Cessation des affaires

3085 Lorsque l'entreprise cesse ses activités du fait de l'*incapacité physique de l'employeur*, son *décès* ou sa mise en *faillite*, le contrat de travail est rompu sans préavis. Les salariés ont toutefois droit au maintien de leur salaire jusqu'à la fin du mois suivant la cessation des activités ainsi qu'à la moitié de la rémunération correspondant au délai légal de préavis s'il avait été respecté.

En dehors des motifs exposés plus haut, la cessation des activités relève, le cas échéant, de la procédure de licenciement collectif exposée au n° 3067.

Modifications substantielles

3086 La loi du 18 mars 1981 pose le principe du maintien des droits des travailleurs et la poursuite du contrat de travail en cas de modification de la *situation juridique de l'employeur.* En vertu de la directive 77/187/CEE transposée en droit luxembourgeois, si une société transfère son entreprise ou une partie indépendante de celle-ci à un tiers, dans le cadre d'un accord (généralement de fusion ou de transfert d'actifs), les **droits des salariés** sont **transférés** tels quels au nouvel employeur et le *transfert* ne constitue pas un motif de licenciement. Pendant un an toutefois, l'ancien employeur demeure **solidairement responsable** avec l'acquéreur de l'exécution des obligations qui découlent des contrats de travail des salariés antérieurs au transfert.

La **notion de transfert d'entreprise** vise, selon la directive, le transfert d'une entité économique conservant son identité et résultant d'une cession conventionnelle ou d'une fusion (art. 1). Sont exclues les opérations de concentration de même que les transferts d'entreprises dans le cadre d'une procédure de faillite visant à la liquidation des biens du cédant. En revanche, la directive s'applique au transfert dans des procédure de sursis de paiement (droit néerlandais) ainsi qu'au transfert qui tend à favoriser le maintien de l'activité de l'entreprise en procédure collective en vue d'une reprise éventuelle (CJCE 7 décembre 1995, aff. 472/93, Spano : Rec. I 4321).

Notons que la CJCE fait une interprétation très extensive de la notion de transfert. Le **critère décisif** est de savoir si l'entité en question garde son identité, ce qui résulte notamment de la poursuite effective de l'exploitation ou de sa reprise. En cas de **succession de prestataires de services** sur un marché de nettoyage de locaux, la directive ne s'applique pas si l'opération ne s'accompagne ni d'une *cession*, entre l'un et l'autre entrepreneur, d'*éléments d'actif*, corporels ou incorporels, significatifs, ni d'une reprise, par le nouvel entrepreneur, d'une *partie essentielle des effectifs*, en termes de nombre et de compétence, que son prédécesseur affectait à l'exécution de son contrat (CJCE 11 mars 1997, plén., aff. 13/95, Süzen : RJS 6/97 n° 770 ; Rec. I-1259).

3086-A Si toutefois le transfert entraîne une modification substantielle des *conditions de travail* au détriment du salarié et que ce dernier rompt le contrat de ce fait, la résiliation sera considérée comme intervenue du fait de l'employeur.

Toute modification en défaveur du salarié portant sur une clause essentielle du contrat doit être *notifiée* de la même manière qu'un licenciement avec préavis ; le salarié peut demander le motif de la modification et l'employeur est tenu de répondre dans un délai d'un mois.

Décision judiciaire

3087 Les *délégués du personnel* bénéficient d'une protection spéciale contre le licenciement avec préavis qui commence avec la présentation de leur candidature et qui expire six mois après la fin de leur mandat. Cette protection ne les met pas à l'abri d'un licenciement immédiat pour faute grave précédé d'une *mise à pied* conservatoire et immédiate. L'employeur doit toutefois demander conjointement au juge du travail la résolution judiciaire du contrat de travail.

E. Salariés étrangers

3105 L'emploi de salariés étrangers nécessite généralement la prise en compte de *questions particulières*, à savoir :

– formalités à accomplir en matière de réglementation de l'immigration (autorisation de séjour, de travail...) ;

– droit applicable au contrat de travail ;
– tribunal compétent en cas de litige ;
– applicabilité des conventions collectives du pays d'origine et du pays d'accueil ;
– autres particularités susceptibles d'affecter la relation employeur/salarié, notamment en matière de rémunération (prime, frais) ou de licenciement (obligation de réintégration).

Pour tout ce qui a trait à la réglementation de l'*immigration*, on renvoie le lecteur au début du présent ouvrage (n°s 60 s.). S'agissant des **autres questions**, il faut savoir, dès l'abord, que ce n'est pas tant la nationalité du salarié qui pose problème que la non-concordance entre le lieu du domicile du salarié, le lieu d'établissement de l'employeur et le lieu d'exécution du travail. Le contrat de travail devient international dès que ces lieux se situent dans des pays différents.

Les règles développées ci-dessous pourront donc viser des situations concrètes fort différentes, aussi bien un salarié français détaché temporairement au Luxembourg pour le compte de son employeur français qu'un salarié luxembourgeois employé au Luxembourg par une société française, ou qu'un salarié français employé au Luxembourg par une société française filiale (ou mère) de la société française qui l'a recruté ou pour le compte de laquelle il travaillait antérieurement.

Pour une étude complète du thème, on se reportera utilement à l'ouvrage *Travailler à l'étranger*, 1999, dans la collection des Dossiers Internationaux.

Droit applicable au contrat de travail

Droit commun : application de la Convention de Rome

3106 Le contrat de travail devient international dès qu'il présente un ou plusieurs éléments d'extranéité. La question du droit applicable à un contrat de travail « franco-luxembourgeois » doit être examinée pour les contrats conclus à compter du 1er septembre 1991 conformément aux règles posées par la Convention de Rome du 19 juin 1980 (voir n°s 305 s. sur les aspects généraux de cette convention).

Remarque. Un contrat entre un employeur français et un salarié également français peut être « franco-luxembourgeois » lorsque le travail doit être effectué au Luxembourg. À l'inverse, si un salarié de nationalité française est installé au Luxembourg et qu'il y est recruté directement par un employeur luxembourgeois, le contrat ne sera pas en principe « franco-luxembourgeois » mais purement luxembourgeois et il n'y aura pas lieu de faire intervenir les règles de conflit de lois prévues par la Convention de Rome.

Les **principes de base** posés par la convention en matière de contrat de travail sont les suivants :

1) les parties ont la possibilité de choisir la loi applicable au contrat de travail international ;

2) en l'absence de choix, la loi normalement applicable est la loi du lieu d'exécution habituel du travail (même en cas de détachement temporaire), ou celle du pays où se trouve l'établissement qui a embauché le salarié lorsque celui-ci se déplace dans plusieurs pays, à moins qu'il ne résulte de l'ensemble des circonstances que le contrat de travail présente des liens plus étroits avec un autre pays, auquel cas la loi de cet autre pays est applicable ;

3) en tout état de cause, le salarié ne peut être privé du bénéfice des dispositions impératives (« lois de police ») de la loi du lieu d'exécution du travail ou du lieu d'embauche en cas de mobilité.

Détachement dans le cadre d'une prestation de services dans l'Union européenne

3106-A La directive 96/71/CE (JOCE 1996 L 18) sur le *détachement de travailleurs effectuant une prestation de services* dans l'Union européenne donne, pour des salariés d'un État membre envoyés dans un autre État membre pour l'exécution d'une prestation de services, un contenu concret aux lois de police susvisées. La notion de prestation de services est assez large, dans la mesure où, côté français, elle couvre notamment les contrats d'entreprise et de mise à disposition (exécution de chantiers de construction par exemple).

S'agissant des *lois de police*, il s'agit au minimum des règles en matière de durée du travail et des congés payés, de salaire minimum, des conditions de mise à disposition, de la santé, de la sécurité et de l'hygiène au travail, des mesures protectrices des femmes enceintes, des enfants et des jeunes, de l'égalité de traitement entre hommes et femmes ainsi que d'autres dispositions en matière de non-discrimination. Les États membres peuvent allonger cette liste.

Le principe de base de la directive est que les *conditions de travail et de rémunération* en vigueur dans l'*État d'accueil* doivent être applicables aussi bien aux travailleurs locaux qu'aux travailleurs détachés afin d'éviter le dumping social (notamment en jouant sur la différence de salaire minimum de certains pays de l'UE). Sont visés les travailleurs détachés dans le cadre d'une prestation de services (existence d'un contrat entre la société employeur et la société bénéficiaire de la prestation de services), la mise à disposition d'un travailleur intérimaire ou encore, la mobilité interne au sein d'un groupe d'entreprises. La directive prévoit certaines exceptions pour des détachements ne dépassant pas huit jours, ou, si les règles nationales le prévoient, inférieurs à un mois ou pour des travaux de faible importance. Enfin, le salarié détaché a le droit de saisir, en cas de litige, outre le tribunal visé au n° 3108, le tribunal du lieu de détachement.

3106-B La France comme le Luxembourg ont déjà transposé la directive :
– en *France*, l'article L 341-5 du Code du travail ;
– au *Luxembourg*, l'article 4 de la loi du 31 juillet 1995 prévoit que constituent des dispositions de police relevant de l'ordre public luxembourgeois et sont comme telles applicables à *tous les salariés* du secteur privé *travaillant au Luxembourg*, y compris ceux qui font l'objet d'un *détachement temporaire*, les dispositions légales, réglementaires et conventionnelles ayant trait aux matières suivantes : contrat de travail, salaire social minimum, durée du travail et repos hebdomadaire, congés payés (congés collectifs et jours fériés légaux), réglementation du travail intérimaire, à temps partiel ou à durée déterminée, mesures de protection des femmes enceintes, des enfants et des jeunes, égalité de traitement entre hommes et femmes, conventions collectives et la législation sur le chômage intempéries et le chômage technique.

En pratique, cela signifie que :
– le contrat de travail d'un *salarié français détaché temporairement au Luxembourg* par l'entreprise française qui l'emploie restera généralement régi par le droit français, sauf si les parties en décident autrement, mais que le salarié pourra malgré tout se prévaloir des dispositions impératives du droit luxembourgeois (pour autant, en règle générale, que celles-ci soient plus favorables que les dispositions de la loi française) ;
– le contrat de travail d'un *salarié* – français ou luxembourgeois – *travaillant habituellement au Luxembourg* pour le compte d'un *employeur français* sera normalement régi par le droit luxembourgeois, sauf si les parties en conviennent autrement, mais même dans ce cas les dispositions impératives du droit luxembourgeois resteront applicables ;
– le contrat de travail d'un *salarié recruté en France pour le compte d'une entreprise luxembourgeoise* (par exemple une filiale ou une société du même groupe que la société française qui effectue le recrutement) sera normalement régi par le droit luxembourgeois. Comme dans le cas précédent, les parties ont la possi-

bilité de convenir que le contrat sera régi par le droit français mais les dispositions impératives du droit luxembourgeois resteront applicables.

Juridiction compétente

3108 La question de savoir s'il faudra saisir une juridiction française ou un tribunal luxembourgeois en cas de litige relatif au contrat de travail est à résoudre en application des dispositions de la **Convention de Bruxelles** de 1968 telle que modifiée en dernier lieu par la Convention de Saint-Sébastien de 1989. Les aspects généraux de ces deux conventions sont évoqués aux n°s 310 s. mais on notera que les dispositions de cette convention qui traitent spécifiquement des litiges en matière de contrat de travail **dérogent** de façon assez significative aux règles générales qui sont exposées aux numéros précités.

En particulier, dans les litiges en matière de contrat de travail :

• les clauses attributives de juridiction incluses dans le contrat de travail dès l'origine ou tout au moins avant la naissance du différend entre l'employeur et le salarié ne sont applicables que lorsqu'elles sont invoquées par le salarié pour saisir une juridiction autre que celle qui serait normalement compétente en application de la convention (voir ci-dessous). Dans tous les autres cas, les parties ne peuvent valablement convenir de la juridiction compétente qu'après la naissance du différend, ce qui limite, en pratique, les cas où un tel accord peut se réaliser ;

• en l'absence d'accord valable des parties (compte tenu des conditions de validité précitées), la convention fixe ainsi le tribunal compétent :

– en principe c'est le tribunal du domicile du défendeur qui est compétent ;
– mais il est toujours possible de saisir le tribunal du lieu d'exécution habituel du travail ;

Lorsque le salarié exerce ses activités dans plusieurs État contractants, le tribunal compétent est celui du pays où il a établi le **centre effectif de ses activités professionnelles** (CJCE 9 janvier 1997, aff. 383/95, Petrus Wilhelmus Rutten, BS 2/97 n° 180).

La CJCE a précisé la compétence du tribunal du **lieu d'exécution** dans le cas où le salarié exerce ses activités dans plus d'un État contractant : en vertu de l'article 5 point 1 de la Convention, c'est le lieu duquel ou dans lequel il s'acquitte principalement de ses obligations ou à partir duquel il reçoit son travail (CJCE 13 juillet 1993, aff. C-125/92, Mulox et 9 janvier 1997, aff. C 383/95, P. Wilhemus Rutten).

- enfin, si le salarié n'accomplit pas habituellement son travail dans un même pays, il peut saisir la juridiction du lieu de l'établissement qui l'a recruté.

En pratique, cela signifie qu'en cas de litige entre un salarié travaillant habituellement au Luxembourg et son employeur établi en France, l'employeur demandeur devra saisir le tribunal de travail luxembourgeois (voir n° 278) mais le salarié demandeur pourra saisir soit le tribunal de travail luxembourgeois, soit le conseil de prud'hommes français.

Applicabilité des conventions collectives

3109 La question de l'applicabilité des conventions collectives – françaises et/ou luxembourgeoises – aux salariés détachés ou expatriés au Luxembourg est étudiée au n° 3138 ci-dessous.

Autres spécificités

3110 L'emploi de personnel expatrié soulève toujours des difficultés spécifiques, à la fois pour la structure d'accueil (bureau, succursale ou filiale au

Luxembourg) et pour la structure d'origine (société française qui détache le salarié, le transfère ou le recrute pour le compte d'une filiale luxembourgeoise).

3111 Une partie de ces difficultés peut être résolue en prévoyant dans un **avenant au contrat de travail** des clauses supplémentaires qui doivent être licites au regard tant du droit auquel est soumis le contrat que des dispositions impératives – ou d'ordre public – du droit de l'autre pays.

Ainsi par exemple, s'il est d'usage de prévoir une clause fixant la **durée de la mission** à l'étranger, on ne pourra cependant, si le contrat est soumis au droit français, avoir recours à un contrat à durée déterminée que pour autant que cela est permis par la législation française (voir notamment art. L. 122-1 et D. 121-2 du Code du travail). À l'inverse, si le travail est exécuté au Luxembourg, les règles impératives énumérées au n° 3106 B devront être respectées même si le contrat reste soumis au droit français.

Sur le plan formel, la France comme le Luxembourg ont transposé la directive 91/533/CEE qui oblige à l'employeur qui envoie un salarié à l'étranger pour une période supérieure à un mois de remettre un **document écrit** l'informant des conditions du travail à l'étranger indiquées au n° 3030.

3112 La **rémunération** du personnel expatrié contient des éléments venant en général **se rajouter** au salaire d'origine. Ces éléments visent pour certains à être la contrepartie monétaire de sujétions nouvelles ou de surcoûts liés aux conditions de vie et, pour d'autres, ils sont une incitation financière à la mobilité internationale. Pour le traitement fiscal et social de ces éléments en France et au Luxembourg selon le système de rémunération internationale retenu, voir l'ouvrage précité. Pour ce type de contrat de travail, le droit français admet que la rémunération soit fixée par rapport à une **monnaie** étrangère.

Enfin, pour éviter tout litige sur ce point, il peut être judicieux de préciser dans le contrat, qui assumera les **frais de retour** en fin de mission dans les différents cas (retour au terme normal de la mission, démission, licenciement...) ainsi que, dans le cas où le salarié expatrié doit réintégrer la structure d'origine, son **salaire de retour**.

Rupture du contrat

3113 Les problèmes les plus complexes qui risquent de se poser au salarié expatrié et à son employeur concernent les cas de **rupture du contrat** (démission ou licenciement).

En effet, les exigences posées par la législation de chacun des pays dans ces domaines (préavis, motif, indemnités) constituent généralement des dispositions d'ordre public, de telle sorte que même si le contrat est expressément soumis à la loi de l'un des pays, les règles fixées par la législation de l'autre pays seront également applicables.

Le licenciement d'un salarié expatrié est donc généralement sensiblement plus compliqué (non-coïncidence des motifs de licenciement, obligation de réintégration) et plus onéreux (risque de cumul des indemnités à payer, frais de rapatriement) qu'un licenciement « interne ».

3114 En cas de mise à disposition d'une filiale étrangère, l'**obligation de réintégration** à la charge de la société française d'origine s'applique dans les conditions fixées à l'article L. 122-14-8 du Code du travail.

Lorsqu'un salarié, mis par la société au service de laquelle il était engagé à la disposition d'une filiale étrangère à laquelle il est lié par un contrat de travail, est **licencié** par cette filiale, la société mère doit impérativement assurer son *rapatriement* et lui procurer un *nouvel emploi* compatible avec l'importance de ses précédentes fonctions au sein de la société mère.

1. Champ d'application Ces dispositions ne s'appliquent qu'aux salariés ayant exercé des *fonctions dans la société mère avant* d'être détachés ; le salarié qui, dès son engagement par une société, a été mis à la disposition d'une filiale, ne peut s'en prévaloir (Cass. soc. 18-12-1984 n° 3923). De même, le salarié ne peut se prévaloir de ces dispositions lorsque la société française est restée son employeur et que l'accord l'affectant au service de la filiale a soumis le *contrat* de travail à la *législation* de l'État dont relève cette dernière (Cass. soc. 30-6-1993 n° 2750 : RJS 8-9/93 n° 866).

La *notion de filiale étrangère* est largement entendue par la jurisprudence française ; bien qu'excluant du champ d'application de l'article L. 122-14-8 les *succursales ou agences* qui n'ont pas de personnalité propre ou les mises à disposition *entre filiales*, les tribunaux considèrent qu'il y a filiale dès lors que le contrôle de la société mère est caractérisé.

2. Rapatriement. C'est à la société mère de prendre l'initiative de *proposer* le rapatriement et le réemploi dès qu'elle a connaissance du licenciement. Ce n'est qu'en cas de refus explicite du salarié de ces propositions qu'elle est délivrée de son obligation (Cass. soc. 16 janvier 1991 n° 219 D ; 11 janvier 1995, n° 209 D). Elle ne peut s'exonérer de cette obligation en faisant valoir que le salarié a manifesté une volonté « attachée à d'autres projets » (Cass. soc. 4-6-1987 n° 2213), ou qu'il a tardé à demander son rapatriement dès lors qu'elle ne l'a pas mis en demeure à cet égard et ne prouve pas qu'il a refusé des propositions de réintégration (Cass. soc. 16-1-1991 n° 219 : RJS 3/91 n° 328). Elle doit rembourser au salarié les *frais de séjour* supportés entre son licenciement et son rapatriement lorsqu'elle a mis du *retard* à assurer cette obligation sans apporter la preuve qu'un tel retard ne lui était pas imputable (Cass. soc. 5-5-1982 n° 920). L'*offre de réemploi* doit être sérieuse et précise (Cass. soc. 24-11-1983 n° 3854).

3. Licenciement par la société mère. En cas de licenciements successifs par la société filiale puis la société mère, la *cause réelle et sérieuse* du licenciement prononcé par cette dernière doit être examinée séparément (Cass. soc. 30-3-1999, n° 1504 : RJS 5/99, n° 754) et reposer sur des faits la concernant (Cass. soc. 18-5-1999 n° 2289 : RJS 10/99 n° 1311). L'*absence de poste* disponible susceptible de répondre aux aptitudes du salarié de retour en France peut justifier le licenciement (Cass. soc. 11-12-1984 n° 3652). Il en est de même en cas de *refus* du salarié d'accepter, à la fin de son détachement, un poste dans une *autre filiale étrangère*, seul emploi vacant (Cass. soc. 28-3-1984 n° 949).

4. Indemnités de rupture. Concernant les indemnités de préavis et de licenciement dues par l'une et/ou l'autre des sociétés, la Cour de cassation a confirmé, dans un arrêt du 20 janvier 1993 (RJS 2/93 n° 125), qu'un salarié licencié par une filiale étrangère et non réintégré par la société mère pouvait *cumuler* les *indemnités de préavis* afférentes aux licenciements successifs car elles n'ont pas la même cause et elles s'appliquent à des périodes différentes. S'agissant de l'*indemnité de licenciement*, elle a jugé dans l'espèce que le cumul n'est pas possible et que le salarié a droit, en plus de l'indemnité versée par la filiale, à l'indemnité dont le calcul lui est le plus avantageux : soit une indemnité calculée en fonction de son ancienneté dans la société mère, soit une indemnité calculée en fonction de son ancienneté globale dans les deux sociétés, déduction faite de celle versée par la filiale.

La société mère n'est pas pour autant déchargée de l'obligation légale de procurer au salarié un nouvel emploi compatible avec ses fonctions précédentes : à défaut, elle peut être condamnée à verser à l'intéressé une *indemnité pour licenciement sans cause réelle et sérieuse* (Cass. soc. 4-12-1985 n° 4303).

La société mère n'est pas tenue au paiement de l'*indemnité compensatrice de congés payés* correspondant à la période d'exécution du contrat au service de la filiale étrangère (Cass. soc. 2-4-1992 n° 1597 : RJS 6/92 n° 718).

SECTION 3 Rapports sociaux

A. Représentation du personnel

3120 La représentation des salariés est assurée sous des formes qui varient selon l'effectif des entreprises. Les *seuils* sont les suivants :

— toute entreprise qui emploie régulièrement 15 salariés au moins doit mettre en place des *délégués du personnel* (voir n° 3125) ;

— dans les entreprises employant plus de 150 salariés au cours d'une période

de référence de trois ans, il y a lieu d'établir un **comité mixte d'entreprise** (voir n° 3121) ;
– dans les sociétés anonymes employant au moins 1 000 salariés et dans lesquelles l'État a une participation d'au moins 25 %, le conseil d'administration est formé, pour un tiers, **d'administrateurs salariés** élus par les délégués du personnel.

On notera qu'au Luxembourg, seules les très grandes entreprises sont dotées d'instances équivalant au comité d'hygiène et de sécurité que l'on connaît en France et dans la plupart des pays de l'Union européenne.

Comité d'entreprise européen

3120-A   Conformément à la directive 94/45/CE et à la loi luxembourgeoise du 28 juillet 2000 de transposition, un **comité d'entreprise européen** (C.E.E.) ou une **procédure d'information ou de consultation** des travailleurs doit être institué dans les entreprises et les groupes d'entreprises de **dimension communautaire**, c'est-à-dire qui emploient plus de 1 000 travailleurs et comportent au moins un établissement (ou, pour les groupes, une entreprise) d'au moins 150 salariés dans au moins deux États membres. L'objectif est d'instaurer un échange de vues et un dialogue entre les salariés des divers États et les dirigeants, sans possibilité toutefois de bloquer les décisions de ces derniers. Le C.E.E. doit être consulté au moins une fois par an et informé de l'évolution financière, économique et sociale de l'entreprise et de ses projets. Si de tels projets ont une incidence pour les salariés d'au moins deux établissements dans des États différents, le C.E.E. doit être informé au plus tôt.

Selon la **directive**, la concertation doit s'établir soit au sein du C.E.E., soit selon une procédure d'information préalablement convenue entre les partenaires sociaux (la direction d'une part et le comité d'entreprise d'autre part). Ceux-ci sont libres de reconduire les instances et procédures déjà en vigueur, d'en définir de nouvelles, de mettre en place le comité d'entreprise européen proposé par la directive ou encore de ne pas créer de nouvelle structure. Si au bout de trois ans, les partenaires sociaux n'ont pas abouti à un consensus (six mois seulement si l'employeur refuse la négociation), la directive prévoit l'application automatique d'un schéma de comité d'entreprise type, fourni en annexe du texte (composé de 3 à 30 membres et réuni une fois par an ou en cas de circonstances exceptionnelles).

3120-B   la directive a laissé des options aux États membres. Les traits spécifiques de la **loi luxembourgeoise** sont les suivants :
– la procédure de négociation peut être **déclenchée par** la direction ou à la demande écrite de cent salariés au moins, mais aussi à la demande écrite des syndicats signataires de la convention collective applicable, dont au moins une organisation syndicale la plus représentative sur le plan national ou d'une organisation syndicale la plus représentative sur le plan national représentée dans une au moins des délégations du personnel des entreprises concernées ;
– l'information et la consultation transfrontalières du C.E.E. doit **porter sur** les questions économiques et sociales de nature stratégique et transnationales mais aussi sur les questions transnationales qui affectent considérablement les intérêts des travailleurs et en cas de circonstances exceptionnelles, plus particulièrement en cas de délocalisation, fermeture d'entreprises ou de licenciements collectifs. La loi fournit la liste non exhaustive des questions entrant dans la compétence des C.E.E. constitués selon les dispositions légales (évolution probable des activités et de l'emploi, investissements, structure du groupe, changements substantiels dans l'organisation) ainsi que la liste exhaustive des questions pour lesquelles ils ne sont pas compétents (droits des syndicats, rémunération et avantages sociaux par exemple) ;

– en cas de **circonstances exceptionnelles**, la direction centrale doit fournir cette information pour permettre aux représentants de prendre position, à la suite de quoi la direction doit leur fournir une réponse motivée ; l'ensemble de ces échanges doit se faire « en temps utile ».

1. Comité mixte d'entreprise

3121 Les comités mixtes d'entreprise ont été institués par la loi du 6 mai 1974 dans toutes les entreprises privées employant habituellement 150 salariés au cours des trois dernières années.

Composition et nomination

3122 On notera que, comme en droit belge, la composition du comité d'entreprise luxembourgeois est **paritaire** : le nombre de délégués varie selon l'effectif de l'entreprise, mais il y a toujours le même nombre de représentants du personnel que de représentants de l'employeur et de membres titulaires que de suppléants. Au-delà de 1 000 salariés, les représentants du personnel entrent dans le conseil d'administration d'une SA et en composent le tiers.

Nombre de salariés	Représentants de l'employeur	Représentants du personnel
moins de 500	3	3
entre 500 et 1 000	4	4
entre 1 001 et 1 500	6	6
entre 1 501 et 5 000	7	7
plus de 5 000	8	8

Le comité d'entreprise est désigné dans le mois qui suit les élections des délégués du personnel. Les **représentants de l'employeur** sont désignés librement par le chef d'entreprise tandis que les **représentants du personnel** sont élus par les délégués du personnel, à bulletin secret et selon la représentation proportionnelle. Tous les salariés ayant une ancienneté d'un an sont éligibles, sans condition de nationalité autre que celle d'être ressortissant d'un État de l'Union européenne. Les sièges sont **répartis** entre les employés et les ouvriers au prorata de l'importance de chaque catégorie par rapport à l'effectif global, avec représentation obligatoire au-delà de 10 % de l'effectif global.

À sa demande, le comité d'entreprise peut s'adjoindre des **conseillers**, membres du personnel ou non, qui ont voix consultative et qui sont désignés par les organisations d'employeurs ou syndicales. Les membres du comité d'entreprise sont désignés pour un **mandat** renouvelable de cinq ans. Chaque membre titulaire peut être remplacé par son suppléant. Les **heures de délégation** nécessaires à l'exercice de leur mandat sont rémunérées comme temps de travail effectif. Ils bénéficient, enfin, de règles de protection particulières les mettant à l'abri d'un **licenciement** de droit commun (voir n° 3060).

Attribution

3123 Le comité mixte d'entreprise remplit, comme en France, diverses missions.

Il a des **fonctions de décision** sur l'introduction de mesures concernant la santé ou la sécurité des travailleurs, sur les critères d'embauche, de promotion ou de licenciement et d'appréciation du travail, sur l'établissement du règlement intérieur et sur l'octroi de récompenses.

Il a **droit à l'information et à la consultation préalable** pour toute décision importante relative à l'introduction de nouvelles installations et techniques, de nouveaux bâtiments, équipements ou procédés de fabrication et leurs incidences sur les conditions de travail. Le comité est obligatoirement consulté avant toute décision économique ou financière pouvant influencer la structure de l'entreprise ou le niveau de l'emploi (emplacement de l'entreprise, fusion, fermeture ou restructuration des activités).

Il a droit à une **information** et à une **consultation régulières.** Une fois par an, il est consulté sur les besoins futurs et actuels en main-d'œuvre et sur les mesures relatives à la formation et au perfectionnement professionnels. Il est informé et consulté par écrit, **deux fois par an** au moins, sur l'évolution économique et financière de l'entreprise. Le chef d'entreprise lui présente un rapport d'ensemble ainsi que, pour les SA, les documents comptables et les rapports qui sont soumis à l'assemblée générale.

Il exerce une mission de **surveillance** à l'égard de la gestion par l'employeur des œuvres sociales de l'entreprise. Il doit enfin veiller au respect rigoureux de l'égalité de traitement entre les **hommes** et les **femmes** et il doit régulièrement faire rapport au délégué à l'égalité sur ses activités (voir n° 3129).

Une proposition de **directive** CE sur un cadre général à l'**information** et à la **consultation** des travailleurs dans les établissements de plus de 50 salariés est en cours d'adoption, en liaison avec l'adoption du statut de la société européenne. Les procédures seront mises en œuvre de manière à assurer l'« effet utile » de la démarche et les informations requises couvriront de larges aspects de l'activité des sociétés concernées.

Fonctionnement

3124 Le comité d'entreprise **se réunit** sur convocation écrite du chef d'entreprise au moins une fois par trimestre ou à chaque fois qu'un quart des membres en fait la demande. L'**ordre du jour** est établi par le chef d'entreprise qui est tenu d'y ajouter toute question présentée par un quart au moins des membres. Les **décisions et avis** sont adoptés à la majorité absolue de chacune des deux représentations.

Lorsque le comité exerce son pouvoir de **décision,** le désaccord entre les deux représentations est à soumettre à l'arbitrage et à la conciliation d'un office national de conciliation du ministère du travail. Dans la pratique, les seuls désaccords ainsi soumis ont eu trait aux salaires. Lorsque les deux représentations employeurs et salariés émettent des **avis séparés,** ces avis sont transmis au conseil d'administration ou à la gérance qui doit rendre compte de la suite donnée.

Droit syndical dans l'entreprise

3125 La loi attribue des prérogatives particulières aux délégués élus sur une liste présentée par une organisation syndicale représentative. Ils peuvent **afficher** librement des communications syndicales sur des panneaux réservés à cet effet, mais l'employeur a droit à leur transmission simultanée sans pour autant pouvoir imposer son autorisation préalable. Ils peuvent aussi **diffuser tracts et informations** syndicales dans l'enceinte de l'établissement et à des endroits décidés d'un commun accord avec l'employeur. Ils peuvent procéder à la **collecte des cotisations syndicales.**

Par ailleurs, la loi **associe les syndicats aux travaux des délégations du personnel des comités d'entreprise.** Dans les établissements de plus de 150 salariés, les délégations du personnel peuvent associer à leurs travaux des conseillers syndicaux choisis parmi ou en dehors du personnel. Dans les établissements de moins de 150 salariés, la majorité des membres qui composent la délégation du personnel du comité d'entreprise peut décider de confier des questions déterminées à l'examen en commun par une organisation professionnelle patronale d'une part et par les organisations syndicales les plus représentatives d'autre part.

2. Délégués du personnel

3126 La représentation des salariés au travers d'une délégation du personnel a été instituée par une loi du 18 mars 1979.

Elle varie selon les *seuils* suivants :

— lorsque l'entreprise compte moins de 100 salariés, une délégation unique représente l'ensemble du personnel, avec représentation obligatoire de la catégorie minoritaire de 10 % au moins des effectifs. Au-delà d'un effectif global de 100 salariés, *deux délégations, employés et ouvriers*, doivent être constituées dès lors que chaque catégorie comprend plus de 15 salariés.

D'autres délégations peuvent devoir être mises en place :
— dans toutes les *succursales* de l'entreprise dès que le seuil de 100 salariés est atteint ;
— quand plusieurs établissements forment une même entité : une *délégation centrale* formée de trois délégués par établissement ;
— quand l'entreprise emploie des *jeunes* : une *délégation de jeunes travailleurs* disposant d'un rôle consultatif.

Le *nombre* de délégués est fonction de l'effectif global de l'entreprise. Il varie d'un seul délégué pour un effectif de 26 personnes à 25 délégués pour un effectif de 5 500 personnes.

Nombre de salariés dans l'entreprise	Nombre de délégués à élire
de 15 à 25	1
de 26 à 50	2
de 51 à 75	3
de 76 à 100	4
de 101 à 200	5
de 201 à 300	6
etc.	

Chaque groupe de 500 salariés supplémentaires ouvre droit à un délégué supplémentaire. Chaque titulaire peut être remplacé par un suppléant. Le mandat est de *cinq ans* et il est renouvelable.

Les délégués sont *élus* par l'ensemble du personnel au vote secret et selon les règles de la représentation proportionnelle ou à la majorité (selon l'effectif global). Les *candidats* sont présentés par les syndicats nationaux les plus représentatifs. Ils peuvent former une liste libre s'ils représentent au moins 5 % du personnel. Ils doivent avoir une ancienneté d'un an et il n'y a aucune condition de nationalité. Les étrangers hors CE titulaires d'un permis de travail A ou B (voir n° 71) ne peuvent toutefois représenter plus du tiers de la délégation. L'ensemble du personnel est *électeur* sans autre condition qu'une ancienneté de six mois.

Les délégués du personnel bénéficient d'*heures de délégation* rémunérées comme travail effectif, pour l'exercice de leur mandat. Dans les entreprises de plus de 500 salariés, certains délégués sont entièrement détachés à l'exercice de leur mandat. Ils ont le droit d'effectuer des stages de *formation* agréés.

Attribution

3127 Les délégués du personnel ont pour mission générale de sauvegarder et de défendre les intérêts des salariés de l'entreprise, en matière de conditions de travail et de sécurité dans le travail. Cette mission générale s'exerce pour autant qu'elle n'est pas confiée au comité mixte d'entreprise.

En outre, les délégués doivent être tenus informés de l'évolution financière (chiffre d'affaires, résultats globaux de la production et de l'exploitation, commandes).

Fonctionnement

3128 Un conseil restreint formé d'un président, d'un vice-président et d'un secrétaire prépare les réunions et en assure le suivi. Les délégués du personnel sont convoqués par le président et par un tiers des délégués au moins six fois par an. Les décisions sont adoptées à la majorité des voix présentes. L'employeur peut prendre part aux réunions, sur invitation des délégués, mais il ne dispose pas du droit de vote.

Délégué du personnel à l'égalité de traitement entre hommes et femmes

3129 Depuis 1998, la délégation du personnel doit *élire* parmi ses membres un ou une délégué(e) à l'égalité de traitement entre hommes et femmes en ce qui concerne l'accès à l'emploi, à la formation et à la promotion professionnelle, ainsi que la rémunération et les conditions de travail.

Ses *fonctions* consistent notamment à proposer à l'employeur des actions de sensibilisation et un plan de mesures visant à promouvoir l'égalité des chances, à présenter toute réclamation, à prévenir tout différend et à saisir l'inspecteur du travail de toute plainte en la matière, à convoquer annuellement et séparément le personnel de chaque sexe, à donner son avis avant toute création de poste à temps partiel et à donner des consultations dans un local approprié de l'entreprise. Le délégué à l'égalité dispose d'un *crédit d'heures* majoré et il a droit à un *congé-formation* spécifique de deux demi-journées par an.

Pour lui permettre d'exercer son mandat, l'*employeur* doit lui fournir semestriellement des *statistiques ventilées par sexe* sur les recrutements, promotions, mutations, licenciements, rémunérations et formations du *personnel*. Pour sa part, le *comité mixte d'entreprise* doit lui remettre régulièrement un rapport sur ses activités en la matière.

B. Négociation collective

1. Partenaires sociaux

3130 La loi du 4 avril 1924 organise la représentation des employeurs et des travailleurs au niveau des catégories socio-professionnelles :

– les *chambres professionnelles :* les chambres des *salariés* sont la chambre du travail, la chambre des employés privés et la chambre des fonctionnaires et

des employés publics, tandis que les chambres **patronales** sont la chambre de commerce, la chambre des métiers et la chambre de l'agriculture. Ces chambres sont associées organiquement à la procédure d'adoption des lois et des règlements d'exécution et elles ont également des attributions en matière de formation professionnelle ;
- le **conseil économique et social,** institué en 1966 et réformé par une loi du 18 décembre 1986. Il se compose de 14 représentants du patronat, 14 représentants des salariés et 7 représentants indépendants. C'est un organe consultatif chargé par le gouvernement d'émettre des avis et d'établir un rapport annuel sur la situation économique du pays.

Syndicats

3131 Les principaux syndicats représentatifs au niveau national sont :
- **OGBL** : union syndicale indépendante, à tendance socialiste ;
- **LCGB** : confédération syndicale chrétienne ;
- **NGL** : syndicat neutre ;
- **ALEBA** : association des employés de banque et d'assurance ;
- **FEP** : fédération des employés privés ;
- **FEPFIT** : fédération indépendante des travailleurs.

Les syndicats participent à la négociation des conventions collectives et ils représentent l'ensemble des travailleurs, que ces derniers aient ou non adhéré au syndicat.

Patronat

3132 Les deux principales instances patronales sont :
- la fédération des industriels luxembourgeois (FEDIL) ;
- la fédération des artisans.

2. Conventions collectives

3135 La loi du 12 juin 1965 modifiée par la loi du 12 février 1999 définit la convention collective comme étant un contrat relatif aux relations et conditions générales de travail conclu entre :
- d'une part, une ou plusieurs organisations syndicales d'ouvriers ou d'employés ;
- d'autre part, soit une ou plusieurs organisations syndicales d'employeurs, soit une entreprise, soit un groupe d'entreprises dont l'activité est de même nature, soit un ensemble d'entreprises d'une même profession.

Tous les employeurs individuels et les groupements d'employeurs peuvent donc être partie à une convention collective. La loi de février 1999 oblige même les partenaires sociaux à négocier certains sujets comme l'organisation du travail, la formation, l'emploi, l'égalité entre les hommes et les femmes. En revanche, seules les organisations syndicales les plus représentatives au plan national peuvent participer à la convention collective au nom des travailleurs. Pour plus de détails sur ces syndicats, voir n° 3131.

Sont considérées comme les plus représentatives, les organisations syndicales qui se signalent par le nombre important de leurs affiliés, par leurs activités et par leur indépendance.

Les conventions collectives doivent **obligatoirement** prévoir les dispositions suivantes en matière de **rémunération** : majoration du salaire pour travail de nuit et travaux pénibles ou insalubres, modalités d'application de l'égalité des rémunérations entre hommes et femmes, modalités d'adaptation des rémunérations aux variations du salaire de référence. En matière de **conditions de travail,** les améliorations portent notamment sur l'embauche, le licenciement, les heures supplémentaires, le travail le dimanche et les jours fériés et la durée du travail. Ce dernier point fait actuellement l'objet de nombreuses négociations.

Dans toutes les matières couvertes par la convention, cette dernière **se substitue** aux dispositions légales. Si la clause d'un contrat de travail individuel ou d'un règlement intérieur est contraire ou incompatible avec une disposition de la convention collective, elle est nulle. Seules des clauses plus favorables encore à celles de la convention peuvent être conclues en faveur des salariés.

Les conventions collectives ont une **durée** qui varie entre six mois et trois ans. Si elles ne sont pas dénoncées avec un préavis de trois mois, elles sont tacitement reconduites pour une durée indéterminée.

Elles sont à **déposer** à l'inspection du travail et des mines et à afficher aux entrées principales des lieux de travail.

3136 Il ne peut y avoir par groupement d'entreprises, par entreprise ou division d'entreprise qu'une seule convention collective couvrant l'ensemble du personnel **ouvrier** et qu'une seule convention couvrant le personnel **employé.** On notera que la loi précise que les conditions de travail et de rémunération des **cadres supérieurs** ne sont pas réglementées par les conventions conclues pour le personnel employé.

L'employeur sollicité par les représentants du personnel d'engager des négociations en vue de conclure une convention collective (notion alors proche d'un accord d'entreprise, en France) ne peut se soustraire à son obligation qu'en négociant au sein d'un groupement d'employeurs ou avec les autres employeurs de la profession. En cas de refus ou en cas d'échec des négociations, une procédure de conciliation ou d'arbitrage peut être mise en place.

La convention collective **lie** les personnes qui l'ont signée ainsi que celles qui y adhèrent ultérieurement ou qui la ratifient. On note toutefois qu'elle **s'applique à** tous les membres du personnel (à l'exception des cadres supérieurs). En effet, comme en France, l'application des conventions collectives est asymétrique : tout salarié bénéficie des améliorations qu'apporte la convention collective, même s'il n'est pas syndiqué, tandis qu'un employeur non affilié à une organisation signataire n'est pas automatiquement lié par une convention, sauf si celle-ci a fait l'objet d'une extension (voir ci-dessous).

En cas de conflit portant sur l'**interprétation** de la convention collective, voir n° 3006.

Extension des conventions collectives

3137 La convention collective lie les parties signataires ainsi que celles qui souhaitent y adhérer par la suite. Elle peut toutefois être **déclarée d'obligation générale,** auquel cas elle s'applique à l'ensemble des employeurs et du personnel de la profession pour laquelle elle a été conclue. Le règlement d'extension est pris par le ministère du travail sur proposition des membres de la commission paritaire de conciliation représentant les parties signataires de la convention collective et sur avis des chambres professionnelles compétentes. Il entre en vigueur huit jours après la publication de la convention au Mémorial et il est valable jusqu'à la dénonciation ou le renouvellement de la convention.

Aspects internationaux

3138 Le problème de l'application des conventions collectives dans le cadre d'opérations internationales est relativement épineux dans la mesure où ces conventions n'obéissent, ni en France, ni en général dans le pays du détachement ou de l'expatriation, à des *règles de territorialité* uniformes. Selon certains auteurs, la loi applicable au contrat entraîne détermination de la convention collective applicable. Mais le problème tient de ce que les conventions collectives françaises règlent de façon non uniforme leur *champ d'application territorial,* ou le plus souvent, ne prévoient rien à cet égard.

Selon le cas, les conventions collectives ne précisent pas leur champ d'application territorial (auquel cas elles ne devraient en principe s'appliquer qu'en France), prévoient exclusivement une application en France, ou au contraire une application, en tout ou partie, hors de France, ou contiennent des dispositions spécifiques pour les travailleurs détachés.

3139 De plus, certaines dispositions des conventions collectives rendues obligatoires pour tous les employeurs d'un pays (ou d'un secteur d'activités) peuvent s'appliquer en tant que *lois de police.*

Ainsi, dans l'hypothèse d'une personne *détachée en France* dont le contrat de travail est soumis au *droit luxembourgeois* — par le choix des parties ou par l'effet de la Convention de Rome — il convient de tenir compte de l'article D 341-5 du Code du travail français. Cet article prévoit que les *salariés détachés par une entreprise non établie en France* bénéficient des conventions collectives et des accords collectifs étendus qui sont applicables aux salariés employés par des entreprises établies en France et exerçant une activité identique à la prestation de services effectuée. Les dispositions applicables concernent l'hygiène et la sécurité, la durée du travail, le travail des femmes et des jeunes, les congés, les classifications, les rémunérations et l'indemnisation des congés pour maladie et accident. L'article D 341-5 donne en fait le caractère de lois de police à ces dispositions conventionnelles (voir n° 3086 A).

En sens inverse, dans l'hypothèse d'une personne *détachée au Luxembourg* dont le contrat de travail est soumis au *droit français,* il faudra tenir compte de l'article 4 de la loi du 31 juillet 1995 qui prévoit que constituent des dispositions de police relevant de l'*ordre public luxembourgeois* les dispositions légales, réglementaires et conventionnelles ayant trait au contrat de travail, au salaire social minimum, à la durée du travail et au repos hebdomadaire, aux congés payés (congés collectifs et jours fériés légaux), à la réglementation du travail intérimaire, à temps partiel ou à durée déterminée, aux mesures de protection des femmes enceintes, des enfants et des jeunes, à l'égalité de traitement entre hommes et femmes, aux conventions collectives et à la législation sur le chômage intempéries et le chômage technique.

Il peut y avoir, dans cette hypothèse, concours des dispositions d'une convention collective française et de celles d'une convention collective luxembourgeoise. Les éventuels *problèmes de coordination* dans un tel cas doivent être résolus en faisant prévaloir la mesure la plus favorable pour le salarié (principe de faveur, également inscrit dans l'article 6 de la Convention de Rome).

3140 À défaut de résoudre la complexité juridique résultant de l'absence de règles de territorialité uniformes dans les conventions collectives, on peut formuler quelques *recommandations pratiques.*

1) Analyser le champ d'application territorial des conventions collectives françaises éventuellement applicables.

Côté français, on peut consulter le tableau des clauses relatives au travail hors de France de certaines conventions collectives dans la Documentation de base Francis Lefebvre série TC II n° 29600. S'agissant des conventions luxembourgeoises, se renseigner auprès de la direction du travail.

2) Penser à spécifier expressément dans le contrat de travail (ou dans un avenant à celui-ci en cas de détachement), en même temps que le droit applicable, la situation du salarié au regard des conventions ou accords collectifs. Cette formalité assez lourde, notamment lorsqu'on détache plusieurs personnes ou des employés non cadres, se justifie dès lors que le détachement n'est pas de courte durée et qu'il n'est pas purement occasionnel.

À défaut de précisions contractuelles, la situation du salarié dépend des règles de territorialité prévues par la convention elle-même : une convention collective qui exclut son application hors de France ne pourra en aucun cas s'appliquer et il en va de même pour une convention collective qui ne prévoit rien.

3. Conflits sociaux

Réglementation du droit de grève

3145 Le règlement des conflits collectifs est régi par un arrêté grand-ducal du 6 octobre 1945 qui institue un *office national de conciliation* chargé de prévenir les conflits collectifs et d'aplanir ceux qui n'ont pas autrement abouti à une conciliation.

Le droit de faire *grève* se fonde sur une interprétation jurisprudentielle de la notion de liberté syndicale inscrite à l'article 11 & 5 de la Constitution : d'après la Cour de cassation, « la participation à une grève professionnelle, légitime et licite, constitue pour le travailleur un droit proclamé implicitement par la Constitution » (arrêt du 24 juillet 1952). Le droit pour les travailleurs de faire grève et pour les employeurs de pratiquer le *lock-out* est soumis au respect des procédures de conciliation préalable très strictes. Le principe est que tout conflit survenant dans une ou plusieurs entreprises est porté *avant tout arrêt de travail* devant l'ONC, qui est saisi par l'une des parties intéressées ou qui se saisit directement. Lorsque les moyens de *conciliation* sont épuisés, la commission paritaire constituée au sein de l'ONC dresse un procès-verbal exposant les points restés en litige. Dans les 48 heures, l'une des parties peut saisir le conseil d'*arbitrage* qui est composé d'un président nommé par le gouvernement, d'un patron et d'un salarié désignés par leurs organisations professionnelles. Si la décision rendue dans les huit jours est acceptée, elle vaut conclusion d'un accord collectif. Dans le cas contraire, les tentatives de conciliation et d'arbitrage ayant échoué, la grève peut être légalement autorisée. On rappelle que la grève légale n'est pas un motif de licenciement.

Les divergences portant sur *l'interprétation des accords collectifs* relèvent également de l'ONC, voir n° 3006.

3146 Les conflits sociaux sont pratiquement inexistants au Luxembourg. Cela s'explique par une solide tradition de *paix sociale* et une grande *stabilité* économique et politique. Les problèmes sociaux sont résolus dans le cadre d'une large *concertation* entre les partenaires sociaux qui permet d'éviter les grèves économiques.

Protection sociale

TITRE 2

Introduction

3200 Les lois concernant la protection sociale ont un *caractère territorial*. Le travailleur qui exerce habituellement son activité professionnelle dans un pays étranger est donc normalement soumis à la législation de sécurité sociale de ce pays. Toutefois, la multiplicité des déplacements temporaires à l'étranger a conduit à la conclusion d'accords internationaux de sécurité sociale afin d'éviter une double affiliation des travailleurs. C'est ainsi qu'une *réglementation* spécifique a été adoptée *dans le cadre de l'Union européenne,* d'une part, pour permettre aux personnes qui travaillent dans un État membre autre que leur pays d'origine (à titre temporaire ou durable) de bénéficier d'une protection sociale équivalente, et, d'autre part, pour assurer une meilleure coordination entre les organismes de sécurité sociale des différents États. Elle ne tend pas à organiser un régime commun de sécurité sociale mais vise seulement à établir des règles de *coordination* des systèmes de protection sociale, lesquels font partie du domaine réservé aux États membres. Elle s'applique également aux pays membres de l'AELE qui ont ratifié l'accord instituant l'Espace économique européen (Norvège, Liechtenstein, Islande).

1. Elle s'appliquera également à la **Suisse**, sous réserve de quelques aménagements, dans le cadre d'un accord de coopération avec l'Union européenne à l'issue du processus de ratification des États membres qui, selon nos informations, pourrait intervenir aux environs de juillet 2001.

2. Depuis juin 1995, il existe entre le Luxembourg et la **Belgique** une convention sur la sécurité sociale des **frontaliers** qui se fonde sur les principes et l'esprit de cette réglementation.

3. Cette réglementation repose essentiellement sur les textes suivants :
– règlement CEE/1408/71 relatif à l'application des régimes de sécurité sociale aux travailleurs et à leur famille qui se déplacent à l'intérieur de l'Union européenne, telle que modifié et codifié dans le règlement CE/118/97 (JOCE 1997 L 28) ;
– règlement CEE/574/72 fixant les modalités d'application du règlement ci-dessus.
Les dispositions prévues par ces textes ont été plus récemment étendues aux travailleurs non salariés et à leur famille par les règlements CEE/1390/81 et CEE/3795/81. Ces textes, dans leur version actuelle, intègrent les modifications intervenues depuis leur adoption.

3201 Cette réglementation, applicable en France et au Luxembourg, différencie le *détachement* de l'*expatriation.*

Les *travailleurs détachés* dans un pays de l'Union européenne autre que leur pays d'origine pour y exercer une activité professionnelle pendant une durée limitée (généralement 12 mois) peuvent bénéficier pendant cette période du maintien au régime de sécurité sociale de leur pays d'origine.

Les *travailleurs expatriés,* en revanche, qui exercent normalement leur activité professionnelle dans un pays de l'Union européenne autre que leur pays d'origine sont tenus de s'affilier au régime de sécurité sociale du pays étranger concerné, c'est-à-dire au *régime luxembourgeois* s'il s'agit de ressortissants français travaillant au **Luxembourg**. Les travailleurs expatriés peuvent cependant souscrire également dans certains cas une *assurance volontaire* dans leur pays d'origine.

Le terme « travailleur » fait référence non seulement aux salariés mais aussi aux travailleurs indépendants.

On notera que ces définitions du « détaché » et de « l'expatrié » ne coïncident pas toujours avec l'usage commun, ni avec ce qui a pu être spécifié par les parties dans le contrat de travail. Ainsi, par exemple, un salarié dont le contrat de travail spécifie qu'il est « détaché » pour deux ans au Luxembourg ne pourra-t-il généralement être considéré comme un « salarié détaché » pour tout ce qui touche aux questions de sécurité sociale que pendant la première année. La seconde année, il sera considéré comme un « expatrié » et obligé — sauf dérogation — de s'affilier à la sécurité sociale luxembourgeoise, et ce, quelles que soient les stipulations de son contrat de travail.

Activité professionnelle dans plusieurs États

3202 La protection sociale applicable aux **travailleurs salariés** qui exercent une activité professionnelle dans deux États au moins de l'UE est organisée par le règlement CEE/1408/71.

a) S'agissant des **salariés** autres que le personnel roulant ou navigant, cette protection est organisée par l'article 14.2.b du règlement CEE/1408/71. Ils sont soumis à la législation sociale de l'État membre sur le territoire duquel ils **résident**, lorsqu'ils y exercent une partie de leur activité, ou lorsqu'ils dépendent de plusieurs entreprises ou employeurs dont le siège ou le domicile se trouve sur le territoire d'États membres différents. En revanche, ils sont soumis à la législation de l'État membre sur le territoire duquel leur employeur a son siège ou son domicile, lorsqu'ils ne résident pas dans l'un des États membres sur le territoire desquels ils exercent leur activité.

b) Aux termes de l'article 14 bis 2 du même règlement, les personnes qui exercent normalement une **activité non salariée** sur le territoire de deux ou plusieurs États membres sont soumises à la législation sociale de l'État membre sur le territoire duquel elles **résident** lorsqu'elles y exercent une partie de leur activité. Dans le cas contraire, elles sont soumises à la législation de l'État membre dans lequel elles exercent leur **activité principale**.

c) Enfin, l'article 14 quater prévoit que les personnes qui exercent **simultanément** une **activité salariée** dans un État membre **et** une **activité non salariée** sur le territoire d'un autre État membre sont en principe soumises à la législation de l'État d'exercice de l'activité salariée.

3203 On examinera successivement :
– le maintien au régime français de sécurité sociale (travailleurs détachés, voir n°s 3205 s.) ;
– la protection sociale luxembourgeoise (expatriés et employés locaux, voir n°s 3220 s.) ;
– l'assurance volontaire, voir n°s 3255 s.

On sera naturellement amené dans le courant de ces développements à faire mention des diverses dispositions communautaires applicables : formulaires communs, computation des droits acquis, protection des membres de la famille de l'assuré, etc.

SECTION 1 Maintien au régime français (détachement)

Conditions à remplir

3205 Les **conditions à remplir** par les salariés français détachés au Luxembourg pour pouvoir bénéficier du maintien au régime français de sécurité sociale sont les suivantes (art. 14.1 a) du règlement CEE/1408/71) :
– le salarié est un ressortissant de l'Union européenne ;
– le salarié doit effectuer un **travail déterminé** pour le compte de son employeur ;
– la durée prévisible de ce travail ne doit pas excéder une **durée de 12 mois** qui peut être renouvelée une fois si la mission n'est pas achevée (voir cependant ci-dessous n° 3207) ;

– l'intéressé ne doit pas être employé en remplacement d'un autre travailleur parvenu au terme de la période de son détachement ;
– l'entreprise auprès de laquelle l'intéressé est détaché ne l'a pas mis à la disposition d'une autre entreprise (Décision CASSTM n° 128 du 17 octobre 1985 : JOCE 1986 C 141).

1. La **notion d'employeur** a été précisée par la jurisprudence de la CJCE et par la CASSTM notamment dans sa décision n° 162 du 31 mai 1996 (JOCE 1996 L 241 p. 28 ; Bulletin social Francis Lefebvre 12/96, p. 602 s.), dont découlent les principes suivants :

Bénéficie du maintien au régime du pays habituel d'emploi le travailleur **salarié déjà occupé par une entreprise**, qui effectue, pour le compte de celle-ci, un travail dans un autre État membre. Il doit subsister un **lien organique** et un lien de **subordination**, dont l'existence résulte d'un faisceau d'éléments comme la responsabilité en matière de recrutement et de licenciement. Il est indifférent que le salaire soit versé par l'entreprise d'accueil ou par celle qui détache.

Quand le salarié est **détaché auprès de plusieurs entreprises** de l'État où va s'exercer l'activité temporaire, le maintien au régime du pays habituel d'emploi est possible sous réserve que l'activité soit bien exercée **pour le compte** de l'entreprise qui le détache. Aussi le détachement cesse-t-il si l'entreprise auprès de laquelle le salarié a été détaché le met à disposition d'une autre entreprise, dans le même pays ou dans un autre.

Quant au personnel **embauché en vue d'être détaché**, il ne peut être rattaché à une loi autre que celle du pays d'emploi que sous réserve des conditions suivantes : être déjà soumis à cette loi ; être embauché dans cet État par une entreprise qui y a son siège ou son établissement ; effectuer le travail pour le compte de cette entreprise, avec laquelle doit subsister, pendant tout le détachement, un lien organique ; l'entreprise qui embauche doit, en outre, exercer normalement des activités substantielles dans ce pays et y employer habituellement son personnel.

2. La mission à l'étranger n'est pas interrompue par un court séjour en France à l'occasion d'un **congé** ou d'un **stage de perfectionnement**.

3206 Il faut souligner également, bien qu'il ne s'agisse pas là de conditions au sens strict, que le régime du détachement n'est applicable qu'aux **ressortissants des États membres de l'Union européenne** et que, de plus, même si le salarié remplit toutes les conditions requises, le régime n'est applicable que si l'employeur le décide et effectue les **formalités** décrites au paragraphe ci-dessous.

Il s'agit en effet d'une **possibilité** et non d'une obligation. En pratique, si la mission est effectivement destinée à être temporaire ou si l'on ne sait pas initialement si elle se prolongera, il est préférable et pour le salarié et pour l'employeur d'exercer l'option pour le régime du détachement. Le choix inverse n'a généralement d'intérêt que si, dès le départ, on estime que le salarié devra rester à l'étranger pendant une durée supérieure à la durée maximale du régime et, même dans ce cas, seulement si les cotisations dues à l'étranger sont sensiblement inférieures à celles dues à la sécurité sociale française.

Formalités

3207 Pour obtenir le détachement d'un salarié, l'employeur doit demander à la caisse d'affiliation de celui-ci un **certificat de détachement** dit : « attestation concernant la législation applicable » **(formulaire E 101)**. Ce formulaire est délivré au travailleur en même temps qu'une attestation de droit aux prestations (formulaire E 128, anciennement E 111, valable un an).

En ce qui concerne la **demande de prolongation** du détachement, l'employeur doit obtenir auprès du centre de sécurité sociale des travailleurs migrants (adresse en annexe) un **formulaire E 102** qu'il devra remplir et adresser pour accord à l'organisme de sécurité sociale luxembourgeois (voir n° 3211). Celui-ci informera directement l'employeur de sa décision, lequel devra, en cas d'acceptation, transmettre un exemplaire dûment validé du formulaire E 102 au salarié concerné et prévenir la caisse d'affiliation de ce dernier. En cas de refus et si le salarié demeure au Luxembourg il sera assimilé aux travailleurs expatriés et soumis obligatoirement à la législation sociale luxembourgeoise (voir n°ˢ 3220 s.).

Toutefois, lorsqu'il est possible, dès avant le détachement, de prévoir que celui-ci durera plus de deux ans, l'article 17 du règlement 1408/71 permet à l'employeur de demander une **dérogation exceptionnelle**. Pour cela, il doit s'adresser, au moins **6 semaines** avant le départ du salarié, à la Direction des affaires sanitaires et sociales, laquelle se chargera de contacter son homologue étranger. Toutefois, ni l'une ni l'autre ne sont tenues d'accorder cette dérogation.

Formalités simplifiées

3208 Deux mesures de simplification existent qui peuvent faciliter la tâche des employeurs qui envoient régulièrement des salariés à l'étranger :
– en premier lieu, la sécurité sociale française admet que l'employeur s'adresse, pour obtenir les certificats de détachement E 101, non pas à la caisse de chaque salarié concerné mais à sa propre caisse ;
– par ailleurs, pour des détachements d'une durée inférieure à 3 mois, la caisse primaire délivre aux entreprises qui en font la demande des **formulaires E 101 préétablis**. L'entreprise remplit le formulaire en deux exemplaires, l'un est remis au salarié avant son départ, l'autre est adressé dans les 24 heures à la caisse.

Cotisations

3209 L'employeur et le travailleur doivent verser toutes les cotisations prévues par la législation française. Les cotisations se **calculent** suivant les mêmes règles d'assiette et les mêmes **taux** que pour les salariés travaillant en France. Pour la CSG et la CRDS, voir n° 4008.

Les **suppléments de rémunération** liés à l'expatriation ne peuvent échapper aux **cotisations de sécurité sociale** que s'ils ont pour objet de couvrir les dépenses ayant le caractère de frais professionnels (Cass. soc. 24 juin 1993 n° 2427 P : RJS 9/93 n° 909) ce qui n'est pas le cas, selon l'administration, des indemnités destinées à compenser les sujétions et conditions d'existence particulières aux lieux d'affectation des intéressés (inconvénients d'ordre moral ou matériel).

Une lettre ministérielle du 19 avril 1988 a rappelé ce principe tout en donnant des **exemples** de **dépenses** engagées par le salarié affecté à l'étranger ayant le caractère de frais professionnels (sous réserve de fournir les justificatifs appropriés) et donc **déductibles** de l'assiette des cotisations. Il s'agit notamment :

– pour les **frais de transport**, des frais supportés pour : les voyages de reconnaissance du salarié et de son conjoint ; le voyage aller et retour du salarié, de son conjoint et de ses enfants, s'agissant des voyages de début et de fin du détachement ; le voyage d'urgence dans le pays d'origine pour le salarié ; le voyage annuel dans le pays d'origine pour le salarié ; la location de voiture à l'arrivée et au départ, s'agissant des voyages de début et de fin du détachement ;
– pour les **frais de logement** : les frais de déménagement ; les frais d'hôtel pendant la période de déménagement, pour le salarié, son conjoint et ses enfants ; les frais de garde-meuble dans le pays d'origine pendant la période de déménagement ; le double loyer au début et à la fin du détachement ; l'allocation logement, en cas de double résidence.

Ont également le caractère de complément de salaire, soumis à cotisations sociales les **indemnités** dites de **grands déplacements** (pour la définition, voir n° 3214) dès lors que l'employeur n'apporte pas la preuve qu'ont été engagés par les salariés bénéficiaires d'autres frais professionnels de nature à en justifier la déduction (Cass. soc. 24 juin 1993 n° 2426 D et 2428 D : RJS 8-9/93 n° 909).

De même, la prise en charge par l'employeur du **supplément d'impôt** sur le revenu payé par des salariés dans le pays étranger où ils sont détachés par rapport à celui qu'ils auraient dû en France ne peut être exclue de l'assiette des cotisations de sécurité sociale en tant que remboursement de frais professionnels car il ne correspond pas à des frais exposés par les intéressés pour l'accomplissement de leur travail (Cass. soc. 4 juin 1992 n° 2142 P : RJS 7/92 n° 922).

Ces suppléments de rémunération sont, en revanche, exclus de l'assiette servant au calcul des cotisations d'assurance **chômage** (il est indifférent à cet égard de savoir s'ils constituent des frais professionnels ou des indemnités d'une autre nature). En ce qui concerne les cotisations dues aux régimes de **retraite complémentaire**, voir n°s 3212 s.

Les **suppléments de rémunération** liés à l'expatriation sont exonérés d'**impôt sur le revenu**, en application de l'article 81 A-III du CGI, dès lors que l'intéressé est en mesure de justifier que le montant du supplément a été fixé eu égard au nombre, à la durée et à la destination de ses déplacements à l'étranger (CE 19 octobre 1994 n°s 117128 et 117129 : RJS 12/94 n° 1323 ; BEEI 1/95 n° 99).

Aucune cotisation n'est due au régime luxembourgeois en vertu du principe de l'unicité de la législation applicable. Pour ce qui est des cotisations dues aux **régimes de retraite complémentaire**, voir n° 3259.

Prestations

3210 Le travailleur détaché bénéficie des prestations prévues par la législation française, à laquelle il demeure soumis.

Il a donc droit :

– aux prestations des assurances **maladie maternité** pour lui-même et les membres de sa famille, que ceux-ci l'accompagnent ou restent en France :
– aux prestations dues en cas d'**accident du travail** ou de maladie professionnelle ;
– aux prestations de l'assurance **invalidité** ;
– au **capital décès** ;
– aux prestations de l'assurance **veuvage** pour les salariés ;
– aux allocations de **chômage** à condition d'être inscrit comme demandeur d'emploi en France.

Les périodes d'activité professionnelle dans le pays étranger sont évidemment validées au titre des assurances **vieillesse, invalidité** et **décès**.

3211 Les **modalités pratiques** de fourniture des prestations varient selon qu'il s'agit de prestations en nature ou en espèces.

Les **prestations en nature** (soins médicaux, dentaires, frais de pharmacie, hospitalisation) seront fournies aux salariés détachés et aux membres de sa famille de la même manière qu'elles sont fournies aux assurés relevant de la sécurité sociale luxembourgeoise (voir n° 3239). Le règlement de ces prestations s'effectue par compensation directe entre les services français et luxembourgeois ; elles seront donc généralement gratuites pour le salarié lui-même. Toutefois, une participation pourra lui être demandée.

Pour avoir droit à ces prestations, l'intéressé devra en principe – sauf cas d'urgence – avoir préalablement fourni à la caisse de maladie locale les formulaires attestant son droit aux prestations, à savoir notamment, les **formulaires** E 101 (attestation concernant la législation applicable), E 106 (attestation de droit aux prestations en nature) et éventuellement E 102 (demande de prolongation du détachement) et E 109 (droit aux prestations pour les membres de sa famille).

L'assuré choisira alors librement un médecin agréé par l'État.

S'agissant des **prestations en espèces**, l'intéressé doit adresser, dans un délai de trois jours après le début de l'incapacité de travail, un certificat médical à la caisse de maladie locale, laquelle fera contrôler le cas échéant l'incapacité et avertira la caisse primaire en France. Les indemnités journalières qui pourront alors être dues à l'assuré, ainsi que les autres prestations en espèces auxquelles il peut avoir droit (prestations familiales, etc.) seront servies directement par la sécurité sociale française selon des modalités qui dépendent du choix de l'intéressé (mandat international, virement sur un compte bancaire en France ou au Luxembourg...).

En ce qui concerne enfin les **allocations familiales,** le salarié détaché a droit, tant qu'il reste couvert par la sécurité sociale française, au maintien des allocations familiales françaises, que sa famille reste en France ou qu'elle l'accompagne au Luxembourg. Toutefois, dans ce dernier cas, il ne peut bénéficier des allocations suivantes : allocation pour jeune enfant, allocations de logement, allocation parentale d'éducation et allocation de garde d'enfant à domicile (Annexe VI, E, du règlement 1408/71/CEE.

Retraite complémentaire

3212   Les cotisations aux régimes complémentaires de retraite des **cadres** (AGIRC) sont dues dès lors que les travailleurs détachés sont occupés temporairement hors de France alors qu'ils ont normalement vocation à y accomplir leur carrière, et dès lors que le contrat de travail a été conclu en France et qu'il est intégralement ou partiellement maintenu pendant la période du détachement.

La commission paritaire de l'AGIRC a admis dans une délibération n° 8 que l'**assiette des cotisations,** normalement constituée par la totalité des rémunérations, puisse par dérogation, au moyen d'un accord conclu entre l'entreprise et la majorité des cadres intéressés, être limitée à la rémunération qui serait versée pour des fonctions correspondantes exercées en France.

En ce qui concerne les **non-cadres,** le régime ARRCO retient les mêmes critères que la sécurité sociale pour qualifier un salarié de détaché. En conséquence, tout salarié détaché qui remplit les conditions de maintien au régime général de sécurité sociale (voir ci-dessus n° 3205) reste également affilié au régime de retraite complémentaire non-cadre auquel adhère son employeur, sauf si, étant de nationalité étrangère, il est détaché dans son pays d'origine.

Voyages d'affaires

3213   Les personnes qui se trouvent au Luxembourg en simple voyage d'affaires ne sont pas à proprement parler des détachés au sens qui a été défini ci-dessus. Leurs situations sont cependant assez analogues. Du moment où elles sont régulièrement affiliées à la sécurité sociale française, les personnes (salariées ou non) qui séjournent temporairement au Luxembourg pour affaires peuvent y bénéficier de toutes les prestations servies en cas de maladie. Il s'agit généralement, mais non exclusivement, de prestations en nature — soins médicaux ou dentaires, médicaments, hospitalisation... — lesquelles sont fournies dans les mêmes conditions que si le malade était détaché (voir n° 3211 ci-dessus).

Pour cela, l'assuré doit se procurer avant son départ, auprès de sa caisse primaire en France, un un **formulaire E 128** (ancien E 111) qu'il devra présenter directement au praticien luxembourgeois auquel il s'adressera sans avoir à contacter préalablement la caisse de maladie.

Indemnités de grand déplacement

3214   Les **indemnités** allouées aux salariés **en grand déplacement** à l'étranger pour couvrir leurs dépenses supplémentaires de nourriture et de logement sont exonérées en France de cotisations sociales et d'impôt sur le revenu, dans certaines limites. Pour les déplacements au Luxembourg, les limites journalières d'exonération en France sont de 3 700 LUF pour les non-cadres et de 5 910 LUF pour les cadres. Pour que le salarié puisse bénéficier de cette *exonération,* le déplacement doit remplir les *conditions* suivantes :

– constituer un grand déplacement, c'est-à-dire que le salarié doit être empêché de regagner chaque jour son lieu de résidence ;
– maintien du salarié au régime français de sécurité sociale, ce qui exclut les travailleurs expatriés ;
– déplacement effectué depuis la France métropolitaine ou les DOM vers l'étranger.

L'exonération ne joue de plein droit que pendant une *durée* de trois mois. Elle peut toutefois être portée à deux ans, avec une première réduction de 15 % à compter du quatrième mois et une seconde réduction de 15 % à partir de la deuxième année pour certaines *professions.*

Ces professions sont les entreprises de bâtiment et de travaux publics, les entreprises de chaudronnerie, de tôlerie et de tuyauterie industrielle, les sociétés d'ingénierie (technique, informatique et d'organisation).

Pour les salariés en grand déplacement pour une durée excédant trois mois dans un même lieu, l'employeur doit, à compter du quatrième mois (exception faite des professions susmentionnées), justifier du montant des dépenses supplémentaires de nourriture et de logement pour que l'exonération continue à s'appliquer.

En pratique, ce régime ne présente d'intérêt que pour les salariés dont la rémunération reste imposable en France.

SECTION 2 Protection sociale luxembourgeoise

3220 L'exposé qui suit du système de protection sociale au Luxembourg concerne tant les *ressortissants luxembourgeois* que les *français* (ou autres ressortissants de l'Union européenne) *expatriés,* c'est-à-dire qui ne bénéficient pas ou plus du régime du détachement étudié ci-dessus. La réglementation communautaire en matière de sécurité sociale impose en effet, outre le principe de l'unicité de la législation applicable, celui de l'*égalité de traitement,* dans chaque pays membre, des nationaux et des résidents originaires des autres États de l'Union européenne.

L'équivalent luxembourgeois de notre Code de sécurité sociale est le Code des assurances sociales ainsi que bon nombre de lois et règlements.

A. Organisation générale du système

Cadre administratif

3221 L'organisation du système de sécurité sociale du Luxembourg repose sur un organisme collecteur central, le *Centre commun de la sécurité sociale* (CCSS) et plusieurs institutions chargées de répartir les recettes sous forme de prestations.

Le *CCSS* est chargé de l'enregistrement des affiliations, du recouvrement et de la gestion des cotisations patronales et salariales et de la circulation des données informatiques. Il est l'interlocuteur des assurés.

Les *institutions de la sécurité sociale* qui sont chargées de répartir les cotisations sociales et les contributions de l'État sous forme de prestations sont encore le reflet de la distinction entre les ouvriers (premiers bénéficiaires de la protection sociale) et les employés. Soumises au contrôle de l'Inspection générale de la sécurité sociale, qui est un organe placé sous la tutelle du ministère de la sécurité sociale, ces institutions sont les suivantes :

– pour la *maladie* et la *maternité* : l'Union administrative qui regroupe deux caisses : la caisse des professions indépendantes et la caisse de pensions des artisans, commerçants et industriels (administration commune des caisses de sécurité sociale des classes moyennes) ;
– pour les *accidents* du travail, la *vieillesse* et *l'invalidité* : l'Office des assurances sociales. Cet organisme regroupe l'association d'assurance contre les accidents du travail (ouvriers et employés) et l'établissement d'assurance contre la vieillesse et l'invalidité (ouvriers seulement). L'invalidité, la vieillesse et le décès des employés relèvent de la caisse de pension des employés privés. La médecine du travail est assurée par le service national de santé au travail qui fonctionne depuis le 1er janvier 1995.

Les assurés sociaux bénéficient d'*autres prestations* :

– les *prestations familiales* sont versées par la Caisse nationale des prestations familiales qui est administrativement rattachée à la caisse de pension des employés privés ;
– l'indemnisation du *chômage* relève du fonds de solidarité, organe de l'administration de l'emploi. Un comité permanent de l'emploi institué auprès du ministre du travail examine tous les six mois l'évolution de la situation de l'emploi.

Le *contentieux* en matière de *sécurité sociale* est porté devant le Conseil arbitral des assurances sociales et, en appel, devant le Conseil supérieur des assurances sociales. Les litiges relatifs à l'indemnisation du *chômage* relèvent de la Commission nationale de l'emploi.

Régimes

3222 Le système luxembourgeois comporte deux régimes : le régime des salariés et le régime des non-salariés (sur le salariat des dirigeants de sociétés, voir n°s 1478 et 3013).

Le *régime des salariés*, qui seul nous intéresse dans cet ouvrage, concerne tous les salariés, employés ou ouvriers, travaillant dans le commerce, l'industrie ou l'artisanat. Paradoxalement, il concerne également certaines catégories de *travailleurs intellectuels indépendants* qui ont progressivement été rattachées à ce régime : huissiers, notaires, avocats, médecins, auxiliaires médicaux, etc.

Risques couverts

3223 Le système de protection sociale qu'offre le régime des salariés englobe les prestations suivantes :

– maladie et maternité ;
– invalidité, décès, vieillesse ;
– accidents du travail ;
– prestations familiales.

L'assurance chômage est assurée par un fonds de solidarité dépendant de l'administration de l'emploi et par un droit d'accises sur les huiles et gasoils.

B. Affiliation

3224 Affiliation de l'employeur

Toute personne qui emploie du personnel est tenue de se faire connaître au CCSS dans les huit jours à compter du commencement des activités de l'entreprise. Un numéro d'immatriculation lui est affecté qui est le même pour la TVA et les contributions directes.

Par la suite, l'employeur est tenu aux déclarations d'exploitation suivantes :
– *déclaration d'entrée*, à remettre au CCSS dans un délai de huit jours à compter de l'entrée en service de tout salarié ;
– *déclaration de sortie*, à remettre dans le même délai, à défaut de quoi l'employeur est tenu de verser les cotisations sociales pour le salarié parti, jusqu'à la remise de la déclaration.

Affiliation des salariés

3225 Tout salarié reçoit, comme en France, un numéro d'immatriculation dès son affiliation.

C. Cotisations

3230 Les prestations de la sécurité sociale sont financées par les cotisations sociales et par les contributions de l'État tandis que les indemnités de chômage sont financées par un impôt de solidarité et par une contribution des communes.

Concernant les cotisations sociales, elles sont dues pour moitié par l'employeur et pour moitié par le salarié, à l'exception de la couverture du risque accidents du travail et des prestations familiales qui sont à la charge exclusive de l'employeur. Les non-salariés ou les assurés volontaires doivent verser les deux parts. Quant aux bénéficiaires d'une pension d'invalidité ou de vieillesse, la part employeur est à la charge de l'organisme débiteur.

Rémunération

3231 La rémunération prise en compte pour le calcul des cotisations sociales est la rémunération **brute** comprenant toutes les rémunérations en espèce à l'exception des rémunérations non périodiques et tous les avantages en nature.

Le salaire soumis à cotisations sociales revèle de *seuils* et de *plafonds* déterminés en fonction d'un salaire de référence, le *salaire social minimum* (pour cette notion, voir n°s 3030 s.). Au 1er janvier 2001, le salaire de référence pour un travailleur non qualifié de plus de 18 ans est de 8 809 LUF par mois à l'indice 100, soit 50 778 LUF à l'indice 576,43 en vigueur au 1er juillet 2000.

La *rémunération minimale* mensuelle soumise à cotisations (dite « minima cotisables ») est le salaire de référence. Si la rémunération effective lui est inférieure, l'assuré ne cotise qu'à concurrence de celle-ci, le reliquat étant à la charge de l'employeur.

La *rémunération maximale* mensuelle soumise à cotisations (dite « maxima cotisables ») est de cinq fois le salaire de référence, soit 253 889 LUF au 1er janvier 2001 à l'indice 576,43.

Taux des cotisations sociales (2000)
3232

	OUVRIERS		EMPLOYÉS		Assiette
	Salarié	*Employeur*	*Salarié*	*Employeur*	
Maladie (1)	5,05 %	5,05 %	2,7 %	2,7 %	plafonnée à 5 fois le salaire de référence
Pension	8 %	8 %	8 %	8 %	
Accidents	–	entre 0,6 et 6 %	–	entre 0,6 et 6 %	
Allocations familiales (2)	–	–	–	–	–
Service national de santé au travail (3)	–	0,11 %	–	0,11 %	
Assurance dépendance (4)	1 %	–	1 %	–	

(1) Pour les **retraités**, au 1er janvier 2000, la part patronale est de 2,6 % et la part salariale de 2,6 %. Le minimum cotisable s'élève pour eux au salaire social minimum augmenté de 30 %.

(2) La cotisation des employeurs du secteur privé (1,7 %) est prise en charge par l'État.

(3) Cotisation due si l'employeur ne recourt pas à un service de médecine du travail inter-entreprises mais est affilié au Service national de santé au travail ou au Service de santé au travail de l'industrie.

(4) depuis 1999.

Paiement des cotisations

3233 La part sociale est, comme en France, prélevée directement par l'employeur qui assume seul la responsabilité du versement global des cotisations au vu de la facture mensuelle que lui adresse le CCSS.

Depuis l'exercice 1999, les factures de cotisations émises par le CCSS sont libellées en LUF et le montant le plus significatif en LUF et en euros et leur paiement peut se faire en LUF ou en euros.

D. Prestations

Maladie, maternité

3238 Les bénéficiaires de l'assurance maladie sont :
– tous les travailleurs exerçant une activité rémunérée ;
– les bénéficiaires d'une pension de vieillesse, d'invalidité, de réversion ou d'une rente d'accident du travail ou de maladie professionnelle ;
– les chômeurs indemnisés.

L'assurance est étendue aux ayants droit des bénéficiaires (membres de la famille faisant partie du ménage et à charge). Les salariés en congé pour raisons familiales (voir n° 3038-A) bénéficient des mêmes droits que ceux en congé maladie.

L'assurance se compose comme en France de **prestations en nature** ouvertes à tous les bénéficiaires et leurs ayants droit et des **prestations en espèces** réservées aux travailleurs rémunérés.

L'*ouverture des droits* est immédiate pour le risque *maladie*. Les prestations sont accordées sans condition de temps de travail et d'immatriculation, et dès le début de la maladie, sans délai de carence. Si le salarié cesse d'être affilié, ses droits sont maintenus pendant une durée de trois mois. Dans les autres cas, la prise en charge est pour une durée illimitée.

Pour le risque *maternité*, les prestations en nature sont fournies à toutes les femmes (assurées ou ayants droit d'un assuré) domiciliées au Luxembourg, sans condition d'affiliation préalable. Pour avoir droit aux indemnités en espèces et suite à une condamnation du Luxembourg par la CJCE, la femme ne doit plus, comme précédemment, justifier d'une affiliation pendant six mois au cours de l'année précédant l'accouchement dès lors qu'elle est ressortissante d'un pays de l'Union européenne ou d'un pays lié par une convention de sécurité sociale (Aff. C-111/91 du 10 mars 1993).

Prestations en nature

3239 Les prestations en nature, uniformes pour toutes les caisses de maladie, couvrent les soins médicaux et dentaires, les médicaments, l'hospitalisation, les prothèses, etc.

Le choix du *médecin* est libre, parmi les médecins agréés par l'État. Leurs honoraires sont fixés selon des conventions collectives après négociations tarifaires annuelles. S'ils dépassent les tarifs conventionnels, ils ne sont pas pris en charge par la caisse primaire de l'assuré. Celui-ci n'est d'ailleurs pas intégralement remboursé du prix de la consultation au tarif conventionné. Comme le ticket modérateur en France, la participation de l'assuré est de 20 % du prix de la première visite ordinaire, par période de 28 jours, puis de 5 % pour les visites et consultations ultérieures. Le remboursement est intégral en cas d'hospitalisation et de maternité.

Pour les *soins dentaires*, au-delà d'un montant annuel de 1 200 LUF à la charge exclusive de la caisse, la participation de l'assuré aux actes est de 20 % des tarifs conventionnés et pour les frais de prothèse, sa participation est de 20 % ou 0 % sous certaines limites (devis préalable obligatoire, renouvellement par périodes de quinze ans, etc.). Les soins des autres professionnels de la santé (infirmiers, kinésithérapeutes, orthophonistes, etc.) ainsi que les analyses et examens de laboratoire sont pris en charge à 100 %. Les *médicaments* sont remboursés au taux normal de 78 % mais ceux destinés aux maladies de longue durée le sont à 100 %. Il existe un taux de 40 % pour certains médicaments comme les sédatifs ou les anti-inflammatoires). Les frais d'*hospitalisation* sont entièrement payés par la caisse maladie à l'hôpital que l'assuré a choisi, à l'exception d'un montant forfaitaire restant à la charge de l'assuré.

Prestations en espèces

3240 Les indemnités journalières de maladie et de maternité sont servies exclusivement aux travailleurs rémunérés ou assimilés.

Les indemnités de maladie sont versées dès le premier jour de l'interruption de travail et pendant 52 semaines au plus, à condition de déclarer l'incapacité à la caisse dans les trois jours.

Les indemnités sont entièrement à la charge de la caisse maladie si le salarié est un *ouvrier,* mais elles sont avancées par l'employeur pour le compte de la

Caisse nationale d'assurance maladie des ouvriers (la CNAMO), durant le mois de survenance de l'incapacité et les trois mois qui suivent. L'employeur obtient le remboursement de son avance au plus tard dans le mois suivant celui de sa demande (sur formulaire type).

Si le salarié est un *employé*, les indemnités sont à la charge de l'employeur durant les trois mois qui suivent le mois au cours duquel l'incapacité a eu lieu. La caisse maladie n'intervient qu'au-delà de cette période et pour un montant limité à cinq fois le salaire mensuel d'un employé débutant de 18 ans. La partie excédant ce plafond reste à la charge de l'employeur. En cas de salaire variable, on établit la moyenne mensuelle des trois derniers mois.

Les indemnités de *maternité* sont versées directement par la caisse pendant la durée du congé (huit semaines avant à huit semaines après l'accouchement).

Les indemnités pécuniaires sont *égales au salaire brut* que l'assuré aurait perçu s'il avait travaillé.

Le salarié a, comme en France, un délai de trois jours pour adresser son *certificat médical* à la caisse maladie et à son employeur. Il peut être soumis à un contrôle médical

Pension : invalidité, vieillesse, décès

3241 Le droit à une pension d'invalidité, de vieillesse ou de survie est régi par une loi du 27 juillet 1987. L'assurance pension est obligatoire pour tout travail d'une durée supérieure à trois mois par an.

Pension d'invalidité

3241-A L'assuré est considéré comme *invalide* lorsque, à la suite d'une maladie prolongée ou d'une infirmité, il a subi une perte de sa capacité de travail telle qu'il est empêché d'exercer sa profession ou une autre occupation correspondant à ses forces ou aptitudes. Pour avoir droit à une *pension d'invalidité*, l'assuré doit justifier d'une affiliation de 12 mois au cours des trois années précédant l'invalidité. Cette condition n'est pas requise si l'invalidité résulte d'un accident du travail ou d'une maladie professionnelle. La *prise en charge* n'est immédiate qu'en cas d'incapacité permanente. Dans les autres cas, elle intervient à l'expiration du droit à indemnité pécuniaire (limité à 52 semaines). La pension d'invalidité est versée *jusqu'à* ce que l'assuré atteigne l'âge de 65 ans, après quoi elle est reconduite en tant que pension de vieillesse.

Si le pensionné perçoit un salaire ou une rente d'accident, la pension d'invalidité est *réduite* dans la mesure où ces revenus et la pension dépassent un plafond égal à la moyenne des cinq meilleures années soumises à cotisations.

Pension de vieillesse

3242 Le droit à la *pension de vieillesse* est ouvert aux assurés ayant atteint l'âge de 65 ans (âge légal de la retraite) et ayant cotisé au moins 120 mois. Ils peuvent toutefois prendre leur *retraite anticipée* dès l'âge de 60 ans s'ils justifient de 480 mois d'assurance et qu'ils cessent toute activité autre qu'occasionnelle ou insignifiante jusqu'à l'âge de 65 ans.

Depuis 1993, les salariés âgés de plus de 57 ans peuvent bénéficier de divers dispositifs, dans le cadre d'une convention collective ou d'une convention spéciale conclue entre l'employeur et les autorités de tutelle :

– la *préretraite-solidarité* ou la préretraite-ajustement dans le cadre d'une convention spéciale conclue entre l'employeur et les autorités de tutelle : dans le premier cas, le fonds pour l'emploi rembourse à l'employeur 70 % des

charges résultant du versement par celui-ci de l'indemnité de préretraite, si corrélativement l'employeur embauche en compensation un chômeur ;
– la *préretraite-ajustement* concerne les fermetures d'entreprises (l'indemnité est versée directement par le fonds pour l'emploi) ou les suppressions ou transformations d'emplois consécutives à des mutations techniques (contribution du fonds au versement des indemnités en échange d'embauches correspondantes) ;
– la *préretraite progressive* : le fonds pour l'emploi rembourse à l'employeur l'indemnité de préretraite proratée qu'il verse au salarié pour compenser la transformation de son contrat de travail à temps plein en emploi à temps partiel (entre 40 et 60 % du temps plein), si l'employeur embauche un chômeur à temps partiel.

La préretraite, plafonnée au montant cotisable de l'assurance pension, correspond soit aux indemnités de chômage (préretraite-ajustement), soit à 85 % du salaire brut la première année puis 80 % l'année suivante et enfin 75 % jusqu'à l'ouverture des droits à une pension de vieillesse anticipée.

La pension de vieillesse est *cumulable* avec un salaire, dans la limite des dispositions anti-cumul toutefois.

3243 Le *montant* de la *pension d'invalidité* et de la *pension de vieillesse* se compose d'éléments forfaitaires liés à la durée de l'assurance et d'éléments proportionnels liés aux salaires perçus et à leur revalorisation. Les majorations *forfaitaires* pour la pension de vieillesse sont calculées à raison de 1/40 par année d'assurance et les majorations *proportionnelles* représentent 1,78 % du total des salaires, les salaires étant réajustés selon l'indice de référence (voir n° 3030) et l'évolution du niveau des salaires. Des majorations *spéciales* sont prévues pour les assurés devenus invalides avant l'âge de 55 ans. De même, une *pension minimale* d'invalidité ou de vieillesse est instituée sur la base de 40 années d'assurance. Les assurés qui ont cotisé pendant 20 ans au moins ont toutefois droit à une pension minimale de vieillesse d'un montant réduit de 1/40 par année manquante. Il existe également une pension *maximale* après 40 ans de cotisations. Les pensions sont *revalorisées* automatiquement quand l'indice de référence varie de 2,5 % et elles sont ajustées au niveau des salaires.

Il faut signaler, en outre, les *plans de pension* qui sont souvent souscrits au niveau de l'entreprise et qui assurent jusqu'à 70 % des derniers salaires. Néanmoins, à la différence de la France, le régime de *retraite complémentaire* n'est pas obligatoire.

Régimes complémentaires de retraite

3243 A Depuis le 1er janvier 2000 et en vertu de la loi du 8 juin 1999, chaque entreprise de droit privé est libre de mettre en place un ou plusieurs régimes complémentaires de retraite (prestations en cas de retraite, d'invalidité ou de survie complétant celles de la sécurité sociale pour les mêmes risques) :
– soit un régime interne avec promesse de pension garantie par des provisions au bilan de l'entreprise, à condition que cette dernière soit soumise aux lois sur les procédures collectives ;
– soit un régime externe sous forme d'un fonds de pension (voir n°s 2300 s), soit d'une assurance de groupe.

Les régimes peuvent être *à prestations définies* (il est garanti aux affiliés l'octroi d'un niveau déterminé de prestations) ou *à contributions définies* (l'entreprise s'engage à verser en faveur de l'affilié un niveau déterminé de contributions).

Le *règlement de pension* doit notamment indiquer le régime retenu, les personnes admises à y participer, les cotisations personnelles à charge des affiliés, les règles de détermination des droits en cours et acquis, les modalités de paiement des prestations.

Au plan **fiscal**, les primes versées par l'**entreprise** sont déductibles de son résultat imposable comme dépenses d'exploitation dans la limite de 20 % de la rémunération annuelle ordinaire de l'affilié. Pour les régimes à prestations définies, la déductibilité n'est accordée que si les prestations de retraite versées à l'affilié ne dépassent pas 72 % de sa dernière rémunération annuelle ordinaire. Pour les **salariés**, les retenues opérées sur leurs rémunérations sont déductibles à hauteur d'un montant annuel de 48 000 LUF.

Pension de survie

3244 En cas de **décès de l'assuré**, le droit à une pension de survie est ouvert au **conjoint** survivant notamment si l'assuré avait cotisé pendant une durée de douze mois au cours des trois dernières années et en principe si le mariage avait duré plus de douze mois précédant le décès. Le montant de la pension se compose de toutes les majorations forfaitaires liées au nombre d'années pendant lesquelles l'assuré décédé a cotisé et de 75 % des majorations proportionnelles liées au salaire. La pension n'est plus versée en cas de remariage. Si l'assuré décède avant l'âge de **55 ans,** des majorations spéciales sont appliquées aux pensions de survie et d'orphelin. Outre une indemnité funéraire, le conjoint survivant perçoit également pendant les trois mois suivant le décès de l'assuré la pension complète à laquelle l'assuré aurait eu droit.

Les enfants de l'assuré perçoivent une **pension d'orphelin** servie jusqu'à 18 ans ou 27 ans (en cas d'études) et sans limite d'âge si l'enfant est handicapé. Le montant se compose de 1/3 des majorations forfaitaires et de 25 % des majorations proportionnelles. La pension est doublée si l'enfant est orphelin de père et de mère.

Accidents : accidents du travail et maladies professionnelles

3245 Les **risques couverts** sont les accidents survenus par le fait ou à l'occasion du **travail** et les accidents de **trajet** survenus sur le parcours normal entre le domicile et le lieu de travail. Les **maladies professionnelles** sont les 55 maladies et agents nocifs inscrits dans une liste publiée dans l'arrêté du 26 mai 1965 et le règlement grand-ducal du 27 mars 1986 et dont la survenance est présumée d'origine professionnelle. En dehors de cette liste, il est nécessaire d'en prouver l'origine professionnelle.

Les **salariés couverts** sont les ouvriers, les aides, les compagnons et apprentis, les employés de bureau ou d'exploitation, les contremaîtres et les employés techniques, les chefs d'entreprise et les membres de leur famille.

Le **financement** des deux risques diffère de celui des risques examinés ci-dessus puisqu'il est assuré par les employeurs qui sont tenus d'adhérer à l'Association d'assurance contre les accidents du travail (adresse en annexe). Les primes versées par les entreprises sont au pourcentage de la masse salariale variable, selon les risques encourus dans l'entreprise ; en 2000, entre 0,62 % dans le secteur des banques et assurances et 4,83 % dans le bâtiment (voir n° 3232).

3246 Les **prestations en nature** (soins médicaux, médicaments, frais d'hospitalisation) sont servies jusqu'à la guérison ou la consolidation. Ces frais sont directement et intégralement payés par l'Association d'assurance, dans les limites des tarifs conventionnés. Le choix du médecin et de l'hôpital est libre.

Les **prestations en espèces** comprennent les indemnités journalières puis les rentes. Les **indemnités journalières,** d'un montant équivalant au salaire brut que la victime aurait perçu si elle avait travaillé lui sont versées au maximum pendant les treize premières semaines d'incapacité. Elles sont à la charge de l'employeur jusqu'à la fin du troisième mois qui suit le mois de l'accident ou de la maladie si l'assuré est un employé, et à la charge de l'Association d'assurance (avancées par la caisse maladie jusqu'au résultat de l'enquête) s'il s'agit d'un ouvrier. Au-delà des treize premières semaines d'incapacité, les indemnités sont remplacées par une *rente* mensuelle partielle ou plénière dont le montant est fonction du degré d'incapacité. En cas d'incapacité totale, la rente plénière est de 85,6 % de la rémunération effectivement perçue l'année précédant l'incapacité. Des majorations pour personnes à charge sont prévues ainsi qu'une allocation ménagère en cas d'hospitalisation après la treizième semaine (ou un pécule représentant 1/3 du salaire annuel divisé par 360 si l'assuré n'a pas de famille à charge).

La rente d'accident est *cumulable* avec une pension d'invalidité dont le montant est toutefois réduit si l'ensemble des prestations dépasse la moyenne des salaires des cinq meilleures années de l'assuré.

Prestations familiales

3247 Depuis 1996, les prestations familiales du secteur privé ne sont plus *financées par* l'employeur mais par l'État qui verse à la Caisse nationale des prestations familiales (adresse en annexe) une cotisation de 1,7 % du salaire des salariés du secteur privé. Bien qu'elles soient fondées sur l'existence d'un contrat de travail, la loi en étend le bénéfice à des *attributaires* non salariés : chômeurs, titulaires d'une pension et orphelins.

Le salarié doit être *employé* au Luxembourg par un *employeur établi*.

Concernant la *territorialité*, s'il s'agit d'un *salarié français expatrié*, l'article 73 du règlement 1408/71/CEE prévoit qu'il aura droit aux allocations familiales luxembourgeoises s'il emmène avec lui des membres de sa famille. Il peut prétendre, le cas échéant, à une allocation différentielle dans l'hypothèse où les prestations luxembourgeoises seraient inférieures à celles qui lui auraient été dues au titre de la législation française, si elle avait été applicable.

Lorsque le salarié français est *temporairement détaché* au Luxembourg et qu'il reste soumis à la législation française, il a droit pour les membres de sa famille qui l'accompagnent dans ce pays aux prestations françaises.

Si le salarié français est un *frontalier* dont les enfants résident aussi en France, il a droit aux allocations familiales luxembourgeoises et, le cas échéant, à une allocation différentielle si ces dernières sont inférieures aux allocations françaises.

Une ressortissante française résidant en France et exerçant une activité à temps partiel au Luxembourg s'est vu refuser l'allocation d'éducation parentale à mi-temps par la CAF de Metz au motif que, quand elle est servie au taux partiel, l'APE est un droit personnel (donc lié à une condition d'activité en France). L'activité exercée au Luxembourg ne peut donc pas être prise en compte pour bénéficier de l'APE française. En revanche l'APE à taux plein constitue une prestation de nature territoriale (liée à une condition de résidence en France) mais elle ne peut y prétendre en raison de son activité au Luxembourg. Ce raisonnement paraît discriminatoire pour les frontaliers.

3247-A Le droit aux allocations familiales luxembourgeoises est ouvert à tous les *résidents* du Luxembourg dès le premier enfant. Elle est versée jusqu'à ce que l'enfant ait atteint l'âge de 18 ans ou de 27 ans s'il poursuit des études et sans limite d'âge en cas d'infirmité. Le *montant* des allocations familiales mensuelles varie selon le nombre d'enfants à charge. Au-delà de trois enfants, chaque enfant supplémentaire ouvre droit à une allocation fixe. Des majorations sont prévues à partir de l'âge de six ans et de douze ans. D'autre part, une allocation supplémentaire d'un montant égal à l'allocation pour un enfant est versée pour tout enfant handicapé. Elle est maintenue sans limite d'âge s'il ne peut subvenir à ses besoins et pour autant qu'il ne touche pas une pension d'un organisme de la sécurité sociale.

Une *allocation prénatale* est versée à la mère à condition qu'elle ait subi les examens prescrits et qu'elle ait eu son domicile au Luxembourg au cours de l'année précédant la naissance. Pour bénéficier de l'allocation de *naissance* et de l'allocation *postnatale* (d'un montant fixe), il suffit que l'un des parents remplisse cette condition.

La CJCE a jugé discriminatoire la condition de résidence car bien qu'elle fût applicable également aux Luxembourgeoises, elle était plus facilement remplie par celles-ci que par les ressortissantes des autres États membres (Aff. C-111/91 du 10 mars 1993).

Il existe d'*autres* allocations (éducation, rentrée scolaire, etc.), soumises, comme en France, à des conditions de ressources.

Chômage

3248 Le *financement* du chômage est assuré au Luxembourg par un impôt de solidarité qui s'ajoute à l'impôt sur le revenu, par les communes qui y affectent 4 % des impôts locaux ainsi que par un droit d'accises additionnel prélevé sur les huiles et gasoils, dénommé contribution sociale.

L'*administration* en charge de l'assurance chômage est l'Administration de l'emploi dont le siège est à Luxembourg (adresse en annexe) et qui a des agences régionales (Esch-sur-Alzette, Diekirch et Wiltz). Les chômeurs peuvent également déposer leurs demandes auprès des services communaux de leur résidence.

Les *allocataires* sont les salariés, les jeunes qui, à la fin de leur formation, se trouvent sans emploi et les indépendants ayant cessé leurs activités et à la recherche d'un emploi salarié. Le *droit aux allocations* de chômage est soumis aux conditions suivantes :
– être chômeur involontaire, inscrit comme demandeur d'emploi et apte au travail ;
– avoir travaillé au moins *26 semaines* au Luxembourg au cours de l'année qui précède le chômage.

L'indemnité de chômage est servie *pendant* une durée de 365 jours pour chaque période de 24 mois. La période d'indemnisation est prolongée pour les personnes difficiles à placer et, sans conditions, pour les chômeurs âgés de plus de 50 ans. Le *montant* de l'indemnité est de 80 % du salaire brut des trois derniers mois dans la limite de 2,5 fois le salaire social minimum. Ce taux est réduit à 60 % lorsque le conjoint dispose d'un salaire dépassant cette même limite et il est majoré de 5 % en cas de charge d'enfants.

En cas de *chômage partiel*, les salariés dont l'horaire de travail est réduit ont droit à 80 % du salaire horaire brut sans que l'indemnité puisse dépasser 2,5 fois le salaire social minimum horaire. La première tranche de 8 heures par mois n'est toutefois pas indemnisée et le solde est à la charge de l'employeur.

L'octroi de subventions destinées à l'*indemnisation des chômeurs partiels*, tel que prévu par la loi du 24 décembre 1977, peut être étendu aux entreprises et à leurs établissements confrontés à des difficultés structurelles. Les entreprises bénéficiaires et la durée des subventions sont déterminées par le ministre du travail et de l'emploi et le ministre de l'économie, après avis du comité de conjoncture et sur la base d'un plan de redressement (loi du 26 mars 1998). L'application de mesures préventives de licenciement et de mesures correctrices et d'accompagnement est soumise aux *conditions* suivantes : la baisse prononcée d'activité est constatée sur une période d'au moins six mois ; les difficultés rencontrées n'ont pas pour seule origine une récession économique généralisée ; la reprise normale dans un délai raisonnable est incertaine.

3249 Les *jeunes* sont dispensés de la condition de durée de travail s'ils se trouvent sans emploi dès la fin de leur formation. L'allocation de chômage ne leur est toutefois servie qu'après un délai de 26 semaines suivant leur inscription comme demandeur d'emploi. Elle est de 70 % du salaire social minimum.

Les *préretraités* perçoivent une indemnité d'attente versée par l'employeur qui est en partie remboursée par le Fonds de chômage. Elle est de 85 % du salaire brut antérieur la première année puis de 80 % et de 75 % les deux années suivantes.

Aides et incitations en faveur de l'emploi

3250 Le règlement du 17 juin 1994 complété par le règlement du 31 juillet 1995 a introduit des mesures financées par le fonds de solidarité pour assurer le maintien de l'emploi et la compétitivité des entreprises :
– aides à la *mobilité géographique*, pour les résidents (jeunes à la recherche d'un premier emploi et chômeurs) qui sont classés ou reclassés dans un emploi durable au Luxembourg et rémunérés pour un montant inférieur au triple du salaire social minimum (voir n° 3030) ;
– aides au *remploi* de salariés licenciés pour un motif économique, menacés de l'être ou d'être transférés dans une autre entreprise ainsi qu'aux chômeurs indemnisés, avec reclassement dans un emploi moins bien rémunéré ;
– aides à la *création d'entreprises* en faveur des chômeurs difficiles à placer ;
– aides à la création d'emplois d'utilité socio-économique.

Par ailleurs, la loi du 24 décembre 1996, modifiée par la loi du 12 février 1999 relative au plan national en faveur de l'emploi, accorde sur demande une *bonification d'impôt* aux entreprises exerçant une activité commerciale, industrielle, minière, artisanale ou agricole ainsi qu'aux professions libérales qui embauchent des *chômeurs* inscrits depuis au moins trois mois. L'embauche doit se faire sous *contrat* à *durée* indéterminée ou pour une durée de deux ans, et pour au moins 16 heures de travail hebdomadaires. La bonification mensuelle d'impôt par chômeur est de 10 % du montant de la rémunération mensuelle brute déductible comme dépense d'exploitation. La réduction d'impôt est pratiquée *pendant 36 mois,* sur l'année d'imposition pendant laquelle les rémunérations sont versées ; à défaut d'impôt suffisant, elle est reportable sur les dix exercices suivants.

Enfin, le Fonds social pour l'emploi rembourse aux employeurs toutes *les cotisations de sécurité sociale* pour les chômeurs âgés et de longue durée, à condition que leur contrat de travail soit à durée indéterminée ou d'une durée de 24 mois et que le temps de travail soit au moins de 20 heures par semaine.

SECTION 3

Assurances volontaires et complémentaires des expatriés

3255 Lorsque le salarié est un ressortissant communautaire expatrié dans un pays membre de l'Union européenne, il lui est *interdit* de cumuler l'affiliation obligatoire dans le pays d'expatriation et son maintien volontaire au régime légal de son pays d'origine (art. 15 du règlement CEE/1408/71). Mais par *exception*, ce cumul est permis pour les risques invalidité, vieillesse et décès dans la mesure où ce cumul est admis dans le pays d'origine (art.15-3). Ce qui est le cas de la France (art. 762-1 du Code de sécurité sociale). Il faut donc distinguer deux catégories de risques, selon que le salarié travaillant hors de France peut on non cumuler deux assurances.

Risques maladie/maternité, accidents du travail et maladies professionnelles

3256 Pour les autres risques (*maladie-maternité-décès, accidents du travail et maladies professionnelles*), comme il est interdit de cumuler les prestations qui seraient octroyées par les institutions de deux États membres pour un même risque et pour une même période, l'expatrié ne peut compléter le régime obligatoire du pays d'emploi que par une assurance privée, s'il s'estime insuffisamment couvert. En pratique, compte-tenu du coût des cotisations en Europe, le cumul n'est intéressant que pour une expatriation au Royaume-Uni.

Ces risques sont couverts de manière générale par le régime obligatoire luxembourgeois. Il est peu probable que leur couverture soit jugée insuffisante ou insatisfaisante, mais, s'ils l'étaient, l'expatrié ou son employeur peut souscrire un *contrat d'assurance* auprès d'une compagnie *privée* ou adhérer à la CFE à titre volontaire (adresse au n° 4506), afin d'obtenir des garanties équivalentes à celles qui sont offertes en France (y compris pour les risques invalidité et décès). Parfois, l'entreprise française souscrit un *contrat de groupe* couvrant l'ensemble du personnel expatrié.

À cet égard, on peut considérer que la Caisse des Français de l'étranger est un régime privé hors du champ d'application du règlement CEE et que le cumul peut être toléré. La CFE, lorsqu'elle accepte les adhésions de personnels exerçant sur le territoire communautaire, doit explicitement informer les candidats à l'adhésion de leurs obligations au regard de la législation communautaire, c'est-à-dire de leur obligation d'adhérer au régime du pays d'emploi.

Risque vieillesse

3257 Comme le cumul d'une assurance obligatoire dans le pays d'accueil et d'une assurance volontaire dans le pays d'origine est admis, les salariés français exerçant leur activité au Luxembourg peuvent éviter toute rupture de cotisations en continuant à adhérer à titre volontaire au régime français d'*assurance vieillesse,* régime de base et régimes complémentaires.

Assurance volontaire au régime de base

3258 Les Français détachés ou expatriés au Luxembourg peuvent adhérer volontairement à l'assurance vieillesse-veuvage de la CFE.

Les *demande d'affiliation* doivent être présentées pour les salariés qui ne cotisent à la CFE que pour le risque vieillesse-veuvage à la caisse primaire d'assurance maladie de leur dernière résidence en France ; s'ils adhèrent à la CFE pour d'autres risques, la CFE se charge de reverser la cotisation à la CNAV.

Pour les *professions artisanales*, la demande est à adresser à la caisse autonome nationale de compensation de l'assurance vieillesse artisanale (CANCAVA, adresse en annexe) et pour les *professions industrielles et commerciales*, à la caisse d'assurance vieillesse des industriels et commerçants d'Algérie et d'outre-mer (CAVICORG, adresse en annexe).

La *cotisation* des salariés se calcule sur un montant forfaitaire établi en pourcentage du plafond de la sécurité sociale. Il y a quatre catégories de cotisations : les trois premières sont établies en fonction du salaire de l'adhérent par rapport au plafond annuel moyen de sécurité sociale et la quatrième est réservée aux jeunes. Le taux global est de 15,90 % (veuvage compris). Les cotisations sont payables trimestriellement et elles peuvent être prises en charge, en tout ou partie, par l'employeur.

Les cotisations des **non-salariés** sont en principe les mêmes que pour les non-salariés exerçant en France et dépendent du régime applicable à l'activité de la personne concernée.

Les **prestations** sont les mêmes que celles des régimes obligatoires correspondants et elles sont servies de la manière suivante. Chaque pays membre dans lequel il a été assuré pendant au moins un an conserve son registre d'assurance jusqu'à ce qu'il atteigne l'âge de la retraite retenu dans ce pays. Lorsqu'il l'atteint, il doit lui verser une pension calculée en fonction de son registre d'assurance dans ce pays. Dès lors qu'il introduit une demande de liquidation, toutes les institutions concernées doivent en principe liquider les prestations, sauf s'il demande à différer la liquidation dans un ou plusieurs pays ou s'il ne réunit pas simultanément les conditions requises par toutes les législations visées (âge de la retraite notamment). La pension lui est servie où qu'il réside dans l'Union européenne.

Retraite complémentaire

3259 Les salariés français ou ressortissants communautaires qui sont **détachés** au Luxembourg restent obligatoirement affiliés à l'institution de retraite complémentaire dont relève leur entreprise. Mais pour ceux qui ont le statut d'**expatriés**, des mesures internes ont été nécessaires pour les maintenir au régime français tant qu'il n'existait pas de coordination communautaire. En effet, les régimes français de retraite complémentaire (et de préretraite) ont été hors du champ d'application de la réglementation communautaire jusqu'au 1er janvier 2000. La procédure des « extensions territoriales » est donc une fiction juridique qui permet de faire bénéficier les expatriés des régimes de retraite complémentaire dans les conditions de droit commun.

3260 L'**extension territoriale** peut être **demandée par** des entreprises établies en France métropolitaine et dans les DOM (cas A), des entreprises établies à l'étranger (cas B) des entreprises établies dans un TOM pour les salariés français ou ressortissants communautaires y travaillant (cas C'), **ou par** le salarié lui-même (cas D). L'entreprise doit exercer une activité entrant dans le champ d'application professionnel de l'Agirc ou de l'Arrco ou, si elle est étrangère, susceptible d'y entrer si elle était en France. Elle doit communiquer la liste des salariés concernés, ces derniers ayant donné leur accord à la majorité pour participer aux régimes.

Les entreprises (et les salariés faisant une demande individuelle) peuvent **adresser** leurs demandes d'extension **à** la caisse de retraite des expatriés (IRCAFEX pour les cadres et CRE pour les non-cadres, voir adresses en annexe). Les entreprises cas A peuvent aussi s'adresser à l'institution où sont affiliés les salariés travaillant en France.

Chaque catégorie doit remplir des **conditions** spécifiques.

L'extension territoriale **cas A** permet à l'**entreprise française** d'affilier les salariés qu'elle recrute en France et qu'elle expatrie dans ses établissements propres ou dans toute autre entreprise juridiquement distincte, à condition que leur **contrat de travail** ait été conclu avec elle. Les bénéficiaires de l'extension sont les mêmes catégories de personnel que celles couvertes par les adhésions métropolitaines. L'extension territoriale **cas B** s'adresse aux **entreprises étrangères**. Ces entreprises doivent verser la cotisation ASF pour leurs salariés affiliés à l'Agirc ou l'Arrco, même si elles ne sont pas affiliées au régime d'assurance chômage.

Les extensions **cas A et B** souscrites avant le 1er janvier 2000 étaient réservées aux salariés français et ressortissants communautaires mais dorénavant elles peuvent l'être **sans condition de nationalité si** l'intéressé a déjà des droits auprès de l'Arrco ou de l'Agirc ou bien s'il est simultanément inscrit à la CFE. L'engagement n'est plus collectif depuis le 1er janvier 2000 pour le cas A et depuis le 1er janvier 1996 pour le cas B chaque participant doit donner son **accord individuel** (cas A) ou être consulté dans les formes requises par l'État où l'entreprise est installée (cas B).

Les extensions **cas D** concernent les **salariés français** dont l'entreprise, bien qu'entrant dans le champ d'application professionnel des régimes Arrco et Agirc, n'a pas demandé d'extension territoriale. Les autres **ressortissants communautaires** ne peuvent s'affilier que s'ils avaient déjà acquis des droits auprès d'un régime Arrco et/ou Agirc. Leur contrat de travail peut avoir été conclu en France ou être de droit local. Le requérant doit justifier l'activité et le statut de son entreprise, la nature de ses fonctions, le montant de ses salaires et sa nationalité. La demande doit être formulée auprès de la Cre et/ou de l'Ircafex. Pour adhérer à la **Cre,** le demandeur doit justifier de sa participation au régime d'assurance volontaire vieillesse français ou à un régime étranger coordonné avec le régime français (Union européenne ou pays conventionné). S'il s'agit d'un **cadre**, il doit également être affilié au régime de retraite des cadres (Ircafex) pour adhérer individuellement à la Cre. Il doit, enfin verser la cotisation ASF, même s'il n'est pas affilié au régime d'assurance chômage.

Dans les **cas B et D**, l'Ircafex limite l'affiliation aux **ingénieurs, cadres et assimilés** définis par les articles 4 et 4 bis de la convention collective des cadres.

3261 L'*assiette* des cotisations est ainsi formée :

– **cas A** : salaire qui aurait été perçu en France pour des fonctions correspondantes, assorti de tout ou partie des primes et avantages en nature prévues dans le contrat d'expatriation ;
– **cas B et D** : nombre de points annuel dépendant du salaire lié à la fonction de l'expatrié, et tenant compte éventuellement de tout ou partie des primes et avantages en nature. Ce nombre de points est calculé sur 6 % de la tranche A et 16 % des tranches B et C. Il reste stable pendant toute la période d'expatriation au sein d'une même entreprise, sauf changement notable dans la carrière de l'intéressé (changement de fonctions, évolution du salaire sensiblement différente de celle du salaire de référence du régime) ;
– **cas C'** : salaire réel brut.

Les *taux* sont les suivants :

– **cas A** : même taux que celui des autres salariés de l'entreprise ;
– **cas B et C'** : le régime de cotisation est choisi par l'entreprise en accord avec la majorité des salariés présents lors de l'adhésion ;
– **cas B et D** : la cotisation est calculée sur la base du nombre de points annuel dépendant du salaire de l'expatrié selon la formule suivante : cotisation = 0,9615 × nombre de points × prix d'achat du point × pourcentage d'appel. Le nombre de points inscrit au compte individuel est désormais minoré en tenant compte de la majoration du salaire de référence de 3,5 % (prévue à l'art. 2-1 de l'annexe A à l'accord du 8 décembre 1961).

Le **paiement** des cotisations est trimestriel. Il est de la responsabilité de l'employeur (parts patronale et salariale), sauf dans le cas D où le salarié est seul responsable du versement de la totalité, même s'il a négocié avec son employeur une éventuelle participation financière de ce dernier).

5ᵉ PARTIE

Règles comptables

3500 Les obligations comptables des sociétés luxembourgeoises trouvent leur origine dans la transposition en 1984 de la *4ᵉ directive européenne* dans le droit commercial luxembourgeois. Auparavant, les obligations comptables étaient quasi inexistantes, le traitement comptable étant alors essentiellement motivé par des considérations fiscales. La transposition très libérale des directives européennes laisse aux sociétés une grande latitude pour appliquer les principes comptables. En l'absence de règles comptables nationales précises, les **normes comptables internationales** (IAS) servent souvent de point de référence.

Mis à part pour les institutions financières (banques, compagnies d'assurances, etc.) le Luxembourg ne connaît pas d'ordre professionnel établissant des normes comptables ou interprétant la législation en vigueur. En conséquence, les pratiques comptables luxembourgeoises sont très variées et s'inspirent souvent des normes comptables d'autres pays comme la Belgique, l'Allemagne, la France, le Royaume Uni et les Etats-Unis.

3501 Seuls seront abordés ci-après les régimes applicables aux sociétés de capitaux (SA, SARL et société en commandite par actions), par opposition aux sociétés de personnes. Seront traités successivement les régimes applicables aux :

– sociétés industrielles et commerciales (à l'exception des établissements de crédit, sociétés d'assurances et autres professionnels du secteur financier pour lesquels il existe des principes et obligations comptables spécifiques) ;
– organismes de placement collectif.

Source des obligations des sociétés de capitaux

3501-A Les 4ᵉ, 7ᵉ et 8ᵉ directives européennes ont été transposées en droit luxembourgeois (section XIII articles, 204 à 256 ter) de la loi du 15 août 1915 concernant les sociétés commerciales, désignée ci-après par « LSC ») par :

• *4ᵉ et 7ᵉ directives* :

– la loi du 4 mai 1984 relative aux comptes annuels des entreprises à l'exception des établissements de crédit et des sociétés d'assurance ;

– la loi du 11 juillet 1988 relative aux comptes consolidés des entreprises à l'exception des établissements de crédit et des sociétés d'assurance ;
– la loi du 17 juin 1992 relative aux comptes annuels et aux comptes consolidés des établissements de crédit luxembourgeois ; aux obligations en matière de publicité des documents comptables des succursales d'établissements de crédit et d'établissements financiers de droit étranger ;
– la loi du 8 décembre 1994 relative aux comptes annuels et aux comptes consolidés des entreprises d'assurance et de réassurance de droit luxembourgeois ; aux obligations en matière d'établissement et de publicité des documents comptables des succursales d'entreprises d'assurance de droit étranger.

- *8ᵉ directive* :

la loi du 28 juin 1984 portant organisation de la profession de réviseur d'entreprises et la loi du 10 juin 1999 portant organisation de la profession d'expert comptable.

- *euro* : la loi du 10 décembre 1998 relative à la conversion par les sociétés commerciales de leur capital en euros (voir n° 561-A) ;

- *fonds de pension* : la loi du 8 juin 1999 (voir n° 2345).

Obligations comptables des sociétés commerciales

TITRE 1

CHAPITRE 1 — Comptes annuels

SECTION 1 — Conditions d'établissement des comptes

Durée d'un exercice comptable

3502 En principe, la durée d'un exercice comptable ne peut être **supérieure à** un an (art 72 LSC). Par exception, le premier exercice social peut s'étendre sur une durée supérieure à douze mois, avec toutefois une durée maximale inférieure à dix huit mois. De même, en cas de changement de la date de clôture, il est possible d'avoir un exercice de transition d'une durée maximale de 18 mois. Aucune durée **minimale** n'est prévue par la législation. La durée peut être écourtée notamment lors de l'année de la constitution ou de la liquidation de la société.

Comme, en matière fiscale, aucun exercice d'exploitation ne peut avoir une durée supérieure à douze mois (art. 17 LIR), une société peut être obligée d'établir un **bilan fiscal** pour sa déclaration d'impôts alors même que son **exercice comptable** (qu'on suppose être d'une durée supérieure à douze mois) ne s'est pas encore achevé. Par exception, la durée d'un exercice comptable pour une **société en liquidation** se termine lors de la clôture de la liquidation, sans égard à la durée qui peut être supérieure à un an. En matière fiscale, si les opérations de liquidation dépassent un délai de trois ans, il y aura imposition à la fin de chaque exercice (art. 169 LIR).

Date de clôture d'un exercice comptable

3502-A La date de clôture de l'exercice comptable est définie dans les statuts de la société. Elle doit en principe **concorder avec** celle de l'exercice fiscal, soit le 31 décembre. Peuvent clôturer régulièrement à une même date annuelle autre que celle du 31 décembre, les sociétés qui remplissent les deux conditions suivantes : tenir une comptabilité régulière et en faire la demande écrite à l'administration des contributions, en indiquant les raisons motivant ce choix. L'autorisation ne sera accordée que si ces raisons sont pertinentes.

En matière de **TVA**, la date de clôture d'un exercice doit toujours concorder avec l'année civile (art. 61 LTVA).

La date de clôture de l'exercice comptable peut être **modifiée** sans que sa durée puisse dépasser douze mois. Une société est autorisée à changer la date de clôture de son exercice à condition de modifier ses statuts et de demander l'agrément à l'administration des contributions.

Devise de référence

3503 Même si la plupart des comptes sont publiés en euros ou en francs luxembourgeois (LUF), les sociétés peuvent utiliser n'importe quelle devise librement convertible pour l'établissement de leurs comptes annuels. Le choix d'une devise autre que l'euro peut entraîner des ajustements importants entre les comptes sociaux et fiscaux puisque les déclarations fiscales doivent toujours être exprimées en euro ou en LUF (voir n° 1295).

Langue de référence

3503-A En principe, les comptes annuels doivent être établis dans une des trois langues administratives du pays (français, allemand ou luxembourgeois). S'ils sont établis dans une **autre langue**, ils doivent être accompagnés d'une traduction dans l'une de ces langues mais l'administration de l'enregistrement tolère qu'ils soient rédigés ou traduits en anglais (circulaire du 2 août 1994).

Taille des sociétés

3504 Pour les exercices prenant cours à partir du 1er janvier 2000, les sociétés commerciales sont réparties en **deux catégories** (petites et grandes) en fonction des **trois critères** suivants (montants à jour du règlement grand-ducal du 22 décembre 2000) :
– total du bilan : total de l'actif, perte de l'exercice exclue ;
– montant net du chiffre d'affaires : montant net tel qu'il figure au compte de profits et pertes ;
– nombre moyen des membres du personnel.

Une société est classée dans l'une ou l'autre des catégories quand **au moins deux des trois critères** sont respectés. Le changement de catégorie et les conséquences n'interviennent que si le franchissement des seuils subsiste pendant deux exercices consécutifs.

Total du bilan en millions d'euros	Chiffre d'affaires en millions d'euros	Effectif	Classification de la société
> 12,5	> 25	> 250 personnes	Grande société
≤ 3,125	≤ 6,25	≤ 50 personnes	Petite société

3505 Effets de la classification

POSSIBILITÉS			
	Petite société	Moyenne société	Grande société
– Établissement d'un bilan abrégé (art. 215 LSC)	oui	non	non
– Établissement d'un compte de profits et pertes abrégé (art. 231 LSC)	oui	oui	non
– Établissement d'une annexe abrégée (art. 249 LSC)	oui	non	non
– Absence de rapport de gestion (art. 251 LSC)	oui	non	non
– Publication uniquement du bilan et de l'annexe abrégés (pas de publication du compte de profits et pertes, du rapport de gestion et du rapport de contrôle) (art. 252 LSC)	oui	non	non
– Publication des bilan, compte de profits et pertes et annexe abrégés, rapport de gestion (qui peut aussi être mis à disposition du public au siège de la société) et rapport de contrôle (art. 252 LSC)	oui (sauf rapport de gestion, voir ci-dessus)	oui	non

OBLIGATIONS			
	Petite société	Moyenne société	Grande société
– Contrôle des comptes par un réviseur d'entreprises (art. 256 LSC)	non	oui	oui
– Commissaire aux comptes (SA, SARL ayant + de 25 associés, SCA)	oui	non	non

SECTION 2 **Principes comptables**

Principes généraux

3506   Ces principes sont :

- Le principe de la *clarté* et de la *régularité*

Les comptes annuels doivent être établis avec CLARTÉ et en CONFORMITÉ avec la loi.

- Le principe de l'*image fidèle*

Les comptes annuels doivent donner une *image fidèle* du patrimoine, de la situation financière et des résultats de la société.

- Le principe de la *continuité*

La forme retenue pour la présentation du bilan et du compte de profits et pertes ne peut pas être modifiée d'un exercice à l'autre, sauf cas exceptionnels à expliquer et à motiver dans l'annexe. Les modes d'évaluation retenus ne peuvent être changés d'un exercice à l'autre, sauf cas exceptionnels (par exemple, changement des circonstances économiques) à expliquer et à motiver dans l'annexe.

- *Forme*

Les postes du bilan et du compte de profits et pertes doivent apparaître séparément dans l'ordre indiqué. Des subdivisions plus détaillées peuvent être utilisées ou de nouveaux postes ajoutés. Il n'est pas nécessaire de reprendre les postes pour lesquels il n'y a de chiffres ni pour l'exercice ni pour l'exercice précédent.

- *Chiffres comparatifs*

Pour chacun des postes du bilan et du compte de profits et pertes, les chiffres relatifs au poste correspondant de l'exercice précédent doivent être indiqués. Bien que la loi ne prévoie pas de chiffres comparatifs dans l'annexe, cette pratique est recommandable en vue d'une meilleure information.

- *Indication des montants*

Les *compensations* entre postes d'actif et de passif ou entre postes de charges et de produits sont interdites.

Des postes du bilan et du compte de profits et pertes ne peuvent être *regroupés* que si leur montant est négligeable ou que le regroupement favorise la clarté et que le détail est donné dans l'annexe.

Principes d'évaluation

3507   Les principes d'évaluation qui doivent contribuer à donner une *image fidèle* des comptes annuels sont :

- La *continuité de l'exploitation* (going concern)

La société est présumée continuer ses activités.

- La *permanence des méthodes*

Les modes d'évaluation ne peuvent être modifiés d'un exercice à l'autre.

- La *prudence*

Le principe de prudence que :

– seuls les bénéfices réalisés à la date de clôture du bilan peuvent y être inscrits ;

– il doit être tenu compte de tous les risques prévisibles et pertes éventuelles

qui ont pris naissance au cours de l'exercice ou d'un exercice antérieur, même si ces risques ou pertes ne sont connus qu'entre la date de clôture du bilan et la date à laquelle il est établi ;
– il doit être tenu compte des dépréciations, que l'exercice se solde par une perte ou un bénéfice.

L'*évaluation des actifs immobilisés et circulants* doit se faire au prix d'acquisition (ou au coût de revient) ou à la « valeur courante » pour les immobilisations et les actifs circulants lorsque celle-ci y est inférieure.

- La *spécialisation des exercices* (*accruals*)

Il doit être tenu compte des charges et produits afférents à l'exercice auquel les comptes se rapportent, sans considération de la date de paiement ou d'encaissement de ces charges ou produits.

- L'*évaluation séparée*

Les éléments des postes de l'actif et du passif doivent être évalués séparément.

- L'*identité*

Le bilan d'ouverture d'un exercice doit correspondre au bilan de clôture de l'exercice précédent.

Indication des principes d'évaluation

3508 Les principes et les modes d'évaluation des actifs et passifs et la détermination des résultats financiers *doivent être publiés* dans l'annexe. Les méthodes appliquées pour la conversion des éléments libellés en monnaie étrangère doivent également être indiquées.

Des *dérogations* à ces principes d'évaluation sont *admises dans certains cas* exceptionnels. Elles doivent alors être signalées et dûment motivées dans l'annexe ; leur incidence sur le patrimoine, la situation financière et les résultats de la société doit être quantifiée.

Lorsque l'application des dispositions formelles de la loi se révèle contraire à l'obligation de donner une image fidèle, *il doit être dérogé* à ces dispositions formelles afin qu'une image fidèle soit donnée ; cette dérogation est à mentionner dans l'annexe et doit être dûment motivée ; en outre, son incidence sur le patrimoine, la situation financière et les résultats doit être indiquée.

SECTION 3 **Présentation des comptes annuels**

3510 Les comptes annuels se composent :
– d'un bilan ;
– d'un compte de profits et pertes et d'une annexe.

Le bilan et le compte de profits et pertes doivent être établis suivant l'un des *schémas* prévus par la 4e directive tels que transposés dans la loi. Les *postes* du bilan et du compte de profits et pertes doivent apparaître séparément dans l'ordre indiqué dans les schémas. La *terminologie des schémas* doit être utilisée. Il n'est pas nécessaire de numéroter les rubriques ou postes. Les postes ne comportant pas de chiffres ne doivent pas être indiqués.

Présentation des principaux postes du bilan

3511 La présentation est traditionnelle sous forme de compte : actif à gauche – passif à droite (art. 213 LSC) ou elle est sous forme de liste (art. 214 LSC) comme dans le modèle présenté du n° 3531.

Les *rubriques* sont désignées par des lettres majuscules. Les *postes* sont précédés de chiffres romains. Les *sous-postes* précédés de chiffres arabes.

Les lettres ainsi que les chiffres précédant les rubriques et postes du bilan ne doivent pas nécessairement être reproduits dans les comptes sociaux des sociétés.

Les sociétés moyennes et grandes doivent établir leur bilan avec tous les détails prévus dans les schémas de base mais les petites sociétés peuvent établir un bilan comprenant seulement certains des postes indiqués dans ces schémas.

Actif

3512

a. Capital souscrit non versé

Il permet de déterminer dans quelle proportion le capital social a été libéré.

b. Frais d'établissement

Il s'agit des frais qui sont en relation avec la création ou l'extension d'une entreprise, d'une partie d'entreprise ou d'une branche d'activité, par opposition aux frais résultant de la gestion courante (par exemple, les frais de constitution ou d'augmentation du capital, les intérêts intercalaires).

Il est facultatif d'inscrire les frais d'établissement à l'actif du bilan. Ces frais doivent être *amortis* dans un délai maximum de cinq ans. Dans la mesure où ils n'ont pas été complètement amortis, toute distribution des résultats est interdite sauf si le montant des réserves disponibles à cet effet et des résultats reportés est au moins égal au montant des frais non amortis. Les éléments inscrits au poste « frais d'établissement » doivent être *commentés* dans l'annexe.

c. Actif immobilisé

L'actif immobilisé *comprend* les éléments du patrimoine destinés à servir de manière durable à l'activité de l'entreprise. Il est réparti en trois catégories : les immobilisations incorporelles, corporelles et financières.

Pour chaque poste de l'actif immobilisé indiqué de manière séparée, il doit être donné (soit au bilan soit en annexe) un *relevé* montrant :
– le prix d'acquisition ou le coût de revient et les corrections de valeur au début de l'exercice ;
– les entrées, les sorties et les transferts de l'exercice ;
– les corrections de valeur cumulées à la date de clôture de l'exercice ;
– les rectifications effectuées pendant l'exercice sur corrections de valeurs d'exercices antérieurs ;
– le prix d'acquisition ou le coût de revient à la date de clôture de l'exercice.

Cette obligation n'est pas applicable aux comptes annuels abrégés des petites sociétés.

Les immobilisations ayant une durée de vie limitée doivent être *amorties* sur leur durée d'utilisation (art. 239 LSC). La législation comptable n'impose pas de méthode d'amortissement spécifique mais les méthodes et les taux d'amortissement sont influencés par la législation fiscale en vigueur. En principe, toutes les *méthodes d'amortissements* justifiables sont admises. Sauf accord exprès des autorités fiscales, la législation impose l'amortissement linéaire ou l'amortissement dégressif (voir n°s 1252 s.).

1. Immobilisations incorporelles

Il s'agit des frais de recherche et de développement ; des concessions, brevets, licences, marques, droits et valeurs similaires ; du fonds de commerce.

Les **frais de recherche et de développement** doivent en principe être amortis sur une durée de cinq ans mais leur amortissement sur une durée supérieure est possible lorsque le résultat des travaux peut être utilisé sur une durée dépassant cinq ans. Les éléments repris dans ce poste doivent être commentés dans l'annexe et toute distribution de dividendes est en principe interdite avant l'amortissement complet, sauf si le montant des réserves qui peuvent être distribuées et des résultats reportés est au moins égal au montant des frais non amortis.

En principe, le *goodwill* (**fonds de commerce**) acquis à titre onéreux est à amortir sur cinq ans maximum. Cette durée peut être dépassée, à condition de motiver cette dérogation et sans que la durée d'utilisation de cet actif ne puisse être dépassée.

2. Immobilisations corporelles

Il s'agit des terrains et constructions, y compris les droits immobiliers et autres droits assimilés tels que définis par les lois civiles ; des installations techniques et machines ; autres installations, outillages et mobiliers.

Les immobilisations corporelles sont **enregistrées au prix** d'acquisition ou à leur coût de revient. L'inclusion dans le coût de revient des intérêts sur les capitaux empruntés pour financer la fabrication de l'immobilisation est permise dans la mesure où les intérêts concernent la période de fabrication. Les immobilisations dont la **durée** n'est pas limitée dans le temps (par exemple les terrains) ne sont pas amorties.

Les immobilisations corporelles doivent faire l'objet de **corrections de valeur** afin de leur attribuer une valeur inférieure si on prévoit une dépréciation durable. Une reprise de valeur doit être pratiquée si la réduction de valeur ne se justifie plus.

3. Immobilisations financières

Il s'agit des parts et créances dans des entreprises liées ; des participations ; des créances sur des entreprises avec lesquelles il existe un lien de participation ; des titres ayant un caractère d'immobilisation ; d'autres prêts ; des actions ou parts propres.

Par **entreprises liées,** il y a lieu d'entendre les entreprises entre lesquelles il existe une relation mère filiale telle que définie à l'article 309-1 de la loi, ainsi que les autres entreprises qui ont de tels liens avec l'une de celles-ci.

Par **participation,** il y a lieu d'entendre les droits dans le capital d'autres entreprises, matérialisés ou non par des titres, qui, en créant un lien durable avec celles-ci, sont destinés à contribuer à l'activité de la société. La détention d'une partie du capital d'une autre société est présumée être une participation lorsqu'elle excède vingt pour cent.

La catégorie dans laquelle une **créance** doit être classée dépend de la fin pour laquelle le crédit a été accordé. Si, par exemple le crédit a été accordé pour financer des installations de production, la créance sera considérée comme **immobilisation.** Si par contre, la créance résulte d'opérations commerciales régulières, elle doit être considérée comme **actif circulant.**

d. Actif circulant

Il s'agit des stocks et commandes ; des créances ; des valeurs mobilières, des avoirs en banque, etc. A la différence des actifs immobilisés, les actifs circulants ne sont pas destinés à être utilisés de manière permanente à l'activité de la société.

L'*évaluation* des actifs circulants est à faire d'après les principes généraux suivants :

a) Les éléments de l'actif circulant doivent être évalués **au prix d'acquisition** ou **au coût de revient** sans préjudice des points b) et c). Le prix d'acquisition s'obtient en ajoutant les frais accessoires au prix d'achat.

Le prix de revient s'obtient en ajoutant au prix d'acquisition des matières :
- les coûts directement imputables ;
- une fraction raisonnable des coûts indirectement imputables.

b) Les éléments de l'actif circulant font l'objet de **corrections de valeur** afin de donner à ces éléments la valeur inférieure du marché ou, dans des circonstances particulières, une autre valeur inférieure qui leur est à attribuer à la date de clôture du bilan.

c) Des **corrections de valeur exceptionnelles** sont autorisées si celles-ci sont nécessaires sur la base d'une appréciation commerciale raisonnable, pour éviter que, dans un proche avenir, l'évaluation de ces éléments ne doive être modifiée en raison des fluctuations de valeur. Le montant de ces corrections de valeur doit être indiqué séparément dans le compte de profits et pertes ou dans l'annexe.

d) L'évaluation à la valeur inférieure visée sous b) et c) ne peut pas être maintenue si les raisons qui ont motivé les corrections de valeur ont cessé d'exister.

e) Si les éléments de l'actif circulant font l'objet de corrections de valeur exceptionnelles pour la seule application de la législation fiscale, il y a lieu d'en indiquer dans l'annexe le montant dûment motivé.

f) Le prix d'acquisition ou le coût de revient des stocks peut être calculé soit selon la **méthode** des prix moyens pondérés soit selon la méthode premier entré – premier sorti (FIFO) ou dernier entré – premier sorti (LIFO) ou une méthode analogue.

e. Comptes de régularisation-actif

Charges comptabilisées pendant l'exercice mais qui concernent un exercice ultérieur.

Passif

3513

a. Capitaux propres

    I. Capital souscrit
   II. Primes d'émission
  III. Réserve de réévaluation
  IV. Réserves
       1. Réserve légale
       2. Réserve pour actions propres ou parts propres
       3. Réserves statutaires
       4. Autres réserves
   V. Résultats reportés.

Le **solde** de la rubrique A (capitaux propres) indique les fonds propres de la société avant affectation du résultat de l'exercice. La **proposition d'affectation** du résultat ainsi que cette affectation elle-même doivent être publiées en même temps que le bilan.

Chaque année, les sociétés commerciales doivent affecter 5 % de leur bénéfice à la **réserve légale**, jusqu'à ce que celle-ci atteigne 10 % du capital souscrit. Il s'agit d'une réserve qui ne peut être distribuée. En vertu de l'article 174 bis LIR, une société a la possibilité d'imputer l'**impôt sur** *la fortune* de l'exercice fiscal sur l'impôt sur le revenu des collectivités (IRC), à condition d'affecter avant la fin de l'année d'imposition suivante un montant correspondant au quintuple de l'impôt sur la fortune imputé et à maintenir cette réserve indisponible pendant une durée de cinq ans qui suivent l'année d'imputation.

Lorsque la société choisit le bilan *sous forme de compte,* le résultat de l'exercice ne figure pas dans la rubrique des capitaux propres mais en bas du bilan :
– le résultat déficitaire de l'exercice est inscrit à l'actif ;
– le résultat bénéficiaire de l'exercice est inscrit au passif.

Dans le bilan *sous forme de liste,* le résultat (bénéfice ou perte) est indiqué dans la rubrique capitaux propres.

b. Provisions pour risques et charges

Il s'agit notamment des provisions pour pensions et obligations similaires et des provisions pour impôts.

Doivent être constituées des provisions pour les *pertes et dettes* qui sont :
– nettement circonscrites quant à leur nature ;
– probables ou certaines ;
– indéterminées quant au montant ou à la date de survenance.

Est encore *possible* la constitution de provisions ayant pour objet de *couvrir des charges :*
– nettement circonscrites quant à leur nature ;
– trouvant leur origine dans l'exercice ou un exercice antérieur ;
– probables ou certaines ;
– indéterminées quant au montant ou quant à la date de leur survenance.

Les provisions pour risques et charges *ne peuvent* avoir pour objet de corriger les valeurs des éléments de l'actif.

En ce qui concerne les *moyennes* et les *grandes sociétés,* les provisions pour risques et charges doivent être ventilées en :
– provisions pour pensions et obligations similaires ;
– provisions pour impôts ;
– autres provisions.

L'obligation de publier ces provisions par poste ne concerne toutefois que les grandes sociétés.

c. Dettes

Le montant des dettes dont la *durée* résiduelle est *supérieure à un an* doit être indiqué séparément pour chacun des sous-postes ci-dessous :

1. Emprunts obligataires avec mention séparée des emprunts convertibles ;

2. Dettes envers des établissements de crédit ;

3. Acomptes reçus sur commandes pour autant qu'ils ne sont pas déduits des stocks de façon distincte ;

4. Dettes sur achats et prestations de services ;

5. Dettes représentées par des effets de commerce ;

6. Dettes envers des entreprises liées ;

7. Dettes envers des entreprises avec lesquelles la société a un lien de participation ;

8. Autres dettes, dont dettes fiscales et dettes au titre de la sécurité sociale.

Les dettes dont la durée résiduelle est **supérieure à 5 ans** doivent être mentionnées dans l'annexe, de même que les dettes **couvertes par des sûretés réelles** données par la société, avec indication de leur nature et de leur forme.

d. Comptes de régularisation

Y figurent les produits perçus avant la date de clôture du bilan mais imputables à un exercice ultérieur.

Engagements financiers hors bilan

Le montant global des **engagements financiers ne figurant pas dans le bilan** (par exemple, garanties, acceptations de lettres de change, cautionnements, etc.) doit être indiqué dans l'annexe, mais seulement dans la mesure où son indication est utile à l'appréciation de la situation financière ; les engagements pris en matière de pensions doivent être mentionnés de façon distincte.

Compte de profits et pertes

3514 Les quatre possibilités de schémas présentées dans le tableau ci-dessous permettent de déterminer (art. 227-230 LSC) :
- le résultat provenant des activités ordinaires ;
- le résultat exceptionnel ;
- le résultat total.

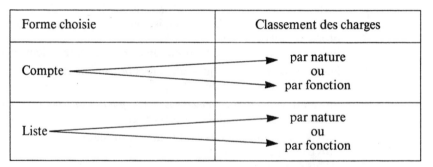

Le *classement des charges par nature* montre le résultat de l'entreprise en comparant la **production intégrale** de l'entreprise avec la **totalité des frais** qui sont groupés par nature.

Dans la présentation **sous forme de liste,** le résultat de l'exercice est dégagé en ajoutant au montant net du chiffre d'affaires : la variation du stock de produits finis et en cours de fabrication ; les travaux effectués par l'entreprise pour elle-même et portés à l'actif ; les autres produits d'exploitation. On obtient ainsi la production totale de l'entreprise, que celle-ci soit vendue ou non.

Le solde obtenu est diminué des différents frais de production ainsi que des impôts, augmenté des produits financiers et exceptionnels et diminué des charges de ces mêmes catégories.

Le *classement des charges par fonction* met en relation la production vendue, c'est-à-dire le **chiffre d'affaires,** avec le **coût de production** des prestations fournies pour la réalisation de ce chiffre d'affaires. Ce schéma est basé sur la répartition des frais sur les fonctions suivantes : coûts de production des marchandises vendues ; coût de distribution ; frais généraux administratifs.

Ces postes contiennent les frais de personnel, les frais de matériel, etc., étant entendu que les frais de production ne contiennent que les frais concernant les marchandises vendues.

Après détermination du résultat d'exploitation, la partie restante est la même que dans le schéma avec classement des charges par nature.

3515 L'*information fournie* par les deux méthodes de classement est différente :

– la **première méthode** montre dans quelle mesure chacun des facteurs de production est à l'origine des frais engagés ;
– la **seconde** permet de suivre à quelle fin les frais ont été engagés : la production, la distribution ou l'administration. Cette dernière a l'avantage de permettre un contrôle des coûts beaucoup plus efficace.

3516 Les *petites et moyennes sociétés* peuvent établir un compte de profits et pertes abrégé dans lequel on regroupe sous « Résultat brut », « Produits bruts » ou « Charges brutes » (suivant les schémas et les cas), les postes relatifs aux résultats d'exploitation.

Annexe

3518 L'annexe fait, tout comme le bilan et le compte de profits et pertes, partie intégrante des comptes annuels (art. 248 LSC). Elle doit compléter et commenter les informations fournies par le bilan et le compte de profits et pertes. Elle doit également mettre en évidence les faits qui pourraient avoir une influence sur le jugement d'un utilisateur des comptes annuels. Les explications fournies dans l'annexe ne peuvent cependant avoir pour objet de corriger un traitement incorrect ou inadéquat de certaines opérations enregistrées au bilan ou au compte de profits et pertes. Aucune *forme* n'est prescrite par la loi.

L'annexe doit *contenir* les informations imposées par la loi et les informations supplémentaires nécessaires à l'image fidèle.

Informations obligatoires

3519 *1. Pour toutes les sociétés*

Ce sont les indications relatives aux **méthodes comptables** utilisées, et en particulier les **principes d'évaluation** utilisés ainsi que la **méthode de conversion** des éléments en devises étrangères

- informations sur les entreprises dans lesquelles la société détient au moins 20 % du capital. Les sociétés de participations financières sont dispensées de fournir cette information (art. 248 LSC) ;
- le nombre et la valeur des actions souscrites pendant l'exercice dans les limites du capital autorisé (art. 248 LSC) ;
- lorsqu'il existe plusieurs catégories d'actions, le nombre et la valeur de chacune d'elles (art. 248 LSC) ;
- le montant des dettes dont la durée résiduelle est supérieure à cinq ans. Ces informations doivent être données globalement pour les PME et séparément pour les grandes sociétés (art. 248 LSC) ;
- le montant des dettes couvertes par des sûretés réelles. Ces informations doivent être données globalement pour les PME et séparément pour les grandes sociétés (art. 248 LSC) ;
- les avances, garanties et crédits accordés aux membres des organes d'administration ou de surveillance avec indication des conditions essentielles (art. 248 LSC) ;
- le nom et le siège de l'entreprise qui établit des comptes consolidés de l'ensemble le plus grand d'entreprises dont la société fait partie en tant qu'entreprise filiale (art. 248 LSC) ;
- le nom et le siège de l'entreprise qui établit des comptes consolidés de l'ensemble le plus petit d'entreprises dont la société fait partie en tant qu'entreprise filiale (art. 248 LSC) ;
- le lieu où ces comptes consolidés peuvent être obtenus (art. 248 LSC) ;
- informations sur la comparabilité et la présentation des comptes avec l'exercice précédent (art. 207 (4) LSC) ;

- précisions sur les « autres provisions » dans la mesure où celles-ci sont d'une certaine importance (art. 247 LSC) ;
- l'amortissement d'un goodwill et de frais de R & D sur une durée supérieure à 5 ans (art. 242 LSC) ;
- le montant des corrections de valeur exceptionnelles pour la seule application de la législation fiscale (art. 239 & 244 LSC)
- l'inclusion dans le coût de revient des immobilisations et de l'actif circulant, des intérêts sur les emprunts y relatifs (art. 239-4 & 244-2 LSC) ;
- l'indication des différences, si elles sont significatives, entre l'évaluation des stocks selon les méthodes d'évaluation telles que FIFO, LIFO, valeur moyenne pondérée ou similaire d'une part, et l'évaluation des stocks selon la valeur de marché (art. 245 LSC) ;
- détail des primes de remboursement éventuelles sur emprunts contractés par la société (art. 246 LSC) ;
- en général, toutes informations nécessaires à la garantie du respect des principes comptables généraux visant à donner une image fidèle de l'activité (art. 205-207 LSC) ;

2. Pour les sociétés de grande taille :

- ventilation du montant du chiffre d'affaires par catégorie d'activité et par marché géographique (art. 248 LSC)

3. Pour les sociétés de grande et moyenne taille :

- l'évolution des postes d'immobilisations (art. 219 (3) LSC) ;
- l'existence de parts bénéficiaires, d'obligations convertibles, leur nombre et les droits y afférents (art. 248 LSC) ;
- le montant global des engagements financiers qui ne figurent pas au bilan (art. 248 (7) LSC) ;
- précisions sur les engagements existant en matière de pensions (art. 248 (7) LSC) ;
- le nombre des membres du personnel et les frais qui s'y rapportent (art. 248 (9) LSC) ;
- la différence entre la charge fiscale imputée et la charge fiscale payée dans la mesure où cette différence est d'un intérêt certain au regard de la charge fiscale future (art. 248 (11) LSC) ;
- le montant des rémunérations allouées aux membres des organes d'administration ou de surveillance, y compris les engagments en matière de pensions (art. 248 (12) LSC) ;
- informations sur les comptes de régularisation (art. 248 (14) LSC) ;
- explication des produits et charges exceptionnels (art. 233 LSC) ;

SECTION 4 **Rapport de gestion**

3521 Le rapport de gestion doit être *établi par* les administrateurs ou les gérants de toutes les grandes et moyennes sociétés (art. 251 LSC). Il doit **contenir** un exposé fidèle sur l'évolution des affaires et la situation de la société. Il doit également comporter des indications sur :

– les événements importants survenus après la clôture de l'exercice ;
– l'évolution prévisible de la société ;
– les activités en matière de recherche et de développement ;
– lorsqu'une société a acquis ses propres actions, le rapport de gestion doit mentionner :

- les raisons des acquisitions effectuées pendant l'exercice ;
- le nombre et la valeur nominale ou, à défaut de valeur nominale, le pair comptable des actions acquises et cédées pendant l'exercice, ainsi que la fraction du capital souscrit qu'elles représentent,

- en cas d'acquisition ou de cession à titre onéreux, la contre-valeur des actions ;
- le nombre et la valeur nominale ou, à défaut de valeur nominale, le pair comptable de l'ensemble des actions acquises ou détenues en portefeuille, ainsi que la fraction du capital souscrit qu'elles représentent ;
– l'existence des succursales de la société.

Il n'y a pas de *forme* prescrite.

Le rapport de gestion doit être *publié* avec les comptes annuels et le rapport de contrôle ou être tenu à la disposition du public au siège de la société.

Une *copie* intégrale ou partielle de ce rapport doit pouvoir être obtenue sans frais sur simple demande.

Les *petites sociétés* sont dispensées d'établir un rapport de gestion à condition de donner en annexe les informations sur la détention d'actions propres.

SECTION 5 Certification et publication des comptes annuels

Contrôle des comptes annuels

Contrôleurs

3523 Le contrôle des *moyennes et grandes sociétés* doit être fait par un ou plusieurs *réviseurs d'entreprises*, désignés par l'assemblée générale parmi les membres de l'Institut des Réviseurs d'Entreprises.

Le contrôle des *petites sociétés* doit être effectué par un ou plusieurs *commissaires aux comptes*, associés ou non, nommés par l'assemblée générale pour une durée ne pouvant excéder six ans. Il n'existe pas de conditions de qualification ou d'indépendance pour le commissaire aux comptes.

Rapport de révision ou de contrôle

3524 Le *réviseur d'entreprises* doit se prononcer sur le fait que les comptes annuels donnent ou non une image fidèle du patrimoine, de la situation financière ainsi que des résultats de la société selon des principes comptables généralement acceptés et sont ou non en conformité avec les dispositions légales ou statutaires. Il doit aussi attester que le rapport de gestion est ou non en concordance avec les comptes annuels.

La conclusion du rapport du réviseur (attestation) – qui est le minimum à publier en ce qui concerne ce rapport – peut être :
– une attestation sans réserves (approbation) ;
– une attestation avec réserves (approbation avec réserves en raison de désaccords ou d'incertitudes) ;
– un refus de donner une attestation.

Quant au rapport du *commissaire aux comptes,* il n'existe pas de forme prescrite ou de contenu minimum du rapport.

Documents à publier

3525

	Petite société	Moyenne société	Grande société
Comptes annuels : Bilan Compte de profits et pertes Annexe	abrégé – abrégée	abrégé * abrégé abrégée	oui oui oui
Proposition d'*affectation des résultats,* affectation des résultats	oui	oui	oui
Identité (noms, prénoms, professions et domiciles) : Administrateurs Commissaire	 oui oui	 oui –	 oui –
Rapport de gestion	–	oui **	oui **
Rapport du réviseur	–	au moins l'attestation	au moins l'attestation

* Avec indications supplémentaires à l'annexe ou au bilan.
** Ou à tenir à la disposition du public au siège de la société.

3526 Le *dépôt des documents* à publier se fait au greffe du tribunal en vue de la publication au Mémorial, Recueil Spécial des Sociétés et Associations. Il doit intervenir *dans le mois* de l'approbation des comptes annuels par les actionnaires ou les associés. La *publication* au Mémorial des comptes annuels, des comptes consolidés ainsi que de tous autres documents et informations qui s'y rapportent sera faite par une simple mention du dépôt au greffe de ces documents.

Tous les documents destinés à la publication doivent être *enregistrés au préalable* auprès de l'administration de l'enregistrement afin d'avoir une preuve de leur date.

SECTION 6 **Modèles de comptes annuels**

3530 Ci-après sont annexés les modèles des documents suivants :
– bilan sous forme de compte ;
– compte de pertes et profits sous forme de liste ; charges classées par nature ;
– compte de pertes et profits sous forme de liste ; charges classées par fonction.

Modèle de bilan sous forme de compte (article 213 LSC)

3531

BILAN SOUS FORME DE COMPTE (Schéma de base) - (Article 213)

ACTIF			EXERCICE N	EXERCICE N-1
	N	N-1		
A. Capital souscrit non versé, dont appelé	....	....		
B. Frais d'établissement				
C. Actif immobilisé				
I. Immobilisations incorporelles				
Frais de recherche et de développement				
Concessions, brevets, licences, marques ainsi que droits et valeurs similaires				
acquis à titre onéreux				
créés par l'entreprise elle-même				
Fonds de commerce				
Acomptes versés				
II. Immobilisations corporelles				
Terrains et constructions				
Installations techniques et machines				
Autres installations, outillage et mobilier				
Acomptes versés et immobilisations corporelles en cours				
III. Immobilisations financières				
Parts dans des entreprises liées				
Créances envers des entreprises liées				
Participations				
Créances sur des entreprises avec lesquelles la société a un lien de participation				
Titres ayant le caractère d'immobilisations				
Autres prêts				
Actions propres ou parts propres, dont valeur nominale ou pair comptable	....	....		
Total (C)				
D. Actif circulant				
I. Stocks				
Matières premières et consommables				
Produits en cours de fabrication				
Produits finis et marchandises				
Acomptes versés				
II. Créances				
résultant de ventes et prestations de service				
- dont à durée résiduelle supérieure à un an	....	....		
Créances sur des entreprises liées				
- dont à durée résiduelle supérieure à un an	....	....		
Créances sur des entreprises avec lesquelles la société a un lien de participation				
- dont à durée résiduelle supérieure à un an	....	....		
Autres créances				
- dont à durée résiduelle supérieure à un an	....	....		
III. Valeurs mobilières				
Parts dans des entreprises liées				
Actions propres ou parts propres, dont valeur nominale ou pair comptable	....	....		
Autres valeurs mobilières				
IV. Avoirs en banques, avoirs en compte de chèques postaux, chèques et encaisse				
Total (D)				
E. Comptes de régularisation				
F. Perte de l'exercice				
Total général (A+B+C+D+E+F)				

Modèle de bilan sous forme de compte (suite)

BILAN SOUS FORME DE COMPTE (Schéma de base) - (Article 213) - suite

PASSIF		EXERCICE N	EXERCICE N-1
A.	Capitaux propres		
	I. Capital souscrit		
	II. Primes d'émission		
	III. Réserve de réévaluation		
	IV. Réserves		
	Réserve légale		
	Réserve pour actions propres ou parts propres		
	Réserves statutaires		
	Autres réserves		
	V. Résultats reportés		
	Total (A)		
B.	Provisions pour risques et charges		
	Provisions pour pensions et obligations similaires		
	Provisions pour impôts		
	Autres provisions		
	Total (B)		
C.	Dettes		

	Durée résiduelle supérieure à 1 an		
	N	N-1	
Emprunts obligataires convertibles	....	....	
Autres emprunts obligataires	....	....	
Dettes envers des établissements de crédit	....	....	
Acomptes reçus sur commandes			
Dettes sur achats et prestations de services	....	....	
Dettes représentées par des effets de commerce	....	....	
Dettes envers des entreprises liées	....	....	
Dettes envers des entreprises avec lesquelles la société a un lien de participation	....	....	
Dettes fiscales et dettes au titre de la sécurité sociale	....	....	
Autres dettes	....	....	

	Total (C)		
D.	Comptes de régularisation		
E.	Bénéfice de l'exercice		
	Total général (A+B+C+D+E)		

Sociétés commerciales -

Modèle de compte de profits et pertes sous forme de liste ; charges classées par nature (article 227 LSC)

3532

COMPTE DE PROFITS ET PERTES SOUS FORME DE LISTE (Schéma de base)
CHARGES CLASSEES PAR NATURE (Article 227)

	N	N-1	Exercice N	Exercice N-1
Montant net du chiffre d'affaires				
Variation du stock de produits finis et en cours de fabrication				
Travaux effectués par l'entreprise pour elle-même et portés à l'actif				
Autres produits d'exploitation				
charges de matières premières et consommables				
autres charges externes				
Frais de personnel				
salaires et traitements				
charges sociales				
- dont couvrant les pensions	....	....		
Corrections de valeur sur frais d'établissement et sur immobilisations corporelles et incorporelles				
Corrections de valeur sur éléments de l'actif circulant, dans la mesure où elles dépassent les corrections de valeur normales au sein de l'entreprise				
Autres charges d'exploitation				
Produits provenant de participations				
- dont entreprises liées	....	....		
Produits provenant d'autres valeurs mobilières et de créances de l'actif immobilisé				
- dont entreprises liées	....	....		
Autres intérêts et produits assimilés				
- dont entreprises liées	....	....		
Corrections de valeur sur immobilisations financières et sur valeurs mobilières faisant partie de l'actif circulant				
Intérêts et charges assimilées				
- dont entreprises liées	....	....		
Impôts sur le résultat provenant des activités ordinaires				
Résultat provenant des activités ordinaires, après impôts				
Produits exceptionnels				
Charges exceptionnelles				
Résultat exceptionnel				
Impôts sur le résultat exceptionnel				
Autres impôts ne figurant pas sous les postes ci-dessus				
Résultat de l'exercice				

Modèle de compte de profits et pertes sous forme de liste ; charges classées par fonction (article 229 LSC)

3533

COMPTE DE PROFITS ET PERTES SOUS FORME DE LISTE (Schéma de base)
CHARGES CLASSEES PAR FONCTION (Article 229)

	Exercice N	Exercice N-1
	N N-1	
Montant net du chiffre d'affaires		
Coûts de production des prestations fournies pour la réalisation du chiffre d'affaires (y compris les corrections de valeur)		
Résultat brut provenant du chiffre d'affaires		
Coûts de distribution (y compris les corrections de valeur)		
Frais généraux administratifs (y compris les corrections de valeur)		
Autres produits d'exploitation		
Produits provenant de participations - dont entreprises liées	……… ………	
Produits provenant d'autres valeurs mobilières et de créances de l'actif immobilisé - dont entreprises liées	……… ………	
Autres intérêts et produits assimilés - dont entreprises liées	… ……… ………	
Corrections de valeur sur immobilisations financières et sur valeurs mobilières faisant partie de l'actif circulant		
Intérêts et charges assimilées - dont entreprises liées	……… ………	
Impôts sur le résultat provenant des activités ordinaires		
Résultat provenant des activités ordinaires, après impôts		
Produits exceptionnels		
Charges exceptionnelles		
Résultat exceptionnel		
Impôts sur le résultat exceptionnel		
Autres impôts ne figurant pas sous les postes ci-dessus		
Résultat de l'exercice		

Chapitre 2 — Comptes consolidés

SECTION 1 — Conditions d'établissement des comptes consolidés

Périmètre de consolidation : société mère – entreprises filiales

3535

• *Définition :* le périmètre de consolidation, c'est-à-dire l'ensemble des sociétés à prendre en compte pour établir les comptes consolidés, **comprend** la société mère et l'ensemble de ses filiales, directes ou indirectes. En outre, les comptes consolidés incluent également, mais selon des modalités différentes, des entreprises dans lesquelles les entreprises du groupe exercent une influence notable et des entreprises communes à plusieurs groupes.

• *Critère :* une société est considérée comme une société mère lorsqu'elle possède, directement ou indirectement (par l'entremise d'une filiale directe ou d'un tiers agissant pour le compte du groupe), le pouvoir juridique de contrôle sur une entreprise (= filiale).

• *Conditions d'existence de ce pouvoir de contrôle :*
— majorité absolue des droits de vote ;
— ou droit de nommer ou de révoquer la majorité des membres de l'organe de direction ou de surveillance, tout en étant en même temps actionnaire ;
— ou contrôle de la majorité des droits de vote, en vertu d'un accord conclu avec d'autres actionnaires.

Champ d'application

Sociétés concernées

3536 Les sociétés mères soumises à l'obligation d'établir des comptes consolidés sont les sociétés anonymes, les sociétés à responsabilité limitée et les sociétés en commandite par actions, sauf les établissements de crédit et les sociétés d'assurances.

Toute société de capitaux luxembourgeoise, qui n'est ni un établissement de crédit ni une société d'assurances, et qui contrôle directement ou indirectement une ou plusieurs filiales, quel que soit le lieu de leur siège social, devrait donc établir des comptes consolidés conformément aux prescriptions de la loi du 11 juillet 1988.

Sociétés exonérées

3537

• *Sociétés de participation financière*

Les sociétés de participation financière au sens de l'article 209-2 de la loi sur les sociétés (sociétés holding) peuvent être exemptées de l'obligation d'établissement de comptes consolidés lorsque les 4 conditions suivantes sont réalisées :

— la société holding n'est pas intervenue, durant l'exercice, dans la gestion de ses filiales ;
— lors de la nomination d'un membre de l'organe de direction d'une entreprise filiale, elle n'a pas pris part au vote ;

— elle n'a consenti des prêts qu'aux entreprises dans lesquelles elle détient une participation ;
— l'exemption a été accordée par l'Administration de l'Enregistrement, administration de contrôle des sociétés de participation financière.

- *Groupe de petite taille*

Une société est à la tête d'un groupe de petite taille et, à ce titre, est exemptée de l'obligation d'établir des comptes consolidés lorsque les limites de **2 des 3 critères** suivants ne sont pas dépassées.

Seuils	Chiffres consolidés (en millions d'euros)	Chiffres bruts (en millions d'euros)
Total du bilan (1)	12,5	15
Chiffre d'affaires net	25	30
Effectif	250 personnes	250 personnes

(1) Total de l'actif diminué éventuellement de la perte de l'exercice.

Le franchissement des seuils **pendant deux exercices consécutifs** entraîne la levée de l'exemption.

Concernant les **limites**, l'article 313-2 donne la possibilité, pour les critères du total du bilan et du chiffre d'affaires, d'en calculer les montants :
— soit sur base des chiffres consolidés ;
— soit sur base des chiffres bruts, avant opérations de compensations et d'éliminations. Dans ce cas, les limites chiffrées sont augmentées de 20 %.

Si, parmi les entreprises du petit groupe, les titres d'une des entreprises sont cotés sur l'une des bourses de l'UE, l'exonération de consolidation ne s'applique plus.

- *Consolidation dans un ensemble plus grand*

Les sociétés de capitaux luxembourgeoises qui sont, à la fois, à la tête d'un groupe composé de filiales et filiales d'un ensemble plus vaste sont exonérées de l'obligation d'établir des comptes consolidés, dans la mesure où la société-mère étrangère établit les comptes consolidés du groupe.

Pour bénéficier de l'exonération, la société luxembourgeoise doit :
— être détenue à 100 % par l'autre entreprise mère ;
— ou être détenue à au moins 90 % par cette entreprise et que les actionnaires minoritaires aient marqué leur accord sur l'exemption d'établissement des comptes consolidés ;
— ou être détenue à moins de 90 % par cette entreprise et que tous les actionnaires détenteurs de plus de 10 % du capital (20 % dans la SARL) n'aient pas réclamé, six mois avant la clôture de l'exercice, l'établissement de comptes consolidés.

L'exonération doit être mentionnée dans les annexes de la société luxembourgeoise qui en bénéficie, avec indication du nom et du siège de la société-mère étrangère qui prépare les comptes consolidés. De même, un exemplaire de ces comptes consolidés, du rapport consolidé de gestion et du rapport de révision du groupe, traduits le cas échéant en luxembourgeois ou dans l'une des trois langues admises au Luxembourg (français, anglais ou allemand), doivent être déposés au Registre de Commerce au dossier de la société luxembourgeoise exemptée.

Exclusion du périmètre de consolidation

3537-A Sous certaines conditions, une entreprise filiale peut être exclue du périmètre de consolidation.

Conditions d'exclusion :
– intérêt négligeable au regard du principe de l'image fidèle ;
– des restrictions sévères et durables empêchent substantiellement la société mère d'exercer son contrôle ;
– les renseignements nécessaires pour procéder à la consolidation ne peuvent être obtenus sans frais disproportionnés ou délai injustifié ;
– les parts détenues dans l'entreprise filiale le sont exclusivement en vue d'une cession ultérieure.

En outre, si les activités d'une ou plusieurs filiales sont tellement différentes de celles des autres entreprises du groupe que leur inclusion dans les comptes consolidés serait de nature à fausser l'image fidèle, il faut exclure ces entreprises du périmètre de consolidation et leur appliquer la méthode de la mise en équivalence. Dans ce cas, mention de cet usage doit être faite dans l'annexe et dûment motivée.

SECTION 2 Établissement des comptes consolidés

Principes généraux

3538

– *Image fidèle :* les comptes consolidés comprennent le bilan consolidé, le compte de profits et pertes consolidé ainsi que l'annexe. Ils doivent donner une image fidèle du patrimoine, de la situation financière et des résultats de l'ensemble des entreprises comprises dans la consolidation.
– *Clarté – conformité :* les comptes consolidés doivent être établis avec clarté et en conformité avec la loi.
– *Permanence des modalités de consolidation :* les modalités de consolidation (méthodes d'évaluation et méthodes de consolidation) ne peuvent être modifiées d'un exercice à l'autre. Des dérogations à ce principe ne peuvent être admises que dans des cas exceptionnels, et mention doit en être faite dans l'annexe, avec indication de leur influence sur le patrimoine, la situation financière et les résultats consolidés.
– *Présentation et structure :* les dispositions de la loi du 4 mai 1984 concernant la structure et la présentation des comptes des sociétés de capitaux s'appliquent aux comptes consolidés, à savoir :
– permanence de la présentation ;
– présentation sur base des chiffres comparatifs de l'exercice et de ceux de l'exercice précédent ;
– choix de la structure du bilan et du compte de profits et pertes (sous forme de compte ou de liste ; compte de profits et pertes reprenant les charges par nature ou par fonction) ;
– définition et contenu des divers postes du bilan et du compte des profits et pertes.

Des aménagements peuvent être apportés aux schémas légaux pour tenir compte des caractéristiques particulières aux comptes consolidés. Les stocks peuvent être regroupés si l'obtention du détail ne peut se faire qu'à des frais disproportionnés.

– *Dates de clôture :* en principe, les comptes consolidés doivent être établis à la même date de clôture que les comptes annuels de la société mère.

— **Modification du périmètre de consolidation :** si la composition du périmètre de consolidation a subi des modifications notables, les comptes consolidés doivent comprendre les renseignements nécessaires pour rendre significative la comparaison des comptes consolidés successifs. Pour les besoins de cette comparaison la société peut établir un bilan et un compte de profits et pertes comparatifs adaptés au périmètre modifié.

Règles d'évaluation

3539 Les comptes consolidés visant à donner une image fidèle d'un ensemble de sociétés, il est nécessaire que le processus de consolidation repose sur des bases homogènes, c'est-à-dire sur des comptes individuels établis suivant des principes et méthodes comptables uniformes.

Les règles d'évaluation retenues *pour l'établissement des comptes consolidés* sont *les mêmes* que celles prévues par les articles 235 à 247 de la loi modifiée du 10 août 1915 pour l'établissement des comptes annuels des sociétés de capitaux.

Celles-ci reposent essentiellement sur *trois principes généraux* – continuité de l'exploitation, permanence des méthodes et prudence –, l'évaluation des postes figurant dans les comptes annuels étant fondée sur le principe du prix d'acquisition ou du coût de revient.

L'entreprise qui établit des comptes consolidés doit en principe appliquer les mêmes règles que celles utilisées pour ses propres comptes annuels. Il lui est loisible d'appliquer d'*autres règles* d'évaluation *pour la consolidation* pour autant qu'elles soient conformes à celles prescrites par la loi et que cette dérogation soit mentionnée à l'annexe.

Dans l'hypothèse où des entreprises comprises dans le périmètre de consolidation appliquent à certains éléments des règles d'évaluation *non conformes* à celles retenues pour la consolidation, ces éléments doivent être retraités suivant les règles retenues.

Méthodes de consolidation

3540 La loi prévoit trois méthodes de consolidation dont l'emploi est déterminé par le niveau de contrôle exercé par la société mère :
— Pouvoir de contrôle : intégration globale.
— Influence notable : mise en équivalence.
— Direction conjointe : intégration proportionnelle possible.

En pratique ; toute participation dont le groupe détient le contrôle (*plus de 50 %* des droits de vote) devrait être consolidée par la méthode de l'intégration globale. Toute participation *entre 20 et 50 %* devrait être soit mise en équivalence, soit consolidée par la méthode de l'intégration proportionnelle (direction conjointe).

Toute participation *inférieure à 20 %* devrait être maintenue à sa valeur d'acquisition éventuellement diminuée d'une correction de valeur.

Intégration globale

3541 Cette méthode de consolidation est retenue comme méthode de référence *par la loi* et se déroule en *quatre phases :*

— cumul des postes du bilan et du compte de profits et pertes, retraités afin d'assurer l'uniformité des comptes des sociétés incluses dans le périmètre de consolidation ;
— élimination des opérations intragroupe ;

– élimination des titres de participation détenus dans les sociétés consolidées par compensation avec la fraction des capitaux propres des entreprises qu'ils représentent et détermination de la différence de consolidation ;
– répartition des capitaux propres et des résultats cumulés entre la part de la société mère et celle des actionnaires minoritaires.

Intégration proportionnelle

3542 La société mère qui dirige, elle-même ou par une de ses filiales consolidées, une société *conjointement avec une* ou d'autres *entreprises étrangères au* groupe peut refléter cette situation dans ses comptes consolidés par le biais de la consolidation proportionnelle.

Celle-ci consiste à *reprendre* dans les comptes consolidés les éléments d'actif et de passif de l'entreprise à direction conjointe *au prorata* du pourcentage du capital détenu. Le poste « intérêts minoritaires » n'apparaîtra dès lors ni au bilan ni au compte de profits et pertes consolidés.

Mise en équivalence

3543 La loi prévoit pour les entreprises dans lesquelles une société du groupe exerce une influence notable (« entreprise associée ») l'application d'une méthode particulière de consolidation, la méthode dite de « mise en équivalence ».

Les *conditions d'application* sont les suivantes.

Aux termes de l'article 221, il faut entendre par *participation* « des droits dans le capital d'autres entreprises, matérialisés ou non par des titres qui, en créant un lien durable avec celles-ci, sont destinés à contribuer à l'activité de la société ». Il y a présomption d'existence d'une participation dès lors que la détention du capital excède 20 %.

L'*influence notable* est présumée exister dès lors qu'une des sociétés comprises dans le périmètre de consolidation détient directement ou indirectement plus de 20 % des droits de vote de l'entreprise dans laquelle la participation est détenue. Toutefois, ce pourcentage ne constitue qu'une présomption.

S'agissant de la *méthode de mise en équivalence,* les entreprises mères peuvent retraiter les éléments d'actif et de passif repris dans les comptes des sociétés associées, lorsque ceux-ci n'ont pas fait l'objet d'une évaluation suivant les règles appliquées par le groupe. Si ce retraitement n'a pas été opéré, mention doit en être faite dans l'annexe. Lorsque l'entreprise associée établit des comptes consolidés, la mise en équivalence s'effectue sur base de ces comptes consolidés.

Annexe

3544 Tout comme pour les comptes annuels des sociétés de capitaux, les comptes consolidés sont constitués d'un bilan, d'un compte de profits et pertes et d'une annexe établis sur une base consolidée. Le but de l'annexe est d'expliciter et de compléter les informations données par les deux autres documents.

L'annexe doit mettre en évidence les faits qui pourraient avoir une influence sur le jugement d'un utilisateur des comptes consolidés. Ces explications ne peuvent cependant avoir pour objet de corriger un traitement incorrect ou inadéquat de certaines opérations enregistrées au bilan ou au compte de profits et pertes.

L'annexe doit contenir : les informations imposées par la loi ainsi que les informations supplémentaires nécessaires pour respecter le principe de l'image fidèle :

• **Règles et méthodes comptables retenues** pour l'établissement des comptes consolidés :
— les principes de consolidation ;
— les règles d'évaluation retenues pour les différents postes des comptes consolidés y compris les méthodes de calcul utilisées pour la détermination des corrections de valeur ;
— les méthodes de conversion des éléments en devises étrangères (point qui n'est pas réglé par la loi et est donc laissé à l'appréciation de la société mère).

• **Renseignements sur la composition du groupe,** notamment :
— le nom et le siège social des entreprises comprises dans le périmètre de consolidation ;
— la fraction du capital détenue dans chaque filiale ;
— le motif d'exclusion du périmètre de consolidation ;
— le nom et le siège social des entreprises associées mises en équivalence et des entreprises conjointes intégrées proportionnellement ;
— le nom et le siège social des entreprises laissées en dehors de la consolidation et dans lesquelles une participation est détenue avec indication du pourcentage de capital détenu ainsi que du montant des capitaux propres et du résultat du dernier exercice.

• **Compléments d'information** relatifs au bilan et au compte de profits et pertes, par exemple :
— mouvements des postes de l'actif immobilisé ;
— détail des immobilisations financières, notamment celui relatif aux participations mises en équivalence ;
— précisions sur les « autres provisions » ;
— ventilation du chiffre d'affaires consolidé par catégorie d'activités et par secteur géographique ;
— explication des produits et charges exceptionnels ;
— ventilation du personnel et des frais relatifs par catégorie ;
— montant des dettes dont la durée résiduelle est supérieure à 5 ans et des dettes couvertes par des sûretés réelles.

• **Autres informations,** par exemple :
— engagements financiers hors bilan ;
— informations concernant les organes de la société (rémunérations, pensions, avances).

SECTION 3 **Rapport consolidé de gestion**

Établissement et contenu du rapport consolidé de gestion

3545 Le rapport consolidé de gestion doit être *établi par* la société mère dans le but de fournir « un exposé fidèle sur l'évolution des affaires et la situation de l'ensemble des entreprises comprises dans la consolidation ».

Outre des indications sur la situation et l'évolution prévisible du groupe, le rapport consolidé de gestion doit *comporter des renseignements sur* :
— les événements importants survenus après la clôture de l'exercice ;
— les activités en matière de recherche et développement ;
— le nombre et la valeur nominale ou, à défaut, le pair comptable, des actions de la société mère détenues par elle-même, par les sociétés filiales (comprises

ou non dans la consolidation) et par des tiers agissant en leur nom mais pour le compte de ces entreprises.

Publicité du rapport consolidé de gestion

3546 Le rapport consolidé de gestion doit être publié avec les comptes annuels et le rapport de contrôle du réviseur ou être tenu à la disposition du public au siège de la société mère. Une copie de ce rapport doit pouvoir être obtenue sans frais sur simple demande.

SECTION 4 Contrôle et publicité des comptes consolidés

3547 La société qui établit les comptes consolidés doit les faire *contrôler par* un ou plusieurs réviseurs d'entreprises. Ceux-ci doivent également vérifier la concordance du rapport consolidé de gestion avec les comptes consolidés de l'exercice.

Elle doit *publier* :

– le bilan et le compte de profits et pertes consolidés ainsi que l'annexe, régulièrement approuvés par l'assemblée générale des actionnaires ou des associés de la société consolidante ;
– le rapport consolidé de gestion ;
– l'attestation de contrôle du réviseur d'entreprises.

Cette publication est réalisée par le *dépôt* des documents à publier au greffe du tribunal en vue de la *publication* au Mémorial, Recueil Spécial des Sociétés et Associations.

TITRE 2

Obligations des organismes de placement collectif

CHAPITRE 1 ## Obligations comptables

Sources des obligations

3600   L'activité des OPC est régie par :

– la loi du 30 mars 1988 relative aux OPC dont les actions ou parts sont destinées au placement dans le public, modifiée en dernier lieu par la loi du 17 juillet 2000 ;
– la circulaire de l'IML (devenu la CSSF) 91/75 du 21 janvier 1991 qui harmonise et précise les règles d'application de la loi du 30 mars 1988 ;
– la loi du 19 juillet 1991 relative aux OPC dont les actions ou parts ne sont pas destinées au placement dans le public ;

– la circulaire de l'IML (devenu la CSSF) 97/136 du 13 juin 1997 en relation avec les renseignements financiers qui remplace le chapitre M de la circulaire IML 91/75 ainsi que le tableau qui y est annexé ;
– la loi du 29 avril 1999 transposant la directive 95/25/CE relative au renforcement de la surveillance prudentielle des OPC ;
– la circulaire de la CSSF 2008 du 15 mars 2000 relative à la protection des investisseurs en cas d'erreurs dans le calcul de la valeur nette d'inventaire (VNI).

La *loi du 30 mars 1988* distingue trois grandes catégories d'OPC :

– 1. les organismes de placement en valeurs mobilières (OPCVM) relevant de la partie I de la loi (articles 1 à 57) c'est-à-dire les OPCVM relevant de la directive du 20 décembre 1985 (85/611 CEE) ;
– 2. les autres organismes de placement (OPC) relevant de la partie II de la loi (articles 58 à 69) et qui ne tombent pas dans le champ d'application de la directive ;

— 3. les organismes de placement collectif étrangers relevant de la partie III de la loi (article 70).

La loi du 19 juillet 1991 concernent les OPC dont les titres ne sont pas destinés au placement dans le public, mais qui sont réservés à un ou plusieurs investisseurs institutionnels.

Obligations concernant l'information des investisseurs

Publication

3602 L'OPC doit publier un *prospectus* décrivant en outre les méthodes adoptées pour l'évaluation de ses actifs ainsi qu'un *rapport annuel* révisé par exercice et un *rapport semestriel* non révisé couvrant les 6 premiers mois de l'exercice.

Les rapports annuel et semestriel doivent être publiés dans les *délais* suivants, à compter de la fin de la période à laquelle ces rapports se réfèrent : 4 mois pour le rapport annuel et 2 mois pour le rapport semestriel.

Rapport annuel révisé

3603 Le rapport annuel doit inclure :
— l'attestation du réviseur d'entreprises ;
— un rapport sur les activités de l'exercice écoulé ;
— un état des actifs nets avec indication du nombre de parts ou actions en circulation ainsi que la valeur nette d'inventaire par part ou action ;
— un état des changements intervenus dans les actifs nets ;
— un état du portefeuille-titres ;
— la répartition géographique et économique de son portefeuille-titres ;
— un tableau comparatif portant sur les derniers exercices et comportant, pour chaque exercice, les actifs nets et la valeur nette d'inventaire par part ou action à la fin de chaque exercice ;
— les notes aux états financiers.

L'*état des mouvements* intervenus dans la *composition des investissements* au cours de la période de référence peut être inclus dans le rapport annuel. Si tel n'est pas le cas, le rapport annuel doit inclure une mention qui indique que cet état des mouvements est à la disposition des investisseurs, sur simple demande et à titre gratuit.

Rapport semestriel non révisé

3604 Le rapport semestriel doit au moins contenir les informations suivantes :

— un état des actifs nets avec indication du nombre de parts ou actions en circulation ainsi que la valeur nette d'inventaire par part ou action ;
— un état du portefeuille-titres ;
— la répartition géographique et économique de son portefeuille-titres ;

L'*état des mouvements* intervenus dans la *composition des investissements* au cours de la période de référence peut être inclus dans le rapport semestriel. Si tel n'est pas le cas, le rapport semestriel doit inclure une mention qui indique que cet état des mouvements est à la disposition des investisseurs, sur simple demande et à titre gratuit.

Dans la plupart des cas, le rapport semestriel inclut les mêmes informations que le rapport annuel, à l'exception de l'attestation du réviseur d'entreprises.

Règles particulières applicables aux OPC à compartiments multiples

3605 Les OPC à compartiments multiples doivent fournir dans leurs rapports financiers des informations séparées sur chacun des compartiments qui les composent ainsi que des informations globalisées sur l'ensemble de ces compartiments.

1. Informations séparées sur chacun des compartiments. Les états financiers établis pour chacun des compartiments dans la monnaie de référence du compartiment doivent inclure les mêmes informations que celles décrites aux n°s 3603 s.

2. Informations globalisées sur l'ensemble des compartiments. Pour les besoins de l'établissement de la situation d'ensemble de l'OPC à compartiments multiples, les états financiers de chaque compartiment doivent être additionnés après avoir été convertis dans la monnaie de référence de l'OPC. La monnaie de référence doit être indiquée dans le prospectus.

3. Publication des rapports des OPC à compartiments multiples. A côté des rapports complets que ces OPC doivent établir, ils peuvent également prévoir la publication de rapports financiers séparés pour chacun de leurs compartiments.

Lorsqu'il est fait usage de cette faculté, les mentions suivantes, bien mises en évidence, doivent obligatoirement figurer dans les *rapports séparés* :

– la mention que le compartiment particulier qui fait l'objet d'un rapport séparé ne constitue pas une entité juridique distincte, mais qu'il existe à côté de ce compartiment d'autres compartiments qui forment ensemble une seule et même entité ;
– la mention que dans les relations des porteurs de parts / actionnaires entre eux, chaque compartiment est traité comme une entité à part.

Dans le cas où chaque compartiment d'un OPC à compartiments multiples fait l'objet d'un rapport annuel séparé, l'attestation du réviseur d'entreprises doit être incluse dans le rapport en question à moins que le réviseur d'entreprises n'établisse des *attestations distinctes* pour les différents compartiments.

Si de telles attestations sont établies, celles-ci peuvent être publiées dans les rapports annuels séparés des compartiments concernés en lieu et place de l'attestation couvrant l'ensemble des compartiments qui composent l'OPC.

Contrôle du rapport annuel

3607 Les OPC de droit luxembourgeois doivent faire contrôler, par un réviseur d'entreprises agréé, les données comptables contenues dans le rapport annuel. Comme le réviseur des entreprises du secteur financier, le réviseur d'OPC doit justifier d'une expérience professionnelle approfondie et des moyens nécessaires pour exercer son mandat. L'autorité de contrôle peut fixer les règles relatives à la portée du mandat de révision et à son contenu. L'*attestation* du réviseur d'entreprises émise à la suite du contrôle certifiera au moins que ces données comptables donnent une image fidèle de l'état du patrimoine.

Si dans l'accomplissement de sa mission, le réviseur d'entreprises vient à prendre connaissance du fait que l'information fournie aux investisseurs ou à l'autorité de contrôle dans les rapports ou autres documents de l'OPC ne décrit pas d'une manière fidèle la situation financière et l'état du patrimoine de l'OPC, il est obligé d'en informer aussitôt l'autorité de contrôle.

Le réviseur d'entreprises est en outre tenu de fournir à l'autorité de contrôle tous les renseignements ou certifications que celle-ci requiert sur les points dont le réviseur d'entreprises a ou doit avoir connaissance dans le cadre de l'exercice de sa mission.

Il en va de même si le réviseur d'entreprises vient à savoir que les actifs de l'OPC ne sont pas ou n'ont pas été investis selon le règles prévues par la loi ou par le prospectus.

Enfin, la loi du 29 avril 1999 a transposé la directive 95/25/CE sur le *renforcement de la surveillance prudentielle des OPC* : le réviseur doit rapidement signaler à la CSSF tout fait ou décision dont il a connaissance dans l'exercice du contrôle du rapport annuel d'un OPC ou de toute autre mission légale auprès d'un OPC ou d'une entreprise liée à un OPC par un lien de contrôle, lorsque cette décision est de nature à constituer une violation grave de la loi de 1988 ou des dispositions réglementaires d'exécution ; à porter atteinte à la continuité de l'exploitation (*going concern*) de l'OPC ; à entraîner le refus par le réviseur de la certification des comptes ou l'émission de réserves y relatives (circulaire CSSF 2000/8 du 15 mars 2000 relative à la protection des investisseurs en cas d'erreurs dans le calcul de la valeur nette d'inventaire). Les *erreurs* résident essentiellement :

– dans l'inexactitude du calcul (procédures de contrôle inadéquate, insuffisance du niveau de la gestion, déficiences au niveau de l'informatique, de la comptabilité ou des moyens de communication) ;
– ou dans l'inobservation des règles de placement applicables aux OPC.

Concernant les *erreurs de calcul*, le calcul de la valeur nette d'inventaire (VNI) est généralement reconnu comme une approximation de la valeur réelle de marché des actifs et donc seules les erreurs de calcul ayant un impact significatif dépassant les *seuils de tolérance* indiqués ci-dessous doivent être signalées aux autorités.

OPC monétaires/ *cash funds*	0,25 % de la VNI	OPC d'actions et autres	1 % de la VNI
OPC obligataires	0,50 % de la VNI	OPC mixtes	0,50 % de la VNI

Le *plan de redressement* des erreurs de calcul comporte les étapes suivantes : informations à transmettre au dépositaire et aux autorités de contrôle ; détermination de l'impact de l'erreur ; réparation des dommages ; intervention du réviseur ; communication à faire aux investisseurs. Il en résulte que les VNI appliquées aux rachats et souscriptions doivent être recalculées. Cette base servira à définir les sommes qui doivent être reversées à L'OPC et aux investisseurs. Les *frais* occasionnés par le *recalcul* de la VNI ne peuvent pas être imputés à l'OPC.

En cas d'*inobservation des règles de placement*, l'inobservation peut se situer au niveau des limites d'investissement, des limites d'emprunt, de la politique d'investissement. Dans chaque cas, l'OPC doit procéder à la réalisation des règles établies. Les *seuils de tolérance* ne sont pas applicables.

Renseignements financiers destinés à l'autorité de tutelle

3608 La circulaire IML 91/75 du 21 janvier 1991 prévoit notamment que les OPC doivent communiquer mensuellement à l'Institut Monétaire Luxembourgeois les renseignements financiers dont le modèle figure en annexe au n°3618.

Les renseignements financiers mensuels prévus par la circulaire IML 97/136 du 13 juin 1997 portent, à l'exception de quelques données additionnelles, sur les mêmes données que celles communiquées par les OPC conformément aux exigences du chapitre M de la circulaire 91/75 du 21 janvier 1991. Cependant, les OPC doivent également communiquer selon un schéma standardisé des renseignements financiers annuels portant sur :

- l'état du patrimoine, le résultat des opérations, les changements de l'actif net, les mouvements du portefeuille-titres, sa ventilation et les pays de sa commercialisation ;
- l'intervention des OPC sur les marchés à terme et les marchés à options.

En ce qui concerne la date de référence des *renseignements financiers mensuels*, le dernier jour de chaque mois est en principe à considérer comme étant la *date de référence* pour l'établissement des renseignements financiers à communiquer à l'autorité de tutelle. La règle qui précède n'est pas obligatoire pour les OPC qui procèdent :
- au moins à un calcul hebdomadaire de la valeur nette d'inventaire ; dans ce cas, la date de référence peut être celle du dernier jour de calcul de la valeur nette d'inventaire du mois en question ;
- au moins à un calcul mensuel de la valeur nette d'inventaire ; dans ce cas, il faut cependant que le jour de calcul de cette valeur nette d'inventaire se situe soit dans la dernière semaine du mois de référence, soit dans la première semaine du mois suivant ; les renseignements financiers à communiquer à l'autorité de tutelle sont alors à établir sur la base des données disponibles à la date de calcul la plus proche du dernier jour du mois.

Les OPC dont la valeur nette d'inventaire n'est *pas* calculée *mensuellement* ne doivent indiquer dans leurs informations mensuelles que les montants effectivement enregistrés en comptabilité à la fin du mois, à l'exclusion de toute estimation extra-comptable.

La date de référence des renseignements financiers *annuels* est la date de clôture de l'exercice social.

Les OPC doivent fournir les informations *mensuelles* à l'IML dans un délai de 20 jours après la date de référence et les informations *annuelles* dans un délai de quatre mois après la date de clôture de l'exercice social.

Les renseignements financiers doivent indiquer la *devise de référence* qui est celle utilisée pour exprimer la valeur nette d'inventaire par part ou action.

Variation de la valeur de l'actif net par part ou action

3609 Lorsque la valeur nette d'inventaire par part ou action varie de plus de 10 % par rapport à la valeur calculée à la fin du mois précédent, des explications sont à fournir sur les raisons de cette variation.

OPC à compartiments multiples

3610 Les renseignements financiers mensuels et annuels doivent être établis *pour chaque compartiment* dans la devise de référence du compartiment en question. En outre une situation consolidée au niveau de l'OPC ne doit pas être établie.

Règles d'évaluation prévues

3612 En ce qui concerne les OPCVM et les OPC, la loi du 30 mars 1988 ainsi que la loi du 19 juillet 1991 prévoient les dispositions suivantes.

1. Emission et rachat des parts ou actions. L'émission et le rachat de parts ou actions se font à un prix obtenu en divisant la valeur de l'actif net de l'OPC par le nombre de parts ou actions en circulation c'est-à-dire à la valeur nette d'inventaire par action. Le prix d'émission correspond à la valeur nette d'inventaire par part ou action majorée de frais et commissions en faveur de l'OPC et/ou des intermédiaires financiers. En cas de rachat, la valeur nette d'inventaire peut être diminuée de frais et commissions en faveur de l'OPC.

2. Evaluation des actifs de l'OPC. Sauf disposition contraire du prospectus de l'OPC, l'évaluation des actifs du fonds se base, pour les valeurs admises à une cote officielle, sur le dernier cours de bourse connu, à moins que ce cours ne soit pas représentatif du marché. Pour les valeurs non admises à une telle cote et pour les valeurs admises à une cote, mais dont le dernier cours n'est pas représentatif, l'évaluation se base sur la valeur probable de réalisation estimée avec prudence et bonne foi.

3. Achat et vente des actifs. L'achat et la vente des actifs ne peuvent se réaliser qu'à des prix conformes aux critères d'évaluation décrits ci-dessus.

Annexes

3613 Nous reproduisons ci-après les documents suivants :
- états financiers des OPC à compartiments multiples ;
- états financiers des OPC ou compartiments ;
- état du portefeuille-titres des OPC ou compartiments ;
- renseignements financiers mensuels et annuels à fournir à la CSSF.

3615 OPC à compartiments multiples

ETATS FINANCIERS

Etat globalisé des actifs nets au XX 2000

OPC à compartiments multiples

**Globalisé
EUR**

ACTIF

Portefeuille-titres à la valeur d'évaluation

Instruments du marché monétaire à échéance résiduelle inférieure à 12 mois

Banques

A recevoir pour investissements vendus

Intérêts bancaires à recevoir

Intérêts sur obligations à recevoir

Plus-value non réalisée sur contrats de change à terme

Frais de constitution, nets

PASSIF

Frais à payer

A payer pour investissements achetés

Moins-value non réalisée sur contrats à terme financiers

ACTIFS NETS A LA FIN DE L'EXERCICE

Note
Rapport annuel : obligatoire
Rapport semestriel : obligatoire

Etat globalisé des opérateurs - Exercice clôturé au XX 2000

OPC à compartiments multiples

Globalisé
EUR

REVENUS

Intérêts bancaires, nets
Dividendes, nets
Intérêts sur obligations nets
Commissions sur souscriptions et rachats

FRAIS

Commission de conseil en investissements
Commission de banque dépositaire et
frais de sous-dépositaire
Amortissement des frais de constitution
Taxe d'abonnement
Frais d'administration

REVENUS (PERTES) NETS DES INVESTISSEMENTS

Plus (moins)-value nette réalisée sur ventes d'investissements
Plus (moins)-value nette réalisée sur change
Plus (moins)-value nette réalisée sur options
Plus (moins)-value nette réalisée sur contrats à terme financiers
Plus (moins)-value nette réalisée sur contrats de change à terme

BENEFICE (PERTE) NET REALISE DE L'EXERCICE

Variation de la plus/moins-value nette non réalisée
sur le portefeuille-titres et options
Variation de la plus/moins-value nette non réalisée
sur contrats à terme financiers
Variation de la plus/moins-value nette non réalisée
sur contrats de change à terme

**AUGMENTATION (DIMINUTION) NETTE DES ACTIFS NETS
PROVENANT DES OPERATIONS DE L'OPC**

Note

Rapport annuel : obligatoire
Rapport semestriel : obligatoire

3616 OPC ou compartiment

Etat des actifs nets au XX 2000

OPC ou compartiment

EUR

ACTIF

Portefeuille-titres à la valeur d'évaluation

Instruments du marché monétaire à échéance résiduelle inférieure à 12 mois

Banques

A recevoir pour investissements vendus

Intérêts bancaires à recevoir

Intérêts sur obligations à recevoir

Plus-value non réalisée sur contrats de change à terme

Frais de constitution, nets

PASSIF

Frais à payer

A payer pour investissements achetés

Moins-values non réalisées sur contrats à terme financiers

ACTIFS NETS A LA FIN DE L'EXERCICE

Valeur nette d'inventaire par part/action

Nombre de parts/actions en circulation

Note

Rapport annuel : obligatoire
Rapport semestriel : obligatoire

Etat des changements des actifs nets - Exercice clôturé au XX 2000

OPC ou compartiment

EUR

ACTIFS NETS AU DEBUT DE L'EXERCICE

Souscriptions en espèces
– Emissions
– Rachats

REVENUS

Intérêts bancaires, nets
Dividendes, nets
Intérêts sur obligations nets
Commissions sur souscriptions et rachats

FRAIS

Commission de conseil en investissements
Commissions de banque dépositaire et frais de sous-dépositaire
Amortissement des frais de constitution
Taxe d'abonnement
Frais d'administration

REVENUS (PERTES) NETS DES INVESTISSEMENTS

Plus (moins)-value nette réalisée sur ventes d'investissements
Plus (moins)-value nette réalisée sur change
Plus (moins)-value nette réalisée sur options
Plus (moins)-value nette réalisée sur contrats à terme financiers
Plus (moins)-value nette réalisée sur contrats de change à terme

BENEFICE (PERTE) NET REALISE DE L'EXERCICE

Variation de la plus/moins-value nette non réalisée
sur le portefeuille-titres et options
Variation de la plus/moins-value nette non réalisée
sur contrats à terme financiers
Variation de la plus/moins-value nette non réalisée sur contrats de change à terme

**AUGMENTATION (DIMINUTION) NETTE DES ACTIFS NETS
PROVENANT DES OPERATIONS DE L'OPC OU DU COMPARTIMENT**

<u>Note</u>
**Rapport annuel : obligatoire
Rapport semestriel : facultatif**

Statistiques

                                                                                                   **OPC
ou
compartiment**

Nombre de parts/actions en circulation au début de l'exercice
Nombre de parts/actions vendues durant l'exercice
Nombre de parts/actions rachetées durant l'exercice

Nombre de parts/actions en circulation à la fin de l'exercice

Note

Rapport annuel : facultatif
Rapport semestriel : facultatif

Tableau comparatif

	OPC ou compartiment
	FRF

XX 1998

Actifs nets

Nombre de parts/d'actions en circulation

Valeur nette d'inventaire par part/action

– Minimum

(date)

– Maximum

(date)

– En fin d'exercice

XX 1999

Actifs nets

Nombre de parts/d'actions en circulation

Valeur nette d'inventaire par part/action

– Minimum

(date)

– Maximum

(date)

– En fin d'exercice

XX 2000

Actifs nets

Nombre de parts/d'actions en circulation

Valeur nette d'inventaire par part/action

– Minimum

(date)

– Maximum

(date)

– En fin d'exercice

Note

Rapport annuel : obligatoire
Rapport semestriel : facultatif

3617 Etat du portefeuille-titres des OPC ou compartiments

OPC OU COMPARTIMENT

Etat du portefeuille-titre au XX 2000
(exprimé en EUR)

Devise	Quantité ou valeur nominale	Description	Coût d'acquisition	Cotation unitaire	Valeur d'évaluation	% de l'actif net

A. VALEURS MOBILIERES ADMISES A LA COTE OFFICIELLE D'UNE BOURSE DE VALEURS

a. ACTIONS ET WARRANTS

France

EUR	....					
EUR	....					
EUR	....		_____		_____	_____

Allemagne

EUR	....					
EUR	....					
EUR	....		_____		_____	_____

Etats-Unis d'Amérique

USD	....					
USD	....					
USD	....		_____		_____	_____

Total a. ☐ ☐ ☐

b. OBLIGATIONS

France

EUR	....					
EUR	....					
EUR	....		_____		_____	_____

Allemagne

EUR	....					
EUR	....					
EUR	....		_____		_____	_____

Etats-Unis d'Amérique

USD	....					
USD	....					
USD	....		_____		_____	_____

Total b. ☐ ☐ ☐

OPC OU COMPARTIMENT

Etat du portefeuille-titre au XX 2000
(exprimé en EUR)

Devise	Quantité ou valeur nominale	Description	Coût d'acquisition	Cotation unitaire	Valeur d'évaluation	% de l'actif net

B. VALEURS MOBILIERES NEGOCIEES SUR UN AUTRE MARCHE REGLEMENTE

a. **ACTIONS ET WARRANTS**

    France
EUR ....
EUR ....
EUR ....

    Allemagne
EUR ....
EUR ....
EUR ....

    Etats-Unis d'Amérique
USD ....
USD ....
USD ....

Total a.

b. **OBLIGATIONS**

    France
EUR ....
EUR ....
EUR ....

    Allemagne
EUR ....
EUR ....
EUR ....

    Etats-Unis d'Amérique
USD ....
USD ....
USD ....

Total b.

OPC OU COMPARTIMENT

Etat du portefeuille-titre au XX 2000
(exprimé en EUR)

Devise	Quantité ou valeur nominale	Description	Coût d'acquisition	Cotation unitaire	Valeur d'évaluation	% de l'actif net

C. AUTRES VALEURS MOBILIERES

France

EUR ....
EUR ....
EUR ....

Allemagne

EUR ....
EUR ....
EUR ....

Etats-Unis d'Amérique

USD ....
USD ....
USD ....

Total c.

Total du portefeuille-titres

Note
Rapport annuel : obligatoire   Informations facultatives
Rapport semestriel : obligatoire   Informations facultatives

Une copie des changements intervenus dans le portefeuille-titres pour l'exercice clôturé au XX .... 2000 est disponible, sans frais, auprès de la banque dépositaire.

**Répartition économique et géographique du portefeuille
au XX 2000**
(en % de l'actif net)

Répartition économique

	OPC ou compartiment
Gouvernement	
Sociétés immobilières	
Holdings et sociétés financières	
Commerce de détail et grands magasins	
–	
–	
–	
–	

Répartition géographique

France	
Allemagne	
Etats-Unis d'Amérique	
–	
–	
–	
–	

3618 Renseignements financiers mensuels et annuels

à adresser à
la Commission de Surveillance du Secteur Financier
L-2983 Luxembourg

RENSEIGNEMENTS FINANCIERS MENSUELS DES ORGANISMES DE PLACEMENT COLLECTIF
(tableau annexé à la circulaire IML/CSSF 97/136 du 13 juin 1997)

Nom de l'OPC : ....
Nom du compartiment : ....

Numéro signalétique de l'OPC : ....
Numéro signalétique du compartiment : ....
Mois de référence : .... Devise : ...

Code	Libellé	Montant
	I. INDICATIONS RELATIVES À LA VALEUR DE L'ACTIF NET À LA FIN DU MOIS	
110	Valeur de l'actif net global	....
120	Valeur de l'actif net par part ou action	....
(..)	(à répéter pour chaque classe/type de parts ou d'actions)	(......)
130	Variation en pour cent (+ ou –) de la valeur sub 120 par rapport à celle calculée à la fin du mois précédent	....
(...)	(à répéter pour chaque classe/type de parts ou d'actions)	(......)
200	**II. VALEUR EN POUR CENT DU PORTEFEUILLE PAR RAPPORT AU MONTANT DE L'ACTIF NET GLOBAL À LA FIN DU MOIS**	....
	III. INDICATIONS RELATIVES AUX MONTANTS DES ÉMISSIONS ET RACHATS DE PARTS OU ACTIONS PENDANT LE MOIS DE RÉFÉRENCE	
310	Produit net des émissions	....
320	Versements effectués en règlement des rachats	....
330	Émissions nettes (rachats nets) (310 – 320 = 330)	....
	IV. INDICATIONS RELATIVES AUX REVENUS DES INVESTISSEMENTS DU MOIS DE RÉFÉRENCE	
410	Dividendes	....
420	Intérêts sur obligations et autres titres d'emprunt	....
430	Intérêts bancaires	....
440	Autres revenus	....
	V. INDICATIONS RELATIVES AUX DISTRIBUTIONS PENDANT LE MOIS DE RÉFÉRENCE	
510	Montant global des distributions	....
(...)	(à répéter pour chaque classe/type de parts ou d'actions)	(......)
520	Montant par part ou action	....
(...)	(à répéter pour chaque classe/type de parts ou d'actions)	(......)

Nom de l'employé(e) : ....
Tél. : ....

à adresser à
la Commission de Surveillance du Secteur Financier
L-2983 Luxembourg

RENSEIGNEMENTS FINANCIERS ANNUELS
DES ORGANISMES DE PLACEMENT COLLECTIF
(tableau annexé à la circulaire IML/CSSF 97/136 du 13 juin 1997)

Nom de l'OPC : ....
Nom du compartiment : ....

Numéro signalétique de l'OPC : ....
Numéro signalétique du compartiment : ....
Date de clôture : .... Période : .... Devise : ....

Code	Libellé	Montant
	I. L'ÉTAT DU PATRIMOINE	
1000	**TOTAL ACTIF**	....
1100	PORTEFEUILLE-TITRES	....
1110	Actions et autres valeurs mobilières à revenu variable	....
1111	Actions à l'exclusion des parts d'OPC	....
1112	Actions cotées ou négociées sur un autre marché réglementé	....
1113	Actions non cotées	....
1114	Autres participations	....
1115	Parts d'OPC	....
1120	Obligations et autres titres d'emprunt	....
1121	Titres à court terme (échéance initiale : un an au plus)	....
1122	Titres à moyen/long terme (échéance initiale : supérieure à un an)	....
1130	Instruments du marché monétaire (échéance résiduelle : supérieure à un an)	....
1140	Warants et autres droits	....
1200	INSTRUMENTS FINANCIERS	....
1210	Contrats d'options	....
1211	Contrats achetés	....
1212	Contrats vendus	....
1220	Contrats à terme	....
1230	Autres	....
1300	AVOIRS LIQUIDES	....
1310	Avoirs bancaires	....
1311	au Luxembourg	....
1312	à l'étranger	....
1320	Autres avoirs liquides	....
1400	ACTIF IMMOBILISÉ	....
1410	Valeurs immobilières	....
1420	Frais d'établissement	....
1500	AUTRES ACTIFS	....
1510	Métaux précieux	....
1520	Autres	....
2000	**TOTAL PASSIF**	....
2100	EMPRUNTS	....
2200	AUTRES EXIGIBLES	....
3000	**ACTIF NET À LA FIN DE L'EXERCICE**	....

OPC – 419

à adresser à
la Commission de Surveillance du Secteur Financier
L-2983 Luxembourg

RENSEIGNEMENTS FINANCIERS ANNUELS
DES ORGANISMES DE PLACEMENT COLLECTIF
(tableau annexé à la circulaire IML/CSSF 97/136 du 13 juin 1997)

Nom de l'OPC : ....
Nom du compartiment : ....

Numéro signalétique de l'OPC : ....
Numéro signalétique du compartiment : ....
Date de clôture : .... Période : .... Devise : ....

INTERVENTIONS SUR LES MARCHÉS À TERMES ET LES MARCHÉS D'OPTIONS

Code	Libellé	Montant
	I. ENGAGEMENT DÉCOULANT À LA DATE DE CLÔTURE D'OPÉRATIONS TRAITÉES DANS UN BUT AUTRE QUE DE COUVERTURE	
100	**Total des engagements sur les marchés à terme et les marchés d'options**	....
101	Engagements sur contrats à terme	....
102	Engagements sur contrats d'options	....
103	Engagements sur contrats d'échange	....
	II. PRIMES ENCAISSÉES ET PAYÉES SUR CONTRATS D'OPTIONS PENDANT L'EXERCICE	
201	**Total des primes encaissées sur contrats d'options vendus**	....
202	**Total des primes payées sur contrats d'options achetés**	....

Nom de l'employé(e) : ....
Tél. : ....

(101 + 102 + 103 = 100)

Principales méthodes comptables et d'évaluation

CHAPITRE 2

Souscriptions et rachats

Dispositions générales

3625 Les procédures de souscription et de rachat de parts d'un fonds d'investissement peuvent se résumer comme suit, étant entendu que les taux des commissions sont donnés ici à titre purement indicatif. Après l'émission initiale, les parts du fonds sont émises à la valeur nette d'inventaire par part augmentée d'une commission sur vente de 3,50 % en faveur des intermédiaires financiers et de 0,50 % en faveur du fonds. Le *prix de rachat* correspond à la valeur nette d'inventaire par part du fonds diminuée d'une commission de 1 % de la valeur nette en faveur du fonds.

Les demandes de souscription et de rachat sont normalement *traitées à la date* d'évaluation suivante en supposant que l'ordre soit reçu à une heure limite dûment précisée dans le prospectus du fonds le jour ouvrable bancaire précédant la date d'évaluation. Les *paiements* des parts souscrites et/ou rachetées doivent être reçus et/ou effectués en principe dans les cinq jours bancaires ouvrables à Luxembourg ou dans un autre délai à préciser dans le prospectus.

Principes comptables

3627 Les procédures mentionnées ci-dessus impliquent que :
– les ordres de souscriptions et de rachats soient reçus par le fonds avant le calcul de la valeur nette d'inventaire qui leur est attribuée (VNI1) ;
– la valeur nette d'inventaire (VNI1) soit calculée, vérifiée et publiée sans tenir compte de ces ordres ;
– le montant à payer et/ou à recevoir par les investisseurs, basé sur la VNI1 et les commissions sur ventes/rachats, ainsi que la date de paiement soient confirmés aux investisseurs.

Pour le *calcul de la valeur nette d'inventaire suivante* (VNI2), les souscriptions et les rachats basés sur la VNI1 sont comptabilisés dans les comptes « Capital – Souscriptions » et « Capital – Rachats ». Les commissions sur ventes/rachats y relatives en faveur du fonds sont comptabilisées dans les comptes de P/P « Commission sur souscriptions/rachats ».

Transactions sur titres

3629 Les transactions sur titres (achats et ventes d'actions, warrants et obligations) sont comptabilisées sur la base de la date de transaction.

1. Achats de titres. Le coût d'acquisition des titres est composé du prix d'achat et des frais accessoires. Le coût d'acquisition exprimé dans une devise autre que celle de comptabilité est converti dans la devise de comptabilité au taux de change en vigueur à la date de transaction. A la date de paiement, le résultat de change dû à la variation entre le taux de change à la date de transaction et celui à la date de paiement est comptabilisé dans le compte de P/P « Résultat de change ». En principe les intérêts achetés sur obligations sont comptabilisés au débit du compte de P/P « Intérêts sur obligations ».

2. Ventes de titres. Le prix de vente des titres est net de tous frais accessoires. Le prix de vente exprimé dans une devise autre que celle de la comptabilité est converti dans la devise de la comptabilité au taux de change en vigueur à la date de transaction. A la date de paiement, le résultat de change dû à la variation du taux de change à la date de transaction par rapport à celui de la date de paiement est comptabilisé dans le compte de P/P « Résultat de change ». Le gain (perte) réalisé(e) sur les ventes de titres est calculé sur la base du coût moyen pondéré des titres vendus et comptabilisé en P/P dans le compte « Bénéfice (Perte) réalisé(e) sur ventes de titres ». En principe, les intérêts vendus sur obligations sont comptabilisés au crédit du compte de P/P « Intérêts sur obligations ».

3. Splits d'actions/attributions gratuites d'actions. Les splits et attributions gratuites d'actions sont comptabilisés à la date de détachement.

4. Evaluation des titres. L'évaluation de toute valeur *admise à une cote* officielle ou sur un autre marché réglementé, en fonctionnement régulier et ouvert au public, est basée sur le dernier cours connu au jour du calcul de la valeur nette d'inventaire ; si la valeur est *négociée sur plusieurs marchés*, on prend comme base le dernier cours connu du marché principal de cette valeur ou, s'il n'est pas représentatif, la valeur probable de réalisation estimée avec prudence et bonne foi. Les titres **non cotés** ou non négociés sur un marché boursier ou sur tout autre marché réglementé, en fonctionnement régulier et ouvert au public, sont évalués sur la base de leur valeur probable de réalisation estimée avec prudence et bonne foi. La valeur de marché de ces titres exprimée dans une devise autre que celle de comptabilité est convertie dans la devise de comptabilité au taux de change en vigueur à la date d'évaluation.

5. Plus (moins) - value non réalisée sur portefeuille-titres. La plus (moins)-value non réalisée sur portefeuille-titres est la différence entre la valeur du marché des investissements exprimée dans la devise de la comptabilité et le coût d'acquisition exprimé dans la devise de comptabilité. Le résultat non réalisé est comptabilisé dans le compte d'actif « Plus (moins)-value non réalisée sur portefeuille-titres » et de P/P « Variation de la plus (moins)-value non réalisée sur portefeuille-titres » respectif.

Transactions sur options

3630 Les transactions sur options sont comptabilisées sur la base de la date de transaction.

1. Achat d'options (ouverture de position) et vente d'options (clôture de position) / échéance des options. Les principes comptables concernant l'achat et la vente d'options sont les mêmes que ceux appliqués lors de l'achat ou de la vente de titres. Le gain (perte) réalisé(e) en relation avec la clôture de position d'options est comptabilisé en P/P « Bénéfice (Perte) réalisé(e) sur options ». A l'échéance d'une option d'achat / de vente (position ouverte), la prime payée et comptabilisée à l'actif du bilan à la date d'achat devient une perte réalisée sur options.

2. Emission d'options (ouverture de position) et achat d'options (clôture de position) / échéance des options émises.

— *Emission des options (ouverture de position).* La prime reçue nette de tous frais accessoires est enregistrée au crédit du bilan. La prime exprimée dans une devise autre que celle de la comptabilité est convertie dans la devise de la comptabilité au taux de change en vigueur à la date de transaction. A la date de paiement, le résultat de change dû à la variation entre le taux de change à la date de transaction et celui à la date de paiement est comptabilisé dans le compte de P/P « Résultat de change ».

– *Achat d'options (clôture de position).* La prime payée, incluant tous les frais accessoires, exprimée dans une devise autre que celle de la comptabilité est convertie dans la devise de la comptabilité au taux de change en vigueur à la date de transaction. A la date de paiement, le résultat de change dû à la variation entre le taux de change en vigueur à la date de transaction et celui en vigueur à la date de paiement est comptabilisé dans le compte de P/P « Résultat de change ». Le gain (perte) réalisé(e) sur les options achetées (clôture de position) est calculé(e) sur base de la prime moyenne reçue à l'émission des options et comptabilisé en P/P « Bénéfice (Perte) réalisé(e) sur options ».

– *Echéance des options émises.* A l'échéance d'une option émise (ouverture de position), la prime encaissée et comptabilisée au crédit du bilan à la date de transaction devient un gain réalisé.

3. Evaluation d'options. Les principes d'évaluation des options sont les mêmes que ceux relatifs aux titres en portefeuille.

Contrats de change à terme

3631 Les contrats de change à terme sont *comptabilisés* hors-bilan à la date de transaction. Le gain ou la perte réalisé(e) sur de telles transactions sont enregistrés à leurs dates d'échéance.

Les contrats de change à terme non échus sont *évalués* au taux de change à terme en vigueur à la date d'évaluation et les gains ou pertes non réalisé(e)s résultant de ces contrats sont comptabilisés à l'actif « Plus-value non réalisée sur contrats de change à terme » / au passif exigible » « Moins-value non réalisée sur contrats de change à terme » et en P/P « Variation de la plus/moins-value non réalisée sur contrats de change à terme ».

Les gains ou pertes non réalisé(e)s exprimés en devises autres que celles de comptabilité sont convertis dans la devise de comptabilité au taux de change en vigueur à la date d'évaluation.

Opérations sur contrats à terme financiers

3632 *1. Dépôt initial (dépôt de garantie).*

– *Paiement en espèces du dépôt initial.* Le paiement en espèces du dépôt initial est souvent comptabilisé dans un compte bancaire séparé, à l'actif. Un tel dépôt exprimé dans une devise autre que la devise de comptabilité est converti dans la devise de comptabilité au taux de change en vigueur à la date de paiement.

– *Dépôt de titres pour satisfaire au dépôt initial.* Les titres détenus en portefeuille et mis en dépôt pour satisfaire au dépôt initial doivent être identifiés dans l'état du portefeuille-titres. Ces titres sont évalués pour chaque calcul de la valeur nette d'inventaire sur la base des prix du marché.

2. Ouverture et fermeture de contrats à terme financiers. Les transactions sur contrats à terme financiers sont comptabilisées à la date de transaction hors bilan à leur « prix théorique » (= nombre de contrats ouverts * contrat unitaire * prix de transaction). Le « prix théorique » exprimé dans une devise autre que celle de la comptabilité peut être converti dans la devise de la comptabilité au taux de change en vigueur à la date de transaction. Les frais relatifs à l'ouverture ou à la clôture des contrats à terme financiers sont comptabilisés dans un compte de P/P séparé « Frais sur contrats à terme financiers ».

3. Evaluation des contrats à terme financiers. Les contrats à terme financiers ouverts sont évalués sur la base des derniers prix de marché connus. Les gains ou pertes non réalisé(e)s sur ces contrats résultant de la différence entre le prix en vigueur à la date de la transaction et la cotation boursière sont comptabilisés à l'actif « Plus-value non réalisée sur contrats à terme financiers » / au passif exigible « Moins-value non réalisée sur contrats à terme financiers » et en P/P « Variation de la plus/moins-value non réalisée sur contrats à terme financiers ». Les gains ou pertes non réalisés exprimés dans une devise autre que celle de la comptabilité sont convertis dans la devise de la comptabilité au taux de change en vigueur à la date d'évaluation.

Banques (A recevoir sur ventes d'investissements, A payer sur achats d'investissements)

3633   Les soldes des comptes bancaires, des comptes « A recevoir sur ventes d'investissements » et du compte « A payer sur achats d'investissements » exprimés dans une devise autre que celle de la comptabilité sont convertis dans la devise de la comptabilité au taux de change en vigueur à la date d'évaluation.

Frais d'établissement

3634   Les frais d'établissement sont amortis linéairement sur une période maximale de 5 ans. En principe, la période d'amortissement est fixée dans le prospectus du fonds d'investissement.

Revenus

3635   ***1. Intérêts sur comptes courants et dépôts à terme.*** Les intérêts sur comptes courants et dépôts à terme sont provisionnés à chaque date d'évaluation.

2. Intérêts sur obligations. Les intérêts sur obligations sont provisionnés à chaque date d'évaluation, nets de la retenue à la source éventuelle.

3. Dividendes. Les dividendes, nets de toute retenue à la source, sont comptabilisés à la date de détachement, sur la base des informations disponibles à la date d'évaluation.

4. Conversion des devises étrangères. Les intérêts à recevoir sur comptes courants, les dépôts à terme et sur obligations ainsi que les dividendes à recevoir, nets exprimés dans une devise autre que celle de la comptabilité, sont convertis dans la devise de la comptabilité au taux de change en vigueur à la date d'évaluation. Les revenus encaissés dans une devise autre que celle de la comptabilité sont convertis dans la devise de la comptabilité au taux de change en vigueur à la date d'encaissement.

Frais

3636   Les ***frais variables*** c'est-à-dire les frais exprimés en pourcentage des actifs nets du fonds (frais de gestion, frais de conseil en investissement, frais de la banque dépositaire, taxe d'abonnement, par exemple) et les frais fixes (frais de comptabilité, d'administration, amortissement des frais d'établissement, par exemple) sont proratisés à chaque évaluation. Les frais payés dans une ***devise autre*** que celle de la comptabilité sont convertis dans la devise de la comptabilité au taux de change en vigueur à la date de paiement.

6ᵉ PARTIE

Convention fiscale franco-luxembourgeoise

Texte de la convention

TITRE 1

Origine de la convention
3800 Les relations fiscales entre la France et le Grand-Duché de Luxembourg sont actuellement régies par la **convention du 1ᵉʳ avril 1958** publiée au Journal officiel du 9 avril 1960 (p. 3283 s.) à la suite du décret n° 60-333 du 31 mars 1960. Dans ses grandes lignes, cette convention correspondait aux conceptions fiscales de l'époque.

À la suite de la réforme française du 12 juillet 1965 modifiant le régime d'imposition des bénéfices réalisés en France par des entreprises étrangères, le Grand-Duché a demandé l'adaptation de certaines dispositions conventionnelles à la situation fiscale nouvelle, objet de l'**avenant du 8 septembre 1970**.

Publié par le décret n°71-1145 du 22 décembre 1971 (JO du 8 janvier 1972, p. 326), il a notamment étendu sous certaines conditions l'avoir fiscal aux résidents du Grand-Duché bénéficiaires de dividendes de source française. Il s'est appliqué aux dividendes mis en paiement depuis le 1ᵉʳ janvier 1971.

Par ailleurs, un **échange de lettres** également du 8 septembre 1970 a pour but d'exclure du champ d'application de la convention les sociétés holdings luxembourgeoises soumises au régime de 1929 (voir n° 1810).

Enfin, il convient de savoir que la convention actuelle est en cours de négociation.

3805 On trouvera reproduit ci-après le texte intégral de la convention du 1ᵉʳ avril 1958 telle qu'elle a été modifiée par l'avenant du 8 septembre 1970. Des **commentaires d'application** figurent aux nᵒˢ4000s. pour la France et aux nᵒˢ4200s. pour le Luxembourg.

CONVENTION DU 1ᵉʳ AVRIL 1958
En matière d'impôts sur le revenu et sur la fortune
modifiée par l'avenant du 8 septembre 1970

Article 1ᵉʳ : Impôts visés

1. Les impôts qui font l'objet de la présente convention sont :
 a) En ce qui concerne le Grand-Duché du Luxembourg :
  1° L'impôt sur le revenu des personnes physiques ;
  2° L'impôt sur le revenu des collectivités ;
  3° L'impôt spécial sur les tantièmes ;
  4° L'impôt sur la fortune ;
  5° Les impôts communaux sur le revenu et la fortune.
 b) En ce qui concerne la **France** :
  1° L'impôt sur le revenu des personnes physiques ;
  2° La taxe complémentaire ;

3° L'impôt sur les sociétés, ainsi que toutes retenues, tous précomptes et avances décomptés sur ces impôts.

2. La présente convention s'appliquera également aux autres impôts ou taxes analogues, qui pourront être établis par l'un ou l'autre des deux États contractants après la signature de la présente convention.

3. Il est entendu que, dans le cas où il serait apporté à la législation fiscale de l'un ou de l'autre État des modifications qui affecteraient sensiblement la nature ou le caractère des impôts visés au paragraphe 1er du présent article, les autorités compétentes des deux pays se concerteraient.

Article 2 : Définitions générales

(voir également *échange de lettres* au n° 3810)

Pour l'application de la présente convention :

1. Le terme « France », quand il est employé dans un sens géographique, ne comprend que la France métropolitaine et les départements d'outre-mer (Guadeloupe, Guyane, Martinique, Réunion).

Le terme « Luxembourg », employé dans le même sens, désigne le Grand-Duché de Luxembourg.

2. Le terme « personne » désigne :

a) Toute personne physique ;

b) Toute personne morale ;

c) Tout groupement de personnes physiques qui n'a pas la personnalité morale.

3. 1° Le terme « établissement stable » désigne une installation fixe d'affaires dans laquelle l'entreprise exerce tout ou partie de son activité.

2° Au nombre des établissements stables figurent notamment :

a) Les sièges de direction ;

b) Les succursales ;

c) Les bureaux ;

d) Les usines ;

e) Les ateliers ;

f) Les installations à usage d'entrepôt ou de magasins ;

g) Les mines, carrières ou autres lieux d'extraction de ressources naturelles ;

h) Les chantiers de construction ou d'assemblage dont la durée dépasse 6 mois.

3° On ne considérera pas qu'il y a « établissement stable » si :

a) Il est fait usage de simples installations de stockage ;

b) Un stock de marchandises est maintenu dans le pays, en entrepôt ou non, sans autre objet que de faciliter la livraison (sauf si l'alinéa 4° b s'applique) ;

c) Un lieu d'affaires est maintenu dans le pays sans autre objet que d'acheter des biens ou des marchandises ou de réunir des informations ;

d) Un lieu d'affaires est maintenu dans le pays aux seules fins d'exposition, de publicité, de fourniture d'informations ou de recherches scientifiques ayant pour l'entreprise un caractère préparatoire ou auxiliaire.

4° Un représentant ou un employé agissant dans un des territoires pour le compte d'une entreprise de l'autre territoire, autre qu'une personne visée à l'alinéa 6° ci-après, n'est considéré comme « établissement stable » dans le premier territoire que s'il :

    a) Dispose de pouvoirs généraux qu'il exerce habituellement lui permettant de négocier et de conclure des contrats au nom de l'entreprise, à moins que son activité soit limitée à l'achat de matériel et de marchandises, ou

    b) Détient habituellement dans le premier territoire un stock de matériels ou de marchandises appartenant à l'entreprise en vue d'effectuer régulièrement des livraisons pour le compte de cette dernière.

5° Les entreprises d'assurances sont considérées comme ayant un établissement stable dans l'un de deux États dès l'instant que, par l'intermédiaire d'un représentant n'entrant pas dans la catégorie des personnes visées à l'alinéa 6° ci-après, elles perçoivent des primes sur le territoire dudit État ou assurent des risques situés sur ce territoire.

6° On ne considérera pas qu'une entreprise de l'un des territoires a un établissement stable dans l'autre territoire du seul fait qu'elle effectue des opérations commerciales dans cet autre territoire par l'entremise d'un courtier, d'un commissionnaire général ou de tout autre intermédiaire jouissant d'un statut vraiment indépendant, à condition que ces personnes agissent dans le cadre ordinaire de leur activité ainsi définie.

7° Le fait qu'une société ayant son domicile fiscal dans l'un des États contractants contrôle une société (ou est contrôlée par une société) qui a son domicile fiscal dans l'autre État ou qui fait du commerce ou des affaires dans cet autre État (que ce soit par l'intermédiaire d'un établissement stable ou non) ne suffit pas, en lui-même, à faire de l'une quelconque de ces sociétés un établissement stable de l'autre.

4. Le domicile fiscal des personnes physiques est au lieu de la résidence normale entendue dans le sens du foyer permanent d'habitation ou, à défaut, au lieu du séjour principal.

Celui des personnes morales et des groupements de personnes physiques n'ayant pas la personnalité morale est au lieu de leur centre effectif de direction, ou si cette direction effective ne se trouve ni dans l'un ni dans l'autre des États contractants, au lieu de leur siège.

Les personnes qui ont leur résidence à bord d'un bateau de navigation intérieure sont considérées comme ayant leur domicile fiscal dans celui des deux États contractants dont elles possèdent la nationalité.

5. L'expression « autorité compétente » ou « autorités compétentes » signifie, dans le cas de la France, le directeur général des Impôts ou son représentant, dûment autorisé et, dans le cas du Luxembourg, le directeur de l'administration des Contributions Directes et Accises ou son représentant dûment autorisé.

Article 3 : Revenus des biens immobiliers et bénéfices agricoles

Les revenus des biens immobiliers et de leurs accessoires, y compris les bénéfices des exploitations agricoles et forestières, ne sont imposables que dans l'État où les biens sont situés.

Cette disposition s'applique également aux bénéfices provenant de l'aliénation desdits biens.

Article 4 : Bénéfices industriels et commerciaux

1. Les revenus des entreprises industrielles, minières, commerciales ou financières ne sont imposables que dans l'État sur le territoire duquel se trouve un établissement stable.

2. Lorsqu'une entreprise possède des établissements stables dans les deux États contractants, chacun d'eux ne peut imposer que le revenu provenant de l'activité des établissements stables situés sur son territoire.

3. Ce revenu imposable ne peut excéder le montant des bénéfices industriels, miniers, commerciaux ou financiers réalisés par l'établissement stable, y compris, s'il y a lieu, les bénéfices ou avantages retirés indirectement de cet établissement ou qui auraient été attribués ou accordés à des tiers soit par voie de majoration ou de diminution des prix d'achat ou de vente, soit par tout autre moyen. Une quote-part des frais généraux du siège de l'entreprise est imputée aux résultats des différents établissements stables.

4. Les autorités compétentes des deux États contractants s'entendent, le cas échéant, pour arrêter les règles de ventilation, à défaut de comptabilité régulière faisant ressortir distinctement et exactement les bénéfices afférents aux établissements stables situés sur leurs territoires respectifs.

Article 5 : Transfert de bénéfices

1. Lorsqu'une entreprise de l'un des deux États, du fait de sa participation à la gestion ou au capital d'une entreprise de l'autre État, fait ou impose à cette dernière dans leurs relations commerciales ou financières des conditions différentes de celles qui seraient faites à une tierce entreprise, tous bénéfices qui auraient dû normalement apparaître dans les comptes de l'une des entreprises, mais qui ont été de la sorte transférés à l'autre entreprise, peuvent être incorporés aux bénéfices imposables de la première entreprise.

2. Une entreprise est considérée comme participant à la gestion ou au capital d'une autre entreprise notamment lorsque les mêmes personnes participent directement ou indirectement à la gestion ou au capital de chacune de ces deux entreprises.

Article 6 : Entreprises de navigation aérienne ou fluviale

Par dérogation à l'article 4 de la présente convention, les bénéfices qu'une entreprise de l'un des deux États contractants tire de l'exploitation d'aéronefs sont exonérés d'impôt dans l'autre État contractant.

En ce qui concerne les entreprises de navigation fluviale, l'impôt est perçu dans l'État où se trouve le siège de leur direction effective ou bien, si ce siège est ambulant, dans l'État où l'exploitant a son domicile fiscal, à la condition que l'entreprise étende son activité sur le territoire dudit État.

Article 7 : Impôt de distribution

1. Une société qui a son domicile fiscal au Luxembourg et qui a en France un établissement stable au sens de l'article 2, paragraphe 3, est soumise en France à la retenue à la source dans les conditions prévues par la législation interne française, étant toutefois entendu que le taux applicable est de 5 %.

2. Une société ayant son domicile fiscal dans l'un des deux États n'est pas soumise dans l'autre État à l'impôt frappant le revenu des capitaux mobiliers en raison de sa participation dans la gestion ou dans le capital d'une société ayant son domicile fiscal dans cet autre État ou à cause de tout autre rapport avec cette société ; mais les bénéfices distribués par cette dernière société et passibles de l'impôt frappant le revenu des capitaux mobiliers sont, le cas échéant, augmentés, pour l'assiette de l'impôt, de tous les bénéfices ou avantages que la première société a indirectement retirés de la dernière société dans les conditions prévues aux articles 4 et 5.

Article 8 : Dividendes

1. Les dividendes payés par une société qui a son domicile fiscal dans un État contractant à une personne qui a son domicile fiscal dans l'autre État contractant sont imposables dans cet autre État.

2. a) Toutefois, ces dividendes peuvent être imposés dans l'État contractant où la société qui paie les dividendes a son domicile fiscal, et selon la législation de cet État, mais l'impôt ainsi établi ne peut excéder :

    1. 5 % du montant brut des dividendes si le bénéficiaire des dividendes est une société de capitaux qui détient directement au moins 25 % du capital social de la société de capitaux qui distribue les dividendes ;

    2. 15 % du montant brut des dividendes, dans tous les autres cas.

b) Les dispositions de l'alinéa a, n°1 du présent paragraphe s'appliquent également lorsque les participations cumulées de plusieurs sociétés de capitaux qui ont leur domicile fiscal dans un État contractant atteignent 25 % au moins du capital social de la société de capitaux qui a son domicile fiscal dans l'autre État contractant, et que l'une des sociétés ayant leur domicile fiscal dans le premier État contractant détient plus de 50 % du capital social de chacune des autres sociétés visées ayant leur domicile fiscal dans le premier État contractant.

3. a) Les dividendes payés par une société ayant son domicile fiscal en France, qui donneraient droit à un avoir fiscal s'ils étaient reçus par une personne ayant son domicile réel ou son siège social en France, ouvrent droit, lorsqu'ils sont payés à des personnes physiques ou morales qui ont leur domicile fiscal au Luxembourg, à un paiement brut du Trésor français d'un montant égal à cet avoir fiscal, sous réserve de la déduction de l'impôt prévu au paragraphe 2 a, n° 2, du présent article.

b) Les dispositions de l'alinéa a s'appliqueront aux personnes ci-après, qui ont leur domicile fiscal au Luxembourg :

    1. Personnes physiques assujetties à l'impôt luxembourgeois à raison du montant total des dividendes distribués par une société ayant son domicile fiscal en France et du paiement brut visé à l'alinéa a afférent à ces dividendes ;

    2. Sociétés autres que celles visées au paragraphe 2, alinéa a, n°1, et alinéa b, qui sont assujetties à l'impôt luxembourgeois à raison du montant total des dividendes distribués par une société ayant son domicile fiscal en France et du paiement brut visé à l'alinéa a afférent à ces dividendes.

c) Le paiement brut prévu à l'alinéa a sera considéré comme un dividende pour l'application de l'ensemble des dispositions de la convention.

4. a) À moins qu'elle ne bénéficie du paiement prévu au paragraphe 3, une personne ayant son domicile fiscal au Luxembourg qui reçoit des dividendes distribués par une société ayant son domicile fiscal en France peut demander le remboursement du précompte afférent à ces dividendes acquitté, le cas échéant, par la société distributrice. La France peut prélever sur le montant des sommes remboursées l'impôt prévu au paragraphe 2 du présent article.

b) Le montant brut du précompte remboursé sera considéré comme un dividende pour l'application de l'ensemble des dispositions de la convention.

5. Le terme « dividendes », au sens du présent article, désigne les revenus provenant d'actions, actions ou bons de jouissance, parts de fondateur ou autres parts bénéficiaires à l'exception des créances, ainsi que les revenus d'autres parts sociales assimilés aux revenus d'actions par la législation fiscale de l'État où la société distributrice a son domicile fiscal. Par dérogation à l'article 9, les revenus perçus par des bailleurs de fonds avec participation aux bénéfices d'une entreprise commerciale sont considérés, au Luxembourg, comme des dividendes.

6. Les dispositions des paragraphes 1, 2, 3 et 4 ne s'appliquent pas lorsque le bénéficiaire des dividendes, qui a son domicile fiscal dans un État contractant, possède dans l'autre État contractant où la société distributrice a son domicile fiscal un établissement stable auquel se rattache effectivement la participation génératrice des dividendes. Dans ce cas, les dispositions de l'article 4 sont applicables.

Article 9 : Intérêts

1. Les intérêts provenant d'un État contractant et payés à une personne qui a son domicile fiscal dans l'autre État contractant sont imposables dans cet autre État.

2. Toutefois, ces intérêts peuvent être imposés dans l'État contractant d'où ils proviennent et selon la législation de cet État, mais l'impôt ainsi établi ne peut excéder 10 % du montant des intérêts. La France se réserve le droit de maintenir à 12 % le taux de son impôt pour les intérêts d'obligations négociables émises avant le 1er janvier 1965.

3. Le terme « intérêts », employé dans le présent article, désigne les revenus des fonds publics, des obligations d'emprunts, assorties ou non de garanties hypothécaires, et des créances de toute nature, ainsi que tous autres produits assimilés aux revenus de sommes prêtées par la législation fiscale de l'État d'où proviennent les revenus.

4. Les dispositions des paragraphes 1 et 2 ne s'appliquent pas lorsque le bénéficiaire des intérêts, qui a son domicile fiscal dans un État contractant, a dans l'autre État contractant d'où proviennent les intérêts un établissement stable auquel se rattache effectivement la créance génératrice des intérêts. Dans ce cas, les dispositions de l'article 4 sont applicables.

5. Les intérêts sont considérés comme provenant d'un État contractant lorsque le débiteur est cet État lui-même, une collectivité locale ou une personne qui a son domicile fiscal dans cet État. Toutefois, lorsque le débiteur des intérêts, qu'il ait ou non son domicile fiscal dans un État contractant, possède dans un État contractant un établissement stable pour lequel l'emprunt générateur des intérêts a été contracté et qui supporte la charge de ces intérêts, lesdits intérêts sont réputés provenir de l'État contractant où l'établissement stable est situé.

6. Si, par suite de relations spéciales existant entre le débiteur et le créancier ou que l'un et l'autre entretiennent avec de tierces personnes, le montant des intérêts payés, compte tenu de la créance pour laquelle ils sont versés, excède celui dont seraient convenus le débiteur et le créancier en l'absence de pareilles relations, les dispositions du présent article ne s'appliquent qu'à ce dernier montant. En ce cas, la partie excédentaire des paiements reste imposable conformément à la législation de chaque État contractant et compte tenu des autres dispositions de la présente convention.

Article 10 : Redevances et droits d'auteur

1. Les redevances (royalties) versées pour la jouissance de biens immobiliers ou l'exploitation de mines, carrières ou autres ressources naturelles sont seulement imposables dans celui des deux États contractants où sont situés ces biens, mines, carrières ou autres ressources naturelles.

2. Les droits d'auteur ainsi que les produits ou redevances (royalties) provenant de la vente ou de la concession de licences d'exploitation de brevets, marques de fabrique, procédés et formules secrets qui sont payés dans l'un des deux États contractants à une personne ayant son domicile fiscal dans l'autre État sont imposables dans ce dernier État, à la condition que ladite personne n'exerce pas son activité dans le premier État par l'intermédiaire d'un établissement stable. Le mot « redevance » doit s'entendre comme comprenant les revenus de la location de films cinématographiques.

3. Si, par suite de relations spéciales existant entre le débiteur et le créancier ou que l'un et l'autre entretiennent avec de tierces personnes, le montant des redevances payées, compte tenu de la prestation pour laquelle elles sont versées, excède celui dont seraient convenus le débiteur et le créancier en l'absence de pareilles relations, les dispositions du présent article ne s'appliquent qu'à ce dernier montant. En ce cas, la partie excédentaire des paiements est imposée soit conformément à l'article 8, si elle est soumise au régime des dividendes ou des distributions de sociétés, soit, à défaut, conformément aux autres dispositions de la convention selon la qualification retenue pour ces revenus.

Article 10 bis : Justifications à produire

Pour bénéficier des dispositions de l'article 8, paragraphes 2, 3 et 4, de l'article 9, paragraphe 2, et de l'article 10, paragraphe 2, la personne qui a son domicile fiscal dans un des États contractants doit produire aux autorités fiscales de l'autre État contractant une attestation, visée par les autorités fiscales du premier État, précisant les revenus pour lesquels le bénéfice des dispositions visées ci-dessus est demandé et certifiant que ces revenus et les paiements prévus à l'article 8, paragraphes 3 et 4, seront soumis aux impôts directs, dans les conditions du droit commun, dans l'État où elle a son domicile fiscal.

Les autorités compétentes des deux États contractants détermineront d'un commun accord les modalités d'application du présent article.

Article 11 : Rémunérations des administrateurs de sociétés par actions

Les tantièmes, jetons de présence et autres rémunérations des membres des conseils d'administration et des conseils de surveillance des sociétés par actions sont imposables dans celui des deux États où se trouve le domicile fiscal de la société, sous réserve de l'application des articles 14 et 15 ci-après en ce qui concerne les rémunérations perçues par les intéressés en leurs autres qualités effectives.

Article 12 : Traitements et pensions publics

Les rémunérations allouées par l'État, les départements, les communes ou autres personnes morales de droit public régulièrement constituées suivant la législation interne des États contractants en vertu d'une prestation de services ou de travail actuelle ou antérieure, sous forme de traitements, pensions, salaires et autres appointements sont imposables seulement dans l'État du débiteur.

Cette disposition est également applicable aux prestations servies dans le cadre d'un régime obligatoire de sécurité sociale.

Article 13 : Pensions privées et rentes viagères

Les pensions privées et les rentes viagères provenant d'un des États contractants et payées à des personnes ayant leur domicile fiscal dans l'autre État sont exemptées d'impôt dans le premier État.

Article 14 : Traitements et salaires privés

1. Sous réserve des dispositions de l'article 12 ci-dessus, les traitements, salaires et autres rémunérations analogues ne sont imposables que dans l'État sur le territoire duquel s'exerce l'activité personnelle source de ces revenus.

2. Pour l'application du paragraphe précédent, n'est pas considéré comme l'exercice d'une activité personnelle dans l'un des deux États le fait, pour un salarié d'un établissement situé dans l'autre État, d'accomplir sur le territoire du premier État une mission temporaire ne comportant qu'un séjour inférieur à 183 jours, à la condition toutefois que sa rémunération continue à être supportée et payée par ledit établissement.

Dans le cas où la mission excède une durée totale de 183 jours, l'impôt est applicable dans l'État sur le territoire duquel la mission est accomplie et porte sur l'ensemble des rémunérations perçues par le salarié du chef de l'activité qu'il a exercée sur ledit territoire depuis le début de sa mission.

3. Une personne ayant son domicile fiscal dans l'un des États contractants est exonérée de l'impôt dans l'autre État contractant en ce qui concerne la rémunération des services rendus sur des aéronefs affectés à des transports internationaux.

Article 15 : Revenus des professions libérales

1. Les revenus provenant de l'exercice d'une profession libérale et, d'une manière générale, tous revenus du travail autres que ceux qui sont visés aux articles 11, 12, 13 et 14 de la présente convention sont imposables seulement dans l'État où s'exerce l'activité personnelle.

2. Pour l'application du paragraphe précédent, l'activité personnelle n'est considérée comme s'exerçant dans l'un des deux États que si elle a un point d'attache fixe dans cet État.

3. Sont considérées comme professions libérales, au sens du présent article, notamment l'activité scientifique, artistique, littéraire, enseignante ou pédagogique ainsi que celle des médecins, avocats, architectes ou ingénieurs.

4. Par dérogation aux dispositions des paragraphes 1 et 2 ci-dessus, les revenus provenant de l'activité professionnelle indépendante exercée dans l'un des deux États par les artistes dramatiques, lyriques et chorégraphiques ainsi que par les chefs d'orchestre et les musiciens y sont imposables même si cette activité n'a pas de point d'attache fixe dans ledit État.

Article 16 : Professeurs

Les professeurs et autres membres du personnel enseignant de l'un des deux États contractants qui se rendent sur le territoire de l'autre État en vue d'y professer, pour une période de deux années au plus, dans une université, un lycée, un collège, une école ou tout autre établissement d'enseignement, sont exemptés d'impôt dans ce dernier État pour la rémunération qu'ils y perçoivent du chef de leur enseignement pendant ladite période.

Article 17 : Étudiants et apprentis

Les étudiants et les apprentis de l'un des deux États contractants qui séjournent dans l'autre État exclusivement pour y faire leurs études ou y acquérir une formation professionnelle ne sont soumis à aucune imposition de la part de ce dernier État pour les subsides qu'ils reçoivent de provenance étrangère.

Article 18 : Revenus non spécialement visés

Les revenus non mentionnés aux articles précédents ne sont imposables que dans l'État du domicile fiscal du bénéficiaire.

Article 19 : Modalités pour éviter la double imposition

1. Les revenus qui, d'après les dispositions de la présente convention, ne sont imposables que dans l'un des deux États ne peuvent pas être imposés dans l'autre État, même par voie de retenue à la source. Néanmoins chacun des deux États conserve le droit de calculer au taux correspondant à l'ensemble du revenu du contribuable des impôts directs afférents aux éléments du revenu dont l'imposition lui est réservée.

2. Nonobstant les dispositions de la présente convention, chacun des deux États contractants conserve le droit d'imposer suivant les règles propres à sa législation les produits de participation dans des entreprises constituées sous forme de sociétés civiles, de sociétés en nom collectif, de sociétés de fait et d'associations en participation ainsi que pour les parts des commandités dans les sociétés en commandite simple.

En ce qui concerne ces produits, la double imposition sera évitée de la façon suivante :

> **a)** Le Luxembourg imputera, sur l'impôt afférent aux produits dont il s'agit ayant leur source en France et compris dans les bases d'imposition de l'impôt sur le revenu des personnes physiques ou de l'impôt sur le revenu des collectivités, et dans la limite de ces impôts, l'impôt auquel lesdits produits auront été assujettis en France ;
>
> **b)** La France imputera sur les impôts visés à l'article 1er, paragraphe 1, b, dans la base desquels ces produits se trouvent compris et dans la limite de ces impôts, les impôts visés à l'article 1er, paragraphe 1, a, que ces produits auront supportés au Luxembourg.

3. a) Lorsqu'une personne qui a son domicile fiscal au Luxembourg bénéficie de revenus visés aux articles 8 et 9 et ayant supporté l'impôt français dans les conditions prévues à ces articles, le Luxembourg imputera sur l'impôt sur le revenu des personnes physiques ou sur l'impôt sur le revenu des collectivités dont il frappe ces revenus l'impôt auquel lesdits produits auront été assujettis en France. L'imputation ne pourra toutefois excéder la fraction de l'impôt dont le bénéficiaire sera redevable au Luxembourg du chef des mêmes revenus.

L'imputation visée à l'alinéa qui précède ne trouvera pas à s'appliquer en ce qui concerne la retenue à la source subie en France dans l'hypothèse prévue au paragraphe 1 de l'article 7.

Les dividendes payés par une société de capitaux qui a son domicile fiscal en France, à une société de capitaux qui a son domicile fiscal au Luxembourg et qui détient directement au moins 25 % du capital social de la première société, seront exemptés de l'impôt au Luxembourg. Dans ce cas, l'impôt prélevé à la source en France ne sera ni déductible des dividendes exemptés au Luxembourg ni imputable sur l'impôt luxembourgeois.

Les dispositions de l'alinéa qui précède s'appliqueront également lorsque les participations cumulées de plusieurs sociétés de capitaux qui ont leur domicile fiscal au Luxembourg atteignent au moins 25 % du capital social de la société de capitaux ayant son domicile fiscal en France et que l'une des premières sociétés détient plus de 50 % du capital social de chacune des autres premières sociétés.

b) La France accordera aux personnes qui ont leur domicile fiscal en France, et qui bénéficient des revenus visés aux articles 8 et 9 ayant supporté l'impôt luxembourgeois dans les conditions prévues à ces articles, un crédit d'impôt correspondant au montant de l'impôt luxembourgeois, imputable sur les impôts français dans les bases desquels ces revenus se trouvent compris et dans la limite de ces impôts.

Article 20 : Impôts sur la fortune

En ce qui concerne les impôts sur la fortune, les dispositions suivantes seront applicables :

1. Si la fortune consiste en :

    a) Biens immobiliers et accessoires ;

    b) Entreprises commerciales ou industrielles ;

l'impôt ne peut être perçu que dans l'État contractant qui, en vertu des articles précédents, est autorisé à imposer le revenu qui provient de ces biens.

2. Les participations à des entreprises constituées sous forme de sociétés en nom collectif, de sociétés en commandite simple, de sociétés de fait et d'associations en participation ne sont imposables que dans l'État où se trouve situé un établissement stable.

3. Pour tous les autres éléments de fortune, l'impôt ne peut être perçu que dans l'État du domicile. Toutefois, la valeur des meubles meublants est imposable dans l'État de la résidence à laquelle les meubles sont affectés.

4. Chacun des deux États conserve le droit de calculer aux taux correspondant à l'ensemble de la fortune du contribuable les impôts directs afférents aux éléments de la fortune dont l'imposition lui est réservée.

Article 21 : Égalité de traitement

1. Les nationaux et les sociétés ou autres groupements de l'un des deux États contractants ne seront pas soumis dans l'autre État à des impôts autres ou plus élevés que ceux qui frappent les nationaux et les sociétés ou autres groupements de ce dernier État.

2. En particulier, les nationaux de l'un des deux États contractants qui sont imposables sur le territoire de l'autre État bénéficient, dans les mêmes conditions que les nationaux de ce dernier État, des exemptions, abattements à la base, déductions et réductions d'impôts ou taxes quelconques accordés pour charges de familles.

De même, lorsqu'un contribuable domicilié en France possède un établissement stable au Luxembourg, les dispositions relatives au report de pertes sont applicables pour l'imposition de cet établissement dans les mêmes conditions qu'à l'égard des contribuables domiciliés au Luxembourg.

3. Le terme « nationaux » désigne :
– en ce qui concerne la France, tous les sujets et protégés français ;
– en ce qui concerne le Luxembourg, tous les sujets luxembourgeois.

Article 22 : Échange de renseignements

1. Les autorités compétentes des deux États pourront, soit d'office, soit sur demande, échanger, sous condition de réciprocité, les renseignements que les législations fiscales des deux États permettent d'obtenir, dans le cadre de la pratique administrative normale, nécessaires pour une application régulière de la présente convention. Tout renseignement échangé de cette manière doit être tenu secret et ne peut être révélé qu'aux personnes qui s'occupent de la perception des impôts auxquels se rapporte la présente convention. Il ne pourra pas être échangé de renseignements qui dévoileraient un secret commercial, bancaire, industriel ou professionnel ou un procédé commercial.

2. Les dispositions du présent article ne peuvent en aucun cas être interprétées comme imposant à l'un des États contractants l'obligation de prendre des mesures administratives dérogeant à sa propre réglementation ou à sa pratique administrative, ou contraires à sa souveraineté, à sa sécurité, à ses intérêts généraux ou à l'ordre public, ou de transmettre des indications qui ne peuvent être obtenues sur la base de sa propre législation et de celle de l'État qui les demande.

Article 23 : Assistance pour le recouvrement

1. Les États contractants s'engagent à se prêter aide et assistance pour le recouvrement des impôts qui font l'objet de la présente convention et pour celui des intérêts, des frais, des suppléments d'impôt et des amendes qui n'ont pas le caractère pénal.

2. La demande formulée à cette fin doit être accompagnée des documents exigés par les lois de l'État requérant pour établir que les sommes à recouvrer sont définitivement dues.

3. Au vu de ces documents, les significations et mesures de recouvrement et de perception ont lieu dans l'État requis conformément aux lois applicables pour le recouvrement et la perception de ses propres impôts. Les titres de perception, en particulier, sont rendus exécutoires dans la forme prévue par la législation de cet État.

4. Les créances fiscales à recouvrer ne seront pas considérées comme des créances privilégiées dans l'État requis.

5. En ce qui concerne les créances fiscales qui sont encore susceptibles de recours, l'État créancier, pour la sauvegarde de ses droits, peut demander à l'autre État de notifier au redevable une contrainte ou un titre de perception. Les contestations touchant le bien-fondé des réclamations qui ont motivé la notification ne peuvent être portées que devant la juridiction compétente de l'État requérant.

Article 24 : Procédure amiable

1. Tout contribuable qui prouve que les mesures prises par les autorités fiscales des deux États contractants ont entraîné pour lui une double imposition en ce qui concerne les impôts visés par la présente convention peut adresser une demande soit aux autorités compétentes de l'État sur le territoire duquel il a son domicile fiscal, soit à celles de l'autre État. Si le bien-fondé de cette demande est reconnu, les autorités compétentes des deux États s'entendent pour éviter de façon équitable la double imposition.

2. Les autorités compétentes des deux États contractants peuvent également s'entendre pour supprimer la double imposition dans les cas non réglés par la présente convention, ainsi que dans les cas où l'interprétation ou l'application de la présente convention donnerait lieu à des difficultés ou à des doutes.

3. S'il apparaît que, pour parvenir à une entente, des pourparlers soient opportuns, ceux-ci seront confiés à une commission mixte formée de représentants des administrations des deux États désignés par les autorités compétentes.

Article 25 : Extension territoriale

1. À tout moment, pendant la durée d'application de la présente convention, l'un ou l'autre des deux États contractants pourra exprimer le désir que les dispositions de ladite convention soient étendues soit en totalité, soit en partie, avec les ajustements qui seraient jugés nécessaires, à tout territoire dont la France assure les relations internationales et qui perçoit des impôts de même nature que ceux faisant l'objet de cette convention.

2. Les extensions prévues au paragraphe 1 du présent article seront réalisées par un échange entre les États contractants de notes diplomatiques qui désigneront le territoire auquel s'appliqueront les dispositions étendues et préciseront les conditions de cette extension.

Les dispositions étendues par l'échange de notes susvisé, en totalité ou en partie ou avec les ajustements éventuellement nécessaires, s'appliqueront au territoire désigné à compter inclusivement de la date qui sera spécifiée dans les notes.

3. À tout moment après l'expiration d'une période d'une année à compter de la date effective d'une extension accordée en vertu des paragraphes 1 et 2 du présent article, l'un ou l'autre des États contractants pourra, par avis écrit de cessation donné à l'autre État contractant par voie diplomatique, mettre fin à l'application des dispositions concernant l'un quelconque des territoires auquel elles auraient été étendues ; dans ce cas, les dispositions cesseront d'être applicables à ce territoire à compter inclusivement du 1er janvier suivant la date de l'avis, sans toutefois qu'en soit affectée l'application desdites dispositions à la France, au Luxembourg ou à tout autre territoire auquel elles auraient été étendues et qui ne serait pas mentionné dans l'avis de cessation.

4. Lorsque les dispositions de la convention cesseront de s'appliquer entre la France et le Luxembourg, ces dispositions cesseront également de s'appliquer à tout territoire auquel elles auront été étendues en vertu du présent article, à moins qu'il n'en ait été décidé autrement de façon expresse par les États contractants.

5. Pour l'application de la présente convention dans tout territoire auquel elle aura été étendue, il y aura lieu chaque fois que la convention se réfère à la France, de considérer qu'elle se réfère également audit territoire.

Article 26 : Entrée en vigueur

1. La présente convention sera ratifiée et les instruments de ratification seront échangés à Luxembourg dans le plus bref délai.

2. La convention entrera en vigueur dès l'échange des instruments de ratification, étant entendu qu'elle produira ses effets pour la première fois :

 a) En ce qui concerne les impôts perçus par voie de retenue à la source :

– sur les revenus des capitaux mobiliers visés à l'article 8, pour l'imposition des revenus mis en paiement à compter du 1er janvier 1957 ;

– sur les redevances désignées aux paragraphes 2 et 3 de l'article 10, pour l'imposition des redevances payées à compter du 1er janvier 1957.

 b) En ce qui concerne les impôts sur les autres revenus pour l'imposition des revenus afférents à l'année civile en 1957 ou aux exercices clos au cours de cette année civile.

 c) En ce qui concerne l'impôt sur la fortune, pour les impositions correspondant à l'année civile 1957.

Les renseignements visés à l'article 22, pour autant qu'ils sont échangés d'office, seront fournis dans la mesure où ils deviendront disponibles pendant la durée d'application de la convention.

3. Dès l'entrée en vigueur de la présente convention, l'accord résultant de l'échange de lettres des 30 août 1906 et 19 septembre 1912 entre l'ancien ministère d'Alsace-Lorraine et la division des finances du Grand-Duché de Luxembourg, ainsi que l'accord conclu le 16 janvier 1926 entre les gouvernements français et luxembourgeois cesseront de s'appliquer et n'auront plus d'effet.

Article 27 : Dénonciation

La présente convention restera en vigueur pendant une durée indéfinie.

Toutefois, à partir du 1er janvier 1963, chacun des deux États contractants pourra notifier à l'autre État, dans le courant du premier semestre de chaque année, par écrit et par voie diplomatique, son intention de mettre fin à la présente convention. En ce cas, la convention cessera d'être applicable à partir du 1er janvier de l'année suivant la date de la notification, étant entendu que ses effets se trouveront limités, en ce qui concerne les impôts annuels, à ceux qui seront établis au titre de l'année au cours de laquelle cette notification aura eu lieu ou des exercices clos pendant cette année.

3810   **ÉCHANGE DE LETTRES DU 8 SEPTEMBRE 1970** concernant **les sociétés holdings.** – L'échange de lettres reproduit ci-après a pour objet d'exclure les sociétés holdings du champ d'application de la convention.

Paris, le 8 septembre 1970.

À Son Excellence Monsieur Georges Heisbourg, ambassadeur extraordinaire et plénipotentiaire de Luxembourg.

Monsieur l'Ambassadeur,

Au moment de signer le présent Avenant à la Convention du 1er avril 1958, j'ai l'honneur de vous faire connaître que le Gouvernement français a considéré que, depuis l'entrée en vigueur de cette Convention, elle ne devait pas s'appliquer aux sociétés holdings au sens de la législation particulière luxembourgeoise (actuellement la loi du 31 juillet 1929 et l'arrêté-loi du

27 décembre 1937) ni aux revenus qu'une personne ayant son domicile fiscal en France tire de ces sociétés ni aux participations qu'elle a dans de telles sociétés.

Si cette interprétation est également celle du Gouvernement luxembourgeois, je vous propose que la présente lettre et la réponse de Votre Excellence constituent l'Accord de nos deux Gouvernements sur ce point.

Veuillez agréer, Monsieur l'Ambassadeur, les assurances de ma haute considération.

Gilbert DE CHAMBRUN.

Paris, le 8 septembre 1970.

À Monsieur Gilbert de Chambrun, Ministre plénipotentiaire, Directeur des Conventions administratives et des Affaires consulaires.

Monsieur le Ministre,

Par lettre en date de ce jour, vous avez bien voulu me faire connaître ce qui suit :

« Au moment de signer le présent Avenant à la Convention du 1er avril 1958, j'ai l'honneur de vous faire connaître que le Gouvernement français a considéré que, depuis l'entrée en vigueur de cette Convention, elle ne devait pas s'appliquer aux sociétés holdings au sens de la législation particulière luxembourgeoise (actuellement la loi du 31 juillet 1929 et l'arrêté-loi du 27 décembre 1937) ni aux revenus qu'une personne ayant son domicile fiscal en France tire de ces sociétés ni aux participations qu'elle a dans de telles sociétés.

« Si cette interprétation est également celle du Gouvernement luxembourgeois, je vous propose que la présente lettre et la réponse de Votre Excellence constituent l'Accord de nos deux Gouvernements sur ce point. »

J'ai l'honneur de vous confirmer que cette interprétation est également celle du Gouvernement luxembourgeois.

Veuillez agréer, Monsieur le Ministre, les assurances de ma haute considération.

G. HEISBOURG.

Application en France

TITRE 2

4000 L'*administration* fiscale française élabore souvent, à l'appui des conventions fiscales signées par la France, des **commentaires**, publiés sous forme d'instructions ou de textes appartenant à la documentation administrative, qui ont pour but de préciser la manière dont les dispositions conventionnelles seront interprétées et **appliquées côté français.** Ces commentaires administratifs présentent donc généralement un intérêt non négligeable pour le contribuable.

Rappelons toutefois qu'ils **lient l'administration** fiscale vis-à-vis des contribuables mais ne **préjugent pas** de la position des **tribunaux** en cas de contentieux.

4001 Les commentaires qui suivent proviennent essentiellement des notes et instructions suivantes :
– Note du 23 mai 1959, BOCD 1959-II-841 ;
– Instruction du 8 novembre 1960 (administrateurs et dirigeants) ;
– Instruction du 16 mars 1972 ;
– Note du 16 septembre 1974, 14 B-13-74 (traitements, salaires, pensions et rentes, prestations de sécurité sociale, pensions d'assurance vieillesse) ;
– Instruction du 28 avril 1989, 7 R-1-89 (incidence des conventions internationales sur l'ISF).

SECTION 1 Champ d'application de la convention

A. Personnes auxquelles s'applique la convention

4002 D'une manière générale, la convention tend à éviter les doubles impositions qui pourraient résulter de l'application simultanée de la législation fiscale des deux États à l'égard des résidents de ces États.

(Inst. 16 mars 1972, n° 221-1.)

Sociétés et revenus exclus

4003 Toutefois, sont écartées du bénéfice de la convention certaines personnes ou sociétés qui, bien qu'ayant leur domicile fiscal au Grand-Duché, ne sont pas, en réalité, des contribuables luxembourgeois au sens plein du terme. C'est ainsi que l'*échange de lettres du 8 septembre 1970* joint à l'avenant (voir n° 3810) précise que se trouvent **rétroactivement exclues du champ d'application de la convention,** depuis la date de l'entrée en vigueur de cet accord :
– les sociétés **holdings au sens de la législation** particulière **luxembourgeoise** (loi du 31 juillet **1929** et textes postérieurs, voir n°s 2000 s.) ;
– les **personnes domiciliées en France** pour **les revenus qu'elles tirent de ces sociétés** holdings **et les participations** qu'elles possèdent dans de telles sociétés.

(Inst. 16 mars 1972, n° 221-2.)

Définition du domicile fiscal

4004 Aux termes de l'article 2, § 4, de la convention, le domicile fiscal des **personnes physiques** est au lieu de la résidence normale entendue dans le sens de **foyer permanent d'habitation ou,** à défaut, au lieu du **séjour principal.**

Celui des **personnes morales** et des groupements de personnes physiques n'ayant pas la personnalité morale est au lieu de leur **centre effectif de direction ou,** si cette direction effective ne se trouve ni dans l'un ni dans l'autre des États contractants, au lieu de leur **siège.**

Quant aux personnes qui ont leur **résidence** à bord d'un **bateau de navigation intérieure,** elles sont considérées comme ayant leur domicile fiscal dans celui des deux États contractants dont elles possèdent **la nationalité.**

(Note 23 mai 1959.)

Le **commentaire luxembourgeois** figure au n° 4203.

Transfert de résidence

4004-A   Le Conseil d'État a considéré qu'est irrégulière la **notification de redressement** adressée à un contribuable en **France** au motif qu'il y avait conservé son **domicile fiscal** (par application des critères posés par la convention fiscale franco-suisse au cas particulier) et devait donc y être soumis à l'impôt sur le revenu. En effet, ledit contribuable avait officiellement communiqué à l'administration fiscale l'**adresse à l'étranger** à laquelle son courrier devait être adressé, laquelle correspondait bien à son **lieu de résidence réel.**

(CE 13 mai 1992, n°s 80314 et 82444 ; RJF 6/92, n°s 1032 et 1073.)

B. Champ d'application territorial

4005   Eu égard aux dispositions de l'article 2, § 1, de la convention, la portée territoriale de la convention s'étend, en ce qui concerne la **France,** aux **départements métropolitains et** aux départements **d'outre-mer** (Martinique, Guadeloupe, Guyane, Réunion).

En ce qui concerne le Luxembourg, la convention s'applique au territoire du Grand-Duché.

(Note 23 mai 1959.)

Toutefois, les effets de la convention peuvent être **ultérieurement étendus,** dans les conditions fixées par l'article 25, à un ou plusieurs territoires d'outre-mer.

C. Impôts visés par la convention

4006   Les impôts sur le revenu qui font l'objet de la convention sont, aux termes de l'article 1er, § 1 :

En ce qui concerne la France :

– l'impôt sur le revenu ;
– l'impôt sur les sociétés ;

y compris toutes retenues à la source, tout précompte et tout versement anticipé décompté sur ces impôts.

En ce qui concerne le Luxembourg :

– l'impôt sur le revenu des personnes physiques ;
– l'impôt sur le revenu des collectivités ;
– l'impôt spécial sur les tantièmes ;
– l'impôt sur la fortune ;
– les impôts communaux sur le revenu et sur la fortune.

(Inst. 16 mars 1972, n° 223-2.)

ISF

4007   Pendant la période d'application en France d'un impôt général sur la fortune (IGF) (de 1982 à 1986), l'administration avait admis dans une instruction du 21 novembre 1985, 7 R-4-85, que la convention entre la France et le Luxembourg s'appliquait à cet impôt et qu'elle comportait des dispositions suffisantes pour déterminer les modalités d'imposition de la fortune. Avec le rétablissement d'un impôt analogue, l'**impôt de solidarité sur la fortune,** l'ISF, l'administration l'a de nouveau admis (Inst. 28 avril 1989, 7 R-1-89, n° 15).

Selon l'article 3 de la convention, le droit d'imposer les **immeubles** est exclusivement attribué à l'État du lieu de leur situation, ce qui exonère donc d'ISF les immeubles possédés **au Luxembourg.**

CSG et CRDS

4008 Bien que ne figurant pas à l'article 2 de la convention qui énumère les impôts visés par celle-ci, la CSG (contribution sociale généralisée) en fait bien partie *selon l'administration*. L'*applicabilité des conventions fiscales à la CSG* a en effet été confirmée dans une circulaire du 16 janvier 1991 (Circ. min. séc. sociale DSS n° 91-3 du 16 janvier 1991, n° 1-a, JO du 17 janvier 1991). Il en va logiquement de même pour la *CRDS* compte tenu de l'étroite similitude entre ces deux contributions (Rép. Jacquat, JOAN 18 novembre 1996, p. 6053).

La *CSG* et la *CRDS* sur les revenus d'activité et de remplacement sont dues par les *personnes physiques considérées comme fiscalement domiciliées en France*, que ce soit en application du droit interne français (art. 4 B du CGI) ou de la convention franco-luxembourgeoise. Sont essentiellement visés les *frontaliers résidant en France*, mais travaillant à l'étranger. Sont également visées les personnes *détachées en France* par des entreprises étrangères si elles sont fiscalement domiciliées en France. Les salariés *détachés à l'étranger* ne sont redevables de ces contributions que s'ils restent fiscalement domiciliés en France ; c'est le cas des salariés détachés au Luxembourg pour une période égale ou inférieure à 183 jours (voir n°s 3105 s.).

Il appartient aux personnes non domiciliées fiscalement en France d'apporter la *preuve* de leur *non-domiciliation fiscale* en France à l'organisme ou à l'entreprise chargé du recouvrement de la CSG et de la CRDS (qui s'effectue par précompte comme les cotisations sociales) afin d'éviter qu'elles soient précomptées.

4008-A L'assujettissement à la CSG des *revenus d'activité* ou de *remplacement de source étrangère* s'est heurté à l'*opposition de la Commission*. La Commission considérait que la CSG est une contribution sociale et non un impôt, contrairement au gouvernement français et, par conséquent, soumise à l'application du règlement CEE/1408/71, lequel attribue le pouvoir de prélever des contributions sociales au pays d'emploi (Rép. Richert, Sén. 2 mars 1995, p. 497 ; Rép. Flynn, Commission européenne, JOCE C217/220 du 17 juillet 1997, n° E-0636/97). C'est pour cette raison que le *recouvrement* de la CSG a été *suspendu* par une décision administrative du 28 novembre 1994 sur l'ensemble des revenus d'activité ou de remplacement provenant de l'étranger, qu'il s'agisse ou non de pays de l'UE dans l'attente de nouvelles modalités de recouvrement (Lettre min. 28-11-1994 ; Rép. Souvet : Sén. 2-3-1995 p. 495 ; Rép. Reitzer, JO déb. AN 6 novembre 1997, p. 5518). Cela ne remettait pas pour autant pas en cause l'assujettissement en lui-même.

L'*exigibilité de la CRDS* sur des revenus d'activité ou de remplacement de source étrangère était contestée pour la même raison que pour la CSG (Rép. Flynn, Commission européenne, JOCE C 76/132 du 11 mars 1998, n° E-2700/97). Dans l'attente d'une décision, l'administration avait déjà indiqué que les services fiscaux pouvaient dispenser de la constitution de garanties, des frais de poursuite et de la majoration de 10 % les contribuables ayant déposé une réclamation assortie d'une demande de sursis légal de paiement. En outre, elle avait préconisé que les services fiscaux suspendent l'examen des réclamations de la part de frontaliers dans l'attente de la décision de la CJCE et précisé que les contribuables n'ayant pas encore déposé de réclamation pouvaient, s'ils le souhaitaient, se rapprocher de leur centre des impôts à cette fin (Rép. Birraux : AN 2 décembre 1998 p. 9727).

4008-B Dans un *arrêt* du 15 février 2000 (aff. 34/98 et 169/98, Comm. c/ France : RJF 3/00, n° 436 et RJS 3/00, n° 347), la *CJCE* estime que s'il est vrai que la CSG (même raisonnement pour la CRDS) s'applique de manière identique à tous les résidents de France, ceux qui *travaillent dans un autre État membre* et qui, conformément à l'article 13 du règlement CE/1408/71, contribuent au financement de la sécurité sociale et doivent par ailleurs financer, même si ce n'est que partiellement, la sécurité sociale de l'État de résidence, tandis que les autres résidents sont exclusivement tenus de cotiser au régime de cette dernière, la règle de l'unicité de la législation applicable en matière de sécurité sociale vise précisément à supprimer les inégalités de traitement qui seraient la conséquence d'un cumul partiel ou total des législations applicables et que l'*inégalité de traitement* ainsi constatée constitue une *entrave* à la *libre circulation des travailleurs* et à la *liberté d'établissement* (articles 39 et 43 du traité, ex-articles 48 et 52). On notera en premier lieu que la Cour n'a pas pris parti sur le problème de la qualification juridique qui opposait la France et la Commission, la première considérant que la CSG et la CRDS sont des impôts et la seconde des cotisations sociales. Se bornant à constater qu'elles entrent toutes deux dans le champ d'application du règlement 1408/71, la taxation en France des revenus d'activité et de remplacement de personnes qui travaillent dans un autre État membre et qui relèvent exclusivement du régime de sécurité sociale de cet autre État méconnaît l'*interdiction de double cotisation* posée par l'article 13 du règlement.

Ces deux arrêts ouvrent un *droit à restitution* sur les contributions indûment perçues au profit des intéressés dans des conditions et des délais qui diffèrent pour la CSG (règles fiscales) et la CRDS (règles en matière de cotisations sociales) ; pour plus de détails sur cette question, voir les observations à la RJF 3/00 et à la RJS 3/00 citées ci-dessus ainsi qu'au FR 18/00 p. 9.

4008-C S'agissant de l'assujettissement à la CSG et à la CRDS des **revenus du patrimoine** et des **produits de placements**, le gouvernement français ne s'est jamais prononcé. Néanmoins l'on peut légitimement se demander s'il ne sera pas mis en cause de la même manière par la CJCE et ce, d'autant que la Commission, dans le cadre des questions parlementaires, a critiqué de manière générale la CSG et la CRDS avant d'en tirer des conclusions à propos de l'assujettissement des seuls revenus d'activité et de remplacement, car n'étant sollicitée que pour cette catégorie de revenus. Ce même raisonnement peut être tenu pour le **prélèvement social de 2 %**.

Taxe spéciale de 3 %

4009 La taxe de 3 % due par les personnes morales détenant en France des immeubles n'est pas applicable aux sociétés dont le siège se situe dans un pays ayant conclu avec la France une convention comportant une clause d'assistance administrative ou une clause de non-discrimination.

Des instructions d'octobre 1993 (Inst. 22 octobre 1993, 7 Q-3-93) et de janvier 1994 (Inst. 10 janvier 1994, BO 7 Q-1-94) détaillent les **obligations déclaratives** auxquelles les personnes morales françaises ou étrangères sont soumises pour pouvoir bénéficier de l'**exonération** de cette taxe.

S'agissant des personnes morales qui ont leur siège au Luxembourg et qui détiennent des immeubles en France, elles ne peuvent que se prévaloir de la **clause d'assistance administrative** prévue à l'article 23 de la convention pour s'exonérer de la taxe : elles doivent remettre à l'administration fiscale française la déclaration n° 2746 avant le 16 mai de chaque année, déclaration qui indique le lieu de situation des immeubles, leur valeur vénale au 1er janvier ainsi que l'identité et l'adresse de leurs associés ou actionnaires.

Dans la mesure où la **clause de non-discrimination** de l'article 21 ne vise pas les impôts de toute nature, les personnes morales luxembourgeoises ne peuvent pas invoquer les dispositions de l'article 990-E, 3 o du CGI pour s'exonérer de la taxe de 3 %.

Quant aux sociétés concernées, « par échange de lettres du 8 septembre 1970, la France et le Luxembourg ont exclu les **sociétés holdings luxembourgeoises** régies par la loi de **1929** du champ d'application de la convention fiscale du 1er avril 1958. La clause d'assistance administrative qui figure à l'article 22 de la convention est dès lors inopérante à l'égard de ces sociétés. Celles-ci ne peuvent donc pas se prévaloir des dispositions de l'article 990 E, 2e, du CGI ».

(Rép. de Cuttoli, Sén. 14 mai 1992, p. 1124, n° 19854 et instruction du 22 octobre 1993, 7 Q-3-93.)

Ndlr : Si les holdings de 1929 sont exclues du bénéfice de la convention et restent soumises à la taxe de 3 %, les holdings ordinaires, les **SOPARFI** instituées par le règlement du 24 décembre 1990, ont quant à elles un statut fiscal de droit commun en vertu duquel elles peuvent en être exonérées, comme les autres personnes morales.

SECTION 2 Imposition des différentes catégories de revenus

A. Revenus immobiliers et bénéfices agricoles

4010 Conformément aux dispositions de l'article 3 de la convention, l'imposition des revenus des biens immobiliers, y compris les bénéfices des exploitations agricoles et forestières, est réservée à l'État où ces biens sont situés.

De même, les **redevances** versées **pour** la jouissance de **biens immobiliers** ou l'exploitation de mines, carrières ou autres ressources naturelles sont imposables dans celui des deux États où sont situés ces biens (conv. art. 10-1).

(Note 23 mai 1959.)

Ndlr : Ces revenus ne sont donc imposables en France que lorsque les biens dont ils proviennent sont situés dans notre pays. Cette règle est d'ailleurs conforme à notre législation interne. Voir également les commentaires luxembourgeois au n° 4210.

Dans un arrêt du 18 mars 1994, le Conseil d'État a jugé que la convention fiscale franco-luxembourgeoise ne prévoit pas de règles particulières pour l'imposition des **revenus immobiliers des entreprises industrielles et commerciales**. Il y a donc lieu dans ces conditions de se référer aux dispositions du droit interne français qui rangent dans la catégorie des recettes commerciales les revenus tirés des immeubles possédés par des entreprises industrielles et commerciales. Au terme des dispositions de l'article 4 de la Convention, les revenus tirés de telles entreprises ne sont imposables que dans l'État sur le territoire duquel se trouve un établissement stable. La possession d'un immeuble n'emporte **pas** la création d'un **établissement stable**.

Il s'ensuit que les revenus tirés de biens immobiliers situés en France par des sociétés qui ont leur domicile fiscal au Luxembourg ne sont **pas imposables en France** à l'impôt sur les sociétés, à moins que ces biens immobiliers ne se rattachent effectivement à un établissement stable possédé en France par ces sociétés.

(CE 18 mars 1994, n° 79971, 9ᵉ et 8ᵉs. -s. ; RJF 5/94, n° 530)

Publiant cet arrêt au BOI du 11 août 2000, l'administration l'a assorti des observations suivantes :

– les conclusions de l'arrêt s'appliquent mutatis mutandis aux **plus-values tirées de la cession d'immeubles** ;
– les sociétés fiscalement domiciliées au Luxembourg ne sont donc pas redevables du prélèvement du tiers prévu à l'article 244 bis du CGI ;
– pour obtenir l'exonération du prélèvement prévu à l'article 244 bis A, les sociétés concernées doivent justifier qu'elles sont fiscalement domiciliées au Luxembourg au moyen d'une attestation établie en ce sens par l'administration fiscale luxembourgeoise ;
– l'exonération du prélèvement du tiers emporte bien entendu **dispense d'accréditation du représentant** prévue au 3ᵉ alinéa de l'article 244 bis A du CGI et à l'article 171 quater de l'annexe II au même Code.

(Inst. 4 août 2000, 14 B-2-00 et 8 M-3-00).

Pour la position de l'**administration luxembourgeoise**, voir n° 4210-A.

Impôt sur la fortune

4011   Conformément aux dispositions de l'article 20 de la Convention, l'imposition des **biens immobiliers et accessoires** comme éléments de la fortune est attribuée exclusivement à l'État du lieu de situation des biens. Le paragraphe 3 de l'article 20 applique expressément cette règle de dévolution à la valeur des **meubles meublants,** imposable dans l'État de la résidence à laquelle les meubles sont affectés.

(Inst. 28 avril 1989, 7 R-1-89, nᵒˢ 18 et 19.)

Pour la **taxe de 3 %**, voir n° 4008-B.

B. Bénéfices industriels et commerciaux

Principe

4012   Sous réserve de l'exception concernant les entreprises de navigation aérienne ou fluviale, indiquée ci-après, les entreprises industrielles, commerciales et minières ne sont **imposables que dans l'État** sur le territoire duquel se trouve un **établissement stable** (conv. art. 4-1).

(Note 23 mai 1959.)

D'autre part, chaque État ne peut imposer que les revenus réalisés par les établissements stables situés sur son territoire (conv. art. 4-2 et 4-3). Voir également les commentaires luxembourgeois au n° 4211.

1. Définition de l'établissement stable

Règles générales

4013   Le paragraphe 3-1 de l'article 2 de la convention précise que le terme « établissement stable » désigne une **installation fixe d'affaires** dans laquelle l'entreprise exerce tout ou partie de son activité.

Cette définition générale s'accorde avec la notion fiscale française d'après laquelle le caractère d'établissement doit être reconnu à tout organisme industriel ou commercial installé à demeure et possédant une certaine autonomie.

(Note 23 mai 1959.)

Les **commentaires luxembourgeois** figurent aux nᵒˢ 4204 s.

4013-A   Concernant la convention franco-luxembourgeoise, si les concepts sont proches sur le fond, la notion d'établissement stable est utilisée dans les conventions fiscales pour les entreprises industrielles et commerciales (art. 2 et 4), alors que le concept de point d'attache fixe, plus souvent dénommé **base fixe** dans les conventions, concerne les professions libérales (art. 15). Un **bureau de représentation** peut constituer un point d'attache fixe d'une profession libérale ou assimilée au sens de l'article 15-2, s'il remplit certaines conditions de fait et notamment s'il constitue un centre d'activités présentant des caractères de fixité ou de permanence suffisants pour qu'il puisse être considéré que la personne physique concernée exerce tout ou partie de sa profession par son intermédiaire et qu'il puisse lui être attribué une partie des revenus tirés de cette profession.

(Rép. Rossi, AN 25 janvier 1999, n° 18183, p. 450.)

4014 Ainsi que le précise l'alinéa 2 du même paragraphe, doivent notamment être considérés comme établissements stables les **sièges de direction,** les **succursales,** les **bureaux,** les **usines,** les **ateliers,** de même que les **mines, carrières** ou autres lieux d'extraction de ressources naturelles.

La définition de l'établissement stable — qui est conforme à celle qui figure dans la plupart des conventions internationales — appelle toutefois les précisions suivantes dans les **cas particuliers** énumérés ci-après.

(Note 23 mai 1959.)

Cas particuliers

Représentations ou agences

4015 L'article 2, § 3, al. 4 a, prévoit que la présence dans un des deux pays d'un représentant ou d'un employé agissant pour le compte d'une entreprise de l'autre pays ne caractérise pour cette entreprise un établissement stable que si ce représentant ou cet employé possède ou exerce habituellement un **pouvoir général** lui permettant de **négocier** et de **conclure des contrats pour le compte** de ladite entreprise.

(Note 23 mai 1959.)

Dépôt de marchandises

4016 Le fait qu'une entreprise de l'un des deux pays a installé dans l'autre pays un dépôt de produits ou marchandises ne permet pas, à lui seul, de conclure à l'existence d'un établissement stable dans ce pays.

Conformément au principe posé par l'alinéa 4 b du § 3 de l'article 2 susvisé, il convient de rechercher si le **préposé** chargé de la gestion du dépôt est ou non **habilité à conclure les contrats.**

a) Lorsque cet agent **dispose du stock** de marchandises sur lequel il prélève ordinairement les commandes qu'il reçoit sans que ces commandes aient été, au préalable, acceptées par l'entreprise, il doit, pour ce seul motif, être regardé comme ayant qualité pour conclure les contrats.

En pareille situation, le dépôt est considéré comme constituant un **établissement stable.**

b) Par contre, si l'agent chargé de la gestion du dépôt ne peut délivrer les marchandises de sa propre initiative et **n'agit que sur l'ordre de l'entreprise,** le caractère d'un établissement stable ne peut être reconnu à cette installation.

La convention précise d'ailleurs, dans l'alinéa 3 a et b du § 3 précité, que le fait qu'une entreprise de l'un des deux États fasse usage dans l'autre État de simples installations de stockage ou y maintienne un stock de marchandises, en entrepôt ou non, sans autre objet que de faciliter les livraisons, ne permet **pas à lui seul** de considérer ladite entreprise comme possédant un **établissement stable** dans cet État.

(Note 23 mai 1959.)

Chantiers

4017 Les chantiers de construction ou d'assemblage ne constituent un établissement stable que si leur durée **dépasse 6 mois** (conv. art. 2-2 h).

(Note 23 mai 1959.)

Intermédiaires autonomes

4018 Une entreprise de l'un des deux pays ne doit pas être considérée comme ayant dans l'autre pays un établissement stable pour le seul motif qu'elle effectue des opérations commerciales dans cet autre pays par l'entremise d'un **courtier,** d'un **commissionnaire général** ou de tout autre **intermédiaire** jouissant d'un statut vraiment **indépendant,** à la condition que ces personnes agissent dans le cadre normal de leur activité ainsi définie (conv. art. 2-3, al. 6).

(Note 23 mai 1959.)

Filiales

4019   De même, le fait qu'une société ayant son domicile fiscal dans l'un des deux États **contrôle** une **société** ayant son domicile fiscal **dans l'autre État** ou est contrôlée par elle ne suffit pas, en lui-même, à faire de l'une quelconque de ces sociétés un établissement stable de l'autre (conv. art. 2-3, al. 7).

(Note 23 mai 1959.)

Comptoirs d'achat

4020   Les comptoirs qu'une entreprise de l'un des deux pays possède dans l'autre pays ne constituent **pas** des **établissements stables** s'ils se livrent exclusivement à l'achat de biens ou de marchandises ou à la réunion d'informations (conv. art. 2-3, al. 3 c).

L'exemption qui résulte de ce texte est applicable quelle que soit la destination donnée aux biens ou marchandises achetés par le comptoir ou aux informations par lui recueillies.

(Note 23 mai 1959.)

Bureau

4021   Ainsi, un **bureau** qu'une entreprise établie au Luxembourg possède en France uniquement en vue de l'achat de marchandises ne constitue pas un établissement stable, même si ces marchandises sont destinées à des établissements sis hors du territoire luxembourgeois.

Il en serait de même pour le bureau qui serait entretenu en France par une entreprise de presse luxembourgeoise, quelle que soit la destination des informations recueillies par ce bureau.

(Note 23 mai 1959.)

Centres d'exposition, de publicité, d'informations ou de recherches

4022   En vertu des stipulations de l'article 2, § 3, al. 3 d, de la convention, un lieu d'affaires qui est maintenu dans un pays par une entreprise de l'autre pays aux seules fins d'exposition, de publicité, de fourniture d'informations ou de recherches scientifiques ayant, pour cette entreprise, un caractère préparatoire ou auxiliaire ne constitue **pas,** pour ladite entreprise, un **établissement stable** dans le pays où est établi un tel centre.

Pour que cette disposition soit applicable, il est nécessaire que le centre remplisse exactement les conditions stipulées par l'article 2 susvisé. Tel serait le cas notamment pour des **organismes** chargés uniquement de fournir des **renseignements** concernant l'exploitation d'un **brevet ou** d'un **procédé** technique.

(Note 23 mai 1959.)

4023   Mais l'exemption ne pourrait s'appliquer aux établissements de recherches qui se livreraient à la fabrication. Elle ne jouerait pas davantage dans le cas où les **résultats** des recherches effectuées dans un laboratoire seraient, non seulement utilisés par l'entreprise, mais encore **vendus à des tiers**.

C'est à l'entreprise intéressée qu'il appartient de prouver, le cas échéant, pour pouvoir bénéficier de l'exemption dont il s'agit, que les activités mises en œuvre dans un centre d'affaires donné ont effectivement un caractère préparatoire ou auxiliaire dans le cadre de l'ensemble des activités de l'entreprise.

(Note 23 mai 1959.)

Entreprises d'assurances

4024   Elles sont considérées comme ayant un **établissement stable** dans l'un des deux États dès l'instant que, par l'intermédiaire d'un représentant autre qu'un intermédiaire indépendant, elles **perçoivent des primes** sur le territoire de cet État ou **assurent des risques** situés sur ce territoire (conv. art. 2-3-5°).

2. Détermination du bénéfice imposable

4025   Les entreprises de l'un des deux États contractants ne peuvent, sous réserve de l'exception indiquée ci-après et concernant les entreprises de navigation aérienne ou fluviale, être **imposées** dans l'autre État qu'**à raison du bénéfice provenant des établissements stables** qu'elles y exploitent (conv. art. 4-2).

(Note 23 mai 1959.)

Ndlr : Succursales françaises de sociétés luxembourgeoises
À la suite de différents arrêts de la CJCE et du Conseil d'État condamnant le traitement fiscal discriminatoire des *établissements stables français de sociétés* étrangères, le législateur et l'administration fiscale ont adopté des textes visant à rétablir l'égalité de traitement. Sur l'applicabilité du régime des sociétés mères et de l'avoir fiscal aux succursales françaises de sociétés étrangères, voir n° 4164.

Transferts de bénéfices

4026 *Ndlr* Depuis le 1er janvier 1995, la France et le Luxembourg sont également liés par la *convention CE* du 23 juillet 1990 sur l'élimination des doubles impositions en cas de *correction des bénéfices* d'entreprises associées (voir n° 1323-A).

Corrélativement et afin d'éviter les conséquences qu'entraînent du point de vue de l'impôt les transferts de bénéfices par voie de fixation de prix anormaux, ou par tout autre moyen, la convention prévoit que les *bénéfices transférés* soit à d'autres établissements de la même entreprise, soit à des tiers, sont *rapportables aux* résultats imposables de *l'établissement générateur* (conv. art. 4-3).

(Note 23 mai 1959.)

4027 Dans cette situation, les autorités compétentes des deux États contractants s'entendent, le cas échéant, pour arrêter les *règles de ventilation, à défaut de comptabilité régulière* faisant ressortir distinctement et exactement les bénéfices afférents aux établissements stables situés sur leur territoire respectif (conv. art. 4-4).

4028 De même, il peut être procédé à la *rectification des bénéfices* à prendre en considération pour l'application de l'impôt, lorsqu'une entreprise de l'un des deux États, du fait de sa *participation à la gestion ou au capital d'une entreprise de l'autre État,* fait ou impose à cette entreprise, dans leurs relations commerciales ou financières, des conditions différentes de celles qui seraient faites à une tierce entreprise.

Les *bénéfices* qui, sans ces conditions, auraient normalement été obtenus par l'une des entreprises, mais qui ont été de la sorte transférés à l'autre entreprise, doivent être *rapportés* aux résultats imposables de la première entreprise (conv. art. 5-1).

Une entreprise est considérée comme participant à la gestion ou au capital d'une autre entreprise notamment lorsque les *mêmes personnes participent directement ou indirectement à la gestion ou au capital de chacune de ces entreprises* (conv. art. 5-2).

(Note 23 mai 1959.)

4028-A On rappelle que les entreprises multinationales françaises et étrangères peuvent solliciter un *accord* de l'administration sur la *méthode de détermination des prix* qui seront pratiqués lors des futures transactions au sein de leur groupe. L'accord, dont la durée ne peut être inférieure à trois ans et supérieure à cinq ans, garantit les entreprises contractantes contre toute remise en cause de cette méthode pour les exercices qu'il couvre, sauf dans les cas de présentation erronée des faits, de dissimulation d'informations, d'erreurs ou omissions imputables aux intéressés lors de la demande, de non-respect des obligations contenues dans l'accord ou de manœuvres frauduleuses (Inst. 4-A-8-99).

Quote-part des frais du siège social

4029 Lorsqu'une entreprise possède des *établissements tables* dans chacun des deux États contractants, les bénéfices imposables de ces établissements doivent être déterminés en imputant aux résultats de ceux-ci une quote-part des frais généraux du siège social (conv. art. 4-3).

(Note 23 mai 1959.)

Entreprises de navigation aérienne ou fluviale

4030 Le premier alinéa de l'article 6 de la convention prévoit que les bénéfices réalisés par les entreprises de *navigation aérienne* de l'un des deux États sont exonérés d'impôt dans l'autre État contractant.

Par l'effet de cette disposition, qui déroge au principe général de l'imposition par établissement stable, les bénéfices des entreprises dont il s'agit sont **imposables exclusivement dans l'État** sur le territoire duquel est située la **direction de l'entreprise**.

La même règle est applicable aux entreprises de **navigation fluviale**. En vertu du deuxième alinéa dudit article 6, ces entreprises sont imposables dans l'État où se trouve le siège de leur direction effective ou bien, si ce siège est ambulant, dans l'État où l'exploitant a son domicile fiscal, à la condition que l'entreprise étende son activité sur le territoire dudit État.

(Note 23 mai 1959.)

C. Impôt de distribution

Sociétés luxembourgeoises ayant un établissement stable en France

4031 Le paragraphe 1 de l'article 7 de la convention (modifié par l'avenant du 8 septembre 1970) maintient l'assujettissement à la **retenue à la source** des sociétés luxembourgeoises possédant un établissement stable en France dans les conditions prévues par la législation interne française (CGI, art. 115 quinquies) **mais ramène le taux de la retenue exigible de 25 à 5 %**.

Il s'ensuit que les sociétés luxembourgeoises concernées sont passibles en France de la retenue à la source dans les conditions du droit commun, sous la seule réserve de l'application du **taux de 5 %** au montant imposable.

(Inst. 16 mars 1972, n° 234-1.)

Exemple

4032 *a)* Soit une société luxembourgeoise dont l'établissement stable français a réalisé pour un exercice déterminé :

un bénéfice de	1 800 000
Imposition globale : 37,45 %	674 100
Base d'imposition à la retenue	1 125 900
Dû à 5 %	56 295

b) Ultérieurement, la société apporte la preuve que les distributions effectuées au titre dudit exercice se sont élevées à 450 000

Dû à 5/95	23 684

c) La société justifie en outre que cette distribution a bénéficié à concurrence de 100 000 à des personnes ayant leur domicile réel ou leur siège en France.

Elle a droit à ce titre à un remboursement d'impôt de 5/95 de 100 000, soit 5 263 dont elle doit effectuer le versement à ses associés français.

La **charge définitive** supportée par la société luxembourgeoise sera donc de 23 684, soit 18 421 restant acquis au Trésor français et 5 263 réservés aux porteurs établis en France.

(Inst. 16 mars 1972, n° 234-2.)

Ndlr : L'exemple ci-dessus a été réactualisé au 1er janvier 2001, c'est-à-dire en prenant en compte un taux d'impôt sur les sociétés de 30 %, auquel il faut ajouter l'impôt commercial communal et l'impôt de solidarité (voir n° 1293).

Sociétés luxembourgeoises sans établissement stable

4033 Il est rappelé que, par application du paragraphe 2 de l'article 7 de la convention, une société résidente du Grand-Duché ne peut être soumise en France à l'impôt perçu dans les conditions précitées en raison de **sa participation à la gestion ou dans le capital d'une société résidente de France ou** à cause de **toute autre relation** avec une telle société. Cette disposition ne fait que consacrer la règle applicable en droit interne.

Il est toutefois précisé que les bénéfices distribués par la société française et passibles de la retenue sur le revenu des capitaux mobiliers doivent, le cas échéant, être augmentés pour l'assiette de cet impôt, de tous les **bénéfices ou avantages que** la **société luxembourgeoise retire indirectement de** la **société française,** soit par voie de majoration ou de diminution des prix d'achat ou de vente (conv. art. 4), soit d'une façon générale, lorsque la société luxembourgeoise fait ou impose à la société française, dans leurs relations commerciales ou financières, des conditions différentes de celles qui seraient faites à une tierce entreprise (conv. art. 5).

(Inst. 16 mars 1972, n° 234-4.)

D. Dividendes

Définition

4034 Le terme « dividendes » employé au paragraphe 5 de l'article 8 modifié de la convention désigne les **revenus provenant d'actions,** actions ou bons de jouissance, parts de fondateur ou autres parts bénéficiaires à l'exception des créances, ainsi que les revenus d'**autres parts sociales** assimilés aux revenus d'actions par la législation fiscale de l'État dont la société distributrice est un résident. Ce texte précise, en outre, qu'**au Luxembourg** les revenus perçus par des **bailleurs de fonds avec participations aux bénéfices** d'une entreprise commerciale sont considérés non pas comme des intérêts au sens de l'article 9 de l'accord, mais comme des dividendes.

Par ailleurs, en ce qui concerne les **dividendes de source française,** le terme « dividendes » **comprend également,** le cas échéant, l'**avoir fiscal** et le **précompte.**

(Inst. 16 mars 1972, n° 2351-1.)

4035 **Du côté français,** les dispositions de l'article 8 de la convention, sous réserve de celles de son paragraphe 3 (voir n° 4039), trouvent à s'appliquer non seulement aux **dividendes** proprement dits mais également à **tous les produits distribués à leurs membres par les sociétés de personnes,** les sociétés civiles et les sociétés en participation qui se trouvent soumises, soit du fait de la loi, soit à la suite de l'exercice d'une option, au régime fiscal des sociétés de capitaux, ainsi qu'à défaut d'option, à la **part revenant aux commanditaires** dans les bénéfices distribués par les sociétés en commandite simple.

En revanche, elles ne s'appliquent **pas aux produits des droits sociaux** possédés par des résidents du Luxembourg dans des **sociétés françaises** qui ont, en fait, pour unique objet, soit la construction ou l'acquisition d'immeubles ou de groupes d'immeubles en vue de leur division par fractions destinées à être attribuées à leurs membres en propriété ou en jouissance, soit la gestion de ces immeubles ou groupes d'immeubles ainsi divisés **(sociétés dites « transparentes »).**

En effet, la France considère les produits des droits sociaux de cette nature comme des revenus immobiliers, conformément aux dispositions de sa loi interne (CGI, art. 1655 ter) ; l'expression « biens immobiliers » qui figure dans le texte de l'article 3 de la convention devant être appréciée par référence au droit fiscal aussi bien qu'au droit civil de l'État contractant où sont situés les biens considérés.

(Inst. 16 mars 1972, n° 2351-2.)

Les **commentaires luxembourgeois** figurent aux n°s 4214 s.

Jurisprudence

4036 Sur le plan du **droit interne,** sont considérées comme des revenus distribués, en application de l'article 109-1-1° du CGI, les sommes versées par une société bénéficiaire dès lors qu'elles ont été réintégrées dans les bases de l'impôt sur les sociétés, sans qu'il y ait lieu de rechercher si les bénéficiaires ont la qualité d'associé ou non (voir notamment CE 10 mars 1972, n° 79927). Cependant, pour l'application des **conventions** destinées à éviter les doubles impositions, la notion de dividende telle qu'elle est actuellement définie par les conventions en vigueur a toujours fait l'objet d'une **interprétation restrictive** de la part du Conseil d'État.

Dans une précédente décision du 26 novembre 1982, n° 28177, concernant l'application de la **convention franco-allemande** du 21 juillet 1959, le Conseil d'État avait refusé d'assimiler à des dividendes, au sens de ladite convention, des revenus réputés distribués, au sens de l'article 109-1 du CGI.

De même dans une décision du 10 juin 1983, n° 27391, a-t-il refusé d'assimiler à des dividendes, au sens de la **convention franco-italienne** du 29 octobre 1958 modifiée, des rémunérations et avantages occultes qui sont réputés distribués par la législation française en application de l'article 111-c du CGI.

Cette interprétation restrictive a été confirmée dans une décision du 27 juillet 1984, n° 16649, concernant l'application de la **convention franco-belge** du 10 mars 1964. Le Conseil d'État a jugé que la convention ne permet d'appliquer la retenue à la source que dans la mesure où les sommes versées ont le caractère de dividendes. L'administration avait, à tort, considéré comme un revenu distribué des sommes qu'une société belge avait reçues d'une société française dans laquelle elle ne détenait aucune participation. Versées en supplément de prix, ces sommes ne devaient pas entrer dans la base imposable de la société française.

1. Régime institué par la convention

Règles générales

4037 Les principes généraux définis par l'article 8 modifié de la convention organisent, dans les rapports entre les deux États contractants, un *partage de l'imposition* des dividendes.

En effet :
- d'une part, suivant la règle édictée par le paragraphe 1 de cet article, les *dividendes payés* par une société qui est un résident d'un État contractant *à un résident de l'autre État* contractant sont *imposables dans cet* autre *État ;*
- d'autre part, le paragraphe 2 du même article attribue néanmoins à l'État dont la société qui paie les dividendes est un résident le *droit d'imposer* ces dividendes *à la source dans la limite de 15 %* du montant des dividendes effectivement distribués. Ce taux est ramené à *5 % en faveur des sociétés participantes* répondant aux conditions fixées par l'article 8, § 2 (a) 1 et § 2 (b), c'est-à-dire des sociétés de capitaux :
– qui détiennent directement 25 % au moins du capital de la société qui paie les dividendes ou
– qui appartiennent à un groupe de sociétés domiciliées dans l'État de résidence de la ou des sociétés bénéficiaires lorsque les participations cumulées du groupe atteignent 25 % au moins du capital de la société distributrice et que l'une des sociétés participantes détient plus de 50 % du capital de chacune des autres sociétés participantes ;
- enfin, s'il y a lieu, la double imposition est évitée par *l'imputation* sur l'impôt dû par le bénéficiaire dans l'État dont il est le résident d'un *crédit représentatif de l'impôt prélevé dans l'État de la source* dans les conditions prévues par l'article 19 de la convention.

Par ailleurs, les paragraphes 3 et 4 de l'article 8 définissent les conditions particulières, exposées ci-après, de l'imposition à la source des dividendes du côté français.

(Inst. 16 mars 1972, n° 2351-3.)

Ndlr : On rappelle que les sociétés *holdings* régies par la loi de *1929* sont exclues du champ d'application de la convention. Il en résulte que les dividendes qu'elles perçoivent de débiteurs résidant en France sont soumises à la retenue à la source de droit interne de 25 %.

a. Dividendes de source française

4039 Dividendes ouvrant droit à transfert de l'avoir fiscal

Le paragraphe 3 de l'article 8 de la convention étend le bénéfice de l'avoir fiscal aux personnes résidentes du Luxembourg indiquées ci-après :

- *personnes physiques ;*
- *sociétés autres que* celles qui se trouvent dans la situation suivante :
– société domiciliée au Luxembourg qui détient *directement 25 %* au moins du capital de la *société française* qui paie les dividendes ;
– société appartenant à un *groupe* de sociétés domiciliées au Luxembourg lorsque les *participations cumulées* du groupe atteignent *25 %* au moins du capital de la *société française* qui paie les dividendes *et* que l'*une des sociétés* participantes détient plus de *50 %* du capital de chacune des autres sociétés participantes.

Il est à souligner que le bénéfice de l'avoir fiscal n'est susceptible d'être accordé qu'à ceux des résidents du Luxembourg qui sont *assujettis à l'impôt luxembourgeois* à raison des sommes qui leur seront payées à ce titre (conv. art. 8, § 3-b).

(Inst. 16 mars 1972, n°s 2351-4 et 2351-8.)

Ndlr : À la suite d'un arrêt de la CJCE (arrêt CJCE du 28 janvier 1986), l'administration fiscale française a reconnu aux *établissements stables français* de sociétés étrangères elles-mêmes établies dans un autre État de la CE (ou dans un État couvert par un accord de non-discrimination) le droit au bénéfice de l'*avoir fiscal* dans les mêmes conditions que les sociétés françaises (Inst. 31 juillet 1986, 4 J-1-1986).

4040 D'autre part, l'attribution de l'avoir fiscal est subordonnée à des *conditions de fond* touchant la nature des produits distribués.

En effet, l'attribution de l'avoir fiscal ne concerne que les produits distribués par les sociétés françaises qui y ouvriraient droit s'ils étaient encaissés par des personnes ayant leur domicile ou leur siège en France, c'est-à-dire, essentiellement, les produits visés à l'article 158 ter 1 du CGI. Sont donc *exclues* de cette attribution les distributions qui, en vertu de la législation française, ne sont pas assorties de l'avoir fiscal, c'est-à-dire, essentiellement :

– les *distributions occultes ;*

– les **sommes** réintégrées dans les bénéfices sociaux comme n'étant **pas déductibles** pour l'assiette de l'impôt sur les sociétés ;
– les **avances** visées à l'article 111-a du CGI ;
– les **répartitions** faites sous le bénéfice de **régimes spéciaux ;**
– les **produits** distribués par les **sociétés immobilières** et les **sociétés d'investissement** visées à l'article 158 quater du CGI.

(Inst. 16 mars 1972, n° 2351-9.)

4041 La loi de finances française pour **1999** a réduit le **montant de l'avoir fiscal** à 45 % du montant du dividende net lorsque la personne susceptible de l'utiliser n'est pas une personne physique, cette réduction ne concernant pas les sociétés bénéficiant du régime mères et filiales. Parallèlement, le taux du précompte a été réduit à 45 % lorsque la société distributrice justifie qu'un avoir fiscal du même taux est susceptible d'être utilisé. Ces dispositions ont été commentées dans une instruction du 8 novembre 1999 (4 J-2-99). Par ailleurs, la loi de finances pour **2000** a instauré une nouvelle réduction du taux de l'avoir fiscal à 40 % ; l'avoir fiscal ainsi calculé est toutefois majoré, le cas échéant, d'un crédit d'impôt égal à une fraction du précompte acquitté par la société distributrice. Enfin, on notera que le projet de loi de finances pour **2001** prévoit une nouvelle réduction progressive du taux de l'avoir fiscal.

La convention franco-luxembourgeoise présente la **particularité** de fixer un **taux de participation** supérieur à 10 % et de n'accorder le transfert de l'avoir fiscal qu'aux sociétés qui détiennent une participation inférieure à 25 % du capital de la société distributrice. On rappelle par ailleurs que la convention subordonne le transfert de l'avoir fiscal à son **imposition** dans l'État de résidence de son bénéficiaire ainsi que du dividende auquel il est attaché.

Ne peuvent dès lors bénéficier du transfert de l'avoir fiscal les sociétés qui ont leur siège au Luxembourg mais qui n'y sont pas imposables à raison des dividendes qu'elles perçoivent même si elles remplissent les conditions de participation susmentionnées. Tel est notamment le cas des sociétés luxembourgeoises qui sont **exonérées** dès lors qu'elles possèdent des participations au moins égales à 10 % ou d'une valeur minimale de 50 millions de LUF dans le capital des sociétés distributrices.

La situation des **sociétés résidentes du Luxembourg** est la suivante :
– si elles possèdent une participation inférieure à 10 % du capital de la société distributrice française et d'une valeure inférieure à 150 MF, elles bénéficient d'un avoir fiscal égal à 45 % (1999) ou 40 % (2000) du montant des dividendes qu'elles perçoivent, sous déduction de la retenue à la source conventionnelle ;
– si elles possèdent une participation au moins égale à 10 % de la société distributrice quelle que soit la valeur de cette participation, elles sont assimilées à des sociétés mères françaises et peuvent prétendre à un avoir fiscal égal à 50 % du montant des dividendes reçus ;
– si elles possèdent une participation inférieure à 10 % du capital de la société distributrice mais d'une valeur supérieure à 150 MF, elles sont également assimilées à des sociétés mères françaises (avoir fiscal à 50 %).

(Inst. 8 novembre 1999, 4 J-2-99, n° 19.)

4042 Lorsque les conditions ci-dessus sont réunies, l'avoir fiscal est accordé aux ayants droit résidents du Luxembourg. Cet avoir fiscal constitue un **complément de revenu** qui doit être ajouté au dividende pour la détermination de la base d'imposition du bénéficiaire au Luxembourg.

Sur le total du revenu imposable ainsi formé par le dividende et l'avoir fiscal correspondant, la **retenue à la source** est exigible en France au **taux de 15 %** prévu par l'article 8, § 2 (a)-2 de la convention. Cette retenue, qui est réglée par imputation sur l'avoir fiscal transféré, ouvre droit, au profit de l'attributaire résident du Luxembourg, à un crédit pour la taxation des mêmes revenus dans cet État.

(Inst. 16 mars 1972, n°s 2351-4 et 2351-10.)

Le contribuable doit déclarer au Grand-Duché un revenu de 100 (dividende) + 50 (avoir fiscal), soit 100/85 de 127,50 = 150 à raison duquel il a droit à un crédit d'impôt destiné à tenir compte de la retenue à la source française dans les conditions prévues par l'article 19, § 3 (a) de la convention.

(Inst. 16 mars 1972, n° 2351-11.)

Depuis une décision ministérielle du 17 septembre 1993, l'établissement payeur en France peut appliquer **dès la mise en paiement des dividendes** le taux de **retenue à la source** prévu par les conventions fiscales, soit **en principe 15 %**.

Ainsi, pour un dividende de 100 F, un actionnaire non résident peut recevoir, dès la mise en paiement du dividende F 85, après application d'une retenue aux taux conventionnel de 15 %.

(Inst. 13 mai 1994, 4 J-1-94, n° 5 ; D. adm. 4 J-1313, n° 16, 1er novembre 1995.)

La date du **remboursement de l'avoir fiscal** aux non-résidents continue d'intervenir à partir du 15 janvier de l'année suivant celle de la mise en paiement du dividende. Le dividende et l'avoir fiscal sont donc payés en deux temps à l'ayant droit mais ils peuvent dorénavant l'être selon les modalités suivantes :

– pour une fraction, dès la mise en paiement du dividende, et, sur justification par l'actionnaire de sa qualité de bénéficiaire de la convention considérée, sous déduction de la retenue à la source au taux prévu par la convention, soit en principe 15 % : 100 – 15 = 85 F ;
– pour le solde, et au plus tôt le 15 janvier de l'année suivant celle de la mise en paiement du dividende, pour un montant de 42,50 F si le **bénéficiaire** est une **personne physique** (ou une personne morale qui continue à bénéficier du transfert de l'avoir fiscal à 50 %, voir ci-dessus), ainsi déterminé :
- dividende + avoir fiscal : 150 F
- déjà versé : 85 F
- retenue à la source déjà prélevée sur le dividende : – 15 F
- retenue à la source exigible au taux de 15 % sur l'avoir fiscal transféré soit : 15 % × 50, – 7,50 F
- complément à payer : 150 – (85 + 15 + 7,50) = 42,50 F
Total des deux paiements : 127,50 F

(Inst. 13 mai 1994, 4 J-1-94, n° 6 et 7 ; D. adm. 4 J-1313, n° 18, 1er novembre 1995.)

Tous les **dividendes** payés par des **sociétés** qui sont, au sens des conventions, des résidents de France et qui ouvrent droit à l'avoir fiscal peuvent bénéficier de cette procédure pour autant qu'ils soient payés à compter de 1994.

Cette procédure ne s'applique pas en principe, aux dividendes payés par les **fonds communs de placement** et les sociétés d'investissement exonérées telles que les SICAV.

(Inst. 13 mai 1994, 4 J-1-94, n° 8 ; D. adm. 4 J-1313, n° 19, 1er novembre 1995.)

Ndlr : Peuvent également être concernés les organismes de placement collectif en valeurs mobilières **(OPCVM)** non assujettis à un impôt sur les revenus si la convention fiscale leur permet de bénéficier du transfert de l'avoir fiscal.

Dividendes n'ouvrant pas droit à transfert de l'avoir fiscal

4043 Hormis, bien entendu, le cas des personnes exclues du bénéfice de la convention par l'**échange de lettres du 8 septembre 1970** (voir n° 4003), les résidents du Grand-Duché auxquels l'attribution de l'avoir fiscal est refusée sont essentiellement les **sociétés** luxembourgeoises détenant, directement ou par l'intermédiaire de sociétés **appartenant à un même groupe,** une **participation d'au moins 25 %** dans le capital de la société française distributrice. Les dividendes versés de source française à ces sociétés sont passibles, sur leur montant brut, de la **retenue à la source** calculée **au taux de 5 %** prévu par le paragraphe 2 (a), 1 de l'article 8 de la convention.

Il en est ainsi lorsque la société bénéficiaire luxembourgeoise :
– **détient directement** au moins **25 % du capital de la société distributrice ou**
– appartient à un groupe de sociétés domiciliées au Luxembourg **qui détiennent ensemble 25 %** au moins du capital de la société distributrice **et** qui, au surplus, se trouvent placées les unes vis-à-vis des autres dans un état de relation juridique lié au fait que l'**une des sociétés du groupe détient plus de 50 % du capital de chacune des autres sociétés du groupe.** Cette condition se trouve remplie lorsque, d'une part, des sociétés luxembourgeoises détiennent ensemble une participation cumulée au moins égale à 25 % du capital de la société française distributrice, d'autre part, une autre société luxembourgeoise détient plus de 50 % du capital de chacune desdites sociétés luxembourgeoises.

(Inst. 16 mars 1972, n°s 2351-5 et 2351-12.)

Voir également n° 4041 ci-dessus.

Distributions non assorties de l'avoir fiscal

4044 Les produits distribués par les sociétés françaises à des bénéficiaires résidents du Luxembourg qui, bien qu'ayant le caractère de dividendes au sens de l'article 8, § 5 de la convention, ne sont pas assortis de l'avoir fiscal en vertu de la législation française (voir n°s 4036 et 4037) supportent la **retenue à la source au taux de :**
– **15 %** dans le cas général : conv. art. 8, § 2 (a), 2 ;
– **5 %** dans le cas de certaines sociétés luxembourgeoises participantes visé à l'article 8, § 2 (a), 1 et § 2 (b) (voir n° 4043), lorsqu'ils sont passibles, en droit interne, de ladite retenue au taux de 25 %.

Il est à noter que les distributions envisagées n'étant pas assorties de l'avoir fiscal ne peuvent **donner ouverture au précompte.**

Par suite, les dispositions du paragraphe 4 de l'article 8 de la convention relatives au remboursement du précompte aux résidents du Luxembourg ne trouvent pas à s'appliquer aux revenus de cette nature.

(Inst. 16 mars 1972, n° 2351-14 et 2351-15.)

Remboursement du précompte mobilier aux résidents du Luxembourg

4045 Le paragraphe 4 de l'article 8 de la convention prévoit que, **lorsque le bénéficiaire** de dividendes de source française, résident du Luxembourg, **n'a pas** droit à l'avoir fiscal, le précompte mobilier éventuellement perçu en France à raison de ces dividendes peut lui être remboursé **sous déduction de la retenue à la source** calculée sur les sommes remboursables au taux de 5 % auquel a été imposé le dividende ouvrant droit à ce remboursement.

À cet égard, il est rappelé que le remboursement ne peut porter en tout état de cause **que** sur la **fraction du précompte** qui a été **effectivement versée** au Trésor français par la société distributrice. L'application de cette règle exclut toute prise en compte des crédits d'impôt éventuellement utilisés pour la liquidation dudit précompte, réserve étant faite du seul cas de l'avoir fiscal attaché aux produits d'une filiale française qui seraient compris dans les dividendes versés par la société distributrice.

(Inst. 16 mars 1972, n°s 2351-6 et 2351-13.)

4045-A L'administration fiscale française a commenté l'article 119 ter du CGI qui prévoit, sous certaines conditions, la **suppression** depuis le 1er janvier 1992 de la **retenue à la source** sur les dividendes versés par une filiale d'un État membre de la CE à sa société mère résidente d'un autre État membre, conformément à la directive 90/435 du 23 juillet 1990 (Inst. 3 août 1992, 4 J-2-92, n° 2 et D. adm. 4 J-1334, n° 24, 1er novembre 1995).

S'agissant plus particulièrement du **remboursement du précompte** aux sociétés mères luxembourgeoises détenant 25 % au moins de leurs filiales françaises, il résulte de ces précisions que, dès lors que toutes les conditions exposées au n° 4054-B sont remplies, la retenue à la source ne sera pas perçue sur l'ensemble de la distribution, c'est-à-dire dividende net et précompte remboursé.

Pour obtenir le remboursement du précompte effectivement versé au Trésor français par sa filiale, la société mère luxembourgeoise doit en faire la demande en produisant le **volant « précompte » de l'imprimé conventionnel**.

Dividendes distribués par les sociétés françaises d'investissement

4046 Les produits distribués par les sociétés françaises d'investissement et organismes assimilés n'ouvrent **pas** droit à l'**avoir fiscal** (CGI, art. 158 quater). Mais les **crédits d'impôt et avoirs fiscaux** attachés aux revenus du portefeuille de ces collectivités sont **transférés aux actionnaires** dans les conditions prévues par l'article 199 ter-II du CGI.

4047 Les dividendes payés par les sociétés d'investissement à des résidents du Luxembourg sont passibles de la **retenue à la source** liquidée au taux de **15 %** prévu par le paragraphe 2 (a), 2 de l'article 8 de la convention.

Pour la liquidation de cette retenue, il est tenu compte, dans des conditions analogues à celles appliquées à l'égard des actionnaires ayant leur domicile ou leur siège en France, non seulement des crédits d'impôt attachés au dividende distribué mais également des avoirs fiscaux s'y rapportant.

Ainsi, la **masse des crédits d'impôt transférables** par une société d'investissement française à des actionnaires résidents du Luxembourg comprend :

– d'une part, les **avoirs fiscaux attachés aux dividendes** mis en paiement par les sociétés françaises ;
– d'autre part, les **crédits d'impôt attachés aux autres revenus** et produits du portefeuille :
– intérêts et produits d'obligations et autres emprunts négociables émis en France ;
– revenus de valeurs mobilières étrangères assortis d'un crédit d'impôt en vertu des dispositions d'une convention internationale.

Il est précisé à cet égard qu'en ce qui concerne les **produits en provenance des territoires d'outre-mer ou des États de l'ex-Communauté** et assimilés, la somme à imputer doit correspondre au montant de l'impôt de distribution effectivement prélevé dans l'un de ces territoires ou États, à l'exclusion de toute prise en compte de la décote forfaitaire spéciale de 25 %.

(Inst. 16 mars 1972, n° 2351-17.)

4048 En outre, l'**excédent éventuel** de ces crédits d'impôt et avoirs fiscaux sur la retenue exigible au taux de 15 % est **remboursé** à l'actionnaire résident du Luxembourg.

Toutefois, ce remboursement n'est accordé que dans la mesure où l'excédent ainsi dégagé correspond à une perception française. Mais, pour permettre une application optimale de cette règle, la fraction des crédits non remboursables est affectée, **en priorité**, à l'acquit par voie d'imputation de la retenue à la source exigible.

(Inst. 16 mars 1972, n° 2351-18.)

4049 Par ailleurs, lorsque le montant global du dividende distribué est inférieur au montant total des revenus nets du portefeuille encaissés par la société et assortis de crédits d'impôt et d'avoirs fiscaux, la limite maximum du crédit transférable aux résidents du Luxembourg est portée, comme pour les actionnaires ayant leur domicile ou leur siège en France, à **50 % du montant du coupon** mis en paiement, le surplus tombant en non-valeur.

Toutefois, en ce qui concerne les **sociétés** soumises à l'**obligation de distribution intégrale** des produits du portefeuille, il est rappelé que la fraction non utilisée au titre d'un exercice déterminé des crédits d'impôt et avoirs fiscaux, est susceptible d'être **reportée** sur les quatre exercices suivants.

Enfin, le **crédit transférable** reste plafonné à 12/88 du dividende lorsqu'il s'agit du coupon spécial consacré par les sociétés au paiement de leurs **produits d'obligations françaises non indexées**.

(Inst. 16 mars 1972, n° 2351-19.)

Ndlr : On rappelle que le **taux de la retenue à la source** est de 10 % pour les intérêts des emprunts émis en France depuis le 1er janvier 1965 ainsi que pour les lots et primes de remboursement afférents à des valeurs émises à compter du 1er janvier 1986 (d'où un crédit d'impôt de 10/90). La retenue à la source est **supprimée** pour les revenus des titres émis depuis le 1er janvier 1987 (voir n° 4057 Ndlr).

Exemple

4050 Une société française d'investissement a encaissé au cours d'un même exercice les revenus ci-après, exprimés en francs :

Dividendes d'actions de sociétés françaises	6 010 000
Intérêts d'obligations émises par des sociétés françaises ayant supporté la retenue de 10 %	2 700 000
Dividendes provenant des États-Unis, d'Allemagne et du Royaume-Uni perçus nets de la retenue à la source appliquée au taux conventionnel de 15 %	850 000
Dividendes perçus d'une société ivoirienne, déduction faite de l'impôt ivoirien de 12 %	440 000
Total	10 000 000

On suppose, d'une part, que la société met en distribution un dividende de 10 000 000F correspondant à l'intégralité des revenus du portefeuille et, d'autre part, que le nombre d'actions à prendre en considération à la date de paiement des dividendes est égal à 100 000. Dans ces conditions, le montant du coupon s'élève à 100 F.

1° Détermination de la masse des crédits d'impôt à prendre en considération au profit des actionnaires de la société d'investissement résidents du Grand-Duché :

Dividendes de source française : avoir fiscal égal à 50 % de 6 010 000	3 005 000
Intérêts d'obligations françaises : 10/90 de 2 700 000	300 000
Dividendes provenant des États-Unis, d'Allemagne et du Royaume-Uni : 15/85 de 850 000	150 000
Dividendes de source ivoirienne : 12/88 de 440 000 (à l'exclusion de la prise en compte de toute décote forfaitaire)	60 000
Masse globale des crédits à retenir	3 515 000

2° Détermination des limites du crédit d'impôt afférent à chaque coupon :

Montant du coupon	100
Limite maximum du crédit utilisable (tel qu'il reviendrait à des actionnaires domiciliés ou établis en France) : 50/100 x 100 =	50

Montant du crédit d'impôt global attaché à chaque coupon :

$$\frac{3\,515\,000}{100\,000} = 35{,}15$$

Montant de ce crédit correspondant à une perception effectuée au profit du Trésor français :

$$\frac{3\,005\,000 + 300\,000}{100\,000} = 33{,}05$$

Montant du crédit d'impôt non gagé par une perception française (crédits étrangers) :
$$\frac{150\,000 + 60\,000}{100\,000} = 2,10$$

3° Détermination du dividende transférable par coupon :
Montant brut de la retenue à opérer :
(100 + 35) × 15/100 20,27
Crédit imputable 35,15
Excédent de crédit 14,88
Dû au titre de la retenue à la source 0

L'excédent de crédit est entièrement remboursé, la fraction du crédit non remboursable, soit 2,10 (35,15 – 33,05) étant affectée en priorité au règlement de la retenue à la source.

Le montant du coupon transférable à un actionnaire résident du Luxembourg s'élève donc à : 100 + 14,88 = 114,88 ouvrant droit, au Grand-Duché, à un crédit de 15/85 de ce dernier montant, soit 20,27.

(Inst. 16 mars 1972, n° 2351-20.)

Dividendes encaissés par une société de personnes française dont les associés résident au Grand-Duché

4051 Lorsque des dividendes de source française sont encaissés par une société de personnes ayant son siège en France, les règles d'imposition appliquées depuis le 1er janvier 1966 ont pour conséquence de placer les associés de cette société dans la même situation que si lesdits associés avaient **encaissé directement** la quote-part de ces dividendes correspondant à leurs droits dans la société.

Ainsi, les associés ayant leur domicile réel ou leur siège en France peuvent utiliser l'avoir fiscal attaché à la fraction des dividendes comprise dans la part des bénéfices sociaux imposés à leur nom.

En revanche, les dividendes compris dans la part des **associés domiciliés hors de France** subissent, en règle générale, la **retenue à la source** au taux de droit commun sans pouvoir bénéficier, le cas échéant, des réductions de droits prévues par la convention liant la France à l'État dont ces associés sont les résidents puisque aussi bien les bénéfices réalisés en France par la société, y compris les dividendes s'y rattachant, sont imposables intégralement dans notre pays.

(Inst. 16 mars 1972, n° 2351-21.)

Dispositions résultant de la convention

4052 Dans le cadre de l'avenant franco-luxembourgeois du 8 septembre 1970, il a été convenu de régler cette situation de la façon suivante, compte tenu des dispositions du paragraphe 3 de l'article 8 de la convention modifiée.

Lorsque les dividendes de source française encaissés par une société de personnes française sont compris dans les droits d'**associés résidents du Grand-Duché**, la **fraction de l'avoir fiscal** attachée aux dividendes encaissés par la société française est **attribuée à ces associés** pour la liquidation de l'impôt dont ils sont redevables en France.

Les intéressés doivent **justifier de leur qualité** de résident du Luxembourg en adressant, à la société de personnes, une demande précisant leur adresse dans ce pays visée par l'autorité fiscale luxembourgeoise compétente. S'agissant de régler une situation exceptionnelle, aucun imprimé spécial n'a été créé à cet effet.

La société de personnes, agissant alors en qualité d'établissement payeur, **s'abstient de prélever la retenue à la source de 25 %** sur la part des dividendes revenant à l'associé résident du Grand-Duché.

En outre, elle délivre un **certificat** mentionnant le crédit attribué à ladite part de dividendes et correspondant à l'avoir fiscal attaché à ces produits au prorata des droits de l'intéressé dans les résultats de la société.

Ndlr : En ce qui concerne le certificat qui doit être délivré par la société de personnes agissant en qualité d'établissement payeur, il convient de préciser que l'article 16 bis de l'annexe IV au CGI le prévoyant a été abrogé. Selon l'administration, ce certificat doit être délivré sur l'imprimé spécial visé à l'article 15 de l'annexe IV au CGI (en ce sens, Inst. 11 mars 1994, 14 B-1-94). En réalité, cette disposition qui vise le modèle de relevé de coupons est remplacée par les déclarations 2561 et 2561 bis remises aux bénéficiaires.

Le **crédit d'impôt** ainsi attribué à l'associé luxembourgeois est **imputable,** selon que cet associé est une personne physique ou une société de capitaux, soit sur l'impôt sur le revenu, soit sur l'impôt sur les sociétés dû en France par l'intéressé sur la fraction du bénéfice de la société de personnes lui revenant ainsi que, le cas échéant, sur les autres revenus de source française dont la convention attribue l'imposition à la France.

L'*excédent* éventuel de crédit n'est *pas restitué*.

Pour justifier de la dispense de retenue à la source ainsi accordée, la société française remet à la recette des impôts dont elle dépend pour le versement de cette retenue un exemplaire de la demande produite par l'associé luxembourgeois.

(Inst. 16 mars 1972, n° 2351-22.)

b. Dividendes de source luxembourgeoise

4053 Les dividendes *distribués* par des sociétés luxembourgeoises *à des associés résidents de France* supportent actuellement au Grand-Duché une *retenue à la source* égale à **15 %** du montant brut de ces revenus.

À l'égard de ces bénéficiaires, les dispositions conventionnelles ont désormais pour effet, en règle générale, de garantir le maintien à 15 % du taux de la retenue à la source pratiquée sur les dividendes au Luxembourg. Toutefois, ce taux est réduit à **5 %** en ce qui concerne les sociétés françaises qui possèdent, directement ou par l'intermédiaire de sociétés appartenant à un même groupe, une *participation d'au moins 25 % dans le capital de la société distributrice luxembourgeoise*.

(Inst. 16 mars 1972, n° 2351-23.)

c. Dividendes se rattachant à un établissement stable

4054 Reprenant la clause conventionnelle classique, le paragraphe 6 de l'article 8 de la convention modifiée prévoit que la *règle de l'imposition des dividendes* dans l'État de la résidence du bénéficiaire prévue par le paragraphe 1 du même article ainsi que le bénéfice des dispositions de ses paragraphes 2, 3 et 4 relatives respectivement à la *limitation du taux de la retenue* dans l'État de la source et, du côté français, à l'attribution de l'*avoir fiscal* ou au *remboursement du précompte* aux résidents du Luxembourg *ne s'appliquent pas* lorsque le bénéficiaire des dividendes, résident d'un État contractant, a, dans l'autre État contractant d'où proviennent ces dividendes, un *établissement stable* auquel se rattache effectivement la participation génératrice des dividendes.

Dans ce cas, les dispositions de l'article 4 de la convention concernant l'imposition des bénéfices de l'établissement stable sont *exclusivement* applicables.

(Inst. 8 novembre 1960, n°s 14 et 15.)

Du côté français, il s'ensuit que la *retenue à la source* sur les revenus des valeurs françaises, dépendant de l'établissement stable en France d'une société ou entreprise du Luxembourg, continue à être prélevée au *taux* de droit commun et peut donner lieu à imputation dans les conditions habituelles.

En revanche, le *précompte mobilier* éventuellement exigible à raison de la distribution des dividendes encaissés par l'établissement stable est remboursé à la société luxembourgeoise, sous déduction de la retenue calculée au taux de droit commun, dans les conditions prévues par la note du 18 octobre 1966.

(Inst. 16 mars 1972, n° 2351-24.)

2. Régime communautaire : directive CE sociétés mères et filiales

4054-A La directive CEE 90-435 du 23 juillet 1990 (JOCE L 225 du 20 août 1990) invitait les États membres à instituer à compter du 1er janvier 1992 au plus tard :
– d'une part, l'élimination (par l'exonération ou l'attribution d'un crédit d'impôt) de l'imposition des dividendes provenant de filiales d'un autre État membre de la CEE dont le capital est détenu à 25 % au moins,
– et, d'autre part, l'élimination de toute *retenue à la source* sur ces mêmes dividendes.

Dividendes de source française

4054-B Comme le régime d'exonération mère-filiale, tel qu'il résulte des articles 145 et 216 du CGI, satisfaisait d'avance à la première de ces prescriptions, seul le *régime de la retenue* *à la source* appelait un aménagement. Il a été apporté en introduisant dans le Code un article **119 ter** qui institue dès à présent une dispense de retenue sous les **conditions suivantes**.

Les **sociétés distributrices** concernées sont uniquement les **sociétés de capitaux** (SA, SARL, sociétés en commandite par actions) **passibles de l'impôt** sur les sociétés **sans être exonérées** (ce qui exclut les SICAV et autres sociétés mobilières d'investissement).

Les **distributions** concernées sont les **dividendes distribués** (ce qui semble exclure des sommes fiscalement réputées distribuées comme des intérêts excédentaires des comptes courants d'associés ou des distributions déguisées ou occultes).

La **société mère bénéficiaire** de la distribution **doit justifier** auprès de l'établissement payeur (ou auprès de la société distributrice si elle assure elle-même le paiement des dividendes) qu'elle en est le **bénéficiaire effectif** et qu'elle remplit en outre les **cinq conditions** suivantes :

(1) elle doit avoir son siège de **direction effective dans un État membre** de la CEE ;

(2) elle doit revêtir l'une des formes de **sociétés de capitaux** ;

(3) elle doit détenir **directement, de façon ininterrompue depuis au moins douze mois,** 25 % au moins du capital de la société française distributrice. Le droit à la dispense de retenue n'existe qu'après une période de détention ininterrompue de douze mois, délai qui doit s'apprécier a posteriori et non au moment de la distribution (prise en compte de la jurisprudence de la CJCE Denkavit, voir n° 2059). Seules les actions détenues **directement** doivent être prises en compte pour l'appréciation du seuil de 25 %, ce qui exclut la prise en compte des détentions par l'intermédiaire d'une chaîne de participations ;

Seules les actions détenues **directement** doivent être prises en compte pour l'appréciation du seuil de 25 %, ce qui exclut la prise en compte des détentions par l'intermédiaire d'une chaîne de participations ;

(4) la société mère doit être, dans l'État où elle a son siège de direction effective, **passible de l'impôt sur les sociétés** de cet État, sans possibilité d'option et **sans en être exonérée**.

Dans une instruction d'août 1992 (Inst. 3 août 1992, 4 J-2-92), l'administration française a précisé que les sociétés mères étrangères qui bénéficient d'exonérations partielles dans leur État de résidence, autres que celle qui résulte du régime mère-fille, peuvent néanmoins se prévaloir de l'article 119 ter. Les **SOPARFI** entrent donc bien dans le champ d'application de l'exonération prévue par cet article.

(5) La dernière condition est une restriction qui n'a pas son origine dans la directive et qui ne s'applique pas pour le Luxembourg : la société étrangère ne doit pas avoir droit, en application d'une convention fiscale, pour le même dividende, à un paiement du Trésor français dont le montant, égal à l'avoir fiscal ou à une fraction de celui-ci, est supérieur à la retenue à la source prévue par cette convention (voir n° 4039).

Sur les conditions dans lesquelles il y a exonération de retenue à la source lorsque le **remboursement du précompte** est accordé à la société mère, voir n° 4045-A.

4054-C L'article 119 ter du CGI contient enfin une **clause antiabus** que la directive laisse les États membres libres de prévoir. Il introduit une présomption d'utilisation abusive du régime d'exonération lorsque les dividendes distribués bénéficient à une **société contrôlée,** directement ou indirectement, **par des résidents d'État tiers,** sauf si elle justifie que la chaîne de participation n'a pas pour objet principal ou comme un de ses objets principaux de tirer avantage de l'exonération. Les groupes européens contrôlés par les résidents des pays tiers qui ont été créés avant l'entrée en vigueur de la directive échappent donc à la clause antiabus : 1er janvier 1992 et non 23 juillet 1990 (date d'adoption) comme indiqué dans l'instruction de l'administration fiscale française (Inst. 3 août 1992, 4 J-2-92).

Cette instruction précise que pour obtenir le bénéfice de la suppression de la retenue à la source, les **sociétés mères** non résidentes **doivent justifier** auprès de l'établissement payeur, ou le cas échéant de la société distributrice si elle assure directement le paiement des dividendes, qu'elles satisfont aux conditions mentionnées ci-dessus.

Cette justification devra revêtir la forme d'une **attestation sur l'honneur** signée par un représentant autorisé de la société. Cette attestation pourra être établie conformément au **modèle** qui figure en annexe à l'instruction.

Elle doit être accompagnée d'une **attestation de résidence** délivrée par l'administration fiscale de l'État où la société mère a son siège de direction effective. Ces documents doivent être adressés **chaque année** à l'établissement payeur (ou le cas échéant à la société distributrice) **au plus tard lors de la première mise en paiement** des dividendes distribués au cours d'une même année civile.

Dividendes de source luxembourgeoise

4054-D On renvoie le lecteur à la partie consacrée aux **holdings**, voir n°s 2050 s., et aux **commentaires luxembourgeois,** voir n° 4214.

E. Intérêts

Définition

4055   Le terme « intérêts » employé au paragraphe 3 de l'article 9 modifié de la convention désigne les revenus des fonds publics, des obligations d'emprunts, assorties ou non de garanties hypothécaires ou d'une clause de participation aux bénéfices, et des **créances de toute nature**, ainsi que tous autres produits assimilés aux revenus de sommes prêtées par la législation fiscale de l'État où les revenus ont leur source.

En raison de sa **portée générale,** cette définition s'applique aussi bien aux intérêts produits par les titres négociables et les bons de caisse qu'aux intérêts de créances ordinaires.

(Inst. 16 mars 1972, n° 2352-1.)

Pour les intérêts de source luxembourgeoise, voir les **commentaires luxembourgeois** au n° 4217.

Intérêts excédentaires

4056   Le paragraphe 6 de l'article 9 prévoit, lorsque le montant des intérêts payés excède, en raison de **rapports particuliers** que le débiteur et le créancier entretiendraient entre eux ou avec des tierces personnes, celui dont seraient convenus le débiteur et le créancier s'ils l'avaient stipulé dans les conditions normales, que les dispositions dudit article 9 ne s'appliquent qu'à ce dernier montant.

La **partie excédentaire de l'intérêt** demeure imposable conformément à la législation des deux États contractants et compte tenu des autres dispositions de la convention, notamment de l'article 8 si elle est soumise au régime des dividendes ou des distributions de sociétés.

Il en est ainsi des **intérêts versés à une personne** physique ou morale **qui contrôle** directement ou indirectement le débiteur, **qui est contrôlée** directement ou indirectement par lui, ou **qui dépend d'un groupe** ayant avec lui des intérêts communs.

À cet égard, la notion de relations spéciales couvre aussi les **rapports de parenté et,** en général, **toute communauté d'intérêts** distincte du rapport de droit qui donne lieu au paiement des intérêts.

(Inst. 16 mars 1972, n° 2352-2.)

Régime fiscal

4057   Le paragraphe premier de l'article 9 de la convention (modifié par l'avenant du 8 septembre 1970) prévoit que les **intérêts** provenant d'un État contractant et **versés à un résident de l'autre État** sont **imposables dans cet autre État.**

Mais, ces mêmes produits peuvent **également** être **imposés dans l'État** contractant **d'où ils proviennent,** et selon la législation de cet État, dans la limite du taux de **10 %,** ce taux étant cependant porté à 12 % pour les intérêts des obligations négociables émises en France avant le 1er janvier 1965.

Bien entendu, l'impôt ainsi prélevé à la source est **imputé,** dans les conditions prévues par l'article 19 modifié de l'accord, sur l'impôt exigible dans l'autre État à raison de ces mêmes revenus et dans cette limite.

(Inst. 16 mars 1972, n° 2352-3.)

Ndlr : On rappelle que les sociétés **holdings** régies par la loi de **1929** sont exclues du champ d'application de la convention. Il en résulte que les intérêts qu'elles perçoivent de débiteurs résidant en France sont soumis à la retenue à la source de droit interne.

À ce propos, il convient de noter qu'**en droit interne français** les intérêts des **obligations et titres participatifs** (mais à l'exclusion des bons de caisse) **émis à compter** du 1er octobre 1984 par un débiteur domicilié ou établi en France sont exclus de l'application du prélèvement obligatoire lorsque le bénéficiaire de ces intérêts justifie avoir son domicile hors de France, de Monaco ou d'un État de la zone franc. Toutefois, cette dispense reste sans portée pratique à l'égard des intérêts des obligations émises entre le 1er octobre 1984 et le 1er janvier 1987, puisqu'elle n'entraîne pas l'exonération de la retenue à la source prévue par l'article 119 bis I du CGI.

En revanche, cette exonération est effective pour les intérêts des **obligations émises depuis** le 1er janvier 1987 et des **emprunts d'État** émis à compter du 1er octobre 1984 qui sont exonérés de retenue à la source.

La limitation conventionnelle ne trouve donc plus à s'appliquer pour ces deux dernières catégories d'intérêts.

Intérêts se rattachant à un établissement stable

4058 Le paragraphe 4 de l'article 9 de la convention précise que la règle de l'*imposition dans l'État de la résidence du bénéficiaire* non plus que les dispositions du § 2 de ce même article prévoyant la limitation à *10 %* – ou à 12 % – du taux du prélèvement sur les intérêts dans l'État de la source *ne trouvent pas à jouer* lorsque le bénéficiaire des intérêts, résident d'un État contractant, a dans l'autre État contractant d'où proviennent ces intérêts un *établissement stable* auquel se rattache effectivement la créance génératrice des intérêts. Dans ce cas, les dispositions de l'article 4 de la convention sont applicables.

À cet égard, il convient d'observer qu'en ce qui concerne les *intérêts des obligations et autres titres d'emprunts négociables,* la réserve figurant au § 4 de l'article 9 de la convention est sans portée pratique du côté français, le taux de la retenue à la source applicable à ces revenus (10 ou 12 %) étant égal à la limite conventionnelle. Cette retenue est, bien entendu, imputable sur l'impôt exigible de l'établissement stable au titre des mêmes revenus.

Quant au prélèvement sur les *produits de placements à revenu fixe,* il a été admis qu'il n'est pas exigé sur les revenus de cette nature qui se rapportent à des créances faisant partie de l'actif de l'établissement stable français d'une entreprise luxembourgeoise et qui sont pris en compte pour la détermination du bénéfice imposable de cet établissement.

(Inst. 16 mars 1972, n° 2352-4.)

4059 En outre, le paragraphe 5 de l'article 9 pose en principe que l'État de la *source des intérêts* est l'État dans lequel réside le débiteur des intérêts qui peut être d'ailleurs cet État lui-même ou l'une de ses subdivisions politiques ou collectives locales.

Cependant, il prévoit qu'une *dérogation* doit être apportée à cette règle dans l'hypothèse où il s'agit d'*emprunts productifs d'intérêts* qui ont un lien économique avec l'*établissement stable* que le débiteur posséderait dans cet État contractant.

Si l'emprunt a été souscrit *pour les besoins* de cet établissement et si ce dernier assume la charge des intérêts, la *source des intérêts* est réputée se trouver dans l'État contractant où l'établissement stable est installé, abstraction faite de la résidence du propriétaire de l'établissement, et lors même que ce propriétaire serait résident d'un État tiers.

(Inst. 16 mars 1972, n° 2352-5.)

F. Modalités d'application (revenus mobiliers)

a. Règles générales

4060 En l'état actuel des législations fiscales française et luxembourgeoise, l'application des articles 8 et 9 de la convention comporte :
– d'une manière générale, pour les résidents du Grand-Duché bénéficiaires de dividendes et d'intérêts ainsi que pour les résidents de France bénéficiaires de dividendes, lorsque ces produits proviennent de l'autre État, un *droit à dégrèvement de l'impôt à la source* qui correspond à la différence entre l'impôt exigible dans l'État de la source selon les règles du droit commun et l'impôt calculé sur les mêmes produits aux taux limites prévus par les articles 8 et 9 de la convention ;
– en ce qui concerne spécialement les *résidents du Grand-Duché* bénéficiaires de dividendes de source française, un droit à l'attribution de l'*avoir fiscal* aux conditions prévues par l'article 8, § 3, de la convention.

(Inst. 16 mars 1972, n° 2353-1.)

4061 Le dégrèvement de l'impôt luxembourgeois comme celui de l'impôt français s'opère soit par voie de *non-perception,* soit par voie de *remboursement.* Quant à l'attribution de l'*avoir fiscal,* elle a lieu postérieurement à l'encaissement du dividende y ouvrant droit à partir du 15 janvier de l'année suivant celle de la mise en paiement du dividende.

Du côté français, le règlement des sommes revenant aux résidents du Grand-Duché au titre soit de la retenue à la source, soit du prélèvement, soit du précompte ainsi que de l'avoir fiscal est, en toute hypothèse, opéré *par l'établissement payeur des revenus.*

(Inst. 16 mars 1972, n° 2353-2.)

4062 Le droit à dégrèvement dans l'État de la source et, du côté français, le droit à l'attribution de l'avoir fiscal sont subordonnés à la *justification,* par le bénéficiaire des revenus, qu'il satisfait aux conditions suivantes.

Au moment de la mise en paiement des dividendes et intérêts, le bénéficiaire de ces revenus doit :
— *être résident* de l'autre État au sens de l'article 2, § 4 de la convention ;
— *ne pas posséder* dans l'État de la source un *établissement stable* auquel se rattache effectivement la participation ou la créance génératrice des revenus ;
— et, en ce qui concerne les dividendes ouvrant droit à l'avoir fiscal, *être imposable* au Luxembourg au titre desdits revenus majorés de l'avoir fiscal.

Les modalités suivant lesquelles ces justifications doivent être rapportées ainsi que la procédure de dégrèvement ou de l'octroi de l'avoir fiscal sont examinées ci-après.

(Inst. 16 mars 1972, n° 2353-3.)

Ndlr : Dans une instruction du 4 juillet 1991 (4J-2-91), l'administration a institué une *procédure simplifiée* destinée à permettre aux non-résidents établis dans un État lié à la France par une convention fiscale de *justifier* qu'ils n'ont *pas de domicile en France*.

Outre les imprimés spéciaux, la justification peut à présent être apportée par « toute autre preuve » et notamment, pour les titres d'État, par une *attestation sur l'honneur* dont les modèles pour les personnes physiques et pour les personnes morales figurent en annexe de l'instruction.

La procédure simplifiée s'applique aux non-résidents qui sont propriétaires ou usufruitiers des *titres* suivants : l'ensemble des obligations (publiques ou privées, en francs ou en devises) émises à compter du 1er octobre 1984 et l'ensemble des titres négociables visés à l'article 125 A III bis-1° bis du CGI.

La déclaration sur l'honneur doit être adressée à l'*établissement payeur* au plus tard lors de la première mise en paiement des intérêts. Pour les *sociétés*, elle doit comporter des indications suffisantes pour attester l'*inscription au registre du commerce* du pays de résidence.

b. Revenus des valeurs mobilières françaises

Rappel des avantages conventionnels

4063 En application des articles 8 et 9 modifiés de la convention, les *résidents du Luxembourg*, bénéficiaires de dividendes et d'intérêts de source française, peuvent obtenir, selon le cas :
— la réduction à 10 %, ou 12 % pour les intérêts d'obligations émises avant le 1er janvier 1965, du *prélèvement* sur les *intérêts* d'emprunts négociables et de créances ;
— la réduction à 15 %, ou 5 % dans le cas de sociétés luxembourgeoises participantes visées à l'article 8, § 2 (a), 1 et § 2 (b) de la convention, de la *retenue à la source* de 25 % sur les *dividendes ;*
— l'attribution de l'*avoir fiscal* afférent aux dividendes assortis de cet avoir, sous déduction de la retenue calculée au taux réduit de 15 % sur le total constitué par le dividende et l'avoir fiscal y afférent ;
— le remboursement du *précompte mobilier,* sous déduction de la retenue à la source au taux réduit conventionnel, lorsqu'il s'agit de sociétés luxembourgeoises exclues du bénéfice de l'avoir fiscal ;
— la réduction à 15 % de la *retenue à la source sur les produits* distribués par les *sociétés d'investissement.*

(Inst. 16 mars 1972, n° 2353-4.)

Formulaires à utiliser

4064 Pour obtenir le bénéfice de ces avantages, les intéressés doivent en faire la demande sur des imprimés fournis par l'administration fiscale luxembourgeoise, correspondant respectivement aux situations suivantes :
— *formulaires RF 1 LUX,* à utiliser aussi bien par les personnes physiques que par les sociétés et autres personnes morales qui sont assujetties à l'impôt au Luxembourg pour obtenir l'attribution de l'*avoir fiscal ;*
— *formulaire RF 2 LUX,* à utiliser aussi bien par les personnes physiques que par les sociétés et autres personnes morales pour obtenir la *réduction du prélèvement* français sur les intérêts, ainsi que la *réduction de la retenue à la source* sur les dividendes non assortis de l'avoir fiscal. Cet imprimé doit également être utilisé, le cas échéant, pour le *remboursement du précompte* mobilier afférent aux mêmes dividendes ;
— *formulaire RF 4 LUX,* à utiliser par les personnes physiques et morales pour obtenir la *réduction de la retenue à la source* sur les produits distribués par les *sociétés d'investissement.*

(Inst. 16 mars 1972, n° 2353-5.)

Modalités d'utilisation

4065 En ce qui concerne les ***dividendes,*** les formules RF 1 LUX, RF 2 LUX et RF 4 LUX peuvent être utilisées pour les revenus de l'espèce provenant de plusieurs sociétés françaises distributrices dès lors que le paiement de ces dividendes relève d'un même établissement payeur. Toutefois, une même demande ne peut concerner qu'une seule échéance de chacun des coupons qui en font l'objet. Néanmoins, il y a lieu de ne mentionner qu'une seule société distributrice sur chaque formule RF 2 LUX dès lors que le dividende est susceptible de donner lieu au remboursement du précompte.

En ce qui concerne les ***intérêts,*** la même formule RF 2 LUX peut également être utilisée pour plusieurs débiteurs français pour autant que le paiement de ces intérêts est opéré par le même établissement payeur. Lorsque plusieurs échéances d'intérêts sont dues au cours d'une année civile par le même débiteur et pour la même émission, elles peuvent être portées sur une même formule.

Par ailleurs, pour les ***intérêts de créances et emprunts non négociables,*** la même formule est valable pour toutes les échéances d'une même année civile afférentes à la même créance.

Enfin, en ce qui concerne les ***valeurs mobilières déposées en banque,*** la déclaration qui figure sur toutes les formules et par laquelle la banque dépositaire des titres certifie avoir payé au créancier les revenus pour leur montant net, déduction faite de l'impôt français à la source, doit être servie dans tous les cas donnant lieu à remboursement dudit impôt.

En règle générale, l'***établissement payeur*** des revenus effectue directement, au vu de ces demandes, le dégrèvement correspondant de l'impôt français retenu à la source ainsi que, s'il y a lieu, le remboursement du précompte mobilier. Il procède également, le cas échéant, dans les délais définis ci-après (voir n° 4067), au règlement de l'avoir fiscal attaché aux dividendes qui y ouvrent droit ainsi qu'à la restitution de l'excédent des crédits d'impôts et avoirs fiscaux sur la retenue exigible au taux de 15 % sur les produits distribués par les sociétés d'investissement françaises.

Quant à la ***régularisation auprès du Trésor français*** des sommes ainsi avancées par l'établissement payeur, elle s'opère de la façon suivante : les restitutions de crédits d'impôt, les remboursements d'impôts et les règlements effectués au titre du transfert de l'avoir fiscal ouvrent droit, au profit dudit établissement payeur, à un crédit d'impôt correspondant imputable sur les versements que cet établissement est appelé à effectuer au titre de la retenue à la source ou du prélèvement qui lui incombent. Bien entendu, si cette imputation ne pouvait être pratiquée en totalité, les sommes avancées seraient alors remboursées, à due concurrence, par le Trésor français à cet organisme.

(Inst. 16 mars 1972, n° 2353-6.)

Transmission des demandes

4066 Quel que soit le formulaire à employer, ***toutes les demandes,*** régulièrement remplies, datées et signées par le créancier ou son représentant, doivent être adressées à l'administration fiscale luxembourgeoise dont relève le créancier des revenus. Toutes les demandes sont munies d'une copie destinée au créancier. L'administration luxembourgeoise appose sur les différents exemplaires les attestations requises et conserve en toute hypothèse le premier exemplaire des demandes.

Au surplus, les ***sociétés du Luxembourg*** qui remplissent les conditions de participation requises à l'article 8, § 2 (a), 1 et § 2 (b) de la convention et ***qui,*** par suite, ***bénéficient de la réduction à 5 %*** du taux de la retenue à la source prévue au § 2 (a) dudit article doivent joindre, à la demande RF 2 LUX, une ***attestation*** de la société débitrice certifiant le pourcentage de la participation en cause détenue par la société bénéficiaire luxembourgeoise.

Quant au circuit emprunté ensuite par les formulaires RF 1 LUX, RF 2 LUX et RF 4 LUX, il est examiné ci-après.

(Inst. 16 mars 1972, n° 2353-7.)

Dividendes ouvrant droit à transfert de l'avoir fiscal : formulaire RF 1 LUX

4067 Pour obtenir le remboursement de la retenue à la source et l'attribution de l'***avoir fiscal*** afférent aux ***dividendes*** qu'il a encaissés, le bénéficiaire résident du Grand-Duché doit adresser à l'établissement payeur français désigné dans la demande les deuxième et troisième exemplaires du formulaire RF 1 LUX qui lui ont été remis, ***après visa,*** par l'administration fiscale du Luxembourg.

L'attribution de l'***avoir fiscal*** devant s'effectuer ***à partir du 15 janvier de l'année suivant*** celle de la mise en paiement des dividendes y ouvrant droit, il importe que les exemplaires en cause parviennent rapidement à l'établissement payeur, et autant que possible avant la fin de l'année de la mise en paiement.

Toutefois, dans le cas où, en raison de circonstances **de force majeure** ou d'un événement quelconque non imputable à la volonté du bénéficiaire, lesdits exemplaires n'auraient pu être transmis en temps voulu à l'établissement payeur, ils devraient alors parvenir à l'administration française, par l'intermédiaire de cet établissement, **au plus tard le 31 décembre de l'année suivant** celle de l'encaissement des revenus.

(Inst. 16 mars 1972, n° 2353-8.)

4068 En possession des deux exemplaires (n°s 2 et 3) de la formule, l'**établissement payeur** y appose son **cachet** dans le cadre spécialement prévu à cet effet et complète les colonnes 7 à 10 qui lui sont réservées.

Puis, il **adresse** sans retard les deux exemplaires ainsi complétés à la Direction des services généraux et de l'informatique, **Centre des impôts des non-résidents,** 9, rue d'Uzès, 75094 Paris Cedex 02.

Ce service **vérifie** la régularité de la demande et **certifie** le droit à l'avoir fiscal des créanciers en visant la formule – date, signature et cachet – au bas du cadre figurant au recto de ladite formule. Il conserve l'exemplaire n° 3 et **renvoie,** le moment venu, l'exemplaire n° 2 ainsi visé **à l'établissement payeur** concerné.

En effet, l'attribution de l'avoir fiscal pouvant avoir lieu à partir du 15 janvier de l'année suivant celle de la mise en paiement du dividende, le Centre des impôts des non-résidents conserve les demandes afférentes à des dividendes mis en paiement et encaissés au cours d'une année déterminée jusqu'au 31 décembre de cette même année.

D'une façon générale, les formules sont donc, après vérification, renvoyées aux établissements payeurs au cours de la première quinzaine du mois de janvier suivant de façon à permettre à ces établissements d'imputer les sommes avancées aux ayants droit sur leurs versements au titre de la retenue à la source ou du prélèvement correspondant à l'échéance du 15 février.

(Inst. 16 mars 1972, n° 2353-9.)

4069 Dès réception de l'exemplaire n° 2 de la formule qui lui est adressé dûment visé par le Centre des impôts des non-résidents, l'**établissement payeur** règle au créancier le montant du remboursement accordé.

Ce **remboursement** comprend :
– d'une part, le montant de la **retenue à la source** effectivement opérée lors de l'encaissement du dividende ;
– d'autre part, le montant de l'**avoir fiscal transférable.**

Ainsi, un dividende ordinaire mis en paiement pour une somme de 100 et encaissé sous déduction de la retenue à la source au taux de droit commun pour un montant de 100 – 25 = 75 donne lieu, sur présentation, dans les conditions susvisées de l'exemplaire n° 2 de la formule RF 1 LUX, à un versement, par l'établissement payeur, d'une somme de :
– 25 au titre du remboursement de la retenue précédemment perçue ;
– 27,50 au titre de l'avoir fiscal, soit au total un remboursement global de : 52,50.

(Inst. 16 mars 1972, n° 2353-10.)

4070 Les **établissements payeurs** sont admis à **récupérer le montant des règlements** ainsi effectués au profit des ayants droit résidents du Luxembourg par voie d'imputation sur les versements qu'ils effectuent au Trésor au titre de la retenue à la source sur les dividendes et du prélèvement sur les produits de placement à revenu fixe.

Pour **justifier de l'imputation** ainsi pratiquée, l'établissement payeur doit joindre à ses déclarations de versement n°s 2749 (retenue à la source) ou 2768 (prélèvement) l'exemplaire n° 2 de la formule RF 1 LUX qu'il a honorée.

Si, par suite d'absence ou d'insuffisance de versements, **toute imputation** s'avérait **impraticable,** les établissements payeurs concernés devraient adresser une **demande de restitution** des sommes en cause, accompagnée des exemplaires n° 2 correspondants, au directeur des services fiscaux dont ils relèvent.

(Inst. 16 mars 1972, n° 2353-11.)

Procédure simplifiée

4070-A À côté de la **procédure normale** décrite ci-dessus, les justifications pour pouvoir bénéficier de la mesure prévue par le communiqué du 17 septembre et l'instruction du 13 mai 1994 (4 J-1-94) peuvent être fournies dans le cadre d'une **procédure simplifiée** qui a pu être utilisée pour les dividendes mis en paiement à compter du 1er juin 1994.

Dans un tel cadre, l'**actionnaire non-résident** doit, en général, présenter à l'établissement qui gère son compte avant la mise en paiement du dividende une attestation simplifiée visée par l'administration fiscale de l'État de résidence (Inst. 13 mai 1994, n° 22 et annexe III).

Les **établissements gérant à l'étranger les comptes-titres des non-résidents** doivent fournir à l'établissement payeur en France : le montant global des dividendes versés en application de la retenue à la source au taux réduit, une liste d'informations, l'attestation conforme au modèle donné par l'instruction (Inst. 13 mai 1994, n°s 31s. et annexe IV ou V).

Les **établissements payeurs français** doivent, dans un délai de trois mois à compter de la fin du mois de la distribution, adresser au Centre des impôts des non-résidents :
– une liste nominative, par ordre alphabétique, des bénéficiaires des revenus ;
– un document relatif à la ou aux sociétés distributrices françaises ;
– l'attestation conforme au modèle joint en annexe VI à l'instruction.

Pour les **dividendes mis en paiement à compter du 1er janvier 1996**, l'établissement payeur devra en outre fournir avant le 31 mars de l'année suivant celle du paiement des dividendes une liste récapitulative comportant, pour chaque actionnaire bénéficiaire de la procédure simplifiée, une récapitulation annuelle du montant total des dividendes qui lui ont été payés.

L'annexe III de l'instruction du 13 mai 1994 est reproduite au n° 4504.

Intérêts et dividendes non assortis de l'avoir fiscal ou n'ouvrant pas droit à cet avoir : formulaire RF 2 LUX

4071 Pour obtenir, selon le cas, la réduction à 10 % ou 12 % du prélèvement sur les **intérêts d'obligations négociables et de créances** (voir n° 4063) ainsi que la réduction à 5 % ou à 15 % de la retenue à la source sur les **dividendes non assortis de l'avoir fiscal**, le bénéficiaire résident du Luxembourg doit adresser à **l'établissement payeur** des produits mentionnée sur la demande le deuxième, le troisième et, s'il y a lieu à remboursement du précompte mobilier, le quatrième exemplaire de la formule RF 2 LUX qui lui ont été remis, **après visa,** par l'administration fiscale du Luxembourg.

En principe, le dégrèvement de l'impôt français à la source a lieu **par voie de non-perception.** La demande doit donc être établie **avant l'encaissement** des revenus de manière à parvenir à l'établissement payeur au plus tard au moment du paiement desdits revenus.

Toutefois, en ce qui concerne les **créances,** dans le cas où, en raison de circonstances de **force majeure** ou d'un événement quelconque non imputable à la volonté du créancier, les exemplaires n°s 2 et 3 n'auraient pas pu être transmis en temps voulu à l'établissement payeur, ces exemplaires doivent alors, par l'intermédiaire dudit établissement, parvenir à l'administration française **au plus tard le 31 décembre de l'année suivant** celle de la première échéance.

Par ailleurs, lorsqu'il s'agit de **revenus de titres** établis sous la **forme nominative, déposés** à la Société interprofessionnelle pour la compensation des valeurs mobilières **(SICOVAM)** ou **conservés** en dépôt libre dans une banque établie en France ou au Luxembourg, ou de titres nominatifs, les intéressés ont la possibilité de demander le remboursement de la retenue ou du prélèvement à la source excédant le taux prévu par la convention en produisant la demande de dégrèvement à l'établissement payeur des revenus **jusqu'au 31 décembre** de l'année suivant celle du paiement effectif des produits.

Dans ces divers cas qui sont, dans la pratique, les plus fréquents, la déclaration de la banque dépositaire prévue au verso de la formule doit être servie.

D'autre part, lorsque les dividendes qui normalement ouvriraient droit à l'avoir fiscal sont versés à une **société luxembourgeoise écartée du bénéfice de l'avoir fiscal**, cette société peut obtenir, en plus de la réduction à 5 % du taux de la retenue, le remboursement du précompte éventuellement perçu à raison du dividende distribué. En conséquence, le formulaire RF 2 LUX a été spécialement aménagé pour permettre le **remboursement du précompte par l'établissement payeur du dividende.** Cet imprimé comporte donc à cet effet un quatrième exemplaire.

(Inst. 16 mars 1972, n° 2353-12.)

4072 Lorsqu'il reçoit les exemplaires de la formule (2 à 4 pour les dividendes, 2 et 3 pour les intérêts), l'**établissement** y appose son **cachet** et **complète** les colonnes qui lui sont réservées.

Il accorde le **dégrèvement** du prélèvement ou de la retenue, selon le cas, **par voie de réduction directe** au taux prévu par la convention ou par voie de **remboursement** du trop-perçu.

Il **rembourse** également, le cas échéant, le **précompte** perçu à raison du dividende distribué sous déduction de la retenue à la source afférente au montant du remboursement, calculée au taux de 5 % prévu à l'article 9, §2 (a) 1 de la convention.

(Inst. 16 mars 1972, n° 2353-13.)

4073 L'établissement payeur **adresse** ensuite l'exemplaire n° 3 de la formule au **Centre des impôts des non-résidents,** 9, rue d'Uzès, 75094 Paris Cedex 02, et **remet** les exemplaires n°s 2 et 4 ainsi que, le cas échéant, l'attestation de la société débitrice, à la **recette des impôts** dont il dépend pour le paiement de la retenue à la source ou du prélèvement.

L'exemplaire n° 2 est utilisé :
– lorsqu'il s'agit d'un **remboursement direct,** comme justification de l'application du taux réduit lors du paiement des revenus ;
– lorsqu'il s'agit d'un remboursement, comme titre de **crédit** motivant l'**imputation** pratiquée ou la demande de **restitution** présentée, dans des conditions analogues à celles qui ont été précisées pour le formulaire RF 1 LUX (voir n° 4070).

Quant à l'exemplaire n° 4 relatif au **remboursement du précompte,** il doit être renvoyé par la recette des impôts concernée au centre des impôts dont relève la société française distributrice en vue du contrôle des remboursements effectués au titre dudit précompte.

Enfin, s'agissant des **intérêts de créances,** dans le cas exceptionnel évoqué ci-dessus où les exemplaires lui parviennent **après le paiement de la première échéance,** l'établissement payeur accorde le dégrèvement correspondant pour cette échéance ainsi que pour les échéances restant à courir sur lesquelles porte la demande et transmet, à l'appui d'une demande de régularisation, les exemplaires dûment complétés, au plus tard le 31 décembre de l'année suivant celle du paiement des intérêts à la recette des impôts dont il relève pour le paiement du prélèvement.

(Inst. 16 mars 1972, n° 2353-14.)

Dividendes distribués par les sociétés d'investissement : formulaire RF 4 LUX

4074 Pour obtenir la réduction de la retenue à la source au taux de 15 % ainsi que la prise en compte pour la liquidation de ladite retenue des crédits d'impôt et avoirs fiscaux attachés au dividende distribué, le bénéficiaire résident du Luxembourg doit **adresser à l'établissement payeur français** désigné dans la demande les deuxième, troisième et quatrième exemplaires du formulaire RF 4 LUX qui lui ont été remis, après visa par l'administration fiscale du Grand-Duché.

(Inst. 16 mars 1972, n° 2353-16.)

4075 Dès réception desdits exemplaires, l'**établissement payeur** y appose son **cachet** et **complète** les colonnes 6 à 13 d'après les éléments qui lui sont fournis par la société distributrice.

Il **règle** le montant du dividende ou, en cas de paiement antérieur, le complément remboursable. Enfin, il **adresse** pour régularisation l'exemplaire n° 2 **à la recette des impôts** dont il relève pour le versement de la retenue à la source ou du prélèvement, la formule étant utilisée, selon le cas, soit comme pièce justificative du dégrèvement accordé, soit comme titre de crédit motivant l'imputation pratiquée.

Il fait ensuite **parvenir** les exemplaires n°s 3 et 4 de la formule au **Centre des impôts des non-résidents,** 9, rue d'Uzès, 75094 Paris Cedex 02.

(Inst. 16 mars 1972, n° 2353-17.)

4076 Ce centre des impôts, après visa, renvoie l'exemplaire n° 4 à l'administration fiscale du Luxembourg **pour vérification** de l'imposition du bénéficiaire des revenus en cause.

(Inst. 16 mars 1972, n° 2353-18.)

c. Revenus des valeurs mobilières luxembourgeoises

Imposition au Luxembourg

4077 Au Luxembourg, les revenus de capitaux mobiliers versés à des résidents en France donnent lieu à une **retenue à la source** :
– au taux de **15 %** du montant brut des revenus sur les **dividendes ;**
– au taux de **5 %** du montant brut des revenus sur les **intérêts** d'obligations et autres emprunts négociables.

Il s'ensuit que, par application de la convention, seuls en définitive les dividendes encaissés par les sociétés de capitaux qui sont des résidents de France et satisfont par ailleurs aux **conditions** de participation prévues par l'article 8, § 2 (a), 1 et § 2 (b) de la convention sont actuellement susceptibles de bénéficier d'une **réduction de 15 % à 5 %** du taux de la retenue à la source luxembourgeoise que supportent normalement ces revenus.

Il s'agit essentiellement des dividendes encaissés par des **sociétés de capitaux françaises :**
– **qui détiennent directement 25 %** au moins du capital de la société distributrice luxembourgeoise ou
– **qui appartiennent à un groupe** de sociétés françaises lorsque les participations cumulées du groupe atteignent **25 %** au moins du capital de la société distributrice et que l'une des sociétés participantes détient **plus de 50 %** du capital de chacune des autres sociétés participantes.

(Inst. 16 mars 1972, n° 2353-19.)

Ndlr : 1. Le lecteur se reportera utilement aux **commentaires luxembourgeois** : pour les **dividendes**, voir n°s 4214 et 4231, et pour les **intérêts**, voir n° 4217.

2. On signale que la retenue à la source de 5 % sur le montant brut des intérêts d'obligations et autres titres d'emprunts négociables est supprimée au Luxembourg depuis le 1er janvier 1979.

Actuellement, sont seuls imposables au Luxembourg les intérêts d'obligations ouvrant droit à une participation aux bénéfices des sociétés luxembourgeoises et les intérêts de prêts garantis par une hypothèque sur un immeuble situé au Luxembourg.

Formulaire

4078 Pour obtenir le dégrèvement conventionnel de l'impôt luxembourgeois retenu à la source, lequel peut intervenir par voie soit de réduction immédiate, soit de remboursement, les **sociétés françaises** concernées doivent en faire la demande à l'aide du **formulaire LUX 1 RF.**

Ces formules sont mises **à la disposition** des sociétés intéressées dans les directions départementales des services fiscaux et, pour le département de Paris, à la Direction des services généraux et de l'informatique, Centre des impôts des non-résidents, 9, rue d'Uzès, 75094 Paris Cedex 02.

D'autre part, en ce qui concerne l'utilisation de ces formules, l'administration luxembourgeoise a établi une **notice explicative,** jointe à chaque imprimé, qui contient notamment l'énoncé des conditions relatives au dégrèvement de l'impôt luxembourgeois et la procédure à suivre pour la présentation des demandes de dégrèvement. Ces indications appellent les précisions suivantes :

Chaque société ou groupe de sociétés bénéficiaires de dividendes de source luxembourgeoise doit établir une **demande distincte par débiteur** de ces revenus **et par échéance.**

La demande est ensuite **remise à l'inspecteur des impôts** dont relève le bénéficiaire des revenus. Si elle est reconnue fondée, l'inspecteur délivre l'**attestation** prévue à cet effet sur le formulaire. Il conserve l'exemplaire n° 1 en vue du contrôle de l'impôt dû en France sur les revenus qui en font l'objet et remet les exemplaires n°s 2 et 3, dûment visés, au bénéficiaire des revenus.

Ce dernier adresse l'exemplaire n° 2 au bureau d'imposition luxembourgeois compétent pour asseoir l'impôt sur le revenu du débiteur des dividendes et l'exemplaire n° 3 à ce débiteur.

L'exemplaire n° 3 doit, en règle générale, parvenir au débiteur **avant le paiement des dividendes.** La retenue à la source luxembourgeoise est alors opérée directement sur ces revenus au taux réduit conventionnel de 5 %.

Toutefois, si cet exemplaire ne peut être adressé en temps voulu au débiteur, le dégrèvement de l'impôt luxembourgeois est alors effectué **par voie de remboursement.** Dans cette hypothèse, l'exemplaire n° 2 doit, en tout état de cause, parvenir au bureau des impôts luxembourgeois compétent **au plus tard le 31 décembre de l'année suivant** celle du paiement des revenus en cause.

(Inst. 16 mars 1972, n° 2353-20.)

Imposition en France

Règles générales

4079 Conformément aux dispositions combinées des articles 8, § 1, et 9, § 1 de la convention, les dividendes et intérêts de toute nature de source luxembourgeoise perçus par les résidents de France sont imposables en France dans les conditions de la loi interne.

Mais lorsqu'ils ont effectivement supporté l'impôt à la source au Luxembourg dans les conditions prévues aux articles 8, § 2, et 9, § 2 de la convention, la double imposition est évitée par l'octroi au bénéficiaire de ces revenus résident de France d'un **crédit d'impôt** correspondant au montant de l'impôt luxembourgeois. Ce crédit est **imputable** séparément, et **dans la limite de l'impôt français** portant sur ces revenus, sur l'impôt sur le revenu ou sur l'impôt sur les sociétés dans la base desquels ces revenus sont compris et, dans le cadre du régime des sociétés mères et filiales, sur le précompte exigible en cas de redistribution (conv. art. 19-3 b).

D'autre part, le dégrèvement de l'impôt retenu à la source au Luxembourg pouvant s'effectuer par voie de réduction immédiate ou de remboursement, lorsque cette dernière procédure est utilisée, le remboursement constitue pour chaque bénéficiaire un **complément de revenu** taxable selon les règles ainsi définies dans les mêmes conditions que celles du produit principal.

(Inst. 16 mars 1972, n° 2353-21.)

Revenus encaissés en France

4080 Les bénéficiaires de revenus de valeurs mobilières de source luxembourgeoise encaissés en France disposent, pour l'application auxdits revenus de l'impôt sur le revenu ou de l'impôt sur les sociétés, d'un **crédit correspondant au montant de l'impôt prélevé au Grand-Duché** dans la limite des taux prévus par la convention, soit **15 %,** en règle générale, du montant brut des **dividendes,** c'est-à-dire réserve étant faite du cas des produits de participation.

Ce crédit est du reste indiqué sur le **certificat d'avoir fiscal** délivré par l'établissement payeur, dans le cadre afférent aux crédits d'impôt imputables mais non restituables accordés en application des conventions.

Quant aux **intérêts** de source luxembourgeoise, ils ne sont pas, en principe, assortis de crédit d'impôt puisqu'ils ne sont pas actuellement imposés au Luxembourg (seuls les intérêts des obligations participatives perçus par des résidents de France ou les intérêts de prêts garantis par une hypothèque sur un immeuble situé au Luxembourg donnent droit à un crédit d'impôt de 10 %).

(Inst. 16 mars 1972, n° 2353-22.)

Revenus encaissés à l'étranger

4081 1. **Bénéficiaires relevant de l'impôt sur le revenu.**

Les revenus de valeurs mobilières luxembourgeoises que les bénéficiaires encaissent à l'étranger ou se font envoyer directement de l'étranger sont récapitulés sur un **imprimé spécial n° 2047.** Ils ouvrent droit à un **crédit d'impôt,** imputable sur l'impôt sur le revenu, égal au montant de la retenue effectivement supportée au Grand-Duché, soit 15/85 du montant net encaissé, en règle générale, en ce qui concerne les dividendes, soit en pourcentage arrondi 18 %.

(Inst. 16 mars 1972, n° 2353-23.)

Ndlr : Le crédit limité à 10 % du montant brut des **intérêts** indiqué sur la notice de la déclaration n° 2047 ne concerne en fait que les intérêts des obligations participatives et les intérêts des prêts garantis par une hypothèque sur un immeuble situé au Luxembourg et qui sont actuellement les seuls intérêts imposables au Luxembourg.

4082 2. **Bénéficiaires relevant de l'impôt sur les sociétés.**

Le crédit d'impôt auquel peuvent prétendre les personnes morales bénéficiaires de revenus de valeurs mobilières luxembourgeoises pour l'application de l'article 220 du CGI est, d'une façon analogue, calculé en règle générale, réserve étant faite du cas des produits de participation, en appliquant le taux de 15 % au **montant brut** des dividendes (10 % du montant brut des intérêts des obligations participatives et des prêts garantis par une hypothèque sur un immeuble situé au Luxembourg).

Quant aux **collectivités** qui acquittent l'impôt sur les sociétés dans les conditions fixées par l'article 205 du CGI, elles peuvent, dans la pratique, calculer le montant de l'impôt dont elles sont redevables à raison des revenus de valeurs mobilières de source luxembourgeoise par application du taux de 9/85 du montant net des dividendes.

(Inst. 16 mars 1972, n° 2353-24.)

Produits de participations

4083 Les dividendes recueillis par une société française d'une société luxembourgeoise dans laquelle elle possède directement ou par l'intermédiaire d'autres sociétés françaises appartenant à un même groupe une participation d'au moins 25 % du capital, satisfaisant aux conditions prévues à l'article 8, § 2 (a) 1 et § 2 (b) de la convention, **échappent, en règle générale, à l'impôt sur les sociétés** (CGI, art. 216).

Toutefois, lorsque la redistribution de ces produits intervient au cours de l'exercice suivant leur encaissement, le **précompte exigible** lors de cette redistribution est calculé sous déduction de la retenue de 5 % pratiquée au Luxembourg, quels que soient, du reste, le lieu ou le mode d'encaissement des dividendes.

(Inst. 16 mars 1972, n° 2353-25.)

G. Rémunérations des administrateurs et dirigeants de sociétés

4085 **Ndlr :** Les commentaires luxembourgeois figurent au n° 4224.

Selon l'article 11 de la convention, les tantièmes, jetons de présence et autres rémunérations des membres des conseils d'administration et des conseils de surveillance des sociétés par actions sont **imposables** dans celui des deux États où se trouve le **domicile fiscal de la société qui les verse.**

Bien entendu, demeure réservée l'application de l'article 14 relatif à la taxation des traitements et salaires et celle de l'article 15 relatif à la taxation des revenus non commerciaux en ce qui concerne les sommes versées aux dirigeants de société en leurs autres qualités.

Administrateurs de sociétés luxembourgeoises domiciliés en France

4086 En conséquence, les sommes reçues en leur qualité par les administrateurs de sociétés luxembourgeoises domiciliés en France ne subissent **aucune imposition** directe **dans notre pays**. Ces rétributions peuvent **toutefois** être prises en compte pour le calcul du **taux effectif** de l'impôt exigible, le cas échéant, à raison de leurs autres revenus.

(Inst. 8 novembre 1960, n° 16.)

Administrateurs de sociétés françaises domiciliés au Luxembourg

4087 En revanche, les sommes versées par les sociétés françaises à leurs administrateurs domiciliés au Luxembourg demeurent **imposables en France** dans les conditions de droit commun.

(Inst. 8 novembre 1960, n° 16.)

H. Revenus non commerciaux et bénéfices des professions non commerciales

1. Bénéfices des professions non commerciales

Règle générale

4090 Aux termes de l'article 15, § 1 de la convention, les revenus provenant d'une profession libérale sont **imposables seulement dans l'État** sur le territoire duquel **s'exerce l'activité personnelle**.

Le paragraphe 2 dudit article précise que l'activité personnelle n'est considérée comme s'exerçant dans l'un des deux États que si elle a un **point d'attache fixe** dans cet État.

(Note 23 mai 1959.)

4091 Il s'ensuit que, sous réserve de la dérogation prévue à l'égard de certaines activités particulières, les revenus de l'espèce réalisés par des personnes ayant une **installation professionnelle en France** continuent d'être passibles de l'impôt français, même s'ils sont de provenance luxembourgeoise, dès l'instant qu'ils se rattachent à l'activité déployée dans cette installation.

C'est ainsi, par exemple, qu'un médecin, établi à Paris, reste redevable de l'impôt français à raison des profits que lui ont procuré des **opérations ou** des **consultations** qu'il a effectuées ou données **au Luxembourg**.

Inversement, les **sommes payées en France** à titre de revenus de professions non commerciales à des contribuables ayant **au Luxembourg** le **point d'attache fixe** où s'exerce leur activité doivent être exonérées de la retenue à la source de l'impôt français prévue par l'article 182 B du CGI.

(Note 23 mai 1959.)

Cas particulier : artistes et sportifs indépendants

4092 Le paragraphe 4 de l'article 15 de la convention prévoit que, par dérogation aux dispositions qui viennent d'être examinées, les revenus provenant de l'activité professionnelle indépendante exercée dans l'un des deux États par les **artistes dramatiques, lyriques** et **chorégraphiques** ainsi que par les **chefs d'orchestre** et les **musiciens** y sont imposables même si cette activité n'a **pas de point d'attache fixe** dans ledit État.

Il s'ensuit que ceux des contribuables de ces différentes catégories qui organisent **en France** des représentations **pour leur propre compte** doivent, lorsqu'ils n'ont pas dans notre pays d'installation professionnelle permanente, y subir la retenue à la source de l'impôt français dans les conditions prévues par l'article 182 B du CGI.

Inversement, les artistes, chefs d'orchestre et musiciens qui vont se produire, **pour leur propre compte, au Luxembourg,** ne sont plus passibles de l'impôt en France même si, à défaut de point d'attache fixe au Luxembourg, cette activité relève d'une installation professionnelle permanente possédée par les intéressés dans notre pays.

(Note 23 mai 1959.)

Ndlr : Les salaires, droits d'auteur et autres rémunérations versées à des artistes ou sportifs domiciliés hors de France pour des prestations fournies ou utilisées en France sont soumis à une **retenue spécifique** au taux de **15 %** (art. 182-C du CGI).

S'ils ont leur résidence fiscale au Luxembourg et qu'ils n'exercent **en France** qu'une **activité** artistique ou sportive **accessoire,** ils ne sont pas assujettis à la **CSG** sur les revenus qu'ils perçoivent à cette occasion.

2. Redevances et droits d'auteur

Règle générale

4093 Suivant le paragraphe 2 de l'article 10 de la convention, le terme « redevances » doit s'entendre de tout produit provenant de la vente ou de la concession de licences d'exploitation **de brevets, marques de fabrique, procédés et formules** secrets ainsi que des sommes versées pour la **location** de **films** cinématographiques.

Par ailleurs, le paragraphe 1er de l'article 10 précise que les **redevances** versées pour la jouissance de **biens immobiliers** ou l'exploitation de mines, carrières ou autres ressources naturelles ne sont imposables que dans celui des deux États où sont situés ces biens.

(Inst. 16 mars 1972, n° 2372-1.)

Les **commentaires luxembourgeois** figurent aux n°s 4220 s.

4094 Le premier alinéa du paragraphe 2 de l'article 10 de la convention pose, **en principe,** que les redevances, produits, droits et profits perçus au titre de la propriété industrielle, artistique ou scientifique sont **exclusivement imposables dans l'État du domicile du bénéficiaire.**

Il n'est fait **exception** à cette règle que dans deux cas :
– d'une part, lorsque le bénéficiaire domicilié dans l'un des États a, dans l'autre État d'où proviennent les revenus, un **établissement stable** de son entreprise, auquel cas lesdits revenus ne sont imposables que dans cet autre État (conv. art. 10-2) ;
– d'autre part, dans le cas où le montant des sommes payées excède, en raison de **rapports particuliers** que le **débiteur et** le **créancier** entretiendraient entre eux ou avec de tierces personnes, celui dont seraient convenus le débiteur et le créancier s'ils l'avaient stipulé dans des conditions normales. Dans cette hypothèse, les dispositions dudit article ne s'appliquent qu'à ce dernier montant, la **partie excédentaire des redevances** étant imposée selon les règles prévues par l'article 8 en matière de dividendes si elle est soumise au régime des dividendes ou des distributions de sociétés soit, à défaut, conformément aux autres dispositions de la convention selon la qualification retenue pour ces revenus (conv. art. 10-3).

Il résulte de ces dispositions que dans le cas général où les revenus considérés sont payés par un **débiteur** domicilié **en France** à un **bénéficiaire** domicilié **au Luxembourg** qui n'a pas d'établissement stable en France, ces revenus échappent à toute imposition en France. En particulier, la retenue à la source prévue à l'article 182 B du CGI n'a pas lieu d'être effectuée.

Inversement, les **redevances** versées **de source luxembourgeoise** à des **bénéficiaires** domiciliés **en France** ne possédant pas d'établissement stable de leur entreprise au Grand-Duché échappent à toute imposition dans ce dernier État.

Ces dispositions sont également applicables **aux gains provenant de la vente ou** de **l'échange des droits** ou biens générateurs de telles redevances.

(Inst. 16 mars 1972, n° 2372-2.)

Ndlr : On rappelle que les sociétés **holdings** régies par la loi de **1929** sont exclues du champ d'application de la convention. Il en résulte que les redevances qu'elles perçoivent de débiteurs résidant en France sont soumises à la retenue à la source de droit interne de 33 1/3 %.

Modalités d'application

Revenus de source française

4095 D'une façon générale, l'exonération de l'impôt français est subordonnée à la production d'une **demande** formulée sur un **imprimé modèle RF3 LUX** dont la distribution est assurée par l'administration luxembourgeoise.

Les intéressés doivent remplir les **deux exemplaires** de la demande.

La demande ainsi établie, distincte par personne physique ou collectivité débitrice ainsi que, le cas échéant, par établissement payeur, est **valable** pour toutes les échéances de la même année. Elle doit être **remise à** l'autorité fiscale luxembourgeoise dont relève le créancier des revenus.

Cette autorité appose son **visa** sur les attestations qui lui sont soumises et conserve le premier exemplaire pour le dossier fiscal du **créancier**. Ce dernier **transmet** ensuite le deuxième exemplaire **à son débiteur en France avant la première échéance** de l'année sous peine de forclusion.

Toutefois, dans le cas où, en raison de circonstances de **force majeure** ou d'un événement quelconque, non imputable à la volonté du créancier, cette transmission ne peut être effectuée dans le délai prescrit, le deuxième exemplaire de la demande doit néanmoins parvenir à l'administration française, par l'intermédiaire du débiteur des produits, **au plus tard le 31 décembre de l'année qui suit** la première échéance.

(Inst. 16 mars 1972, n° 2372-3.)

4096 Le **débiteur** des redevances **complète** la demande en remplissant les cadres qui lui sont réservés pour toutes les échéances du produit visé.

En règle générale, il s'abstient d'effectuer la retenue à la source correspondante et joint ladite formule à la déclaration établie sur l'**imprimé spécial** modèle 2060 prévu pour le contrôle des versements forfaitaires et retenues à la source.

Toutefois, dans le cas exceptionnel visé ci-dessus où le deuxième exemplaire de la demande lui parvient **après paiement** de la première échéance, il s'abstient d'effectuer la retenue à la source pour les échéances restant à courir sur lesquelles porte la demande et transmet l'exemplaire, dûment complété, au plus tard le 31 décembre de l'année qui suit le paiement des redevances, au directeur dont il relève, à l'appui d'une **demande de régularisation** par laquelle il sollicite de l'administration française :

– en règle générale l'**autorisation d'imputer la retenue** à la source qu'il a effectuée avant d'être en possession de la demande RF 3 LUX sur les versements dont il est redevable, au titre de cet impôt, sur les redevances et droits d'auteur de toute nature qu'il paiera ultérieurement ;
– le **dégrèvement de l'impôt** versé, en cas d'impossibilité d'appliquer la procédure précédente.

Il **rembourse** ensuite directement au créancier l'impôt indûment retenu à la source lorsqu'il a été autorisé à imputer une somme équivalente sur ses versements ultérieurs. Dans le cas contraire, le montant du dégrèvement d'impôt accordé par l'administration française est versé directement par cette dernière au bénéficiaire réel des revenus ou à son représentant régulièrement désigné.

(Inst. 16 mars 1972, n° 2372-4.)

Revenus de source luxembourgeoise

4097 **Ndlr :** Les commentaires luxembourgeois figurent aux n°s 4220 s.

Pour obtenir l'**exonération de la retenue** à la source luxembourgeoise, laquelle peut intervenir soit par voie de non-perception, soit par voie de remboursement, les bénéficiaires domiciliés en France de redevances ayant leur source au Grand-Duché doivent en faire la **demande** à l'aide du **formulaire LUX 2 RF.**

Ces formulaires sont mis **à la disposition** des intéressés dans les directions départementales des services fiscaux et, à Paris, au Centre des impôts des non-résidents, 9, rue d'Uzès, 75094 Paris Cedex 02.

D'autre part, en ce qui concerne l'utilisation de ces formulaires, l'administration luxembourgeoise a établi une **notice explicative,** jointe à chaque imprimé, qui expose notamment la procédure à suivre pour la présentation des demandes d'exonération. À cet égard, il y a lieu de formuler les observations suivantes.

Chaque résident de France, bénéficiaire de droits d'auteur ou de redevances de source luxembourgeoise, doit établir une **demande distincte par débiteur** de ces revenus, valable pour toutes les échéances d'une même année civile.

La demande est ensuite **remise à l'inspecteur** des impôts dont relève le bénéficiaire des revenus. Si elle est reconnue fondée, l'inspecteur délivre l'**attestation** prévue à cet effet sur le formulaire. Il **conserve** l'exemplaire **n° 1** en vue du contrôle de l'impôt dû en France sur les revenus qui en font l'objet et remet les exemplaires n°s 2 et 3, dûment visés, au bénéficiaire des revenus.

Ce dernier **adresse** l'exemplaire **n° 2** au **bureau d'imposition luxembourgeois** compétent pour asseoir l'impôt sur le revenu **du débiteur** et l'exemplaire n° 3 à ce débiteur.

L'exemplaire **n° 3** doit, **en règle générale, parvenir au débiteur avant le paiement** des redevances ou droits d'auteur. Aucune retenue n'est alors opérée lors du règlement de ces revenus.

Toutefois, si cet exemplaire n'est pas adressé en temps voulu au débiteur, la retenue à la source prélevée sur les produits en cause peut être **remboursée** au créancier. Dans cette hypothèse, l'exemplaire n° 2 doit, en tout état de cause, parvenir au bureau des impôts luxembourgeois compétent au plus tard le 31 décembre de l'année suivant celle du paiement de ces revenus.

(Inst. 16 mars 1972, n° 2372-5.)

I. Traitements, salaires, pensions et rentes

4099 La **CSG** n'est due que par les personnes qui sont des **résidents fiscaux** de France au sens de la convention.

Les **non-résidents** percevant des revenus de source française qui pourraient faire l'objet d'un précompte au titre de la CSG doivent donc **apporter la preuve** de leur non-résidence à l'organisme ou à l'entreprise chargé du précompte.

À l'inverse, les **salariés détachés** au Luxembourg qui restent des résidents fiscaux de France demeurent en principe assujettis à la CSG.

Les **commentaires luxembourgeois** relatifs à ces revenus figurent aux n°s 4225 s.

1. Traitements et pensions publics

4100 L'article 12 (1er alinéa) de la convention règle la situation des traitements, salaires et pensions payés par un des États contractants ou une collectivité de droit public de cet État à des personnes résidant dans l'autre État. Ces revenus sont **imposables seulement dans l'État du débiteur**.

(Note 23 mai 1959.)

4101 De ce fait, les traitements et pensions **versés par l'État français** et les collectivités publiques françaises sont soumis à l'impôt sur le revenu en France et, éventuellement, à la taxe sur les salaires. La retenue à la source prévue par l'article 182 A du CGI est donc exigible.

Par contre, les traitements et pensions publics versés à une personne domiciliée en France **par le gouvernement luxembourgeois** ou une collectivité publique luxembourgeoise sont exonérés de tout impôt en France.

4102 En vertu d'une disposition expresse du deuxième alinéa de l'article 12 de la convention, cette règle d'imposition est également applicable, quelle que soit la qualité du débiteur, aux **prestations** servies dans le cadre d'un **régime obligatoire de sécurité sociale**.

(Note 23 mai 1959 et note 16 septembre 1974, n° 1.)

Pensions d'assurance vieillesse

Revenus de source française

4103 En vertu des dispositions combinées des articles 12 et 13 de la convention, les **prestations** versées aux **anciens salariés domiciliés au Luxembourg,** par les organismes français d'assurance vieillesse, sont **imposables** :

a) en France :
– lorsque, quelle que soit la nature des prestations servies, le débiteur est une **personne morale de droit public** française ;
– si elles sont servies au titre d'un **régime obligatoire** (régime général de la sécurité sociale ou régimes spéciaux et régimes complémentaires obligatoires) ;

b) au Luxembourg :
– lorsque les prestations sont servies par une personne morale de droit français au titre d'un **régime non obligatoire** (régime complémentaire facultatif).

(Note 16 septembre 1974, n° 3.)

4104 Doivent être regardées comme servies dans le cadre d'un **régime obligatoire de sécurité sociale** au sens de l'article 12, 2e al., de la convention franco-luxembourgeoise, toutes les prestations payées de source française aux anciens salariés :

– au titre d'une **retraite complémentaire** qui était facultative avant l'entrée en vigueur de la loi du 29 décembre 1972 (JO 30) mais qui, depuis, relève du régime **obligatoire** ;

– au titre de l'extension obligatoire, par arrêtés ministériels, du régime complémentaire à celles des branches d'activité qui n'avaient pas conclu d'accords de l'espèce.

Ainsi donc, depuis le 1er janvier 1973, l'*imposition* des pensions visées ci-dessus bénéficiant à d'anciens salariés ayant leur domicile fiscal au Luxembourg et affiliés à une caisse française est *réservée à la France* en vertu de l'alinéa 2 de l'article 12 de la convention. Le service des impôts doit donc veiller à soumettre à l'impôt français celles des prestations versées depuis cette date qui étaient précédemment imposables au Grand-Duché.

Bien entendu, l'entrée en vigueur de la loi du 29 décembre 1972 n'est pas de nature à modifier le régime fiscal applicable à toutes les prestations servies par les personnes morales de droit public françaises, ou à celles qui sont versées par les personnes morales de droit privé françaises dans le cadre d'un régime qui était déjà obligatoire auparavant (principal ou complémentaire). Les prestations dont il s'agit restent imposables en France conformément à l'article 12 de la convention.

Demeurent seulement **exclues** du régime dudit article 12 les **retraites supplémentaires** que les salariés peuvent se constituer *à titre facultatif,* en sus de la retraite principale et de celle résultant du régime complémentaire obligatoire, lorsque ces retraites supplémentaires ne sont pas versées par une personne morale de droit public. Lorsqu'ils bénéficient, de source française, à des retraités domiciliés au Luxembourg, ces versements ne sont imposables que dans cet État en vertu de l'article 13 de la convention.

(Note 16 septembre 1974, n°s 6 à 8.)

Revenus de source luxembourgeoise

4105 Il est précisé qu'en l'état actuel de la législation luxembourgeoise, doivent être regardées comme entrant dans le champ d'application de l'article 12 les **pensions versées par les organismes suivants :**

– établissement d'assurance contre la vieillesse et l'invalidité ;
– association d'assurance contre les accidents ;
– assurance accident agricole et forestière ;
– caisse de prévoyance des fonctionnaires et employés communaux ;
– caisse de pension des employés privés ;
– caisse de pension agricole ;
– caisse de pension des artisans ;
– caisse de pension des commerçants et industriels.

Il n'y a **pas** lieu, par conséquent, de soumettre à l'*impôt en France* les revenus versés par l'un de ces organismes luxembourgeois à leurs adhérents domiciliés sur notre territoire.

Toutefois, conformément aux dispositions de l'article 19, § 1, de la convention, il peut être tenu compte de ces prestations pour calculer l'impôt afférent aux autres revenus des intéressés, dont l'imposition est réservée à la France (**règle du taux effectif**).

(Note 16 septembre 1974, n°s 9 et 10.)

2. Traitements et salaires privés

Règle générale

4108 Les traitements et salaires privés sont *imposables seulement dans l'État où s'exerce l'activité personnelle,* source de ces revenus (conv. art. 14-1).

(Note 23 mai 1959.)

Ndlr : Il s'ensuit qu'en règle générale, les personnes domiciliées au Luxembourg qui exercent une activité salariée en France sont soumises à la **retenue à la source** prévue à l'article 182 A du CGI. Son taux est fixé à 0 %, 15 % ou 25 % suivant les tranches de revenus (limites variant annuellement avec le barème de l'impôt sur le revenu). Les salaires versés aux **artistes et sportifs** domiciliés hors de France pour des prestations fournies ou utilisées en France sont soumis à une retenue à la source spécifique de 15 % (voir n° 4092 Ndlr).

Cas particuliers

Séjour temporaire des salariés en mission

4110 En ce qui concerne les traitements et salaires d'origine privée, l'article 14 de la convention prévoit, dans son paragraphe 2, que, **par dérogation** aux dispositions du premier paragraphe, dans le cas où le salarié d'un établissement situé dans l'un des deux pays accomplit sur le territoire de l'autre pays une mission temporaire ne comportant qu'un **séjour inférieur à 183 jours** et **à la condition que** sa rémunération continue à être supportée et payée par ledit établissement, la faculté de soumettre cette rémunération à l'impôt reste réservée au premier pays.

a) Lorsque la durée de la mission sur le territoire de l'un des deux pays **excède le délai ainsi fixé,** l'impôt est applicable dans l'État sur le territoire duquel la mission est accomplie et il porte, conformément aux dispositions du deuxième alinéa du § 2 susvisé, sur l'ensemble des rémunérations reçues par le salarié du chef de l'activité qu'il a exercée sur ledit territoire depuis le début de sa mission.

b) L'appréciation de la durée de la mission temporaire doit intervenir en considérant **chaque mission isolément.**

La **durée** doit être **décomptée** à partir du jour où elle débute jusqu'au jour où s'achève le travail qui a motivé le déplacement du salarié, sans avoir égard aux dimanches, jours fériés et jours de congé qui sont inclus dans cette période, non plus d'ailleurs qu'aux interruptions résultant par exemple de voyages dans l'État d'origine du salarié ou dans les États tiers, nécessités par l'accomplissement de la mission ou pour des fins strictement personnelles, lorsque de telles interruptions ne sauraient être regardées comme ayant mis fin à la mission.

(Note 8 novembre 1960, n° 28.)

4111 Si la **durée** de la mission ainsi décomptée demeure **inférieure à 183 jours,** l'État sur le territoire duquel la mission a été accomplie doit en faire abstraction. Peu importe donc que **plusieurs missions** soient exécutées par le même salarié au cours d'une même année, si **aucune d'elles** ne doit **dépasser 183 jours,** à moins, bien entendu, que l'on ne puisse induire de la répétition des missions et des circonstances dans lesquelles il y serait procédé qu'il s'agirait en réalité, non de missions absolument distinctes, mais d'un détachement de personnel présentant un caractère de permanence suffisant pour justifier l'imposition de ses rétributions dans l'État où il exercerait son activité et que soit écartée en l'occurrence l'application du paragraphe 2 de l'article 14 précité.

Quant à la **mission chevauchant sur deux années,** si la durée de cette mission n'excède pas 183 jours au cours de la première année, c'est l'État d'origine qui doit continuer d'imposer l'employé. Si la partie de la mission, accomplie au cours de la deuxième année, dépasse la limite du délai de 183 jours compté depuis le commencement de la mission, l'imposition du salaire gagné peut être reprise par l'État sur le territoire duquel la mission a été remplie et ce, à compter même du début de ladite mission. Une régularisation de la situation fiscale de l'intéressé devrait alors être demandée dans l'État d'origine.

(Inst. 8 novembre 1960, n° 28.)

Salariés des entreprises de transports aériens

4112 Le paragraphe 3 de l'article 14 prévoit que, **par dérogation** au principe de l'article, l'imposition des traitements et salaires est réservée à l'**État du domicile fiscal du bénéficiaire** de ces revenus lorsque ceux-ci rémunèrent des services rendus sur des aéronefs affectés à des transports internationaux.

Frontaliers

4113 Depuis le 1er janvier 1972, les **rémunérations** de l'espèce sont **imposables,** en règle générale, **au lieu où s'exerce l'activité** génératrice des revenus comme celles des autres travailleurs dépendants, réserve étant faite toutefois du droit pour l'État du domicile des bénéficiaires de prendre en compte le montant de ces rémunérations pour le calcul du **taux effectif** de l'impôt exigible, le cas échéant, sur les autres revenus des intéressés.

(Inst. 16 mars 1972, n° 2382.)

Ndlr. Interrogé sur la règle d'imposition des rémunérations des frontaliers travaillant au Luxembourg qui s'avère défavorable tant à ces derniers qu'à la France, le ministre de l'économie, des finances et de l'industrie a répondu en substance comme suit. À la différence d'autres conventions que la France a conclues avec des pays frontaliers, la convention conclue avec le Luxembourg ne contient **pas de dispositions particulières** en la matière. Le principe général figurant dans le modèle OCDE est donc applicable. Or il attribue le droit d'imposer ces rémunérations à l'État dans lequel les frontaliers exercent leurs activités. Le Luxembourg qui est frontalier de la France, la Belgique et l'Allemagne ne peut, compte tenu de son exiguïté, leur consentir dans ces conventions fiscales l'inclusion de clauses dérogatoires, sans se priver d'une assiette considérable. C'est pourquoi il n'est pas envisagé d'introduire une disposition particulière sur les frontaliers dans l'avenant en cours de négociation (Rép. Demange, JO AN du 15 avril 1998, p. 5846).

Pour l'assujettissement à la *CSG* et à la **CRDS,** voir n° 4008.

Professeurs

4114 Les professeurs et autres membres du personnel enseignant de l'un des deux États contractants qui se rendent sur le territoire de l'autre État en vue d'y professer, pour une période de **deux années au plus,** dans une université, un lycée, un collège, une école ou tout autre établissement d'enseignement sont **exemptés d'impôt** dans ce dernier État pour la rémunération qu'ils y perçoivent du chef de leur enseignement pendant ladite période (art. 16).

Étudiants et apprentis

4115 Les étudiants et les apprentis de l'un des deux États contractants qui séjournent dans l'autre État exclusivement pour y faire leurs études ou y acquérir une formation professionnelle ne sont soumis à **aucune imposition** de la part de ce dernier État pour les subsides qu'ils reçoivent de provenance étrangère (art. 17).

Cette disposition est d'ailleurs sans objet en ce qui concerne la **France** où les subsides de cette nature ne sont **pas** considérés comme des **revenus imposables.**

3. Pensions privées et rentes viagères

4116 L'article 13 de la convention concerne la taxation des pensions privées et rentes viagères provenant d'un des États contractants et payées à des personnes ayant leur domicile fiscal dans l'autre État.

Sous réserve de la règle spécialement prévue en ce qui concerne les prestations afférentes à un régime de sécurité sociale (voir n° 4102), les arrérages de pensions privées ou de rentes viagères sont taxables exclusivement dans l'**État où** le **bénéficiaire** est **domicilié** (art. 13).

(Note 23 mai 1959.)

Pour les pensions publiques, voir n°^{os} 4100 s.

J. Autres revenus

4120 L'article 18 de la convention stipule que les revenus non mentionnés aux articles 3 à 17 ne sont imposables que dans **l'État du domicile** fiscal **du bénéficiaire.**

(Note 23 mai 1959.)

Ndlr : Les **commentaires luxembourgeois** relatifs à ces revenus figurent au n° 4230.

SECTION 3 Modalités pour éviter la double imposition

4130 Les modalités pour éviter la double imposition sont fixées par l'article 19 de la convention tel qu'il a été modifié par l'avenant du 8 septembre 1970. Les dispositions applicables sont analysées ci-après.

A. Règles générales

4131 Les règles d'imposition définies par la convention pour chaque catégorie de revenus sont appelées à jouer, du côté français, pour la détermination de la base de l'impôt sur le revenu des personnes physiques ainsi que de celles de l'impôt sur les sociétés.

Les règles conventionnelles conduisent à distinguer, du côté français, suivant qu'il s'agit de revenus pour lesquels le droit d'imposer est attribué à titre exclusif à l'un des deux États contractants ou, au contraire, de revenus pour lesquels ce droit est partagé entre ces deux États.

(Inst. 16 mars 1972, n° 261.)

1. Régime de l'imposition exclusive

4132 Le régime de l'imposition exclusive dans l'un des États, qui est le régime normal prévu **pour la généralité des revenus** des différentes catégories, est d'une portée générale et doit être considéré comme s'appliquant à tous les contribuables – quelle que soit leur nationalité – qui peuvent se prévaloir des dispositions de la convention.

Par application de cette règle, les revenus de source française ou luxembourgeoise pour lesquels le droit d'imposer est dévolu à titre exclusif au Luxembourg par la convention doivent être maintenus en dehors de la base de l'impôt français (conv. art. 19-1), réserve faite toutefois de leur prise en compte, le cas échéant, pour la détermination du **taux effectif**.

Tel est le cas pour la généralité des revenus, **à l'exception** des produits de participation à des entreprises constituées sous la forme de **sociétés de personnes, des dividendes et des intérêts**.

(Inst. 16 mars 1972, n° 2611.)

2. Régime de l'imputation

4133 La règle du partage de l'imposition, telle qu'elle est prévue pour les catégories de revenus énumérées ci-dessus, entre l'État de la source et l'État où se trouve fixé le domicile du bénéficiaire de ces revenus, conduit à maintenir les revenus en cause dans la **base de l'impôt dû dans l'État du domicile** pour leur montant net avant déduction de l'impôt perçu dans l'État de la source. La double imposition est alors, en règle générale, évitée par une imputation de l'impôt perçu dans l'État de la source sur celui dû dans l'État de résidence.

L'application de ce principe s'effectue dans les conditions suivantes.

(Inst. 16 mars 1972, n° 2612.)

Produits de participations dans des sociétés de personnes

4134 La divergence des législations des deux États contractants a conduit à prévoir des règles particulières pour supprimer la double imposition à l'égard des membres des **sociétés de personnes** (sociétés en nom collectif, commandites dans les sociétés en commandite simple), des **sociétés de fait**, des **sociétés en participation**, ainsi que des **sociétés civiles**.

Ces règles particulières, qui font l'objet du paragraphe 2 de l'article 19, appellent les précisions suivantes.

(Inst. 16 mars 1972, n° 2612-1.)

Revenus de source française

4135 Du côté français, les profits que réalisent en France les sociétés susvisées demeurent passibles, dans les conditions du droit commun, soit de **l'impôt sur le revenu** établi au nom de chaque associé conformément aux dispositions de l'article 8 du CGI, soit de **l'impôt sur les sociétés** si ces collectivités optent pour leur assujettissement à cet impôt. À défaut d'option, la part de bénéfices revenant à des participants qui ont la qualité de sociétés de capitaux ou sont passibles de l'impôt sur les sociétés est également soumise audit impôt (CGI, art. 218 bis).

Lorsque ces profits échoient à des **bénéficiaires domiciliés au Luxembourg**, l'impôt français doit être **imputé**, dans les conditions prévues à l'article 19-2, al. a, de la convention, **sur l'impôt luxembourgeois** exigible sur ces mêmes revenus et dans la limite de cet impôt.

(Inst. 16 mars 1972, n° 2612-1.)

Revenus de source luxembourgeoise

4136 En sens contraire, la **France peut imposer**, lorsque la législation interne le permet, les **profits réalisés au Luxembourg** par une société de la forme considérée.

Lorsqu'ils sont compris dans la base de l'impôt français, les revenus en question sont retenus pour leur montant déterminé avant déduction de l'**impôt luxembourgeois**. Mais ce dernier impôt doit ensuite être **imputé** sur l'impôt français dans la base duquel ces revenus se trouvent compris et dans la limite de cet impôt (conv. art. 19-2 b). À ce sujet, pour le calcul de la limite en fonction de laquelle l'imputation peut être effectuée sur l'impôt sur le revenu, il y a lieu de tenir compte du **taux effectif** d'après lequel cet impôt doit être calculé en application de l'article 19-1 de la convention (voir n°s 4145 s.).

(Inst. 16 mars 1972, n° 2612-2.)

Dividendes et intérêts de source française

4137 En ce qui concerne l'imposition au Luxembourg des **dividendes** de source française **ouvrant droit à l'avoir fiscal** en faveur des résidents du Grand-Duché, par application de l'article 8, § 4 de la convention, le régime applicable est le suivant.

L'avoir fiscal, égal à 50 % (ou 40 %, voir n° 4041) du dividende mis en paiement, qui constitue un **complément de revenu,** doit être ajouté au dividende pour la détermination de la **base d'imposition au Luxembourg** du bénéficiaire.

Quant à la **retenue à la source prélevée en France** sur ce revenu total, au taux de 15 %, elle ouvre droit, au profit de l'attributaire luxembourgeois, à un **crédit d'impôt imputable** sur l'impôt dont il est redevable au Grand-Duché du chef de ce même revenu et dans la limite de cet impôt (conv. art. 19 nouveau-3 a).

Ainsi, pour un dividende de 100 donnant droit à un avoir fiscal de 50, le revenu imposable à déclarer par le bénéficiaire domicilié au Luxembourg est de 150, soit 100 de 127,50 représentant le montant 85 des sommes qui lui sont versées de France après prélèvement de la retenue à la source égale à 22,50 (15 % de [100 + 50]). Pour tenir compte de cette retenue, le même bénéficiaire a droit à un crédit de 22,50 imputable sur l'impôt luxembourgeois frappant ces mêmes revenus.

(Inst. 16 mars 1972, n° 2612-3.)

4138 En ce qui concerne l'impôt français prélevé à la source sur les **dividendes n'ouvrant pas droit à l'avoir fiscal** selon la législation française ainsi que sur les **intérêts,** il est également imputé sur l'impôt luxembourgeois dans la base duquel ces revenus sont compris, dans la limite de cet impôt.

(Inst. 16 mars 1972, n° 2612-4.)

4139 Les **dividendes distribués par des sociétés françaises** à des sociétés de capitaux luxembourgeoises qui satisfont aux **conditions de participation** fixées par l'article 8, § 2 (a) al. 1 et § 3 (b) ne donnent pas lieu à imputation de la retenue à la source française prélevée au taux de 5 % dès lors que ces revenus sont exemptés de l'impôt au Luxembourg.

(Inst. 16 mars 1972, n° 2612-5.)

4140 De même, il est précisé que l'**impôt de distribution perçu en France** par application du paragraphe 1 de l'article 7 de la convention, à raison des bénéfices réalisés par l'établissement stable français d'une société luxembourgeoise, ne peut donner lieu à aucune imputation de ce chef au Luxembourg.

(Inst. 16 mars 1972, n° 2612-6.)

Dividendes et intérêts de source luxembourgeoise

Dividendes et intérêts encaissés en France

4141 L'impôt perçu à la source au Luxembourg est imputable sur l'impôt français exigible à raison des mêmes revenus à **concurrence de 18 % des produits nets** encaissés (après retenue de l'impôt luxembourgeois), en ce qui concerne les **dividendes** (voir n°s 4080 s.).

Dividendes et intérêts encaissés à l'étranger ou reçus directement de l'étranger

4142 Lorsqu'ils sont encaissés à l'étranger, les revenus dont il s'agit doivent être soumis soit à l'impôt sur le revenu, soit à l'impôt sur les sociétés, l'impôt retenu à la source au Luxembourg étant alors imputé sur l'impôt français exigible à raison des mêmes revenus dans les conditions exposées aux n°s 4081s.

La **conversion en francs français** du montant de l'impôt perçu au Luxembourg doit, en principe, être faite en tenant compte du **taux de change** au jour où la retenue de cet impôt a été opérée. **Toutefois,** par mesure de simplification, en ce qui concerne les entreprises industrielles ou commerciales, le service des impôts peut utiliser le taux de change au jour de la clôture de l'exercice comptable au cours duquel les revenus frappés par l'impôt luxembourgeois ont été payés au bénéficiaire français.

(Inst. 16 mars 1972, n° 2612-8.)

Limite fixée pour l'imputation de l'impôt luxembourgeois

4143 Le paragraphe (b) de l'article 19 de la convention prévoit que l'impôt perçu au Luxembourg est imputé sur l'impôt exigible en France, cette déduction ne pouvant toutefois excéder le montant dudit impôt afférent à ces revenus.

Pour apprécier la limite fixée pour l'imputation de l'impôt luxembourgeois, il est nécessaire de **déterminer** le montant de l'**impôt français correspondant au revenu** dont il s'agit.

En matière d'impôt sur le revenu, il convient à cet égard de faire état du taux effectif que cet impôt se trouve atteindre dans la personne du contribuable considéré.
(Inst. 16 mars 1972, n° 2612-9.)

B. Impôt sur le revenu

Règle du taux effectif

4145 Il résulte des dispositions de l'article 19, § 1, de la convention que l'impôt afférent aux revenus imposables en France en vertu de ladite convention peut être calculé au **taux correspondant à l'ensemble des revenus imposables d'après la législation française.**

Cette **règle, dite du taux effectif,** implique que la liquidation de l'impôt sur le revenu des personnes physiques applicable aux revenus dont l'imposition est attribuée à la France peut être faite, le cas échéant, à un **taux déterminé en tenant compte de revenus exclusivement taxables au Luxembourg,** tout autant que ces revenus, en l'absence de dispositions conventionnelles, eussent été passibles de ladite imposition en application de la législation interne.
(Inst. 16 mars 1972, n° 261-1.)

4145-A Comme l'administration fiscale française se réfère aux « revenus exclusivement taxables au Luxembourg », un contribuable contestait la prise en compte par l'administration de ses revenus de source luxembourgeoise car, bien que conventionnellement imposables au Luxembourg, ces revenus y étaient exonérés d'impôt. La cour d'appel de Nancy n'a pas retenu cet argument et a jugé que l'administration n'entendait pas exclure de la base soumise au calcul du taux effectif les revenus de source luxembourgeoise exonérés selon la législation de ce pays.
(CAA Nancy, 6 février 1992, n° 90-493.)

Contribuables domiciliés en France

4146 Il convient tout d'abord de **déterminer** la **cotisation de base correspondant à l'ensemble des revenus** pour lesquels l'intéressé eût été, en l'absence de convention, passible de l'impôt français suivant les règles de la législation interne.

L'**impôt exigible,** en définitive, conformément aux prévisions de la convention, est égal au **produit de la cotisation de base** déterminée d'après les indications qui précèdent **par le rapport** existant entre le montant net total des revenus conventionnellement imposables en France et le montant total du revenu net d'après lequel le calcul de ladite cotisation de base a été effectué.

Au résultat ainsi obtenu, doivent être appliquées, le cas échéant, les **réfactions** prévues par la loi interne.
(Inst. 16 mars 1972, n° 262-2.)

4147 Les revenus qui doivent être pris en compte pour le calcul du taux effectif sont ceux qui auraient été imposables en France si une disposition spéciale, notamment d'une convention fiscale internationale, assortie d'une clause prévoyant l'application de la règle du taux effectif, n'avait pas exonéré certains d'entre eux. Tel est le cas des **plus-values** réalisées par un contribuable domicilié fiscalement en France à l'occasion de la **cession d'immeubles** situés **à l'étranger.** Mais bien entendu cette plus-value n'est à prendre en compte que pour autant que la cession entre dans le champ d'application de l'impôt français et, dans l'affirmative, pour son montant calculé selon les règles prévues par le CGI.
(Rép. Lauriol, Sén. 21 février 1991, p. 362, n° 12561.)

4148 En application des dispositions de l'article 19 de la convention franco-luxembourgeoise du 1ᵉʳ août 1958 – dont les termes n'ont pas été modifiés par l'avenant du 8 septembre 1970 – le **Conseil d'État** a jugé que l'administration fiscale française est en droit de calculer l'impôt dû par un contribuable à raison de ses revenus imposables en France en appliquant à ces derniers le taux qui correspond (compte tenu des règles de progressivité fixées par le CGI) à l'**ensemble de son revenu, y compris** la part provenant de son activité exercée au Luxembourg et imposable dans cet État.

Au cas d'espèce, le contribuable avait perçu en France des **tantièmes versés par une société luxembourgeoise.** En vertu de l'article 11 de la convention, ces revenus ne sont imposables que dans le pays du siège de la société versante. Il convenait par conséquent d'en tenir compte pour déterminer le « taux effectif » d'imposition en France des autres revenus de l'intéressé.

Jugé enfin que l'instruction du 16 mars 1972 (voir n° 4146) ne fait que tirer les conséquences de l'application de la règle du taux effectif, réservée par l'article 19 de la convention franco-luxembourgeoise et découlant des règles de progressivité fixées par le CGI. Elle n'ajoute rien aux termes de la convention ni de la loi interne.

(CE 9 janvier 1985, n° 37905 et n° 37906, 7e et 9e s.-.s.)

Domicile au Luxembourg et résidence secondaire en France

4149   Pour ces contribuables, qui sont normalement passibles de l'impôt français dans les conditions fixées par l'article 164 C du CGI, il y a lieu de considérer que l'article 19 de la convention ne permet **pas** d'établir l'*imposition forfaitaire* prévue par ledit article **en fonction de la valeur locative de la résidence** dont les intéressés disposent **en France.**

En conséquence, ces contribuables ne peuvent être soumis à *l'impôt en France* que s'ils disposent de **revenus de source française** au sens de l'article 164 B du CGI.

(Inst. 16 mars 1972, n° 262-3.)

Revenus de source française sans domicile ou résidence en France

4150   Compte tenu de la **clause d'égalité de traitement** que l'article 21 de la convention prévoit à l'égard des nationaux de chacun des deux États contractants, les personnes de nationalité luxembourgeoise qui n'ont aucune résidence en France doivent, pour le calcul de l'impôt dont elles sont redevables à raison de leurs revenus de source française dont l'imposition est conventionnellement attribuée à la France, bénéficier du **même taux que** celui qui, en vertu de la loi interne, est prévu pour les **contribuables de nationalité française** se trouvant **dans une situation identique.**

Toutefois, en application de l'article 197 A du CGI, les contribuables domiciliés hors de France qui sont imposés en France à raison de revenus de source française sont soumis à l'impôt sur le revenu au **taux minimum de 25 % sauf** s'ils peuvent justifier que l'imposition en France de leur revenu global (de source française ou étrangère) entraînerait une taxation inférieure.

C. Impôt sur la fortune

4155   À l'époque où la convention et l'avenant ont été négociés, seul le Luxembourg prélevait un impôt sur la fortune. Depuis lors, la France a institué un impôt sur les grandes fortunes de 1982 à 1986 et un impôt de solidarité sur la fortune depuis le 1er janvier 1989.

Les **dispositions actuelles** de l'article 20 de la convention, relatif aux impôts sur la fortune, **permettent d'éviter les doubles impositions** dans la plupart des cas.

Ces dispositions prévoient en effet un système **d'imposition exclusive** des éléments de fortune.

Droit d'imposer

4156   L'article 20 de la convention pose le principe de l'imposition exclusive dans l'un ou l'autre État selon la nature des biens.

Les **biens immobiliers et accessoires** ne sont imposables que dans l'État du lieu de situation des biens. Le paragraphe 3 précise que la valeur des **meubles meublants** est imposable dans l'État de la résidence à laquelle les meubles sont affectés, ces biens étant traités de la même façon que l'habitation à laquelle ils sont affectés.

Si la fortune consiste en **entreprises commerciales ou industrielles,** le droit d'imposer revient à l'État qui est autorisé à imposer le revenu provenant de ces biens.

Quand ce droit appartient à la **France,** ces avoirs sont généralement des biens professionnels au sens des articles 885 N à 885 R du CGI. Ils sont, à ce titre, exonérés d'ISF.

La fortune constituée par des **parts dans des sociétés de personnes** n'est imposable que dans l'État où se trouve situé un établissement stable (conv. art. 20-2).

Quand ce droit appartient à la **France,** ces avoirs sont généralement exonérés d'ISF car, comme les éléments des entreprises commerciales ou industrielles, ce sont des biens professionnels visés par les articles 885 N à 885 R du CGI.

Tous les **autres éléments de fortune** ne sont imposables que dans l'État du domicile.

Modalités d'imposition

4157   L'article 20, § 4 prévoit la possibilité d'appliquer la **règle du taux effectif** pour ceux des éléments de la fortune qui échappent à l'imposition dans l'État du domicile.

Côté français, une instruction de 1989 donne les indications suivantes.

Sur le plan des principes, la règle du taux effectif fonctionne en matière d'ISF de la même façon que pour le calcul de l'impôt sur le revenu ou des droits de succession.

Son **application suppose :**
— que la convention le prévoie expressément ;
— que l'imposition de certains avoirs soit réservée à l'État où ils sont situés.

La convention franco-luxembourgeoise remplit les conditions en ce qui concerne les **biens immobiliers et assimilés.**

Dès lors, le calcul du taux de l'ISF dû par les résidents de France doit être effectué en tenant compte des biens immobiliers et assimilés qu'ils possèdent dans ces pays sauf, bien sûr, si ces biens sont exonérés en vertu non seulement de la convention, mais aussi du droit interne français.

(Inst. 28 avril 1989, 7 R-1-89, n° 27.)

Ndlr : Du côté luxembourgeois, voir n° 4232.

SECTION 4 Non-discrimination

4160 La convention franco-luxembourgeoise comporte une clause de non-discrimination (art. 21) dont la formulation est proche de celle de la convention-modèle OCDE.

Personnes physiques

Prise en compte des charges de famille

4161 En ce qui concerne l'application de la clause aux **particuliers,** on peut remarquer que le paragraphe 2 de l'article 21 oblige expressément chaque État à accorder aux nationaux de l'autre État les allégements fiscaux prévus par sa loi interne en fonction des **charges de famille** du contribuable. Côté français, cela conduit à accorder aux contribuables de nationalité luxembourgeoise le bénéfice de l'article 199 du CGI.

Plus-values immobilières

4162 *Admission de ressortissants étrangers au bénéfice de l'exonération prévue par l'article 150 C-I du CGI.* On rappelle que conformément aux dispositions de l'article 244 bis A-I du CGI, les **personnes** qui ne **sont pas fiscalement domiciliées en France** sont soumises, sous réserve des conventions internationales, à un **prélèvement d'un tiers** sur les plus-values qu'elles réalisent en France.

Dans un **jugement** du 3 août 1988, le **tribunal administratif de Nice** a estimé qu'en application de la **clause d'égalité de traitement** figurant dans la convention franco-Belge, la plus-value réalisée par un Belge fiscalement domicilié en Belgique lors de la cession de la résidence qu'il possédait en France bénéficiait de l'exonération prévue par l'article 150 C-I du CGI.

(T. adm. Nice, 3 août 1988, n° 897-88-111 ; RJF 1/89, n° 54.)

Ce jugement a infirmé la **doctrine administrative** précédente qui considérait que compte tenu de la **différence de situation** existant entre les étrangers et les Français domiciliés hors de France, l'exonération prévue par l'article 150 C-I-b du CGI n'était pas applicable aux contribuables étrangers domiciliés dans un pays ayant conclu avec la France une convention comportant une clause de non-discrimination.

(Rép. Péricard, AN 8 février 1982, p. 456, n° 2466.)

Aux termes de la réponse Mesmin (Rép. Mesmin, AN 19 juin 1989, p. 2807, n° 10842), l'administration **abandonne cette position** : l'exonération de la résidence en France des Français résidents de l'étranger est désormais applicable à tous les **ressortissants** de pays membres de la **CE** (donc aux ressortissants luxembourgeois) ainsi qu'à ceux de pays liés à la France par une **convention internationale** comportant une clause d'égalité de traitement (**sous réserve** qu'elle contienne une clause réservant expressément aux seuls Français l'application de l'article 150 C-I-b du CGI, ce qui n'est pas le cas dans la **convention franco-luxembourgeoise**).

Bien entendu, l'exonération est subordonnée à la **condition** que les contribuables concernés soient placés dans la **même situation** de droit ou de fait que les Français admis au bénéfice de l'exonération. Il s'ensuit que :
— l'**exonération** ne peut s'appliquer qu'*une seule fois* ;
— le cédant doit avoir eu la libre disposition de l'immeuble depuis son acquisition ou son achèvement ou pendant au moins trois ans ;

— le contribuable étranger doit être non résident de France au sens de la convention applicable et avoir son **domicile réel** hors de France ;
— il doit avoir été **fiscalement domicilié en France** pendant au moins un an antérieurement à la cession (cette dernière condition n'étant exigée que pour les cessions postérieures au 1er janvier 1993).

Sociétés

Succursales françaises de sociétés luxembourgeoises

4164   1. *Admission au bénéfice du régime des sociétés mères.*
L'article 73-I de la loi n° 88-1149 du 23 décembre 1988 a modifié l'*article 145-I du CGI* fixant le champ d'application du **régime français des sociétés mères,** de telle sorte que les établissements stables français de sociétés étrangères, lesquels établissements stables possèdent eux-mêmes des filiales, peuvent désormais bénéficier de ce régime au même titre et dans les mêmes conditions (notamment de participation) que les sociétés dont le siège est en France. L'exonération d'impôt sur les sociétés qui en résulte pour les produits versés par la filiale à la mère s'applique aux exercices clos à compter du 31 décembre 1988.

Toutefois, avant cette date, l'administration avait déjà admis (D. adm. 4H-2112, n° 3, 1er décembre 1986), à la suite d'un arrêt du Conseil d'État (CE 18 novembre 1985, n° 50643) et d'un arrêt de la Cour de justice des communautés (arrêt CJCE du 28 janvier 1986), que ce régime était ouvert aux établissements stables de sociétés étrangères établies dans un autre État de la CEE ou dans un État lié à la France par une convention fiscale comportant une clause de non-discrimination relative aux établissements stables, ce qui est le cas de la convention franco-luxembourgeoise (conv. art. 21-2).

2. *Admission au bénéfice de l'avoir fiscal.*

Dans le même ordre d'idées, l'administration fiscale française a reconnu (Inst. 31 juillet 1986, 4 J-1-86), toujours à la suite de l'arrêt de la CJCE cité ci-dessus, le droit des établissements stables français de sociétés étrangères elles-mêmes établies dans un autre État de la CEE ou dans un État couvert par un accord de non-discrimination au **bénéfice de l'avoir fiscal** dans les mêmes conditions que les sociétés françaises.

Jurisprudence

4165   Une société anonyme dont le siège est situé en **Belgique** et qui met à la disposition de ses associés une villa qu'elle possède en France est fondée à soutenir que, compte tenu de la **clause d'égalité de traitement** prévue à l'article 25 de la convention franco-belge du 10 mars 1964, elle **ne pouvait être assujettie,** au titre des années 1977 à 1979, à l'impôt sur les sociétés sur le fondement des dispositions de l'article 209 A du CGI.

(CE 7 octobre 1988, n° 82784, 8e et 7e s.-s. ; RJF 12/88, n° 1305.)

Remarques. Pour les mêmes raisons que celles évoquées ci-dessus au n° 4162, la décision rendue dans le cadre de la convention franco-belge semble transposable pour l'application de la convention franco-luxembourgeoise.

Par ailleurs, cette décision appelle les remarques suivantes.

1° On rappelle qu'aux termes de l'*ancien article 209 A* du CGI les personnes morales dont le siège était situé hors de France et qui avaient la disposition d'une ou plusieurs propriétés immobilières situées en France ou qui en concédaient la jouissance gratuitement ou moyennant un loyer inférieur à la valeur locative réelle étaient soumises à l'IS sur une base qui ne pouvait être inférieure à **trois fois la valeur locative** réelle de ces propriétés.

2° Ce régime de taxation forfaitaire abrogé pour les exercices ouverts à compter du 1er janvier 1982 est remplacé depuis le 1er janvier 1983 par un autre dispositif prévoyant l'application d'une **taxe annuelle** égale à **3 % de la valeur vénale** des immeubles.

3° En l'espèce, par **substitution de base égale** (application de l'article 206-1 du CGI), la société est demeurée **assujettie à l'impôt sur les sociétés.**

4166   Les commentaires **luxembourgeois** figurent au n° 4233.

SECTION 5   Assistance fiscale

4167   Les articles 22 et 23 de la convention organisent des échanges de renseignements entre les deux États et des mesures d'assistance aux fins de recouvrement des impôts visés par ladite convention.

Par ailleurs, la directive 77/799/CE (JOCE 1977 L 336) a organisé entre les États membres de la CE un *échange de renseignements* en vue de lutter contre la *fraude et l'évasion fiscales* en matière d'impôts sur le *revenu* et sur la *fortune*. Son champ d'application a ensuite été étendu à la *TVA* (directive 79/1070 du 6 décembre 1979) puis aux *accises* (directive 92/108 du 14 décembre 1992). Cet échange de renseignements peut s'effectuer sur demande, d'office ou spontanément, sous réserve de certaines restrictions relatives au secret professionnel des agents (sur l'échange spontané, voir la jurisprudence de la CJCE dans un arrêt du 13 avril 2000, aff. C-420/98, 1re ch., WN). En outre, l'assistance administrative est renforcée en matière de *TVA*. Le règlement 218/92/CEE du 27 janvier 1992 fixe les procédures d'échange d'informations pour les opérations *intracommunautaires* enregistrées dans des bases de données électroniques accessibles à tous les États membres.

Côté français, ces directives ont été transposées dans l'article 11 de la loi n° 81-1179 du 31 décembre 1981 et le décret n° 82-661 du 28 juillet 1982. Ces textes prévoient que, sous réserve de réciprocité, les administrations financières peuvent communiquer aux administrations des États membres de la CE des renseignements pour l'établissement et le recouvrement de l'impôt sur le *revenu*, de l'impôt sur la *fortune* et de la *TVA*.

Pour les *commentaires luxembourgeois*, voir n°s 4234 s.

Convention européenne d'entraide judiciaire en matière pénale

4168 Les États membres du Conseil de l'Europe sont liées par *une convention européenne d'entraide judiciaire en matière pénale* du 20 avril 1959, dite convention de Strasbourg, qui engage les parties à prendre des mesures d'assistance mutuelle pour l'obtention des preuves et l'audition des témoins. Elle prévoit que les parties peuvent refuser l'entraide pour les infractions fiscales. Le Luxembourg (comme la France d'ailleurs) avait alors usé de cette faculté en émettant des réserves en la matière, refusant que les informations collectées dans ses banques pour des infractions pénales soient en fait utilisées dans le cadre d'infractions fiscales. Cependant par la suite, un protocole additionnel à la convention, le protocole n° 99 du 17 mars 1978, étendait l'entraide judiciaire pénale aux *infractions fiscales graves*. Le Luxembourg l'a approuvé 19 ans plus tard, par la loi du 27 août 1997 mais il ne pouvait être ratifié, faute d'une loi instituant la procédure d'exécution des commissions rogatoires étrangères. Il a fallu attendre la loi du 8 août 2000 sur l'entraide judiciaire internationale en matière pénale pour que la procédure d'exécution soit adoptée, rendant possible la ratification du protocole.

En vertu de cette loi, l'entraide mutuelle couvre donc les infractions pénales et les *infractions fiscales graves*, c'est-à-dire celles qui ont la qualification d'*escroquerie fiscale* au sens de la loi de 1993 en la matière. Ce concept est imprécis (voir n° 352) mais il permet au Luxembourg de consolider sa réputation de place financière sérieuse. La place ne perd pas pour autant ses attraits car les juridictions luxembourgeoises n'accorderont l'entraide judiciaire qu'aux pays ayant ratifié le protocole et uniquement si les faits sur lesquels porte la demande d'information sont constitutifs d'une escroquerie fiscale au sens luxembourgeois. Or, en pratique, le contribuable qui émet des fausses factures ou qui dépose des comptes annuels délibérément inexacts commet une telle escroquerie fiscale mais celui qui omet de déclarer un compte bancaire au Luxembourg commet une infraction fiscale qui ne constitue pas une escroquerie fiscale au sens luxembourgeois. La demande d'entraide judiciaire ne peut donc aboutir si l'infraction ne présente pas un caractère de gravité évident ou si elle vise uniquement à déterminer la charge fiscale d'un contribuable étranger.

Exécution des commissions rogatoires étrangères

4169 Aux termes de la loi du 8 août 2000, les demandes d'entraide sont *à adresser au* procureur général d'Etat. La communication entre autorités judiciaires ne peut être directe qu'en vertu d'une convention, par exemple la convention de Schengen.

Le procureur général peut *transmettre* la demande aux autorités judiciaires luxembourgeoises ou la *refuser* si elle porte atteinte à l'ordre public ou d'autres intérêts essentiels du Luxembourg, si elle a trait à des infractions susceptibles d'être qualifiées par la loi luxembourgeoise d'infractions politiques ou à des infractions en matière de taxes et d'impôts, de douane ou de change en vertu de la loi luxembourgeoise. Les commissions rogatoires en matière fiscale ne sont recevables que si elles respectent les principes suivants :

– principe de la *double accusation :* la loi luxembourgeoise et la loi du pays demandant l'entraide doivent toutes deux sanctionner l'escroquerie fiscale ;
– principe de *réciprocité :* seuls les pays ayant ratifié le protocole peuvent s'en prévaloir (notamment France, Allemagne, Pays-Bas, Italie, Portugal, Espagne, Royaume-Uni, mais pas la Belgique) ;
– principe de *proportionnalité :* s'il est prévisible que les moyens à mettre en œuvre vont au-delà de ce qui est nécessaire pour satisfaire la demande d'entraide (demande d'investigation portant sur toutes les banques par exemple), elle sera rejetée. Les autorités judiciaires étrangères doivent déjà détenir des éléments de preuves dont elles demandent confirmation aux autorités luxembourgeoises (art. 4) ;

– principe de **spécialité** : l'État requérant ne peut utiliser les renseignements obtenus par voie d'entraide ni aux fins d'investigations, ni pour servir de preuve dans une procédure pénale ou administrative autre que celle pour laquelle l'entraide a été accordée (art. 11).

Le procureur d'État, la personne visée par l'enquête ainsi que tout tiers justifiant d'un intérêt légitime personnel peut déposer une **requête en nullité** contre l'acte exécutant la demande d'entraide auprès du greffe de la chambre du conseil du tribunal d'arrondissement et dans un délai de dix jours à compter de la notification de l'acte attaqué à la personne auprès de laquelle la mesure est ordonnée (généralement la banque). Les banques ne semblent pas autorisées à déposer une requête en nullité pour le compte de leur client ni pour leur propre compte (faute d'intérêt légitime).

La loi ne contient aucun fondement juridique permettant aux autorités judiciaires luxembourgeoises d'interdire, comme dans le passé, à une banque d'**informer son client** de l'exécution dans ses bureaux d'une commission rogatoire à son encontre et de la saisie de documents. Si toutefois la banque accepte le caractère confidentiel de la procédure, elle met en jeu sa responsabilité contractuelle à l'égard de son client en ne lui permettant pas de déposer une requête en nullité.

Lorsque des objets ou **documents** sont **saisis**, leur transmission à l'État requérant est subordonné à l'accord de la chambre du conseil du tribunal d'arrondissement, laquelle peut ordonner la restitution s'ils ne se rattachent pas directement aux faits. Par exception, le procureur général peut autoriser la transmission sans délai s'il existe des indices que la procédure normale risque de mettre en danger l'intégrité physique ou psychique d'une personne.

A. Échange de renseignements

Contribuables concernés

4170 *L'échange de lettres du 8 septembre 1970* annexé à l'avenant du même jour **exclut les sociétés holdings luxembourgeoises** régies par la loi de **1929** du champ d'application de cet accord. Ces dernières ne sont donc pas concernées par l'échange de renseignements institué par la convention.

(Inst. 17 décembre 1981.)

4170-A Le **caractère secret** prévu par l'article 26 de la convention fiscale franco-américaine, relatif aux échanges de renseignements entre les administrations fiscales française et américaine, s'**oppose à la divulgation au contribuable** par l'administration française des renseignements qu'elle a obtenus de son homologue américain.

(CE 5 mars 1993, n° 105069, Rohart ; RJF 5/93, n° 674.)

Ndlr : L'article 26 de la convention franco-américaine est rédigé dans les mêmes termes que l'article 22 de la **convention franco-luxembourgeoise** quant aux personnes auxquelles les renseignements échangés peuvent être divulgués. On notera qu'ils ne sont pas conformes au **modèle de convention OCDE** qui prévoit que les renseignements obtenus ne peuvent être communiqués qu'aux **personnes et autorités** (y compris les tribunaux et organes administratifs) **concernées** par l'établissement ou le recouvrement des impôts visés par la convention, par les procédures ou poursuites concernant ces impôts, ou par les décisions sur les recours relatifs à ces impôts. Or, d'après le **comité fiscal de l'OCDE**, il en résulte que ces renseignements peuvent aussi être communiqués au contribuable, à son représentant ou à des témoins (voir commentaires OCDE établis en 1977 et repris en 1992).

Incidences particulières des directives CE

4171 Mais les **directives du Conseil des communautés européennes** des 19 décembre 1977 (77/799/CEE) et 6 décembre 1979 (79/1070/CEE) ne contiennent **aucune restriction** quant aux personnes visées par l'échange de renseignements qu'elles instituent. La limitation existant sur ce point dans la convention avec le Luxembourg ne trouve donc plus à s'appliquer. Des demandes de renseignements peuvent donc être adressées au Luxembourg, sur la base de ces textes, concernant des sociétés holdings luxembourgeoises régies par la loi de 1929 et les revenus que des résidents de France peuvent tirer de leurs participations dans ces sociétés.

(Inst. 17 décembre 1981.)

Échange de renseignements sur demande

4172 L'article 22 de la convention prévoit, dans son paragraphe 1, la possibilité de procéder à des échanges de renseignements sur demande.

Le paragraphe 2 de ce même article stipule notamment que la mise en œuvre de cette assistance ne peut en aucun cas conduire chacun des deux États à prendre des mesures dérogeant à sa propre réglementation ou à sa pratique administrative, ou à transmettre des indications qui ne peuvent être obtenues sur la base de sa propre législation et de celle de l'État qui les demande.

Il s'ensuit que l'administration française doit s'abstenir de demander à l'administration luxembourgeoise des **renseignements que,** dans la situation inverse, la **réglementation française ne** lui **permettrait pas de fournir.**

De même, il convient de ne pas insister lorsque, pour un cas donné, l'administration luxembourgeoise déclare ne pas être à même, compte tenu de sa propre réglementation, ou de sa pratique, de fournir l'assistance prévue par l'accord.

Réciproquement, si le **service luxembourgeois** venait à **demander des renseignements autres que ceux** qui peuvent être **normalement** recueillis en application de la législation française et de la pratique habituelle, il conviendrait de se borner à faire état auprès de ce service de cette impossibilité.

Les demandes concernant des **cas concrets** doivent, du côté français, être adressées par les directions des services fiscaux à la Mission de coordination du contrôle fiscal.

(Inst. 8 novembre 1960.)

4173 Tout **renseignement** échangé de cette manière doit être **tenu secret** et ne peut être révélé qu'aux personnes qui s'occupent de la fixation ou de la perception des impôts auxquels se rapporte la convention. Il ne peut pas être échangé de renseignements qui dévoileraient un secret commercial, bancaire, industriel ou professionnel ou un procédé commercial.

(Inst. 8 novembre 1960, n° 41.)

Échange de renseignements d'office

4174 Le paragraphe 3 de l'article 22 de la convention qui prévoyait l'échange d'office des renseignements concernant les traitements, salaires ou autres rémunérations alloués aux **travailleurs frontaliers** ainsi que ceux relatifs au paiement des droits et redevances a été **abrogé par l'avenant du 8 septembre 1970** (art. 9). Aucune procédure de communication d'office n'est donc actuellement en vigueur entre la France et le Luxembourg.

B. Assistance pour le recouvrement

4175 Aux termes de l'article 23 de la convention, les États contractants s'engagent à se prêter assistance pour le **recouvrement des impôts** qui font l'objet de la convention et des **amendes** qui n'ont pas le caractère pénal.

La procédure à mettre en œuvre pour réaliser cette assistance est réglée par les paragraphes 2 et 3 du même article, suivant lesquels la demande de recouvrement doit être accompagnée de pièces prouvant qu'aux termes de la législation de l'État requérant les créances fiscales ont un caractère définitif. Le recouvrement est effectué suivant les lois applicables dans l'État requis.

En particulier, les **titres de perception** transmis par l'administration luxembourgeoise en matière d'impôts frappant les revenus de valeurs mobilières seront visés, rendus exécutoires et notifiés dans les conditions prévues par l'article 1915 du CGI.

Les créances fiscales à recouvrer ne sont **pas** considérées comme des **créances privilégiées** dans l'État requis.

En ce qui concerne les **créances fiscales** qui sont **encore susceptibles de recours,** l'État créancier, pour la sauvegarde de ses droits, peut demander à l'autre État de notifier au redevable une contrainte ou un titre de perception.

Les **contestations** touchant le bien-fondé des réclamations qui ont motivé la notification ne peuvent être portées que devant la juridiction compétente de l'État requérant.

(Inst. 8 novembre 1960, n° 43.)

Remarque. Les sociétés **holdings** luxembourgeoises régies par la loi de **1929** ne sont pas visées par l'assistance au recouvrement, sauf pour la TVA.

Assistance au recouvrement de la TVA

4176 L'assistance mutuelle va au-delà de l'échange d'information et concerne le **recouvrement des créances de TVA** (voir n° 4167).

… TITRE 3

Application au Luxembourg

4200 La convention franco-luxembourgeoise du 1er avril 1958 suit dans ses grandes lignes les conceptions fiscales généralement admises à l'époque. L'avenant du 8 septembre 1970 a apporté certaines modifications à la convention devenues nécessaires aux yeux des autorités luxembourgeoises à la suite de changements de la législation fiscale française.

SECTION 1 Champ d'application de la convention

Impôts visés (art. 1er de la convention)

4201 Les impôts qui font l'objet de la convention sont au Luxembourg :

1) l'impôt sur le revenu des personnes physiques ;

2) l'impôt sur le revenu des collectivités ;

3) l'impôt spécial sur les tantièmes ;

4) l'impôt sur la fortune ;

5) et les impôts communaux sur le revenu et sur la fortune.

Le n° 5 vise l'impôt commercial communal d'après le bénéfice ainsi que l'impôt foncier. L'impôt commercial communal d'après le capital a été aboli avec effet au 1er janvier 1997.

Si des **impôts nouveaux,** analogues aux impôts luxembourgeois énumérés ci-dessus, sont introduits, ils sont automatiquement couverts par la convention conformément au paragraphe 2 de l'article 1. Toutefois, si le changement apporté à la législation fiscale de l'un ou l'autre État est « conséquent », une **procédure simplifiée** par voie d'accord entre le service de la législation fiscale en France et la direction des contributions directes au Luxembourg, est cependant possible.

Personnes auxquelles s'applique la convention (art. 3)

4202 La convention s'applique à l'ensemble des personnes physiques, personnes morales et groupements de personnes n'ayant pas la personnalité morale, qui ont leur domicile fiscal dans l'un des deux États. La **nationalité** est sans importance pour l'application des critères d'attribution du droit d'imposition, sauf en ce qui concerne les personnes qui ont leur résidence à bord d'un bateau de navigation intérieure (art. 2, § 4, 3e al.).

Définitions

Domicile fiscal

4203 Aux termes de l'article 2 § 4, al. 1er, le domicile fiscal d'une **personne physique** est au lieu de sa résidence normale entendue dans le sens de **foyer permanent d'habitation** ou, à défaut de résidence normale, au **lieu du séjour principal.**

C'est à ces critères qu'il faut s'en tenir lorsque, dans le cadre de la convention, il s'agit de déterminer si un contribuable a son domicile fiscal en France ou au Grand-Duché.

La résidence normale (foyer permanent d'habitation) est le critère principal. Le séjour principal n'est qu'un critère subsidiaire. Il n'est, par conséquent, pris en considération que si un contribuable n'a de résidence normale (foyer permanent d'habitation) ni en France ni au Luxembourg.

L'alinea 3 du paragraphe 4 de l'article 2 prévoit une **dérogation** à cette règle générale en stipulant que les personnes qui ont leur résidence à bord d'un bateau de navigation intérieure sont considérées comme ayant leur domicile fiscal dans celui des deux États dont elles possèdent la nationalité.

D'après l'alinea 2 du paragraphe 4 de l'article 2, les **personnes morales** ont leur domicile fiscal au lieu de leur **centre effectif de direction** ou, si cette direction effective ne se trouve dans aucun des deux pays, au **lieu de leur siège**.

Le centre effectif de direction est le critère principal ; le siège est le critère subsidiaire. Le siège n'est donc déterminant que si la personne morale n'a de centre effectif de direction ni en France ni au Grand-Duché.

Un problème particulier se pose en relation avec les **sociétés holdings** luxembourgeoises au sens de la loi du 31 juillet 1929 et l'arrêté-loi du 27 décembre 1937 et les **organismes de placement collectif** au sens de la loi du 30 mars 1988.

En ce qui concerne les **holdings,** la disposition faisant l'objet de l'alinea 2 du paragraphe 4 de l'article 2 ne fait pas obstacle à ce qu'elles tombent dans le champ d'application de la convention. Toutefois, les dispositions de l'article 8, § 2, 3 et 4 (retenues réduites sur les dividendes, avoir fiscal), de l'article 9 § 2 (retenues réduites sur les intérêts) et de l'article 10, § 2 (exemption en France des droits d'auteur et des redevances) leur sont refusées. En effet, l'article 10 bis de la convention fait dépendre le bénéfice des dispositions conventionnelles précitées de la présentation par le bénéficiaire d'une attestation des autorités fiscales luxembourgeoises précisant que les revenus et les paiements de l'avoir fiscal sont soumis aux impôts directs, dans les conditions du droit commun au Luxembourg. Or, comme les holdings sont exonérées des impôts directs au Luxembourg, l'établissement d'une telle attestation par les autorités luxembourgeoises n'est pas possible. L'exclusion des sociétés holdings luxembourgeoises du champ d'application de la convention est confirmée par l'échange de lettres entre les autorités françaises et luxembourgeoises du 8 septembre 1970.

En ce qui concerne les organismes de placement collectif constitués sous la forme de **SICAV** (sociétés d'investissement à capital variable) ou de **SICAF** (sociétés d'investissement à capital fixe), la situation au regard de la convention franco-luxembourgeoise est identique à celle des holdings, puisque ces sociétés bénéficient au Luxembourg du même régime fiscal que les holdings.

Quant aux organismes de placement collectif qui ont pris la forme d'un **fonds commun de placement,** la situation est différente. En droit fiscal luxembourgeois, les organismes de ce type n'ont pas la personnalité juridique, de sorte que les revenus qu'ils touchent et la fortune qu'ils détiennent sont directement imposables dans le chef des associés. Par conséquent, l'exonération fiscale des fonds ne fait pas obstacle à la délivrance par les autorités fiscales luxembourgeoises aux associés qui sont des résidents du Luxembourg de l'attestation prévue à l'article 10 bis de la convention.

Établissement stable

4204   La **notion d'établissement stable** est définie par le paragraphe 3 de l'article 2. Outre les critères habituellement retenus, la convention prévoit que :

a) un **chantier de construction ou de montage** constitue un tel établissement si sa durée **dépasse 6 mois.** Des travaux de terrassement ou de dragage sont par ailleurs couverts par l'expression chantier de construction ou de montage ;

b) l'**activité que certaines personnes exercent** au Luxembourg est considérée comme constitutive d'un établissement stable **même si** une installation fixe d'affaires fait défaut. Cette disposition s'apparente, quant au fond, aux dispositions du droit interne luxembourgeois.

Il est distingué à cet égard entre les intermédiaires indépendants, d'une part, les représentants et employés, d'autre part.

4205   Un **intermédiaire** jouit d'un statut **indépendant** lorsqu'il agit sous sa propre raison sociale autonome (entreprise individuelle ou personne morale) et qu'il traite les affaires en son nom propre, quoique pour le compte d'autrui. La convention cite le courtier et le commissionnaire général. Le **courtier** s'entremet contre rémunération pour les opérations d'achat ou de vente d'une ou de plusieurs entreprises ; il est donc simple intermédiaire. Le **commissionnaire** est un négociant autonome qui exerce son activité en son propre nom et contre rémunération pour le compte d'une ou de plusieurs entreprises. Dans le cas où une entreprise française réalise des affaires avec un agent indépendant établi au Luxembourg, on ne peut pas dire qu'elle y exerce une activité. On se trouve alors en présence de deux entreprises distinctes. L'activité d'un intermédiaire indépendant peut aussi être exercée par une filiale de l'entreprise (al. 7).

Toutefois, ces agents doivent opérer **dans le cadre normal de leur activité** d'agents indépendants. C'est ainsi que si un commissionnaire ne vend pas seulement les produits ou les marchandises de l'entreprise en son propre nom, mais joue aussi habituellement à l'égard de cette entreprise, le rôle d'agent permanent disposant des pouvoirs nécessaires pour conclure des contrats, on le considérera, pour cette activité particulière, comme un établissement stable, puisque ce faisant, il sort du cadre habituel de ses occupations propres (à savoir celles de commissionnaire).

4206 Le représentant *agissant pour le compte d'une entreprise,* au sens du paragraphe 3, al. 4, est le représentant de commerce qui exerce son activité d'intermédiaire au nom et pour le compte d'autrui. Il se distingue du courtier parce qu'il n'agit pas en son nom propre. L'agent non autonome est considéré comme *établissement stable* dans deux hypothèses : d'abord *s'il dispose de pouvoirs généraux qu'il exerce habituellement* lui permettant de négocier et de conclure des contrats au nom de l'entreprise, à moins que son activité ne soit limitée à l'achat de matériel et de machines, et ensuite, *s'il détient habituellement un stock* de matériel ou de marchandises appartenant à l'entreprise en vue d'effectuer régulièrement des livraisons pour le compte de cette dernière. Le représentant doit exercer son activité d'une façon durable. La délégation occasionnelle d'un représentant d'une entreprise française au Luxembourg ne permet pas d'assimiler ce représentant à un établissement stable.

4207 Il s'ensuit que le *stock de marchandises* maintenu par une entreprise française au Luxembourg, en entrepôt ou non, sans autre objet que de faciliter la livraison (al. 3 b) est considéré comme *établissement stable dans les conditions suivantes.* Le stock de marchandises peut être géré, soit par un représentant ou employé de l'entreprise, soit, indépendamment de l'activité éventuelle de pareil représentant ou employé au Luxembourg, par un agent autonome. Lorsqu'un représentant ou employé non autonome de l'entreprise gère le stock de marchandises et effectue régulièrement des livraisons qui en proviennent, la convention conclut à l'existence d'un établissement stable, même si ledit représentant ou employé ne dispose pas de pouvoirs lui permettant de négocier et de conclure des contrats au nom de l'entreprise. Une entreprise française, dont le représentant non autonome au Luxembourg ne dispose pas de pouvoirs généraux, ne crée toutefois pas d'établissement stable au Luxembourg lorsqu'elle y maintient un stock de marchandises sans aucun rapport avec son représentant.

4208 Le stock de marchandises géré par un agent autonome n'est *pas considéré comme établissement stable* tant que cet agent ne sort pas du cadre habituel de ses occupations propres. Un expéditeur sort par exemple du cadre habituel de ses occupations propres lorsque, détenant un stock de marchandises d'une entreprise française, il ne limite pas son activité à livrer des marchandises à partir de ce stock en exécution des ordres de livraison reçus, mais accepte également d'une façon habituelle des commandes en vertu des pouvoirs qui lui sont conférés par l'entreprise.

Un stock de marchandises en consignation chez un agent autonome ou une filiale ne constitue pas un établissement stable.

4209 Les entreprises d'assurances françaises sont considérées au sens du paragraphe 5 comme ayant un établissement au Luxembourg dès que, par l'intermédiaire non autonome, elles perçoivent des primes sur le territoire du Luxembourg ou assurent des risques y situés.

SECTION 2 Imposition des différentes catégories de revenus

A. Revenus immobiliers et bénéfices agricoles (art. 3)

4210 Cet article attribue le droit d'imposer à l'État sur le territoire duquel les biens immobiliers qui produisent le revenu sont situés.

Par *revenus* au sens de l'article 3 de la convention, il y a lieu d'entendre aussi bien les revenus provenant de baux à loyer, de baux à ferme et de toute autre forme de jouissance d'immeubles que ceux résultant de l'occupation personnelle d'une propriété ou de l'exploitation personnelle d'une propriété agricole ou forestière.

En fait d'*accessoires des biens immobiliers* on peut citer par exemple, en ce qui concerne les propriétés bâties louées, les meubles, tableaux, objets d'art, etc., y placés par le propriétaire pour l'usage du locataire, et en ce qui concerne les exploitations agricoles et forestières, les installations, machines, ustensiles, cheptel vivant, engrais, semences, récoltes, etc.

Le 2e alinea de l'article 3 précise encore que la disposition de l'alinéa 2 s'applique non seulement aux revenus provenant des biens en question, mais également aux *bénéfices provenant de l'aliénation* des mêmes biens.

En ce qui concerne les *impôts luxembourgeois,* cette précision vise les plus-values réalisées sur tous les immeubles, que les immeubles fassent partie du patrimoine privé ou de l'actif net investi dans une entreprise commerciale agricole, forestière ou servant à l'exercice d'une profession libérale. La plus-value réalisée sur la vente de l'habitation personnelle du contribuable faisant partie de son patrimoine ne fait par contre pas l'objet d'une imposition au Luxembourg.

Il y a lieu de noter que les **redevances** versées pour la jouissance de biens immobiliers ou l'exploitation de mines, carrières ou autres ressources naturelles sont mentionnées séparément à l'article 10 de la convention lequel suit cependant le même principe que l'article 3 en prévoyant l'imposition desdites redevances dans celui des deux pays où sont situés ces biens immobiliers, mines, carrières ou autres ressources naturelles.

4210-A Dans un arrêt du 18 mars 1994, le Conseil d'État français a décidé que :
– les revenus provenant des domaines ruraux acquis en France par une société de capitaux de droit luxembourgeois relèvent non de la catégorie des revenus fonciers visés à l'article 3 de la convention franco-luxembourgeoise mais de celle des bénéfices industriels et commerciaux visés à l'article 4 ;
– des domaines ruraux donnés à bail ou utilisés par les dirigeants de la société étrangère ne constituent pas un établissement stable au sens de l'article 4, 1 de la convention.

L'administration fiscale luxembourgeoise entend suivre cette jurisprudence. Par conséquent, dans le cas d'une société de capitaux de droit luxembourgeois réalisant en France des revenus aux sens de l'article 3 de la convention, elle considère ces revenus comme imposables au Luxembourg. Tel n'est pas le cas si les biens immobiliers engendrant les revenus en question sont investis dans un établissement stable de la société luxembourgeoise en France. Dans le cas d'une société de droit français réalisant des revenus au sens de l'article 3 de la convention au Luxembourg, ces dispositions conventionnelles sont d'application correspondante.

B. Bénéfices industriels et commerciaux (art. 4)

4211 À l'exclusion des entreprises de navigation aérienne et fluviale expressément visées à l'article 6, le droit d'imposition des revenus des entreprises est réservé à l'État sur le territoire duquel se trouve un établissement stable.

En droit interne luxembourgeois, le **bénéfice commercial englobe** les revenus des biens investis, notamment les dividendes, les intérêts et les redevances, dès lors qu'ils se rattachent à un établissement stable, au sens de l'article de la convention, que le bénéficiaire possède dans l'État de la source de ces revenus.

Le paragraphe 3 stipule que le bénéfice à retenir pour l'imposition de l'établissement stable doit comprendre les bénéfices ou avantages retirés indirectement de cet établissement stable ou qui auraient été attribués ou accordés à des tiers par voie de majoration ou de diminution des prix d'achat ou de vente. Cette disposition interdit implicitement les **transferts de bénéfices** entre établissements stables de la même entreprise. Elle doit servir à contrecarrer toute tentative de diminuer le bénéfice de l'établissement stable en en transférant une partie à une personne associée de l'entreprise dont relève l'établissement stable.

Bien que l'article 4, § 3, ne contienne aucune disposition à ce sujet, il va sans dire que le bénéfice d'un établissement stable comprend également le bénéfice réalisé soit lors de la **cession d'éléments de l'actif** immobilisé, soit lors de la **cession ou de la cessation de l'exploitation** de l'établissement stable.

Transferts de bénéfices (art. 5)

4212 Cet article ne fait que consacrer les dispositions du droit interne luxembourgeois prévues par les § 217 AO et 6 StAnpG et par les articles 56 et 164 (3) de la LIR.

C. Revenus mobiliers

Impôt de distribution (art. 7)

4213 Un établissement stable français d'une entreprise luxembourgeoise reste soumis *en France* à la retenue prévue par l'article 115 quinquies du CGI mais son taux ne peut excéder 5 %.

Au Luxembourg, les bénéfices des établissements stables d'une entreprise française ne supportent, en dehors de l'impôt sur le revenu des personnes physiques ou morales et de l'impôt commercial communal, aucune imposition ou retenue analogue.

Dividendes (art. 8 et 10 bis)

Dividendes de source luxembourgeoise

4214 Le bénéfice des taux conventionnels de respectivement 5 % et 15 % (au lieu du taux de droit interne de 25 %) s'obtient à l'aide des **formulaires respectifs LUX 1 RF** et **MODELE 901** disponibles en France. Si le formulaire parvient au débiteur luxembourgeois avant l'attribution des dividendes, celui-ci peut opérer la retenue aux taux limites de respectivement 5 ou 15 % de leur montant brut. Si tel n'est pas le cas, le bénéfice des taux de 5 et 15 % s'obtient par voie de remboursement. Cette **demande de remboursement** doit alors parvenir au bureau luxembourgeois d'imposition du débiteur des revenus **au plus tard le 31 décembre de l'année suivant** celle de l'attribution des revenus en cause.

À noter que la **directive** du Conseil des communautés européennes du 23 juillet 1990 concernant le régime fiscal commun applicable aux **sociétés mères et filiales** d'États membres différents (90/435/CEE) a été transposée en droit interne luxembourgeois par la loi du 6 décembre 1990, modifiée par celle du 23 décembre 1997 avec effet au 1er janvier 1998. Les sociétés de capitaux qui ont leur domicile fiscal en France et qui détiennent une participation d'au moins 10 % ou un prix d'acquisition d'au moins 50 millions de LUF dans le capital d'une société de capitaux ayant son domicile fiscal au Luxembourg, et qui désirent bénéficier de l'exemption au Luxembourg, doivent présenter une **demande écrite** contenant les indications suivantes :

a) Objet : délivrance d'un certificat d'exemption de la retenue d'impôt luxembourgeoise sur les dividendes conformément à l'article 147, 2.a de la LIR.

b) Raison sociale et adresse de la société bénéficiaire des dividendes.

c) Raison sociale et adresse de la société distributrice des dividendes.

d) Spécification de la date d'attribution et du montant brut des dividendes.

e) Spécification du pourcentage, avec indication des variations éventuelles de la participation directe durant la période de 2 ans précédant le moment de la distribution des dividendes.

La demande en exemption doit être accompagnée d'un certificat de l'autorité fiscale compétente pour l'imposition de la société bénéficiaire constatant :

a) que les indications fournies par la société bénéficiaire sont à sa connaissance exactes ;

b) qu'il s'agit d'une société de droit français — société anonyme, société en commandite par actions, société à responsabilité limitée — ou d'un établissement ou entreprise publics à caractère industriel et commercial, assujettis, sans possibilité d'option et sans en être exonérés, à l'impôt sur les sociétés.

Pour bénéficier de l'exonération au Luxembourg, le bénéficiaire doit avoir détenu une participation directe d'au moins 10 % ou d'un prix d'acquisition de 50 millions de LUF durant une période ininterrompue d'au moins douze mois au moment de la distribution des dividendes. Si la condition de la durée de détention d'au moins douze mois n'est pas remplie au moment du paiement des dividendes, la retenue conventionnelle sur les revenus de capitaux devra être appliquée. Le remboursement peut être demandé par le bénéficiaire des revenus dès qu'il prouve que la durée de détention est remplie et que, pendant toute la durée de détention, le taux de participation n'est pas descendu au-dessous du seuil de 10 % ou le prix d'acquisition au-dessous de 50 millions de LUF.

Il est rappelé par ailleurs qu'en droit luxembourgeois, les dividendes distribués par une **société holding luxembourgeoise** ou un **organisme de placement collectif** à un non-résident ne supportent aucune imposition au Luxembourg.

Dividendes de source française

4215 Voir n°s 4039 s.

Imputation au Luxembourg des retenues perçues en France

4216 La retenue à la source perçue en France aux taux de 5 % ou de 15 % suivant le cas forme **crédit d'impôt** au Luxembourg imputable sur l'impôt luxembourgeois sur le revenu des personnes physiques ou des collectivités, suivant le cas, calculé sur le dividende net majoré de l'avoir fiscal éventuellement et du crédit d'impôt lui-même. L'imputation est cependant **limitée à la fraction de l'impôt luxembourgeois** correspondant au revenu en cause. La fraction non imputable de la retenue perçue en France est déductible dans la catégorie de revenus afférente.

Quant aux dividendes exemptés au Luxembourg en raison du privilège des sociétés mères et filiales, voir n° 4214.

Intérêts (art. 9 et 10 bis)

Intérêts de source luxembourgeoise

4217 En droit interne luxembourgeois, les intérêts versés par un débiteur établi au Luxembourg à un non-résident supportent :
– l'impôt sur le revenu des personnes physiques ou des collectivités, suivant le cas (imposition du revenu net ; recouvrement par voie de rôle), lorsqu'il s'agit d'*intérêts de prêts garantis* par un droit dont l'opposabilité aux tiers est soumise à la transcription ou à l'inscription sur les registres du Conservateur des hypothèques au Luxembourg ;
– une retenue à la source libératoire de 25 % du montant brut des intérêts dans le cas d'*intérêts d'obligations,* lorsqu'il est concédé pour ces titres un droit à l'attribution, en dehors de l'intérêt fixe, d'un intérêt supplémentaire variant en fonction du montant du bénéfice distribué par le débiteur, à moins que ledit intérêt supplémentaire ne soit stipulé simultanément avec une diminution passagère du taux d'intérêt sans qu'au total le taux initial soit dépassé. Aucune imposition n'a lieu si ces *intérêts* sont *payés par une société holding ou un organisme de placement collectif.*

L'application combinée du droit interne et des dispositions conventionnelles conduit :
– à remettre en recouvrement par voie de rôle et dans la limite de 10 % du montant brut des intérêts, l'impôt sur le revenu luxembourgeois calculé sur le revenu net pour les *intérêts de prêts garantis* par une inscription hypothécaire au Luxembourg ;
– à ne prélever la retenue luxembourgeoise qu'au taux limite de 10 % sur les *intérêts participatifs* ;
– à ne percevoir aucun impôt, ni par voie de retenue, ni en recouvrement par voie de rôle sur les *autres intérêts.*

À noter qu'il n'existe *aucun formulaire* particulier pour bénéficier de dispositions conventionnelles ci-dessus.

Intérêts de source française

4218 Voir n°ˢ 4057 s.

Imputation des retenues françaises sur l'impôt luxembourgeois

4219 Les règles sont identiques à celles prévues pour les dividendes (cf. n° 4216).

Redevances et droits d'auteur (art. 10 et 10 bis)

Revenus de source luxembourgeoise

4220 En droit interne luxembourgeois, les redevances sont, dans le cas d'un bénéficiaire non résident, soumises à une retenue libératoire au taux de 12 %. Cette retenue est de 10 % pour les revenus d'une activité littéraire ou artistique.

Aux termes de la convention, les *redevances* versées pour la jouissance de *biens immobiliers* ou l'exploitation de mines, carrières ou autres *ressources naturelles* sont seulement imposables au Luxembourg si ces biens, mines, carrières ou autres ressources naturelles sont situés au Luxembourg.

Pour les *droits d'auteur* ainsi que les produits ou *redevances* provenant de la vente ou de la concession de *licences d'exploitation* de brevets, marques de fabrique, procédés et formules secrets dont la source se trouve au Luxembourg et dont bénéficie une personne ayant son domicile en France, le droit d'imposition est attribué à ce dernier pays. Il en est de même des revenus de la location de films cinématographiques.

Pour obtenir l'exonération de la retenue luxembourgeoise, le bénéficiaire résident de France doit en faire la demande sur un formulaire LUX 2 RF, disponible en France.

Cette exonération s'obtient soit par voie de non-perception si l'exemplaire du formulaire parvient au débiteur luxembourgeois avant la première attribution de l'année, soit par voie de remboursement dans le cas contraire. La demande de remboursement doit parvenir au bureau luxembourgeois compétent, au plus tard le 31 décembre de l'année qui suit celle de l'attribution des revenus.

Revenus de source française

4221 Voir n°ˢ 4095 s.

Dividendes, intérêts et redevances ou droits d'auteur imputables à un établissement stable (art. 8, 9 et 10)

4222 Si le bénéficiaire de ces revenus, résident de France, possède au Luxembourg un **établissement stable** et si les revenus proviennent respectivement de titres, créances ou droits constituant un élément de l'actif de cet établissement stable, ils sont à comprendre dans le bénéfice imposable de l'établissement qui obtiendra, sur l'impôt établi à sa charge, l'imputation de l'impôt perçu à la source. À noter que les dividendes touchés de la part d'une société résidente du Luxembourg pleinement imposable bénéficient, sur la base du droit interne luxembourgeois, d'une exemption complète si les conditions du régime SOPARFI sont remplies, sinon de 50 %.

Intérêts ou redevances et droits d'auteur excédentaires

4223 Lorsque, en vertu de relations spéciales entre le débiteur et le bénéficiaire ou que l'un et l'autre entretiennent avec de tierces personnes, le montant des intérêts ou des redevances et droits d'auteur excède celui qui serait convenu dans des conditions de pleine concurrence, les dispositions des articles 9 et 10 relatifs respectivement aux intérêts et aux redevances ou droits d'auteur, ne s'appliquent pas. Dans ce cas, la partie excédentaire des paiements est considérée comme **distribution cachée de bénéfices au Luxembourg,** c'est-à-dire elle n'est pas admise en déduction au titre de dépenses d'exploitation. D'autre part, les dispositions de la législation interne luxembourgeoise en matière de dividendes lui sont appliquées, compte tenu évidemment des dispositions conventionnelles relatives aux dividendes.

Rémunérations des administrateurs (art. 11)

4224 Sont seules visées par cet article les rémunérations allouées aux administrateurs et commissaires aux comptes en raison de leurs fonctions de consultation et de surveillance exercées dans les organes de sociétés luxembourgeoises. Les rémunérations de l'administrateur-délégué pour la gestion journalière ainsi que les honoraires d'un administrateur en sa qualité d'avocat par exemple ne sont pas visés par cet article.

Le droit d'imposer les rémunérations en qualité d'administrateur ou de commissaire aux comptes d'une société luxembourgeoise est réservé au Luxembourg, état du siège de la société débitrice. En droit interne luxembourgeois, de telles rémunérations sont soumises à un **impôt spécial** et à l'**impôt sur le revenu,** l'impôt spécial au taux de 20 % étant déductible de l'assiette de l'impôt sur le revenu.

Une **retenue à la source** doit être obligatoirement prélevée par la société débitrice au titre de ces deux impôts. Elle est fixée à 28,20 % (20 % au titre d'impôt spécial et 8 % au titre de l'impôt sur le revenu majoré de 2,5 % au titre de la contribution au fonds pour l'emploi) du montant brut des rémunérations en cause lorsque le bénéficiaire est un non-résident.

Cette retenue à la source est **libératoire** de tout autre impôt au Luxembourg si le montant brut des rémunérations versées par une même société luxembourgeoise à un même non-résident est inférieur à 53 000 LUF. S'il est supérieur, l'impôt sur le revenu est perçu par **voie de rôle** au vu d'une déclaration déposée par l'intéressé. Dans ce cas, seule la partie de la retenue perçue au titre de l'impôt sur le revenu (soit 8,20 %) est imputable sur l'impôt finalement mis en recouvrement.

Traitements, salaires, pensions et rentes

Traitements et pensions publics. Prestations servies dans le cadre d'un régime obligatoire de sécurité sociale (art. 12)

4225 Le droit d'imposition de ces revenus est réservé à l'État du débiteur.

Quant aux traitements et pensions publics, il y a lieu d'entendre au Luxembourg les émoluments payés par l'État, les Communes et la Caisse de prévoyance des fonctionnaires et employés communaux.

En ce qui concerne la sécurité sociale, sont visées **du côté luxembourgeois** les pensions et rentes servies par les organismes suivants :

– l'établissement d'assurance contre la vieillesse et l'invalidité ;
– l'association d'assurance contre les accidents ;
– l'assurance accidents agricole et forestière ;
– la caisse de pension des employés privés ;
– la caisse de pension agricole ;
– la caisse de pension des artisans, des commerçants et industriels.

Du côté français, les prestations servies dans le cadre d'un régime obligatoire de sécurité sociale français ou de retraite complémentaire sont imposables en France, État du débiteur. En revanche, sont imposables au Luxembourg, par application de l'article 13, les retraites supplémentaires constituées à titre facultatif qui ne sont pas versées par une personne morale de droit public.

Pensions privées (art. 13)

4226 Ces revenus sont imposables dans l'État de résidence du bénéficiaire. Sont notamment visées les pensions payées par l'ancien employeur, sauf s'il s'agit de l'État ou des communes, par l'intermédiaire de la Caisse de prévoyance des fonctionnaires et employés communaux, où l'article 12 s'applique.

Traitements et salaires privés (art. 14)

4227 Cet article pose le principe de l'imposition de ces revenus dans l'État où s'exerce l'activité personnelle.

Les dérogations à cette règle concernent :

– le salarié en **mission temporaire** qui reste imposable dans l'État de sa résidence si son séjour dans l'autre État reste inférieur à 183 jours et si la rémunération continue à être supportée et payée par l'établissement stable situé dans l'État de résidence du salarié. Si la mission dépasse 183 jours, l'impôt est applicable dans l'État de l'activité depuis le début de la mission. Si le Luxembourg est le lieu de l'activité, le recouvrement se fait par voie de rôle sur la base d'une déclaration ;
– les **professeurs en visite,** pour les rémunérations perçues du chef de leur enseignement, qui restent imposables dans l'État de résidence (article 16 du traité) ;
– les **salariés des entreprises de transports aériens** qui restent imposables dans l'État de leur résidence dès lors que leurs salaires rémunèrent des services rendus sur des aéronefs affectés aux transports internationaux.

Professions libérales, artistes (art. 15)

4228 L'imposition est réservée à l'État où s'exerce l'activité personnelle, pour autant qu'il y existe un point d'attache fixe pour l'exercice de la profession.

Cette condition n'est cependant pas exigée lorsqu'il s'agit de l'activité professionnelle indépendante des artistes dramatiques, lyriques, chorégraphiques et des chefs d'orchestre ou musiciens.

Les revenus des **professions artistiques** provenant de représentations au Luxembourg – présentation directe, par radiodiffusion ou télévision – exercées de façon **indépendante,** sont dès lors soumis à l'impôt luxembourgeois. L'imposition se fait par voie de retenue à la source au taux de 10 % du revenu brut.

À noter que si les revenus d'une activité artistique sont touchés sous forme de droits d'auteur, le droit d'imposition en revient aux termes de l'article 10 à l'État de résidence.

Étudiants et apprentis (art. 17)

4229 Les étudiants et les apprentis venant de France et séjournant au Luxembourg exclusivement pour y faire leurs études ou pour y acquérir une formation professionnelle ne sont soumis au Luxembourg à aucune imposition pour les subsides qu'ils reçoivent de provenance étrangère.

Revenus non expressément mentionnés (art. 18)

4230 Pour tous les revenus non mentionnés dans un autre article de la convention, le droit d'imposer est attribué à l'État de résidence du bénéficiaire.

Du côté luxembourgeois, cet article concerne notamment :

– les revenus provenant de la location d'objets mobiliers non considérés comme accessoires de biens immobiliers visés à l'article 3 ;
– les bénéfices des particuliers résultant d'opérations de spéculation sur des biens mobiliers. Sont considérées comme telles les réalisations de biens mobiliers acquis à titre onéreux, lorsque l'intervalle entre l'acquisition et la réalisation ne dépasse pas six mois ;
– les bénéfices de cession provenant de l'aliénation, à titre onéreux, plus de six mois après leur acquisition, d'actions dans des sociétés de capitaux et de sociétés coopératives, lorsque le cédant détient une participation de plus de 25 % ;
– les revenus provenant de prestations occasionnelles.

SECTION 3
Méthodes pour éviter la double imposition (art. 19)

4231 Du côté luxembourgeois, la double imposition est évitée par la méthode de l'*exonération avec progressivité* (règle du *taux effectif*) pour les revenus suivants :
– revenus immobiliers (art. 3) ;
– bénéfices des entreprises (art. 4) ;
– tantièmes (art. 11) ;
– traitements, salaires et pensions du service public, ainsi que les prestations servies dans le cadre d'un régime obligatoire de sécurité sociale (art. 12) ;
– traitements et salaires du service privé (art. 14) ;
– revenus provenant de l'exercice d'une profession libérale et d'une activité artistique (art. 37).

La méthode de l'exonération s'applique également aux **dividendes** payés par une société de capitaux qui a son **domicile fiscal en France** à une société de capitaux qui a son domicile fiscal **au Luxembourg** et qui détient directement au moins **25 % dans la société distributrice des dividendes.** Cette disposition s'applique aussi aux participations cumulées si l'une des sociétés bénéficiaires détient une participation de plus de 50 % dans l'autre. Dans ce cas, la retenue française n'est ni déductible du revenu ni imputable sur l'impôt au Luxembourg. À noter qu'en ce qui concerne les participations directes détenues par une société qui a son domicile fiscal au Luxembourg dans une société ayant son domicile fiscal en France et pleinement imposable à un impôt correspondant à l'impôt sur le revenu des collectivités luxembourgeoises, inférieures à 25 %, mais égales ou supérieures à 10 %, ou d'un prix d'acquisition d'au moins 50 millions de LUF, les **dividendes** sont **exonérés** au Luxembourg sur la base de la législation interne luxembourgeoise. Il faut cependant que les participations aient été détenues d'une façon continue pendant une période d'au moins douze mois précédant le paiement des dividendes. À défaut, le bénéficiaire doit s'engager à détenir la participation durant une période d'au moins douze mois.

Au Luxembourg, la double imposition est évitée par le **système de l'imputation** pour les revenus suivants :
– les produits de participation dans des entreprises constituées sous forme de sociétés civiles, de sociétés en nom collectif, de sociétés de fait et d'associations en participation ainsi que les parts des commandités dans les sociétés en commandite simple ;
– les dividendes visés à l'article 8, les allocations dont bénéficie le commanditaire résident du Luxembourg d'une société résidente de France, ainsi que les distributions des sociétés françaises de personnes ayant opté pour l'impôt des sociétés ;
– les intérêts visés à l'article 9.

Dans ces cas, l'impôt français imputable ne peut cependant excéder la fraction de l'impôt luxembourgeois dont le bénéficiaire résident du Luxembourg est redevable à raison de ces revenus. Toutefois, la fraction non imputable de l'impôt français est déductible de ces revenus pour les besoins de l'imposition.

SECTION 4
Impôts sur la fortune (art. 20)

4232 Les biens immobiliers avec leurs accessoires ainsi que les biens affectés à des entreprises commerciales et industrielles ne peuvent être soumis à l'impôt sur la fortune que dans l'État qui en vertu des dispositions de la convention est autorisé à imposer le revenu de ces biens et entreprises.

En fait, l'imposition a donc lieu dans l'État où respectivement les biens immobiliers, les entreprises et les établissements stables sont situés. À noter qu'au Luxembourg, la **base d'assiette de l'impôt sur la fortune** pour les immeubles bâtis et non bâtis n'est pas constituée par la valeur réelle de l'immeuble. En effet, les valeurs mises en compte tablent sur la situation de prix au 1er janvier 1941.

Les **participations** à des entreprises constituées sous forme de sociétés en nom collectif, de sociétés en commandite simple, de sociétés de fait et d'associations en participation ne sont imposables à l'impôt sur la fortune que dans l'État où se trouve situé un établissement stable.

Les **autres éléments de fortune,** c'est-à-dire les biens mobiliers ne faisant pas partie d'une entreprise, notamment les moyens de paiement et avoirs en compte, les actions, parts sociales et titres similaires, les métaux précieux, les pierres précieuses, les bijoux, les objets d'art et les collections etc. ne sont imposables que dans l'État du domicile. Toutefois, la valeur des meubles meublants n'est imposable que dans l'État de la résidence à laquelle les meubles sont affectés. Cette stipulation n'a pas de valeur pratique au Luxembourg où les **meubles meublants** ne tombent généralement pas sous l'impôt sur la fortune.

Chaque État conserve le droit de calculer au taux correspondant à l'ensemble de la fortune du contribuable l'impôt sur la fortune afférent aux éléments de la fortune dont l'imposition lui est réservée. Au Luxembourg, cette disposition a pour conséquence de réduire la déduction des abattements personnels dans la proportion de la fortune exonérée par rapport à la fortune totale.

Le taux de l'impôt sur la fortune au Luxembourg est proportionnel et s'élève à 0,5 %.

SECTION 5 — Non-discrimination (art. 21)

4233 La législation fiscale du Luxembourg ne connaît pas de discrimination basée sur la nationalité, qu'il s'agisse de résidents ou de non-résidents.

La convention garantit aux résidents de France qui exercent au Luxembourg leurs activités par l'intermédiaire d'un établissement le même traitement fiscal en matière de report de pertes qu'aux résidents du Luxembourg. Le **report de pertes en avant** qui est illimité au Luxembourg est réservé aux exploitants ou autres personnes qui ont tenu une comptabilité régulière durant l'exercice social au cours duquel la perte est survenue. Ceci présuppose, en règle générale, la tenue au Luxembourg d'une comptabilité séparée pour l'établissement stable.

SECTION 6 — Assistance administrative

Échange de renseignements (art. 22)

4234 Voir n°s 4171 s. À noter qu'au Luxembourg, aucun renseignement aux fins de l'imposition du contribuable ne peut être demandé aux établissements de crédit, aux autres professionnels du secteur financier, aux sociétés holding au sens de la loi du 31 juillet 1929 et aux organismes de placement collectif au sens de la loi du 30 mars 1988 (règlement grand-ducal du 24 mars 1989 précisant le **secret bancaire en matière fiscale** et délimitant le droit d'investigation des administrations fiscales). Il est rappelé que les sociétés holdings et les organismes de placement collectif ne bénéficient pas des avantages conventionnels.

Or, ni la convention ni la directive du Conseil des communautés européennes du 19 décembre 1977 (n° 77/799) n'obligent un État à prendre au profit de l'autre État des mesures contraires à sa propre législation. Par conséquent, un **échange de renseignements en faveur du fisc français** en ce qui concerne les résidents de France n'est possible dans la mesure où ces renseignements devraient être demandés aux organismes visés par le règlement grand-ducal précité.

Assistance au recouvrement (art. 23)

4235 Voir n° 4175. À noter que la législation luxembourgeoise ne permet en principe pas la prise en compte des demandes présentées par une autorité étrangère tendant à des **saisies conservatoires sur avoirs bancaires**.

ANNEXES

4500 Nous faisons figurer en annexe :

– une carte du Grand-Duché de Luxembourg (n° 4501) ;
– une **liste des États** avec lesquels le Luxembourg a conclu une **convention fiscale** avec indication des taux de retenue à la source prévus par ces conventions (n° 4503) ;
– différents modèles d'**attestations** à produire côté français dans le cadre de la convention franco-luxembourgeoise (n° 4504) ;
– formulaire requis pour l'obtention de la réduction de la retenue à la source luxembourgeoise sur les dividendes (n° 4505) ;
– une liste d'adresses utiles (n° 4506).

4501 Carte du Grand-Duché de Luxembourg

4503 Liste des États avec lesquels Le Luxembourg a conclu une convention afin d'éviter la double imposition, avec indication des taux conventionnels de retenue à la source (conventions en vigueur au 1er janvier 2001)

Pays	Dividendes (cas général)	Dividendes (mère-fille) (1)		Intérêts (2)	Redevances (2)
		% de participation	taux de retenue		
Afrique du Sud	15	25	5	–	–
Allemagne	15	25	10	–	5
Autriche	15	25	5	–	*
Belgique	15	25*	10	15	–
Brésil	25	–	–	15	25/–
Bulgarie	15	10/25	5/10	10	5
Canada	15	10(5)	5	10	10
Chine	10	25	5	10	10
Corée	15	25	10	10	15/12
Danemark	15	25	5	–	–
Espagne	15	25	5	10	10
États-Unis	15	10(4)	5	–	–
Finlande	15	25*	5	–	5
France	*15*	*25**	*5*	*10*	*–*
Grande-Bretagne	15	25	5	–	5
Grèce	7,5 – (3)	–	–	8	7
Hongrie	15	25	5	–	–
Indonésie	15	25	10	10	12,5/10/12
Irlande	15/– (3)	25	5/0	–	–
Italie	15	–	–	10	10
Japon	15	25	5	10*	10
Malte	15/– (3)	–	–	–	10
Maroc	15	–	–	10	10
Maurice	10	10	5	–	–
Norvège	15	25	5	–	–
Pays-Bas	15	25	2,5	–	–
Pologne	15	25	5	–/10	10
Portugal	15	–	–	10/15	10
Roumanie	15	25	5	10	10
Russie	15	30*	10	–	–
Singapour	15/–	10	5 et –	–/10	10
Suède	15	10	–	–	–
Suisse	15	25	5 et –	10*	–
Tchéquie	15	25	5	–	10
Thaïlande	15	25	5	10/15	15/10/12
Tunisie	10/– (4)	–	–	7,5/10	12
Vietnam	15	25/50	10/5	10	10

* Les taux suivis d'un astérisque sont accordés moyennant le respect de conditions spécifiques. Convention en cours de négociation : Argentine, Islande, Mongolie, Ouzbékistan, Turquie, Ukraine.
(1) On rappelle qu'entre les sociétés mères et filiales situées dans des **États membres de la CE** différents, la retenue à la source sur les dividendes distribués par les filiales à leurs sociétés mères est supprimée depuis le 1er janvier 1992.
(2) Une proposition de directive CE prévoyait la suppression de toute retenue à la source sur les paiements effectués entre sociétés mères et filiales d'États membres différents. Aucun régime fiscal commun n'a cependant pu faire l'objet d'un accord.
(3) Exemption d'après le droit interne de l'autre État.
(4) 0 si le Luxembourg est l'État de la source et que la participation, d'au moins 25 %, est détenue pendant 2 ans et que le dividende provient d'une activité industrielle et commerciale effective du Luxembourg.

4504 Modèles d'attestations à produire dans le cadre de la convention franco-luxembourgeoise

ATTESTATION

en vue de la réduction de l'impôt français sur les **dividendes** ouvrant droit à l'**avoir fiscal** et du **transfert** de cet **avoir fiscal** présenté en application de la convention fiscale entre la France et le Luxembourg

Procédure simplifiée prévue par l'instruction administrative du 13 mai 1994 (BOI 4.J-1-94)

CRÉANCIER
BENEFICIAL OWNER

Nom et prénom ou raison sociale ....
Full name or company name

Identifiant fiscal, s'il existe ....
Identification Tax Number, if any

Profession ....
Occupation

Adresse complète du domicile ou du siège social ....
Full address of residence or place of management

Nom, qualité et adresse du signataire s'il est autre que le créancier :
Name, description and address of signatory if other than the beneficial owner

---

ATTESTATION DE L'ADMINISTRATION FISCALE DE L'ÉTAT DE RÉSIDENCE DU CRÉANCIER

CERTIFICAT BY THE TAX ADMINISTRATION OF THE STATE OF RESIDENCE OF THE BENEFICIAL OWNER

L'inspecteur soussigné certifie :
The undersigned inspector certifies :

– que le créancier relève de son ressort ;
– *that the beneficial owner is dealt with by him ;*

– que les mentions portées par le déclarant sur la présente demande sont, à sa connaissance, exactes et que ce déclarant satisfait à l'ensemble des conditions requises par la convention fiscale pour bénéficier du taux réduit de retenue à la source et du transfert de l'avoir fiscal ;
– *that the details given on this claim by the declarant are, to the best of his knowledge, correct and that such declarant satisfies all the conditions required by the tax Convention for obtaining the benefits of the reduced rate of with-holding tax and the transfer of the « avoir fiscal » ;*

– et qu'il conserve un exemplaire de la présente demande ;
– *and that he is retaining a copy of this claim.*

Lieu et date   Timbre et signature
Place and date   *Stamp and signature*

DÉCLARATION DU CRÉANCIER DES REVENUS
DECLARATION BY BENEFICIAL OWNER

Le soussigné certifie
The undersigned certifies

que le créancier des revenus :
that the beneficial owner of the securities or shares :

– a la qualité de résident de .... au sens de la convention fiscale entre la France et .... ;
– is a resident of .... within the meaning of the tax Convention between France and .... ;

– ne possède pas en France un établissement stable, ou une base fixe, auquel se rattache effectivement la participation génératrice des dividendes ;
– has not in France a permanent establishment or a fixed base with which the holding giving rise to the dividends is effectively connected ;

– possède non seulement les droits aux dividendes, mais aussi l'ensemble des autres droits attachés à la pleine propriété des titres (1) ;
– owns not only the rights to the payment of the dividends but also all other rights attached to the full ownership of the securities or shares (2) ;

– satisfait en outre à l'ensemble des conditions requises par la convention fiscale pour bénéficier du taux réduit de retenue à la source et du transfert de l'avoir fiscal ;
– also meets all the conditions required by the tax Convention for obtaining the benefits of the reduced rate of withholding tax and the transfer of the « avoir fiscal » ;

– et demande, en application de cette convention, le transfert de cet avoir fiscal après déduction de la retenue à la source de 15 % ;
– and claims, under this tax Convention, the transfer of the « avoir fiscal » after deduction of the 15 % withholding tax.

Lieu et date   Signature du créancier ou de son représentant
Place and date   *Signature of beneficial owner or his representative*

---

(1) Dans le cas où le créancier n'est pas une personne physique et possède l'ensemble des droits attachés à la pleine propriété.

(2) *In the case where the beneficial owner is not an individual and owns all the rights attached to full ownership.*

4505 Formulaire requis pour l'obtention de la réduction de la retenue à la source luxembourgeoise sur les dividendes.

Grand-Duché de Luxembourg
Administration des Contributions Directes

Großherzogtum Luxemburg
Steuerverwaltung

2ᵉ exemplaire:
Administration fiscale
du Luxembourg

2ᵗᵉ Ausfertigung:
Luxemburgische
Steuerverwaltung

DEMANDE / ANTRAG

☐ de réduction
  auf Ermäßigung

☐ de remboursement partiel (1)
  auf teilweise Erstattung (1)

de la retenue d'impôt luxembourgeoise sur les dividendes
der luxemburgischen Abzugsteuer auf Dividenden

présentée en application de l'article .... (2) de la Convention contre les doubles impositions
entre .... (2) et le Grand-Duché de Luxembourg.

eingereicht nach Artikel .... (2) des Doppelbesteuerungsabkommens zwischen .... (2)
und dem Großherzogtum Luxemburg.

I. Bénéficiaire des dividendes
I. Empfänger der Dividenden

   Nom et prénom (raison sociale) ....
   Name und Vorname (Firma)

   Adresse (rue, n°) ....
   Adresse (Straße, Nr.)

   Numéro postal, Domicile (lieu) ....
   Postadresse, Wohnsitz (Ort)

   Nom, qualité et adresse du représentant dûment mandaté qui signe la présente demande
   Name, Funktion und Adresse des Bevollmächtigten, der diesen Antrag unterschreibt

   ....
   ....
   ....

II. Débiteur des dividendes
II. Schuldner der Dividenden

   Nom et prénom (raison sociale) ....
   Name und Vorname (Firma)

   Adresse (rue, n°, lieu) ....
   Adresse (Straße, Nr., Ort)

III. Dividendes
III. Dividenden

   Détermination   ☐ de la réduction   ☐ du remboursement (1) d'impôt:
   Bestimmung   der Ermäßigung   der Rückerstattung (1) der Steuer:

Nombre de titres / Anzahl der Aktien	Nature et forme des titres / Art und Form der Aktien	Dividende LUF / Dividende LUF	Date d'attribution du dividende / Datum des Zufließens der Dividende	Montant brut du dividende (y compris la retenue d'impôt) (col. 1 x col. 3) / Bruttobetrag der Dividende (einschl. der Abzugsteuer) (Kol. 1 x Kol. 3)	Retenue d'impôt sur les revenus de capitaux / Kapitalertragsteuer		
					en vertu de la législation luxembourgeoise / gemäß der luxemburgischen Gesetzgebung	en application de la Convention / nach dem Abkommen	montant à dégrever à rembourser / Betrag der herabzusetzen ist der rückzuerstatten ist
1	2	3	4	5	6	7	8

Le montant du remboursement est à verser à:
Der rückzuerstattene Betrag ist zu zahlen auf:

Nom de la banque ou CCP: ....
Name der Bank oder des Postschecks:

Nom du titulaire du compte: ....
Name des Inhabers des Kontos:

N° du compte: ....
Nr des Kontos:

Déclaration du bénéficiaire des dividendes ou de son représentant:
Erklärung des Empfängers der Dividenden oder seines Bevollmächtigten:

Le soussigné déclare que le bénéficiaire susnommé des dividendes
- a la qualité de résident   (2) au sens de la Convention;
- ne possède pas au Luxembourg un établissement stable ou une base fixe auquel se rattache effectivement la participation génératrice des dividendes.

Der Unterzeichnete erklärt, daß der obengenannte Empfänger der Dividenden
- eine ansässige Person   (2) im Sinne des Abkommens ist;
- die Beteiligung für die die Dividenden bezahlt werden, gehört weder zu einer Betriebstätte noch zu einer festen Einrichtung in Luxemburg.

....

         Lieu et date   Timbre et signature du bénéficiaire ou de son représentant
         Ort und Datum   (Les trois premiers exemplaires doivent être signés)
                                               Stempel und Unterschrift des Empfängers oder seines Bevollmächtigten
                                               (Der Antrag ist in dreifacher Ausfertigung zu unterschreiben)

Attestation de l'Administration fiscale de l'Etat de résidence du bénéficiaire:
Bestätigung der Fiskalverwaltung des Ansässigkeitsstaates des Empfängers:

Nous certifions que les mentions portées par le déclarant sur la présente demande sont, à notre connaissance, exactes.
Wir bestätigen, daß die Angaben des Antragstellers unseres Wissens nach richtig sind.

....

         Lieu et date   Timbre et signature
         Ort und Datum   Stempel und Unterschrift

(1) Mettre une croix à ce qui convient   (1) Zutreffendes ankreuzen
(2) A compléter   (2) Zu vervollständigen

Adresses utiles

A

- Agence pour la coopération technique, industrielle et économique (CFME-ACTIM)
  14, avenue d'Eylau
  75116 Paris
  Tél. : 01/44-34-50-00
  Fax : 01/44-34-50-01

- Administration de l'emploi
  10, rue Bender
  L-1229 Luxembourg
  Tél. : 352/47-85-30-0
  Fax. : 352/45-42-98

- Administration de l'enregistrement et des domaines
  1-3, avenue Guillaume, BP 31
  L-2010 Luxembourg
  Tél. : 352/44-90-51
  Fax. : 352/47-02-97

  - Service d'imposition de la TVA
    7, rue du Plébiscite, B.P. 31
    L-2010 Luxembourg
    Tél. : 352/44-90-51
    Fax. : 352/29-11-93

  - Service de la recette centrale TVA
    1-3, avenue Guillaume, BP 1004
    L-1010 Luxembourg
    Tél. : 352/44-90-51
    Fax. : 352-25-07-97

  - Service des hypothèques 2
    Plateau du Saint-Esprit, BP 417
    L-2014 Luxembourg
    Tél. : 352/44-90-51
    Fax. : 352/47-16-47

- Administration des contributions directes
  18, rue du Fort Wedell
  45, boulevard Roosevelt
  5, rue Hollerich (non-résidents)
  L-2982 Luxembourg
  Tél. : 352/40 800-1
  Fax. : 352/47-33-29

- Association d'assurance contre les accidents (section industrielle)
  125, route d'Esch
  L-2976 Luxembourg
  Tél. : 352/40-14-11
  Fax. : 352/49-53-35

- Association des Banques et Banquiers (ABBL)
  Carré Bonn
  20, rue de la Poste
  L-2346 Luxembourg
  Tél. : 352/46-36-60-1
  Fax. : 352/46-09-21

- Ambassade de France au Luxembourg
  8B, boulevard Joseph II
  L-1840 Luxembourg
  Tél. : 352/45-72-71-1
  Fax : 352/45-72-71-227

- Ambassade du Grand-Duché de Luxembourg en France
  33, avenue Rapp
  75007 Paris
  Tél. : 45-55-13-37

B

- Banque européenne d'investissement
  100, Bd Konrad-Adenauer

- 2950 Luxembourg
  Tél. : 352/43-79-1
  Fax : 352/43-77-01

- Bourse de Luxembourg SA
  11, avenue de la Porte-Neuve
  BP 165
  L-2227 Luxembourg
  Tél. : 352/47-79-36-1
  Fax : 352/47-32-98

- Bureau de rapprochement des entreprises (BRE)
  Commission européenne, DG Entreprises
  Rue de la Loi, 200 — AN80 6/70
  B-1049 Bruxelles
  Tél. : 322/295-91-17 ou 295-83-39
  Fax : 322/296-42-71 ou 296-60-48

- Bureaux d'information de la CEE :
  Voir sous Source d'Europe

- Bureau d'imposition X de l'Administration de l'Enregistrement et des Domaines
  7, rue du Plébiscite, B.P. 31
  L-2010 Luxembourg
  Tél. : 352/44-90-51
  Fax. : 352/29-11-93

- Business Coopération Network (BC-Net)
Euro-info-centre de votre région ou
Commission européenne DG Entreprises
Rue de la Loi, 200
B-1049 Bruxelles
Tél. : 322/ 295-94-21
Fax : 322/296-25-72

C

- Caisse autonome nationale de compensation de l'assurance vieillesse artisanale (CANCAVA)
28, boulevard de Grenelle
75737 Paris Cedex 15
Tél. : 01/44-37-51-00

- Caisse d'assurance vieillesse des industriels et commerçants (CAVICORG)
21, rue Boyer
75980 Paris Cedex 20
Tél. : 01/44-62-17-29
Fax : 01/47-97-97-81

- Caisse de maladie des employés privés :
125, route d'Esch
L-2972 Luxembourg
Tél. : 352/40-11-31
Fax. : 352/40-42-83

- Caisse de maladie des professions indépendantes :
39, rue Glesener
L-1631 Luxembourg
Tél. : 352/40-52-02-1
Fax : 352/40-52-02-218

- Caisse de retraite des cadres expatriés (IRCAFEX)
5, rue de Dunkerque
75010 Paris
Tél. : 01/44-89-44-44
Fax : 01/44-89-44-48

- Caisse des Français de l'étranger (CFE)
Chaussée Mulets, B.P. 100
77950 Rubelles
Tél. : 01/64-71-70-00
Fax : 01/60-68-95-74

- Caisse nationale d'assurance maladie des ouvriers
125, route d'Esch
L-1471 Luxembourg
Tél. : 352/40-11-21
Fax : 352/40-06-11

- Caisse nationale d'assurance vieillesse des travailleurs salariés (CNAV)
110, rue de Flandre
75951 Paris Cedex 19
Tél. : 01/55-45-50-00
Fax : 01/40-54-91-61

- Caisse nationale de pension :

• des artisans, commerçants et industriels
39, rue Glesener
L-1631 Luxembourg
Tél. : 352/40-52-02-1
Fax. : 352/40-52-02-230

• des employés privés (employés et professions libérales)
1A, boulevard Prince Henri
L-2096 Luxembourg
Tél. : 352/22-41-41-1
Fax. : 352/46-40-73

- Caisse nationale des prestations familiales
1A, boulevard Prince Henri, BP 394
L-2013 Luxembourg
Tél. : 352/47-71-53-1
Fax. : 352/47-71-53-328

- Centre commun de la sécurité sociale
125, route d'Esch
L-1471 Luxembourg
Tél. : 352/40-14-11
Fax. : 352/40-44-81

- Centre de sécurité sociale des travailleurs migrants
11, rue de la Tour-des-Dames
75436 Paris Cedex 09
Tél. : 01/45-26-33-41
Fax : 01/49-95-06-50

- Centre des impôts des non-résidents
9, rue d'Uzès
75094 Paris Cedex 02
Tél. : 01/44-76-18-00
Fax : 01/42-21-45-04

- Centre français du commerce extérieur (CFCE)
10, avenue d'Iéna
75783 Paris Cedex 16
Tél. : 01/40-73-30-00
Fax : 01/40-73-39-79

- Chambre de commerce belgo-luxembourgeoise en France
174, boulevard Haussmann
75009 Paris
Tél. : 45-62-13-51

- Chambre de commerce luxembourgeoise
31, bd Konrad Adenauer
L-1615 Luxembourg
Tél. : 352/42-39-39-1
Fax. : 352/43-83-26

- Chambre des métiers
2, Circuit de la Foire Internationale, BP 1604
L-1016 Luxembourg
Tél. : 352/42-67-67-1
Fax. : 352/42-67-87

- Chambre des notaires
50, route d'Esch
L-1470 Luxembourg
Tél. : 352/44-70-21

- Chambre du travail
18, rue Auguste-Lumière, BP 1263
L-1950 Luxembourg
Tél. : 352/48-86-16-1
Fax. : 352/48-06-14

- Clearstream Banking
67, boulevard Grande-Duchesse-Charlotte
L-1331 Luxembourg
Tél. : 352/44-99-21
Fax : 352/44-99-28-210

- COFACE (Compagnie française d'assurance pour le commerce extérieur)
12, cours Michelet
92800 Puteaux
Tél. : 01/49-02-20-00
Fax : 01/47-73-77-36

- Commissariat aux bourses
3, rue de la Congrégation
L-2931 Luxembourg
Commissariat aux affaires maritimes
26, Place de la Gare BP 2636
L-1616 Luxembourg
Tél. : 352/478-4453
Fax : 352/2991140

- Commissariat aux assurances
Boulevard Royal 7
L-2449 Luxembourg
Tél. : 352/22-69-11-1
Fax : 352/22-69-10

- Commission de surveillance du secteur financier (CSSF)
63, avenue de la Liberté
L-2983 Luxembourg
Tél. : 352/40-29-29-203
Fax. : 352/49-21-80

- Confédération du commerce luxembourgeois
31, bd Konrad-Adenauer
L-1115 Luxembourg
Tél. : 352/43-94-44
Fax. : 352/43-94-50

D

- Direction des autorisations d'établissement
6, avenue Emile-Reuter
L-2937 Luxembourg
Tél. : 352/478-1

E

- Europartenariat :
Euro-info-centre de votre région ou Madame Sibille
Assemblée des chambres françaises de commerce et d'industrie (ACFCI)
45, avenue d'Iéna
75116 Paris
Tél : 01/40-69 37 96
Fax : 01/40-69-38-08

- Euro-info-centre à Paris (CCI)
2, rue de Viarmes
75040 Paris Cedex 1
Tél. : 01-45-08-35-90

- Établissement d'assurance contre la vieillesse et l'invalidité
125, route d'Esch
L-2977 Luxembourg
Tél. : 352/40-14-11
Fax : 352/49-53-33

F

- Fédération des industriels luxembourgeois
31, bd Konrad-Adenauer
L-1115 Luxembourg
Tél. : 352/43-53-66-1
Fax. : 352/43-23-28

I

- Inspection du travail et des mines :

• 5, rue Guillaume-Kroll
L-1882 Luxembourg
Tél. : 352/47-86-21-0
Fax. : 352/40-40-07

• 10, rue du Commerce
L-4067 Esch-sur-Alzette
Tél. : 352/54-36-54-1
Fax : 352/54-36-54-700

• 16, rue Jean-l'Aveugle
L-9208 Diekirch
Tél. : 352/80-20-56-1
Fax : 352/80-20-56-700

- Inspection générale de la sécurité sociale
26, rue Zithe, BP 1013
L-1013 Luxembourg
Tél. : 352/478-1
Fax : 352/478-6225

M

- Maison des Français de l'Étranger (ACIFE)
34, rue La-Pérouse
75116 Paris
Tél. : 01/43-17-60-79
Fax : 01/43-17-63-61

- Ministères (voir aussi Administration) :

• Affaires étrangères, commerce extérieur et coopération
6, rue de la Congrégation,
L-2911 Luxembourg
Tél. : 352/478-1
Fax : 478-2329

• Aménagement du territoire et de l'environnement
18, Montée de la Pétrusse
L-2918 Luxembourg
Tél. : 352/478-1
Fax. : 352/40-04-10

• Classes moyennes et du tourisme
6, avenue Émile-Reuter
L-2937 Luxembourg
Tél. : 352/478-1
Fax. : 352/47-40-11

• Économie
19-21, boulevard Royal
L-2914 Luxembourg
Tél. : 352/478-1
Fax : 352/46-04-48

- Finances
  3, rue de la Congrégation
  L-2931 Luxembourg
  Tél. : 352/478-1
  Fax. : 352/47-52-41

- Justice
  16, boulevard Royal
  L-2934 Luxembourg
  Tél. : 352/478-1
  Fax. : 352/22-76-61

- Sécurité sociale
  26, rue Zithe
  L-2936 Luxembourg
  Tél. : 352/478-1
  Fax. : 352/47-86-328

O

- Office des assurances sociales
  125, route d'Esch
  L-1471 Luxembourg
  Tél. : 352/40-14-11
  Fax. : 352/40-82-68

P

– Palais de justice :

- 12, Côte d'Eich, B.P. 15
  L-2010 Luxembourg
  Tél. : 352/47-59-81-1
  Fax : 352/47-05-50

- Parquet, BP 164
  L-9202 Diekirch
  Tél : 352/80-32-14

– Poste d'expansion économique (PEE)
  Centre Louvigny
  34 A, rue Philippe-II, BP 372
  L-2013 Luxembourg
  Tél. : 352/22-70-78
  Fax : 352/46-05-10

R

– Registre de commerce et des sociétés

- Palais de Justice, BP 15
  L-2010 Luxembourg
  Tél. : 352/22-18-83

- 8-10 Place Jos-Bech,
  L-9211 Diekirch
  Tél. : 352/80-32-11

  – Représentation permanente de la France auprès de l'Union européenne
  Cellule Entreprises-Marché unique
  Place de Louvain 14
  1 000 Bruxelles
  Tél. : 322/229-84-35

S

– Service de la police des étrangers
  Ministère de la Justice
  16, boulevard Royal
  L-2934 Luxembourg
  Tél. : 352/478-4540
  Fax : 352/22-76-61

– Service de la propriété intellectuelle
  Ministère de l'économie
  L-2914 Luxembourg
  Tél. : 352/478-1
  Fax : 352/46-04-48

– Sources d'Europe
  Centre d'informations sur l'Europe
  Socle de la Grande Arche
  92044 Paris-la Défense Cedex
  Tél. : 01 41 25 12 12
  Fax : 01 41 25 12 13
  www.info-europe.fr

U

– Union des chambres de commerce et d'industrie françaises à l'étranger (UCCIFE)
  2, rue de Viarmes
  75040 Paris Cedex 01
  Tél. : 01/55-654-39-10
  Fax : 01/55-65-35-80
  Uccife@ccip.fr

INDEX ALPHABÉTIQUE

Les chiffres renvoient aux *paragraphes.*
Pour la signification des *abréviations,* se reporter à la liste en début d'ouvrage.

A

Abattement :
 – droit de succession, 1845 s.
 – impôt sur le revenu, 1465 (abattements spéciaux)
 – impôt sur la fortune, 1615
 – autres rubriques : Certificats d'investissement, Classes d'imposition selon les charges de famille, Dépenses spéciales déductibles, Frais professionnels

Abus de biens sociaux, 732

Accidents du travail, 3245

Accord :
 – collectif, voir Conventions collectives
 – de Schengen, 60

Acompte :
 – sur dividendes, 667
 – provisionnel, 1562 (impôt sur le revenu), 1296 (impôt sur les sociétés), 1345 (impôt commercial), 1721 (TVA)

Acquisition d'entreprise, voir Fusion

Acte notarié :
 – constitution de société, 557 (SA), 810 (SARL)
 – fusion, 700

Actif immobilisé, 1213 (impôt sur les sociétés), 1476 (impôt sur le revenu), 3512

Actifs (évaluation) : des OPC, 2231, 2240
 – impôt sur la fortune, 1359, 1611
 – impôt sur les sociétés, 1233 s.

Actif successoral, 1843

Action, 642 s.

Actionnaire :
 – nombre, 560
 – protection des minoritaires, 588, 637, 699, 715

Activités bancaires et financières :
- étude d'ensemble, 345 s.
- autorisation d'établissement, 507
- dépôt d'actifs d'OPC, 2192
- faillite, 725
- surveillance du secteur financier, 357 s.
- TVA, 1670

Activité libérale :
- autorisation d'établissement, 508
- impôt sur le revenu, 1475 s.
- règles conventionnelles, 4090 s., 4228

Administrateur :
- droit des sociétés, 611 s.
- régime fiscal, 1475
- droit du travail, 3013

Administration judiciaire, voir Gestion contrôlée, Liquidation

Administration fiscale, 1016, 1726 (TVA)

Admission temporaire, 44

Affiliation, voir Protection sociale

Agent de change, 358, 375
- autres rubriques : Intermédiaires financiers

Agrément, 358 s. (secteur financier), 2172 (OPC), 2311 (fonds de pension)

Aides :
- aides françaises à l'exportation, 20 s.
- aides luxembourgeoises à l'investissement, 30 s.

Allocations familiales, voir Prestations familiales

Amortissement :
- du capital, voir Actions de jouissance fiscal, 1250 s.

Année fiscale :
- impôt sur le revenu, 1436
- impôt sur les sociétés, 1220

Annexe (comptes annuels), 3518 s.

Appel public à l'épargne, voir Offre publique

Apport :
- en général, 563 s., 1243
- apport d'actifs, 695 s. (juridique), 1318, (fiscal)
- autres rubriques : Augmentation du capital, Droit d'Apport, Fusion

Arbitrage, 318 s., 331

Artiste (régime fiscal), 1475, 4092, 4228

Assemblée générale :
- de SA, 580 s. (actionnaire), 600 s. (obligataire)
- de SARL, 820 s.
- autres rubriques : Actionnaire, Associé, Droit de vote, Majorité, Quorum

ASSEP, 2317

Assistance administrative, 376, 391 (bourse), 4167 s., 4235 (convention)

Association :
- commerciale momentanée, 425
- d'entreprise, 421
- d'épargne-pension, voir ASSEP
- sans but lucratif (ASBL), 1162, 1166

Associé :
- de SARL, 814
- de sociétés de personnes, 460 s., 470

Assujettissement à l'impôt :
- impôt sur la fortune, 1355, 1605
- impôt sur le revenu, 1421 s.
- impôt sur les sociétés, 1160 s.
- TVA, 1690 s.

Assurances :
- autorisation d'établissements des sociétés, 507
- assurance complémentaire des expatriés, 3255 s.
- assurance pension, 1438, 1463, 1465
- assurances sociales, voir Protection sociale
- assurance vie, 1463, 1500 (IR), 1860 (taxe sur les assurances)
- convention fiscale, 4024, 4029
- société d'assurances et société captive de réassurance, 1331 s.
- taxe sur les assurances, 1860
- TVA, 1670

Augmentation du capital, 675 s.

Autorisation d'établissement, 358, 505 s.
- autres rubriques : Agrément des OPC, Carte de résidence

Avantage en nature, 1438

Avocat, 285, 1725, 1711 (TVA)

Avoir fiscal, 2146 (SICAV à compartiments), 4039 s.

B

Banque, voir Activités bancaires et financières

Base d'imposition :
- impôt sur la fortune, voir Patrimoine imposable
- impôt sur le revenu, 1470 s. (résidents), 1571 s. (non-résidents)
- impôt sur les sociétés, 1210 s.
- TVA, 1685 s.

Bénéfice :
- consolidé, voir Intégration fiscale
- imposable, 1210 s. (détermination)

Benelux, 253

Bien incorporel :
- amortissement, 1252
- évaluation, 1240
- TVA, 1664

Bilan :
- comptes annuels, 3510 s.
- de départ, 1244
- réévaluation légale, 1239

Blanchiment d'argent provenant du trafic de la drogue, 353 s., 2182 s. (OPC)
Boni de liquidation, 645, 647, 721
Bourse, 370 s.
Brevet (fiscal) 1489, 1552, 1578 (IR), 1252 (IRC), 1664 (TVA), 2008, 2013 (holdings)
Bureau :
- de placement, 3005, 3012
- de rapprochement des entreprises, 22
- de représentation, 1189 (IRC), 1690 (TVA), 4015, 4021 (conv. fiscale)

C

Cadeau, 1438 (impôt sur le revenu)
- autres rubriques : Dons, Droits de succession et de donation

Capital-risque, 1289, 1465, 1525
Capital social :
- en général, 561 (SA), 815 (SARL), 2012 (holdings)
- amortissement du capital, 690
- modification du capital social, 675 s. (SA)
- autre rubrique : Augmentation du capital

Carte :
- de résidence, 63 s.
- de travailleur frontalier, 67

Catégorie de revenus, 1450 s. (résidents), 1571 s. (non-résidents)
Centre de coordination, 1326 s.
Certificat d'investissement dans l'audiovisuel, 1287 s., 1465, 1525
Changes, voir Réglementation des changes
Chantier, 1189, 4017, 4204
Charge déductible, voir Frais déductibles
Chômage, 61, 63, 3248 s.
Classe d'imposition selon les charges de famille :
- non-résidents, 1582 s.
- résidents, 1518 s.

Clause :
- d'arbitrage, 318
- d'attribution de juridiction, 311
- limitant le transfert des titres, 656 (actions), 844 s. (parts de SARL)

Comité d'entreprise, 3121 s.
Commanditaire, voir Société en commandite
Commandité, voir Société en commandite
Commissaire aux comptes, 515, 635 s. (SA), 835 (SARL), 1475, 3523 s.
Commissariat aux assurances, 1331 s.
Commission de surveillance du secteur financier (CSSF), 375, 2171 s. (OPC)
Compte(s) :
- annuels, 515, 585, 635 s. (SA), 822, 832 (SARL), 3510 s.
- consolidés, 515, 3538 s.
- omission de publication, voir Liquidation forcée

Congé :
- congé maladie accident, 3027, 3238 s.
- congé maternité, 3042, 3238 s.
- congés payés annuels, 3037
- formation, 3040

Conseil d'administration, 610 s.
Conseil d'État, 261 s., 276
Contentieux :
- administratif, 276
- civil en général, 272
- commercial, 271
- fiscal, 1020
- social, 278
- autres rubriques : Juridictions, Procédure

Contrat de licence, voir Brevets, Marques
Contrat de travail :
- étude d'ensemble, 3013 s.
- contrat à durée déterminée, 3020, 3080
- rupture du contrat, 3050
- salarié étranger, 3105 s.
- autres rubriques : Démission, Licenciement

Contrôle des changes 50 s.
Convention :
- CE d'arbitrage (correction de bénéfices d'entreprises associées), 1323 A
- d'entraide judiciaire, 4168 s.
- de Bruxelles, 310 s., 3108
- de Genève, 319
- de New York, 331
- de Rome, 305 s., 3106
- de Saint-Sébastien, 310 s., 3108

Convention collective, 3002, 3135 s.
Convention fiscale :
- texte, 3800
- commentaires français, 4000 s.

- commentaires luxembourgeois, 4200 s.
- liste des conventions fiscales, 4503

Convention de vote, 595

Cotisations sociales :
- salariés détachés, 3209
- luxembourgeoises (tableau), 3232
- régime fiscal, 1463

CRDS, 4008 s.

Créance :
- abandon de créances, 1214
- créance douteuse, 1241
- créance hypothécaire, 1830, 4217

Crédit d'impôt :
- conventionnel, 4133 s.
- crédit d'impôt pour embauche, 1286, 3250
- crédit d'impôt pour investissement, 1283 s.
- crédit pour impôt étranger, 1178, 1191

CSG, 3209, 4008 s.

CSSF, voir Commission de surveillance du secteur financier

D

DAU, 41

Décalage d'un mois (TVA), 1712

Déclaration :
- d'échange de biens (TVA), 1724
- impôt sur le revenu, 1561 s. (résidents), 1582 (non-résidents)
- impôt sur les sociétés, 1295
- INTRASTAT, 42
- TVA, 1721

Déduction de TVA, 1710 s.

Déficit (imputation) :
- impôt sur le revenu, 1461
- impôt sur les sociétés, 1198, 1229, 2073 (Soparfi)

Délai :
- de préavis, voir Préavis
- de prescription, 1564 (impôt sur le revenu), 1690 (TVA)
- de réclamation fiscale, 1020, 1726 s.
- de recours contre un licenciement, 3062, 3065

Délégué :
- à la gestion journalière, 626
- du personnel, 3126 s.
- syndicaux, 3125

Délit d'initiés, 390 s.

Démission, 3075 s.
Dénomination sociale, 558 (SA), 812 (SARL)
Dépenses spéciales déductibles, 1463
Dettes, 1242, 1358, 1612 (impôt sur la fortune)
Dirigeant de sociétés :
  – régime fiscal, 1475, 1478
  – statut au regard du droit du travail, 3013
  – autres rubriques : Administrateurs, Délégués à la gestion journalière, Gérants
Dissolution, 715 s. (SA), 848 (SARL)
Distribution de bénéfices :
  – holdings purs de 1929, 2051
  – régime juridique, 665 s. (SA), 841 (SARL)
  – Soparfi, 2058
  – autre rubrique : Dividendes
Dividende :
  – définition, 1485, 4034 (convention)
  – holding, 2051 (de 1929), 2060 (Soparfi)
  – impôt sur le revenu, 1485 s.
  – montant exonéré, 1486
  – occulte, 1215, 1268, 1485
  – règles conventionnelles, 4037 s., 4231
  – retenue à la source, 2051 s., 2060 s. (holdings), 1485, 1577 (impôt sur le revenu)
  – autres rubriques : Distribution de bénéfices, Holdings, Régime des sociétés mères et filiales
Domicile fiscal, voir Résidence (fiscale)
Domiciliataire, 358 A, 517, 2029A (holding)
Donation, voir Droits de succession et de donation
Don :
  – impôt sur le revenu, 1463
  – autres rubriques : Cadeaux, Donations
Douane, 40 s.
Droit à déduction (TVA), voir Déduction (TVA)
Droit communautaire :
  – en général, 264 s.
  – droit des sociétés, 435, 515, 550
  – droit du travail, 310 s., 3106 s., 3108 s.
  – fiscalité, 1014, 1313, 1323 A, 1695 (TVA), 1825, 2064, 2067
Droits d'accises, 1865
Droit d'apport, 1825
Droits d'auteur, voir Redevances
Droits d'enregistrement, 1820 s.
Droits de mutation immobilière, 1823

Droits de succession et de donation, 1840 s.

Droits de timbre, 1828

Droit de vote (aux assemblées)
 – en général, 593 s. (actionnaires), 605 (obligataires)
 – droit de vote limité ou supprimé, 644
 – autres rubriques : Actions (sans droit de vote), Conventions de vote, Majorité, Quorum

Durée du travail, 3035

E

Échange de renseignements, 355, 4170 s., 4234

Égalité de traitement :
 – fiscalité, 4160 s., 4233
 – hommes/femmes, 3025, 3042
 – nationaux/étrangers, 68 s.
 – protection sociale, 3200

Enseignant, voir Professeurs

Entraide judiciaire internationale, 4168 s.

Entrepôt sous douane, voir Douane

Escroquerie fiscale, 352

Établissement stable :
 – convention, 3800 article 2
 – définition, 1189, 1196, 4013, 4204
 – imposition, 1190 s., 1196 s., 1319
 – SICAV à compartiments, 2127, 2146 s.

Étranger :
 – investissements, 30 s.
 – séjour, 60 s.
 – travail, 60 s. (autorisation), 3105 s. (contrats de travail)
 – autres rubriques : Expatriés, Non-résidents

Étudiant, 4115, 4229

Euro, 256 s.

Évaluation des actifs, voir Actif

Évasion fiscale, 351

Exécution des jugements, 280 s., 330 s.

Exonération :
 – impôt sur la fortune, 1610
 – impôt sur le revenu, 1438 s.
 – impôt sur les sociétés, 1165 s.
 – TVA, 1670

Expatrié :
 – assurance volontaire et complémentaire, 3255 s.
 – droit du travail, 3105 s.
 – protection sociale, 3220 s., 3201

- régime fiscal, 1422, 1425 s.
- autres rubriques : Étrangers, Salariés détachés

Expert-comptable, voir Réviseur d'entreprise

Exportation :
- aide à l'exportation, 20 s.
- régime des exportations (TVA), 1679 s.

F

Facture (TVA), 1717

Faillite :
- droit des sociétés, 725 s.
- droit du travail, 3085
- autre rubrique : Abus de biens sociaux

Faute grave, 3062 (licenciement), 3078 (démission)

Fiducie, 035 s.

Filiale
- droit des sociétés, 480
- convention fiscale, 4019
- autre rubrique : Régime des sociétés mères et filiales

Fondation, 162

Fonds communs de placement (FCP), 2121 s.
- autres rubriques : Organismes de placement collectif (OPC), SICAV, SICAF

Fonds de pension, 2300 s., 1332

Formulaire conventionnel, 4065 s., 4214, 4220

Fortune imposable, voir Patrimoine imposable

Foyer fiscal, 1422

Frais :
- déductibles de l'impôt sur les sociétés, 1265 s.
- d'immatriculation, 518 s.
- professionnels, 1456
- autres rubriques : Abattements spéciaux, Dépenses spéciales déductibles

Frais d'obtention, voir Frais professionnels

Fraude fiscale, 1020, 1689, 1693, 1722 (TVA)

Frontalier :
- droit du travail, 67
- fonds de pension, 2363
- allocations familiales, 3247
- régime fiscal, 4113

Fusion :
- droit des sociétés, 695 s.
- droit du travail, 3086
- fiscalité, 1312 s.

G

Gains en capital, voir Plus-values
GEIE :
- régime juridique, 436 s.
- régime fiscal, 450 s.

Gérant :
- de SARL, 830 s., 1478 (fiscal)
- de sociétés de personnes, 461 s., 470

Gestion :
- contrôlée, 735
- journalière, voir Délégué à la gestion journalière

Grève, 3005, 3145
Groupe de sociétés :
- consolidation comptable, 515, 3535 s.
- intégration fiscale, 1322, 1690 (TVA)
- autres rubriques : Holdings, Régime des sociétés mères et filiales

H

Heures supplémentaires, 3035
Holding :
- de financement, 2015
- holding pur de 1929, 2007 s., 2050 s.
- milliardaire, 2055
- Soparfi, 2020 s., 2058 s.
- Assujettissement à la TVA : 1690
- autres rubriques : Groupes de sociétés

Hygiène et sécurité, 3005, 3123, 3126

I

Immatriculation
- registre du commerce, 511 s.
- registre des personnes physiques, 513
- registre maritime, 1290
- sécurité sociale, 3224 s.

Immeuble :
- droits de mutation, 1823
- en construction, 1676, 1687
- impôt foncier, 1810
- TVA, 1663, 1823
- autres rubriques : Revenus de la location de biens, Ventes immobilières

Immobilisation :
- amortissement, 1250 s.
- définition, 1213

- évaluation, 1236 s.
- non amortissable, 1240

Importation (TVA), 1665 s.

Impôt :
- commercial communal, 1335 s.
- de distribution, 4031, 4213
- de solidarité, 1321, 1528
- étranger (imputation), 1178 s., 1191
- foncier, 1810 s.
- spécial sur les tantièmes, 1553 (résident), 1579 (non-résident)
- sur les assurances, 1860
- sur la fortune, 1355 s., 1600 s., 4155 s., 4232
- sur le revenu, 1410 s.
- sur les sociétés, 1155 s.
- autres rubriques : Droit d'apport, Droits de mutation, Droits de donation, Retenues à la source, Taxes

Impôts et taxes déductibilité du bénéfice imposable), 1267
- Incitations fiscales :
- luxembourgeoises, 1280 s.
- françaises, 23
- autre rubrique : Crédit d'impôt pour investissement

Insolvabilité, voir Faillite

Institut monétaire luxembourgeois (IML), voir CSSF

Intégration fiscale, 322 (IRC), 1690 (TVA)
autre rubrique : Groupes de sociétés

Intérêt :
- déductibilité, 1463
- montant exonéré, 1438, 1486
- intérêts versés à des non-résidents, 1577
- règles conventionnelles, 4055 s., 4137 s., 4217 s., 4231

Intermédiaire financier, 358 s.

Internet , 1676 (TVA)

Invalidité, 3241 s.

Investissements étrangers, 31

Environnement, voir Permis d'exploitation

ISF, 4007, 4155 s.

Indemnité :
- de clientèle, 3016
- journalière de maladie maternité, 3027, 3240
- de licenciement, 3056 s., 3069
- régime fiscal, 1438, 1478

J

Jetons de présence, voir Tantièmes

Jugement (exécution) :

– étranger, 330 s.
– luxembourgeois, 280 s.

Juridiction :
– clause attributive de juridiction, 310 s., 3108
– juridictions luxembourgeoises, 270 s.

L

Langues officielles, 252
Leasing, 1284
Législation fiscale, 1010 s.
Libération des mouvements de capitaux, voir Contrôle des changes, Investissements étrangers
Licence de brevet ou de marque, voir Brevets, Marques
Licenciement : 3051 s.
autres rubriques, Indemnités, Préavis
Lieu d'imposition TVA), 1672 s.
LIFO/FIFO, 235
Liquidation :
– en général, 720 s. (SA), 850 (SARL)
– régime fiscal, 1321
– liquidation forcée, 736
Livraison à soi-même (TVA), 1663
Livraison de biens (TVA), 1663, 1672
Livres comptables (TVA), 1719
Location de biens :
– régime fiscal, 1488 s.
– TVA, 1663

M

Majorité, 597 (SA), 821 (SARL)
Maladie :
– caisses, 3221
– cotisations, 3232
– formalités, 3238
– prestations, 3207 s., 3238 s.
– professionnelle, 3245 s.
Mandataire :
– vote par procuration, 591, 596
– social, voir Représentant légal
Marque, 1489, 1552, 1578
– autre rubrique : Brevets
Maternité, 3042, 3238 s.

Moins-value :
- personnes physiques, 1460, 1503
- Soparfi, 2072

N

Nationalité :
- administrateurs de sociétés, 613
- résidence fiscale, 1176 s. (sociétés), 1424 s., (personnes physiques), 4004, 4203 (règles conventionnelles)
- salariés étrangers, 3105 s., 3122 (comité d'entreprise), 3125 (délégué du personnel)
- sociétés, 517, 597
- autre rubrique : Étrangers

Non-discrimination, voir Égalité de traitement

Non-résident :
- définition, 1185 s. (sociétés), 1425 (personnes physiques)
- imposition des personnes physiques, 1425 s., 1570 s., (IR), 1606 (fortune)
- imposition des sociétés, 1190 s., 1294 (taux IRC), 1361 (ICC)
- revenus versés à des non-résidents, voir Dividendes, Intérêts, Redevances, Salaires
- autres rubriques : Résidence, Retenue à la source

Nullité :
- d'une fusion, 701 s.
- d'un licenciement abusif, 3065
- des sociétés, 571

Numéro d'identification à la TVA, 1691 s.

O

Obligation, 650 s.

Obligations comptables :
- étude d'ensemble, 3500 s.
- OPC, 3600 s., 2175
- droit des sociétés, 515
- TVA, 1686
- Soparfi, 2039

Offre publique, 378 s., 555, 651

OPA, 385 s.

Organisation judiciaire, voir Juridictions

Organisme de placement collectif (OPC)
- étude d'ensemble, 2100 s.
- TVA, 1670
- règles comptables, 3600 s.

P

Paiement :
- impôt commercial, 1345
- impôt foncier, 1814
- impôt sur la fortune, 1361, 1615
- impôt sur le revenu, 1561 s. (résidents), 1582 (non-résidents)
- impôt sur les sociétés, 1292 s.
- TVA, 1721
- autre rubrique : Retenue à la source

Participation, voir Holdings, Plus-values de cession de participations importantes, Régime des sociétés mères et filiales

Part :
- part sociale de SARL, 816, 843 s.
- part de fondateur ou part bénéficiaire, 647

Passif déductible, voir Dettes

Patrimoine imposable :
- droits de succession, voir Actif successoral
- impôt sur la fortune, 1356 (sociétés), 1610 s. (personnes physiques)

Pavillon maritime, 1290

Pension :
- alimentaire, voir Rentes
- d'assurance vie, voir Assurance vie
- d'invalidité, voir Invalidité
- de vieillesse, voir Retraite
- régime fiscal, 1482 s.

Période d'essai, 3015

Permis :
- d'exploitation (environnement), 31
- de séjour, voir Carte (de résidence)
- de travail, voir Étrangers

Personnalité morale :
- GEIE, 440
- Fonds communs de placement (FCP), 2121
- personnes morales dirigeants de société, 443 (GEIE), 613 (SA), 830 (SARL)
- sociétés de capitaux, 512
- sociétés de personnes, 460 s.
- succursale, 403

Pertes :
- dissolution, 715
- impôt sur le revenu, 1461
- impôt sur les sociétés, 1198, 1229
- imputation de pertes étrangères, 1178
- réduction de capital, 685 s.

Plus-value :
- de cession ou cessation d'entreprises, 1465, 1471, 1501 s., 1530 s.
- de fusion, 1316
- des personnes physiques, 1501 s., 1530 s.
- des sociétés, 1227, 1316, 2068 s. (holdings)
- immobilière, 1501 s., 1530 s., 4010
- règles conventionnelles, 4010, 4230
- autres rubriques : Moins-values, Taux d'imposition, Régime des sociétés mères et filiales

Préavis :
- de démission, 3076
- de licenciement, 3053

Prescription, voir Délai

Prestations familiales, 3042, 3247

Prestations de services (TVA), 1664, 1673 s.

Prestations sociales :
- régime fiscal, 1438, 1463, 1478
- salarié détaché, 3205
- sécurité sociale luxembourgeoise, 3220 s.

Prêt de main-d'œuvre, 3012

Prime :
- d'assurance, voir Assurances
- personnel expatrié, 3209, 3214
- prime d'émission, 642, 681
- rémunération des salariés, 3031

Principe de prudence comptable, 1233, 3507

Prix de transfert, voir Transfert de bénéfices

Procédure :
- civile, 280 s.
- collective, voir Faillite, Gestion contrôlée, Liquidation
- douanière simplifiée, 41

Procès-verbal :
- des assemblées, 592
- de fusion, 700

Professeur, 4114, 4227

Profession libérale, voir Activités libérales

Profit, voir Bénéfice, Plus-value, Revenus

Prorata (TVA), 1710

Prospectus, 378 s., 555, 2201 (OPC)

Protection sociale luxembourgeoise : 3220 s.
- autres rubriques : Accidents, Chômage, Cotisations, Invalidité, Maladie, Maternité, Prestations sociales

Provision :
- étude d'ensemble, 1275 s.
- de réévaluation du bilan, 1239
- des sociétés de réassurance, 1333

- pour implantation à l'étranger, 23
- autre rubrique : Réserves, Créances douteuses, Euro

Q

Quartiers généraux, voir Centre(s) de coordination
Quorum, 597 (SA), 821 (SARL)
Quotient familial, voir Foyer fiscal, Classes d'imposition selon les charges de famille

R

Rachat d'actifs, 420
- autres rubriques : Apports partiels d'actifs, Fusions

Raison sociale, voir Dénomination sociale
Recouvrement (des impôts), voir Paiement
Recrutement, 3012
Redevance :
- règles conventionnelles, 4093 s., 4220 s.
- versée à un non-résident, 1552, 1578

Réduction de capital, 685
Référé, 283
Régime des sociétés mères et filiales, 2058 s., 4038, 4054 A s., 4214
Registre du commerce, 510 s.
Registre maritime, 1290
Réglementation des changes, 50 s.
Remboursement de TVA, 1715 (assujetti établi), 1716 (assujetti non établi)
Rémunération :
- administrateur de sociétés, 1475, 4085, 4224
- artiste, 1475
- directeur de société, 1475, 1478, 4085
- expatrié, 3112
- prestation de service, 1475
- salarié, voir Salaire

Rentes (fiscal), 1482 s.
Report déficitaire, voir Déficit, Perte
Report de paiement (TVA), 1721
Représentant :
- fiscal (TVA), 1693
- légal d'une entreprise, 627

Représentation du personnel, voir Comité d'entreprise, Délégués du personnel
Réserve :
- de réemploi, 1227
- extraordinaire, 666
- incorporation des réserves, 677

– légale, 665 s. (SA), 841 (SARL)
– spéciale, 681
– autre rubrique : Provision(s)

Résidence :
– carte de résidence, 63 s.
– résidence fiscale, 1176 s. (sociétés), 1424 s. (personnes physiques), 4004, 4203 (règles conventionnelles)
– résidence monétaire, 52

Résolution des assemblées :
– adoption, 597, 606
– autres rubriques : Assemblée, Droit de vote, Quorum, Majorité

Responsabilité :
– des administrateurs de SA, 630 s., 702
– des fondateurs, 570 (SA), 814 (SARL)
– des gérants de SARL, 630 s.
– du représentant des obligataires, 601
– responsabilité solidaire (TVA), 1693, 1722

Retenue à la source :
– conventionnelle (tableau), 4502
– sur les dividendes, 2051, 2065 s.
– sur les salaires et pensions, 1538 (résidents), 1576 (non-résidents)
– sur les revenus de capitaux mobiliers, 1545 s. (résidents), 1577 (non-résidents)
– sur les redevances, 1578 (non-résidents)
– impôt spécial sur les tantièmes, 1553 (résidents), 1579 (non-résidents)

Retraite, 3242, 4100 s., 4225 s.

Retraite complémentaire, 3212 (détachés), 3259 (expatriés), 3243-A (régime luxembourgeois)

Revenu :
– agricole et forestier, 1470, 4009 (conv. fiscale)
– de capitaux mobiliers, 1485 s.
– de la location de biens, 1488 s.
– de source étrangère, 1187, 1572
– de source luxembourgeoise, 1423, 1571
– des non-résidents, 1570 s.
– divers, 1500 s.
– immobiliers, 4009 (conv. fiscale)
– imposable, 1450 s. (résidents), 1571 s. (non-résidents)
– industriel et commercial, 1471 s., 4211
– non commercial, 1475 s.
– non expressément mentionné (conv. fiscale), 4230
– pensions et rentes, 1482 s.
– revenu courant, 1515 s.
– revenu extraordinaire, 1530 s.
– salarial, 1478 s.
– autres rubriques : Bénéfices, Rémunération, Salaire, Plus-values

Réviseur d'entreprise, 515, 637, 3523 s.

S

Saisie, 283, 1689, 1750 (TVA), 3025

Salaire :
- Étude d'ensemble, 3025 s.
- régime fiscal, 1438 (résidents), 1425, 1571 (non-résidents), 4108 s., 4227 (règles conventionnelles)
  - retenue à la source, 1538 s. (résidents), 1576 (non-résidents)
  - salaire minimum social, 3030 s.
- autres rubriques : Avantages en nature, Rémunération

Salarié détaché :
- convention fiscale, 4110, 4227
- droit du travail, 3105 s., 3138
- protection sociale, 3201 s., 3247
- régime fiscal, 1571 s.
- autres rubriques : Étrangers, Expatriés

SARL :
- étude d'ensemble, 800 s.
- régime fiscal, 1162
- autres rubriques : Parts sociales, Associés, Gérants, Immatriculation, Statuts

Secret, 350 s. (bancaire), 376 (professionnel)

Scissions, 705 s. (juridique), 1316 (fiscal)
- autre rubrique : Fusion

Sentences arbitrales, voir Arbitrage

SEPCAV, 473, 2315

Services d'investissement, 359

SICAF, SICAV, 2120, 2125 s.
- autres rubriques : Organismes de placement collectif (OPC), Fonds communs de placement (FCP), SICAV

Siège social :
- de direction ou d'administration, 1176
- statutaire, 517
- autres rubriques : Résidence fiscale des sociétés, Transfert du siège social

Société(s) :
- anonyme, 550 s.
- à responsabilité limitée, 800 s.
- captive de réassurance, 1331 s.
- coopérative, 470
- coopérative organisée comme une société anonyme, voir SEPCAV
- de financement, 1329 s.
- de navigation maritime, 1290
- de personnes, 422, 1163 (fiscal)
- en commandite simple, 462
- en commandite par actions, 481 s.
- en nom collectif, 461

- européenne, 400
- holding, voir Holdings
- mères, voir Régime des sociétés mères et filiales
- autres rubriques : Filiale, GEIE, Groupes de sociétés

Société anonyme (SA) :
- étude d'ensemble, 550 s.
- régime fiscal, 1162
- autres rubriques : Action, Actionnaire, Administrateur, Assemblée, Délégué à la gestion journalière

Société commerciale de participation financière, voir Soparfi

Soparfi, 2020 s., 2058 s.

Sous-capitalisation, 1268

Sportifs (conv. fiscale), 4092

Statuts, 556 (SA), 810, 825 (SARL)

Stocks, 1235, 4016, 4207

Successions, voir Actif successoral, Droits de succession

Succursale :
- immatriculation, 403 s., 511
- régime juridique, 406
- régime fiscal, voir Droit d'apport, Établissement stable

Syndicats, 3131 s.

T

Tantièmes :
- régime juridique, 616
- régime fiscal, 1266 (impôt sur les sociétés), 1472, 1553, 1579 (impôt sur le revenu), 4224 (conv. fiscale)

Tarif extérieur commun, voir Douanes

Taux :
- cotisations sociales, 3232
- droit d'apport, 1825
- droits de mutation immobilière, 1823
- droits de succession, 1845 s.
- effectif, 1433, 4145 s.
- impôt commercial communal, 1344
- impôt foncier, 1814
- impôt solidarité, 1293
- impôt sur la fortune, 1361, 1615
- imposition forfaitaire, 1431
- impôt sur le revenu, 1515 s. (revenus courants), 1531 (revenus extraordinaires), 1582 s. (non-résidents)
- impôt sur les sociétés, 1292, 1294
- impôt sur les tantièmes, 1553 (résident), 1579 (non résident)
- taxe sur les assurances, 1860
- TVA, 1705

autre rubrique : Classes d'imposition selon les charges de famille
Taxe :
- d'abonnement, 1370, 2068
- foncière, voir Impôt commercial communal
- sur la valeur ajoutée, 1660 s. (étude d'ensemble)
- sur les véhicules à moteur, 1860

Territorialité :
- impôt sur le revenu, 1423 s.
- impôt sur les sociétés, 1175 s.
- TVA, 1671

Traitements et salaires, voir Salaire
Transfert :
- d'actifs, 695 s., 705 s., 1318, 1662 (TVA)
- de bénéfices, 1323, 4026 s., 4212
- du siège social, 308, 415, 1321
- de titres, 655 s., 843 s.
- autres rubriques : Apports d'actifs, Clause (limitant les transferts de titres), Groupes de sociétés

Transitaire, 43
Transport (TVA), 1677
Travail intérimaire, 3012
Tribunaux, voir Juridiction
TVA, voir Taxe sur la valeur ajoutée

U

Union économique belgo-luxembourgeoise (UEBL), 254
Union temporaire d'entreprises, 425 s.
Unité fiscale, voir Groupe de sociétés

V

Valeur :
- comptable, 1234
- en douane, voir Douane
- mobilière des OPCVM, 2155 s.
- nominale, 642

Véhicule :
- d'occasion (TVA), 1686, 1711
- taxe sur les véhicules, 1860
- TVA, 1690

Vente immobilière, 1663, 1823

Z

Zones industrielles, 30